Das große Buch vom
Sportfischen

Titel der englischen Originalausgabe
The Complete Book of Sportfishing

Illustrationen
Anders Engström: Seite 38–39, 50, 65, 90, 93, 96 (oben), 100, 115, 116, 117, 119, 121, 156 (rechts), 178, 191, 214–215, 262.
Peter Grahn: Seite 26.
Tommy Gustavsson: Seite 200–201, 202, 206, 206–207, 208, 216–217, 218, 222–223, 227, 228, 276, 279, 281.
Gunnar Johnson: Seite 42, 44, 45, 46, 47, 49, 52, 58, 82, 83, 96 (unten), 97, 98, 101, 104, 105, 106, 108, 109, 112, 129, 130, 131, 132–133, 134–135, 147, 152, 155, 156 (links), 163, 168, 184, 192–193, 196–197, 198, 205, 219, 220–221, 224, 226, 234, 236–257, 260, 261, 263, 267, 268, 269, 270, 271.
Munir Lotia: Seite 55, 129 (rechts).
Lennart Molin: Seite 136–137, 138–139, 140–141, 142–143, 153, 154, 159, 169, 170, 210, 229.
Ulf Söderqvist: Seite 20, 22, 28, 30, 34, 35, 51, 56, 57, 61, 62, 64, 185.
Nordbok: Seite 16, 17, 18, 19, 21, 23, 24–25, 33.

Bildnachweis
ABU Garcia: Seite 40, 41.
Peter Bang: Seite 76 (links).
Erwin Bauer: Seite 51 (links innen), 66, 67, 72 (oben), 77 (oben links), 140, 162, 180 (links innen), 204.
Rudolf Bischoff: Seite 14–15, 95.
Kenneth Boström: Seite 263–266.
Bill Browning: Seite 74 (links), 75 (Mitte), 84 (oben), 127, 177 (innen), 180, 182 (rechts), 186, 189, 195, 199.
Göran Cederberg: Vorsatzblatt
Johan Dahlqvist: Seite 72 (unten).
Gunter Fröhlich: Seite 182 (oben rechts).
Jan Grahn: Seite 75 (oben), 78 (rechts), 80, 88–89, 92, 118, 218.
Peter Grahn: Seite 78 (links), 79, 86–87, 112 (rechts innen), 118 (innen), 122, 146 (links).
Hermann J. Gruhl: Seite 32, 74 (rechts), 77 (oben rechts).
Jens Ploug Hansen: Seite 36–37, 48, 53, 59, 69, 71, 73, 75 (unten), 76 (rechts), 77, 81, 83, 84 (unten), 85, 95 (innen), 99, 105, 109 (links), 113 (links innen), 114, 120, 126, 137, 138, 140 (oben), 142, 143, 145, 146 (rechts), 148–149, 150–151, 155, 157, 166, 167, 169, 170, 171 (oben), 172, 173, 179, 182 (links), 201, 211, 215, 218 (oben), 226, 231, 272–273, 275 (oben).
Christian Hvidt: Seite 180 (rechts innen), 181 (innen).
Heinz Jagusch: Seite 68, 103, 106, 111 (innen), 113, 181 (rechts), 187, 213.
Bengt G. Johansson: Seite 267, 268, 270.
Christer Johansson: Seite 51 (rechts innen), 59 (Mitte und rechts innen), 70, 94 (links), 107, 109 (innen), 144, 176–177, 183, 258–259.
Jan Johansson: Seite 174–175, 214, 222, 225, 274.
Gunnar Johnson: Seite 242–257.
Inge Lennmark: Seite 33 (innen).
Åke Lindau: Seite 91, 94 (rechts), 109 (rechts), 111, 153, 161 (unten rechts), 181 (links), 191, 209, 230, 275.
Henry Lundgren: Seite 232–233, 235.
Mike Millman: Seite 124–125, 161 (oben).
Jan Olsson: Seite 63, 64, 65, 151, 156, 158, 163, 164, 165, 171 (unten).
Janne Olsson: Seite 46.
Jan-Erik Sjöberg: Seite 8.
Leif Wiklund: Seite 6–7, 41 (oben).
Mikael Zachrisson: Seite 277, 278.

Genehmigte Lizenzausgabe für
Verlagsgruppe Weltbild, Augsburg

Umschlaggestaltung: Büro Lehmacher, Friedberg (Bayern)
Umschlagmotive: OKAPIA/H.G. Hinrichs, München (U1 ol);
IFA-Bilderteam/Kanzler, München (U1 ul);
IFA-Bilderteam/Ventura, München (U1 r); CorelDRAW® 9 (U4)

Übersetzung: Siegfried Ihle
Beratung: Göran Cederberg, Jan Olsson
Grafik: Munir Lotia
Gesamtherstellung: Druckerei Appl, Wemding

Printed in Germany

ISBN 3-8289-1625-2

2004 2003 2002 2001
Die letzte Jahreszahl gibt
die aktuelle Lizenzausgabe an.

Göran Cederberg

Das große Buch vom Sportfischen

Bechtermünz

Herausgeber

Göran Cederberg ist ein erfahrener Sportfischer und Mitarbeiter im schwedischen Sportfischer-Journalismus. Als Projektleiter für dieses Buch, hat er diese Ausgabe organisiert und geplant, die Autoren angeleitet, ihre Manuskripte redigiert und die Illustrationen besorgt. Darüber hinaus stammen die Kapitel 1 und 10 aus seiner Feder.

Autoren

Erwin Bauer ist ein legendärer Journalist und Fotograf der Wildnis. Er hat mehrere Bücher über die Sportfischerei geschrieben und an umfangreichen Arbeiten hierüber mitgewirkt. Außerdem ist er Mitarbeiter des bekannten amerikanischen Magazins ,,*Outdoor Life*''. In diesem Buch ist er mit den Kapiteln 3 und 6 über die Sportfischerei in Amerika vertreten.

Kenneth Boström ist ein professioneller Rutenbauer und ein leidenschaftlicher Fliegenfischer mit großen Erfahrungen in Skandinavien, Island und Alaska. Seit Jahren ist er Mitarbeiter in schwedischen Sportfischer-Zeitschriften. Im Kapitel 9 beschreibt er die Herstellung und Restaurierung von Angelruten.

Colin Dyson ist ein bekannter Sportfischer-Journalist und der Herausgeber des englischen Journals ,,*Coarse Angler*'' sowie Präsident des ,,*Hechtangler-Clubs von Großbritannien*''. In seinem Heimatland zählt er zu den führenden Sportfischern, der zugleich viele Erfahrungen in Europa und Amerika gesammelt hat. Für dieses Buch hat er das Kapitel 4 geschrieben.

Günter Fröhlich ist Herausgeber der deutschen Zeitschrift ,,*Der Fliegenfischer*'', sowie Mitarbeiter in skandinavischen Sportfischer-Zeitschriften. Er verfügt über ausgezeichnete Kenntnisse im Fliegenfischen sowohl in Europa als auch in den USA. Das Kapitel 7 hat er im wesentlichen verfaßt.

Jens Ploug Hansen ist ein international anerkannter Sportfischer-Journalist und Fotograf, der an einer ganzen Reihe europäischer Zeitschriften mitarbeitet. Er ist Autor von mehr als 20 Büchern über die Sportfischerei und Mitautor internationaler Publikationen. In ihrer Mehrheit wurden die Kapitel 3 und 6 von ihm geschrieben.

John Holden ist einer der weltweit bekanntesten Fachleute im Brandungsfischen. Etwa 20 Bücher sowie zahlreiche Artikel hat er speziell über das Küsten- und Meeresangeln in der ,,*Angling Times*'' und in Sportfischer-Zeitschriften in Deutschland, Frankreich und den USA veröffentlicht. Sein Beitrag in diesem Buch ist das Kapitel 5.

Bengt G. Johansson ist seit längerer Zeit Mitarbeiter im schwedischen Sportfischer-Journalismus. Er hat ein umfangreiches Buch über den Selbstbau von Angelausrüstungen geschrieben, ferner hat er künstliche Köder und Angelruten entworfen. Sein Beitrag ist das Kapitel 9, in dem er über die Herstellung künstlicher Köder berichtet.

Jahn Johansson ist ein bemerkenswerter Fachmann im Lachsfischen, worüber er einige Bücher veröffentlicht hat. Zudem ist er der Autor zahlreicher Artikel in schwedischen und norwegischen Sportfischer-Zeitschriften. Hier hat er den Beitrag über das ,,*Fischen mit der Zweihandrute*'' im Kapitel 7 geschrieben.

Gunnar Johnson ist der Herausgeber der Zeitschrift ,,*Flugfiske i Norden*'' (Fliegenfischen in Skandinavien). Darüber hinaus hat er zahllose, sehr beachtete Artikel in schwedischen und anderen ausländischen Büchern und Sportfischer-Zeitschriften veröffentlicht. Der Text und die Fotos im Kapitel 8 sowie die meisten farbigen Gewässeraufnahmen in diesem Buch stammen von ihm.

Olle W. Nilsson war etwa 30 Jahre lang der Herausgeber der schwedischen Zeitschrift ,,*Sportfiskaren*'' (Sportfischerei). Er hat sich vor allem als Fischereibiologe einen Namen gemacht, über dieses Thema schrieb er an die 10 Bücher und zahlreiche Artikel in schwedischen, englischen und deutschen Sportfischer-Zeitschriften. Sein Beitrag in diesem Buch ist das Kapitel 2.

Inhaltsverzeichnis

Vorwort

Welche Sprache sie auch immer sprechen und welcher Nation sie auch angehören mögen, eines haben Sportfischer auf der ganzen Welt gemeinsam – die Leidenschaft zu Angeln mit Rute, Schnur und Haken. Es ist schon gut möglich, daß die Quellen dieser Passion in ererbten Instinkten aus Urväters Zeiten liegen.

Läßt man einmal alle überkommenen kulturellen und zivilisatorischen Errungenschaften der Menschheit beiseite, dann sind es gar nicht mehr so viele Generationen, die uns von unseren urzeitlichen Vorvätern trennen. Wenn auch unsere Gebräuche und Sitten das Wesen unserer Kultur ausmachen, so sind wir doch andererseits, genetisch gesehen, noch immer in genügendem Maße ,,wild'' geblieben. Als solcherart ,,zivilisierte Wilde'' empfinden wir eine tiefe Befriedigung, wenn sich ein Fisch von unserem ausgeworfenen Köder täuschen läßt und anbeißt. In eben dem Maße packt uns die Erregung, wenn wir der Fischwaid nachgehen, mit allem, was unsere Zeit hierfür an Ruten, Rollen, Schnüren und Ködern anzubieten hat. All dies ist das Ergebnis praktizierter Fischerei in Tausenden von Jahren, ganz zu schweigen vom letzten Jahrhundert mit dem Beginn der hoch-technisierten Industrialisierung.

Ein tiefes, ausgeprägtes Verständnis für die Vorgänge in der Natur ist oftmals erforderlich, für das, was wir ziemlich unbestimmt mit dem Begriff ,,Anglerglück'' umschreiben. In Wirklichkeit hängt unser ,,Petri Heil'' ganz wesentlich mehr von einer gründlichen Kenntnis der Fische und ihrer Umwelt ab, als etwa vom geschickten Ausnutzen einer mehr oder weniger zufälligen Gelegenheit. Die Erdoberfläche besteht zu 70 Prozent aus Wasser, eine Welt, die fast immer unseren Augen verborgen ist. Was unter der Oberfläche vor sich geht, können wir zumeist nur vermuten. Wir müssen daher mit fängigen Ködern auf ausgelegten Haken und verführerischen Fliegenmustern so manchen Trick anwenden, um den Fisch zu täuschen. Mit anderen Worten, beim Sportfischen diktieren ausschließlich die Fische die Bedingungen – unsere Aufgabe ist es, sie zu überlisten und zum Anbiß zu verführen. Je umfassender daher unser Wissen ist, um so eher werden wir Erfolg haben. Nach wie vor hängt alles Angelglück von der Beantwortung der Frage ab: gelingt es uns, die Nahrung der Fische so täuschend ähnlich nachzuahmen, daß sie unseren Köder als echt annehmen? Dies, so scheint mir, ist die zentrale Frage der Sportfischerei.

Die Fischarten und die Gewässerverhältnisse sind von Land zu Land verschieden und von Kontinent zu Kontinent kaum einander vergleichbar, und auch der Standard der Angelausrüstungen und Techniken ist nicht in allen Ländern gleichweit fortgeschritten. Daraus folgert, daß unsere Auffassung vom zeitgemäßen Angeln sich auf Reisen durchaus ändern könnte. Andererseits sind die Angelmethoden häufig einander so ähnlich, daß wir die große Möglichkeit haben, immer wieder voneinander zu lernen. Unser zunehmendes Wissen über die Lebensverhältnisse der Fische und ihrer Umwelt, über ihr Verhalten in den unterschiedlichen Gewässerregionen und über ihre Beißzeiten, ermöglicht es uns, die gemeinsamen, grundsätzlichen Voraussetzungen zu verstehen. Je mehr sich jemand von diesem erstaunlichen Wissensgebiet aneignet, um so größer ist die Wahrscheinlichkeit, daß er ein guter und erfolgreicher Sportfischer werden wird. So gesehen, ist jeder seines Glückes Schmied. Also, das Abenteuer Fischen geht weiter . . .

Göran Cederberg

Ein altes Sprichwort unter Anglern besagt – vielleicht ist es auch nur eine Hoffnung – daß jeder Tag, den wir beim Fischen verbringen, in der Zahl unserer Jahre uns nicht angerechnet wird. Wenn dies so ist, dann bietet sich uns Sportfischern hier weltweit eine ganz außerordentliche Gelegenheit, immer aktiv zu bleiben, damit wir auf diese Weise das Unvermeidliche so weit wie möglich hinausschieben, vielleicht für alle Zeit . . .

Erwin Bauer

Die Geschichte der Sportfischerei

HARDY'S PAT.
"PERFECT"REF.

Wahrscheinlich gibt es so viele Gründe für das Angeln, wie es Sportfischer gibt. Ich denke, daß mir die Mehrheit von uns zustimmen wird, wenn ich die Meinung vertrete, daß das Erlebnis in der Natur für uns zumindest so wichtig ist, wie der Fang selbst. In unserer streßvollen Leistungsgesellschaft ist das Angeln ein willkommenes Ventil, das Millionen von Sportfischern Ruhe und Erholung von den Belastungen des Alltags vermittelt. Vielleicht ist es zudem auch eine Art Rückbesinnung auf die Wurzeln unserer eigenen menschlichen Vergangenheit, verschafft es uns doch zugleich ein gewisses Gefühl der Zufriedenheit bei der Suche nach der eigenen Nahrung im großen, manchmal sogar generösen Haushalt der Natur.

Ideen werden heutzutage durch Zeitungen, Radio, Fernsehen und andere Massenmedien sehr viel rascher überall hin verbreitet, als je zuvor in der Geschichte. So geht es auch mit den Angelmethoden, die lange getestet wurden und die sich unter bestimmten Bedingungen als wirkungsvoll erwiesen, auch sie kennt man bald überall auf der Erde. Erfahrungen, die etwa in den USA gemacht wurden, werden in Europa angewandt und typische europäische Angelmethoden haben sich in den letzten Jahren in den USA durchgesetzt. In Süd- und Mitteleuropa blickt man aufmerksam nach Skandinavien, um die dort erprobten neuen und erfolgreicheren Verfahren im Fliegenfischen kennenzulernen. Und was das Schleppfischen auf Seen und dem Meer anbelangt, wurde Amerika für viele andere Fischereiregionen in der Welt zum Vorbild.

Es ist heute kaum möglich, darüber eine verbindliche Aussage zu machen, wie die Sportfischerei in Zukunft aussehen wird. Um jedoch die heutigen nationalen Unterschiede in der Ausrüstung und Angeltechnik zu verstehen, mag es vielleicht ganz sinnvoll sein, in der Rückschau einmal zu betrachten, wie das Angeln in ferner Vergangenheit seinen Anfang nahm.

Dieses alte, aus Knochen gefertigte Fanggerät, wurde vor 8000 Jahren von Fischern in Nordeuropa verwendet.

Die ersten Haken

Die Menschheit hat ihre Nahrung Hunderttausende von Jahren lang aus der Natur bezogen – durch Jagen, Fischen und Sammeln von Pflanzen sicherte sie sich ihre täglichen Mahlzeiten. Die jeweils stärksten und erfinderischsten Stämme und Völker lebten am längsten, ihr ständiger Lebenskampf gewährt uns heute auf diese Weise auch einen Einblick in die sie umgebende Natur. Dabei wird deutlich, daß schöpferische Kraft keineswegs nur ein Merkmal für Erfindungsgabe war, sondern vielmehr eine Voraussetzung, wenn man überleben wollte. Wir wissen nur sehr wenig darüber, wie die ersten Menschen fischten, doch sehr bald schon müssen sie die außerordentlich reichhaltigen Nahrungsquellen entdeckt haben, die sich ihnen in Flüssen, Seen und am Meer darboten. Diese Nahrung, die sowohl aus Schalentieren, Muscheln und Robben als auch aus Fischen bestand. Ohne Zweifel begannen die ersten Menschen wohl damit, den Fisch mit bloßen Händen zu fangen. Erst nach und nach lernten sie, daß spitze Gegenstände und andere primitive Fanggeräte sehr viel wirksamer waren. Die Wissenschaftler sind sich nicht sicher, mit welchen Mitteln die Menschen angelten, die 30 bis 40 000 Jahre vor unserer Zeitrechnung lebten. Archäologen fanden jedoch Hinweise, daß es im Laufe der Zeit zumindest drei Arten von Fanggeräten gab. So dienten Speere für den Fischfang im Niedrigwasser von Seen und Flüssen, aber wohl auch an den Küsten zum Fang von Robben und anderem Getier. In fischreichen Gewässern verwendete man gewebte Netze und fallenähnliche Gerätschaften. Die dritte Errungenschaft, durch die man erfolgreich Fische fing – und das mag Sportfischer besonders interessieren – war der Haken. Wann und wo genau erstmals Haken verwendet wurden, ist unbekannt, doch wahrscheinlich geschah dies in Südeuropa ungefähr 30 000 Jahre v. Chr. Diese Haken waren bereits mit Widerhaken versehen und wurden aus Knochen hergestellt, zuvor wahrscheinlich auch aus Holz. Die Haken wurden an Schnüren befestigt, die aus den Sehnen oder der Haut von Tieren oder auch aus pflanzlichen Materialien wie Wurzeln, Reben und bestimmten Gräsern gefertigt worden waren. Man bestückte die Haken mit Würmern, Muscheln und kleinen Fischen oder was immer sich geeignet erwies, um die Großen zum Anbiß zu verleiten.

Im Laufe der Jahrtausende wurden aus Jägern und Sammlern seßhafte Menschen, die damit begannen den Boden urbar zu machen. Auf diese Weise wurden sie weniger von der Jagd abhängig, domestizierte Tiere gaben ihnen die existentielle Sicherheit. Doch trotz allem gelang es den seßhaft gewordenen Menschen niemals, auch die Fische zu zähmen, andererseits aber blieb der Fisch nach wie vor ein wichtiger Nahrungslieferant.

Die Entwicklung des Angelns

Archäologen datieren die Kunst des Angelns mit einer gewissen Sicherheit auf einen Zeitraum, der etwa 7000 Jahre zurückliegt. Unter den aus dieser Zeit vorliegenden Funden gab es bereits Posen, die aus Baumrinde geschnitzt worden waren und die man beim Angeln mit Haken verwendete. 3000 Jahre später erkennen wir auf ägyptischen Malereien, wie damals mit Rute und an der Spitze befestigten Schnüren, an denen der Haken hing, geangelt wurde. Diese Malereien sind der erste Beweis, daß die Menschen jener Zeit tatsächlich auf eine Art und Weise angelten, die der unseren ähnlich ist, wenngleich sie heutzutage natürlich auf's höchste vervollkommnet wurde.

Vom Angeln mit natürlichen Ködern ist es kein großer Schritt zur Verwendung künstlicher Köder. Wir können daher zu Recht annehmen, daß es schon vor sehr langer Zeit zum Beispiel aus Holz geschnitzte Fischköder gab. Sehr wahrscheinlich ist ferner, daß die Menschen schon bald herausfanden, wie ähnlich der natürlichen Nahrung der Fische Nachbildungen aus Haaren und Federn kamen.

,,Bereits die alten Griechen . . .'' beginnt so manche lächelnd vorgetragene Redensart. Was aber wäre die Sportfischerei heute ohne sie? Es war Theokrat, dem wir um 300 v. Chr. die erste literarische Beschreibung des Angelns mit Rute und Haken verdanken. Er erwähnt die Verwendung eines ,,Köders, der täuschend echt an der Rute baumelte'', und es besteht guter Anlaß für die Vermutung, daß im alten Griechenland das Angeln erstmals als ein erholsames Vergnügen betrieben wurde. Theokrat und die soziale Klasse, der er zugehörte, hatten es gewiß nicht nötig, aus reinem Broterwerb zu fischen.

Etwa um 200 v. Chr. hatten die Chinesen bereits die Technik des Angelns so verfeinert, daß sie mit seidenen Schnüren und metallenen Haken Fische fingen. Zur selben Zeit angelten bereits die Mazedonier mit künstlichen Ködern, die sie aus Haaren und Federn herstellten. Solche Köder, die mehr unseren Bleikopfspinnern (Jigs) als modernen Fliegen ähnelten, und die über Grund angeboten wurden, waren ohne Zweifel so wirksam wie jene, die wir heutzutage verwenden. Wie fortgeschritten die Menschen damals schon waren, ganz abgesehen von ihrer Kultur und Erziehung, erweist sich auch schon aus der Tatsache, daß nur 3 Jahrhunderte später, also um die Mitte der Eisenzeit, bereits Haken aus Eisen hergestellt wurden.

Dieses ägyptische Bild (über 4000 Jahre alt) ist das wahrscheinlich älteste heute bekannte Angler-Porträt

Der vollkommene Angler

Obgleich die Menschheit von alters her viel Vergnügen an der Fischerei fand, muß man doch andererseits feststellen, daß die wirkliche Sportfischerei erst seit etwa 450 Jahren betrieben wird. Hierunter ist das Angeln mit Haken, Schnur und Rute zur Erholung und zur Erbauung zu verstehen. Ein Meilenstein in dieser Entwicklung war die Schrift ,,Eine Abhandlung über das Fischen mit der Angel'' (The Treatise of Fyshynge Wyth an Angle), die 1496 in England veröffentlicht wurde. Diese Abhandlung war Teil des Buches ,,Book of St. Albans'', das von der Freifrau Juliana Berners, die möglicherweise eine Nonne war, verfaßt wurde. Das Buch ist eine Beschreibung ihrer Zeit, in dem auch der herrschaftliche Zeitvertreib wie Jagen, Fischen und andere Vergnügungen anschaulich beschrieben werden. Diese ,,Abhandlung'' beschreibt jedoch nicht nur die damaligen Techniken und Methoden des Angelns sondern auch das Verhältnis des Anglers zur Natur. In den folgenden 2 Jahrhunderten hatte dieses Buch einen außerordentlichen Einfluß auf die Entwicklung der Sportfischerei. Zugleich diente es so manchem späteren Schriftsteller, der sich mit dem Angeln befaßte, als Quelle der Inspiration. Von diesem Standpunkt her betrachtet, sollte sich der Sportfischer zugleich immer auch als Naturfreund, Philosoph und Idealist verstehen. In jenen Jahren entwickelte sich der Angelsport zu einer gewissen Perfektion und wer ein echter Sportfischer sein wollte, von dem erwartete man, daß er sich nicht nur seine Ruten, Schnüre und künstlichen Köder selbst fertigte, sondern daß er genau so in der Lage war, korrekt und waidgerecht mit Naturködern umzugehen. Je schwieriger es war, einen Fisch zu fangen, um so größer war der Erlebniswert für den Angler.

Nur 150 Jahre später, im Jahr 1653, erschien Izaak Walton's ,,Der vollkommene Angler'' mit dem Untertitel ,,Eines nachdenklichen Mannes Erholung''. Ein Buch, das heute noch in aller Welt als ein Klassiker der Angel-Literatur angesehen wird. Gemeinsam mit der 1676 von Charles Cotton über

Here begynnyth the treatyse of fysshynge wyth an Angle.

Die erste Seite aus der Originalausgabe von 1496 der ,,Abhandlung über das Fischen mit der Angel (Treatise of Fyshynge Wyth an Angle), geschrieben von der Freifrau Juliana Berners.

Ein Porträt des vollkommenen Anglers Izaak Walton mit seiner Angelausrüstung. Diese Zeichnung schmückte das Titelblatt der Jubiläumsausgabe, die genau 200 Jahre nach der Erstveröffentlichung von 1653 herauskam.

das Fliegenfischen verfaßten Schrift, hat dieses Buch bis heute mehr als 300 Auflagen erlebt.
Walton's Buch erweckte Interesse durch seine ausführliche Schilderung der Angelmethoden mit Rute, Schnur und Haken. Zugleich begründete es erstmals die Tradition der Sportfischerei. Der Begriff des ,,Sportfischers'', der ausschließlich zu seiner Erbauung angelt und gleichzeitig aber das Erleben der Natur so hoch einschätzt wie das Angeln selbst, hat letztlich in diesem Buch seinen Ursprung. Die Entwicklung des Angelgeräts und der Angelmethoden zum Nutzen der Sportfischerei waren ein Bestandteil, jedoch die Nähe zur Natur und das ,,große Abenteuer'' waren weitere wichtige Merkmale der Sportfischerei geworden. Je weiter entfernt ein Gewässer war und je schwieriger das Angeln selbst wurde, um so mehr war die Leistung des Anglers gefordert. Nicht zuletzt deshalb wurde weithin der Sportfischer als ein ,,Naturbursche'' angesehen.

Die Ausrüstung und ihre langwährende Entwicklung
Von der Mitte des 17. Jahrhunderts an bis ins frühe 18. Jahrhundert entwickelten sich Angelgeräte und Angeltechniken nur recht langsam. Eine der Hauptursachen hierfür war zweifellos der Umstand, daß die Sportfischerei noch immer nur von wenigen Privilegierten betrieben wurde, und diese wenigen waren den alten Traditionen verhaftet. An der Rutenspitze befestigte Schnüre, gefertigt aus Pferdehaaren, lange, unhandliche Ruten, aus verschiedenen Hölzern hergestellt, und recht einfach gebundene Fliegen, das war damals die übliche Ausrüstung.
Selbst wenn es am Anfang des 18. Jahrhunderts gelegentlich schon möglich war, eine Multirolle zu bekommen, so entsprach doch weiterhin bis zum Durchbruch der industriellen Revolution das Angeln jener Betrachtungsweise, die einst Izaak Walton um die Mitte des 17. Jahrhunderts postuliert hatte – Vorrang sei dem Erlebnis in der Natur zu geben. Die einzige, damals bahnbrechende Erneuerung betraf den Angelhaken. Die Haltbarkeit der Haken wurde etwa seit 1650 durch Härten deutlich verbessert. Allerdings wurden sie in erster Linie noch immer von Dorfschmieden hergestellt, erst nach und nach nahmen sich auch die Nadelfabrikanten dieser Ware an. Was zur Folge hatte, daß sich aus der ehemaligen Herstellung in Handarbeit eine weitverbreitete Industrie zu entwickeln begann. Das Ergebnis der industriellen Fertigung waren leichtere und biegsamere Haken, wenngleich diese, vom heutigen Standpunkt aus betrachtet, noch immer recht unvollkommen waren.

Der Engländer L. Lloyd war nicht nur ein berühmter Bärenjäger sondern auch ein leidenschaftlicher Sportfischer, der viele Sommer an skandinavischen Gewässern zubrachte. Diese Zeichnung vom norwegischen Lachsfluß Namson entstammt seinem Buch ,,Skandinavische Abenteuer'', Ausgabe 1 im Jahre 1853.

Mit der industriellen Revolution um die Mitte des 19. Jahrhunderts, erlebte zwangsläufig auch die Entwicklung der Angelgeräte einen immer rascheren Aufschwung. Technische Neuerungen und die Massenproduktion boten dem Menschen bislang ungeahnte Möglichkeiten zur Ausübung der Sportfischerei, die zudem ja früher nur dem Adel und bestenfalls dem wohlhabenden Bürger vorbehalten war. Dieser Umstand befruchtete naturgemäß auch die Entwicklung neuer Techniken und Angelmethoden. Damals begannen die am Angeln Interessierten sich ernsthaft zu fragen, ob die 200 Jahre alten Ideen Izaak Walton's noch Bestand hätten.
Die Sportfischerei, noch bis etwa 1850 ausschließlich ein Vergnügen der Privilegierten, begann immer weitere Kreise sowohl in Europa als auch in den USA zu interessieren, sie alle wollten gern mit Rute und Haken der Fischwaid nachgehen. Man erschloß neue Fischgewässer und warf ein Auge auf bisher durchaus nicht traditionelle Angelarten, dies galt besonders für das Angeln am Meer. Nunmehr wurden die alten Ideale des Erlebens der Natur von vielen als Snobismus abgetan. Das hatte zur Folge, daß sich in vielen Ländern recht unterschiedliche Interessengruppen von Anglern zusammenfanden.
Fast waren es nurmehr die Fliegenfischer, die während des 19. Jahrhunderts nahezu ausschließlich mit der Trockenfliege oder höchstens mit den klassischen Naßfliegen an die Fischwasser gingen, die sich zumeist streng an die Regeln Walton's hielten. Nach ihrer Überzeugung war die korrekte Nachbildung eines natürlichen Insekts, vom sportlichen Standpunkt her betrachtet, sehr viel fischwaidgerechter als das Angeln mit totem oder lebendem Köder – ein Standpunkt, der im übrigen auch lange Zeit in Skandinavien vertreten wurde.
Nicht zuletzt waren es auch die Fliegenfischer, die im wesentlichen die Entwicklung neuer und zweckmäßiger Angelgeräte, besonders in der Rutenherstellung, voranbrachten. Gerade im Rutenbau sind im 18. Jahrhundert mehrere Entwicklungsstufen zu verzeichnen. So wurden zum Beispiel Experimente mit verschiedenen Holzarten wie Haselnuß, Hickory, Speerholz und Hartholz durchgeführt, um das am besten geeigneste Rutenmaterial herauszufinden. 1846 wurde von einem amerikanischen Geigenbauer die erste gesplißte Rute geschaffen. Damit war die Voraussetzung gegeben, um dem

Bambus als Rutenmaterial zum Durchbruch zu verhelfen. Bambus erlaubte Herstellungsverfahren, die alle bisherigen in den Schatten stellten. Gesplißte Ruten waren nicht nur vergleichsweise von geringerem Gewicht und leichter zu handhaben, sie erlaubten außerdem auch noch weitere Würfe als die bisherigen Geräte. Trotz all dieser Vorzüge sollte es aber noch 25 Jahre dauern, bis sich die Herstellung solcher Ruten zu einer ertragreichen Massenproduktion ausbauen ließ.
Auf anderen Gebieten kam man ebenfalls gut voran. Bei den Multirollen dauerte es allerdings einige Zeit, bis diese schließlich im Laufe des 19. Jahrhunderts von immer mehr Sportfischern anerkannt und verwendet wurden. Das passierte vor allem in Amerika, wo die Multirollen beim Meeresfischen auf den gestreiften Wolfsbarsch und andere Fischarten sehr populär wurden. Man muß natürlich sagen, daß diese ersten Meeresrollen nicht nur unhandlich und auch langsam beim Schnureinholen waren, sondern sie erlaubten auch keine weiten Würfe. Zudem waren sie für die damals üblichen dicken, nicht gezogenen Schnüre aus Baumwolle und Leinwand weniger gut geeignet. Dies führte dazu, daß man der Entwicklung neuer und besserer Angelschnüre mehr Aufmerksamkeit schenkte. Als es dann in den 70er Jahren des 19. Jahrhunderts gelang, ölimprägnierte Seidenschnüre herzustellen, mit denen man dreimal so weit wie bisher werfen konnte, wurde dies zu Recht als ein großer Fortschritt begrüßt.

Der Weg zum modernen Angeln

Obgleich im 19. Jahrhundert zeitgemäße Techniken für die Herstellung von Ruten und Schnüren eingeführt wurden, blieb doch die Produktion von Rollen – insbesondere von Meeresrollen mit guten Wurfeigenschaften – ein recht ernsthaftes Problem. So waren schwere Wurfgewichte erforderlich, um die Fischgründe zu erreichen. Es war daher von allen Anglern eine sehr begrüßte gute Nachricht, als in den Anfangsjahren des 20. Jahrhunderts die ersten Stationärrollen auf den Markt kamen. Der Prototyp der heutigen Stationärrolle wurde 1905 in Bradford, England, entwickelt. Nun ging es, mit Blick auf die Vorteile, die diese neue Rollenart bot, rascher voran. Von besonderer Bedeutung war die größere Wurfweite, gleichzeitig ließ sich aber auch der Schnursalat, zu dem es beim Werfen mit der Multirolle häufig kam, leichter vermeiden.
In den Jahren vor dem 2. Weltkrieg gab es zwei Neuerungen, die ganz entscheidend für den Fortschritt im Angelgerätebau werden sollten: Synthetische Schnüre und Ruten aus Glasfiber-Material. Diese neuen dünnen und flexiblen Schnüre erlaubten selbst dem Anfänger, sich praktisch problemlos und rasch weite und zielsichere Würfe anzueignen. Die lange Lebensdauer der Glasfiber-Ruten und ihr niedriger Preis ermöglichten so manchem Angelfreund den Kauf einer solchen Rute, ohne daß dies gleich ein empfindliches Loch in seinem Geldbeutel verursachte.
Glasfiber-Ruten wurden sehr populär, dies hing ohne Zweifel nicht nur mit der Massenproduktion solcher Ruten zusammen, wodurch sie ja auch preiswert angeboten werden konnten, sondern auch, weil sie ständig verbessert wurden. Trotz allem bleibt festzustellen, daß durch das Aufkommen neuer Kunststoffmaterialien in den letzten Jahren, die als Ausgangsbasis für die heutige Rutenproduktion dienen, man wohl davon ausgehen kann, daß eines nicht zu fernen Tages auch das Glasfiber-Material ganz ersetzt werden wird. Das wurde bereits in den frühen 70er Jahren deutlich, als die ersten Kohlefaser-Ruten auf den Markt kamen. Sie waren leichter als die Glasfiber-Ruten und erinnerten zugleich mit ihrer hohen Schwungkraft an die Weitwürfe mit gesplißten Ruten. Allerdings, die Einführungspreise der Kohlefaser-Ruten waren kaum annehmbar. So dauerte es auch eine ganze Weile, bis sie sich im Wettbewerb gegenüber preisgünstigerem Gerät durchsetzen konnten. Heute ist das Preis-Leistungsverhältnis mit Blick auf diese Ruten annehmbar. Anfangs waren es vor allem Fliegenruten aus Kohlefaser, die gekauft wurden. Heute sind Ruten aus diesem Material auch für den Spinn-, Friedfisch- und Meeresangler selbstverständlich geworden.
Doch es bleibt als Tatsache festzuhalten, daß neue Materialien immer den Rutenmarkt beeinflußen. Eine ständig kleiner werdende Gruppe von Sportfischern betrachtet die gesplißte Rute mit ihren guten Wurfeigenschaften und dem so sicheren Gefühl im Drill noch immer als unschlagbar. Die Mehrheit der Angler dagegen hat die sicher nicht unberechtigte Hoffnung, daß die neuen Materialien den Rutenbau insofern revolutionieren, als erstaunlich leichte, gut ausbalancierte Ruten mit sehr guten Wurfeigenschaften künftig den Markt beherrschen werden. Die neuen Rutenmaterialien, angefangen vom Glasfiber bis zu Kohlefaser und Boron sowie andere verschiedene Materialmischungen haben jedenfalls die Angelgeräte auf dem Weg zur Perfektion ein gutes Stück vorangebracht.
Ein anderer interessanter Bereich ist die Herstellung künstlicher Köder. Vielleicht ist der Köder überhaupt das wichtigste Bindeglied zwischen Sportfischer und Fisch. Darum ist es nicht unerheblich, daß auch auf diesem Sektor fängigere und handlichere Köder entwickelt wurden und werden. Heute werden Fischnachbildungen aus Gummi und Kunststoff durchaus erfolgreich angewandt und haben ihren festen Platz im Zubehör der meisten Sportfischer. Jigs, also Bleikopfspinner, sind ebenfalls reichlich im Gebrauch und oftmals haben sie bereits Blinker und Spinner von ihrem angestammten Platz verdrängt. Der allgemeine Trend geht wohl zu Gummi, Kunststoff und Federn, da sich Köder aus diesen Materialien als sehr fängig erwiesen haben.
Haare und Federn als Nachahmung der natürlichen Nahrung der Fische für den Fang zu verwenden, ist eine mehr als 2000 Jahre alte Tradition. Es ist daher kein Zufall, daß diese Ausgangsstoffe für die Herstellung künstlicher Köder nach wie vor in Mode sind. Andererseits haben sich natürlich im Laufe dieser sehr langen Zeitspanne die Fliegenmuster verändert und verfeinert. Dieser gleichbleibende Erfolg bei der Anwendung ständig verbesserter Fliegenmuster, hat beim Fliegenfischer selbst ein starkes Interesse an der Insektenkunde geweckt. Die Fliegen müssen möglichst exakt dem natürlichen Vorbild und damit der Nahrung der Fische entsprechen. Es war daher nur folgerichtig, daß die ursprünglichen Fliegenmuster erweitert wurden und die sogenannten ,,klassischen'' Fliegen zugunsten neuer Nachbildungen, wie etwa Nymphen, Streamer und künstliche Insekten, etwas in den Hintergrund getreten sind.
Man kann nicht von der Entwicklung der Sportfischerei sprechen, ohne die entscheidende Rolle zu erwähnen, die den Booten zukommt. Die Boote sind es, die uns in die Lage versetzen, neue Fischgründe zu erreichen und so unsere Fangmöglichkeiten ganz erheblich zu steigern. In den letzten 20 Jahren hat das Angeln vom Boot sowohl auf den Seen als auch auf dem Meer eine immer größere Bedeutung bekommen. Dies hat auch zu neuen Fangmethoden geführt, besonders an der Oberfläche und im Mittelwasser, wobei zugleich auch das Interesse der Angler am Fang zahlreicher Fischarten gestiegen ist. Viele Bootsmodelle sind besonders für das Schleppfischen und für das Hochseeangeln ausgerüstet; sogar spezielle Boote für den Sportfischer werden angeboten. Mehr noch, das Echolot, früher nahezu ausschließlich in der Berufsfischerei angewandt, hat heute auch für den Sportfischer einen wichtigen Platz eingenommen, hilft es ihm doch den Standort der Fische zu lokalisieren.

Gewässerschutz

Die industrielle Revolution, die es einerseits möglich gemacht hat, bessere und sehr viel mehr erfolgreichere Angelausrüstungen, noch dazu zu relativ niedrigen Preisen, herzustellen, hat andererseits in noch immer steigenden Maße zu einer Schädigung der Gewässer und ihrer Umwelt geführt. Verseuchte Gewässer und verschmutzte Luft hat in vielen Regionen der Erde zum Aussterben oder zumindest zu einer gefährlichen Bestandsbedrohung ganzer Fischarten geführt, zur letzteren gehört zweifellos auch die Meerforelle.
Auch die Ausbreitung der ,,Zivilisation'' hat unweigerlich Konflikte zwischen Kultur und Natur heraufbeschworen, eine Situation, die leider eher schlechter als besser wird. Um nur ein Beispiel zu nennen, unser enormer Energiebedarf kann nur durch immer mehr Wasserkraftwerke gesättigt werden. Städte und Gemeinden wachsen ins Umland, neue Häuser und Straßen werden gebaut, und sie entstehen dort, wo einst prächtige Fischgewässer den Naturhaushalt im Gleichgewicht hielten.
Landwirtschaftliche Überdüngung hat in vielen Regionen Flußufer, Seeböden und teilweise sogar ganze Küstenstreifen absterben lassen. Umleitungen von Fließgewässern, das Ausbaggern von Bächen, Flüssen, das Errichten von Dämmen und andere Eingriffe in die Natur veränderten oft drastisch die Lebensbedingungen für die Fische. Letztlich haben auch chemische Einflüsse und Temperaturwechsel in den Gewässern der Sportfischerei außerordentlich geschadet. Um heutzutage noch einigermaßen unbelastete Gewässer zu finden, muß der Sportfischer an den Rand der Zivilisation, in die Wildnis gehen.

Der Lachsfang ist bis in unsere Tage von einer besonderen Aura umgeben. Auf diesem Bild wird vor dem beeindruckenden Hintergrund einer schottischen Landschaft ein Sportfischer mit dem Lachsfang eines ganzes Tages vorgestellt, ihm zur Seite seine schottischen Angelführer (Gillies).

Erfreulicherweise wächst die Zahl der Stimmen stark an, die sich mit allem Nachdruck gegen eine weitere Gewässerverschmutzung sowohl in Europa als auch in den USA Gehör verschaffen. Es kommt ferner hinzu, daß eine ganze Reihe ehemals verschmutzter Gewässer gereinigt wurden und heute wieder eine bessere Wasserqualität aufweisen. Entwicklungen dieser Art sowie gezielte Besatzmaßnahmen haben für die Ausübung der Sportfischerei bessere Bedingungen geschaffen. In einigen Regionen, vor allem in Amerika, aber auch in England, wurden neue Fischgewässer angelegt, im Meer geschah dies durch die Errichtung künstlicher Riffe. Dankenswerter Weise wurden hier durch den massiven Einsatz von Beton und Schotter an besonders geeigneten, küstennahen Meeresgründen neue Refugien für die Fische geschaffen, die letztlich auch dem Angler zugute kommen.

Warum Sportfischerei?

Izaak Walton würde sich wohl in seinem Grabe umdrehen, käme man ihm mit dem Gedanken der Wettfischerei. Damit ist alles gesagt über die veränderte Einstellung eines Teils der Angler zum Fischefangen innerhalb der letzten 3 Jahrhunderte. Preise und Trophäenfische sind heutzutage, und das sei hier ganz ohne Wertung gesagt, fast überall in der Welt ein wichtiger Bestandteil des Angleralltags. Die Mehrzahl der Angelzeitschriften veröffentlicht Listen mit kapitalen Fängen und den Ergebnissen der einzelnen Wettbewerbe. Selbst bedeutende Angelgerätehersteller werben mit großformatigen Fotos und Plakaten von ,,Traumfischen'', die mit ihren Geräten gefangen wurden. Der große Zuwachs an Meeresanglern in diesem Jahrhundert führte 1939 in den USA zur Gründung einer speziellen Anglerorganisation, des ,,Internationalen Hochseeanglerverbandes'' (International Game Fish Association – I.G.F.A.). Eine Vereinigung, die sich in erster Linie damit befaßte, sogenannte Rekordfische aufzulisten, die im Meer gefangen worden waren. In den letzten Jahren werden von dieser Vereinigung auch Rekordfänge in Binnengewässern registriert. Soweit es das Wettfischen angeht, zeichnet sich besonders in Deutschland ein starker Trend ab, nicht zuletzt unter Druck der Behörden, diese Art von Veranstaltungen zu reduzieren oder ganz abzuschaffen. Auch in England sehen sich Wettfischer zusehends den Angriffen von Naturschützern ausgesetzt.
Sportfischen kann jedenfalls nicht nur bedeuten, Fische zu fangen – es beinhaltet vielmehr eine Nähe zur Natur, wie sie nur wenige andere sportliche Organisationen erreichen können. Zugegeben, für eine ganze Anzahl besteht Angeln nur in der Tatsache, möglichst viele und große Fische zu fangen, es gibt aber auch genügend Sportfischer, für die im Vordergrund die Erholung in der Natur in Gemeinschaft mit guten Freunden steht. Viele Angelfreunde bevorzugen die Abgeschiedenheit stiller Wasser weit weg von der Hektik des Alltags, andere wiederum möchten das Abenteuer Fischen auf dem Meer erleben, fern vom Land und den Menschen. So mag für die eine Gruppe der Wettbewerb im Fangen großer und rekordverdächtiger Fische besonders attraktiv sein, während eine andere große Gruppe die Stille und Beschaulichkeit am Gewässer vorzieht und dem Fang von Fischen nicht den Vorrang einräumt.
Welche Fischart man auch bevorzugt und in welchem Gewässer die Schnur ausgeworfen werden soll, das ist letztlich jedem Sportfischer selbst überlassen. Wichtig ist nicht, was uns unterscheidet, sondern was uns eint. Wer ein echter Sportfischer geworden ist, wird es ein Leben lang bleiben, dabei kann seine Passion auf die unterschiedlichste Weise ihren Ausdruck finden – sei es beim aktiven Angeln, beim Lesen eines aufregenden Fischerbuches am knisternden Kamin, beim gemütlichen Basteln eigenen Angelgerätes oder in der Beschaulichkeit der Träume an dunklen Winterabenden, die in uns die Erinnerung an unvergeßliche Fischerstunden lebendig werden läßt oder die Hoffnung auf neue Angelabenteuer erweckt.

Der Fisch und seine Welt

Die Umwelt im Wasser

Um ganz allgemein die Lebensgewohnheiten und Verhaltensweisen der Fische zu verstehen, wie sie agieren und reagieren – ist es erforderlich, Kenntnisse von ihrer Umwelt zu haben. Wenn zum Beispiel wir Sportfischer uns über die fängigsten Fliegen oder Blinker unterhalten, vergessen wir oftmals allzu leicht die Möglichkeiten, aber auch die Begrenzungen, die ihnen im Wasser gesetzt sind.

Das Wasser ist in mehrfacher Hinsicht ein einzigartiges Lebenselement. Wassermoleküle, zusammengesetzt aus einem Wasserstoff- und einem Sauerstoffatom, sind bemerkenswert stabil – und unter anderen allgemeinen Substanzen auf der Erde ist Wasser die einzige, die als Gas, Flüssigkeit und auch in einer gewissen festen Form vorkommt. Wasser hat ferner die ungewöhnliche Eigenschaft bei einer Temperatur, die höher als die Gefrier-Temperatur ist, sehr dicht zu sein. Bei reinem Wasser sind das 4 Grad C, respektive 0 Grad C. Dies ist von entscheidender Bedeutung für das Überleben der Fische und anderer Wassertiere im Winter. Dieselbe Eigenschaft verursacht, daß Eis auf dem Wasser gleiten kann und daß sich auf Seen, Flüssen und an den Küsten Eisschollen bilden können. Außerdem ermöglicht diese Eigenschaft des Wassers die thermische Schichtung und das jahreszeitlich bedingte Umschlagen der Wassermassen bei kaltem Wetter in Seen, was wiederum auch für die Fische von Bedeutung ist.

Das Wasser als Mischung

Absolut reines Wasser kann man nur in Laboratorien gewinnen. Dagegen enthalten alle natürlichen Gewässer verschiedene Bestandteile. Unter Frischwasser versteht man im wesentlichen eine Kohlensäureverbindung, die aus Kohlensäure und Natriumkarbonat sowie Natriumbikarbonat besteht. Danach wird das Wasser als säurehaltig, neutral oder basisch bestimmt. Gemessen wird es nach seinem pH-Wert, der, chemisch gesehen, die Zusammensetzung der Wasserstoff-Ionen angibt. Neutrales Wasser hat einen pH-Wert von 7, niedrigere Werte deuten auf einen höheren Säuregehalt hin, höhere Werte zeigen alkalisches Wasser an. Seen und Flüsse in Kreidegebieten haben im allgemeinen höhere pH-Werte als solche in kreidearmen Böden.

Während man das Wasser in Seen und Flüssen als Frisch- bzw. Süßwasser bezeichnet, spricht man beim Meer vom Salzwasser. Zwischen Süß- und Salzwasser kennen wir eine ganze Reihe von Zwischenstufen. Bei einigen Binnenseen, wie etwa dem Baltischen Meerbusen, sprechen wir von Brackwasser. Wasser, das pro Liter (Kilogramm) weniger als ein Gramm aufgelöster Substanzen enthält, gilt als Süßwasser; alle höheren Werte weisen auf Salz- oder Brackwasser hin. Meerwasser enthält im allgemeinen etwa 35 Gramm Salz pro Liter (unter Promille sind die Anteile pro Tausend zu verstehen).

Licht im Wasser

Die Lichtverhältnisse im Wasser unterscheiden sich ganz erheblich von jenen in der Luft. Selbst im klarsten See oder auch im Ozean wird das Sonnenlicht reflektiert, verstreut und absorbiert. Das geschieht in einem so hohen Maße, daß in einer Tiefe von 150 Metern nur noch etwa 1 Prozent verbleibt. In eingetrübtem und schlammigem Wasser kann das Licht nur wenige Meter eindringen. Diese Unterschiede in der Durchdringung des Wassers haben zum Beispiel einen großen Einfluß auf die Fähigkeit des Fisches, einen Köder zu erkennen.

Unabhängig von der begrenzten Kraft des Lichtes, das Wasser zu durchdringen, ist es doch andererseits ein wichtiger Faktor für die Organismen, die im Wasser leben. Sie sind nicht nur vom Licht abhängig, weil es die Voraussetzungen dafür schafft, daß Wärme und Energie in einer Fotosynthese durch die Pflanzen umgewandelt werden können, sondern zugleich auch vom Sauerstoff und den organischen Substanzen, die von eben diesen Pflanzen produziert werden. Diese die „Grundlage" bildende Produktion ist im Meer vor allem begrenzt auf oberflächennahe Schichten, in erster Linie an den Kontinentalschelfs und niedrigen Uferbänken.

Schall im Wasser

Schall setzt sich im Wasser sehr viel schneller fort als in der Luft. Die Schallgeschwindigkeit in der Luft beträgt 330–340 Meter pro Sekunde, im Wasser dagegen kommt sie auf 1400–1500 Meter in der Sekunde, wobei diese Geschwindigkeit natürlich vom atmosphärischen Druck und dem Salzgehalt des Wassers abhängig ist.

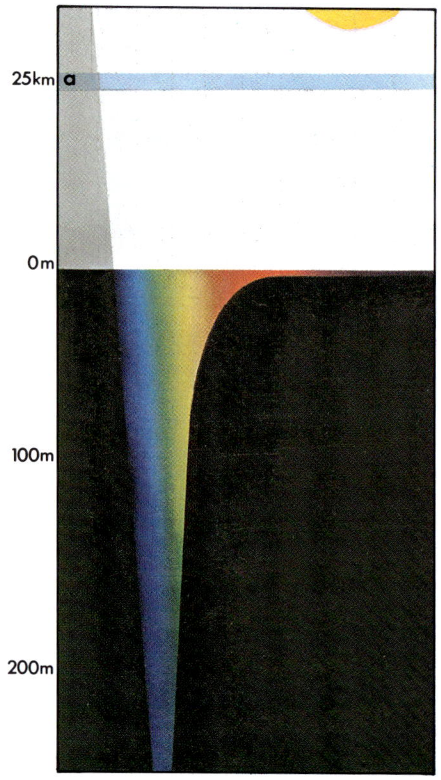

Die Erdatmosphäre absorbiert einen Teil des einfallenden Sonnenlichts. Die Ozonschichten in der Atmosphäre spielen bei der Reduzierung der ultravioletten Strahlung eine bedeutende Rolle. Wenn das Licht in Wasser einfällt, wird noch mehr von ihm absorbiert, was wiederum von der Wellenlänge der Strahlen abhängig ist. In klarem Wasser dringt blaugrünes Licht am weitesten vor. Doch selbst dieser Teil des Farbspektrums wird in Tiefen über 100 Meter zu schwach, um den dort befindlichen Pflanzen eine Fotosynthese zu erlauben. Darum ist es für Nährstoffe in tiefem Wasser lebenswichtig, an die Oberfläche aufzusteigen. Dort ist das Sonnenlicht kräftiger und kann von pflanzlichem Plankton und von Algen genutzt werden.

Die geheimnisvolle Welt der Gewässer ist deshalb niemals lautlos – auch wenn wir Sportfischer oftmals diesen Eindruck haben. Da wir uns über der Oberfläche des Wassers aufhalten, hören wir nur höchst selten Laute, die im Wasser dahineilen. Hinzu kommt, daß die Schallwellen an der Oberfläche gelöscht werden. Untersuchungen mit modernen Wasser-Horchgeräten haben ergeben, daß man die Geräusche im Wasser mit einer gut fluktuirenden Schallplatten-Bibliothek vergleichen kann. Eine Bibliothek, in der die Fische für die meisten aller Laute verantwortlich sind.

Der Wasserkreislauf

Etwa 71 Prozent der Erdoberfläche sind vom Wasser bedeckt. Das Gesamtvolumen des Wassers auf der Erde wird auf mehr als 1450 Millionen Kubikkilometer geschätzt. Ungefähr 94 Prozent hiervon beinhalten die Ozeane, 4 Prozent sind den Binnengewässern zuzuordnen und 2 Prozent sind Eisfelder und Gletscher. Die Atmosphäre enthält nur 0,001 Prozent Wasser. Die große Masse des Süßwassers befindet sich in einem ständigen Kreislauf, verursacht durch die Heizenergie der Sonne. Dieser weltweite Kreislauf hat mehrere Hauptstufen.

Ununterbrochen verdunstet Wasser von der Oberfläche der Ozeane. Dieser Wasserschleier wird von den Winden davongetragen, kondensiert bei Kälte und schlägt sich als Regen, Schnee oder Hagel nieder. Alljährlich verdunstet so von der Oberfläche der Ozeane ungefähr 1 Meter Wasser. 90 Prozent hiervon gehen direkt zurück ins Meer durch Kondensation über den Wasserflächen. Der Rest wird über die Kontinente geblasen, wo er einen unterschiedlich hohen Niederschlag erbringt. Das meiste hiervon verdunstet erneut von den Seen, Flüssen, der Vegetation und der Erde selbst, um zum Meer zurückzukehren. Was sich auf den Kontinenten niederschlägt, fließt zumeist meerwärts. So schließt sich der Kreislauf.

Kreislauf und Schichtenbildung

Neben dem aufgezeigten globalen Wasserkreislauf gibt es noch viele andere Kreislaufprozesse und Strömungen in den Ozeanen und Seen. Diese Strömungen transportieren Wärme und aufgelöste Materialien, die für Fische

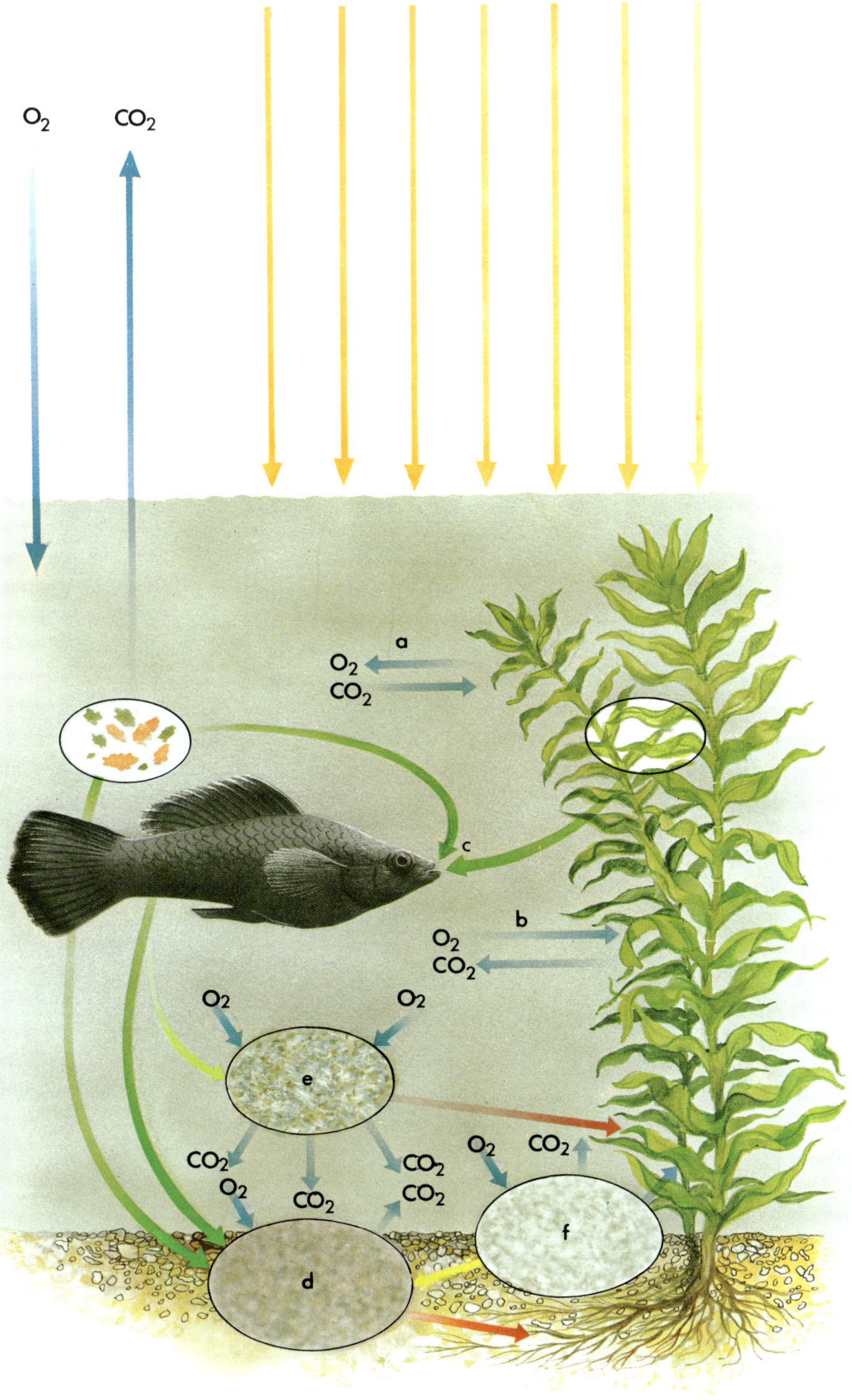

In der Natur haben wir einen ständigen Kreislauf von Energie und Materie. In diesem Diagrammschema von Fotosynthesen wird totes organisches Material gezeigt (grüne Pfeile), sowie die Kreisläufe von Sauerstoff und Kohlensäure (blaue Pfeile), von Stickstoffgemischen (gelbe Pfeile) und von unorganischen Nährstoffen (rote Pfeile). Die vielen unterschiedlichen Vorgänge müssen einander im Gleichgewicht halten, wenn ein gesunder Lebensraum garantiert werden soll. Lichtenergie ruft in Pflanzen eine Fotosynthese hervor. Sie absorbieren Kohlensäure und geben Sauerstoff ab (a). Ein gegenteiliger Prozeß ist die Atmung, bei der Sauerstoff aufgenommen und Kohlensäure unter gleichzeitiger Umsetzung der Energie abgegeben wird (b). Pflanzenfressende Fische verbrauchen pflanzliches Material (c). Exkremente, Urin und abgestorbenes Pflanzenmaterial werden in den Bodensedimenten gesammelt und dort von Bakterien aufgelöst (d, e, f). Diese Auflösung verbraucht Sauerstoff und gibt Kohlensäure frei, die, zusammen mit den Nährstoffen, von den Wurzeln der Pflanzen aufgenommen werden. Auf diese Weise vollendet sich der Kreislauf.

und anderes Wassergetier von großer Bedeutung sind. Ozeanische Strömungen transportieren erwärmte Wassermengen aus subtropischen Breitengraden in die unendlichen Weiten des Atlantik und des Pazifischen Ozeans. Vertikale Strömungen wirbeln sowohl kaltes Wasser als auch Nahrung aus den Tiefen an die Oberfläche der Ozeane und Seen.
Die Oberflächenströmungen in den Ozeanen und Seen werden in erster Linie von den Winden verursacht. Weitere Gründe hierfür sind Wechsel im atmosphärischen Druck und in der Wasserdichte, sowie die Gezeiten, die durch die Anziehungskräfte der Sonne und des Mondes hervorgerufen werden. Veränderungen in der Wasserdichte sind verantwortlich für die Wassertemperatur. Solche Veränderungen treten am stärksten in den tiefen Seen der gemäßigten Klimazonen auf. Hier, wie bereits erwähnt, werden die Wassermassen thermisch in einen jahreszeitlich bedingten Kreislauf eingebunden, der zwischen Herbst und Frühjahr wie folgt verläuft.
Im Sommer ist das erwärmte Wasser in einem See von geringer Dichte und bildet an der Oberfläche eine Schicht. Diese Deckschicht verbleibt bis zum Herbst, wenn das Wasser abkühlt und der ganze See eine gleichmäßige Temperatur aufweist. Da aber Wasser seine größte Dichte bei 4 Grad C erhält, verringert sich durch die weitere Abkühlung im Winter die Wasserdichte und bildet wiederum eine Schicht an der Oberfläche. Diese Winter-Deckschicht hält sich bis zum Frühjahr, wenn die Oberfläche erneut erwärmt wird und damit die Temperatur im See wieder steigt.
Infolge dieser Sommer- und Winterschichtung verfügt der See über zwei relativ stabile Wassermassen, genau genommen drei, zwischen denen nur ein sehr geringer Austausch stattfindet: der Deckschicht (Epilimnion) und der Tiefenschicht (Hypolimnion). Zwischen beiden Schichten liegt die Sprungschicht (Metalimnion). In der Tiefenschicht werden nur wenige oder gar keine Nährstoffe produziert, da der Lichteinfall hier zu schwach ist. Die Sprungschicht ist eine stabile Wasserzone, deren Temperatur bis zu 10 Grad C innerhalb nur weniger Meter Tiefe variieren kann. Die Sprungschicht bildet eine Barriere, nicht nur, um zu verhindern, daß sich die Deck- und Tiefenschicht miteinander verbinden, sondern auch gegen den durch Wind verursachten Kreislauf und Sauerstoffaustausch von der Atmosphäre zum Boden. Deshalb kann es während der Stagnation im Sommer zu einer sehr kritischen Sauerstoffsituation kommen, dies besonders in hoch-produktiven Seen, in denen viel Sauerstoff benötigt wird, um einen Zusammenbruch des organischen Materials zu verhindern.
Steigt dagegen im Meerwasser der Salzgehalt, so sinkt die Temperaturdichte unter 4 Grad C. Gleichzeitig sinkt auch die Gefriertemperatur leicht unter 0 Grad C ab. In einem Gewässer mit hohem Salzgehalt gleichen sich im Grunde diese Temperaturen einander an. Das Ergebnis eines solchen homogenen Wassers ist, daß das Eis nicht driften kann, und das Wasser kann nicht gefrieren, bis es auf den Gefrierpunkt abgekühlt ist. Es kommt in so einer Lage auch zu keiner Wasserschichtbildung oder Umschichtung, weder auf dem Meer noch in Seen.
Im Brackwasser, besonders in solchem mit einer reichlichen Süßwasserzufuhr wie im Baltischen Meerbusen, tendiert eine Deckschicht mit geringem Salzgehalt dazu, sich über eine Tiefenschicht mit höherem Salzgehalt zu legen. An der vertikalen Zirkulation ist dann nur die Deckschicht beteiligt. Darunter verbleibt das Salzwasser thermocline oder halocline. Die untere Wasserschicht hat wenig oder gar keine jahreszeitlich bedingten Unterschiede in Temperatur und Salzgehalt aufzuweisen. Das führt konsequenterweise dazu, daß die Waserschicht über der haloclinen Schichtung im allgemeinen gut mit Sauerstoff gesättigt ist, während die Tiefenschicht oftmals nicht ausreichend versorgt ist oder gar keinen Sauerstoff aufweist.

Lebensraum der Fische

Die Lebensräume der Fische sind zahllos, sie reichen vom kleinsten Bach und Teich bis zu den Weiten der Ozeane. Wir müssen uns daher auf drei wesentliche Typen ihrer Ökosysteme beschränken: Seen, Fließgewässer und Meere. zwischen diesen Gewässertypen gibt es noch eine ganze Reihe von Lebensräumen, auf die hier jedoch nicht näher eingegangen werden soll.

Alles Leben auf Erden ist abhängig von der Sonne. Sonnenenergie wird nicht nur in Nährstoff für grüne Pflanzen umgewandelt, sondern ist zugleich auch eine Energiequelle für den Wasser- und Luftkreislauf auf der ganzen Erde. Wasser, von der Sonne erwärmt, verdampft in der Atmosphäre, wird fortgetragen vom Wind und fällt eventuell als Regen oder Schnee auf die Erde zurück. Über dem Land fließt es durch Flüsse und andere Wasserwege zurück ins Meer, wo es in Meeresströmungen kreist, bis es erneut verdampft.

Unsere Aufmerksamkeit gilt in erster Linie Gewässern gemäßigter klimatischer Zonen.

Die Seen

Seen kann man auf die verschiedenste Weise klassifizieren. In unserem Fall gehen wir von einer Beurteilung auf der Grundlage ihrer Produktion von organischen Stoffen aus. Oligotrophe Seen, die wenig Nährstoffe produzieren, sind relativ tief und beherbergen nur eine geringe Zahl von Organismen. Eutrophische Seen mit einem reichen Gehalt an Nährstoffen sind von geringerer Tiefe und produzieren ein Übermaß an organischem Leben.
Die Produktionskraft eines Sees wird im wesentlichen von seinem Volumen, dem Niederschlag oder Aufnahmevermögen und vom Klima bestimmt. Grundsätzlich kann man sagen, daß die Mehrzahl der oligotrophen Seen in Regionen angesiedelt sind, in denen, erdzeitlich gesehen, felsiger Untergrund nur in geringem Umfang vorhanden ist. Die meisten eutrophischen Seen liegen dagegen in Gebieten mit reichhaltigen Kreidevorkommen. Die Seen in den bevölkerten Regionen der westlichen Welt werden zusehends mehr und mehr eutrophisch, da sie Nährstoffe von den kommunalen Abwässern und der landwirtschaftlichen Dränage zugeführt bekommen. Diese zunehmende Eutrophierung ist eine ernsthafte Bedrohung für alle Salmoniden – wie sich noch zeigen wird. Andererseits werden auch heutzutage noch hier und dort die sogenannten eutrophischen Fischarten gefördert, insbesondere die karpfenartigen (Cypriniden).

Das Leben in den Seen

Tiere und Pflanzen in einem See sind in hohem Maße von den vorhandenen Nährstoffen abhängig. Sowohl von ihrer Anzahl her als auch nach ihren Arten können sie sich daher außerordentlich unterscheiden, je nachdem, ob es sich um einen eutrophischen oder oligotrophischen See handelt. Unabhängig von dieser Tatsache haben beide Seetypen gemeinsame Lebensmerkmale.
Unter Plankton versteht man eine beträchtliche Gruppe von kleinen schwimmenden Organismen, deren Bewegungen mehr oder weniger von den Strömungen beeinflußt werden. Dies trifft im besonderen auf die verschiedenartigen Pflanzen (Phytoplankton) zu, während einige der tierischen Arten (Zooplankton) aktive Schwimmer sind. Die Mehrzahl des Zooplanktons lebt im Freiwasser der Seen, auch pelagische Zone genannt. Einige dieser Bio-Indikatoren wie die Ruderfußkrebse und Arten der Cladocera führen täglich vertikale Wanderungen durch. In der Nacht kommen sie an die Oberfläche, um tagsüber wieder in die Tiefen zurückzukehren. Dieses Phänomen des Wanderns ist bis heute noch nicht geklärt, aber die Wahrscheinlichkeit liegt nahe, daß es vom Sonnenlicht verursacht wird. Wir werden noch darauf zu sprechen kommen, daß das Plankton ein ganz wichtiger Nahrungslieferant für die meisten Jungfische, aber auch für eine ganze Reihe von Fischarten überhaupt ist.
Unter Nekton versteht man ganz allgemein jene Organismen, die schwimmen und nach eigenem Willen navigieren können. So gesehen sind sie Vorstufen der Fische. Es gibt jedoch noch andere Tiergattungen, wie etwa Krustentiere und schwimmende Vögel, die ebenso der Gruppe Nekton zugeordnet sein können.
Als Benthos wird jene Gruppe von Organismen bezeichnet, die dem Seeboden zuzuordnen sind. Sie leben in den Bodensedimenten oder sind in anderer Weise vom Boden abhängig, von dem sie auch ihre Nahrung aufnehmen. Besonders in den Uferzonen der Seen sind die Lebensverhältnisse recht mannigfaltig und oftmals belastet, so daß unterschiedliche Anpassungsmethoden der Organismen erforderlich sind. So müssen zum Beispiel Arten,

die an abschüssigen, dem Wind ausgesetzten und steinigen Gründen leben, in der Lage sein, plötzlich auftretenden Belastungen zu widerstehen. Zumeist haben diese Arten eine ziemlich flache Körperform, manchmal hat die Natur sie mit Saug- und Haftfüßen oder auch mit Krallen ausgestattet, genau so wie Tiere, die im Fließwasser leben. Andererseits können Arten, deren Lebensraum ruhige Buchten mit Lehm- oder Schlammböden sind, relativ schwach gebaut sein. Zum Überleben reicht ihnen der geringe Sauerstoffgehalt, der unter solchen Verhältnissen anzutreffen ist. In einer solcherart geschützten Umgebung kommt es im allgemeinen zur Pflanzenproduktion durch Fotosynthese. Die Bodenorganismen sind oft sehr zahlreich, zu ihnen gehören Würmer, Muscheln, Krustentiere und Insekten in ihren unterschiedlichen Entwicklungsstufen.

Unabhängig von ihren mannigfaltigen Lebensräumen ist die Uferzone eines Sees die artenreichste. Je tiefer man gelangt, um so weniger Arten trifft man an; zwar haben in tieferen Schichten die einzelnen Organismen mehr Spielraum, doch zugleich werden in diesen Bereichen auch die Lebensbedingungen für sie beschwerlicher.

In einem eutrophen See wird die Vegetation der Uferzone von den im Boden verwurzelten Pflanzen gebildet. Die Flachwasserbereiche in Ufernähe sind durch Heliophytes gekennzeichnet – hochstämmige Pflanzen, die ihre Blätter und Zweige über der Oberfläche ausbreiten. Außerhalb dieser Bereiche finden wir im Seeboden verwurzelte Pflanzen mit Blattwedeln, deren Blüten jedoch nicht die Oberfläche erreichen. Weiter in der Tiefe stoßen wir dann auf jene Gruppe echter Unterwasserpflanzen, die vollständig im Unterwasserbereich existieren. Diese Tiefenvegetation ist im allgemeinen in eutrophen Seen am geringsten entwickelt, während sie in den oligotrophen Seen die wichtigste Gruppe ist.

Nahrungsketten im See

In einem See stehen die grünen Pflanzen am Anfang einer Nahrungskette. Ihr Chlorophyll befähigt sie, durch Fotosynthese Nährstoffe aus Sonnenenergie, Kohlensäure und Wasser zu erzeugen. In einem gewissen Sinne ernähren sie sich selbst, wenngleich sie natürlich von äußerer Versorgung abhängfig sind. Vor allem benötigen sie Bakterien, die sie mit Salzen versorgen und mit deren Hilfe sie abgestorbene Bestandteile abstoßen können. Von dieser Warte aus kann man die Bakterien als Grundlage im Webmechanismus der Nahrungskette in einem See ansehen.

Die erste Stufe in diesem Gewebe einer Nahrungskette sind die grünen Pflanzen. An zweiter Stelle kommen die pflanzenfressenden Tiere. Sie sind die Erstverbraucher. Diese Arten haben die Wahl zwischen noch lebenden oder bereits abgestorbenen Pflanzenbestandteilen. Wieviel sie von dem einen oder anderen verzehren, ist uns weithin unbekannt. Pflanzenfresser, die auf Seeböden leben, die so tief gelegen sind, daß das Sonnenlicht nicht mehr ausreicht, um grüne Pflanzen wachsen zu lassen, müssen sich ohne Zweifel von abgestorbenen Pflanzenmaterialien ernähren, die von der Strömung abgetragen werden oder zu Boden sinken. Möglicherweise sind diese Bestandteile auch die Hauptnahrung für Pflanzenfresser in der Uferzone.

Die dritte Stufe im Gewebe der Nahrungskette besteht aus fleischfressenden Tieren, die sich die Pflanzenfresser einverleiben. Sie wiederum werden von anderem Wassergetier, in erster Linie von den Fischen, gefressen, womit die vierte Stufe erreicht wäre; und so setzt sich die Kette fort. Jedes Teilchen, das zu einem Organismus innerhalb dieser verschiedenen Stufen gehört, ist ein Glied in der Nahrungskette. Die meisten Lebewesen im Wasser bevorzugen allerdings eine vielfältige Nahrung, einschließlich unterschiedlicher Nahrungsketten. Auf diese Weise ergeben sich letztlich ineinander verschlungene Nahrungsketten in einem oftmals sehr komplexen Nahrungsgewebe. Ein Vorgang, der im Laufe der Zeit auch Veränderungen unterworfen sein kann. Ein Beispiel: im Jugendstadium ernähren sich die meisten Fische von Zooplankton, später wechseln sie in die Tiefen, um sich am Grund zu ernähren, während wieder andere Arten, wie der Karpfen, wenn sie ausgewachsen sind, eine Pflanzennahrung bevorzugen.

Wo sind die Fische im See?

In einem See leben die Fische nahezu in allen Lebensräumen oder Biotopen. In ihrer Mehrheit dürften sie jedoch, einzeln oder in Schulen, in den Uferzonen anzutreffen sein. Natürlich ist es so, daß Planktonfresser, wie etwa die Weißfische, vor allem im Freiwasser ihre Nahrung finden und daher weniger in der Uferzone anzutreffen sind, als etwa Forellen, die ihre Hauptnahrung in Ufernähe finden.

Die Nahrungsketten in einem See der gemäßigten Zone. Solche Nahrungsketten müssen keineswegs vom Erstnutzer bis zum letzten Verbraucher geradlinig verlaufen. Da sie untereinander verbunden sind, bilden sie oftmals ein kaum durchschaubares Nahrungsgewebe in einem Lebensraum.

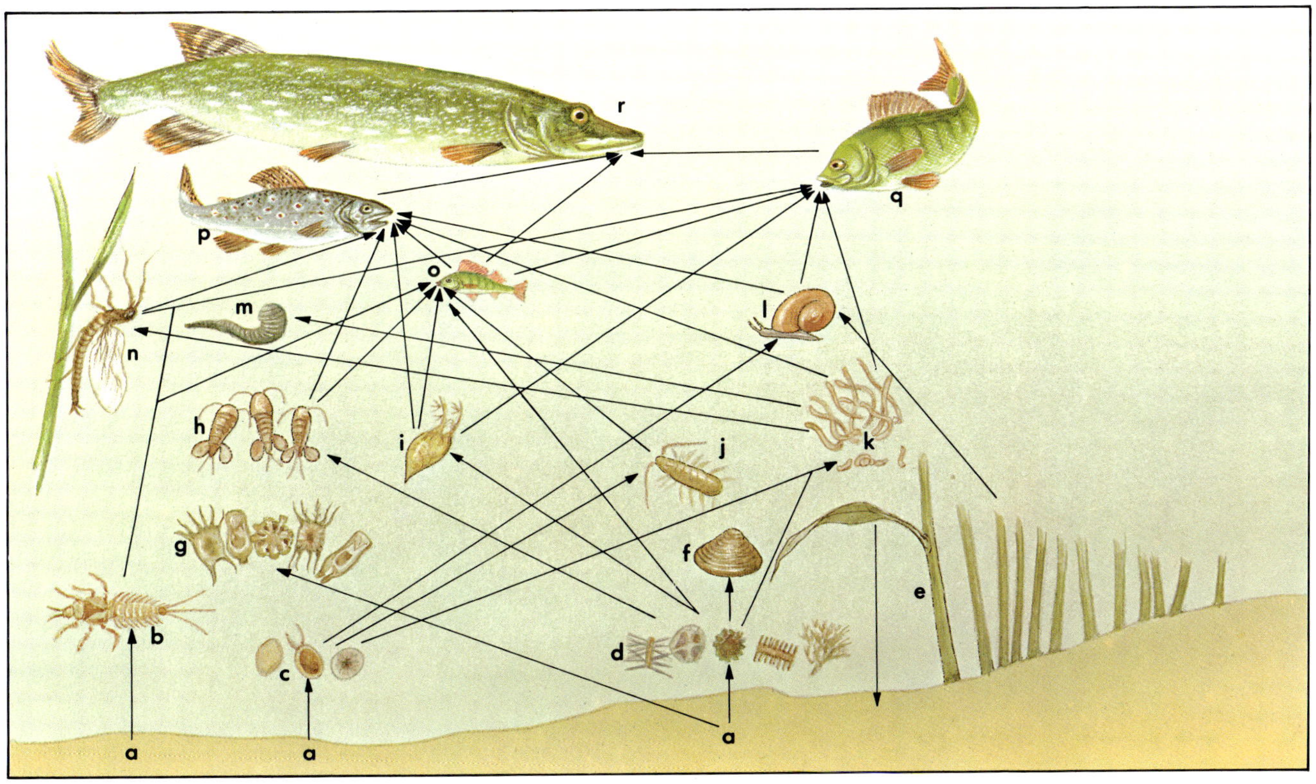

a Detritus
b Larve der Maifliege
c Bodenalge
d Phytoplankton
e Uferpflanzen
f Muscheln
g Rädertierchen
h Cyclops
i Wasserfloh
j Wasserlaus
k Blutwürmer
l Süßwasserschnecke
m Unechter Pferdeegel
n Maifliege
o Barschbrut
p Forelle
q Barsch
r Hecht

Genau wie im Meer beeinflussen auch in einem See viele Faktoren den Standort der Fische. Von großer Bedeutung ist die Wassertemperatur. Das führt zum Beispiel dazu, daß ein Fisch wie der Hecht, der an relativ kaltes Wasser gewöhnt ist, im Frühjahr und Herbst in Flachwasserzonen anzutreffen ist, während er im Sommer tiefere und kühlere Standorte aufsucht. Im Gegensatz hierzu verhält sich der Barsch, der warmes Wasser bevorzugt und sich zu jeder Jahreszeit in den wärmsten Gewässerschichten aufhält, oftmals können hierfür nur einige Zehntel Grad Unterschied die Ursache sein.
Die Forelle, wie bereits erwähnt, lebt vor allem in der Uferzone. Wir können ziemlich sicher sein, sie während des ganzen Jahres zumeist dort anzutreffen. Allerdings dürfen wir dabei nicht den Fehler begehen, diese Uferzone zum Freiwasser hin zu eng zu fassen.

Fließgewässer
Je nach Größe und Fließgeschwindigkeit unterscheidet man bei Fließgewässern zwischen Bach, Flüßchen, Fluß und Strom. Hinsichtlich ihrer Fließgeschwindigkeit werden die unterschiedlichen Strecken als Gumpen, Ruhigwasser, Stromschnelle oder Wasserfall usw. eingeteilt. Ein Gumpen ist eine Gewässerstrecke mit mehr oder weniger stehendem Wasser, der sich zwischen einer Stromschnelle und einer stärkeren Strömung bildet. Ferner sprechen wir von einem Ruhigwasser oder dem Stau vor einer Stromschnelle oder einem Wasserfall, sowie von einem Kehrwasser oder Gumpen unterhalb eines solchen.
Unter Dränagebereich versteht man das Land im Einzugsgebiet eines Flusses. Wasserscheiden sind Höhen, die unterschiedliche Einzugsgebiete trennen. Die Wassermenge, die innerhalb einer bestimmten Zeiteinheit durch eine begrenzte Kanalstrecke läuft, nennt man die Abflußmenge. Diese Abflußmenge wird in Kubikmetern pro Sekunde gemessen. Als Abflußmenge pro Einheit, bezogen auf das Wasser-Einzugsgebiet, ist die Entwässerung (Dränage) zu verstehen. Sie wird in Liter/Sekunden pro Quadratkilometer gemessen. Der Wasserstand ist die jeweilige Höhe der Wasseroberfläche gemessen im Verhältnis zu einem bestimmten Grundwasserstand. Der Wasserstand wird von einem Wasserstandsmesser abgelesen.

Das Bild stellt einen fiktiven See dar, in dem sichere Angelplätze markiert wurden: (a) Strom- und Flußeinläufe, (b) Moorkanten, (c) Landspitzen, (d) Strom- und Flußmündungen, (e) überhängende Bäume, (f) versunkene Felsen.

Das Leben im Fließwasser
In Seen bildet, wie bereits erwähnt, Zooplankton die Hauptbasis der Nährstoffe. Fließgewässer sind jedoch nicht der richtige Lebensraum für diese schwebenden Organismen. Findet man Plankton in Fließgewässern, so wurde es zumeist aus Seen oder langsam fließenden Gewässern ausgeschwemmt.
In Fließgewässern besteht der grüne Pflanzengürtel in der Mehrheit aus Moos, Flechten und Algen. Die Steine am Grund einer Fließstrecke sind zumeist von ihnen überwachsen. Nur in langsam fließenden Abschnitten von Bächen und Flüssen stößt man auf höherwertige Wasserpflanzen, die für eine Nährstoffproduktion von großer Bedeutung sind. Es mag überraschen, daß eine solche Produktion recht umfangreich sein kann und in der Tat zu den größten gehört, die in einem Ökosystem bekannt sind. Der Grund hierfür ist in der Tatsache zu sehen, daß Fließgewässer ständig Substanzen herantragen, die von den Organismen dringend benötigt werden. Andererseits tragen sie verbrauchte Stoffe mit weg. Auf diese Weise entsteht eine höchst wirksame Umschichtung, die den Organismen eine sehr viel höhere Produktion erlaubt, als man dies von ihrer Anzahl her erwarten dürfte.
Nichtsdestoweniger sind Fließgewässer extreme und belastete Lebensräume, die oftmals Kleinlebewesen zur Anpassung zwingen. Mit ihren flach ausgebildeten Körpern, Saugfüßen und Klammerwerkzeugen, die es den Insektenlarven erlauben, sich an den rauhen Oberflächen der Steine festzuhalten, sind im Fließgewässer noch weit wichtiger als an den abschüssigen Seeufern, von denen wir bereits gesprochen haben. Viele Insektenlarven in Fließgewässern, wie etwa Steinfliegen und Sedges, haben diese typisch abgeflachte Körperform – obgleich wir nicht wissen, ob diese aus Anpassungszwängen gegenüber dem Wasserdruck entstanden ist oder aus der Notwendigkeit, in winzigen Spalten und Rissen Schutz vor der Strömung zu finden.
Um zu vermeiden, daß sie in starker Strömung mitgerissen werden, haben sich bei Wassertieren in Fließgewässern auch andere Formen der Anpassung ergeben, wie das Beispiel bei einigen Maifliegenlarven zeigt, bei denen sich vorstehende Körperpartien zurückgebildet haben. Einige Arten von Kleinlebewesen produzieren, um Halt zu finden, ein seidenartiges Sekret, das sie aus Speicheldrüsen hervorbringen. Die Gefahr, durch die Strömung mitgerissen zu werden, läßt sich auch durch ein Gewicht oder eine Last verringern. Deshalb bauen sich einige Sedgelarven hausartige, gewölbte Gebilde aus Sand und Kieselkörnern. Auch die Fische haben sich dem höheren Wasserdruck in Fließgewässern angepaßt. Jene Arten, die in starker Strömung leben, besitzen zumeist die ausgeprägteste Stromlinienform.

Organische Drift
Lebendes oder abgestorbenes organisches Material, das vom Fließgewässer fortgetragen wird, ist als organische Drift bekannt. Hierbei handelt es sich um eine Mischung aus Insekten und Larven, die unter die Oberfläche gesunken sind, um Plankton, das aus Seen weggetragen wurde, um Kleinlebewesen, die vom Boden mitgerissen wurden usw. Bestimmte Arten der Bodenorganismen verarbeiten zum Teil diese organische Drift, indem sie die Substanzen filtern. Hierzu haben die „Filterer" bestimmte Fangarten ausgebildet, mit deren Hilfe sie sich Nahrung aus der Driftfauna sammeln. Die Methoden, mit denen sie dabei vorgehen, sind teilweise recht einfach, andere wieder erweisen sich als höchst kompliziert – so gibt es Kleinlebewesen, die mit Fangnetzen arbeiten. Die Maschen dieser Netze sind so eng, daß sie in ihnen sogar Bakterien fangen können!
Die umfangreichste organische Drift wird im allgemeinen aus Seen und anderen langsam fließenden Gewässern herausgeschwemmt. In diesen Gewässerregionen lebt auch die Mehrheit der filternden Bodenorganismen. Was wiederum bedeutet, daß diesen Organismen eine reiche Fauna an räuberischem Wassergetier folgt, da diese von den Bodenorganismen leben. So bilden nacheinander die Drift, die Bodenorganismen und die ihnen folgende räuberische Fauna eine Nahrungskette, wie sie wirkungsvoller auch von einer Fabrik nicht geschaffen werden könnte. Partikel solcher Nährstoffe, die ganz allgemein für Fische zu winzig sind, werden von den Bodenorganismen festgchalten – und wenn diese sie am Boden verlieren, gelangen sie in die Fänge der Räuber.
Da sich solche Vorgänge in der Hauptsache am Auslauf von Seen abspielen, zählen diese Bereiche zu den produktivsten Abschnitten eines Fließgewäs-

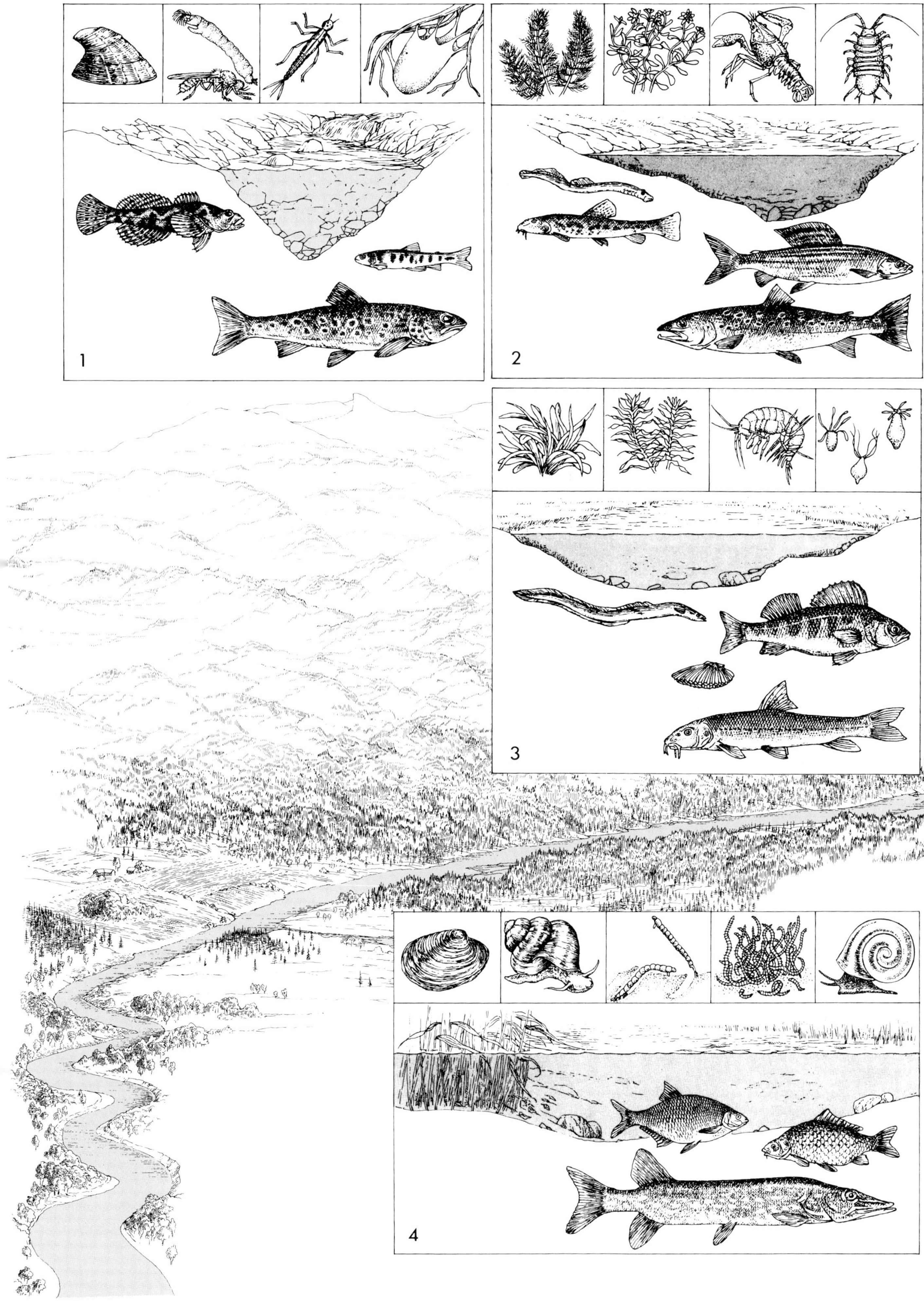

Ein Fluß der gemäßigten Zonen beginnt hoch in den Bergen und fließt ins Meer, wo sich Süß und Salzwasser mischen. (1) Die Quelle. Das Wasser, kalt und sauerstoffreich, fließt oftmals in einer steinigen Rinne ab. Das tierische Leben ist dieser Umgebung angepaßt. Hier leben gute Schwimmer wie Lachs und Forelle, und sie nutzen ruhige Stellen wie die Groppe und andere. Kleinere Bodenbewohner klammern sich mit ihren Gliedmaßen an die Felsen. (2) Weiter unten schwächt sich die Strömung in tieferem Wasser ab. Noch immer ist reichlich Sauerstoff vorhanden.

Das Wasser fließt über steinigen Boden, hier und da von sandigen oder kieselhaltigen Stellen unterbrochen. Die Fischarten sind hier reichhaltiger als im Oberwasser.

(3) In den tiefer gelegenen, mittleren Regionen des Flusses besteht der Boden zumeist aus Sand oder Kies, da hier die Strömung wesentlich geringer ist. Aal und Barsch zählen hier zu den Hauptfischarten. (4) An seiner niedrigsten Stelle gleicht der Fluß einem Tümpel mit trübem Wasser, das langsam über einem schlammigen Grund dahinfließt. Schilf und andere Wasserpflanzen säumen die Ränder der Ufer. Hier leben pflanzen- und fleischfressende Tierarten. Die Mehrzahl der Fische bewegt sich langsam und hat hohe Rücken, wie etwa der Karpfen. Der wichtigste Raubfisch in diesem Revier ist der Hecht.

sers. Ein Grund, weshalb man an solchen Stellen nicht nur immer wieder Fische antrifft, sondern auch Angler. Tatsächlich ist es so, daß viele Fischarten, die in der Strömung leben, genau so die Drift der Nährstoffe nutzen, wie dies bei den Bodenorganismen geschieht. Anstatt bestimmten Beutetieren nachzujagen, wählen sie in der Strömung einen Standort und nehmen dort auf, was immer ihnen durch die Strömung zugetragen wird. Diese Verhaltensweise ist zum Beispiel typisch für Junglachse, Bach- und Regenbogenforellen und auch in einem bestimmten Maße für Äsche und Saibling im Fließgewässer.

Lebensräume der Fische im Fließgewässer

Die Mehrzahl der Fischarten, die im Süßwasser beheimatet sind, trifft man auch in Fließgewässern an. Viele Süßwasserarten wechseln zwischen Seen und Fließgewässern. Mehr noch, alle diese Arten sind einem bestimmten Gebiet zuzuordnen.

Gewisse Fischarten, deren Lebensräume Fließwasserstrecken mit starker Strömung sind, haben sich bereits anatomisch diesen Wasserverhältnissen angepaßt. Häufig sind sie mehr oder weniger stromlinienförmig gebaut. Salmoniden, wie Forelle und Äsche, haben sich auf die eine oder andere Weise stärkeren Strömungen angepaßt, wenn auch die Äsche im allgemeinen mehr als die Forelle etwas langsamer fließendes Wasser bevorzugt. Dies ist im übrigen auch ähnlich beim Lachs zu beobachten. Andere Arten dagegen sind Grundfische, die zumeist Schutz hinter oder unter Steinen suchen, wie etwa die Groppe und der Wels. Cyproniden, also die Karpfenartigen, sowie der Hecht bevorzugen langsamer fließende Strecken in Bächen und Flüssen.

Die Standorte der Fische im Fließwasser unterliegen keinen weiteren bestimmten Voraussetzungen, zumal diese Fischarten auch in ihrem Anpassungsvermögen an die jeweiligen Lebensverhältnisse ohnehin in hohem Maße einander unterscheiden. Auf dieser Zeichnung sind in einem Fluß mit unterschiedlicher Fließgeschwindigkeit die Standorte der Forelle dort eingetragen, wo sie wahrscheinlich am häufigsten anzutreffen ist.

Das Meer

Aufgrund der ungeheuren Ausdehnung der Ozeane auf unserer Erde und ihrer durchschnittlichen Tiefe von etwa 3800 Metern haben die Organismen im Meer sehr viel mehr Lebensraum, als ihre Vettern in den Süßwasserzonen. Letzteren stehen vergleichbar nur begrenzte Lebensräume zur Verfügung. Erstaunlich, daß die Meere trotzdem im Vergleich mit dem Süßwasser ein geringeres Artenaufkommen haben. In den Meeren leben nur etwa 160 000 Tierarten von der uns bekannten Million auf der Erde. Allerdings, bei zwei Dritteln dieser Million handelt es sich um Insekten, die kaum im Meer leben könnten.

Genauso wie die Seen ist auch das Meer in verschiedene Zonen eingeteilt. Die Hochsee- oder pelagische Zone, besteht genau genommen aus zwei Zonen oder Regionen. Da ist zunächst die Neretic-Zone zu nennen, worunter der küstennahe Bereich zu verstehen ist. Sie ist etwa den Uferregionen in Seen vergleichbar. Diese Zone erstreckt sich über den Kontinentalschelf bis auf eine Tiefe von ungefähr 200 Metern. Hinter ihr weitet sich die ozeanische Zone aus. Die größten und zugleich unterschiedlichsten Lebensräume finden wir in der Neretic- oder küstennahen Zone. Hierzu gehören die Küsten, Tangfelder, Buchten, Flußmündungen, Sandbänke, Korallenriffe in der Südsee und viele andere. In dieser Meereszone treffen wir auch die größte Zahl von Tierarten an, einschließlich der Fische.

Leben im Meer

Tiere und Pflanzen, die vollständig im Hochseebereich leben, werden von den Meeresbiologen als ,,holopelagisch" bezeichnet. Zu ihnen gehören etwa 200 Tierarten und praktisch alle mikroskopisch kleinen Algen. Kleinlebewesen, die in erster Linie ihren Lebensraum im pelagischen Bereich haben, jedoch für bestimmte Phasen in ihrem Leben an den Meeresboden gebunden sind, werden in der Gruppe ,,Meropelagische" zusammengefaßt. Sie machen einige 1000 Arten aus, auch die meisten Medusen und Quallen gehören zu ihnen.

Zwischen den meropelagischen Tieren und jenen, die ausschließlich auf dem Meeresboden leben, gibt es viele Wechselformen. So lebt zum Beispiel der Hering in der pelagischen Zone, seinen Laich bringt er jedoch am Boden aus. Der Dorschlaich wird im pelagischen Bereich angelegt, sein Leben als erwachsener Fisch beginnt der Dorsch jedoch am Meeresboden. Sogar Seezunge und Plattfisch machen ein Entwicklungsstadium in der pelagischen Zone durch. In der Tat ist es so, daß die Mehrheit der Meeresbodenbewohner ein Larvenstadium im Freiwasser durchmacht.

Genau so wie in den Seen unterscheidet man auch bei den Meeresorganismen zwischen Plankton und Nekton. Am Beginn der Nahrungskette im Meer

Diese fiktive Strecke eines Stromes zeigt die üblichen Standorte der Fische: (a) Tiefer Gumpen, (b) Kleine Stromschnelle an einer Uferauswaschung, (c) Gumpen, (d) Tiefe Schnellen in einem Gumpen, (e) Flache Strömung über kalkhaltigem Grund, (f) Enger Durchlaß in einem Gumpen.

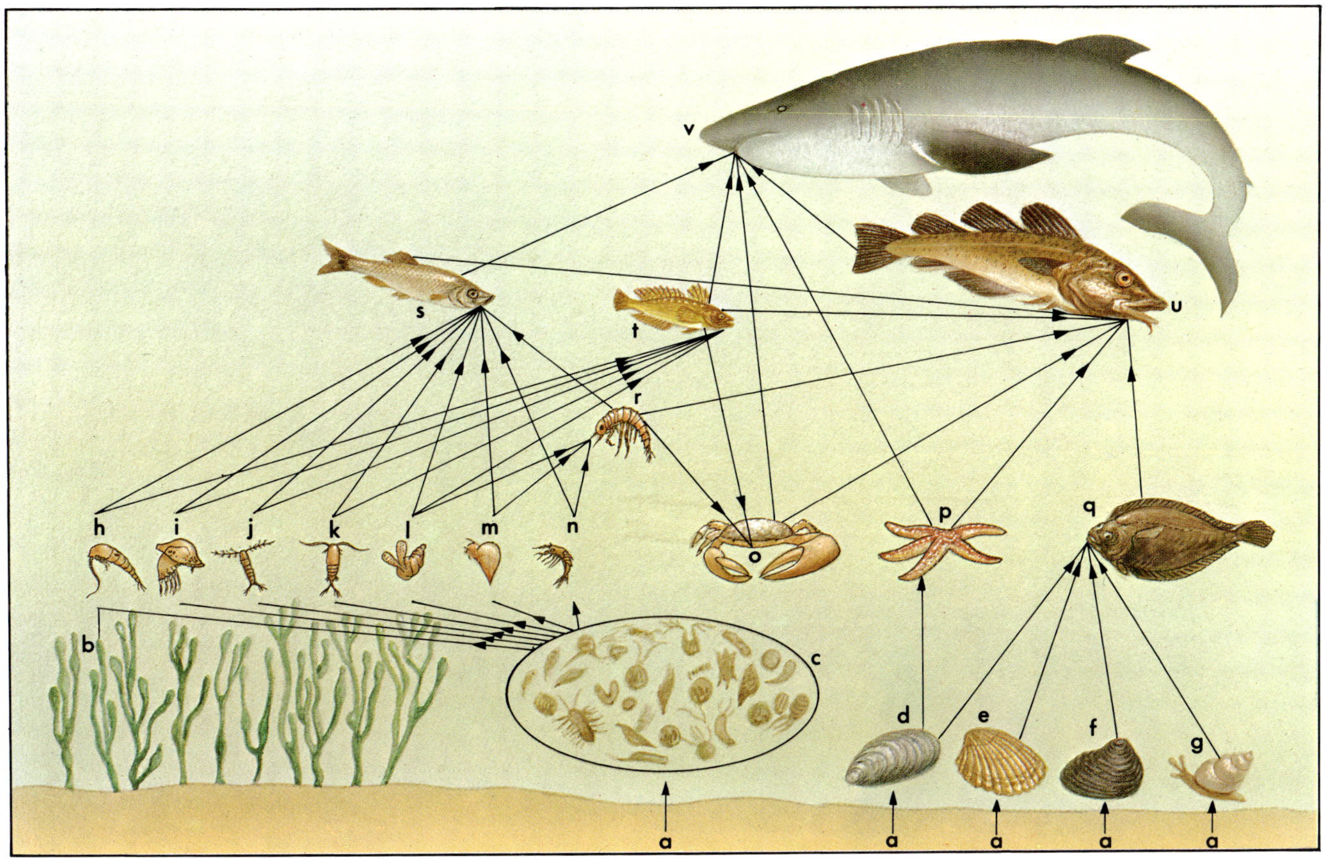

a Geröll
b Tang, Seegras
c Phytoplankton
d Blaue Muschel
e Herzmuschel
f Muschel
g Wasserschnecke
h–n Zooplankton
o Krebs
p Seestern
q Plattfisch
r Garnele
s Hering
t Meergrundel
u Dorsch
v Hai

Nahrungsketten im Meer ähneln jenen von Binnenseen. Sie sind allerdings in stärkerem Maße von der Fotosynthese der Pflanzen abhängig. Auch hier weisen die Nahrungsketten viele Verbindungen untereinander auf, so daß sich die Form eines festverwobenen Nahrungsgewebes ergibt. Zooplankton ist von besonderer Bedeutung für die Nahrung. Die Ruderfüßer (Calanus finmarchius) kann man weltweit als die Hauptnahrungslieferanten in einem Gewässer ansehen.

steht ohne Zweifel das Phytoplankton (planktonische Algen). Die bedeutsamsten Phytoplanktonarten sind neben den Stabalgen die Geißeltierchen. Sie trifft man auch in den Seen an. Für Ruderfüßer sind sie die Hauptnahrung, während diese wiederum den Heringen als Hauptmahlzeit dienen. Die Geißeltierchen sind dafür bekannt, daß sie in ungeheuren Mengen auftreten. Dies ist besonders in tropischen Meeren der Fall. Mit ihren rotbraunen Schalen bedecken sie oft weite Wasserflächen, so daß man sogar von einer ,,Roten Tide'' spricht.
Zu den hauptsächlichsten Zooplanktonarten gehören Ruderfüßer wie etwa die ,,Calanus finmarchius''. Möglicherweise ist diese Art der bedeutsamste Nährstoff für Tiere auf der ganzen Erde. Sie ist nahezu in allen Ozeanen anzutreffen, sowohl im Oberflächenwasser als auch bis zu einer Tiefe von 3000 Metern. Hinzu kommt, daß der Krill (Euphausid) als Filterer mikroskopisch winziger Algen im Grunde genommen unübertroffen ist und daher einen unermeßlichen Wert für die Nahrungsproduktion im Meer darstellt. Die im Meer schwimmenden Lebewesen setzen sich aus Fischen, Kopffüßern und Kuttelfischen (Cephalopoden oder Octopoden), Säugetieren und Vögeln zusammen.
Während die Tierarten im Freiwasser der Meere (pelagische Zone) nur auf einige 3000 kommen, gibt es etwa 150 000 verschiedene Bodenlebewesen, die in der Hauptsache in Tiefen von weniger als 200 Meter anzutreffen sind. Die arktischen und antarktischen Meere sind sehr viel weniger artenreich, als die tropischen Meere. Diese Verteilung der Arten hängt in hohem Maße von der Temperatur ab; und diese wiederum ist abhängig vom jeweiligen Breitengrad und von den großen Meeresströmungen.

Lebensräume der Fische im Meer

Es hat den Anschein, daß die Meeresorganismen sich nahezu grenzenlos ihrem Lebensraum anpassen können. Die Fische sind in fast allen Tiefen anzutreffen, wenngleich sich die meisten Arten und Einzellebewesen in küstennahen Bereichen einen Lebensraum geschaffen haben. Diese Bereiche offerieren den Fischen eine große Auswahl, angefangen von küstennahen Zonen, Seetangfeldern und Buchten bis zu den Sandbänken im offenen Meer. So hängen zum Beispiel die speziellen Lebensräume der Meeresfische von folgenden Voraussetzungen ab: Meerestiefe, Salzgehalt, Strömungen und Bodenmaterialien (Substrate). Dies wird ganz offensichtlich bei Arten wie dem Plattfisch, der sich seiner Umwelt am Boden vollständig anpaßt. Das zeigt sich aber auch bei Fischen wie der Makrele oder dem Thunfisch, die mit ihrem torpedoförmigen Körper für hohe Geschwindigkeiten wie geschaffen sind und die ohne große Anstrengungen auch auf große Tiefen gehen können. Ganz allgemein kann man die Lebensräume im küstennahen Bereich in zwei Gewässerzonen einteilen. Das ist einmal jene Zone, die sich zwischen der Küste und den davorliegenden Inseln, Schären und Riffen befindet und zum anderen jene, die sich meerwärts hinter diesen Barrieren erstreckt. Einige typische Lebensräume, wie sie hier genannt wurden, werden in den hier gezeigten Illustrationen verdeutlicht.

Die unterschiedlichen Lebensräume an diesem Küstenabschnitt sind als Ergebnis von Wind und Wassereinfluß zu betrachten. In der Hauptsache lassen sich hier drei Lebensräume ausmachen: (1) Eine felsige Küste, die den Wellen unmittelbar ausgesetzt ist. Sie wird von Klippen, Geschiebe und kieselhaltigem Strand gebildet. Eine ganze Reihe von Nischen erlauben Pflanzen, Tieren und Fischen die Existenz, wobei dies jeweils von der Wassertiefe abhängig ist. (2) An niedrigen Stränden, die ständig den Gezeiten unterworfen sind, muß sich das tierische Leben den extremen Verhältnissen anpassen. Diese können manchmal lange Trockenperioden oder auch steife Meeresbrisen bis hin zu Stürmen beinhalten. (3) Weiter im Inland, so im Bereich der Flußmündung, finden wir einen geschützteren Lebensraum vor. Die Ufer bestehen oftmals aus sandigem oder lehmigem Boden, hier und dort von Steinbrocken unterbochen.

3
2

Die Natur der Fische

Wenn man von den Lebensräumen auf die Fische selbst zu sprechen kommt, ist es zunächst einmal für den Sportfischer wichtig, eine ganze Reihe von Voraussetzungen zu verstehen, hierzu gehören die Körperform, die Sinnesorgane und die Verhaltensweisen. All dies hat eine sehr lange Historie. Als vor rund 500 Millionen Jahren die ersten Fische auf unserer Erde lebten, geschah etwas ganz Neues in der Tierwelt, gewissermaßen waren sie ein gewagtes Experiment der Natur. Sie waren die ersten Lebewesen mit Knochenpartien im Körperinneren, darum sind die Fische auch die ältesten Wirbeltiere überhaupt. Obgleich sie in der Skala der Wirbeltiere, soweit es ihren Aufbau angeht, ziemlich weit unten stehen, können sie andererseits auf der Gesamtskala der Tierwelt recht weit oben angeordnet werden.

Die Kurzbiografie eines Fisches könnte lauten: ein im Wasser lebendes Wirbeltier mit Flossen, das durch Kiemen atmet. Es gibt aber auch Fische, die keine sichtbaren Flossen tragen und die durch ihre Lungen atmen. Wir unterscheiden zwischen drei hauptsächlichen Kategorien der Fische: Rundmäuler, Knorpelfische und Knochenfische. Die erstgenannten sind sehr primitive Formen, einschließlich der Neunaugen. Die zweite Kategorie ist ebenfalls eine alte Gruppe, zu der die Haie und Rochen gehören. Heutzutage gehören 90 Prozent aller Fische auf unserem Erdball zu den Knochenfischen.

Der Körperbau der Fische

Das äußere Erscheinungsbild der Fische ist außerordentlich unterschiedlich, und einige Arten sehen noch nicht einmal wie wirkliche Fische aus. Trotzdem sind sie alle nur Variationen eines einfachen ,,Grundmodells'', das man am besten an einem typischen Knochenfisch nachvollziehen kann.

Die Flossen sind die äußeren Partien eines Fischkörpers, die wahrscheinlich mehr als alle anderen verdeutlichen, daß wir es mit einem ,,echten'' Fisch zu tun haben. Sie bestehen aus Hautfalten, in denen ein Netzwerk feiner Flossenstrahlen steckt. Diese können entweder weich und gerippt oder steif sein. Im allgemeinen sind die Flossen im Körper verankert und werden durch Muskeln bewegt. Der Fisch kann die Flossen am Körper anlegen oder aufrichten, je nachdem, wofür er sie benötigt. Rücken-, After- und Schwanzflosse sind ungeteilt. Brust- und Bauchflosse dagegen sind geteilt. Sie entsprechen den Vorder- und Hinterfüßen höherartiger Wirbeltiere. Die

1

Oberhaut, die den Fisch nahezu vollständig bedeckt, besteht fast gänzlich aus lebendem Gewebe, anders als bei Säugetieren. Dünn und durchsichtig, ist die Oberhaut mit einer Schleimhaut überzogen. Durch diese Schleimhaut wird die Reibung im Wasser herabgesezt, zugleich bildet sie einen Schutzfilm gegen Bakterien und Parasiten. Ein Sportfischer sollte daher niemals mit trockenen Händen einen Fisch anfassen, der zurückgesetzt werden soll. Er könnte sonst diese Schleimhaut verletzen.

Unter der Schleimhaut sitzen die Schuppen, die Verknöcherungen in der Lederhaut sind. Einige Fische, wie die Barsche, haben gezähnte und gestreifte Schuppen, während die Salmoniden glatte und ungezähnte Schuppen aufweisen. Diese Schuppen wachsen in gleichem Maße wie der Fisch selbst, wobei sich neue am Rande alter Schuppen bilden. Hieraus resultiert, daß wir am Wachstum der Schuppen oder auch der Jahresringe so manches über die Lebenszeit des Fisches ablesen können; bei vielen Fischarten erkennt man ja auch an den Schuppen das Alter der Fische.

Bei sehr vielen Fischarten glitzern die Seiten silbern. Dieser Schimmer wird durch die Reflektion des Lichtes von einer Substanz verursacht, die Guanin genannt wird. Das Guanin wird von der Rückseite der Schuppen sowie von Farbzellen in der Lederhaut freigesetzt. In der Haut eines Fisches finden sich tausende solcher Farbzellen. Jede davon hat ihr eigenes Pigment – rot, orange, gelb oder schwarz – und der Fisch kann seine Farbe wechseln, indem er diese Pigmente ausdehnt oder zusammenzieht. Zahlreiche Fischarten entwickeln auch eine Laichfärbung, die von anderen Pigmenten verursacht wird.

a Nasen-Organ, die Riechgrube
b Kiemen
c Auge
d Dornige Rückenflosse
e Weiche Rückenflosse
f Seitenlinien-Organ
g Schwanzflosse
h Afterflosse
i Bauchflosse
j Herz
k Leber
l Magen
m Schwimmblase
n Eierstock

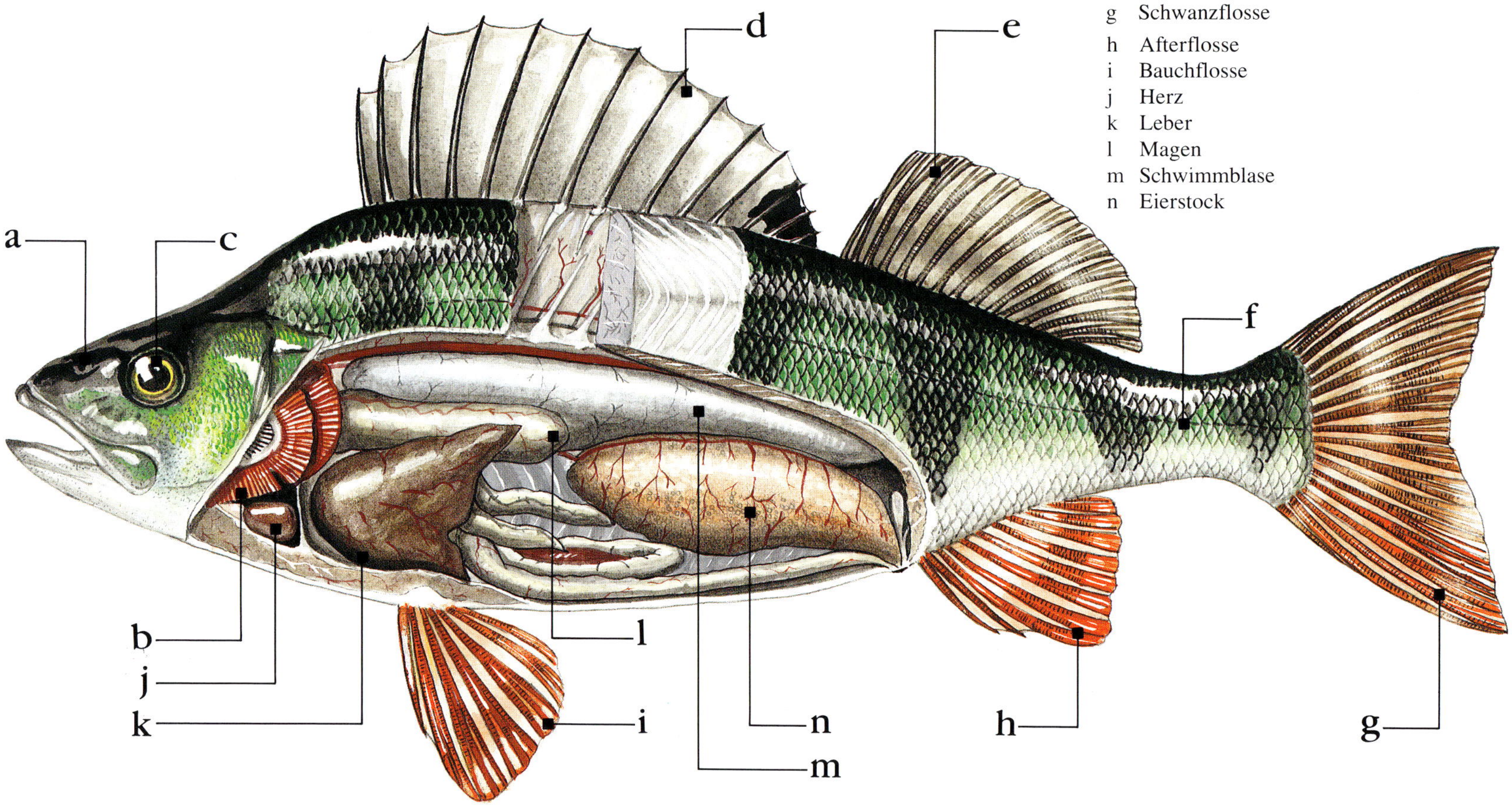

Kiemen

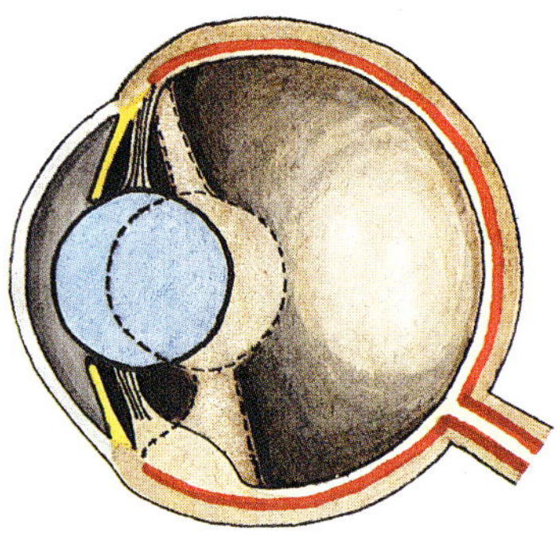

Auge

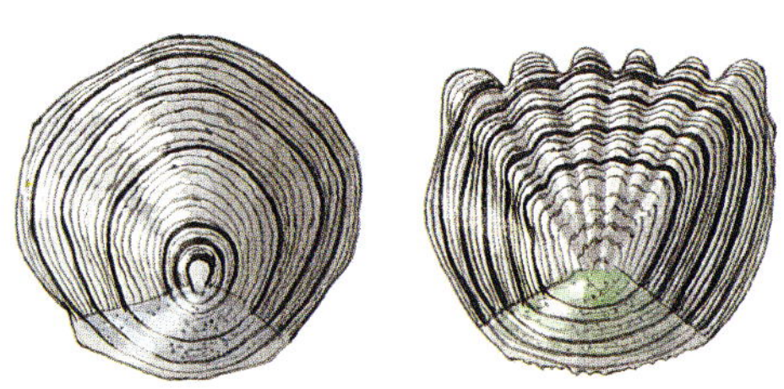

Rundschuppe und Kammschuppe

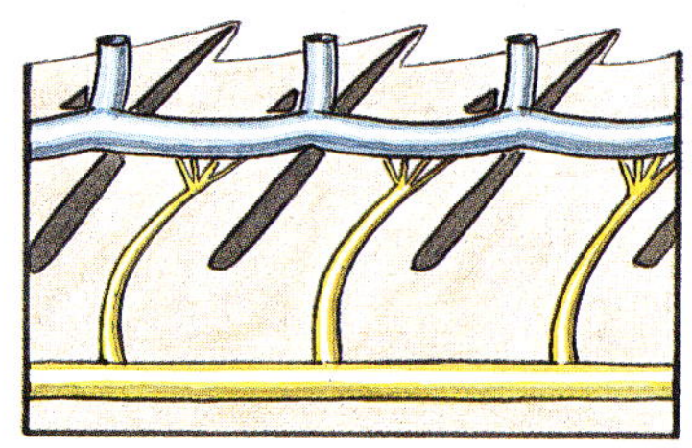

Struktur der Seitenlinie

Zum Skelett eines Fisches gehören Schädel, Wirbelsäule und alle Knochen bzw. Gräten, die den Körper und die Flossen stabilisieren. Der Schädel umfaßt die Gehirnschale mit Maul und Kiemen, bewegliche Skelettbogen sitzen an der Unterseite der Gehirnschale. Die Wirbelsäule festigt die Flossenstrahlen (Gräten) in den ungeteilten Flossen, während die geteilten Flossen mit eigenen Flossenstrahlen ausgestattet sind, die lose im Schultergelenk verankert werden.
Im Gegensatz zu den Säugetieren sitzen beim Fisch die Zähne nicht nur im Ober- und Unterkiefer, sondern, wie etwa bei den Raubfischen, auf Teilen der Kiemenbogen, auf dem Pflugscharbein, dem Gaumenbein sowie dem Zungen- und Schlundknochen. All diese Zähne können lang und scharf sein, oftmals sind sie nach innen gebogen, da sie vor allem die Funktion haben, die Nahrung oder Beute so lange festzuhalten, bis sie verschlungen wird. Dies hat mit der Kiemenatmung zu tun. Würden die Zähne dazu dienen Nahrung zu kauen, so könnte der Fisch geschockt werden. Pflanzenfresser unter den Fischen haben breite und flache Schlundzähne, um die Nahrung zu zermahlen.
Die Kiemen bestehen aus dünnen Hautplättchen, die mit einem dichten Blutgefäßenetz ausgestattet sind. Sie werden von Kiemenbogen unterstützt. Seitlich an den Kiemenbogen, der Maulhöhle zugewandt, sitzen die Kiemenreusendorne, um winzige Planktonnahrung zu sieben. Neuere Erkenntnisse gehen allerdings davon aus, daß diese Kiemenreusendorne dazu dienen, das Eindringen von Fremdkörpern zu verhindern. Bei Fischarten, die sich vor allem von Plankton ernähren, wie Hering, Weißfisch, einigen Saiblingsarten und anderen sind diese Kiemenreusendorne hoch entwickelt.
Die Knorpelfische besitzen keine Schwimmblase, alle Knochenfische dagegen haben eine solche, zumindest eine zurückgebildete. Der Hering und die Salmoniden haben eine sogenannte „offene" Schwimmblase, die durch einen engen Luftgang mit dem Vorderdarm verbunden ist. Beim Dorsch und Barsch dagegen degeneriert dieses Organ nach dem Ablaichen zu einer geschlossenen Schwimmblase. In ihr hält sich ein gewisses Luft-Gasgemisch, das durch spezielle Drüsen, die ein Gas absondern, kontrolliert wird. Die Schwimmblase dient zum Teil als ein hydrostatisches Organ, welches dem Fisch die Anpassung an den Wasserdruck ermöglicht. Fische mit einer geschlossenen Schwimmblase reagieren meistens besonders empfindlich auf Veränderungen des Wasserdrucks. Viele Fische haben auch eine besondere Verbindung zwischen dem Gehörorgan und der Schwimmblase, wobei letztere gewissermaßen auch als Hörhilfe dient. Einige Fischarten nutzen diese Verbindung auch, um Laute hervorzubringen.

Die Sinnesorgane

Das Fischgehirn ist eine Vergrößerung des vorderen Endes vom Wirbelsäulenstrang. Er besteht aus dem Vorder- und Mittelhirn sowie dem Kleinhirn. Das Vorderhirn empfängt seine Nervenimpulse vom Geruchsorgan. Dieses wird von zwei Riechgruben im Nasenbereich gebildet, die nicht mit der Mundhöhle verbunden sind, jedoch – bei den meisten Fischen – durch zwei Öffnungen mit der Außenhaut. Der Wels hat auch an seinem Schwanzteil Geruchsorgane, da er im Dunkel und auf modrigem oder schlammigem Boden lebt, auf dem schlechte Sichtverhältnisse herrschen.
Fische haben, genau so wie wir, Geschmackwärzchen auf der Zunge, doch diese sind nicht ihr einziges Geschmacksorgan. Gleichartige Organe sitzen in den Barteln der Fische, wie etwa beim Dorsch und an den Bauchseiten, wie Dorsch und Karpfen aufweisen.
Der Hauptzweck des Geschmacksorgans beim Fisch besteht darin, ähnlich wie bei den Landtieren, Nahrung auf eine gewisse Entfernung aufzuspüren, möglicherweise aber auch, um Feinde oder Freunde mit Hilfe des Organs zu orten. Geschmack dient in erster Linie dazu, Nahrung zu prüfen. Im Wasser jedoch sind alle Substanzen, die ungewöhnlich im Geschmack oder Geruch sind, aufgelöst, was es für den Fisch relativ erschwert, die beiden zu unterscheiden. Nichtsdestoweniger sind diese Sinnesorgane in vielen Fischarten sehr gut entwickelt. So muß zum Beispiel für einige Salmonidenarten der Geruchssinn sehr wichtig für ihre Orientierung sein und wir wissen, daß die meisten Fische sehr wohl zwischen süßem, salzigem, saurem und bitterem Geschmack unterscheiden können. Unter den Spezialisten, soweit es den Geruchssinn angeht, ist der Aal zu finden. Man hat getestet, daß er imstande ist, sogar winzige, duftende Substanzen zu finden.
Das Sehzentrum liegt beim Fisch im Mittelhirn. Wie wir bereits erwähnten, ist die Sicht im Wasser sehr viel unterschiedlicher als in der Luft. Selbst im klarsten Wasser ist es unmöglich, sehr weit zu sehen. Zudem sind die Augen der Fische nicht dazu geschaffen, weit zu sehen. Sie sind vielmehr kurzsichtig. Um weit sehen zu können, müßten ihre Augenlinsen durch einen speziellen Muskel zurückgezogen werden können, doch diese sind nicht so gestaltet wie beim Menschen.
Das Erkennen eines bestimmten Objektes ist beim Fisch abhängig von der Lage seiner Augen. Liegen diese seitlich, ist seine Sicht nach vorn nur sehr begrenzt. Daraus ergibt sich für den Angler die Konsequenz, daß er seine Köder möglichst in diesem begrenzten Gesichtsfeld plazieren sollte, um so die bessere Chance auf einen Anbiß zu haben. Die Brechung des Lichts an der Wasseroberfläche beeinflußt die Fähigkeit des Fisches außerhalb des Wassers etwas zu erkennen in zwei entscheidenden Punkten. Zum einen scheinen ihm die Objekte außerhalb des Wasser höher aufzuragen, als das in Wirklichkeit der Fall ist; zum anderen erscheinen sie ihm zusammengedrückt und näher in einem Lichtkegel, dessen Scheitelpunkt den Fisch in einem Winkel von 98 Grad erreicht. Auf diese Weise erkennt der Fisch ein Objekt gleichsam wie durch ein Rundfenster im Rest der Wasseroberfläche, durch welche die Unterwasserwelt wie in einem Spiegel reflektiert wird. Dies bedeutet, daß der Fisch beim Versuch, außerhalb des Wassers ein Objekt auszumachen, von diesem nur ein schwaches und verzerrtes Bild bekommt, das noch zusätzlich durch die Reflektion verschwommener wirken kann. Dieser Umstand erklärt den alten Glauben der Angler, daß sich nahe zur Oberfläche ein „toter Winkel" befinden müßte, der den Fisch daran hindert einen Menschen zu erkennen, sofern dieser dicht genug am Ufer steht. Doch wir sollten nicht unbeachtet lassen, daß das Sehvermögen eines der hauptsächlichen Sinnesorgane beim Fisch ist. Eine ganze Reihe von Fischarten verfügen über ein ausgezeichnetes Sehvermögen und sehr viele von ihnen besitzen auch einen sehr gut entwickelten Farbensinn. Dies dürfte für jene Arten sehr bedeutsam sein, die in einer helleren Umgebung leben.
Das Kleinhirn koordiniert die Muskelbewegungen der Fische, die Eindrücke von den inneren Hörorganen (Labyrinth) sowie von den Seitenlinienorganen. Da die Fische keine außen sitzenden Ohren haben, keinen äußeren Gehörgang und auch kein Mittelohr, war man lange der Ansicht, daß sie augenscheinlich taub seien. Heute jedoch wissen wir, daß viele Fische ganz ausgezeichnet hören, besonders jene Arten, die eine Verbindung vom inneren Gehörorgan zur Schwimmblase besitzen. Mit Hilfe dieses Organs können sie Unterwassergeräusche verstärken. Wenngleich die meisten Fische eine solche Verbindung nicht haben und deshalb wohl nur Laute niedriger Frequenzen wahrnehmen können, sind es andererseits eben diese Laute, die im Wasser vorherrschen.
Das Seitenlinienorgan wurde früher als ein mysteriöses Organ angesehen. Bei den meisten Fischarten handelt es sich hierbei um eine ziemlich deutlich markierte Linie in der Außenhaut. Sie beginnt hinter dem Kopf und verläuft bis zur Schwanzflosse, oftmals setzt sie sich sogar bis in die Flosse fort. Hierbei handelt es sich um den äußeren Part eines mit Schleim gefüllten Kanals, der unter der Haut verläuft, unterbrochen von Poren nach außen, die in oder zwischen den Schuppen sich öffnen. Im Kanal selbst befindet sich eine Reihe von Sensoren. Letztere sind mit einem Nerv verbunden, der unter dem Kanal entlangläuft. Jüngere Untersuchungen haben ergeben, daß dieses Organ ähnlich wie ein Echolot arbeitet, das ungewöhnliche Laute auch auf weite Entfernungen registriert. So meldet es Geräusche von sehr geringer Frequenz, die etwa durch Bewegungen von Tieren verursacht und von anderen Objekten im Wasser reflektiert werden. Der Hauptzweck dieses Organs scheint daher zu sein, den Fisch vor Feinden oder Hindernissen zu warnen, besonders in der Dunkelheit, wenn er kaum etwas erkennen kann.
In diesem Zusammenhang ist es von Bedeutung, nicht zuletzt für die Ethik der Sportfischerei, daß der Fisch Schmerz empfinden kann. Wir haken und drillen unseren Fisch in der Absicht, Beute zu machen. Naturgemäß werden wir hierzu ermuntert durch die Tatsache, daß etwa ein Hecht oder Barsch, den wir gehakt hatten und der freikam, durchaus beim nächsten Wurf wieder anbeißen kann. Dies bedeutet jedoch kaum, daß er beim Haken und Drillen nicht gelitten hätte. Andererseits hat der Fisch in seinem Lebenskampf nie gelernt zu überleben. Auch wenn das kleinere und einfachere Hirn eines Fisches ihn vielleicht weniger schmerzempfindlich macht als etwa Säugetiere, so gibt es doch andererseits viele Anzeichen dafür, daß unterschiedliche

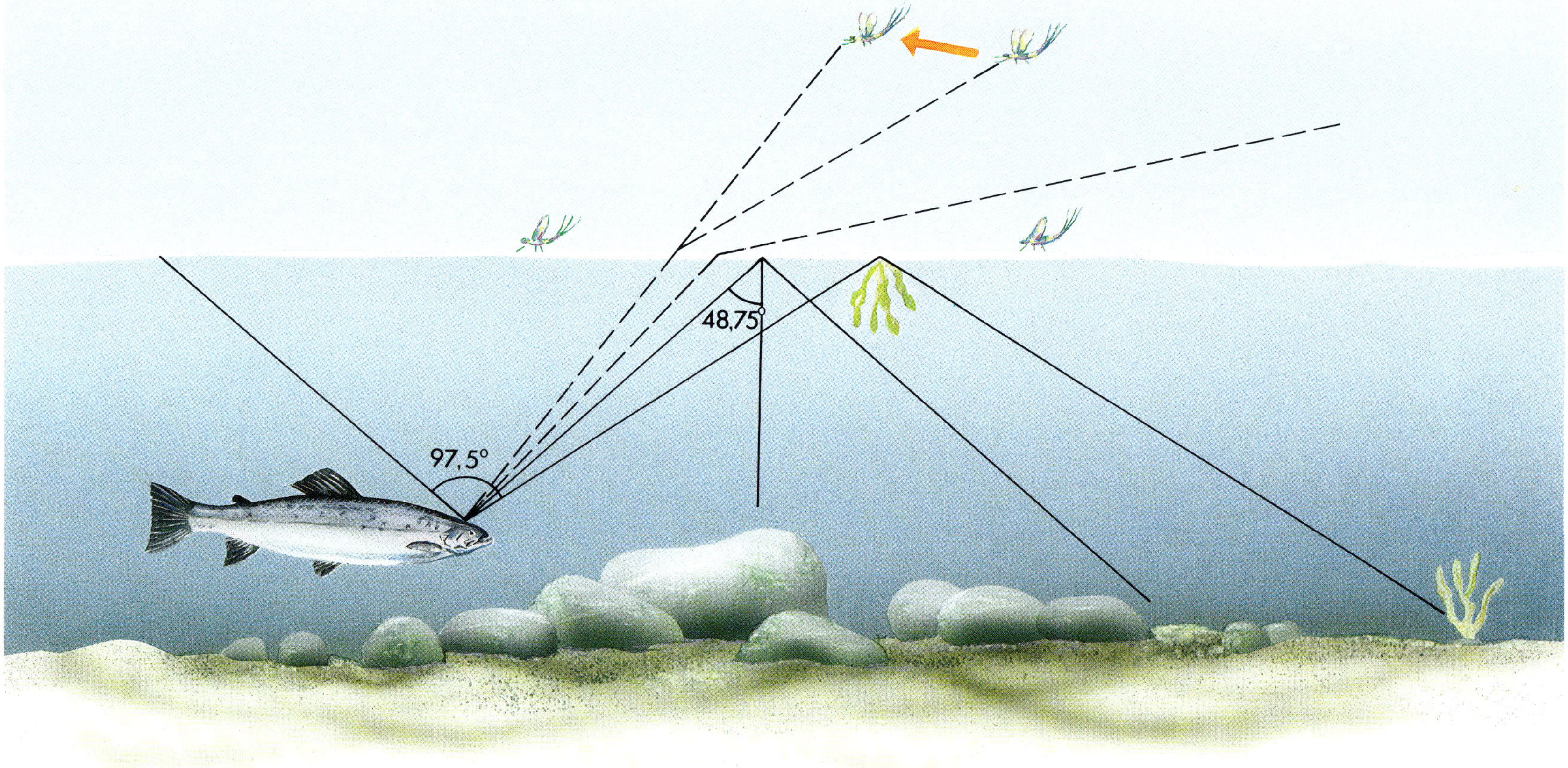

Ein Objekt an oder über der Wasseroberfläche stellt sich den Menschen anders als den Fischen dar. Letztere sehen es höher aufgerichtet, als es in Wirklichkeit ist. Das Sichtbild oder auch das ,,Fenster" des Fisches entspricht einem auf der Spitze stehenden Kegel mit einem Winkel von 98 Grad.

Fischarten durchaus auch ein verschiedenartiges Schmerzempfinden haben können. Offensichtlich können Streß und Aufregung diese Sensitivität herabsetzen. Doch wie dem auch sei, wir Sportfischer sollten niemals einen Fisch länger drillen als es unbedingt erforderlich ist, und wir sollten den Fisch sofort abschlagen, den wir mitnehmen wollen.

Die Wahrnehmung von Schmerz ist möglicherweise der Hauptzweck der winzigen Empfindungswärzchen, die, ähnlich wie bei uns, über die ganze Außenhaut der Fische verteilt sind. Diese Fische verfügen über direkte Empfindungsorgane, die zusätzlich zu den Seitenlinienorganen verstanden werden müssen, von denen wir bereits sprachen. Empfindungsfähigkeit ist ohne Zweifel das fundamentale Sinnesorgan der Tiere. Die Fähigkeit, die Temperatur des umgebenden Wasser zu empfinden, ist ganz offensichtlich für den Fisch von besonderer Bedeutung. Gibt sie ihm doch die Möglichkeit, ungewöhnlichen oder gar gefährlichen Bedingungen, wie sie durch Hitze oder Kälte verursacht werden, zu entfliehen. Dieses Sinnesorgan ist auch ganz wesentlich für den Laichvorgang, für die Wanderung und andere Aspekte im Lebenslauf eines Fisches. Der Empfindungssinn ist in vielen Fischarten sehr stark ausgebildet. Bei plötzlichem Auftreten von Temperaturunterschieden, können einige von ihnen schon wenige Hundertstel eines Grades ausmachen. Wir wissen noch wenig darüber, wie und wo dieses Temperaturempfinden eines Fisches funktioniert, aber es kann kaum ein Zweifel bestehen, daß die winzigen Empfindungswärzchen hierbei zumindest eine Rolle spielen und daß der Fisch auch den Seitenlinienorganen und dem Tastsinn sein Feinempfinden verdankt.

Verdauung, Atmung, Ausscheidung

Die Zähne des Fisches haben vorrangig die Funktion, die aufgenommene Nahrung festzuhalten. Da pflanzenfressende Fische ihre Nahrung mit den Zähnen im Schlundknochen zermahlen, wird diese nicht gekaut, sondern vielmehr hinuntergeschlungen. Fische besitzen keine Speicheldrüsen, deshalb wird die Nahrung in der Speiseröhre, im Magen und im Darm verdaut. Die Länge des Darmtraktes ist wesentlich der Nahrung angepaßt. Er ist kurz bei Raubfischen und lang bei Pflanzenfressern. Soweit es die anderen Verdauungsorgane angeht, finden wir diese beim Fisch ebenso wie bei den höher entwickelten Säugetieren – nämlich Leber, Gallenblase, Bauchspeicheldrüse, Schilddrüse und Thymusdrüse.

Die Kiemen dienen bei den Fischen der gleichen Funktion wie die Lungen bei den landlebenden Tieren, sie bringen Sauerstoff in den Körper und geben Kohlensäure ab. Bei vielen Salzwasserfischarten sind die Kiemen zugleich auch ein Ausscheidungsorgan für einen zu hohen Salzgehalt. Die Mehrheit des überhöhten Salzgehaltes wird allerdings über die Nieren mit dem Urin ausgeschieden, wodurch sowohl das Wassergleichgewicht als auch das Salzgleichgewicht hergestellt werden.

Fortpflanzung, Wachstum und Alter

Unter den Knorpelfischen finden wir eine ganze Reihe, die lebend gebären: die Eier werden im Eileiter befruchtet und der Fötus entwickelt sich hauptsächlich oder zur Gänze im Mutterleib. Bei den Haien findet die Befruchtung statt, indem das männliche Tier sein Sperma in die Genitalöffnung des weib-

lichen Tieres abgibt. Dies geschieht mit Hilfe der Bauchflosse, die während der Kopulation in ein Begattungsorgan umgewandelt wird.
Die meisten Arten pflanzen sich jedoch durch eine äußere Befruchtung fort. Das weibliche Tier legt die Eier (Rogen) im offenen Wasser oder am Boden ab. Das männliche Tier läßt sein Sperma über diese Eier fließen. Viele Fischarten, vor allem unter den Meeresfischen, verstreuen Eier und Sperma mehr oder weniger ziellos, so daß die Befruchtung oftmals dem Zufall überlassen bleibt. Die Fortpflanzung wird hierbei jedoch durch die sehr große Zahl der abgelegten Eier gesichert.
Salmoniden und viele andere Fischarten haben ein recht praktisches Befruchtungsverhalten entwickelt. Das weibliche Tier schlägt im Boden mit ihren Flossen eine Laichgrube aus, um darin ihre Eier abzulegen. Zur gleichen Zeit gibt das männliche Tier sein Sperma in diese Laichgrube ab. Danach werden die Eier mit Sand oder Kies zugedeckt. Dieser Vorgang erhöht in hohem Maße die Chance einer Befruchtung, so daß vom weiblichen Tier vergleichsweise wenige Eier abgelegt werden. Grundsätzlich kann man sagen, die Anzahl der Eier ist abhängig von der Chance, daß diese befruchtet werden und die Fischbrut sowie der Jungfisch überleben können. Je kleiner die Eier sind und je weniger Aufmerksamkeit ihnen und der Fischbrut zugewandt wird, um so mehr Eier werden abgelegt – entsprechend verhält es sich im umgekehrten Fall.
Das Alter der Geschlechtsreife bei Fischen ist sehr unterschiedlich. Bei den Salmoniden beträgt es oft 2–5 Jahre. Der Aal ist erst nach 10–14 Jahren geschlechtsreif. Bei gemäßigtem Klima laicht der Fisch normalerweise einmal jährlich und dies in einem bestimmten Zeitabschnitt. Einige Arten, wie die pazifischen Lachse, laichen nur einmal im Leben und sterben nach diesem Laichvorgang.
Vor dem Ausschlüpfen wird der Fötus aus dem Dottersack ernährt. Er enthält die Restbestände des Eimaterials, aus dem der Fisch sich entwickelt. Bleibt vom Dotter etwas übrig, so dient dies zur Ernährung der Fischbrut, bevor sie selbst auf Futtersuche geht. Oftmals ähnelt die Fischbrut der erwachsenen Art, der sie zugehört, überhaupt nicht. Und bei einigen Arten, wie etwa beim Aal, ist die Entwicklung von der Brut bis zum ausgewachsenen Fisch ein komplizierter Vorgang, wie etwa die Metamorphose bei den Insekten.
Im Gegensatz zu den Säugetieren und Vögeln wächst der Fisch nahezu ständig bis an sein Lebensende, vorausgesetzt, daß er genügend Nahrung findet. Ernährt man die Fische auf die gleiche Weise, so müßte ein älterer Fisch trotzdem größer und schwerer sein als ein junger. Da sich jedoch die Nahrungsquellen in den verschiedenen Gewässern sehr unterscheiden, besteht auch kein überschaubares Gleichgewicht zwischen dem Alter und der Größe eines Fisches. So kann eine kleine, dunkelfarbige Forelle in einem Bach durchaus älter sein, als eine große, silberfarbene in einem See. Setzt man die erstere in einen futterreichen See um, so kann es ohne weiteres geschehen, daß sie sich innerhalb weniger Jahre zu einer großen, silberfarbenen Forelle auswächst. Andererseits würde eine Forelle aus einem See, wenn man sie in einen Bach umsetzt, dies bestimmt nicht lange überleben.

Schwärme und Territorien

Selbst der Fisch, der normalerweise allein lebt, findet sich zu bestimmten Zeiten in größeren Gruppen zusammen, so etwa zur Laichzeit oder wenn es zeitweilig zu einer Nahrungsexplosion kommt. Andere Fischarten bevorzugen mehr oder weniger in Gruppen zusammen zu leben. Wenn viele Fische derselben Art nahezu ständig beisammen sind und gleiche Verhaltensweisen zeigen, so spricht man davon, daß sie in Schwärmen oder Schulen auftreten. Dies trifft häufig bei Fischen der Freiwasserzonen zu, wie etwa beim Hering, der Makrele oder beim Lachs.
Welche Vorteile bringt es für die Fische mit sich, wenn sie in Schwärmen leben? Hierfür kann man verschiedene Gesichtspunkte in Betracht ziehen. Ein Schwarm ermöglicht es den Fischen leichter, Gefahren auszumachen; er bietet ihnen auch bessere Fluchtmöglichkeiten und sie können sich durch bestimmte gemeinsame Manöver auch erfolgreicher schützen. Ein solcher, dicht stehender Schwarm könnte auch nach außen den Eindruck entstehen lassen, daß es sich hier um ein großes Einzellebewesen handelt und daß daher Feinde den Versuch unterlassen, es anzugreifen. Das hängt allerdings von der Art der Feinde ab, denen sich ein solcher Schwarm ausgesetzt sieht. So könnten andererseits auch Raubfische aus größeren Entfernungen angelockt werden. Was zur Folge hätte, daß viel mehr Schaden angerichtet würde. Solche Raubfische stoßen direkt in den Schwarm vor und beißen rundum. Dies ist zum Beispiel eine Methode, mit der Meeresräuber gern angreifen, wie etwa Makrele oder Barracuda. Wahrscheinlich liegt man daher richtiger, wenn man sich das Schwarmverhalten bestimmter Fischarten von sozialen Instinkten her erklärt.
Andererseits bedingt ein bestimmtes territoriales Verhalten zugleich auch eine gewisse Aggressivität. Wenn der Fisch ein bestimmtes Gebiet als sein eigenes ansieht, so wird er es auch gegen Eindringlinge verteidigen. Fische, die in stehenden oder langsam fließenden Gewässern leben, verhalten sich so fast nur während der Laichzeit. Dagegen sind Fische, deren Lebensraum die Strömung ist, wie etwa der Lachs, vielmehr auf Verteidigung eines eigenen Territoriums eingestellt. Das kann sich über lange Perioden zeigen, sowohl während des Wachstums und der Nahrungssuche als auch während der Laichzeit.
Einige Arten verteidigen zum Beispiel ihre Territorien indem sie den Eindringling wegbeißen oder durch Schläge mit dem Schwanz vertreiben. Noch üblicher und keineswegs weniger erfolgreich ist die Methode, durch Drohgebärden und Drohverhalten abzuschrecken. Forellen drohen durch das Aufstellen bestimmter Flossen, indem sie das Untermaul abklappen, die Kiemendeckel aufspreizen und eine bestimmte Körperhaltung einnehmen.
Der Hauptgrund für territoriales Verhalten bei Fischen dürfte wahrscheinlich in der Tatsache zu sehen sein, daß sich das Nahrungsangebot durch Nebenbuhler in der Futtersuche verringert. Bei ihrer Nahrungssuche schwimmen die Fische kurz über Grund. Auf diese Weise nutzen sie das vorhandene Nahrungsaufkommen am besten, vorausgesetzt, die Nährstoffe liegen nicht zu weit verstreut. Dieses Verhalten trifft auch im hohen Maße auf Arten zu, die in begrenzten Lebensräumen mit konzentriertem Nahrungsangebot leben, was etwa von den arktischen Strömen bis zu den tropischen Riffen gesagt werden kann.

Fischwanderung

Einige Fischarten wandern während ihres Lebens aus mancherlei Gründen. Ursachen hierfür mögen u. a. sein, daß sie auf die Suche nach besseren Futtervorkommen gehen, um geeignete Laichgründe zu finden oder auch, um günstigere Wassertemperaturen oder Salzgehalte ausfindig zu machen. Einige Arten legen auf diesen Wanderungen nur relativ kurze Entfernungen zurück, andere wieder sind hunderte oder tausende von Kilometern unterwegs, wobei sogar ganze Ozeane überwunden werden, wie dies zum Beispiel für den Thunfisch und den atlantischen Lachs typisch ist.
Fische, die auf ihren Wanderungen vom Meer zum Süßwasser oder umgekehrt unterwegs sind, müssen sich nicht nur mit großen Entfernungen abfinden, sondern auch mit der Tatsache, daß sie sich in Gewässern bewegen, die einen recht unterschiedlichen Salzgehalt aufweisen. Einige Arten, wie der atlantische und pazifische Lachs sind Laichwanderer. Sie laichen im Süßwasser und wachsen im wesentlichen im Salzwasser auf. Andere, wie der Aal, wandern flußabwärts und verhalten sich exakt gegenteilig. Viele sterben nach dem Laichen ab, wie dies beim Aal und beim pazifischen Lachs bekannt ist; andererseits steigen einige atlantische Lachsarten viermal auf und überleben das Laichgeschäft.
Bei diesen extremen Wanderern unter den Fischen dürfte uns besonders ihre Fähigkeit zur Orientierung interessieren. Wie findet ein atlantischer Lachs nach einer Wanderung von Tausenden von Kilometern seinen Weg zurück, wenn die Laichzeit gekommen ist, und dies keinesfalls nur zu einem heimatlichen Fluß oder Bach, sondern genau zu jenem Fließgewässer, in dem er geboren wurde? Bis heute gibt es darauf keine verbindliche Antwort. Studien haben ergeben, daß, namentlich bei atlantischen und pazifischen Lachsen, für ihre Navigation die Sonne eine Rolle spielt, wie dies ja beim Vogelflug ähnlich ist. Dies würde bedeuten, daß sie eine „Peilung" vornehmen und dieselbe für eine Zielbestimmung auswerten, genau so, wie wir uns nach dem Kompaß richten. Experimente mit einer künstlichen Sonne in Laboratorien haben dieses Geheimnis enthüllt, zumindest bei einigen Lachsarten.
Doch trotz allem kann die Sonne nicht die einzige Orientierung für solche Fische sein. Wenn ein Lachs zurückkehrt in die Küstengewässer, die nahe zu seinem Heimatfluß liegen, ist anzunehmen, daß er noch andere Orientierungsmerkmale hat. Eine solche Hilfe könnte zum Beispiel sein Geruchssinn sein. Wir wissen, daß einige Fischarten sehr genau zwischen unterschiedli-

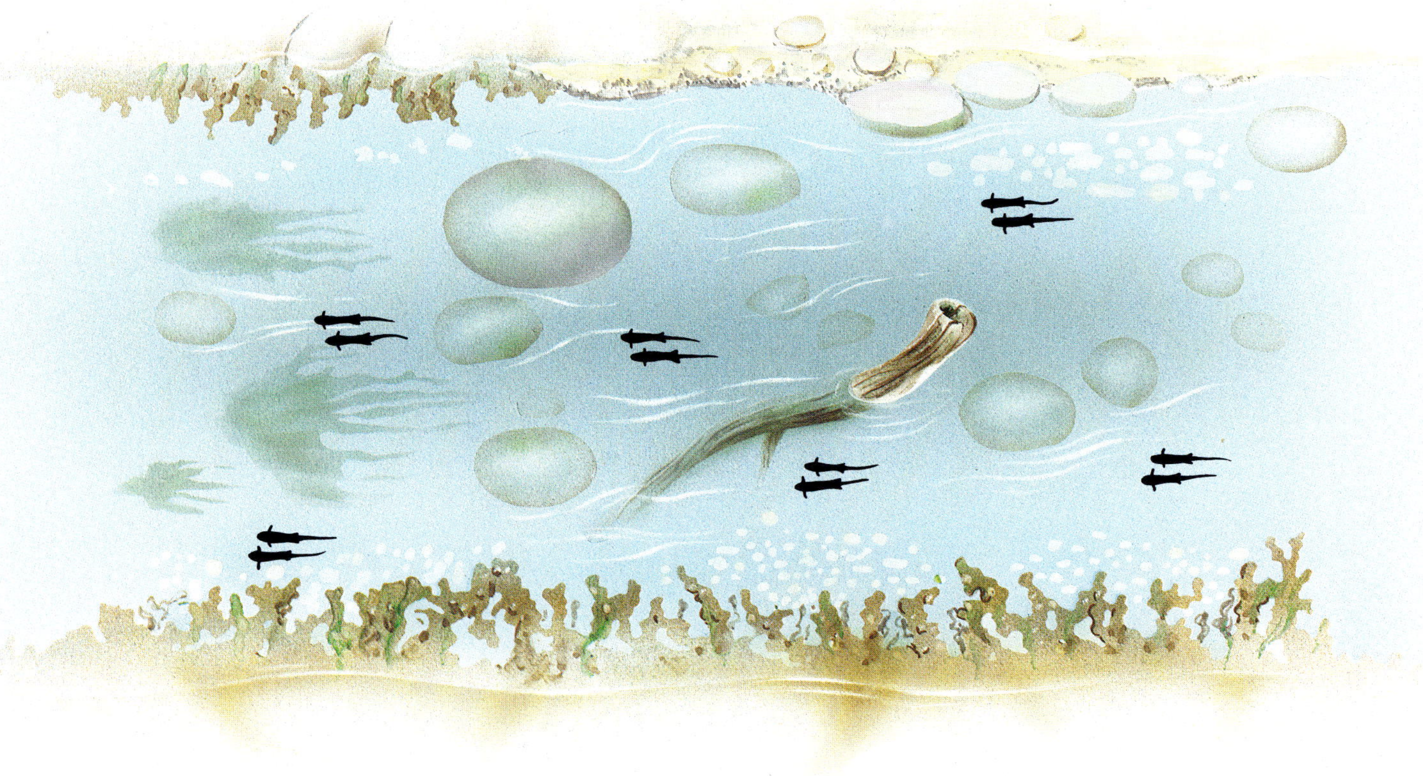

Das Territorium wird im wesentlichen von den männlichen Fischen markiert. Wenn sie zum Beispiel aufgrund der Bodenverhältnisse einander nicht sehen können, ist ihr Laichgebiet begrenzter, als wenn der Boden glatt und weithin überschaubar ist.

chen Süßwassern zu unterscheiden vermögen, und daß sie den Geruch ihres heimischen Gewässers über lange Zeit speichern können, wenn sich ihnen dieser in der ersten Wachstumsperiode nachhaltig eingeprägt hat. Wissenschaftler haben die Vermutung geäußert, daß sich der wandernde Fisch an den Geruchsmerkmalen ausrichtet, die seine eigene Art absondert. Das bezieht auch die Exkremente ein, welche die Fische auf ihrer Wanderung abgeben.

Tagesrhythmus und Nahrung

Wie alle Tiere haben auch die Fische einen 24stündigen, aktiven Tagesrhythmus. Dies ist aus ihrem Wechsel von der Futtersuche zur Nahrungsaufnahme und den Ruhepausen ersichtlich. Sportfischer in gemäßigten Zonen wissen, daß im Sommer die beste Beißzeit für Forellen die Morgen- und Abenddämmerung ist. Gleichermaßen wandert der pflanzenfressende Fisch in seinem Tagesrhythmus zwischen unterschiedlichen Wassertiefen hin und her, wobei er in der Hauptsache dem Zooplankton folgt, das in der Nacht zur Wasseroberfläche aufsteigt und tagsüber wieder in die Tiefen absinkt, ganz offensichtlich als Antwort auf die Lichtverhältnisse.

Was die Freßgewohnheiten betrifft, so folgt der Fisch hierbei dem Prinzip, möglichst Energie zu sparen, indem er versucht, ein Maximum an Futter mit dem geringstmöglichen Aufwand an Leistung zu erhalten. Werden etwa unterschiedliche Nährstoffe in gleichen Mengen und unter denselben Bedingungen angeboten, so geht der Fisch sparsam vor, indem er sich die größten Futterbrocken auswählt – die können manchmal so groß sein, daß er sie kaum zu schlucken vermag. Auf der anderen Seite zeigt sich, daß der Fisch, je größer er immer abgewachsen und je umfangreicher das Nahrungsangebot ist, um so sorgfältiger seine Auswahl trifft. Sportfischer kennen dies. In Gewässern mit einem reichhaltigen Nahrungsangebot ist es fast unmöglich, die Großen dazu zu veranlassen, unseren Kunstköder oder die Fliege anzunehmen. Die meisten Fischarten bevorzugen ganz bestimmte Nahrungsmittel. Wenn sich jedoch zeigt, daß die Suche nach einer beliebten Nahrung zu beschwerlich ist, weil davon nicht genug vorhanden ist, dann muß der Fisch notgedrungen seine Ansprüche heruntersetzen. Mehr noch, sieht sich der Fisch einer echten Nahrungsknappheit gegenüber, dann dürfte er sogar einen Nährstoff akzeptieren, den er normalerweise verachtet. So oder so, die täglichen Verhaltensweisen können kompliziert sein. Der Fisch tendiert außerdem dazu, sich an eine bestimmte Nahrung zu gewöhnen. Dies führt dazu, daß er andere Angebote links liegen läßt und sich nur für jene Nahrung interessiert, die er gerade verschlingt.

Das andere Extrem ist sein Verhalten gegenüber einer Nahrung, die beschwerlich ist oder ihn gar verletzt. Untersuchungen eines solchen Verhaltens, die in letzter Zeit durchgeführt wurden, haben den Beweis erbracht, daß der Fisch sehr schnell lernt, unerwünschte Nahrung abzulehnen. Zu solchen Angeboten, an die er nur äußerst vorsichtig herangeht, gehört natürlich auch ein bestückter Haken. Es besteht kein Zweifel, daß es eine gewisse ,,Hakenscheu'' gibt, wenngleich man andererseits nicht sagen kann, daß jedesmal, wenn ein Fisch den Haken meidet, er schon einmal an einem solchen gehangen haben muß. Die Wahl, die ein Fisch bei seiner Futtersuche trifft, ist fast immer abhängig vom Kampf ums Futter unter den Fischen selbst, sowohl innerhalb einer Art als auch im Verhältnis zu anderen. Nach allem, was wir wissen, hat wahrscheinlich dieses tägliche Ringen ums Futter die größte Wechselwirkung auf das Verhältnis der Fische untereinander. Wenn innerhalb einer vorgegebenen Waserfläche die Zahl einer bestimmten Fischart steigt, wird die Forderung nach Nahrung immer dring-

licher. Die schwächsten Exemplare können dadurch am weiteren Wachstum gehindert werden oder gar sterben. Manchmal kann die ganze Population verkümmern. In nördlichen Klimazonen kann man dieses Phänomen bei Barschen und Saiblingen beobachten.
Ein anderes Ergebnis bei einem härter werdenden Kampf um die Nahrung ist darin zu sehen, daß jene Fische, die nicht stark genug sind, um ihre bevorzugte Nahrung zu kämpfen, gezwungen sind, sich mit Nährstoffen abzufinden, die weit unter dem liegen, was sie normalerweise annehmen. Das zeigt sich besonders bei eng verwandten Arten. Ein zuverlässiges Zeichen im täglichen Existenzkampf dafür, daß ihre Nahrung nahezu gleich ist, zeigt sich dann, wenn genügend Nahrung vorhanden ist; andererseits ist sie sehr unterschiedlich, wenn das Nahrungsangebot spärlich ist. Da wir Sportfischer der Vorliebe des Fisches für eine bestimmte Nahrung viel Bedeutung beimessen, können wir einen verhängnisvollen Fehler begehen, wenn wir uns nach dem Mageninhalt der Fische richten. Wenn wir die gleiche Nahrung in einer Reihe von Fischmägen finden, so muß dies nicht bedeuten, daß die Fische sich in einem harten Existenzkampf befinden – und wenn wir unterschiedliche Nahrung feststellen, ist es riskant, daraus zu schließen, daß sie nicht ums tägliche Futter ringen müssen.

Das Raubverhalten

Der radikalste Weg eines Fisches im Existenzkampf zu bestehen, ist in dem Vorhaben zu sehen, seine Rivalen aufzufressen. Wenn dies innerhalb einer Fischart passiert, pflegen wir von Kannibalismus zu sprechen. Vom allgemeineren Standpunkt des Biologen aus gesehen, ist dies ein Beispiel für Raubverhalten, das eine ganz wichtige Rolle innerhalb und zwischen den einzelnen Arten spielt. Der Fisch, der den Räuber am meisten zu fürchten hat, ist normalerweise die frisch geschlüpfte Brut. Diese wird häufig von allen Fischen in der Nachbarschaft verschlungen. Die Chance der Fischbrut, dem Gefressenwerden zu entkommen, hängt unter anderem davon ab, wie rasch sie wachsen und zugleich ihre Schwimmfähigkeit sich entwickeln kann.
Soweit es den einzelnen, beim Raub gepackten Fisch angeht, ist es für ihn ganz gewiß kein Vorteil, nunmehr gefressen zu werden. Nichtsdestoweniger kann das Verhältnis zwischen Raub- und Friedfisch in einem Gewässer von Wert für die Population mit Friedfischen im ganzen sein. Führt man einen Besatz mit Raubfischen – etwa mit großen Forellen – in einem Gewässer durch, in dem sich eine Population von, sagen wir, jungen Saiblingen oder Weißfischen befindet, wird die alsbaldige Folgerung in der Zunahme der Sterberate dieser Fische bestehen. Zugleich bildet eine solche Reduzierung aber auch mehr Platz und Nahrung für die verbleibenden Jungfische, womit sich ihre Chance zu überleben und zu wachsen erhöht.
Auf diese Weise können Raubfische durchaus ein maximales Gleichgewicht unter den Friedfischen herstellen. Sofern die Raubfische den anderen Arten zu stark zusetzen, gehen auch ihre Fänge zurück, selbst wenn sie diesen intensiver nachstellen. Mit den Worten eines Berufsfischers gesagt, ist hier von einem ,,Überfischen" die Rede. Das entspricht etwa dem gleichen Verhalten des Menschen, wenn Angler ein bestimmtes Gewässer zu oft und in zu großer Anzahl befischen. Allerdings, der Unterschied zwischen dem Raubfisch und dem Menschen besteht darin, daß ersterer den Besatz am Boden reduziert, indem er zumeist kleine und junge Fische fängt, während der Mensch den Bestand im Ober- und Mittelwasser mindert, weil er größeren und älteren Fischen nachstellt.

Gefahren für den Fisch

Abgesehen vom Überfischen, bedrohen wir Menschen das Leben der Fische in steigendem Maße, weil wir die Wasserverhältnisse verändern. Dies geschieht in der Hauptsache durch chemische Substanzen und durch bauliche Veränderungen.

Verunreinigungen der Fischgewässer

Nicht zuletzt für uns Sportfischer selbst ist es eine traurige Tatsache, daß die Fische, und hierbei notgedrungen die beliebtesten Arten, zu jenen Lebewesen zählen, die ganz außerordentlich unter dem modernen Gebrauch des Wassers zu leiden haben. Vor der Industrialisierung und dem Fortschritt der sozialen Entwicklung in der westlichen Welt, war die Einwirkung des Menschen auf Meere, Seen und Fließgewässer geringfügig. Als man damit begann, große Fabriken in der Nähe von Flüssen zu errichten, um Wasser für Produktionszwecke und für die Ableitung des Abfalls zu haben, begann die Verseuchung der Lebensräume der Fische. Sie wurden auf's äußerste gefährdet und zerstört. Diese Zerstörung steigerte sich noch durch die Einleitung von kommunalen Abwässern in Seen und Flüsse sowie durch die Überdüngung und die Dränagen in der Landwirtschaft.
Diese industriellen, kommunalen und landwirtschaftlichen Emissionen enthalten verseuchte Feststoffe, schwebende und aufgelöste Materialien, sauerstoffzehrende Substanzen, Pflanzennährstoffe und Gifte, einschließlich von Schwermetall- und Mineralölprodukten. Normalerweise haben das Wasser und seine Organismen eine große Kapazität in der Neutralisierung von verseuchten Stoffen. Diese ,,Selbstreinigung" bedeutet, daß größere Partikel am Boden abgelagert und organische Substanzen von Mikroben aufgezehrt werden. Bei diesem Prozeß wird allerdings viel Sauerstoff verbraucht und wenn der Grad der Verseuchung zu hoch ist, ergibt dies letztlich einen Sauerstoffmangel, durch den die Mehrzahl der Fische und andere Organismen im Wasser getötet werden.
Industrielle Verseuchung zerstört oftmals Fischgewässer schneller als dies durch kommunale Abwässer geschieht. Sehr großen Schaden haben auch Papiermühlen und Bergwerke angerichtet – in letzterem Fall vor allem durch Schwermetalle, Öle und Bohrschlamm. Aus Stahlwerken und technischen Anlagen werden dem Wasser Phenole, metallische Salze und andere giftige Substanzen zugeführt, durch welche die Fische sofort getötet werden. Die Landwirtschaft produziert Nährstoffe, durch welche die Eutrophierung von Seen und Flüssen gesteigert wird. Sie verursacht so schwere Schäden der Fauna an den Ufern, zum Beispiel, indem sie ganze Algenteppiche entstehen läßt und zum Blühen treibt. Das Meer wird außerdem noch durch abgelassenes Altöl, sogenannte Bilge, verseucht.
Gottlob haben in den letzten Jahren wachsende Kenntnis über diese Vorgänge und das Bewußtsein um diese Gefahren vielerorts dazu geführt, daß Gewässer gereinigt wurden und daß industrielle Produktionsabläufe weniger Gewässerverseuchungen verursachen. So gesehen besteht eine gewisse Aussicht auf Besserung, was jedoch nicht allgemein auf alle Länder zutrifft.
In letzter Zeit ist eine neue und zugleich schreckliche Bedrohung der Fischwelt ins Bewußtsein der Öffentlichkeit gerückt: die Belastung durch Stickstoff und Schwefel aus der Luft, die durch immer umfangreichere Verbrennungen von Mineralöl und Kohle verursacht werden. In Europa und Nordamerika ist dies die Ursache, für die sich immer weiter ausbreitenden Belastungen natürlicher Gewässer – und dies sogar in doppelter Hinsicht, einmal durch unmittelbare Einwirkungen und zum anderen durch das Eindringen giftiger Elemente ins Wasser, wie Quecksilber und Kadmium.

Die Regulierungen von Wasserwegen

Nahezu jeder große Wasserverbrauch verursacht mechanische Einwirkungen auf Seen und Flüsse. Dies führt fast gesetzmäßig zu Nachteilen für die Fischpopulationen dieser Gewässer. In vielen westlichen Ländern wird das Wasser, in der Hauptsache für die Nutzung durch Wasserkraftwerke, reguliert. Das hat zu dramatischen Wechselwirkungen an tausenden Flüssen und Gewässerarealen geführt, wobei zumeist die Lebensräume der Fische und anderer Tierarten empfindlich verschlechtert wurden. Fischarten die, wie der atlantische und pazifische Lachs und die Meerforelle, von Fließgewässern als Laichgebieten abhängig sind, haben unter diesen Veränderungen am stärksten gelitten.
Solche Regulierungen haben ganz allgemein die sofortige Wirkung, daß sie die Fische von ihren traditionellen Laichgebieten abtrennen, wie dies zum Beispiel durch die Errichtung von Staudämmen geschieht. Durch die Anlage von Tunneln werden zudem oftmals längere Gewässerstrecken trocken gelegt. Hinzu kommt, daß die Fische durch so manche Maßnahme anfangs nur indirekt beeinflußt werden, jedoch, da sich die Wirkungen langsam steigern, führen sie letztlich zu unwiederruflichen Konsequenzen für den Fischbestand in einer mehr oder weniger fernen Zukunft.
Bei Regulierungen von Seen, die normalerweise erforderlich wurden, um gewaltige Wasserkraftwerke zu speisen, werden die Fische durch den wechselnden Wasserstand unmittelbar beeinträchtigt. Die Errichtung der Staudämme führt zu einem erheblichen Unterschied zwischen dem Hochwasserstand im Sommer und dem Niedrigwasser nach dem Ablassen im Winter. In

Wenn ein Raubfisch, um Energie zu sparen, seine Beute zu oberflächlich abschätzt, kann dies leicht dazu führen, daß er mit dem Verschlingen seines Raubes arg in Schwierigkeiten gerät.

nördlichen Zonen kann diese Differenz ganz erheblich sein, manchmal beträgt sie 100 Meter und mehr. Das Ergebnis sind dann weithin sich ausdehnende, ausgetrocknete Ufergebiete, in denen die meisten der Bodentierarten absterben – hierbei handelt es sich vor allem um die größeren Krusten- und Weichtiere sowie Muscheln und andere Arten.
Wenn durch den Bau von Wasserkraftwerken Flüsse aufgestaut werden, sinkt die Fließgeschwindigkeit ab. Sie wird durch mehr oder weniger stehendes Wasser ersetzt, bestenfalls noch aufgelockert durch einige Stromschnellen. Die Nährstoffvorräte mögen in so einem Fall nicht so stark beeinträchtigt werden, wie dies in regulierten Seen geschieht. Das hat seine Ursache in den etwas gemäßigteren Wechseln im Wasserstand. Der letztere wiederum ist jedoch häufig nur sehr kurzfristig von Bestand. Er wechselt alle 24 Stunden, deshalb erweist sich eine solche Anlage für die Salmoniden als recht unvorteilhaft. Flußstauungen fördern dagegen die sogenannten Arten der Ruhigwasserzonen, wie Hecht, Barsch und Karpfen. Das größere Aufkommen solcher Fischarten, vor allem von Hechten, ist jedoch zugleich auch häufig die Ursache für das Verschwinden der Salmoniden.
Gleichermaßen gefährdend für Salmoniden ist die Nutzung von Süßwasser für industrielle und kommunale Zwecke. Auch diese machen im allgemeinen eine Regulierung erforderlich. Wenngleich hierbei der Wasserstand weniger fluktuiert als vor Kraftwerken, so führt letztlich jedoch auch eine solche Regulierung ganz allgemein zu einem katastrophalen Rückgang der Salmoniden-Populationen.

Maßnahmen für den Fischschutz

Viele Maßnahmen, die zur Wiedereinbürgerung, Erhaltung und Ausweitung der Fischbestände ergriffen werden, gehören zu den umfassenden Bemühungen in den Bereichen des Natur-, Umwelt- und Gewässerschutzes. Heutzutage sind die Konzepte für Maßnahmen zum Schutz der Fische breit und unterschiedlich angelegt. All diese Bemühungen sollten wir mehr in einem begrenzten und direkten Sinn sehen: Es gilt Wege zum speziellen Schutz und zur Erhaltung der Fischbestände zu finden, zugleich gilt es zu überlegen, wie wir den besten Ertrag aus solchen Maßnahmen erzielen können.
Die Grundvoraussetzungen für eine zielbewußte Fisch-Bewirtschaftung ist eine gute Kenntnis der entsprechenden Gewässer und damit ihrer Biologie, aber auch ihrer Probleme. Um Schätzwerte über den Umfang und die Zusammensetzung der Fischbestände zu erhalten, führt man im allgemeinen Abfischungen mit Netzen durch. Mit Hilfe biologischer Untersuchungen ermittelt man den Nahrungsbedarf der Fische, während man durch Wasseranalysen Informationen über die chemischen und physikalischen Qualitäten des jeweiligen Gewässers erhält.
Die Bewirtschaftung schließt den Neubesatz mit Fischen und Nahrungsorganismen ein. Mit solchen Maßnahmen kann man durchaus eine Sofortwirkung beim Aufbau eines Fischbestandes erzielen, wie etwa bei Salmoniden, wie Forellen, oder Hechten. Wiederholte Besatzmaßnahmen, das sogenannte Einsetzen und wieder Herausfangen, wendet man dann an, wenn nicht sicher ist, ob sich der Fisch regeneriert. Eine dritte Art von Besatzmaßnah-

men mit Fischen zielt darauf ab, Nahrung für wertvollere Arten einzubringen, um letztere bevorzugt mit natürlicher Nahrung zu versorgen. So ist es zum Beispiel in Skandinavien üblich, einen Salmonidenbestand aus Forellen und Saiblingen aufzubauen, indem man kleinere Fischarten wie Stinte und Stichlinge sowie verschiedene Arten von Krustentieren einsetzt.
In oligotrophischen Gewässern kann man den Vorrat an Nährstoffen auch erhöhen, indem man eine Phosphatdüngung einbringt. Eine weitere Bewirtschaftungsmethode ist das Düngen mit Kalk, was wichtig für die Säurebildung ist. Meistens muß eine solche Kalkdüngung wiederholt werden.
Um einen bestimmten Fischbesatz zu mindern oder ganz zu vernichten, insbesondere für Zwecke der Sportfischerei, hat man manchmal auch zu recht kontroversen Methoden gegriffen. So wurden Gewässer mit Rotenon, einem Insektizid und Giftstoff für Fische, behandelt. Diese Methode wurde angewandt, um vor dem Besatz mit sogenannten wertvollen Fischarten alte Bestände zu vernichten. Dies hat nicht zu unrecht bei konservativen Gewässerschützern zu Protesten geführt, zumal dieses Rotenon auch bestimmte Bodenlebewesen und Planktonmikroben abtötet. Trotz allem, Rotenone zersetzen sich sehr rasch im Wasser und normalerweise werden nur ältere Fische unter diesen Wassertieren hiervon befallen, so daß die Rekolonisierung alsbald wieder beginnt. Diese Behandlungen der Gewässer mit Fischgiften begann in den 50er Jahren. Es ist festzuhalten, daß man heute von solchen Methoden in großem Maße abgekommen ist.
Eine der Grundprinzipien für die Erhaltung der Fischarten im Süßwasser ist, so widersprüchlich das anfangs klingen mag, das Fischen selbst. Wenn ein Fischbestand gut aufwächst und maximale Erträge bringt, ist es erforderlich alle Arten in einem Gewässer rational zu befischen. Dadurch werden einige Fischarten reduziert, wodurch zugleich die Nahrungsgrundlage für alle anderen rasch ansteigt. Dies bedeutet, daß wir mit einer solchen Methode nicht nur in der Lage sind, jüngere Fische zu fangen, sondern zugleich auch in größerer Zahl. Dabei ist zu berücksichtigen, daß innerhalb eines bestimmten Fischbestandes die Zahl der großen Exemplare ohnehin geringer wird, da diese ja auch älter sind und somit der natürlichen Sterberate höher unterliegen.
In Seen, die vielseitig befischt werden, ist oftmals das Gleichgewicht unter den einzelnen Arten beträchtlich gestört. Gerade heutzutage kann man das in vielen Seen beobachten. Die früher häufig übliche Berufs- oder Eigentumsfischerei ist in die Hände der Sportfischerei übergegangen. Diese hat sich zumindest anfangs auf wenige, besonders beliebte Fischarten spezialisiert. Die Konsequenz aus einer solchen Verhaltensweise ist, daß in einem Gewässer, in dem sogenannte uninteressante Fische reichlich vorhanden sind, sich diese urplötzlich in hohem Maße vermehren können. Dies geschieht dann zumeist noch auf Kosten jener Arten, für die sich Sportfischer besonders interessieren.
Eine weitere Methode der Besatzregulierung richtet sich ausschließlich gegen solche Arten, die im Wettstreit mit jenen liegen, die wir bevorzugt befischen möchten. Um hierfür einen genauen Überblick zu bekommen, ist es ebenfalls erforderlich mit Mitteln der Berufsfischerei eine solche Bestandsregulierung durchzuführen. Die besten Ergebnisse dürfte man bei einem solchen Vorhaben erzielen, wenn man sie zu einer Zeit durchführt, in der sich die Fische sammeln, besonders vor dem Laichen.
Bislang haben wir nur jene Methoden der Bewirtschaftung beschrieben, die sich unmittelbar mit dem Fisch und seinem Besatz befassen. Von großer Wichtigkeit ist jedoch auch die Verbesserung der Lebensräume für die Fische. Im Fließgewässer ist hierunter die Beseitigung von Hindernissen zu verstehen, die den Fisch am Aufsteigen hindern. So ist es wichtig, Fischtreppen und Fischpassagen anzulegen, Gumpen herzurichten, die Strömung auf bestimmte Bereiche zu konzentrieren, Ruhezonen für den Fisch zu schaffen und künstliche Laichgebiete auszuweisen. Hierzu kann auch gehören, daß man Flußufer mit Bäumen bepflanzt, um so schattige Stellen für heiße Sommer zu haben und um das Insektenleben am Wasser zu fördern.
In Seen zielen solche Maßnahmen hauptsächlich auf die Verringerung der oftmals überhand nehmenden Wasserpflanzen. Dies ist vor allem in vielen eutrophen Gewässern ein ernstes Problem.
Eine weitere Hilfe im Gewässer- und Naturschutz ist das Ausweisen von Laichschongebieten für bestimmte Fischarten, sowie die Steigerung der Sauerstoffzufuhr durch entsprechende technische Einleitungen. Genau so wichtig, allerdings sehr teuer und schwierig in der Durchführung, ist das Restaurieren von Seeböden, die durch das Einbringen von Giften verseucht wurden.

Das Leben im Wasser reagiert mehr oder weniger empfindlich auf den Säurehaushalt. Wasser, das nicht säurehaltig ist, muß zumindest einen ph-Wert von 6 haben. Liegt der Wert darunter, so werden die Lebensumstände bedenklich und unter einem pH-Wert von 4,5 ist Leben nicht mehr möglich.

Um eine sich weit ausbreitende Übersäuerung in Seen zu vermeiden, müssen diese öfter gekalkt werden. Das sollte regelmäßig geschehen, um gute Ergebnisse zu erzielen. Auf dem Bild werden in einem „normalen See" jene Stellen aufgezeigt, die sich für eine solche Kalkung besonders eignen: (a) Ströme und andere Einläufe, (b) bemooste und mit Nadelhölzern bestandene Ufer, (c) Buchten mit geringer Zirkulation, (d) steiniger Seeboden, (e) Laichgründe, (f) Unterwasserquellen.

Bewirtschaftung eines Biotops bedeutet, die Lebensräume für die Fischfauna zu verbessern. Ein gutes Beispiel ist diese Fließwasserstrecke, vor und nach einer Restaurierung. Um den Fischen die Möglichkeiten zum Ablaichen und zum Aufwachsen der Fischbrut zu erleichtern, wurden sogenannte Wasserhindernisse angelegt. Diese verhelfen zu einem gleichmäßigeren Fließen, zum Beispiel beim Frühjahrshochwasser oder nach einem Regen. Wie zu sehen ist, wurden die größeren Steinbrocken im Flußbett belassen, um Ruheplätze zu schaffen. Für die Anlage selbst wurde nur Material verwendet, das bereits im Fluß vorhanden war. Da nunmehr das Wasser in den schmaleren Rinnen rascher abfließt, wird nicht nur der Sauerstoffgehalt erhöht, sondern zugleich werden auch die Laichräume sauber gehalten. Mehr noch, das rascher abfließende Wasser verursacht Aushöhlungen und hier und dort auch eine Bildung von Gruben, womit es auf diese Weise der Fischwelt Unterstände bei Niedrigwasser schafft.

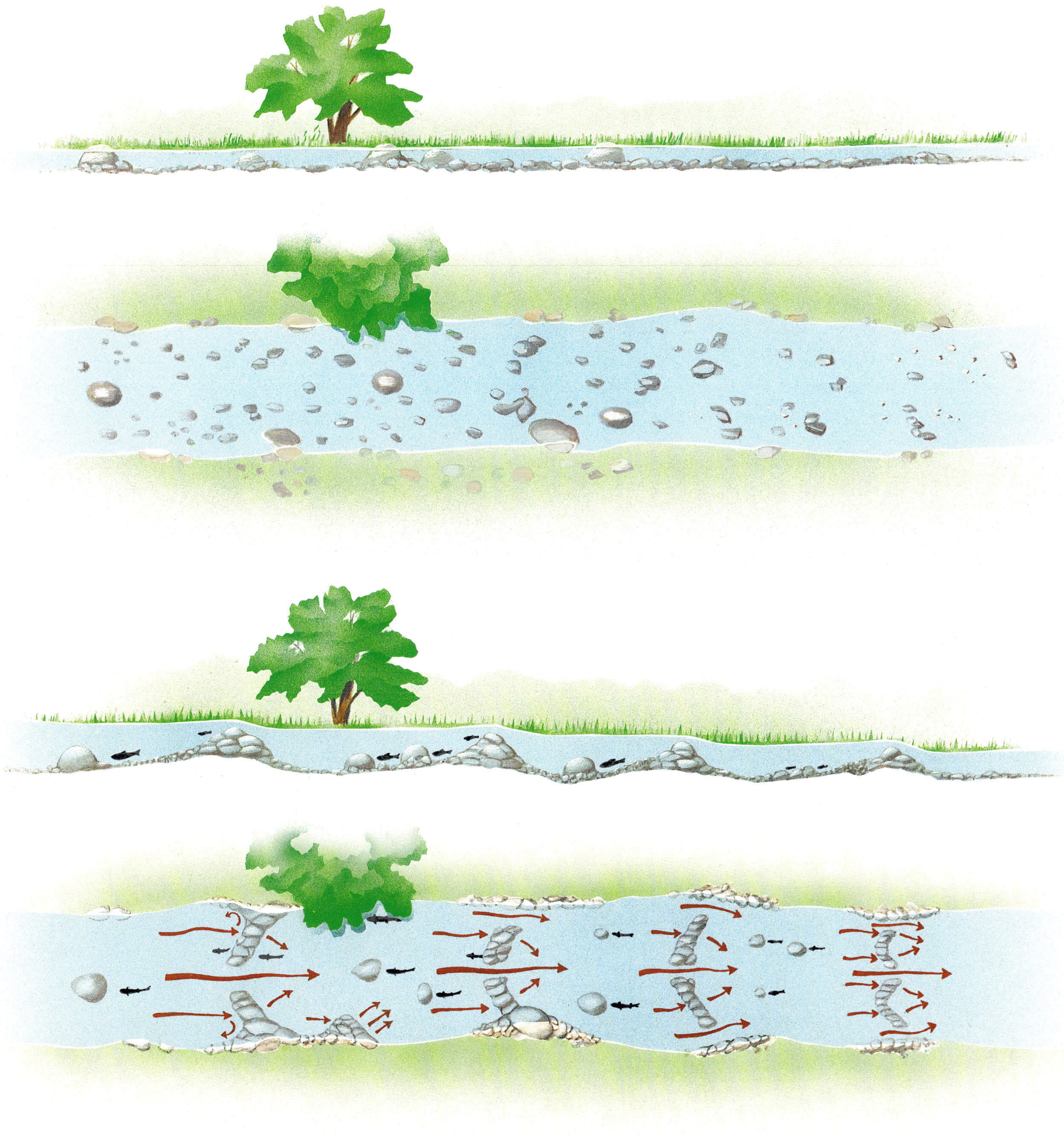

Spinnfischen mit Kunstködern

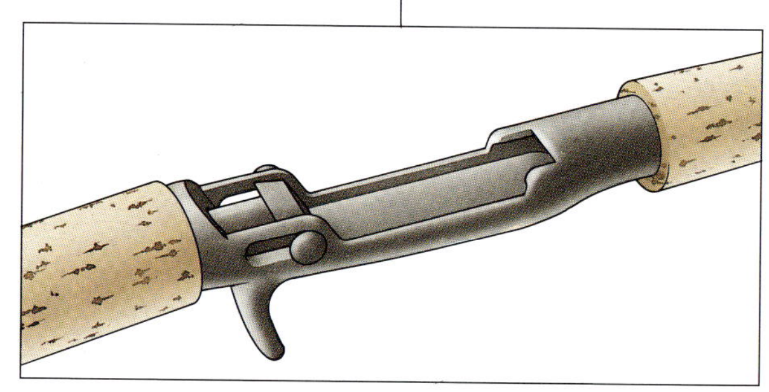

Für den Sportfischer ist es jedesmal wieder aufregend, wenn es ihm gelingt, beim Spinnfischen einen Raubfisch so zu überlisten, daß er anstelle seiner natürlichen Beute einen künstlichen Köder annimmt. Diese Spannung beim Angeln mag wohl schon Tausende von Jahren bestehen. Sie begann, als in Urzeiten der erste Angler seinen Angelhaken mit Federn, Haaren oder Fasern bestückte und dieses Gebilde einem nichtsahnenden Fisch vorsetzte. Obgleich unsere Altvorderen in jenen fernen Zeiten angelten, um zu überleben, kann man ohne Zweifel davon ausgehen, daß auch bei ihnen Aufregung und Spannung so groß waren, wie bei einem Angler unserer Tage, der mit einem Wobbler oder Blinker einen Fisch fängt, der sich täuschen ließ.
An einem Tag, der als besonderes Petri Heil in Erinnerung bleibt, kann es geschehen, daß ein Fisch den Blinker schon in dem Augenblick packt, in dem dieser die Wasseroberfläche berührt, oder auch während der Blinker taumelnd auf den Grund absinkt. Die meisten Fische schnappen jedoch erst dann zu, wenn der Blinker eingeholt wird.
Raubfische jagen sowohl im Niedrigwasser als auch in der Tiefe. Normalerweise rauben sie jedoch über Grund. Wichtig für den Sportfischer ist, daß er die Wirkungsweise seiner künstlichen Köder genau kennt; daß er weiß, wie sie unter Wasser aussehen, wie sie sich werfen lassen und absinken und, wie sie ,,schwimmen''. Angeln mit Stationär- und Multirolle ist die Kunst, den fängigsten Kunstköder in der richtigen Tiefe anzubieten. Zum Angeln gehört letztlich weit mehr, als nur eine gute Rute mit Rolle und ein ausgeprägtes Wurfgefühl. Dazu gehört vor allem auch eine umfassende Kenntnis der einzelnen Kunstköder, um unter ihnen immer den richtigen anzubieten; und natürlich muß man auch wissen, welcher Köder jeweils der richtige für tiefes, flaches, ruhiges oder rasch dahinströmendes Wasser ist.
Das Angeln mit Rute und Rolle hat in den einzelnen Ländern unterschiedliche Traditionen. Den größten Einfluß hatte aber wohl das Angeln der Amerikaner auf die verschiedenen Barscharten. Jahrzehnte bevor die ersten künstlichen Köder in europäische Gewässer eintauchten, hatten die Amerikaner bereits das Angeln mit einer ganzen Reihe von Blinkern, Spinnern, Wobblern und Jigs zu einer Tradition entwickelt. Es dauerte sehr lange, bis einige dieser Neuerungen auch in Europa angewandt wurden. Später noch, erst in den 70er Jahren, kamen einige Modelle wie Schleppwobbler, Jigs und Weichplastikköder in Europa auf den Markt.

Ruten

Vor gut 20 Jahren wurden die meisten Angelruten noch aus Fiberglas hergestellt. Heute besteht eine große Anzahl der Angelruten aus Kohlefaser, Boron oder aus Kombinationen von allen drei Bestandteilen. Neue Materialien, wie zum Beispiel Kevlar, werden ständig weiter entwickelt. Zudem werden Kohlefaserruten mit neuen Materialien, wie etwa das von Daiwa entwickelte Silikon-Carbide ,,Whiskers'', verstärkt.
Heute sieht es ganz danach aus, als würde die Kohlefaserrute für die nächste Zeit den ersten Platz auf dem Markt einnehmen. Diese Ruten sind von geringem Gewicht, schwingen nach dem Wurf nicht nach, folgen dafür aber sehr viel feinfühliger den Bewegungen eines Kunstköders, als dies bei den heute nahezu altmodischen Fiberglasruten der Fall ist. Die neuen Kohlefaserruten haben allerdings den Nachteil, daß sie relativ zerbrechlich sind, worauf man Rücksicht nehmen sollte. Unter dem Strich gesehen, sind daher auch heute noch die Fiberglasruten jene, die am vielseitigsten verwendbar sind, was natürlich besonders für Fiberglas-Mischgewebe gilt. Der Wettbewerb unter den Rutenherstellern ist in den letzten Jahren härter geworden. Jede Firma verspricht, daß gerade ihr Produkt das beste im Bereich der Fiberglas-Mischgewebe oder entsprechender anderer Materialien ist. Eine Rute, mit etwa 80–90 Prozent Bestandteilen an Kohlefaser, muß jedoch nicht notwendigerweise besser sein, als eine, die nur 75 Prozent enthält. Die Qualität

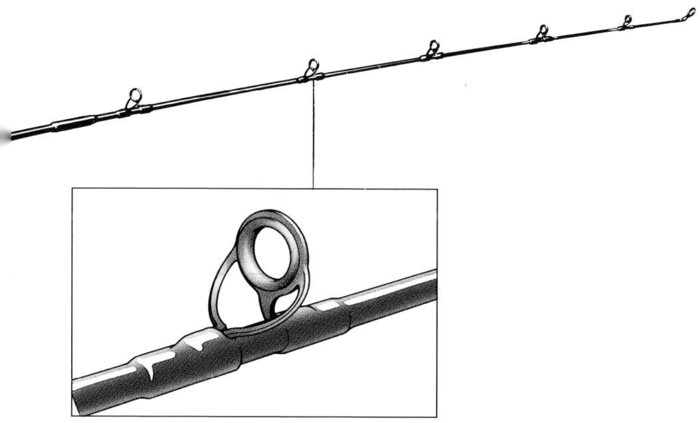

Drei Rutenmodelle für das Wurf- und Spinnangeln. Oben, eine Zweihandrute mit fest eingebautem Rutenhalter und großen Ringen, die nach unten zeigen. In der Mitte eine Einhand-Spinnrute. Unten, eine Zweihand-Wurfrute mit einem Rollen-Schnappverschluß, gedacht für Multirollen, und kleinen, nach oben zeigenden Ringen.

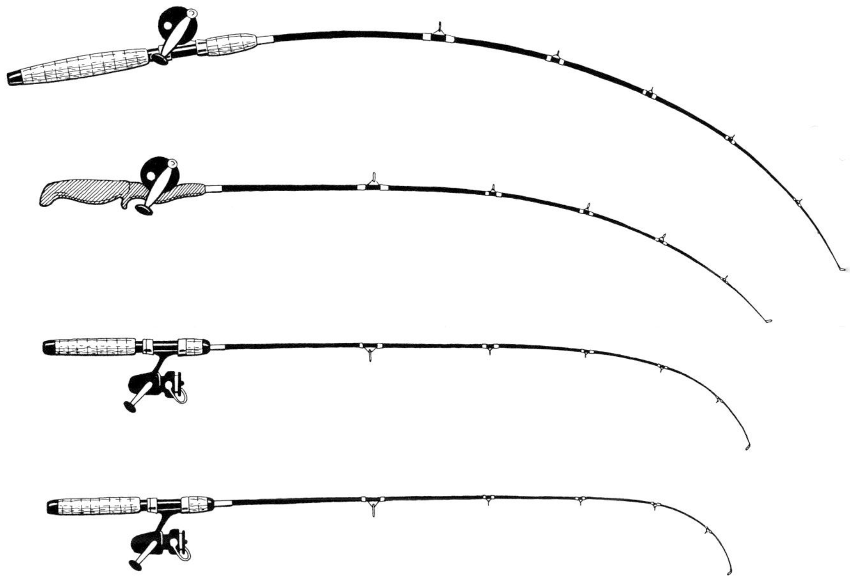

Die Aktion einer Rute bestimmt ihre Leistung beim Wurf und beim Einholen eines Fisches. Oben, eine Rute mit langsamer Aktion. In der Mitte eine Rute mit mittlerer Aktion, gefolgt von einer Rute mit Aktion im oberen Drittel, die auch als schnelle Aktion bezeichnet wird. Unten, eine Rute mit Spitzenaktion, sehr steifes Rückgrat, hohe Wurfgeschwindigkeit.

einer Rute wird vielmehr im wesentlichen von ihren Konstruktionsmerkmalen und ihrem Aussehen bestimmt.

Aktion und Länge

Die Aktion einer Rute oder, anders gesagt, ihr Verhalten beim Werfen und Drillen, wird zum einen von ihrer Stärke und zum anderen von dem Material her festgelegt, das für ihre Herstellung verwendet wurde.
Unter einer langsamen Aktion versteht man eine Rute, die sich über ihre ganze Länge biegt. Man nennt dies auch eine Parabolikaktion. So eine Rute wirft exakt, sie hat das Rückgrat, um einen Fisch zu ermüden und genügend Widerstandskraft, heftige Fluchten auszugleichen. Ihr Nachteil ist, daß sie oftmals nicht genügend steif ist, um den Haken straff zu setzen. Derart weiche Ruten erfordern deshalb einen erfahrenen Angler.
Eine Rute mit mittlerer Aktion setzt den Haken kräftiger und verfügt auch über ein festeres und steiferes Rückgrat bei zielgenauen Würfen. Wird ein Fisch gedrillt, so biegt sich nur die Hälfte der Rutenlänge durch.
Ruten mit Spitzenaktion biegen sich nur im oberen Drittel durch. Solche Ruten haben gute Wurfeigenschaften, sie setzen den Haken sicher und fest und haben ein steifes Rückgrat. Allerdings ist die Zielgenauigkeit beim Werfen nicht so gut, wie bei den anderen Modellen, da sich die Aktion nur im oberen Drittel der Rute auswirkt. Beim Einholen und Drillen sind solche Ruten weniger nachgiebig.
Ruten mit besonderer Spitzenaktion biegen sich nur im oberen Viertel durch. Diese Ruten haben fantastische Wurfeigenschaften. Sie werden daher auch viel als Casting- und Brandungsruten verwendet. Andererseits bedeutet dies, daß nur eine sehr geringe Aktion vom Rutenschaft bis ins Handteil übertragen wird. Beim Brandungsangeln mit Naturköder wird deshalb oft auch eine Rute mit langsamer Aktion bevorzugt.
An dieser Stelle soll der Hinweis nicht fehlen, daß die jeweilige Rutenaktion nichts über das Wurfgewicht aussagt, für welches die Rute ausgelegt wurde.
Die Stärke und Wurfkraft einer Rute, unterschiedliche Gewichte über oftmals weite Entfernungen zu befördern, ist von der Verjüngung ihrer Spitze, dem Rutendurchmesser und vom Material abhängig, das zu ihrer Herstellung verwendet wurde. Zur Kennzeichnung ihrer Ruten sind die Hersteller im Laufe der Jahre dazu übergegangen, einige einfache und zugleich einleuchtende Systeme einzuführen. Einige geben Wurfgewichte an, so etwa 14–28 Gramm. Darunter ist zu verstehen, daß die Rute kräftig genug ist, künstliche Köder von diesem Gewicht zu werfen. Diese Angaben sind Mittelwerte. Grundsätzlich kann man sagen, daß mit so einer Rute Köder im Gewicht von 8 oder 10 Gramm bis zu maximal 35 Gramm geworfen werden können. Die obere Grenze des Wurfgewichts sollte jedoch nie zu hoch überschritten werden. Andere Hersteller bevorzugen für die Kennzeichnung ihrer Ruten ein Nummernsystem, indem sie diese in 4 Gewichtsklassen unterteilen. So umfaßt zum Beispiel die Klasse 1 ultra-leichte Ruten mit Wurfgewichten von 2–10 Gramm, die Klasse 2 Gewichte von 10–20 Gramm, die Klasse 3 von 20–30 Gramm und die Klasse 4 schließlich Wurfgewichte von 40–100 Gramm. Eine solche Numerierung nach Klassen gibt allerdings keine Auskunft über die Länge der Ruten.
Einige Situationen beim Angeln erfordern aber bestimmte Rutenlängen. Aus diesem Grund erscheint es sinnvoll, hier einige wichtige Regeln für die Wahl einer Angelrute aufzustellen. Für das Angeln vom Boot ist oftmals eine kürzere Rute für geringere Wurfgewichte geeignet, letzteres trifft nicht auf das Meeresangeln zu. Für höhere Gewichte wählt man eine etwas längere Rute. Will man in einem kleinen Fluß oder größeren Bach angeln, ist es besser, eine längere Rute zu verwenden, um den Köder von Bäumen, Büschen und hohem Gras an den Ufern freizuhalten. Außerdem läßt sich an einer längeren Rute der Kunstköder in der Strömung besser kontrollieren.
Große, offene Gewässer erfordern weite Würfe und damit eine längere Rute. Ganz allgemein gilt: mit einer längeren Rute kann man besser werfen als mit einer kürzeren, selbst dann, wenn beide Ruten für dasselbe Wurfgewicht ausgelegt sind. Lange Ruten reagieren auch feinfühliger, wenn bei der Anlandung ein Fisch plötzlich heftige Fluchten unternimmt. Ist es erforderlich, unter überhängenden Zweigen zu angeln, dann ist dies ebenfalls nur mit einer langen Rute möglich.
Ruten für das Schleppfischen sind zumeist steif, wodurch sie sich zum Werfen weniger gut eignen. Ihr Hauptzweck besteht ja darin, beim Drill

eines Fisches die Spannung auf Kunstköder und Schnur zu verteilen. Für das Schleppfischen mit einem „Downrigger" – siehe hinten – in Seen oder Küstengewässern verwendet man zumeist eine etwa 2,40 Meter lange Rute mittlerer Aktion, die etwa 10–12 Schnurlaufringe haben sollte.
Teleskopruten sind sehr praktisch für Angler, die auf Reisen gehen. Man kann jedoch nicht übersehen, daß eine solche Rute gegenüber den üblichen Steckruten oftmals qualitativ Nachteile hat. Ein Angler auf Reisen, der statt dessen eine vier- bis fünfteilige Steckrute im Gepäck hat, sie nimmt nicht mehr Platz als eine Teleskoprute ein, wird mit einer solchen Rute zufriedener sein.

Handteil und Rollenhalterung

Die Rollenhalterung ist ein Teilstück vom Handteil einer Angelrute. Je nach Rolle, kann diese unterschiedlich gestaltet sein, je nachdem ob es sich um eine Stationär-, Kapsel- oder Multirolle handelt. Längere Ruten haben fast immer auch ein längeres Handteil. Sie ermöglichen damit dem Angler ohne Mühe einen Zweihandwurf.
Diese Handteile werden aus den unterschiedlichsten Materialien hergestellt, manche sind noch überzogen mit geschäumtem Gummi, Kork, Lederstreifen oder anderen Materialien. Der Rollenhalter sitzt im Handteil und fixiert die Angelrolle. Ruten, die für Multirollen vorgesehen sind, haben häufig als Rollenhalter einen Schnappverschluß. Die Halterung für eine Stationär- oder Kapselrolle kann ebenfalls ein solcher Verschluß sein, doch zumeist wird es sich hier um einen Schraubverschluß handeln, der auch noch mit einer Kontermutter versehen sein kann. Es gibt auch, namentlich für das Friedfischangeln, Ruten mit einem Schiebeverschluß. Die Rolle wird lediglich in zwei Ringe geklemmt, die beliebig auf dem langen Handteil verschoben werden können.

Beringung

Der ganz selbstverständliche Wunsch des Anglers ist es, den besten Kontakt mit dem Kunstköder im Wasser zu haben. Zu viele Ringbindungen können allerdings die Sensibilität einer Rute mindern, deshalb wird daran gearbeitet, diese Ringbindungen zu verbessern. So werden zum Beispiel Ringhalterungen aus Metall kaum noch verwendet und das Endstück eines Rutenschaftes verläuft im Handteil, so daß die Rutenhalterung nahezu unmittelbar auf dem Blank sitzt, wodurch ein besserer Kontakt zum Haken und Fisch hergestellt wird.
Während eines Angeltages gleiten viele Kilometer Angelschnur durch die Rutenringe, doch es ist immer dieselbe Schnur in einer Länge bis zu 100 Metern oder mehr. Die Ringe mindern die Bruchgefahr einer Schnur und schützen sie zugleich vor Abnutzung. Sie müssen deshalb eine hohe Abriebfestigkeit aufweisen, um sie widerstandsfähig gegen die oft mikroskopisch winzigen Sand- und Kieskörner zu machen, die oftmals beim Einholen an der Schnur haften. Außerdem müssen die Ringe leicht, aber auch nicht zu steif sein, damit sie die Aktion und das Gewicht der Angelrute nicht beeinträchtigen. Ferner müssen sie die Spannung der Schnur auf die ganze Länge der Rute verteilen. Die Aktion einer Rute kann aber auch dann beeinträchtigt werden, wenn auf derselben zu viele oder zu wenige Rutenringe vorhanden sind.
Einige Jahrzehnte lang wurden die Rutenringe aus Chromstahl, Achat, Karbid, Wolfram oder Keramik gefertigt. Heutzutage bestehen sie vor allem aus Aluminiumoxid, Silikon-Wolfram oder aus Hardloy. Obgleich Ringe aus diesen Materialien nach wie vor als Keramikringe bezeichnet werden, haben sie mit jenen älteren, aus tatsächlichem Keramik hergestellten Ringen nichts gemein. Solche echten Keramikringe findet man heute praktisch nur noch an preiswerten Salzwasserruten. Bei den Rutenringen ist auch ihr Durchmesser von Bedeutung. Ruten für Stationärrollen benötigen größere Ringdurchmesser als solche, die für das Casting oder das Angeln mit Naturködern gedacht sind. Wenn man mit einer Stationärrolle angelt, die sich auf einer Rute mit kleineren Ringdurchmessern befindet, so mindert dies die Wurfkraft; die Aktion des Kunstköders wird bereits von der Rute abgefangen, bevor sie die Rolle und das Handteil erreicht hat.

Multirollen

Der Vorläufer unserer modernen Multirollen wurde Anfang des 19. Jahrhunderts von Georg Snyder, einem Uhrmacher und Silberschmied aus Kentucky, gefertigt. Das ist auch die Erklärung dafür, weshalb die ersten Wurfrollen oft auch als Kentucky-Rollen bezeichnet wurden. Snyder hatte erfolgreich eine Rolle entwickelt, bei der die Spule sich mehrmals um die Achse, bei nur einer Umdrehung der Kurbel, drehte. Diese Rolle wurde immer weiter verbessert, ständig kamen Neuerungen hierfür auf den Markt. Es dauerte jedoch bis in die 20er und 30er Jahre bis deutlich verfeinerte Rollen hergestellt wurden. In den letzten Jahren hat es nunmehr einen großen Fortschritt in der Fertigung von Multirollen gegeben. Beim Schleppfischen auf Lachs und Hecht oder auch wie in Amerika auf nordischen Hecht und Musky werden häufig Multirollen verwendet. Sie sind jedoch heute viel einfacher in ihrer Konstruktion als die Standard-Multirollen älterer Tage. Das wichtigste, sie sind mit einem vorzüglichen Bremssystem ausgestattet. Die Spulen werden zumeist aus Metall hergestellt, weshalb sich diese Rollen weniger für weite Würfe eignen. Andererseits sind diese Multirollen oftmals auch recht teuer – eine Feststellung, die jedoch nicht als Kritik verstanden werden sollte.
Noch vor dem 2. Weltkrieg erreichten die Multirollen auf dem Angelgerätemarkt ihren Höhepunkt. Nach dem Krieg setzten sich dann mehr und mehr die Stationärrollen durch. Mit ihnen konnte man die neuen, dünnen Nylonschnüre besser werfen als mit einer Multirolle. In Amerika, vor allem beim Schleppfischen auf die verschiedenen Schwarzbarscharten, haben Multirollen nach wie vor eine große Bedeutung. Ohne diese Verbesserungen für das Angeln auf die Meeresbarsche, wären die Multirollen wohl kaum zu dieser Perfektion entwickelt worden. An einer Stationärrolle dreht sich die Spule nur, wenn die Bremse betätigt wird. Auf einer Multirolle dagegen rotiert die Spule sowohl beim Auswerfen als auch beim Einholen. Dies bedeutet, daß

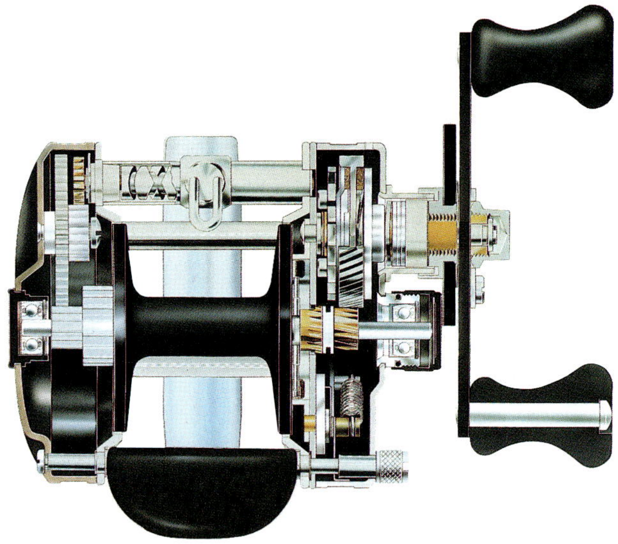

Anfang des 19. Jahrhunderts wurden die ersten Multirollen eingeführt. Sie waren in ihrer Konstruktion sehr viel einfacher als die heutigen Modelle. Das Bild oben zeigt einen Querschnitt durch die klassische „Ambassadeur 5000". Rechts eine technisch noch ausgefeiltere Multirolle mit Fliehkraftbremse und anderen speziellen Funktionen.

die Kraft des Wurfes unmittelbar auf die Rolle übertragen wird, was freilich auch die Tendenz zur Perückenbildung erhöht. Diese Perückenbildung kann bei einem Anfänger Alpträume verursachen, obgleich dies auch oft genug erfahrenen Anglern widerfährt. So eine Multirolle besteht aus vielen Teilen. Um mit solch einer Rolle kleine und leichtgewichtige Kunstköder weit zu werfen, muß der Angler schon viel Erfahrung mitbringen, ganz besonders aber muß er über ein ausgeprägtes Wurfgefühl verfügen.
Viele Rollen sind mit einem automatischen Freilauf ausgerüstet, der sich beim Wurf zuschaltet. Eine ganze Reihe von Rollenherstellern stellen heute solche Rollen mit automatischem Freilauf und Knarre her. Beim Einholen der Schnur wird dieser Freilauf automatisch ausgeschaltet und die Knarre betätigt sich beim Abzug.
Als Bremse hat die Multirolle eine sogenannte Sternbremse. In den letzten Jahren sind aber auch Multirollen mit Fliehkraftbremsen sehr in Mode gekommen. Sie vermeiden eine Perücke, indem sie die hohe Drehung der Spule bei Auftreffen des Kunstköders auf dem Wasser automatisch abbremsen. Multirollen mit solch einer Fliehkraftbremse sind daher Anfängern besonders zu empfehlen.

Stationärrollen

Nach dem 2. Weltkrieg, als die neuen, dünnen Nylonschnüre verfügbar waren, kamen auch die Stationärrollen immer stärker auf. Die erste Rolle dieser Art wurde allerdings schon 1905 von dem Engländer Illingworth zum Patent angemeldet. Diese Rolle, bekannt als Illingworth-Rolle, arbeitete im Grunde schon damals nach dem gleichen Prinzip wie unsere Stationärrollen heute.
Stationärrollen gibt es jetzt praktisch in allen Größen – angefangen von der ultra-leichten Rolle bis zu den ,,Kaffeemühlen'', die für das schwere Küsten- und Meeresangeln verwendet werden. Auf Lachs genügt normalerweise eine mittlere Rolle. Diese Rollen haben eine Spulenachse, die parallel zur Rute liegt. Beim Wurf wird die Schnur über die Spulenkante abgezogen; wird sie eingeholt, klappt der Schnurfangbügel um, die Schnur rollt nun über das Schnurfangröllchen und wird auf die Trommel (Spule) aufgespult. Der Vorteil dieser Rollenart besteht darin, daß sie leicht zu handhaben ist und einen Schnurbruch beim Werfen auf ein Minimum reduziert. Das Ergebnis dieser besseren Wurfeigenschaft sind weitere und zielsichere Würfe. Eine wichtige Voraussetzung hierfür ist allerdings, daß die Spule immer knapp bis unter den Rand mit Schnur gefüllt ist. Für kleinere Rollen verwendet man dünnere Schnüre, für die größeren entsprechend dickere Schnüre.
Die Bremse ist ein wichtiger Bestandteil einer Rolle. Beim Anbiß eines Fisches wird die zuvor eingestellte Bremse tätig und erlaubt dem Fisch das Abziehen der Schnur. So eine Bremse besteht aus einer oder mehreren Bremsscheiben, oftmals aus Teflon gefertigt, die bei fest eingestellter Bremse voll wirksam werden, indem sie gegeneinander wirken. Wird die Schnur unregelmäßig abgezogen, ist die Bremse nicht richtig eingestellt oder nicht mehr in Ordnung. Die Schnur muß sich weich und gleichmäßig von der Spule abziehen lassen. An den meisten Stationärrollen sitzt der Bremsknopf hinten auf dem Rollengehäuse; ältere Modelle sind noch mit Bremsen ausgerüstet, die unmittelbar vorn auf der Spule als eine Art Sternradbremse sitzen.
Die Übersetzung der Rolle beim Schnureinzug kann unterschiedlich sein, im allgemeinen liegt sie zwischen 1 : 3 und 1 : 6. Für den Spinnfischer ist ein Übersetzungsverhältnis von 1 : 3.5 bis 1 : 5 zu empfehlen. Grundsätzlich ist es beim Drill eines schweren Fisches als vorteilhafter anzusehen, wenn die Übersetzung niedrig ist.
In einer Stationärrolle befinden sich eine ganze Menge beweglicher Teile. Das Rollengehäuse muß so gestaltet sein, daß der Schnurfangbügel mit seiner Halterung frei und leicht rotieren kann, wenn die Schnur aufgespult wird. Rollen mit zwei oder drei Kugellagern laufen am besten, sind geräuscharm und von langer Lebensdauer.
Die Knarre verhindert ein Rückschlagen der Spule. Es gibt jetzt schon eine ganze Reihe von Rollen, die mit optischen oder akustischen Signalen ausgestattet sind, die den Anbiß eines Fisches anzeigen – das ist zweifellos auch eine gute Markierung beim langsamen Schleppfischen.
Die zur Schnur hin offene Gestaltung einer solchen Stationärrolle macht die Schnüre nahezu bruchsicher und die Rolle auch geeignet für sehr dünne Schnüre. Zudem ist es gut möglich, den Ablauf der Schnur immer zu kontrollieren, indem man den Finger leicht an die Schnur anlegt. So kann man die Schnur stoppen, indem man beim Wurf den Finger bei der gewünschten Entfernung gegen die Spule drückt.
Eine weitere Neuerung im Rollenbau ist die sogenannte ,,Autocast-Rolle''. Hierbei erfolgt das Umklappen des Rollenbügels bei der ersten Umdrehung automatisch. Alle modernen Rollen haben diesen automatischen Bügelumschlag.

Kapselrolle

Im Grunde entspricht die Kapselrolle einer Stationärrolle, nur, daß die Spule vorn geschlossen ist. Die Schnur läuft durch eine Mittenbohrung in der Kapsel, wobei es zu einer geringen Belastung der Schnur kommt, da diese erst über den Spulenrand läuft bevor sie zentriert durch die Mittenbohrung abgezogen wird.
Solche Kapselrollen sind mit einem Knopfdruckauslöser versehen, der die Schnur freigibt. Genaue Würfe erfordern die ständige Kontrolle des Schnurablaufs, indem der Knopfdruckauslöser niedergedrückt wird, so lange die Schnur läuft.
Eine solche Kapselrolle vereint sowohl Vor- als auch Nachteile in sich. Weite und exakte Würfe sind mit ihr nicht möglich, aber sie ist eine zuverlässige Rolle, die einfach zu handhaben ist. Bedauerlicherweise sind diese Rollen nur selten mit guten Bremssystemen ausgerüstet. Andererseits eignen

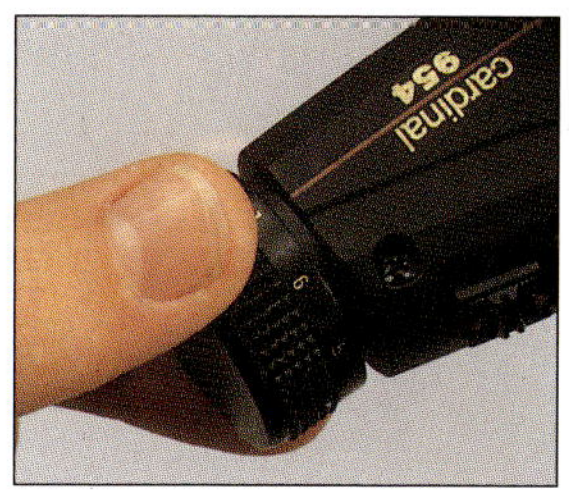

Es gibt zwei Grundmodelle einer Stationärrolle: die offene und die geschlossene Rolle (Kapselrolle). Oben wird der Querschnitt durch eine offene Stationärrolle dargestellt. Das Bremssystem befindet sich vorn am Spulenknopf, doch, wie im kleinen Bild gezeigt, kann der Bremsknopf auch hinten am Rollengehäuse sitzen. Die Rolle rechts ist eine Kapselrolle mit Sternradbremse.

sich solche Rollen ganz ausgezeichnet für das Angeln bei schlechter Sicht und in der Dunkelheit. Ebenfalls kann man sie gut bei dichtem Uferbewuchs einsetzen, da die geschlossene Kapsel das Eindringen von Gras, Blattresten und anderen Kleinteilen verhindert. Viele Angler sind der Auffassung, daß sich eine solche Kapselrolle am besten für Anfänger eignet.

Stationär- oder Multirolle?

Ein erfahrener Sportfischer wird selten ein Problem bei der Auswahl der richtigen Rolle haben. Ein Neuling dagegen mag sich vielleicht eher von der mechanischen Funktionsfähigkeit einer Multirolle beeinflußen lassen, allerdings bleibt festzuhalten, daß im deutschsprachigen Raum die Multirolle bei der Süßwasserangelei nur sehr selten verwendet wird. Doch wie dem auch sei, bevor man eine Rolle auswählt, sollte man in jedem Fall die Vor- und Nachteile gegeneinander abwägen und natürlich auch bedenken, für welche Angelmethode man die Rolle haben will.

Stationärrollen sind ohne Zweifel die besten für das Angeln mit leichtem Gerät, doch man sollte nicht vergessen, daß diese Rollen ohne weiteres auch für Wurfgewichte von 100–150 Gramm eingesetzt werden, letzteres vor allem beim Meeresangeln. Beim Werfen gegen den Wind bewähren sich Stationärrollen ganz hervorragend. Sie sind ferner leicht zu handhaben und erfordern nur ein geringes Maß an Wartung und Bedienung.

Mit einer Multirolle ist es kaum möglich, leichte Kunstköder von 1–4 Gramm zu werfen. Ständig hat man dann mit Perücken zu kämpfen, ganz besonders, wenn man mit einer Multirolle gegen den Wind wirft. Urplötzlich erfaßt der Wind den Blinker oder Spinner, während sich die Spule munter weiter dreht. Es ist daher oftmals erforderlich, die Spule beim Wurf mit dem Finger zu kontrollieren, besonders in dem Augenblick, wenn der Köder auf die Wasseroberfläche trifft. All das macht eine solche Rolle für das Angeln bei Dunkelheit ungeeignet. Beim Einholen der Schnur dagegen vermittelt uns die Multirolle einen besseren Kontakt mit dem Kunstköder und seinen Bewegungen im Wasser, als dies bei der Stationärrolle der Fall ist. Die Multirolle eignet sich am besten für das Werfen mit schweren Kunstködern und für den Drill schwerer Fische, ganz besonders aber für das Schleppangeln.

In anderen Worten, ein erfahrener Sportfischer, der zudem gern mit mechanischen beweglichen Teilen umgeht, dürfte sich eventuell für eine Multirolle entscheiden. Ein vielseitiger Angler, der eine einfache aber zuverlässige Rolle bevorzugt, wird wohl zu einer Stationärrolle greifen. Anfänger entscheiden sich wohl öfter für eine Kapselrolle, doch schon bald werden sie auf eine Stationärrolle umsteigen, um weite Würfe zu erzielen.

Schnüre

Die meisten unserer modernen Angelschnüre sind einfädige Monofilschnüre aus Nylon. Diese synthetische Faser wurde 1937 von DuPont erfunden. Anfangs begegneten die Angler der neuen Schnur mit einigem Mißtrauen, waren sie doch Schnüre aus Naturfasern gewöhnt. Das Rohmaterial Nylon ist ein Granulat. Es wird erhitzt, eingeschmolzen und danach gezogen und auf unterschiedliche Durchmesser kalibriert. Bei der weiteren Verarbeitung werden die Schnurmoleküle gestreckt und liniert, um so eine steifere, gefestigte und weniger elastische Schnur zu erhalten. Wenngleich sich dieser Herstellungsprozeß hier recht einfach anhört, so ist er doch in Wirklichkeit sehr viel komplizierter.

Heutzutage werden Angelschnüre nicht nur in großem Umfang, sondern auch in vielen Variationen angeboten. Sie unterscheiden sich nicht nur in der Herstellung, sondern auch im Rohmaterial und in der Qualitätskontrolle. Bedauerlicherweise werden auf den Schnurpackungen nicht genügend Informationen angegeben, abgesehen vom Durchmesser, der Tragkraft sowie der Knoten- und Reißfestigkeit.

Als allgemeine Formel gilt: je dicker die Schnur, um so stärker ist sie auch. Die Tragkraft einer Schnur wird in Kilogramm und auch in der englischen Maßeinheit „pounds“ angegeben. Super- und Extra-Strong Schnüre werden aus besseren Rohmaterialien gewonnen. Die Molekularstruktur solcher Schnüre ist homogener und die Qualitätskontrolle garantiert. Preiswerte Schnüre werden aus billigerem Rohmaterial hergestellt. Hinsichtlich ihrer Durchmesser und Tragkraft unterliegen sie keiner so exakten Kontrol-

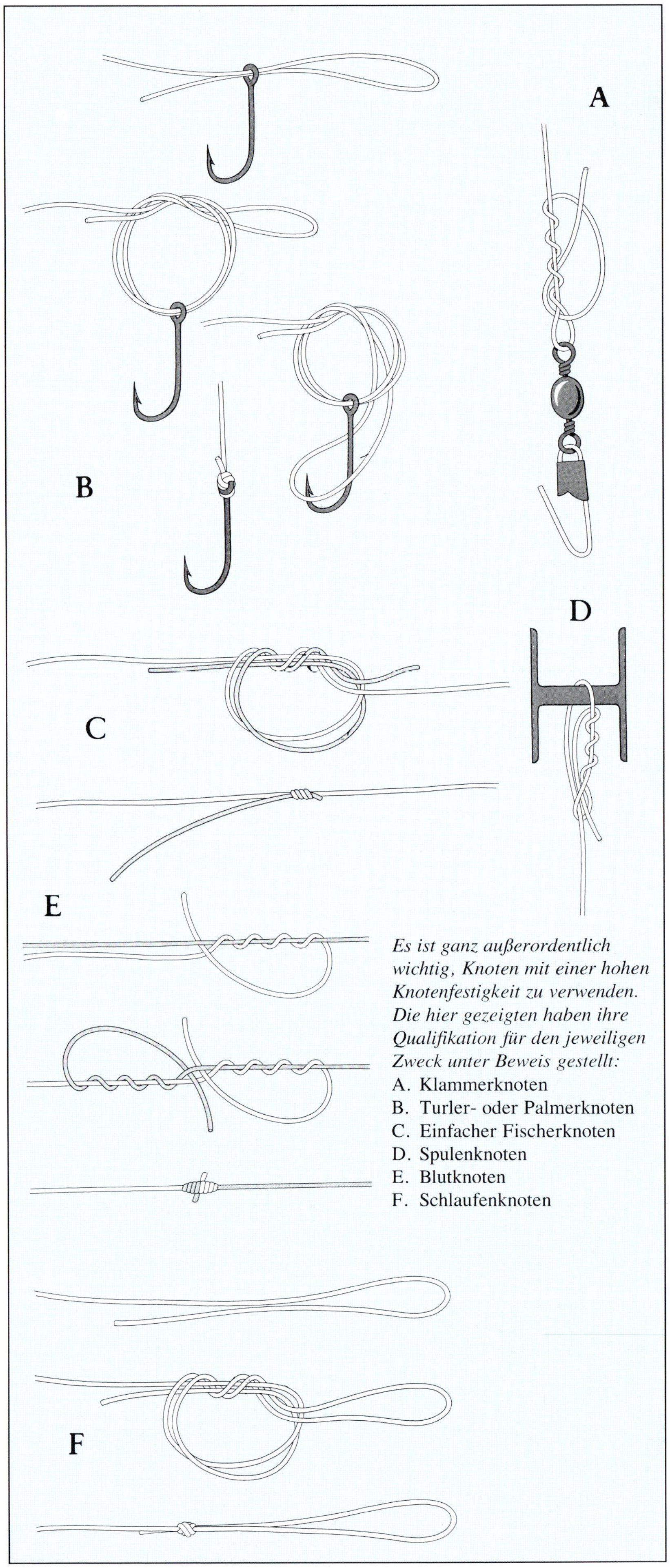

Es ist ganz außerordentlich wichtig, Knoten mit einer hohen Knotenfestigkeit zu verwenden. Die hier gezeigten haben ihre Qualifikation für den jeweiligen Zweck unter Beweis gestellt:

A. Klammerknoten
B. Turler- oder Palmerknoten
C. Einfacher Fischerknoten
D. Spulenknoten
E. Blutknoten
F. Schlaufenknoten

le. Das bedeutet, die auf der Verpackung angegebene Tragkraft einer solchen Billigschnur muß nicht immer absolut stimmen, selbst wenn der lineare Durchmesser korrekt ist. Glücklicherweise differieren die Unterschiede in der Tragkraft selten mehr als um 10–15 Prozent; doch Abrieb und mangelnde Knotenfestigkeit können die Tragkraft durchaus mindern.

Die Knotenfestigkeit ist von Schnur zu Schnur unterschiedlich. Ein ganz gewöhnlicher Überhandknoten verringert die Tragfähigkeit bis zu 50 Prozent. Selbst noch die besten Spezialknoten, die der Angler verwendet, vermindern die Tragfähigkeit einer Schnur zwischen 5 und 20 Prozent. Diese Tatsache unterstreicht die Notwendigkeit, immer nur spezielle Anglerknoten einzuknüpfen. Eine hohe Festigkeit ist ebenfalls für die Qualität einer Angelschnur von großer Bedeutung. So kann zum Beispiel ein nicht mehr einwandfreier Rutenring soviel Abrieb an einer Schnur verursachen, daß diese ernsthaft geschädigt wird. Auch Hänger am Boden oder ein Schnurzug über Steine am Grund beeinträchtigen ganz erheblich die Tragkraft und Festigkeit einer Angelschnur. Die Dehnbarkeit einer Schnur liegt im Durchschnitt zwischen 15 und 30 Prozent und sie steigert sich noch, wenn die Schnur naß ist. Das ist auch der Grund, warum erfahrene Sportfischer im allgemeinen Schnüre mit geringer Elastizität bevorzugen. Auch die Steifheit der Schnur ist eine Eigenschaft, die nicht unbeachtet bleiben sollte. Hierüber ist übrigens die Meinung geteilt, es gibt Angler, die fischen lieber mit einer steifen Schnur, wie sie etwa dem Vorfach beim Fliegenfischen entspricht, andere wieder angeln lieber mit einer weichen, biegsamen Schnur, mit der sich ein künstlicher Köder auch besser führen läßt.

Eine Monofilschnur ist fast durchsichtig, obwohl viele Hersteller diese gern einfärben. Das ergibt dann grüne, blaue, rote oder weiße Schnüre. Die Angelschnur kann auch einem Verfahren unterworfen werden, wodurch sie fluoresziert. In ultraviolettem Licht leuchten solche Schnüre auf und geben so dem Angler die Möglichkeit einer besseren Schnurkontrolle beim Schleppen oder bei schlechten Lichtverhältnissen. Es gibt aber auch Angler, die die Auffassung vertreten, daß fluoreszierende Schnüre den Fisch abschrecken.

Sowohl die Knoten als auch die Wasserverhältnisse können sehr rasch die Tragkraft einer Schnur verringern. Unsaubere oder eingeschnittene Ringe, Baumstümpfe und Äste am Boden, scharfe Kanten von Steinen und Felsen, all das kann recht bald die Tragkraft einer Schnur erheblich mindern. Dies kann bedeuten, daß man zwar mit einer 10 Kilogramm Schnur angelt, diese aber in Wirklichkeit nur eine Tragkraft von 5 Kilogramm hat. Weitere Gründe, durch welche die Tragkraft einer Schnur beeinträchtigt werden kann, sind Sonnenlicht, Autoabgase und andere Umwelteinflüsse.

Außer der hier beschriebenen Monofilschnur werden beim Angeln auch noch geklöppelte oder geflochtene Schnüre, so etwa aus Dacron, verwendet. So eine Schnur eignet sich jedoch kaum zum Werfen; und eine Dacron-Schnur ist sicher auch nicht für eine Stationärrolle zu empfehlen. Dagegen wird sie oft beim Schleppangeln auf Multirollen verwendet, so zum Beispiel beim Angeln auf nordischen Hecht, Zander, Wels und andere, sowie beim Schleppen im Brackwasser oder küstennahen Bereich auf Meeresfische. Eine Dacron-Schnur besitzt nahezu keine Elastizität, was ihr feines Reagieren, aber auch ihre Kraft beim Anschlag unterstreicht. Ferner sind auch ummantelte Drahtschnüre in Gebrauch, so etwa als Vorfächer beim Hecht- und Wallerfang, aber auch als aufgespulte Schnüre beim Schleppangeln.

Testschnüre und Klassifizierung

In den letzten Jahren ist vor allem in der Meeresfischerei ein steigendes Interesse an Fängen innerhalb einer bestimmten Schnurklassifizierung festzustellen. Diese Art der Fangregistrierung, die international, national und selbst in Angelclubs Eingang gefunden hat, kommt aus Amerika. Ihren Ursprung hat dies alles in der „International Game Fish Association (IGFA)". Die IGFA hat sich sehr bemüht, Rekordfänge aus der ganzen Welt zu registrieren.

Die Klasse der „light tackle", der leichten Geräte, ist unterteilt in Schnüre mit einer Tragkraft von 1, 2, 4, 6, 8, 10 und 15 Kilogramm (2, 4, 8, 12, 16, 20 und 30 lbs). Um als Rekordfang anerkannt zu werden, muß ein Fisch nach festgesetzten Regeln mit einer Schnur gefangen worden sein, deren Tragkraft in der entsprechenden Klasse nicht überschritten worden sein darf. Die Schnüre, die für solche Fänge verwendet werden, unterliegen oftmals strengen Qualitätskontrollen und müssen schärferen Anforderungen entsprechen, als „normale" Angelschnüre. Natürlich möchte auch kein Hersteller durch eine Schnur vertreten werden, die den Bedingungen einer solchen Schnur-Klassifikation nicht entspricht. So hat zum Beispiel eine 6 Kilogramm (12 lbs) Test-Schnur eine Tragkraft von 5–5,5 Kilogramm (11–12 lbs), wenn sie naß ist; sie wird daher zerreißen, bevor die 6 Kilogramm Tragkraft erreicht sind.

Einige Gedanken über Schnüre

Eine gute Qualitätsschnur ist immer ihren Preis wert, obgleich Niedrigpreis-Angebote für 500, 1000 oder 2000 Meter Schnur verlockend sein können. Da die bedeutendsten Schnurhersteller ständig ihre Ware verbessern, erhält man letztlich zumeist mehr für sein Geld, wenn man seiner einmal ausgewählten Schnur die Treue hält. Es ist ferner ratsam, seine Schnur immer in einem Geschäft zu kaufen, wo diese regelmäßig erneuert wird. Man hat dann die Gewißheit, eine neue Schnur zu kaufen. Vermeiden sollte man allerdings den Kauf von Angelschnüren, die in einem Schaufenster ausgestellt waren, sie könnten nämlich durch einfallendes Sonnenlicht gelitten haben. Schließlich sollte man seine Schnüre öfter wechseln, zumindest ein- bis zweimal jährlich, auch dann, wenn nicht regelmäßig geangelt wurde.

Eine gute Idee ist es auch, nach jedem Angeltag die ersten 4–5 Meter Schnur abzuschneiden, da dieser Teil der Schnur den größten Belastungen ausgesetzt war. Man prüfe außerdem regelmäßig seine Schnur, zum Beispiel beim Einspulen, indem man sie hierbei durch die Finger gleiten läßt. Spürt man den Abrieb oder sonst eine Beeinträchtigung, dann sollte man die Schnur auswechseln.

Niemals winde man eine Schnur unter hoher Spannung auf die Rolle. Wenn man einen schweren Fisch gedrillt hat oder von einem Hänger freigekommen ist, so handelt man durchaus üblich, wenn man die Schnur nach dem Einholen bis zum nächsten Angeltag auf der Spule läßt. Dabei übersieht man allerdings, daß die Angelschnur die Neigung hat, wieder auf ihre usprüngliche Länge zu schrumpfen, die sie besaß, bevor sie durch die ungewöhnliche Belastung gedehnt wurde. Im schlimmsten Fall könnte dies dann bedeuten, daß die Schnur sich so zusammenzieht, daß die Spule dabei Schaden nehmen kann. Letztere wird ja schließlich aus synthetischem Material hergestellt. Ein weiterer guter Rat ist es, nach dem Angeln den Kunstköder von der Schnur zu lösen. Wenn der Köder an der Schnur festgebunden bleibt, so ziehen sich die Knoten noch enger zusammen und verringern dadurch noch zusätzlich die Tragkraft der Schnur.

Die richtige Angelausrüstung

Die Ausrüstung eines Anglers wird vom Gewässer, den Fischarten, die man fangen will, und den Angelmethoden bestimmt, einschließlich der persönlichen Vorlieben, die man für die eine oder andere Angeltaktik hegt.

Superleichtes Angeln auf kleinere Fischarten erfordert eine leichte Rute von 1,50–1,80 Meter Länge, eine kleine Rolle, die 100–125 Meter Schnur mit einem Schnurdurchmesser von 0,10–0,23 Millimeter aufnehmen kann. Die Tragkraft einer solchen Schnur sollte 2–4 Kilogramm betragen. Die Rute sollte ein mittleres Wurfgewicht von 2–10 Gramm haben. Eine solche Ausrüstung eignet sich vorzüglich für das Angeln auf kleinere Forellen, Barsche und Rapfen und ist das rechte Gerät für das Befischen kleinerer Gumpen, Bäche und Flüsse, aber auch für das leichtere Bootsangeln auf Seen.

Unter einer leichten Gerätezusammenstellung versteht man eine biegsame Rute von 1,85–2,10 Meter Länge mit einem Wurfgewicht von 10–20 Gramm, eine kleine Rolle, bestückt mit einer Schnur von 0,23–0,30 und einer Tragkraft von 6–10 Kilogramm. Damit hat man eine gute Grundausrüstung, die bestimmt manche Belastung verträgt und die gut für das Angeln auf Forelle, größere Barsche, kleinere Hechte und Lachs geeignet ist. Eine leichtgewichtige Rolle auf einer Rute montiert mit extra langem Handteil für den Zweihand-Gebrauch erlaubt kraftvolle und zielgenaue Würfe.

Die klassische Grundausstattung für den Mehrzweckgebrauch besteht aus einer 2,20–2,85 Meter langen Rute mit einem Wurfgewicht von 12–28 Gramm, einer mittelgroßen Rolle, die 150–180 Meter einer 0,25–0,35er Schnur aufnimmt. Diese Schnüre haben eine Tragkraft von 6–12 Kilogramm und mehr. Ein solches Gerät ist genügend steif und fest, um mittelschwere Wobbler, Blinker und Spinner zu werfen und es bereitet ihm auch keine

Schwierigkeit einen schweren Fisch, wie etwa einen Hecht, Lachs oder eine Seeforelle zu drillen.
Für das Bootsangeln hat die praktischste Rute eine Länge von 1,85–2,20 Meter, die gleichfalls ein Wurfgewicht von 12–28 Gramm aufweisen sollte. Eine solche Rute nimmt weniger Platz weg, hat aber die gleichen guten Qualitäten wie eine längere. Ruten dieser Art, die mit einem langen Handteil für den Zweihand-Wurf ausgestattet sind, erlauben besonders kraftvolle Würfe.
Wenn eine schwerere Ausrüstung für das Schlepp- und Spinnfischen erforderlich ist, sei es, um schwere Wobbler und Blinker zu werfen oder um schwere Fische wie Lachs, Hecht und Wels zu drillen, dann sollte man sich ein spezielles Gerät zusammenstellen. Ruten hierfür können 2,40–3,00 Meter lang sein. Die Länge ist jeweils davon abhängig, ob die Rute vom Boot oder vom Ufer aus eingesetzt werden soll. Eine solche Rute sollte aber immer ein langes Handteil haben, um sie als Zweihand-Rute verwenden zu können.

Wurftechniken

Es gibt viele Möglichkeiten gut und sicher zu werfen. Die wichtigsten Wurfarten dürften wohl der Seiten- und Überkopfwurf sein. Daneben gibt es einige spezielle Würfe, die aus der Situation heraus erforderlich werden können, so zum Beispiel wenn Zweige, Büsche oder Bäume den Angler beim Wurf behindern. Die Dynamik des Wurfs – der Ablauf, die Steigerung und der Schnurabzug – sind sich gleich und unabhängig davon, ob der Angler eine Stationär-, Kapsel- oder Multirolle gewählt hat. Jede dieser Rollen erfordert allerdings den für sie passenden Griff an der Rute.
Beim Seitenwurf sollte der Köder etwa 30 Zentimeter von der Rutenspitze herabhängen. Die Rute wird horizontal rückwärts geschwungen, entweder nach links oder nach rechts, was jeweils vom Freiraum abhängig ist oder davon, ob es sich um einen Links- oder Rechtshänder handelt. Zum Abwurf

Der Seitenwurf

wird die Rute im Vorschwung gestoppt. Im Augenblick des Schnurabzugs wird sie leicht angehoben. Wenn man von rechts wirft und der Köder zu weit rechts abkommt, dann wurde die Schnur zu früh losgelassen. Wenn in die linke Richtung geworfen wurde und der Köder dabei zu weit nach links abkam, wurde die Schnur zu spät freigegeben. Der Wurf war perfekt, wenn der Köder direkt in der Verlängerung der Rutenspitze eintaucht. Der Seitenwurf ist kein genauer Wurf, aber er ist der leichteste und oftmals gelingen kraftvolle Würfe.
Wesentlich zielgenauer ist der Überkopfwurf. Der Angler steht dabei mit dem Gesicht in Wurfrichtung und der Köder hängt etwa 30 Zentimeter von der Rutenspitze herab. Das Ziel wird mit der Rutenspitze angepeilt, dann erfolgt der zügige Rückschwung nach oben, bis die Rute in 12.00 Uhr Position steht. Der Köder schwingt nach hinten, so daß er etwa auf die 15.00 Uhr Position gelangt. Im selben Augenblick erfolgt übergangslos der kräftige Vorschwung, wobei die Schnur freigegeben wird. Taucht der Köder mit voller Wucht unmittelbar vor dem Werfer ins Wasser, so wurde die Schnur zu spät freigegeben. Trifft der Köder an der gleichen Stelle weich auf, so war entweder der Abwurf zu schwach oder die Schnur wurde zu früh freigegeben.
Der Überkopfwurf ist an flachen Gewässern nicht so empfehlenswert, weil dabei oftmals die Schnur in der Luft etwas stärker durchhängt als bei einem Seitenwurf. Der Seitenwurf vermittelt auch den besseren Kontakt zum Kunstköder. Den Überkopfwurf kann man verlangsamen, indem man beim Wurf mit einer Stationärrolle den Finger an der Schnur hält oder bei einer Multirolle mit dem Daumen die Spule abbremst.
Wenn man auf den Standort eines bestimmten Fisches zielt oder auf einen speziellen Platz, so sollte diese Stelle vor dem Wurf genau angepeilt werden. Der Köder soll dann aber einige Meter weiter draußen eintauchen, damit der

Der Überkopfwurf

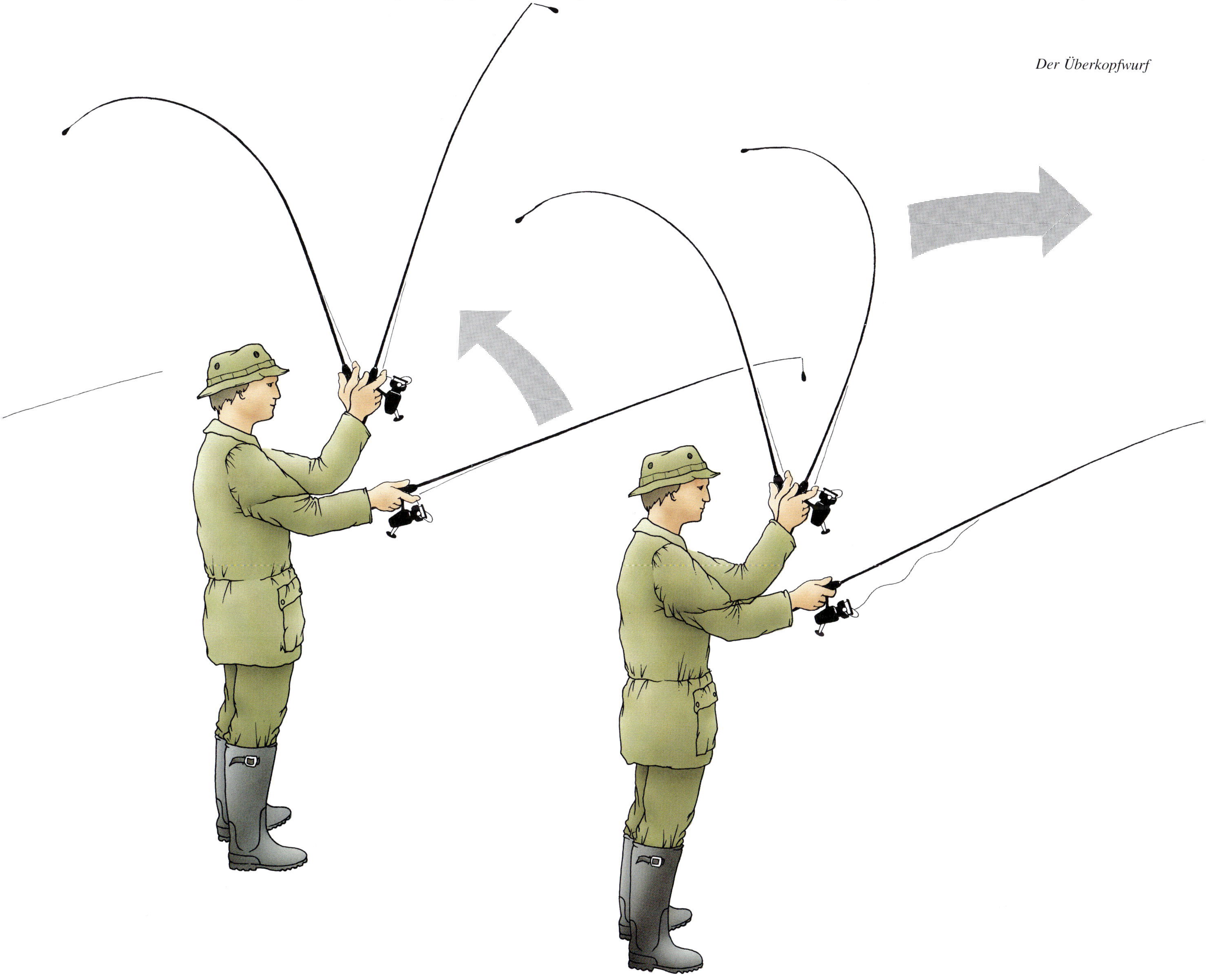

Fisch nicht verschreckt wird. Danach läßt man den Kunstköder bis auf eine vermutete Tiefe absinken, damit der Fisch ihn sehen und zupacken kann.
Der Schulterwurf ist eine spezielle Technik die man bei begrenztem Raum in Anspruch nimmt, etwa in einem Boot oder wenn Zweige im Wege hängen. In so einer Lage ,,wirft man über die andere Schulter''.
Der Unterhand- oder Pendelwurf kann dort erforderlich werden, wo Äste oder Büsche ein anderes Werfen unmöglich machen. Man erzielt damit zwar keine weiten Würfe, aber diese Wurfart kann an Ufern, die einen dichten Bewuchs aufweisen, sehr nützlich sein. Die beste Rolle für solche Pendelwürfe ist entweder eine Stationär- oder eine Kapselrolle. Will man mit einer Multirolle diesen Wurf ausführen, so ist hierfür sehr viel Erfahrung erforderlich. Auch beim Bootsangeln wendet man diese Wurfart an, vor allem auf engem Raum, wenn man zu zweit angelt und sich gegenseitig nicht behindern will.

Für den Zweihand-Wurf, der optimale Wurfweiten bringt, sind beide Hände erforderlich.

Der Pendelwurf

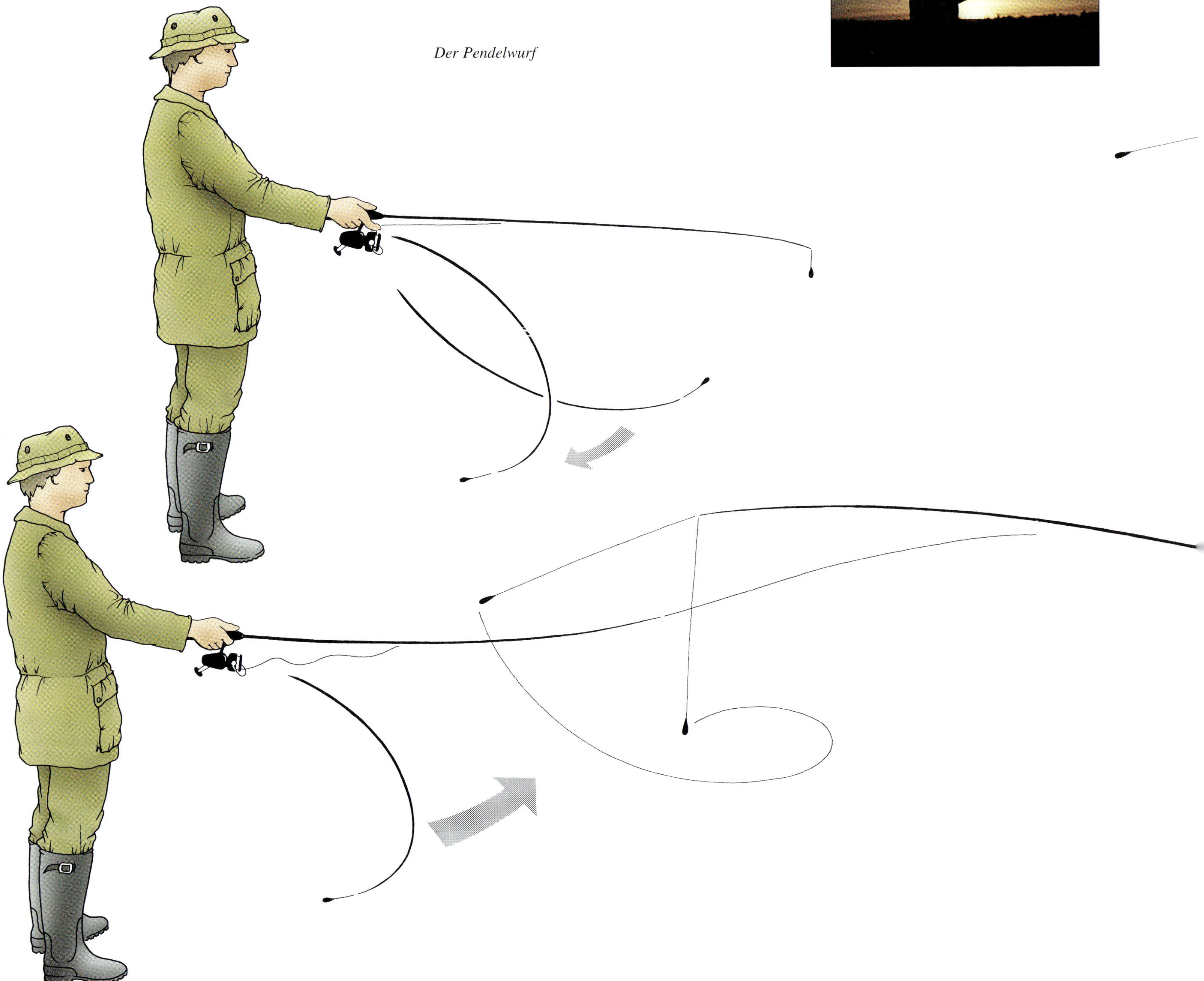

Kräftige und weitere Würfe, auch mit schwereren Kunstködern, erzielt man beim Zweihandwurf.
Eines der häufigsten Probleme, das sich beim Werfen mit der Stationärrolle einstellt, ist eine Spule, auf welcher zuviel Schnur aufgewickelt wurde. Da kann es urplötzlich geschehen, daß beim Abwurf die Schnur meterweit abspringt und sich verheddert. Wenn dies passiert, ist es ratsam, die Schnur zu kürzen. Andererseits können zu kurze Würfe auch die Folge von zu wenig Schnur auf der Rolle sein, eventuell ist auch der Kunstköder zu leicht. Solche Kurzwürfe können aber auch ihre Ursache in zu kleinen Rutenringen haben.
Beim Werfen mit der Multirolle wird häufig die Bremse zu leicht eingestellt, was zu Perücken führen kann. Hier hilft es, wenn man die Bremse leicht anzieht oder eine Rolle mit Fliehkraftbremse verwendet. Es kann aber auch sein, daß die Schnur zu steif ist; auch sollte man bedenken, daß diese Rollen nicht für das Werfen mit leichten Kunstködern geeignet sind, von speziellen Castingrollen einmal abgesehen. Bei Multirollen ohne Fliehkraftbremse kann man beim Werfen das Verheddern der Schnur am besten verhindern, indem man mit Daumen und Zeigefinger den Schnurablauf kontrolliert. Ein weiterer Grund für zu kurze Würfe mit der Multirolle kann auch das zu lockere Aufspulen der Schnur auf der Rolle sein, dies mag zum Beispiel beim Angeln mit einem Bleikopfspinner geschehen. Angelt man mit einem leichtgewichtigen Kunstköder, so sollte man beim Einholen der Schnur diese mit einem leichten Druck zwischen Zeigefinger und Daumen führen.

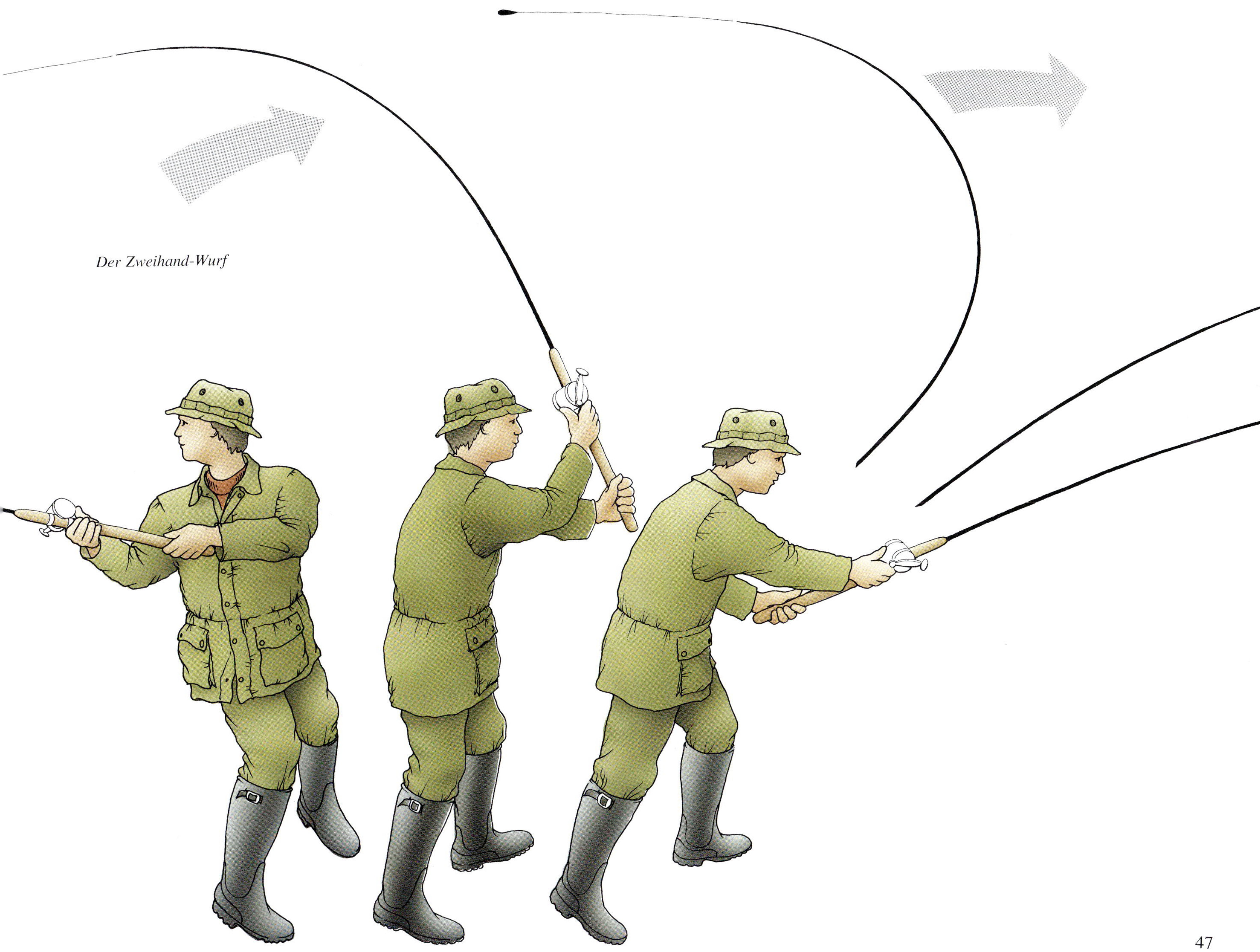

Der Zweihand-Wurf

Kunstköder

Die folgende Beschreibung befaßt sich mit allen künstlichen Ködern, die eine natürliche Beute nachahmen, dazu gehören auch eine ganze Reihe künstlicher Fische und Würmer. Sofern es sich um Plastik-Jigs und Weichplastik-Würmer handelt, die mit dem Duft von natürlichen Ködern imprägniert werden, ist es etwas schwierig, sie als künstliche oder natürliche Köder einzuordnen. Obgleich die künstlichen Köder die natürliche Beute eines Raubfisches nachahmen, können sie andererseits niemals eine rundum perfekte Kopie einer solchen Beute sein. Der Raubfisch, dies sollte man bedenken, packt häufig kranke oder verletzte Fische oder solche, die sich aus anderen Gründen ungewöhnlich in ihrer Umgebung verhalten oder bewegen.

Künstliche Köder geben Signale oder veranlassen durch ihre Schwimmbewegungen die Raubfische zur Reaktion und zum Anbiß. Form, Farbe und Bewegung eines Beutefisches sind nun mal die hauptsächlichen Signale, die einen Fisch zum Rauben verführen können. Jedoch können auch die Größe, Struktur, der Geruch und eventuelle Laute einen Raubfisch zum Angriff reizen. Die Hersteller sind nun bemüht, von all diesen Stimulatoren so viele wie möglich in die von ihnen angebotenen Kunstköder zu plazieren. Wenn dann ein solcher Köder jahrelang in den Kreisen der Angler geschätzt wird, dann deshalb, weil er bei zahlreichen guten Fängen seine Qualität in so manch unterschiedlicher Situation unter Beweis gestellt hat. Namen wie Toby, Rapala, Mepps, Heintz-Blinker, Colonel, aber auch die in Deutschland weniger bekannten Hedden und Dardevle, stehen für künstliche Köder, die ihre hervorragende Fähigkeit jahrzehntelang bewiesen haben und die unter den Sportfischern weltweit ein Begriff sind.

Ein künstlicher Köder bewegt sich je nach Einholgeschwindigkeit im Wasser auf eine ganz bestimmte Weise. Wenn diese Einholgeschwindigkeit wechselt, ändern sich auch die Aktionen des Schwimmköders. Ein wirklich guter künstlicher Köder paßt sich mit seinen Bewegungen den unterschiedlichen Einholgeschwindigkeiten an und ermöglicht so dem Angler die vollständige Kontrolle über seine Schwimmbewegungen und sein Verhalten. Man kann die künstlichen Köder im allgemeinen unterteilen in Blinker, Devons, Jigs, Spinner und Wobbler. Darüber hinaus gibt es natürlich noch eine ganze Anzahl von Formen, wie etwa künstliche Frösche, Krebse, Mäuse und dergleichen, die zum Teil auch, gemäß dem Raubverhalten einzelner Fischarten, in den Ländern unterschiedlich sind.

Da sich das Spinnfischen sowohl in Nordamerika als auch in Europa stark entwickelt hat und dabei ganz naturgemäß für die verschiedenen Fischarten auch unterschiedliche Angelmethoden angewandt werden, konnte es nicht ausbleiben, daß es auch in der Kennzeichnung der Kunstköder zu verschiedenartigen Begriffen gekommen ist. Dies mag im besonderen für die Jigs gelten. So versteht zum Beispiel ein amerikanischer Angler unter einem Jig einen künstlichen Köder, der in Europa verschiedene Bezeichnungen erhalten hat, wie etwa Jig, Pilker oder Zocker. In Europa werden diese Köder zum Angeln sowohl in Binnengewässern als auch auf dem Meer verwendet.

Blinker

Die größte Gruppe der künstlichen Köder wird unter der Bezeichnung Blinker zusammengefaßt. Diesen Namen hat sie, weil viele dieser metallenen oder aus Kunststoff hergestellten Köder im Wasser aufblitzen und schimmern, also blinkern.

Man findet die Blinker in vielfacher Gestalt und Form, selbst rund und oval, zumeist jedoch länglich oder auch in leichter S-Form. Jede dieser Varianten soll dem Raubfisch einen bestimmten Beutefisch vortäuschen. Die ovalen und runden Blinker eignen sich besonders in ruhigen und flachen Gewässern. Sie bewegen sich ruckweise. Da sie jedoch bei schnellerer Bewegung rotieren, sind sie für rasch fließende Gewässer nicht so zu empfehlen. In schnellen und plätschernden Gewässern – aber auch in solchen, in denen die Raubfische den Fang von kleinen, lebhaft dahineilenden Fischen gewohnt sind – sind schmale, längliche oder auch leicht S-förmige Blinker anzuraten. Je stärker bei einem Blinker die S-Form ausgeprägt ist, um so mehr schwingt er beim Einholen seitlich aus. Die Taumelbewegung bei diesem Blinker entsteht, wenn das Wasser über seine hohlgeschliffene Oberfläche streicht. Da solche Kunstköder sich möglichst lebhaft bewegen müssen, wenn sie für einen Raubfisch attraktiv werden wollen, sind sie für ruhige Gewässer weniger passend. Wenn sie nicht in der Strömung schwimmen, müssen sie so zügig eingeholt werden, daß sie in einem ruhigen Gewässer ihren Anreiz verlieren.

Blinker und Löffel gibt es in vielen Variationen, doch alle haben eine bestimmte Form, auf die ihre Bezeichnung hinweist.

Innerhalb dieser beiden hier aufgeführten Gruppen gibt es Blinker, die man sowohl zügig als auch langsam einholen kann. Zwei klassische Beispiele hierfür sind der Toby und der Dardevle.

Blinker können aus dickerem oder dünnem Material hergestellt werden; sie können kompakt und schwer oder auch groß und sehr leicht sein. Ein guter Blinker läßt sich sicher werfen, sinkt rasch ab, macht verlockende Schwimmbewegungen und reizt den Raubfisch zum Anbiß. Wenn auf kurze Entfernungen mit dem Blinker geangelt wird, etwa in Gumpen, Bächen oder Flüssen, sind die Schwimmbewegungen des Kunstköders sein hervorstechendes Merkmal. Für größere Entfernungen, wie zum Beispiel beim Werfen von Piers oder Stränden oder auch gegen den Wind, kommt es vor allem auf die guten Wurfeigenschaften eines Blinkers an.

In tieferen Gewässern greift man besser zu schwereren, kompakten Blinkern. Sie sinken rasch in die erforderliche Tiefe ab und halten diese auch bei entsprechendem Schnureinzug. Flache Gewässer sowie gelegentlich auch solche mit geringer Strömung beangelt man dagegen besser mit leichteren Blinkern, die sich möglichst fischähnlich bewegen sollen. Hierfür eignen sich auch sehr gut Löffel-Blinker. Nahezu unmöglich ist es, schwere Blinker in tiefen Gewässern immer so zu führen, daß sie wie ein wirklicher Fisch schwimmen.

Doch diese realistische und verlockende Art zu schwimmen, sollte bei der Auswahl eines Blinkers, ganz gleich für welches Gewässer, vor allen anderen Eigenschaften den Ausschlag geben. Der Schlüssel zum Erfolg beim Spinnfischen mit Blinkern liegt darin, daß diese stets auf die richtige Tiefe absinken müssen und sich dann auch mit einer Geschwindigkeit bewegen, die vom Raubfisch als natürlich angesehen wird.

Blinker sind deshalb so beliebt, weil man mit ihnen leicht und erfolgreich angeln kann. Sie senden Signale aus, die einen Raubfisch anlocken und, was wichtig zu wissen ist, sie setzen den Haken fest und sicher beim Anhieb. Dabei ist es im Grunde ohne Bedeutung, ob ein Neuling oder ein erfahrener Angler die Rute führt. Ganz allgemein kann man sagen, ein Blinker, der lebhaft schwimmt, hakt weniger Fische, als einer, der sich im Wasser gelassener bewegt. Andererseits aber passiert es sehr häufig, daß es gerade dieses lebhafte, ungewöhnliche Schwimmverhalten ist, welches einen Raubfisch zum Anbiß verführt.

Spinner sind deshalb so erfolgreich, weil sie Druckwellen aussenden, die sich im Wasser fortsetzen und deshalb auch einen Fisch aus größerer Entfernung anlocken können.

Krautblinker
Blinker können so gefertigt sein, daß die Haken geschützt sind, damit diese nicht so leicht im Unterwasserkraut, Schilf, in Wasserlilien, Seerosen oder an Wurzeln und Steinen hängenbleiben. Dabei werden die Haken durch einen Drahtbügel geschützt oder die Haken selbst liegen in der gebogenen Innenfläche eines Blinkers an. Diese Krautblinker sind natürlich ganz vorzüglich beim Angeln in stark verkrauteten Gewässerstrecken. Allerdings hat man mit ihnen häufiger Fehlbisse, da der Haken nicht sofort fest sitzt, wenn ein Raubfisch mal eben zubeißt.

Zocker und Diamant-Jigs
Metallblinker, die sehr kompakt, schlank und, gemessen an ihrer Größe, schwer sind, nennt man Zocker, Diamant-Jigs oder Jig-Blinker, bei uns sind sie auch als Bleikopf-Jigs oder Wabbelköder bekannt. Diese Köder bewegen sich langsam und gleichmäßig schwimmend. Sie verlocken zum Anbiß, wenn man sie zügig oder ruckweise (zockend) einholt, letzteres geschieht durch Heben und Senken der Rutenspitze. Der große Vorteil dieser Blinkerart ist in den hervorragenden Wurfeigenschaften zu sehen. Das erklärt auch, warum man sie oft in tiefen Gewässern und für weite Würfe einsetzt.
In kleinerem Rahmen werden diese Zocker auch beim Eisfischen verwendet, wo sie Futterfischen ähneln, denen ein Raubfisch kaum widerstehen kann. Zocker werden aus Messing, Eisen oder Blei hergestellt.

Standard-Spinner
Ein Spinner ist in Wirklichkeit ein Blinker, der sich beim Einholen um seine eigene Achse dreht. Spinner eignen sich besonders für flache und mitteltiefe Gewässer.
Während ein Blinker durchaus auch zum Anbiß verleiten kann, wenn er einfach im Wasser stillsteht, sinkt ein Spinner in so einer Haltung sofort wie ein Stein ab, etwa dann, wenn die Schnur durchhängt. Der Spinner arbeitet ausschließlich nur beim Einholen der Schnur.
Unterschiede in der Größe und Form können jedoch auch seine Aktion beeinflußen. Ein massiver, schwerer Körper sinkt tief; ein leichter und dünner Spinnköder schwimmt flach, genau so wie ein ovaler oder runder Löffel; ein langer, schlanker Spinner schließlich schwimmt zwar tief im Wasser, erfordert aber ein zügiges Einholen. Ein dünner Körper und leicht von Gewicht bietet die besten Voraussetzungen für einen Spinner im Flachwasser, denn dieser schwimmt auch dann noch gut, wenn er langsamer eingeholt wird. Ein wichtiges Merkmal für die Aktion eines Spinners ist seine Größe. Um eine bestimmte Tiefe zu erreichen, mag es erforderlich sein, das Vorfach oder die Schnur mit Blei zu beschweren oder aber einen Spinner auszuwählen, der mehr wiegt.
Im Gegensatz zu einem Blinker täuscht der Spinner keinen kleinen Fisch vor. Die Wirkung eines Spinners besteht im wesentlichen in den Geräuschen, die er verursacht und in seinem farbigem Aufblitzen. Um die Wirkung ihrer Spinner zu erhöhen, haben einige Hersteller die Spinnerblätter mit kleinen Löchern aufbohren lassen. Damit sollen diese beim Einholen stärkere Geräusche verursachen, die letztlich vom Raubfisch auch als Druckwellen registriert werden.
Die relativ große Oberfläche eines Spinners im Vergleich zu seinem Gewicht verdeutlicht, daß er zum Absinken eine längere Zeit benötigt, bevor man mit dem Schnureinzug beginnen kann. Dieses langsame Absinken erlaubt es aber auch, Spinner mit guten Fangaussichten stromaufwärts zu werfen, um so Raubfische anzulocken. Mit dieser Technik, allerdings bei zügigem Einholen, läuft der Spinner ein wenig schneller als die Strömung fließt und er wird dabei noch rotieren. Obgleich man diese Angelmethode erfahrenen Sportfischern mit einem sicheren Gefühl für das Führen eines Spinnköders überlassen sollte, ist sie doch außerordentlich wirksam, denn der künstliche Köder taucht unvermittelt und sehr natürlich im Wasser auf, bevor der Fisch die Beute noch prüfen kann. Ein Wurf stromab mit dem Spinner gibt dem Fisch mehr Zeit, sich mit dem Köder zu befassen und ihn eventuell, da verdächtig, zu meiden.

Bleikopf-Spinner
Ein Bleikopf-Spinner sieht wie jeder andere Spinner auch aus, mit dem Unterschied, daß der Körper vor dem rotierenden Blatt sitzt. Dadurch wird erreicht, daß sich das Blatt auch dann noch dreht, wenn man mit dem Schnureinzug stoppt und der Spinner im Wasser absinkt. Das Blatt dreht sich auch, wenn der Spinner sehr langsam eingeholt wird. Der Bleikopf macht den Spinner im übrigen so schwer, daß er auch in tieferem Wasser gut verwendet werden kann, zumal das Gewicht die Umdrehungen des Spinnerblatts nicht beeinflußt.
Bleikopf-Spinner haben gute Wurfeigenschaften und sinken rasch ab. Wenn man einen solchen Spinner, ähnlich wie bei manchen Jigs, asymmetrisch am Kopf einhängt und dazu noch der Körper schlank ist, lassen sich zumeist Verhedderungen mit der Schnur vermeiden. Derart gewichtige Spinner eignen sich verständlicherweise auch sehr für das Schleppfischen, doch sie sind ebenso wirksam in rasch fließenden Gewässern mit tiefen Gumpen und Rillen.

Bleikopf-Spinner sind normalerweise mit einem Drillinghaken ausgerüstet. Es gibt jedoch auch schon viele Modelle, die mit einem Einfachhaken versehen sind. Diese kann man zusätzlich mit Fischfetzen oder ähnlichem beködern, womit sie sich auch vorzüglich für den Fang von Zandern eignen.

Andere Spinnerarten

Jahrzehntelang waren es die amerikanischen Angler auf See- und Schwarzbarsch, die als Vorreiter bei der Entwicklung neuer Angeltaktiken sowie neuer Geräte und Kunstköder anzusehen sind. Das Angeln auf diese Fischarten findet unter ganz unterschiedlichen Bedingungen statt, zudem in mancherlei Gewässern, wozu auch Sümpfe, dicht bewachsene Tümpel und Gumpen, aufgestaute Fließgewässer und künstliche Stauseen gehören. Der Schwarzbarsch und seine Vettern ziehen in warmen Gewässern umher, die möglichst ein Übermaß an Wasserpflanzenbewuchs haben sollten. Dieser dichte Bewuchs ist zugleich aber auch die Ursache, daß die Angler mit den herkömmlichen Kunstködern nicht mehr zurecht kamen, was letztlich zur Entwicklung neuartiger Köder führte. Diese Kunstköder werden allerdings bislang in Europa weniger verwendet.

Sogenannte „Spinnerbaits" gehören zu diesen Ködern. Sie sehen wie Spinner aus, ähneln aber in der Form eher einer offenen Sicherheitsnadel mit einem Blatt, das nicht rotiert und am Oberteil befestigt ist. Der Spinnkörper mit dem Haken sitzt am Unterteil. Da vor allem in dicht verkrauteten Gewässern mit diesem Kunstköder geangelt wird, sind diese mit einem Einfachhaken ausgerüstet, der zudem noch, ähnlich wie beim Jig, nach oben gebogen ist. Das Oberteil schützt den Haken, wobei oftmals noch ein dichtes Haarbündel vom Reh oder aus Plastik den Haken umhüllt. Dieser Spinner wurde speziell entwickelt, um Hänger am Boden oder im Wasserpflanzenbewuchs zu vermeiden. Der Haken ist sehr viel wirksamer als bei einem Krautblinker.

Diese „Spinnerbaits" sind sehr nützlich, wenn es darum geht, den Standort eines Fisches auszumachen. Sobald dies geschehen ist und der Fisch sich interessiert zeigt, wechseln viele Angler den Kunstköder und bauen auf einen fängigeren um.

„Spinnerbaits" gibt es in mancherlei Form und Gestalt. Sie haben relativ gute Wurfeigenschaften, schwimmen gleichmäßig, ob sie nun langsam oder zügig durch's Wasser gezogen werden. Sie sinken schnell ab, aber sie haken nicht allzu gut.

Devons gleichen im Grunde den Spinnern, doch arbeitet bei ihnen anstelle des Blattes ein kleiner Propeller. Die Devons sind für das Spinnfischen oberhalb der Wasserpflanzen gedacht, die oftmals ja bis an die Oberfläche reichen und außerdem für das Fischen in flachen Gewässern. Wenn diese Devons eingeholt werden, dann dreht sich der Propeller, der Körper schwimmt und erzeugt Druckwellen, die denen von jungen Wasservögeln oder Fröschen ähneln. So ein Propeller kann mit zwei oder drei Blättern bestückt sein, genau so, wie es möglich ist, an einem Devon zwei Propeller anzubringen. In Gebrauch sind Devons mit Drillingen oder Einfachhaken. So ein Devon ähnelt einem Spinner mit einem Propeller. In den Flüssen an der irischen Westküste sind Devons die fängigsten Köder für den Lachs.

Wobbler

Wobbler sind künstliche Köder, die dem Raubfisch eine natürliche Nahrung vortäuschen sollen. Da sie eine Körperform wie ein kleiner Fisch haben, ist es letztlich ohne Bedeutung, von welchem Blickwinkel aus der Raubfisch den Köder sieht, er wird immer annehmen, einen kleinen Fisch vor sich zu haben. Dieser Eindruck wird noch dadurch verstärkt, daß der Köder von der Größe und seinen Bewegungen her einem Kleinfisch ähnelt. Die meisten Wobbler werden aus Plastik hergestellt, es gibt aber auch Modelle aus Balsaholz. Normalerweise sind diese Kunstköder mit einem, zwei oder drei Drillingen ausgestattet, es gibt aber auch Wobbler, die nur einen Zwillingshaken haben.

Wobbler haben einen größeren Verwendungsbereich als Blinker oder Spinner und sie können schwimmen oder sinken. Viele Wobbler sind mit einer Tauchschaufel versehen, die beim Einholen die Richtung des Wobblers markiert. Diese Tauchschaufel und die Einholgeschwindigkeit bestimmen die Tiefe des Wobblers im Wasser. Von seiner Bauart her ist ein Wobbler besser als ein Blinker oder Spinner geeignet, in tieferem Wasser zu arbeiten, und für weite Würfe kann er auch entsprechend schwer sein. Wenn ein Blinker oder Spinner durch das Wasser gezogen wird, tendieren der Druck auf

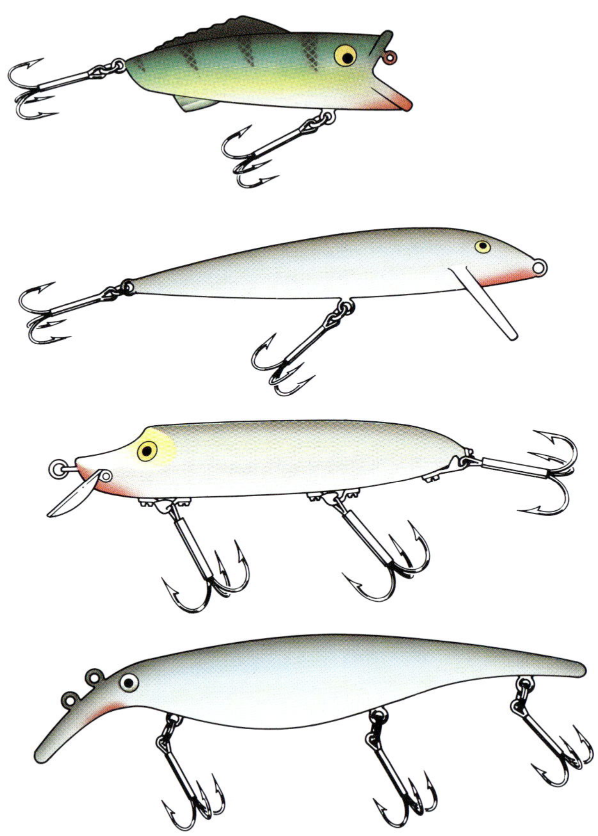

Vier Wobblertypen, die ihre unwiderstehliche Fängigkeit schon in der ganzen Welt unter Beweis gestellt haben:

Whopper Stopper
Rapala
Hi-Lo
Swim Whizz

die Schnur und der Anstellwinkel der Rute dazu, diese Kunstköder im Wasser nach oben steigen zu lassen. Ein Wobbler dagegen ist so gestaltet, daß er mit gleichmäßiger Geschwindigkeit beim Einholen der Schnur schwimmt.

Die meisten Wobbler sind für eine bestimmte Tiefe vorgesehen. Je zügiger ein Wobbler jedoch eingeholt wird, um so tiefer geht er. Es gibt auch Wobbler, die man fixieren und auf eine bestimmte Tiefe einstellen kann. Zwei Modelle, der „Swimm Whizz" und der „Believer", tragen zum Beispiel am Kopf zwei Augenringe für die Befestigung der Schnur. Wenn die Schnur im oberen Ring befestigt wird, taucht der Wobbler unter lebhaften Bewegungen tief ab; wird die Schnur dagegen im unteren Ring angebracht, läuft der Wobbler im Oberwasser mit ruhigen Bewegungen. Der „Cisco Kid" ist ein Beispiel für einen Wobbler mit flexibler Metallschaufel, wie sie typisch für viele moderne Wobbler ist. Je tiefer die Schaufel eingestellt wird, um so lebhafter schwimmt der Wobbler im Oberwasser; je mehr horizontal die Schaufel steht, um so tiefer und ruhiger gleitet der Wobbler bis in Grundnähe.

Einige Wobbler, wie zum Beispiel der „Hi-Lo" von ABU, haben eine verstellbare Tauchschaufel, die in 5 Positionen justiert werden kann. Die obere Stellung bewirkt die tiefste Aktion und je tiefer man die Schaufel einstellt, um so höher schwimmt der Wobbler im Wasser. Wenn die Schaufel ganz nach unten geklappt ist, schwimmt der Wobbler unmittelbar an der Oberfläche.

Die meisten Wobbler, wie jene von Rapala, haben nur einen Ring für die Befestigung der Schnur. Viele kleine Wobbler von geringem Gewicht schwimmen recht lebhaft, wenn man sie mit einem einfachen Knoten anbindet. Die größeren Wobbler kann man jedoch ohne weiteres mit einem festen Knoten oder einem Wirbel befestigen.

In Europa hat sich in den letzten Jahren auch in immer stärkerem Maß der zwei- oder mehrgeteilte Gliederwobbler durchgesetzt. Die einzelnen Teile

Ein Wobbler entspricht mit seiner Körperform und seinem Schwimmverhalten am ehesten einem Kleinfisch und damit der bevorzugten Nahrung aller Raubfische. Dies macht ihn zum besten aller künstlichen Köder. Er ist vielseitiger verwendbar als ein Blinker oder Spinner, denn er kann nahezu in allen Gewässertiefen von der Oberfläche bis zum Grund eingesetzt werden. Der nordische Hecht, die Seeforelle und selbst der Lachs sind nur einige Beispiele für all die Raubfischarten, für die der Wobbler eine echte Verlockung ist.

sind durch eine entsprechende Montage miteinander verbunden. Ein Gliederwobbler bewegt sich sehr viel lebhafter als die herkömmlichen, oftmals sind Gliederwobbler auch noch zwei- oder mehrfarbig. Diese Wobbler eignen sich ganz vorzüglich für das Schleppangeln auf große Raubfische.

Schwimmende und sinkende Wobbler
Ein schwimmender Wobbler ist gut für den Fang im Oberwasser und bis zu Tiefen von 10 Meter. Wenn die Schnur durchhängt, steigt der Wobbler nach oben, um sofort wieder abzusinken, wenn sich die Schnur erneut strafft. Diese Bewegung ähnelt sehr der Verhaltensweise eines Fisches, weshalb hierdurch auch ein Raubfisch getäuscht werden kann. Schwimmende Wobbler machen sich ausgezeichnet bei geringer Strömung in nicht zu tiefen Gewässern. Gibt es eine verzwickte Situation, etwa, daß plötzlich dichter Unterwasserbewuchs, Äste oder Steine als Hindernis auftreten, dann ist es gut, wenn man den Wobbler freigibt und von der Strömung mitnehmen läßt. Man wartet dann, bis der Wobbler an vermutete Standorte von Raubfischen fortgetragen worden ist und holt ihn dann langsam wieder ein.
Sinkende Wobbler ähneln mehr Blinkern und Spinnern, da sie in Gewässertiefen von 5–15 Meter eingesetzt werden können. Wenn ein Wobbler abgesunken ist und langsam durch das Wasser gezogen wird, schwimmt er am Boden über Grund, bis schnelleres Schnureinholen ihn wieder nach oben steigen läßt.

Weitere Wobblertypen
Unter ,,Minnow Wobblern" sind kleine, etwa 5–20 Zentimeter lange Wobbler zu verstehen, die dem Raubfisch einen kleinen Fisch vorgaukeln. Diese schwimmenden oder sinkenden Wobbler sind möglicherweise jene, die am meisten in Gebrauch sind.
Kurze, massive Wobbler sind in erster Linie für leichte Würfe gedacht. ,,Taumelwobbler" haben ebenfalls ganz ausgezeichnete Wurfeigenschaften. Man kann sie als schwimmende oder sinkende Wobbler mit kurzer oder langer Tauchschaufel bekommen. Sie eignen sich für unterschiedliche Tiefen von 5–8 Meter und auch für das Oberwasser. Eine ganze Reihe von diesen Modellen sind mit einer im Körper frei rollenden Kugel ausgerüstet. Beim Schnureinzug verursacht diese Kugel Geräusche. Derartige Wobbler sind auch für das Schleppfischen geeignet.
Die größten Wobbler sind für den Einsatz beim Schleppfischen vorgesehen. Zum Werfen sind sie etwas unhandlich, zudem erfordern sie schweres Gerät. Da, wie bekannt, große Fische auch große Beute jagen, sind diese Wobbler hervorragend für das Befischen größerer Gewässer geeignet, in denen man große Fische vermutet. Die Verwendung solch großer Wobbler ist naturgemäß auch eine Frage der persönlichen Auswahl – denn immerhin, der Angler will ja schließlich große Fische fangen. Unabhängig von ihrem Gewicht, kann man diese Wobbler auch in begrenzten Arealen auswerfen, sofern es sich um flache oder mitteltiefe Gewässer handelt. Ein ,,Magnum Wobbler" ähnelt einem herkömmlichen, er wurde jedoch speziell für die Schleppfischerei auf Lachs in den großen Flüssen der westlichen Regionen Amerikas und Kanadas entwickelt. In Europa setzt man diesen Wobbler auch oft bei der küstennahen Meeresfischerei im Schlepp vom Boot ein. Diese Schleppwobbler können in Tiefen bis zu 15 Meter schwimmen, wobei dies von ihren Sink-Eigenschaften und der Schlepp-Geschwindigkeit abhängt.

Oberwasser-Wobbler
Hierbei handelt es sich um eine spezielle Wobblerart, die für Raubfische gedacht ist, welche in flachen Wassern ihre Beute erjagen oder in den warmen Sommermonaten im Oberwasser rauben, wie dies in unseren Breiten etwa der Hecht oder Rapfen zu tun pflegen. Mit solchen Wobblern zu angeln kann für den Sportfischer zu einem ganz besonderen Erlebnis werden, da der Fisch nahezu an der Oberfläche raubt umd man so seinen Anbiß beobachten kann. Es gehört im allgemeinen viel Geschick dazu, den Anhieb just dann zu setzen, wenn der Fisch den Wobbler gepackt hat.
Unter diesen Oberwasser-Wobblern gibt es verschiedene Modelle. Die meisten von ihnen sind mit einem oder zwei Propellern ausgestattet, die beim Schnureinzug rotieren und damit gleichzeitig das Wasser aufwirbeln. Hat man die richtige Einholgeschwindigkeit, so bildet der sich drehende Propeller zusammen mit dem Wobbler, eine sich auffällig bewegende Einheit, die auf Raubfische sehr verführerisch wirkt. Der Körper eines solchen

Propeller-Wobblers sieht wie eine dicke Zigarre aus, was ihn nicht daran hindert, weich durch das Wasser zu gleiten.
Ohne Propeller, aber gezogen mit der richtigen Einholgeschwindigkeit, schwimmen diese zigarrenförmigen Wobbler mit einem gewissen Taumeln von einer Seite auf die andere. Darum sollte man mit diesen Wobblern beim Einholen spielen und sie hin und wieder sogar ruckweise bewegen.
Eine bestimmte Art von Wobblern ist seitlich mit kleinen Flossen versehen. Sie stehen ab und sind entweder in der Vorderpartie oder in der Mitte des Körpers angebracht. Diese Flossen verursachen beim Einholen der Schnur eine Taumelbewegung vor- und rückwärts und das Wasser, das seitlich weggedrückt wird, ruft ein Geräusch hervor, das dem eines erschrockenen Jungvogels ähnelt.
Eine weitere Wobblerart, häufig aus Weichplastik gefertigt, ist am Kopfteil deutlich nach innen eingekerbt. Wird so ein Wobbler hart aber regelmäßig und ruckweise durch das Wasser gezogen, so spritzt es am Kopf nach vorn und seitlich weg.
Diese Oberflächen-Wobbler sind alle klein oder höchstens mittelgroß und sie eignen sich für den Hecht- und Rapfenfang sowie für große Barsche. Darüber hinaus gibt es für den Hechtfang noch ein spezielles Wobblermodell, das an der Oberfläche ruckweise eingeholt wird. Dieser Wobbler hat einen langen, schlanken Körper mit abgeflachtem Mittelteil. Holt man ihn ruckweise ein, weshalb er auch Ruck-Wobbler genannt wird, so gleitet er weich und schnell durch das Gewässer. Wichtig ist dabei, daß dieses ruckweise Einholen unregelmäßig geschieht. Einige dieser Wobbler tragen auch eine kleine Metallscheibe, die am unteren Schwanzende aus dem Körper ragt. Dies bewirkt, daß der Wobbler beim Einholen etwas tiefer läuft, während solche ohne diese Scheibe an der Oberfläche verbleiben. Wobbler dieser Art, die hierzulande unter keiner besonderen Bezeichnung im Handel sind, werden zumeist als größere Experimente angeboten und erfordern auch eine besondere Gerätezusammenstellung. Man verwendet am besten für sie eine kurze, robuste Rute sowie eine Multirolle mit geflochtener Schnur. Beim Auswerfen landen solche Wobbler mit einem kräftigen Platsch auf dem Wasser. Auch diese Modelle sollte man unregelmäßig einholen. Die beste Wirkung erzielt man, wenn die Rute seitlich mit kurzen Rucken ausgeschlagen wird oder wenn man den Wobbler auf die gleiche Weise an der Oberfläche entlangzieht.

All diese Wobbler für Hecht und Rapfen, in Amerika auch für den Musky, kann man am erfolgreichsten einsetzen, wenn diese Fische tatsächlich im Oberwasser rauben. Dies geschieht zumeist bei Temperaturen von 16–18 Grad Celsius. Soll es auf amerikanischen Schwarzbarsch gehen, dann müssen die Temperaturen allerdings noch höher sein. Die Oberflächen-Wobbler erzielen auch gute Fänge in Tiefen von 5–6 Meter in Gewässern, die einen dichten Wasserpflanzenbewuchs aufweisen. In solcher Deckung lauern oftmals Raubfische und warten auf Jungvögel und Fische, die meistens in der Morgen- und Abenddämmerung solche Reviere aufsuchen.

Jigs und Wackelköder

In die Gerätekästen der amerikanischen Sportfischer haben die Jigs so richtig nach dem 2. Weltkrieg Einzug gehalten. Bei uns sind diese Köder auch noch als Bleikopfspinner und Wackelköder bekannt. Obgleich diese Art von Kunstködern zu den ältesten überhaupt zählt, wurden die Jigs zumeist vor allem beim Meeresangeln eingesetzt. Ihre steigende Verwendung auch bei der Binnenfischerei hängt vor allem mit der Entwicklung von leichterem Angelgerät zusammen. Auch in diesem Fall war es wieder das Angeln auf Schwarz- und Seebarsch in den amerikanischen Gewässern, das diesen Kunstköder so populär machte. Seitdem hat der Jig seinen Siegeszug angetreten. Heute wird er weltweit als einer der besten Kunstköder geschätzt und zwar vor allem auf Hecht, Barsch, Forelle, Zander, aber auch auf Lachs. Der Jig ist ein massiver und schwerer Köder. In der Luft bietet er wenig Widerstand, daher kann er zielgenau geworfen werden. Jigs sinken rasch ab und bewegen sich dabei nicht ungewöhnlich und, was wichtig ist, sie können auch von Anfängern problemlos benutzt werden. Jigs sollte man zockend und ruckweise einholen.
Da der Haken aufwärts steht, vermeidet der Jig im allgemeinen Hänger am Boden. Der Fisch wird sicher gehakt, oftmals im Oberkiefer. Zudem sind diese Jigs preiswert, möglicherweise die billigsten künstlichen Köder auf dem Markt überhaupt, da etwa ein halbes Dutzend von ihnen so viel wie ein großer Wobbler oder Blinker kostet.
Der Jig oder auch ein Wabbelköder ist von seiner Konstruktion her ein Haken mit langem Schenkel, der im rechten Winkel kurz vor dem Auge eingesteckt wird. Der Kopf ist aus Blei. Geworfen wird der Jig praktisch in einem Winkel, so daß die Öse entweder aus dem vorderen oder hinteren

Ein massiver Bleikopf-Jig wird vom Grund ruckweise eingeholt, um ihn so unregelmäßig und hin- und herzukkend schwimmen zu lassen. Der Körper besteht im allgemeinen aus Haaren, Federn, Weichplastik oder Gummi.

Rechts: Einige unterschiedliche Jigs, denen die Fische nicht widerstehen konnten. Große Raubfische, wie zum Beispiel der Zander, werden von großen Jigs aus biegsamen Gummikörpern angelockt. Kleinere Raubfische dagegen, wie etwa der Barsch, bevorzugen meistens auch kleinere Jigs, die durch Haare oder Federn verhüllt sind.

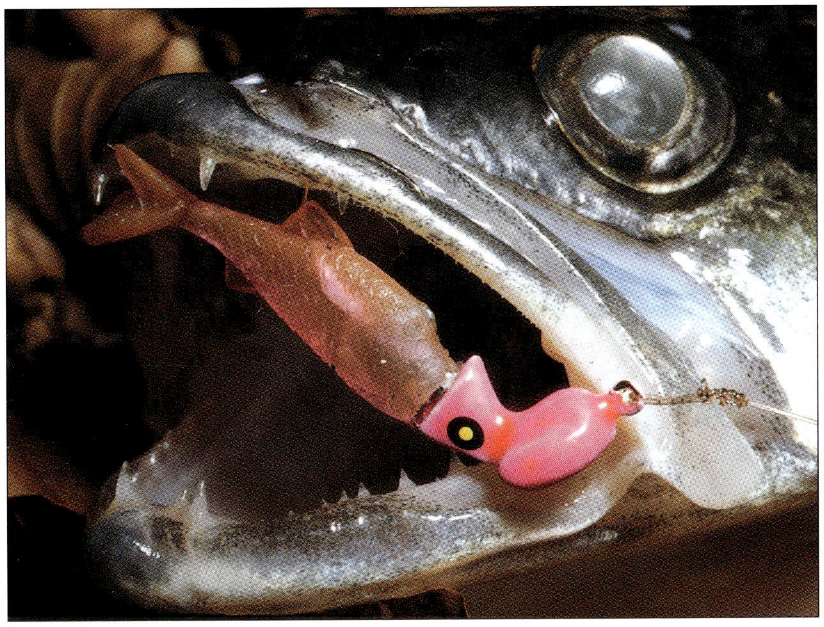

Kopfteil hervorragt. Die Anordnung der Öse gibt dem Jig sein Gleichgewicht im Wasser. Bei Wabbelködern, die für weite Würfe gedacht sind, ist die Öse ein wenig nach vorn verschoben. Sollen die Jigs für das Eisangeln verwendet werden, dann befindet sich die Öse genau in der Mitte des Bleikopfes, um den Köder vertikal auszurichten. Gemäß ihrer Kopfform faßt man die Jigs in Gruppen zusammen, man spricht dann von kugel- oder kielförmigen Jigs oder auch von solchen, die wie eine Banane aussehen. Wabbelköder können auch mit einem kleinen Metallblättchen, wie etwa Wobbler, oder auch mit einem rotierenden Blatt ausgestattet sein. Diese befinden sich entweder am Oberteil des Hakens oder an der Unterseite des Bleikopfes.

Der Körper eines Jigs kann aus verschiedenen Materialien bestehen. Für behaarte Wabbelköder werden Rehhaare verwendet; Feder-Jigs stellt man aus Hecheln und weichen, textilen Marabufedern her. Nachdem Jigs auf so vielfältige Weise ihre Wurfeigenschaften bewiesen haben, reicht die Reihe der verwendeten Materialien bis zu Körpern aus Silikon und Plastikwürmern. So ein Jig-Körper kann aber auch aus den verschiedenartigsten Stoffen gefertigt oder ummantelt werden, wie zum Beispiel Nylon, synthetische Faser, Rauschgold oder etwas anderem. Die Körper der beliebtesten Meerwasser-Jigs sind häufig auch aus Rehhaaren hergestellt und werden deshalb oft auch als „Salzwasserfliegen" bezeichnet. Hierzulande werden die Meerwasser-Jigs zumeist aus Plastik gefertigt und stellen Garnelen dar. Diese Wabbelköder werden in fast allen Größen und Gewichten angeboten, die kleinsten wiegen 1 Gramm, die schwersten erreichen einige hundert Gramm. Die kleinsten nennt man auch Mikro-Jigs.

Korrekt spricht man beim Jig weniger vom Spinnfischen als vom „Arbeiten" mit demselben. Mit einem Jig zu angeln heißt, den Körper so hin und her zu bewegen, daß er lebendig wirkt und einen kleinen, verschreckten oder futtersuchenden Fisch vortäuscht. Beim Einholen der Schnur kann man die Rute von einer Seite zur anderen bewegen, zumal dies den Kontakt mit dem Kunstköder noch verbessert. Das ist genau auch der richtige Weg, um einen Fisch zum Anbiß zu verleiten und den Anhieb zu setzen. In ruhigen Gewässern kann es geschehen, daß sich der Biß eines Fisches nur als ein Schlängeln in der Schnur anzeigt!

Gerade weil der Jig so gut absinkt, ist es sehr wichtig, immer den Kontakt zu ihm zu halten. Ein Anbiß kann jederzeit erfolgen, auch wenn der Köder den Grund noch längst nicht erreicht hat. Solange ein Jig die Schnur nicht einknickt, ist es am besten, wenn man diese unmittelbar an die Öse im Kopfteil des Jigs knüpft. Wirbel können den Fisch argwöhnisch machen.

Die weichen und geschmeidigen Körper aus Plastik, aus denen man die meisten der hier bekannten Jigs herstellt, werden von den Fischen häufig in Fetzen gerissen. Darum ist es gut, vor allem beim Meeresangeln, immer einen kleinen Vorrat an hakenlosen Plastikkörpern dabei zu haben. Die Farben solcher Plastikkörper können auch ausgewaschen werden oder sogar abschmelzen, wenn sie länger mit anderen Plastikkörpern in Berührung kommen. Es ist daher ratsam, die Jigs möglichst immer in einer eigenen Schachtel oder Box, die hiergegen resistent sein muß, aufzubewahren. Beim Kauf solcher Plastikboxen sollte man darauf achten, daß sie als geeignet für die Aufbewahrung von Plastikködern ausgewiesen sind.

Häufig sind solche Jigs auch mit bestimmten Düften imprägniert, um den Anreiz zum Biß zu erhöhen. Wenn man den Jig mit einem echten Lockstoff anreichert, kann durchaus die Beißfreudigkeit der Fische gesteigert werden. Dabei wird der Duftstoff oftmals direkt in den Körper des Köders gespritzt, aber man kann die Jigs auch unmittelbar vor der Verwendung mit einem „Beißöl" einreiben. Möglich ist auch, ein Stück Fischfetzen an den Haken zu hängen, um auf diese Weise die natürlichen Duftstoffe zur Wirkung zu bringen. Es gibt aber auch Angler, die dazu übergegangen sind, auf dem langschenkligen Haken durch Lippenköderung einen kleinen, toten Köderfisch anzuhängen. Besonders der Zander, aber auch Grundfische aus dem Meer, nehmen diese Köder gern an.

Plastik-Nachbildungen

Plastikwürmer sind Nachbildungen von Blutegeln und Würmern. Sie werden zumeist aus Silikon hergestellt. Entwickelt wurden auch sie in Amerika für das Angeln auf Schwarzbarsch, bei uns werden sie gern für den Fang von Barsch, Hecht, Rapfen und Zander, gelegentlich auch für Forelle,

verwendet. Das Angeln mit solch einem Plastikwurm ist ähnlich wie mit einem Jig.
Für diese künstlichen Würmer werden Jighaken verwendet, allerdings müssen diese sehr leicht sein, damit die Köder im Wasser nicht ihre lebhafte Beweglichkeit einbüßen. Der schwimmende Blutegel zählt ja in vielen Gewässern zur bevorzugten Nahrung von Raubfischen. Für den Zusammenbau solcher Plastikwürmer gibt es im Handel auch spezielle Haken. Man sollte die Zusammenbau-Hinweise beachten, um zu vermeiden, daß man mit diesen Würmern allzu leicht im Unterwasserkraut hängen bleibt. Zum Angeln mit diesen künstlichen Ködern ist eine steifere Rute erforderlich, nicht nur, um Hänger freizubekommen, sondern auch, um den Anhieb richtig setzen zu können. Diese Plastikwürmer können mit bis zu 3 Einfachhaken ausgestattet und mit Bleischrot beschwert werden.
Weichplastik und Gummimischungen werden für natürlich aussehende Nachbildungen von allerlei Süßwassertieren verwendet. Da gibt es Salamander, Frösche, Larven, Krebse, Mäuse und Kleinfische. Sie sind mit einem Einfachhaken und kleinen Senkbleien versehen. Dieselben Materialien werden auch für die Herstellung von künstlichen Lachseiern benutzt. Ganz ohne Zweifel ist ein natürlicher Köder am fängigsten für Lachs und Forelle, doch mit solchen künstlichen Ködern ist man oftmals auch sehr erfolgreich. Kleine Krustentiere aus Gummi verwendet man gern beim Eisangeln.

Senkbleie
Um erfolgreich mit einem künstlichen Köder angeln zu können, ist es manchmal erforderlich, ein Senkblei zu benutzen. Kleine, leichtgewichtige Köder, wie etwa ein schwimmender Wobbler, erfordern oftmals ein zusätzliches Gewicht, sowohl für den Wurf als auch, um mit dem Köder den Gewässergrund zu erreichen, denn dort leben ja immerhin 90 Prozent aller Fische. Auch beim Angeln mit Naßfliegen, Streamern und ähnlichen Ködern ist häufig ein zusätzliches Wurfgewicht erforderlich, um zum Beispiel eine Fliege am Boden anbieten zu können. Schleppfischen ohne Downrigger oder Paravan erfordert in aller Regel ebenfalls ein Senkblei. Und selbst große, schwimmende Wobbler müssen mit einem Blei beschwert werden, wenn sie den Gewässergrund gründlich abfischen sollen.
Wenn zudem gute Wurfeigenschaften erforderlich sind, dann sollte so ein Angelblei aerodynamisch geformt sein. Geht es mehr darum, sich gut im Wasser zu bewegen, so muß das Blei hierfür besonders geeignet sein. Die leichteste Bleibeschwerung erhält man, indem man an der Schnur sogenanntes Bleischrot befestigt. Hierbei handelt es sich um kleine, gesplittete Bleikugeln von unterschiedlichem Gewicht, das nur Prozentteile eines Gramms bis zu mehreren Gramm betragen kann. Gute Bleie haben winzige Drahtbügel oder -ösen, mit denen man sie wieder von der Schnur lösen kann.
Schrotbleie werden unmittelbar auf der Schnur befestigt. Eine andere Möglichkeit besteht darin, unmittelbar vor dem Köder ein Blei mit einem Blutknoten einzuknüpfen. Dabei kann man so viele Bleischrotkugeln am Vorfach anbringen, wie jeweils erforderlich. Die Länge des Vorfachs ist abhängig davon, wieweit der Köder vom Grund entfernt angeboten werden soll.
Will man die Schnur mit Blei beschweren, so sind Wickelbleie, Bleioliven oder Stiftoliven zu empfehlen. Wickelbleie schädigen die Schnur am geringsten.
Große Senkbleie, die dafür gedacht sind, den Köder auf den Boden zu bringen, sollten lang und schlank geformt sein, damit sie nicht im Boden haften. Mit solchen Bleien kann man von einem driftenden Boot oder beim Schleppfischen angeln, sie eignen sich aber auch sehr gut für das Angeln auf Lachs in steinigen Flüssen, auch in Strecken, in denen Felsen aus dem Wasser ragen. Diese Bleie werden vor den Ködern an Vorfächern von 30 bis 120 Zentimeter Länge eingebunden.
Eine Sinkschnur, wie sie gelegentlich auch in der Berufsfischerei für Reusen und dergleichen verwendet wird, kann man auch im Fließwasser einsetzen. So ein Stück sinkende Schnur wiegt zwischen 5 und 10 Gramm, und sie eignet sich nicht nur beim Angeln mit Regenwürmern, sondern auch für kleine, sinkende Wobbler, Naßfliegen oder leichte Blinker, um diese in Grundnähe zu bringen. Der Vorteil einer solchen Sinkschnur ist darin zu sehen, daß diese nicht so leicht an Steinen und Felsen hängenbleiben.
Ein anderes Grundblei, das sowohl zuverlässig wie auch auf steinigem Grund verwendbar ist, ist die Bleikugel. Sie ist von unterschiedlicher Größe und Gewicht und hat eine Mittenbohrung, durch welche die Schnur läuft. Um zu verhindern, daß dieses Blei bis zum Köder abgleitet, hängt man einen Wirbel zwischen Blei und Vorfach ein.
Die hier genannten Beispiele lassen die Verwendung eines Vorfachs mit Blei empfehlenswert erscheinen. In der Praxis zeigt sich jedoch häufig, daß ein Vorfach die Neigung hat, sich zu verwerfen und so selbst mit der Hauptschnur oder dem Köder zu verheddern. Viele Angler verweisen zur Lösung dieses Problems auf das Paternostersystem, das im übrigen ebenfalls eine Neuerung war, die amerikanische Angler erstmals verwendeten. Mit einem Paternostersystem wird gern vom Boot aus geangelt, vor allem auch vom Kutter beim Meeresangeln. Es ist aber auch möglich, mit so einem System langsam im Schlepp zu fahren. Ein Paternostersystem besteht aus einem Vorfach mit Grundblei und mit einem oder mehreren Seitenarmen, die aus Draht oder fester Schnur gefertigt sind. Mit einem Wirbel oder auch mit einer Schlaufe wird das System in die Hauptschnur eingebunden. Beim Auswerfen verhindert das an der Spitze eingehängte Grundblei ein Verheddern.
Für das Angeln auf Fische in der Freiwasserzone oder für solche, die in Tiefen von 10–20 Meter schwimmen, sind schwerere Bleie beim Schleppen erforderlich. Allerdings läßt es sich mit diesen schweren Bleien nicht so gut angeln, und es kann passieren, daß ein Sportfischer mehr mit solch einem Blei zu tun hat, als mit dem Fisch selbst. Man kann sich hier helfen, in dem man einen Paravan einhängt, auch als ,,Seehund'' bekannt, oder mit einem großen Tropfen-, Kugel- oder Birnenblei, das die Schnur tief nach unten zieht. Solche Bleie werden direkt in die Hauptschnur eingeknüpft, während der Köder 1,80–3,00 Meter hinter so einem Blei hängt. Das Blei gleitet über den Boden und der Köder schwimmt oberhalb desselben.
Will man unter den geschilderten Bedingungen beim Schleppfischen ohne Grundblei angeln, so ist ein Downrigger erforderlich.

Haken, Wirbel, Ringe und Vorfächer

Der Haken ist für den Sportfischer im Grunde genommen das wichtigste Ausrüstungsstück, doch oftmals wendet man ihm die geringste Aufmerksamkeit zu. Wie gut auch immer eine Rute, Rolle, Schnur und Köder zusammengehen mögen, was hilft dies alles, wenn der Haken zu schwach, die Spitze nicht scharf genug oder die Sprengringe nicht fest genug sind – oder wenn gar der Fisch die Schnur zerreißen kann!
Haken werden in mehr als 50 000 unterschiedlichen Formen und Größen angeboten. Im Prinzip kann man sie in Einfach-, Doppel- und Drillingshaken einteilen. Ein Einzelhaken wird im allgemeinen beim Angeln auf Friedfische und beim Fliegenfischen verwendet; auch die bereits erwähnten Jigs sind mit solchen Einzelhaken ausgestattet. Doppel- oder Zwillingshaken findet man an Wobblern, Drillinge hängen ebenfalls an Wobblern, sowie am Blinker, Löffel, Spinner, Pilker und anderen künstlichen Ködern. Obgleich ein Einzelhaken besser arbeitet, werden im Grunde all die genannten Kunstköder mit einem oder sogar mehreren Drillingen ausgestattet. Wenn man jedoch einen Anschlag beim Biß eines Fisches auf drei oder mehr Spitzen verteilen muß, dann dringt zumeist keine von ihnen so fest ein, als wenn man sich auf eine Hakenspitze konzentriert. Richtig ist allerdings auch, daß zumeist beim Schlepp oder in starker Strömung und vor allem auf dem Meer sich der Fisch häufig selbst hakt. Hierbei hat dann der Drilling möglicherweise für den Angler noch einen psychologischen Effekt – wenn ein Haken gut ist, müssen drei besser sein! Die Erfahrung hat aber gezeigt, daß man mit Drillingen zwar mehr Fische hakt, zugleich aber auch mehr verliert, während man mit dem Einzelhaken weniger Fische bekommt, diese aber dann um so sicherer keschert.
Einige künstliche Köder sind so gestaltet, daß sie entweder mit Einzel- oder mit Drillingshaken bestückt werden können. Es gibt aber auch Kunstköder, für die man Doppelhaken verwendet. Ein Jig ist ein traditioneller Einzelhaken-Köder, während man den Wobbler ebenso traditionell den Drillingshaken zuordnen kann.

Die Teile eines Hakens
Ein Haken besteht aus der Öse, dem Schaft, dem Rundbogen, der Spitze, dem Widerhaken. Die Bogenbreite ergibt den Abstand zwischen Schaft und

Die Teile eines Hakens:
A. Öse
B. Schenkel
C. Bogen
D. Spitze
E. Hakenbreite
F. Widerhaken

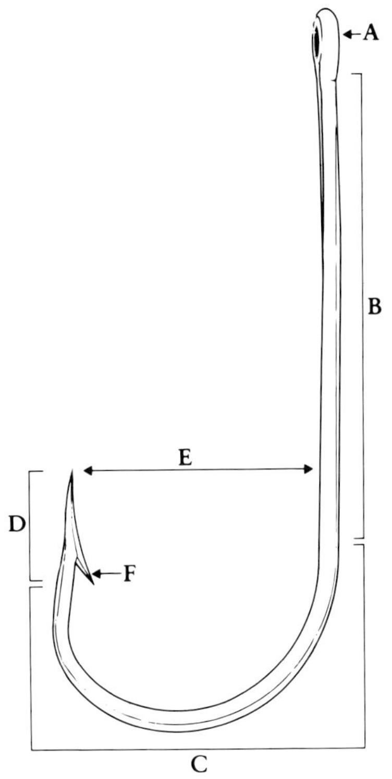

auslaufender Spitze. Die Einzelteile eines Hakens können sich in Form und Beschreibung sehr voneinander unterscheiden, da wird vom Rundstahl-, Kristall-, Jamison- und Limerick-Haken gesprochen, um nur einige zu nennen. Wichtig zu wissen ist hierbei für den Angler, all diese verschiedenen Hakenbezeichnungen bedeuten jeweils eine bestimmte Form. Haken, deren Spitze nach innen gebogen ist, werden normalerweise für natürliche Köder verwendet; Haken mit gerader Spitze finden wir in erster Linie bei künstlichen Ködern für das Spinnfischen.
Die Größe der Haken reicht von der Nummer 28, die nur einige Millimeter lang ist, bis zum Haken der Größe 18/0, bei dem es sich um einen robusten Haihaken handelt. Da die Skala sich von 28 bis 0 erstreckt, werden die Haken immer länger und länger, und da andererseits die Skala von 1/0 bis 18/0 ansteigt, werden die Haken von Nummer zu Nummer größer.
Haken werden aus Kohlefaser, Stahl oder rostfreiem Stahldraht hergestellt. Da die Haken auf verschiedene Weise gehärtet werden, sind einige weich, andere wieder superhart. Es gibt Haken, die mit einer dünnen Nickelschicht überzogen wurden, um sie besonders für das Salzwasser geeignet zu machen; andere wieder sind brüniert, da sie für das Süßwasser vorgesehen sind. Haken können auch von unterschiedlicher Farbe sein, es gibt sie in blau, rot und gold. Blaue oder braune Haken dienen der Tarnung, rote Haken verwendet man für rote Kunstköder, die wie gekochte Garnelen oder Mückenlarven aussehen sollen, und goldene Haken sollen Kunstköder besonders attraktiv machen. Letztere werden auch gern beim Angeln auf Friedfische verwendet.
Die meisten frisch vom Hersteller kommenden Haken dürften scharf und spitz sein. Ein Kriterium für einen scharfen Haken ist, ob er in einen Fingernagel eindringen kann – doch sollte man dies nicht zu nachdrücklich testen. Andererseits, wenn der Haken sich als stumpf erweist, sollte man ihn in jedem Fall vor Gebrauch schärfen. Im Zubehörbereich gibt es hierfür kleine Wetzsteine, sogenannte Hakenschärfer. Große Haken kann man auch mit einer feinen Feile schärfen, für kleinere sollte man aber nur den Hakenschärfer verwenden. Nach jedem Angeltag, vor allem aber nach jedem Hänger, sollte man die Spitze sorgfältig prüfen und lieber einmal mehr als zu wenig nachschärfen.

Sprengringe, Wirbel und dergleichen
Sprengringe, rund oder oval, werden entweder am Haken oder am Wirbel befestigt. Ovale Sprengringe erlauben dem Haken ein Höchstmaß an Flexibilität. Doch beachten, Sprengringe sind im allgemeinen die ersten Stücke im Angelzubehör, die eine Neigung zum Rosten haben. Es ist daher empfehlenswert, immer einige solcher Ringe im Gerätekasten mitzuführen, um gegebenenfalls auswechseln zu können.
Ein Wirbel ist ein Drahtgebilde, dessen Funktion es ist, die Verbindung zwischen der Schnur und dem Vorfach oder auch dem Köder herzustellen. Sie wurden entwickelt, um einen Schnurdrall zu verhindern, der normalerweise dann entsteht, wenn sich ein künstlicher Köder dreht. Ferner bieten sie aber auch die Möglichkeit zum raschen Auswechseln von Vorfächern und Ködern. Wirbel werden in mannigfacher Form und Größe für die verschiedenen Angelmethoden angeboten. Eine spezielle Wirbelart, die beim Angeln mit Blinkern und ähnlichen Kunstködern gern verwendet wird, ist mit einem Kugellager ausgestattet, um so, nicht zuletzt beim Schleppangeln, einem Schnurdrall entgegen zu wirken. Auch Meereswirbel gibt es mit solchen Kugellagern aus diesem Grund.
Einhänge- und Karabinerwirbel erleichtern und beschleunigen das Auswechseln von Ködern. Wenn so ein Wirbel in die Schnur eingeknüpft ist, kann man durch einfaches Aufdrücken und Schließen die jeweiligen Köder auswechseln. Das geht gewiß schneller, als wenn man den Köder direkt in die Schnur einknotet. Richtig ist allerdings auch, daß so ein Wirbel den Köder für den Fisch sichtbarer und etwas gewichtiger macht. Deshalb sollte man die Größe eines Wirbels so klein wie möglich halten, ganz besonders, wenn kleine Köder verwendet werden. Es kommt hinzu, daß ein großer Wirbel einen leichtgewichtigen, künstlichen Köder praktisch bewegungslos machen kann und dazu den Fisch argwöhnisch. Diese Art von Wirbel gibt es in einer Vielzahl von Formen und Größen. Einige von ihnen sind nahezu narrensicher und gehen auch unter Druck nicht auf, andere wieder sind schwach, also immer daran denken, für welche Belastung der Wirbel gedacht sein soll. Die kleinsten Wirbel knotet man nicht in die Schnur, sondern schlauft sie nur ein. Sie sind für den raschen Wechsel von Insekten oder frei hängendem Köder vorgesehen.

Vorfächer
Vorfächer sind nicht nur für Raubfische mit einem Maul voller Zähne gedacht. Sie sind genau so nützlich, wenn ansonsten die Hauptschnur extremen Belastungen ausgesetzt ist und ständig eingerissen oder abgerieben wird, so zum Beispiel, wenn sie beim Schleppangeln über Felsgestein, Bodenerhebungen, Äste und Wurzeln gezogen wird. Auch das Werfen strapaziert eine Schnur. Wenn man ein Vorfach mit geringerem Durchmesser als die Hauptschnur verwendet, so kann sich der Köder natürlicher bewegen. Angelt man mit einer fluoreszierenden Schnur, dann ist empfehlenswert, die letzten Meter vor dem Köder ein Stück normale Schnur einzuknüpfen.
Ein Vorfach besteht entweder aus einer kräftigen Monofilschnur oder aus mehreren Drahtlitzen, die mit Nylon ummantelt sind. Barsch, Hecht und Zander sowie andere Raubfische mit scharfen Zähnen sind ohne weiteres imstande eine Schnur stark zu schädigen oder gar zu zerbeißen. Wenn man ein Stück Schnur – etwa 25–40 Zentimeter mit einer Tragkraft von 20–30 Kilogramm – am Anfang einknüpft, dann hat der Fisch schon einiges zu tun, um sie mit seinen Zähnen kaputt zu bekommen.
Stahldrahtvorfächer dürften die widerstandsfähigsten sein, aber sie sind auch viel mehr sichtbar im Wasser als Nylonvorfächer. Ein Vorfach, wie immer es auch beschaffen sein soll, kann man auch leicht selbst anfertigen. Ein Nylonvorfach erfordert, wenn es nicht eingeschlauft werden soll, einen Wirbel und ein passendes Stück Schnur. Ein Stahldrahtvorfach wird aus einer dünnen Drahtlitze und einem oder zwei Wirbeln gefertigt. Eine einfache Methode, um bei einem ummantelten Vorfach eine Schlaufe zu machen, besteht darin, das lose Ende einige Male um die Litze zu wickeln und dann mit einem brennenden Streichholz zu erhitzen. Es schmilzt und klebt an. Gebundene Vorfächer gibt es aber in jedem Angelgerätegeschäft.
Es gibt Sportfischer, die zum Selbstbasteln von Vorfächern auf solides Material Wert legen. So verwenden sie auch Klaviersaiten, weil diese leicht zu handhaben sind und keine Wicklung erforderlich ist.
Ein extra langes Vorfach, zumeist noch von besonderer Stärke, ist eine besonders belastbare Schnur, die härtesten Anforderungen gewachsen ist.

Als Vorfach wird es in Extremfällen verwendet. Es besteht aus einer 3–4 Meter langen Monofilschnur, die direkt mit der Hauptschnur verbunden wird. Letztlich sollte beachtet werden, daß ein starkes Vorfach von 50–100 Zentimeter Länge einen kraftvollen Wurf erfordert.

Angeltechniken beim Spinnfischen

Viele Angler machen beim Spinnfischen ihre ersten Erfahrungen mit Hängern oder verlorenen Kunstködern. Deshalb wird dann oft dieser Köder schon in einer Wassertiefe eingeholt, in der er noch gar nicht das Gesichtsfeld eines Fisches erreicht hat. Tatsache aber ist, daß ein Fisch die meiste Zeit über Grund steht, und das ist auch genau der Platz, an dem der Köder angeboten werden muß.

Beim Spinnfischen ist aus diesem Grund zunächst einmal das Problem, wie bringe ich meinen künstlichen Köder sicher in Grundnähe. Eine Möglichkeit, die man sich zumindest für den Beginn eines Angeltages einprägen kann und bei der man kaum einen Köderverlust haben wird, ist das sogenannte Zählsytem. Es läßt sich gut hiermit angeln, wenn man einen sinkenden Köder hat, wie zum Beispiel Blinker, Spinner oder sinkende Wobbler. Aber auch bei Verwendung eines Senkbleis, das etwa 80–120 Zentimeter oberhalb vom Köder eingeknüpft wird, ist diese Methode anwendbar. Nach dem Abwurf landet der Köder anfangs auf der Wasseroberfläche. Von dort sinkt er gleichmäßig ab, indem er Schnur von der Rolle abzieht bis er den Grund erreicht hat. Wenn die Schnur beginnt durchzuhängen, dann hat der Köder den Boden erreicht und es ist Zeit, ihn einzuholen. Um nun herauszufinden, wie tief das Wasser ist, beginnt man beim Auswerfen in dem Augenblick mit dem Zählen, wenn der Köder auf der Wasseroberfläche auftrifft: 21, 22, 23 . . . solange bis die Schnur durchhängt. Dann beginnt der Schnureinzug. Beim nächsten Auswerfen läßt man nun den Köder um eine Zahl weniger absinken, als man zuvor ausgezählt hat. Auf diese Weise erreicht man die gewünschte Tiefe über Grund. Man weiß nun, daß man in der richtigen Tiefe angelt und kann jetzt mit dem Spinnfischen in jenem Umfeld beginnen, in dem sich die Raubfische zumeist aufhalten. Das ist eine zuverlässige Methode, nicht nur, um die Beschaffenheit des Fischwassers kennenzulernen, sondern auch, um indirekt die Tiefe desselben auszumessen. Angenommen, der Köder sinkt in einer Sekunde einen Meter ab, so entspricht das genau der Zeit, die erforderlich ist, um die Zahl 21 auszusprechen. Hat nun der Köder den Grund, sagen wir bei der Zahl 27, erreicht, dann muß die Tiefe, zumindest an dieser Stelle, 7 Meter betragen.

Nicht in jedem Fall ist eine solche Tiefenmessung erforderlich – nach einer Weile hat man selbst gelernt, wie rasch ein Köder absinkt, wie tief man fischen soll und wann man mit dem Einholen der Schnur beginnen muß.

Hat man den Eindruck, daß am Grund kein Fisch steht, so sollte man es ein wenig höher versuchen, unter Umständen sogar an der Oberfläche. Von einigen Raubfischen ist ja bekannt, daß diese in bestimmten Tiefen jagen. Sie beginnen über Grund, rauben dann im Mittelwasser und jagen schließlich sogar dicht unter der Oberfläche. Das Zählsystem erleichtert es, sein Petri Heil in verschiedenen Tiefenzonen auszuloten.

Die Illustration links verdeutlicht Spinnfischen in einem nahrungsarmen Gewässer. In einem nahrungsreichen Gewässer dagegen, wie auf der rechten Seite zu sehen, kann es reichhaltiger Wasserpflanzenbewuchs erforderlich machen, vom Boot zu angeln, um so näher an den Fisch heranzukommen.

Obgleich die künstlichen Köder so gestaltet sind, daß sie beim Schnureinzug auf eine bestimmte Art schwimmen, ist es trotzdem anzuraten, diesen Schnureinzug zu variieren, um einen Fisch anzulocken. Manchmal kommt der Biß in demselben Augenblick, in dem man mit dem Einholen stoppt, um den Köder wieder absinken zu lassen. Ein Raubfisch schätzt die Bewegungen eines Köders so ein, wie sich seine Beute tatsächlich verhalten würde; und wenn diese zur Flucht bereit zu sein scheint, schlägt er zu. Ein verletzter oder kranker Fisch verhält sich auf die gleiche Weise, indem er mal innehält, um dann weiter zu schwimmen. Sofern man also beim Einholen die Geschwindigkeit und Verhaltensweise des Köders abstuft, mal langsamer, mal schneller, und dann wieder einhält, um so mehr entspricht der Köder einem zögernden, sich oft ruckweise fortbewegenden kleinen Fisch, der umherschwimmt oder am Grund nach Nahrung sucht.
Die Schnur selbst kann man auf mannigfaltige Weise einholen. Anstatt sie zu stoppen, kann man auch langsam eindrehen, um im nächsten Augenblick wieder schneller zu werden. Auch die Rute kann man heben und senken, wodurch sich entsprechend auch der Köder bewegt.
In einem Fließgewässer mit kräftiger Strömung läßt eine Pause beim Schnureinzug den Köder still stehen. Durch Heben und Senken erreicht man in diesem Fall, daß der Köder von der Strömung ein Stück mitgenommen wird, vielleicht genau an den Platz, an dem ein Fisch auf Nahrung wartet.
Wenn sich der Köder 10–20 Meter vom Standort des Anglers entfernt befindet, kann man auch die Rute von rechts, von links oder umgekehrt bewegen, um so einen kranken Fisch vorzutäuschen, der bemüht ist, sich zu verbergen.
Die folgenden Grundregeln sind beim Angeln in flachen und mitteltiefen Gewässern von 1–5 Meter zu empfehlen. Man verwende leichte, doch große Blinker und Löffel, die sich gut bewegen und lebhaft schwimmen. Auch Spinner sollten leicht, aber mit großen Blättern und dünnen Körpern sein. Bei Verwendung von Wobblern sollte man solche auswählen, gleich ob sinkend oder schwimmend, die nicht zu tief laufen. Die Mehrzahl aller mittelgroßen schwimmenden und sinkenden Wobbler ist für Tiefen von 1–5 Meter gedacht.
Die meisten Probleme beim Spinnfischen treten in tieferen Gewässern auf, so zwischen 6 und 12 Meter. Machen wir folgendes Beispiel: Man werfe den Köder etwa 20–40 Meter weit und lasse ihn dann tief absinken. Nachdem man die ersten 5–10 Meter Schnur eingeholt hat, befindet diese sich bereits 6–12 Meter über Grund und damit in einem Bereich, in dem normalerweise keine Raubfische mehr stehen.

Um das Spinnfischen wirkungsvoll zu erhalten, ist es wichtig, immer wieder den Schnureinzug zu stoppen, so daß für den Köder die Möglichkeit besteht, wieder zum Boden abzusinken. Diesen Vorgang kann man durchaus nach jeweils 5–10 Umdrehungen mit der Kurbel so halten. Holt man die Schnur auf diese Weise ein, hat man die Garantie, daß der Gewässergrund so gut wie irgend möglich abgefischt wird.
Strömungen üben einen zusätzlichen Druck auf den Köder aus. Da die Oberflächenströmung immer stärker als die Unterströmung ist, reicht es nicht aus, nur einen schweren Spinner oder Blinker zu verwenden, damit dieser entsprechend auf den Grund absinkt. In diesem Fall nehme man lieber einen leichteren Löffel oder Blinker und werfe ihn diagonal über die Strömung oder zumindest stromaufwärts und lasse ihn dann einige Sekunden absinken. In der Zeit, in welcher die Strömung den Köder erfaßt hat, bis er sich in einer geraden Linie vor dem Angler befindet, ist er auf dem Boden angekommen und man kann mit dem Schnureinholen beginnen.
Wenn man den Standort eines Raubfisches kennt, heißt dies noch lange nicht, daß man ihn auch zum Anbiß verleiten kann. Neben der Verwendung verschiedener Ködermodelle und -farben ist es genau so wichtig, beim Einholen der Schnur mit unterschiedlichen Praktiken zu verfahren. So ein Schnureinzug kann schnell oder langsam vonstatten gehen; er kann ruckartig geschehen oder provozierend, indem der Köder sich blitzschnell dem lauernden Raubfisch nähert, um sich dann rasch wieder zu entfernen, also etwa so, wie sich ein Jungfisch bei Gefahr verhält. Eine Methode, die oftmals recht erfolgreich ist, besteht darin, daß man den Köder langsam auf den Fisch zuschwimmen läßt, um ihn dann rasch einzuholen. Genau so wichtig ist es, daß man dem Raubfisch Gelegenheit gibt, sich seine Beute von allen Seiten zu betrachten, indem man ihn praktisch mit dem Köder „bombardiert" und so zum Anbiß verleitet.
Wenn ein Fisch auf einen Köder einen Fehlbiß hatte, so kann er verschreckt und ängstlich reagieren. Wenn dies geschieht, ist es oftmals besser, ihn eine Zeitlang in Ruhe zu lassen und ihm später einen anderen Köder vorzusetzen. Die meisten Raubfische haben Freßgewohnheiten entwickelt, die in etwa unseren Mahlzeiten, wie Frühstück, Mittag- und Abendessen, entsprechen. Diese Freßgewohnheiten werden jedoch von einer ganzen Reihe von Voraussetzungen beeinflußt, nämlich vom Wetter, der Futtersuche der Beutefische, dem Luftdruck und der Temperatur, der Mondphase, den Lichtverhältnissen, dem pH-Wert und Sauerstoffgehalt des Wassers sowie der Tageszeit. Wenn man all diese Gesichtspunkte in Betracht zieht, so wird es verständlich, daß, wenn ein Fisch nicht bei den ersten Würfen reagiert, dies vielleicht in einer Stunde oder später geschieht, weil das Wetter nicht stimmt oder andere Voraussetzungen nicht gegeben sind.
Auch eine ganze Reihe äußerer Umstände bestimmen über die Geschwindigkeit mit, mit der eine Schnur eingeholt werden sollte. Der wichtigste Faktor hierbei ist die Wassertemperatur. Denn diese entscheidet über den Standort der Fische und über ihre Beißlust. Fluß- und Seeforellen, auch Meerforellen und Saiblinge, schätzen zum Beispiel kaltes Wasser. Hecht, Zander und Barsch sowie viele andere Fischarten sind in kaltem Wasser recht beißunlustig. Sie geben sich dann keine große Mühe, einem Köder nachzujagen, der von ihrem Standort zu weit entfernt ist und sich außerdem zu schnell bewegt. Wenn man in kälterem Wasser auf diese letztgenannten Fischarten angelt, ist es wichtig, den Köder langsam zu führen. Er sollte sich jedoch auch bei langsamem Einholen möglichst lebhaft bewegen.

In warmem Wasser dagegen ist ein Köder, der sich rasch bewegt und dabei auch noch Druckwellen erzeugt, selbst wenn er an der Oberfläche eingeholt wird, die beste Wahl. In einem Gewässer mit schlechten Sichtverhältnissen wiederum, ist es auch wichtig, den Köder langsam durch das Wasser zu ziehen. Dabei sollte er so gut es geht verlockende Schwimmbewegungen machen, die zum Anbiß reizen, wie dies zum Beispiel bei einem Spinner der Fall ist. In Gewässern, die sowohl kalt als auch eingetrübt sind, bewähren sich am besten schimmernde oder glänzende Kunstköder wie silberne oder rot-fluoreszierende, sowie gelbe und orangefarbene, die eine visuelle Signalwirkung haben.

Springer und andere Beifänger

Eine ganze Anzahl von Raubfischen lassen sich von Kunstködern nicht zum Anbiß verlocken, weil diese ihnen zu groß sind. Es gilt ferner in Betracht zu ziehen, daß für viele Raubfische die übliche Nahrung aus Larven und Kleinfischen oder anderen Wasserlebewesen besteht, die oftmals viel kleiner sind als etwa ein Spinner oder Wobbler. Wenn man jedoch an einem Vorfach oberhalb des Blinkers, Spinners oder Wobblers noch eine Naßfliege, einen sogenannten Springer einknotet, kommt man der Nachbildung einer solch natürlichen Nahrung gewisser Raubfische schon sehr viel näher. Hierfür eignen sich gut kleine Plastikimitationen, Jigs oder auch eine Anzahl von Naßfliegen. Barsch, Forelle, Rapfen und gelegentlich sogar der Hecht nehmen diese Köder gern an. Möglicherweise können sich diese Raubfische beim Anblick eines so verlockenden Köders nicht beherrschen und nehmen deshalb auch eine Fliege an. So kann man gerade beim Angeln auf Barsch die Erfahrung machen, daß diese ganz wild auf Fliegen sind, von denen man eine oder zwei nach Art des Paternostersystems oberhalb eines Blinkers oder Löffels im Vorfach einknüpft.

Spinnfischen mit Fliegen

Das Spinnfischen mit der Fliege ist eine Angelmethode, die man nicht übersehen sollte. In tiefen Gumpen und Unterständen in Flüssen und Strömen lauern Forellen und Lachse, die durchaus gern eine Fliege nehmen. In so einer Lage kann es erforderlich werden, auch mit der Fliege Spinnfischen zu betreiben. Hierfür knotet man etwa einen Meter oberhalb der Fliege ein kleines Senkblei in die Schnur und überwirft dann den vermuteten Standort eines Raubfisches so, daß die Naßfliege beim Einholen der Schnur durch diese Stelle gezogen wird. Hat man an der Spinnrute eine Fliege, so muß man beachten, daß diese Art des Angelns so gelassen und ruhig abläuft, wie dies letztlich ja auch mit der Fliegenrute selbst der Fall ist.

Rechts: Große, oft auch bleibeschwerte Fliegen und Streamer können auch sehr wählerische Fische zum Anbiß verleiten. Dies gilt besonders beim Bootsangeln auf großen Seen und auf unterschiedliche Salmonidenarten.

Beim Spinnfischen mit einer Fliege sollte man das Senkblei 0,75 bis 1 Meter vor der Fliege einhängen.

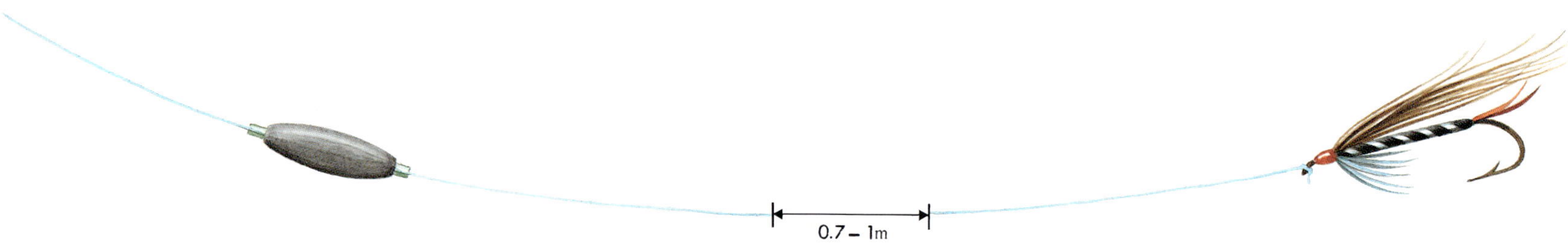

Eine recht beliebte und auch erfolgreiche Methode, um weite Würfe mit der Fliege zu erzielen, besteht darin, eine Wasserkugel zu verwenden, um auf diese Weise das Fluggewicht zu erhöhen. So eine Wasserkugel hat zwei angearbeitete Ösen. Nun nimmt man etwa ein Stück Nylonschnur von 60 Zentimeter Länge, führt diese durch die Ösen und befestigt Wirbel an beiden Enden, damit die Kugel gleiten kann. Danach hängt man ein Vorfach von 1,20–2,00 Meter Länge in eine der Ösen an der Wasserkugel ein und befestigt eine Naßfliege, die Imitation einer Larve oder einen kleinen, künstlichen Fischköder am vorderen Ende des Vorfachs. Der andere Wirbel an der Wasserkugel wird an die Hauptschnur angebunden oder eingehängt. Viele Sportfischer setzen auch die Wasserkugel noch einfacher ein, indem sie die Hauptschnur in die eine Öse einbinden und das Vorfach in die andere. Dabei hat man allerdings nicht den unmittelbaren Kontakt zum Fisch, wenn er anbeißt, wie dies der Fall ist, wenn die Wasserkugel gleiten kann.
Diese Wasserkugeln werden in mancherlei Größen und auch farbig angeboten. Es gibt sie auch mit Bleibeschwerung und in länglicher Form, daß sie fast wie eine Zigarre aussehen. Diese Bleigewichte reichen von 5–15 Gramm. Eine weitere Art ähnelt einem Casting-Wurfgewicht, an welchem sich ein Magnet befindet, an dem die Naßfliege hängt. Wenn das Gewicht auf die Wasseroberfläche trifft, bekommt man die Fliege durch einen kurzen Ruck frei, so daß sie absinken kann.

Schleppfischen

Die wirkungsvollste Art, ein größeres Gewässerareal zu beangeln, ist das Schleppfischen. Darunter ist das Nachziehen des Köders samt Schnur hinter einem Boot zu verstehen.
Die einfachste Art zu schleppen, besteht darin, hinter einem Ruderboot einen Spinner oder einen Wobbler herzuziehen. Andererseits kann man das Schleppfischen auch auf eine recht ausgefallene Weise betreiben, indem man mit einem Motorboot – soweit dies erlaubt ist – einen ganzen See abfährt und mit Hilfe einer ausgeklügelten, modernen, elektrischen Ausrüstung die Tiefe des Sees und die Standorte der Fischschwärme und einzelner Großfische ermittelt.
Auf vielen Seen gibt es weite Gewässerbereiche, in denen kaum ein Fisch anzutreffen ist. Aus diesem Grund kann sich ein Sportfischer, der auf einem fremden See angelt und weder dessen Tiefe noch Flachwasserbereiche, abfallendes Gelände oder Unterwasserhindernisse kennt, nur in geringem Maße wirklich mit dem Angeln befassen.
Darum ist hierfür eine Navigationskarte sehr hilfreich, denn diese zeigt ihm Senken, Scharkanten und Flachwasserbereiche, wo die Fische zumeist auf Nahrungssuche sind. Bei Verwendung einer solchen Karte vermeidet man von vornherein ganze Gewässerzonen und kann sich deshalb auf jene Gebiete konzentrieren, die gute Fischbestände versprechen.
Viele Raubfische jagen das ganze Jahr über zu bestimmten Tageszeiten. Barsch, Hecht und Forelle sowie Lachs suchen die Flachwasserzonen von 1–3 Meter auf der Suche nach Nahrung ab, dies gilt natürlich auch in den nordamerikanischen Seen für Schwarzbarsch, nordischen Hecht, Lachs und andere Arten. Die beste Methode, auf diese Fischarten zu angeln, ist das Schleppfischen mit leichtgewichtigen Spinnern und schwimmenden Wobblern. Bei einer Schleppgeschwindigkeit von höchstens 1,5 Knoten bewegen sich diese Kunstköder sehr lebhaft und verlockend. Auch große, sehr leichte Blinker und Löffel schwimmen bei dieser Geschwindigkeit verführerisch und täuschend, genau so verhält es sich mit Wobblern, sofern diese nicht zu tief laufen. Diese Methode des Angelns bezeichnet man als Schleppfischen im Oberwasser.
In den Sommermonaten trifft man die Raubfische in einem See durchaus auch im Freiwasser an, da sie in jener Jahreszeit dort den Jungfischen nachstellen. Wenn man in diesen Regionen schleppt, bedeutet dies zugleich, daß man die Fische erst einmal ausmachen muß. Tatsächlich scheint es nämlich so zu sein, daß die Raubfische sich ständig in einem bestimmten Tiefenbereich aufhalten. Diesen herauszufinden ist zugleich auch die Voraussetzung für einen guten Fang. Besonders erfolgreich ist in so einer Situation mit mehreren Ruten zu angeln, wobei jede auf eine andere Tiefe eingestellt werden muß. Für die Oberflächenrute eignet sich ein Blinker oder Löffel. Mit der zweiten Rute fischt man in Tiefen von 2–4 Meter, indem man einen schwimmenden Wobbler als Köder verwendet. Für die Tiefen von 4–6 Meter nimmt man am besten sinkende Wobbler oder solche mit einstellbarer Tauchschaufel sowie Bleikopf-Spinner. In den warmen Sommermonaten zieht sich der Fisch normalerweise in noch größere Tiefen zurück, so zum Beispiel auf 7–10 Meter. In diesen Tiefen sind nur noch sinkende Wobbler oder solche mit Tauchschaufeln angebracht.
Hat man diese vier verschiedenen Kunstköder dabei, so kann man einen See bis in Tiefen von 10 bis 12 Meter abfischen. In klarem Wasser ist diese Art zu angeln noch wirkungsvoller, da der Fisch bis in Tiefen von 15 Meter den Köder erkennen kann. Wenn dann ein Biß kommt, so kann sich der Sportfischer diese Tiefe markieren. Diese Angelmethode kann man auch über Untiefen und Fischschwärmen anwenden, indem man von der Gewässerkarte die jeweilige Tiefe abnimmt und dann den Wobbler entsprechend absinken läßt.
Im deutschsprachigen Raum wird es allerdings zumeist so ein, daß beim Schleppfischen pro Angler nur eine oder höchstens zwei Ruten erlaubt sind. An den Ausgabestellen der Fischerkarten sollte man sich zuvor erkundigen.

Grundlagen des Schleppfischens
Einige grundsätzliche Regeln sollte man beim Schleppfischen beachten, unabhängig davon, ob man von einem Ruderboot aus schleppt, von einem Motor- oder einem Elektroboot. Eine dieser Regeln besagt, daß man möglichst immer einen Rutenhalter verwenden sollte. Dieses wichtige Zubehörteil sollte sicher im Boot befestigt sein und auf Dauer angebracht werden. Die Rute sollte im Rutenhalter nicht nur absolut fest stehen sondern auch so, daß sie bei einem Biß sofort ergriffen werden kann. Solche Rutenhalter können aus Metall oder Plastikrohren gefertigt sein und sie sollten so lang sein, wie dies im Boot ohne Behinderung möglich ist. Im Handel gibt es aber auch eine ganze Auswahl verschiedener, transportabler Rutenhalter, die natürlich dann angebracht sind, wenn man sich ein Boot leiht. Das vielleicht beste Modell dieser Art in nordischen und englischsprachigen Ländern dürfte der Halter „Down East" sein – er bietet zudem noch die Möglichkeit, ihn auch an kleineren Booten zu befestigen.
Fährt man mit dem Boot, so ist ein kleiner Zick-zack-Kurs oder ein leichter Kurvenverlauf besonders zu empfehlen. Fischt man mit zwei Ruten oder mehr, so entspricht dies der natürlichen Situation im Wasser, weil der eine Köder schneller schwimmt, während der andere absinkt. Fährt man im Kreis oder dreht man ein, so gilt es allerdings darauf zu achten, daß die Schnüre sich nicht überkreuzen. Mit zwei bis vier Ruten kann ein erfahrener Schleppfischer zur gleichen Zeit angeln.
Die Schnur kann entweder in einem leichten Bogen ausgeworfen werden oder man legt den Köder direkt am Boot aus und läßt die Schnur von der Vorwärtsbewegung des Bootes wegtragen. Für das Schleppfischen eignen sich am besten kurze Schnüre; diese sollten jedoch nicht zu kurz sein, damit das Revier immer gut abgefischt werden kann. Lange Schnüre verringern die Möglichkeit, den Köder zu kontrollieren. Während des Schleppens ist die vibrierende Rutenspitze ein sicheres Anzeichen dafür, daß der Köder gut läuft. Außerdem gilt es zu bedenken, daß man mit einer kurzen Schnur den Anschlag besser setzen kann.
Über den Daumen gepeilt sollte beim Schleppen mit künstlichem Köder über Grund die ausliegende Schnur in ihrer Länge die Tiefe, in der man angelt, um nicht mehr als 50 Prozent überschreiten. Der einzige Fall, bei dem man mit langen Schnüren fischen sollte, ist dann gegeben, wenn das Gewässer sehr klar und der Fisch scheu ist.
Es lohnt sich immer, beim Schleppfischen verschiedene Kunstköder auszuprobieren, bis man den richtigen gefunden hat. Nach dem ersten Biß kann man ausschließlich mit dem „Fänger des Tages" angeln und das Ausprobieren beenden. Es gibt Zeiten, in denen es günstiger ist, mit weit auseinanderlaufenden Schnüren zu schleppen. Doch es kommen auch Tage, an denen es sich als richtig erweist, die Schnüre dicht nebeneinander herzuziehen, da so beim Raubfisch der Eindruck entstehen könnte, daß er einen kleinen Schwarm vor sich hat.
Wenn es windig ist, sollte man die Schnüre möglichst dicht zur Oberfläche führen, damit der Wind die Schnur nicht durchhängen läßt oder seitlich wegbläst. Wenn die Schnur nicht gestreckt ist, gibt es Fehlbisse oder der Fisch schlägt sich frei. Hat man einen Fisch gehakt und führt ihn an der Schnur, so müssen die anderen ausliegenden Schnüre rasch eingeholt

Es ist oftmals schwierig, die auf verschiedene Tiefen verteilten Fische bei der Nahrungssuche auszumachen. Wichtig ist daher, in unterschiedlichen Tiefen zu angeln, bis man ihre Standorte entdeckt hat. Die beste Methode hierfür ist, den Köder entsprechend anzubieten, so etwa in Tiefen von 3, 6 und 9 Meter. Hat ein Fisch angebissen, kann man annehmen, daß weitere Fische in dieser Tiefe stehen.

Tiefes Schleppangeln über Grund ist eine erprobte Methode auf nordischen Hecht, Zander und andere Fischarten. Dabei kann man sowohl künstliche als auch natürliche Köder anbieten. Welche Montage man dabei unter anderem wählen kann, zeigt die kleine, eingeschobene Zeichnung. Schwimmende Wobbler sind zu empfehlen, um auf diese Weise Hänger am Grund zu vermeiden.

werden, damit der Fisch sicher gedrillt werden kann und ein Verheddern mit anderen Schnüren vermieden wird.

Tiefes Schleppfischen

Die meiste Zeit halten sich die Fische über Grund auf und zwar in Tiefen von 5–15 Meter oder mehr. Bedauerlicherweise gibt es nur ganz wenige Seen, die so klar sind, daß sie bis in diese Tiefen eine gute Sicht gewähren. Wenn man die Tiefe eines Sees gut kennt oder ein Sonargerät an Bord hat, sollte man anfangs den Kunstköder bis auf 5 Meter absinken lassen, dann, nach einer Weile auf 10 Meter Tiefe oder mehr gehen. Der beste Weg, um den Köder sicher über Grund zu halten und um gewiß zu sein, daß er sich in der richtigen Tiefe bewegt, besteht darin, die Schnur vor dem Köder mit einem Senkblei zu beschweren. Eine der sichersten Methoden hierfür ist die Verwendung von entsprechendem Gerät für das tiefe Schleppfischen. Die Amerikaner haben hierfür eine Neuerung geschaffen, die sie ,,Bait Walker'' nennen. Der folgende Tip für die Zusammensetzung eines solchen Gerätes hat sich besonders beim Fang von Forelle, Hecht und Zander als sehr erfolgreich erwiesen:

Man nehme einen Dreiwege- oder Kreuzwirbel und binde ein 60–200 Zentimeter langes Stück Monofilschnur in eine Öse des Wirbels und an die andere einen schwimmenden Wobbler. Dieses Stück Schnur dient gleichermaßen als Vorfach und Schlagschnur, die alle Belastungen und Zerrungen durch Steine, Unterwasserkraut und Astgewirr, die im Wege liegen könnten, aufnimmt. Sodann binde man in die untere Öse des Kreuzwirbels ein Stück Monofilschnur von 30–100 Zentimeter Länge ein. Die Tragkraft dieses Schnurstücks sollte etwas geringer als jene der Hauptschnur sein. Am anderen Ende dieses Schnurstück knote man nun ein Senkblei im Gewicht von 30–75 Gramm ein – dies kann auch ein Tiroler Hölzl sein, wie die Zeichnung zeigt. Dieses Gewicht hält den Wobbler über Grund, wenn mit einer Geschwindigkeit von 1–3 Knoten geschleppt wird, also möglichst die langsamste Tour, die der Außenborder oder E-Motor hergibt. In die dritte Öse des Kreuzwirbels wird nun die Hauptschnur eingeknüpft. Dieser Tip garantiert, daß der Wobbler während der ganzen Zeit, in der man schleppt, über

Grund bleibt. Eine solche Zusammenstellung hält den Wobbler in Tiefen von 10–15 Meter. Das System funktioniert auch dann noch, wenn man eine kurze Zeitspanne in Tiefen von 4–5 Meter fischt, um Augenblicke später auf 15 Meter oder so zu gehen. Wichtig ist, daß man bei dieser Methode schwimmende Wobbler verwendet, da sich diese frei über Grund bewegen. Man beachte ferner, daß der Wobbler weich und geschmeidig stromlinienförmig schwimmt; man verwende keinen Wobbler, der auf dem Grund entlangschleift, weil hierdurch die Gefahr eines Hängers sehr erhöht wird.
Eine einfachere Version dieses Tips kann man sich zusammenstellen, indem man ein 1 Meter langes Stück Vorfachschnur an die Hauptschnur anknüpft und dann in die Schnur ein gleitendes Senkblei einhängt. Auch hierbei wird der Kunstköder über Grund stehen, der Nachteil ist allerdings, daß die Schnur unter dem Abrieb des Senkbleis leiden kann.

Schleppfischen mit dem „Downrigger"

Beim Spinn- und Schleppfischen mit abgebleiten Kunstködern liegt die Tiefengrenze, die man erreicht, etwa bei 10–15 Meter. Will man in Tiefen von 10–20 Meter angeln, so hängt man besser ein schweres Grund- oder Tropfenblei etwa 2,5–4 Meter vor dem Kunstköder ein. Mit Hilfe solcher Grundbleie gelingt es, den Köder in tieferem Wasser zu plazieren. Hat man jedoch den Fisch gehakt und drillt ihn zum Boot, kommt das Gewicht eines solchen Bleis als zusätzliche Belastung der Schnur noch hinzu. Generationen von Anglern handelten so und hingen Bleigewichte an ihre Schnüre, um größere Tiefen beim Schleppfischen zu erreichen. In Amerika wurden ungezählte nordische Hechte, Seeforellen und Lachse mit solchen Grundbleien von 3–5 Kilogramm an schwerem Gerät gefangen. Diese Angelmethode war gewiß sehr erfolgreich, aber sie war mehr ein Kraftsport zum Muskeltraining als zum Angeln. Der „Downrigger" – hierzulande noch kaum angewandt – gab nun dem Schleppfischen wieder eine sportlichere Note. In Nordamerika, wo der Downrigger herkommt, ist allerdings die Meinung darüber geteilt, wo denn nun der erste wirklich hergestellt wurde. Einige sagen, er wurde von Lachsfischern an der Westküste entwickelt, andere wieder behaupten, er sei geschaffen worden, um die nordamerikanischen Seeforellen zu fangen. Das sind Forellen, die mehr als 45 Kilogramm wiegen können, und die in den großen, kalten und tiefen Seen im Norden leben.
Die einfache Konstruktion des Downriggers machte es möglich, daß er praktisch zur gleichen Zeit und unabhängig voneinander an verschiedenen Plätzen entwickelt wurde. Eines aber ist gewiß, daß dieser außergewöhnliche Downrigger erst in den letzten beiden Jahrzehnten und zwar im riesigen Gebiet der Großen Seen im Norden Amerikas entwickelt wurde. Heute gibt es Downrigger sowohl in kleiner, transportabler Größe, bedient von einem Mann, als auch in elektrischen Einheiten, die von Computern kontrolliert werden. Die Großen Seen, in denen außerordentliche Besatzmaßnahmen von Erfolg begleitet waren und die innerhalb einer überraschend kurzen Zeit mit einem ungewöhnlich großen Bestand der verschiedenartigsten Salmonidenarten aufwarten konnten, dürften heutzutage wohl weltweit zu den besten Süßwasserregionen für Salmonidenfischerei zählen.
Die Salmonidenarten, die in diesen Seen ausgesetzt wurden, hatte man zuvor sorgfältig ausgewählt, mit dem Erfolg, daß heute prächtige Fänge sowohl in Flachwasserstrecken als auch in tieferen Gewässerschichten während der ganzen Saison zu verzeichnen sind. Unabhängig davon, ob die Bootsangler in Ufernähe oder im Freiwasser angeln, die meisten Lachse, die gelandet werden, fängt man mit Hilfe eines Downriggers.
Unter den skandinavischen Ländern war es Schweden, wo in den 70er Jahren der erste Downrigger eingeführt wurde. In der Zwischenzeit ist die Verwendung von Downriggern in allen nordischen Ländern in steigendem Maße zu verzeichnen. Auch in vielen anderen Ländern rund um den Erdball hat sich der Downrigger sowohl für das Angeln im Süßwasser als auch im Salzwasser erfolgreich durchgesetzt, dies gilt vor allem für die Lachsfischerei.
In Deutschland wird der Downrigger zwar auch angeboten (Niedermeier), aber als Hilfsgerät für das Befischen großer Seen ist er doch noch ziemlich unbekannt.
Der Downrigger besteht aus einer einfachen und leicht montierbaren Schlepprolle (Nottingham-Typ), über die ein Kabel läuft, und einem Seitenarm, von dem das Drahtkabel abgesenkt wird. Die meisten Downrigger haben eine Friktionsbremse, einen Tiefenmesser und einen Rutenhalter. Am Ende des Stahlseils ist das Bleigewicht befestigt. Eine Auslösevorrichtung,

Ein Downrigger ist eine einfache Schlepprolle mit Draht und einem Seitenarm mit Spule, über welche der Draht läuft. Die meisten Downrigger sind außerdem mit einem Rutenhalter, Tiefenmesser und einer Friktionsbremse ausgestattet. Die Rute für ein solches System sollte eine mittlere Aktion haben. Den besten Sitz im Rutenhalter hat sie dann, wenn sie mit der Schnur ein umgekehrtes J bildet.

an der sich die Angelschnur mit dem Köder befindet, wird entweder am Bleigewicht eingehängt oder am Stahlkabel selbst. Eine spezielle Auslösevorrichtung kann dann höher am Draht angebracht werden, wenn von demselben Downrigger gleich mehrere Köder geschleppt werden sollen.
Die Angelschnur wird vom Auslöseknopf gehalten, der sich in einer Entfernung von 3–30 Meter vom Köder befindet, je nachdem, in welcher Tiefe die Fische stehen, wie die Klarsicht im Wasser ist und welche Faktoren sonst noch den Angeltag bestimmen.
Wie schwer das Bleigewicht sein darf, hängt jeweils vom Downrigger ab. Die schwersten Bleie wiegen ungefähr 6 Kilogramm. Sie sind oftmals torpedoförmig gestaltet und mit Flossen ausgestattet.
Die Bedeutung eines Sonargerätes zur Ermittlung der richtigen Angeltiefe kann nicht hoch genug hervorgehoben werden. Zusätzlich ist so ein Gerät auch noch eine ganz wertvolle Hilfe bei der Standortsuche größerer Raubfische, die ja häufig in ganz bestimmten Tiefen lauern. Hat man alle diese Informationen an Bord, ist es für den Schleppangler natürlich kein Problem mehr, langsam die Fischgründe abzufahren, wobei man mit mehreren Ködern gleichzeitig schleppen kann. Dabei kann man dann etwa mit zwei Ködern direkt in der Tiefe der ausgemachten Standorte schleppen, während man noch einen weiteren Köder über und einen unter der ermittelten Höhe gleiten läßt.

Big Fish
RYDS 580 BF

Oben: Ein Sonargerät ist eine ausgezeichnete Hilfe bei der Lokalisierung von Fischen. So ein Gerätesatz zeigt die Tiefe an, die Bodenstruktur, Wassertemperatur und die Standorte der Fische. Das grafische Schaubild im Foto zeigt, neben anderen Angaben, daß ein Fisch links von einer Bodenwelle steht.

Links: Für das Schleppangeln werden gern Boote verwendet, die hierfür besonders ausgerüstet sind. Normalerweise kann man mit 4–6 Ruten zur gleichen Zeit schleppen. Die Angeltechnik macht es hierbei möglich, daß man sowohl auf Fischarten angelt, die im Freiwasser auf Nahrungssuche gehen, als auch auf solche, die am Grund leben. In den beiden Fotos werden zwei Arten von künstlichen Ködern gezeigt, die besonders fängig sind. Das obere der beiden kleinen Fotos stellt leichte Blinker vor, die hauptsächlich beim Schleppangeln verwendet werden. Im unteren Bild sind verschiedene Arten von Wobblern zu erkennen, die je nach Bootsgeschwindigkeit und Wassertiefe eingesetzt werden.
Im deutschsprachigen Raum sind beim Schleppangeln auf Binnenseen wohl höchstens 2 Ruten üblich und wohl auch nicht mehr erlaubt.

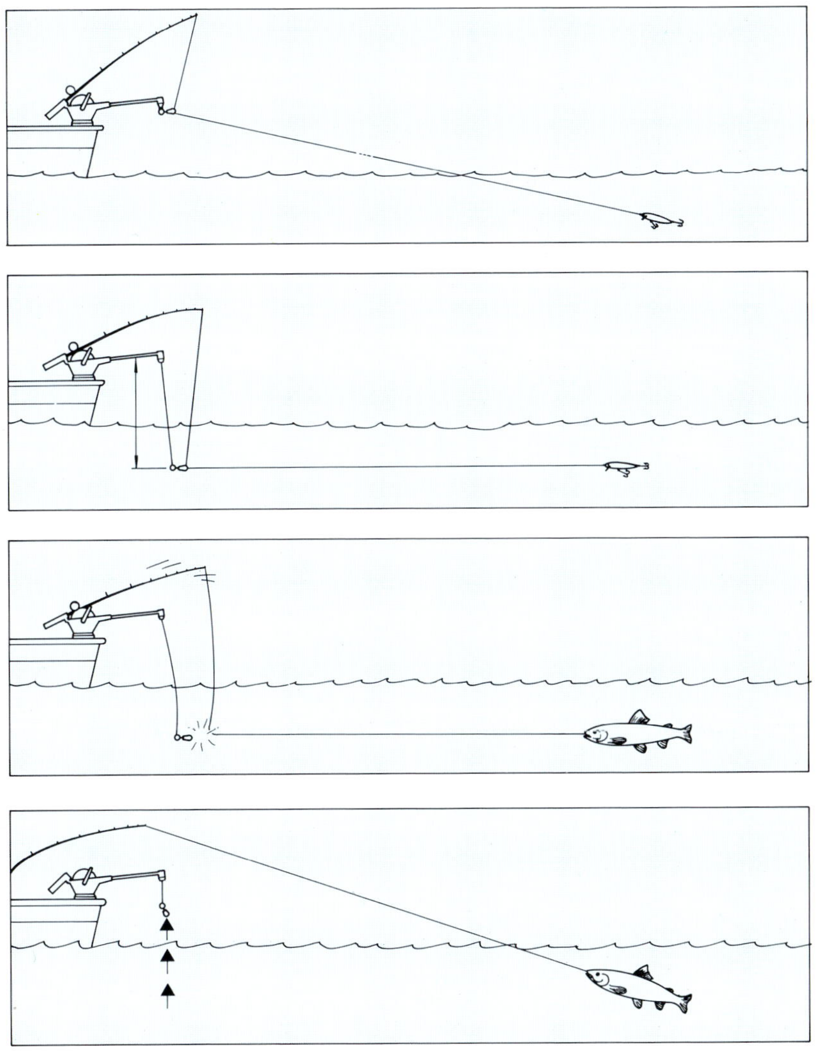

Ein Downrigger verwendet ein Bleigewicht, das den Köder auf die gewünschte Tiefe abgesenkt. Die Angelschnur ist mit der Auslösevorrichtung des Downriggers verbunden. Die Entfernung vom Köder zur Auslösevorrichtung kann 3–30 Meter betragen, wobei sie jeweils auf die gewünschte Angeltiefe abgesenkt wird. Wenn ein Fisch anbeißt, löst sich die eingehängte Schnur von selbst. Das Bleigewicht wird dann eingeholt, damit der Fisch nicht in die Drahtschnur beim Eindrillen gerät.

Downrigger können für alle Bootsarten verwendet werden. Die Rute wird entweder direkt in den Rutenhalter des Downriggers gesteckt oder in eine Halterung, die man unmittelbar neben demselben anbringt. Angelt man mit einem Downrigger, so gibt es, zumindest in jenen Ländern, in denen das Gerät bislang üblich ist, speziell hierfür hergestellte Ruten, die einen besonderen Druck hinter den Anschlag setzen, wenn ein Fisch angebissen hat. Im allgemeinen wird für das Angeln mit Hilfe eines Downriggers eine Multirolle verwendet. Sie bestückt man mit einer relativ dünnen Schnur, allerdings muß diese fest genug sein, um eine Schleppgeschwindigkeit von 3–4 Knoten auszuhalten.

Die Auslösevorrichtung der Schnur muß einwandfrei justiert sein. Sie besteht zumeist aus einem Auslöseknopf oder auch aus einem Clip, die beide die Schnur in dem Augenblick freigeben, in welchem ein Fisch anbeißt. Der Fisch wird nun auf die übliche Weise mit der Angelrute eingeholt. Wenn alljährlich in den Sommermonaten das Klima sich erwärmt, ziehen sich die Raubfische auf Wassertemperaturen zurück, die ihnen mehr liegen. Das können manchmal Tiefen von 30–50 Meter sein. Ein Temperaturanzeiger, der am Stahldraht des Downriggers befestigt wird, gibt dann die Temperatur an, die in jener Tiefe zu verzeichnen ist, in welcher der Kunstköder schwimmt.

Die elektronische Ausrüstung
Der einfachste Weg, um die Tiefe zu messen, besteht darin, einen Grundsucher aus Blei an ein Stück Schnur zu binden und absinken zu lassen. In die Schnur hängt man nach jedem laufenden Meter ein kleines Plastikblättchen ein. Trifft der Grundsucher auf dem Boden auf, braucht man nur noch anhand der Plastikblättchen die Tiefe abzulesen. Diese Methode ist freilich zeitraubend, da man sie etwa bei einer Bootsfahrt oft wiederholen muß.
Elektronische Ausrüstungen für die Tiefenmessung haben dagegen das Angeln vom Boot aus sehr viel unterhaltsamer und erfolgreicher gemacht. Hierfür gibt es eine ganze Reihe von Sonargeräten, wie etwa solche mit Leuchtanzeige, mit LCD-Systemen, aber auch mit grafischer Darstellung und farbiger Geräuschanzeige. Das Gerät mit einer Leuchtanzeige ist das preiswerteste und es vermittelt ein sehr scharfes Bild von der Tiefe und der Bodenbeschaffenheit, ob es sich nun um felsigen, sandigen oder schlammigen Grund handelt. Es werden aber auch ausgefallene Modelle angeboten, die darüber hinaus Fischschwärme und einzelne Großfische anzeigen. Diese Geräte geben auch ein akustisches Signal, wenn ein Fisch gefunden worden ist oder wenn das Wasser unter dem Kiel zu flach wird. All diese Informationen kann man von einer solchen Leuchtanzeige ablesen.
Ein grafisches Gerät dagegen nimmt all diese Informationen auf einem Papierstreifen auf. Diese Art von Echolot gibt Auskunft über die Tiefe, die Bodenformation, Fischschwärme, versunkenes Ast- und Wurzelwerk untergegangener Bäume, Klein- und Raubfische, sowie über die thermischen Verhältnisse und die Unterwasser-Strömungen. Video-Sonare bieten zwar eine bessere technische Ausstattung, aber sie erteilen die gleichen Auskünfte, wenn auch farbig. Weitere elektronische Ausrüstungen, um das Angeln zu erleichtern, sind Temperatur-Meßgeräte und Geschwindigkeitsmesser für das Schleppangeln.

Der Fang

Wahrscheinlich sind die nordamerikanischen Sportfischer die zufriedensten und glücklichsten in der ganzen Welt. Nirgendwo sonst gibt es eine solche Vielzahl von Salmonidenarten und anderen Raubfischen. Und sie alle sind auf riesige Süßwasserareale und angrenzende Meeresgebiete verteilt. Mehr noch, auch die Zukunft des Angelsports in diesen Gebieten berechtigt zu allen Hoffnungen. Obgleich auch in Nordamerika Gewässerverunreinigungen, saure Regen und all die unregulierten Einleitungen, die einer hohen Zivilisationsstufe eigen sind, dort ursprünglich saubere Gewässer sehr geschädigt haben, so gibt es doch andererseits noch genügend Flüsse und Seensysteme, die sauber genug geblieben sind, um eine gesunde Fischpopulation zu erhalten. Verantwortungsbewußte Sportfischer und ein wach gewordenes öffentliches Bewußtsein für den Schutz der Gewässer tragen im übrigen heute dazu bei, daß viele Gewässer vor der Zerstörung bewahrt bleiben.
Der aufmerksame Leser wird bereits festgestellt haben, daß wir bisher wiederholt Angelmethoden und -techniken beschrieben haben, die in Nordamerika üblich sind, hierzulande aber noch kaum oder gänzlich unbekannt sind. Das zeigt sich auch bei einer Reihe von Fischarten, die wir auf den folgenden Seiten vorstellen. In den Ländern des deutschsprachigen Raums sind viele von ihnen nicht heimisch, manche in Skandinavien, in Irland und Großbritannien oder in Südwest-Europa. Wir haben uns jedoch nicht zuletzt deshalb entschlossen, diese Beschreibungen hier zu übernehmen, weil nicht nur manche Technik, sie zu beangeln, ohne weiteres auch auf andere Fischarten ausprobiert werden kann, sondern auch, weil das Reisefieber natürlich

Großmäuliger Barsch

auch uns Sportfischer weithin ergriffen hat. Und so mancher, der nach Nordamerika eine Reise unternimmt, kann sich anhand des Studiums in diesem Buch gründlich darauf vorbereiten und jene, die vielleicht mit der Angelrute im Gepäck, nicht so ferne Ziele ansteuern, haben zumindest die Gelegenheit, sich mit einer fremden Fischwelt vertraut zu machen, ihre Kenntnisse zu vertiefen, ihr Wissen um die einmalige Welt der Gewässer und ihrer Bewohner zu vervollkommnen – nicht zuletzt auch, um in trauter Fischerrunde so manchen ,,Weitgereisten" bei der Schilderung seiner Abenteuer davor zu bewahren, ein wenig zu arg ins Anglerlatein zu verfallen.

Großmaul- oder Schwarzbarsch

Vielleicht ist der Großmäulige Barsch (Micropterus salmonides) die wichtigste Fischart für den Raubfischspezialisten. Je nach Vorkommen hat er auch die Namen Grünbarsch, Grünforelle oder Schwarzbarsch. Ursprünglich war seine Heimat der Südosten der Vereinigten Staaten, westwärts bis zum Mississippi-Fluß. Im Laufe der Zeit hat sich das Vorkommen dieser Fischart, nicht zuletzt durch Besatz und den Bau von Wasserkraftwerken mit entsprechenden Stauseen, auf alle geeigneten Gewässer ausgedehnt und zwar vom Süden Kanadas weit südwärts bis nach Honduras in Mittelamerika und sogar bis Kuba. Dies bedeutet, daß der Großmaulbarsch heute in allen Staaten der USA, einschließlich Hawaii, anzutreffen ist. Doch mehr noch, er wurde mit Erfolg auch in Afrika und Europa angesiedelt. So trifft man ihn heute in Marokko, Kenia, Südafrika, Italien, Spanien, Portugal, Frankreich und auch einigen Gewässern in Süddeutschland und Österreich an. In Österreich wird er als ,,Forellenbarsch" gefangen. In Europa wird allerdings ein Großmaulbarsch mit einem Gewicht von 1,5–2 Kilogramm schon als groß angesehen.

Einst bevorzugte der Großmaulbarsch verwachsene, flache Seen, Sümpfe, Moore und Brackwasser, weil solche Gewässer ihm ein Übermaß an Nahrung boten und ihn zugleich vor der Nachstellung größerer Raubfische schützten. Normalerweise war der Schwarzbarsch in Gewässern anzutreffen, die weniger als 6 Meter tief sind. In tieferen Regionen wuchs diese im Gewässergrund verwurzelte Vegetation nicht. Im Laufe der zweiten Hälfte dieses Jahrhunderts hat sich der Großmaulbarsch auch den tieferen Stauseen in den mittleren Staaten der USA angepaßt, genau so wie den Millionen Weihern und Teichen der Bauern und Viehzüchter, besonders ist er aber in den aufgestauten Gewässern der riesigen Wasserkraftwerke im Süden und Westen der USA anzutreffen. Doch in den farbenprächtigen Seen, Sümpfen, Flüssen und Altwassern Floridas wächst der Großmaulbarsch noch immer am raschesten zu schweren Exemplaren ab. Rekordgewichte von 4–5 Kilogramm sind dort keine Seltenheit. Der bis heute nicht überbotene Rekord-Schwarzbarsch wurde allerdings im benachbarten Staat Georgia 1932 gefangen, er wog 10,09 Kilogramm. Falls dieses Rekordgewicht je überboten werden sollte, so vermuten Biologen, daß der Fisch dann aus den neuen Stauseen im Süden Kaliforniens kommen könnte, weil dort die Wachstumsrate für diese Fischart sehr hoch ist.

Der ,,Vater" der amerikanischen Spezialisten auf Großmaulbarsch war ein Arzt, der schon 1902 verkündete: ,,Zoll für Zoll und Pfund für Pfund ist der Schwarzbarsch der schneidigste Fisch, der in unseren Gewässern schwimmt." Das stimmt zwar aus heutiger Sicht nicht absolut, doch ist die Popularität dieses Süßwasserfisches durchaus verständlich. Schwarzbarsche sind relativ leicht zu fangen, jedoch nicht zu leicht – das ist ein feststehendes Urteil unter amerikanischen Anglern. Sie sind, wenn einmal gehakt, starke Kämpfer und schnelle Schwimmer, die häufig im Kampf aus dem Wasser springen. Weit davon entfernt, etwas für Feinschmecker zu sein, geben sie nichtsdestoweniger eine gute Fischmahlzeit ab. Das Wichtigste aber vor allem anderen ist – sie sind erreichbar. Kein Sportfischer in Amerika wird weit vom nächsten Schwarzbarsch-Gewässer entfernt sein.

Der Großmaulbarsch hat zwei nahe Verwandte, denen ebenfalls die besondere Vorliebe der Sportfischer gilt. Am zahlreichsten von diesen ist der kleinmäulige Barsch, auch Bronzerücken genannt (Micropterus dolomieu). Der andere ist der gesprenkelte oder Kentucky Barsch (Micropterus punctatus), der allerdings nur auf einige Gewässer im Südosten der Vereinigten Staaten beschränkt ist.

Unterstellt man die gleiche Größe, dann ist der kleinmäulige Barsch wohlmöglich lebendiger, kräftiger und auch vorsichtiger als der Großmaulbarsch. Er ist auch längst nicht so anpassungsfähig und vielerorts bevorzugt der kleinmäulige Barsch saubere und kalte Gewässer. Diese sind im allgemeinen weiter im Norden Amerikas, in den Regionen der Großen Seen, in Neu-England und im Osten Kanadas anzutreffen. Der beste Bestand zeigt sich in Seen mit felsigem oder geröllhaltigem Grund, wo zudem auch kräftige Winde für eine wellenreiche Wasseroberfläche sorgen und die zudem keine dichte Vegetation aufweisen. Trotzdem gibt es einige Seen, in denen für beide Arten die Voraussetzungen zutreffen und wo man daher sowohl auf den Großmaulbarsch als auch auf den kleinmäuligen Barsch angeln kann. Der kleinmäulige Barsch bevölkert auch viele klare, frei dahinfließende Flüsse, manchmal sogar zusammen mit der Bachforelle. Diese Flüsse müssen saubere Kiesel- oder steinige Flußbetten aufweisen, dazu ein Gefälle von 0,75–5 Meter pro Kilometer haben. Der kleinmäulige Flußbarsch ist bei vergleichsweiser Größe zumindest ein so kämpferischer Fisch wie die Forelle. Der bislang schwerste kleinmäulige Barsch wurde 1951 im Dale Hollow See in Kentucky gefangen, er wog 5,5 Kilogramm. Die beiden größten gesprenkelten Barsche, von denen man weiß, wogen je 4,1 Kilogramm.

Es ist eigenartig, aber es bleibt festzuhalten, daß wahrscheinlich für keine andere der beliebten Fischarten, wie etwa auch der Salmoniden, eine solche Vielzahl von Geräten, bei zugleich so unterschiedlichen Bedingungen, eingesetzt wird, wie dies bei den Süßwasser-Barschen der Fall ist. Im Frühjahr ziehen beide Arten in flachere Gewässer, wo immer diese anzutreffen sind, besonders aber entlang unregelmäßig verlaufender Uferstrecken von Seen, um dort abzulaichen. Dann ist die Zeit für die Angler gekommen. Entweder fischen sie auf die Barsche im Flachwasser in Watstiefeln oder von kleinen, manöverierbaren Booten aus. Für den Fang wird leichtes Gerät verwendet. Eine sehr erfolgreiche Methode ist der Einsatz von Fliegenruten mit schwimmenden Insekten oder Nachbildungen von Fröschen und Wasserkäfern.

Die meisten Geräte für den Fang dieser Barscharten sind jedoch entweder eine Spinnrute mit Stationärrolle, oder eine steifere Wurfrute mit handlicher Multirolle. Die letztere Zusammenstellung wurde in Amerika speziell für den Fang dieser Barsche entwickelt und noch heute wird dieses Gerät während der ganzen Angelsaison weithin verwendet, wobei man eine verwirrende Vielzahl von Blinkern oder Wobblern im Gewicht von 10–25 Gramm ausprobiert.

Nach dem Ablaichen im Frühjahr und in dem Maße, wie zum Sommer hin die Temperatur ansteigt, suchen diese Barscharten immer tiefere Gewässer auf oder auch den Schatten eines dichteren Pflanzenbewuchses. In einigen großen Seen kann man auch beobachten, daß sich die Barsche in größeren Schulen zusammenfinden. Will man ihnen dann nachstellen, so sind Kunstköder gefragt, die tief laufen. Und geht man auf Barsch-Pirsch im dichten Unterwasserkraut, das manchmal verflixte Ähnlichkeit mit Sauerkraut

Sonnenbarsch (Crappie)

aufweist, dann hat man nur mit einem Krautblinker Erfolg. Der Gerätekasten eines gewissenhaften Barsch-Anglers wird daher auch immer einige Krautblinker aufweisen, bis hin zu Jigs und Wobblern (mit Körpern aus Holz oder Plastik, die kleine Futterfische nachahmen), Spinnern und weichen, biegsamen Plastikwürmern. Letztere verwendet man allein oder zusammen mit Jigs oder Spinnern.
In der Zeit vom Mitt- bis zum Spätsommer besteht oftmals das größte Problem beim Barschfang darin, sie zu finden. Und das bedeutet oft, in möglichst kurzer Zeit die größtmögliche Wasserfläche abzufischen. Das Ergebnis solcher Bemühungen war die Entwicklung des sogenannten ,,Barsch-Bootes''. Das ist ein leichtes Gleitboot mit flachem Tiefgang, bestückt mit zwei oder drei Drehsitzen (um zwei oder drei Anglern bequem Platz zu bieten) und damit diese ungestört in jede beliebige Richtung auswerfen können. Solche Boote sind mit Sonargeräten ausgerüstet, um die Wassertiefe ausmessen zu können. Ferner gehört zur Ausstattung ein Außenborder sowie ein kleiner E-Motor, der das Boot beim Auswerfen langsam weitergleiten läßt, ferner ein Anker und eine Kühlbox oder ein Behälter für lebende Köderfische. Es gibt Angler, die bevorzugen lebende Krebse, Elritzen, Salamander oder andere Naturköder, und es gibt wieder andere, die es vorziehen, mit Blinker, Spinner und dergleichen zu angeln.
Für das Beangeln kleinerer Gewässer, wie Weiher oder Teiche, aber auch auf Flüssen, verwenden die Barschangler alle möglichen Boote, die sie auf ihren Fahrzeugen transportieren können, angefangen vom Kanu und Kleinboot bis zum aufblasbaren ,,Belly-Boot''. Das ist praktisch ein aufblasbarer Ring, der um den Leib getragen wird. Das ,,Belly-Boot'' ist in steigendem Maße beliebt geworden, da es einem abenteuerlustigen Sportfischer die Möglichkeit eröffnet, Gewässer kennenzulernen, in die andere nicht kommen, weil sie diese mit Watstiefeln oder größeren Booten nicht erreichen können. Ausgerüstet mit so einem ,,Belly-Boot'' um den Bauch angeln sie nicht nur auf Barsch, sondern auch auf andere Fischarten. Der Autor hat selbst in weiten Gebieten Nordamerikas mit Hilfe eines solchen ,,Bauchringes'' geangelt und dies hat ihm eine ganz neue Erlebniswelt eröffnet.

Sonnenbarsch

In den wärmeren Gewässern Amerikas leben, verteilt über das ganze riesige Land, viele Mitglieder der Familie der Sonnenbarsche (Centrarchidae). Zu ihnen gehören auch jene Barscharten, über die wir hier bereits berichtet haben. Die meisten Sonnenbarsche erwecken Aufmerksamkeit durch ihre glitzernden Farben. Viele sind auch zu klein, als das es sich lohnen würde, sie zu angeln. Einige von ihnen sind auch Hybriden, also Mischarten, darum ist es oft sehr schwierig, sie zu identifizieren. Der wichtigste Fisch in dieser Barschfamilie kommt kaum über ein Gewicht von 0,5 Kilogramm, aber an der superleichten Fliegenrute liefert er einen überraschend wilden Kampf. Gemeint ist der Stachelflosser (Lepomis machrochirus). In zahlreichen Gewässern ist er nicht nur in großer Überzahl anzutreffen, sondern auch leicht zu fangen, da er nicht besonders vorsichtig ist. Es gehört weder ein ungewöhnliches Angelgerät noch viel Erfahrung dazu, um eine größere Zahl zu fangen. Es ist daher nicht verwunderlich, wenn er überall im Land der Favorit ist. Stachelflosser bevorzugen ruhige, auch etwas verkrautete Gewässer, in denen sie sich sowohl von Wasserinsekten ernähren als auch vor Schwarzbarsch und Hecht verstecken können, die sie gern jagen. Häufig findet man sie aber auch an offenen Gewässerstellen, dicht an den Ufern. Hier stehen sie fast täglich in den Morgen- und Abendstunden, wenn die Saison beginnt und wenn sie sich dem Ende zuneigt. Im Winter zählen sie übrigens zu den Fischen, die am häufigsten gefangen werden. Doch erst im Frühjahr beißen sie am besten und gehen gut an den Haken. So recht die Zeit für ein köstliches Fischgericht.
Wenn das Wasser in den Seen sich erwärmt, sammeln sich die Stachelflosser in ganzen Schulen und stehen dann manchmal in so flachem Wasser, daß sie davon kaum bedeckt werden. Dort im Flachwasser schlagen sie sich auch ihre wabenartigen Laichgruben frei, die man dann geradezu gruppenweise im klaren Wasser erkennen kann. Später dann patrouillieren sie zwei oder auch drei Wochen um diese Gruben und laichen dann in ihnen ab. Dabei schnappen sie praktisch nach jeder kleinen Forellenfliege, die in ihrer Nähe serviert wird. Geschickte Sportfischer fangen dann von ihnen so viele wie sie können, da diese Fischart von ganz ungewöhnlicher Fruchtbarkeit ist. In der Tat übervölkert sie viele Gewässer, was letztlich zu einer Verkümmerung

Wels oder Waller

führt. Der schwerste Stachelflosser, der je gefangen wurde, ging in Alabama an den Haken und wog 2,15 Kilogramm.
Geht man von der Fangmenge und dem Gesamtgewicht aus, dann sind die beiden ,,Crappie-Barscharten'' absolut führend in der Liste aller Süßwasserfische, die Jahr für Jahr in den Vereinigten Staaten gefangen und verspeist werden. Auch sie gehören zur großen Familie der Sonnenbarsche und ähneln dem Stachelflosser in Größe und Aussehen sehr. Es gibt den weißen (Pomoxis annularis) und den schwarzen Crappie (Pomoxis nigromaculatus) und beide werden mehr für den Kochtopf als aus sportlichen Gründen gefangen. Trotz allem, das Angeln auf Crappies ist beinahe überall in den USA ein Gemeinschafts- oder Familienzeitvertreib und gleicht damit bei weitem aus, daß diese beiden Barscharten nicht unbedingt zu den kämpferischsten zählen.
Beide Barscharten sind im übrigen Fleischfresser und leben ausschließlich von Krustentieren, Insekten und besonders von kleinen Fischen. Die weißen Crappies tolerieren verschlammte Gewässer und sind in großer Zahl in eingetrübten Seen und Stauseen anzutreffen. Die schwarzen Crappies dagegen verlangen klare und saubere Gewässer. Sie sind daher im Übermaß im nördlichen Mittelwesten und in den südlichen Regionen Kanadas beheimatet, besonders in den Gebieten der Großen Seen. Beide Arten leben in Schwärmen zusammen. Sie wandern auch in Gruppen und gehen gemeinsam auf Nahrungssuche, wobei sie alle mehr oder weniger gleich groß werden. Da sie ihre Standorte gern an versunkenem Mauerwerk, abgestorbenen Bäumen und buschigen Unterwasserpflanzen wählen, suchen die Angler nach solchen Stellen, ankern ihre Boote und fischen an den Rändern solcher Plätze mit lebenden Köderfischen. Vor allem Elritzen werden gern genommen. Einige Angler gehen sogar so weit, daß sie für die Crappies eigene Unterstände anlegen. Wenn die Seen im Winter zugefroren sind, gehen sie hinaus und lagern allerlei altes Geäst, Stämme und Balken ab, die dann im Frühjahr, nach der Eisschmelze, auf Grund sinken. Gelegentlich markieren sie diese Standorte auch mit kleinen Bojen. Für den Fang der Crappies genügt das einfachste Gerät – eine Bambusrute, Schnur, dünnes Senkblei und eine Pose. Das reicht aus, um im Umfeld solcher Unterstände die Crappies zu fangen. Nachts ist oftmals das Angeln auf sie erfolgreicher als am Tag, besonders in den heißen Sommermonaten.

Zander

Wels (Waller)

In den nordamerikanischen Gewässern sind mehrere Arten von Welsen anzutreffen, einige von ihnen wiegen im Durchschnitt kaum mehr als 0,5 Kilogramm (wie etwa die braunen, schwarzen und gelben Zwergwelse), während andere Arten gelegentlich bis zu 45 Kilogramm abwachsen können (hierzu zählt unter anderen der Flachkopf-Wels, der in den USA üblicherweise mit ausgelegten Schnüren gefangen wird, nicht mit Rute und Rolle). Aus der ganzen Familie der Welse (Ictaluridae) beißt nur der Flußwaller auf künstliche Köder, daher wird auch er nur mit Sportfischergerät gefangen. Von Vorteil ist, daß der Flußwaller (Ictalurus punctatus) fast überall lauert, sowohl in fließenden als auch in eingedämmten Gewässern. Lang, normalerweise silbern glänzend, mit geteilter Schwanzflosse, ist ein solcher Flußwels, etwa gefangen in einem Fluß an der Spinnrute, ein sich sehr heftig wehrender Fisch. Das trifft vor allem dann zu, wenn er so um 4,5 Pfund oder gar mehr wiegt. Wie die meisten anderen Welse wird auch er nachts aktiv und geht dann auf Futtersuche, besonders liebt er Krebse und Elritzen. Man läßt diese Köder daher flußabwärts in die tieferen Gumpen treiben. Der bislang schwerste Flußwels in den USA wurde 1964 in Süd-Carolina gefangen, er wog 26,30 Kilogramm. Da die Waller in den USA zu den beliebtesten Speisefischen zählen, wird er auch in amerikanischen Fischfarmen aufgezogen.

Zander

Der nordamerikanische Zander (Walleye) oder auch „Zander-Hecht" (Stizostedion vitreum) ist eine weitere amerikanische Fischart, die heute sehr viel weiter verbreitet ist, als in ihren ursprünglichen begrenzten Gebieten; diese waren Zentral- und Südkanada sowie die Großen Seen in den USA. Wahrscheinlich ist es der Wohlgeschmack dieser Fische, der dazu beigetragen hat, daß tatkräftige Angler diese Art auch in Gewässern eingesetzt haben, die weit entfernt von ihren heimatlichen Gewässerregionen liegen. Dieser Zander (auch Walleye genannt) wächst in größeren Gewässern sehr viel besser ab als in kleinen. In der Tat werden die größten Vorkommen in den nördlichen Seen, angefangen vom Erie-See an der kanadisch-amerikanischen Grenze bis hin zur kanadischen Provinz Manitoba im Norden gefangen. Der Umstand jedoch, daß es vergleichsweise leicht gelungen ist, diesen Zander auch in Fischfarmen zu züchten, hat dazu geführt, daß diese Fischart heute überall gut vorrätig ist. Das Durchschnittsgewicht, gefangen von Sportfischern, liegt zwischen 0,5 und 1,5 Kilogramm. Jeder Zander über 2,5 Kilogramm ist ein sehr guter Fang und wiegt er mehr als 5 Kilogramm, lohnt es sich, laut von dem Fang zu prahlen. Der schwerste Zander wog 11,34 Kilogramm und wurde in einem See in Tennessee gefangen, in dem diese Fischart zuvor eingesetzt worden war.

Die Zander sind immer bereit, nach mancherlei Naturköder zu schnappen, aber sie nehmen auch, genau wie der großmäulige und kleinmäulige Barsch, bestimmte Blinker und Wobbler an. Diese müssen jedoch tief unmittelbar über Grund geführt werden. Gelegentlich kann man den Zander nachts auch im Freiwasser fangen, doch normalerweise entfernt er sich nicht allzuweit von seinen felsigen oder festen Standorten am Grund. Es ist daher verlorene Zeit, auf Zander über anderen Bodenformationen zu angeln. Einmal am Haken, läßt ein Zander nicht locker und er kämpft auf jede nur mögliche Art, um freizukommen. Der beste Rat, den man einem Zanderangler geben kann, lautet: Angle auf den Zander stets langsam und mit Bedacht und bringe viel Geduld auf. Konzentriere deine Bemühungen auf die frühen Morgen- und späten Abendstunden oder auf regnerische Tage.

Der Zander (Lucioperca lucioperca) zählt in Europa zu den beliebtesten Fängen für den Sportfischer. Er ist in Skandinavien und in Mitteleuropa gleichermaßen beheimatet. Auch in England wurde er in einigen Gewässern eingesetzt, wenngleich er dort nicht so beliebt ist, weil man ihn, nicht ohne Grund, als Konkurrenz der Friedfischbestände im Land sieht. Jene Bestände werden ja gerade von vielen Matchanglern bevorzugt. Die Zander ziehen in eingetrübten Seen, ausgenommen der Bottnische Meerbusen, in Kanälen und in Flüssen mit geringer Strömung. Nur während der Laichzeit trifft man den Zander auch in stärkerer Strömung an. Hecht und Zander sind nicht allzu häufig in demselben Gewässer vorhanden, ausgenommen der Bottnische Meerbusen, weil der Zander trübes Wasser mag, in welchem er möglichst einen Überbesatz an Kleinfischen vorfindet. Der Hecht dagegen, als Jäger auf Sicht, meidet trübes Wasser, da er in einem solchen nicht überleben kann. Weil die Zander in dunklem und eingetrübtem Wasser ganz ausgezeichnet sehen können, sind sie typische Nachtjäger. Sie warten bis es dunkel wird, bevor sie auf Raub ausgehen.

Der Zander wird auf seine Beute durch Druckwellen im Wasser aufmerksam, wenn die kleinen Fische auf der Futtersuche den Sand aufwirbeln. Seine Beute fällt der Zander von hinten an. Der Angler hat sich mit einer ganzen Reihe von Wurftechniken auf das gute Gehör und die Druckempfindlichkeit dieses Raubfisches eingestellt. Sehr erfolgreich wendet man künstliche Köder an, sofern es dem Sportfischer gelingt, diese in unmittelbare Grundnähe zu bringen. Der Köder muß sehr lebendig schwimmen und zugleich verführerische Geräuschwellen von sich geben, dabei ist es von Vorteil, wenn der Köder durchaus auch mal den Boden berührt, da er dann auch noch verstärkt Druckwellen aussendet. Der Zander wird dann hinter dem Köder herschwimmen und versuchen, ihn zu packen. Ein Biß kann denselben Eindruck erwecken, als wenn man einen Hänger hat – darum Vorsicht! Ein allgemeines Problem beim Zanderangeln besteht auch darin, daß der Raubfisch den Haken vorsichtig nimmt.

Zum Auswerfen in flachen Gewässern eignen sich alle Arten von Kunstködern. Wobbler jedoch, die hier und dort auch mal auf den Boden stoßen, sind die fängigsten. Ausgezeichnet bewährt haben sich auch Bleikopf-Spinner, da ein Spinner starke Geräusche verursacht. Auch Jigs wirken auf Zander sehr verführerisch. Die verlockende Wirkung kann man noch steigern, wenn man zusätzlich an denselben einen kleinen Naturköder hängt.

Schwerere Köder, wie zum Beispiel Wobbler, nimmt man für tiefere Gewässer. Obgleich bekannt ist, daß der Zander gern kleine Fische nimmt, hat die Erfahrung gezeigt, daß mittelgroße und große Wobbler, die sich hervorragend für das tiefe Schleppfischen eignen, sich ganz ausgezeichnet bewähren, vor allem in den kalten Monaten des Jahres.

Das Jagdrevier des Zanders ist vor allem der Boden, nachts jedoch, besonders im Sommer, steigt er auf und jagt hinter Fischschwärmen her. Dann ist er gut mit dem Wobbler zu fangen.

Stahlvorfächer sind für den Zanderfang nicht erforderlich. Ein Vorfachdurchmesser von 0,30–0,45 Millimeter reicht aus. Sofern natürlich in demselben Gewässer auch der Hecht raubt, verwenden die Sportfischer doch Stahlvorfächer.

Nordischer Hecht

Nordischer Hecht und Musky (Muskellunge)

Esox lucius, der nordische Hecht, auch Jack oder Jackfisch genannt, wird um den ganzen Polarkreis gefangen. In Nordamerika ist er in ganz Kanada und im mittleren Alaska zu finden. Er zählt dort zwar nicht zu den beliebtesten Fängen, erstens wegen seines grätenreichen Skeletts, aber auch, weil er oftmals anbeißt, wenn der Angler auf Seeforelle oder andere Salmoniden aus ist. Nichtsdestoweniger ist der nordische Hecht jedoch ein prächtiger Raubfisch. Normalerweise ist er immer so hungrig, daß er auf einen gut geführten Köder anbeißt; hinzu kommen noch seine Kraft, Aktivität und manchmal, wenn er gehakt ist, seine geradezu akrobatischen Manöver, um freizukommen. Jahrzehntelang war der Musky als Fang für den amerikanischen Angler dominierend. Die Sportfischer haben ihn buchstäblich gejagt, mit dem Ergebnis, daß viele Gewässer überfischt wurden, und daß der Musky in anderen Gewässern oftmals nur noch in wenigen Exemplaren vorhanden ist. Aus diesem Grund ist heute in Amerika das Angeln auf den nordischen Hecht, der früher nicht so gefragt war, sehr beliebt geworden. Üblicherweise stellt man ihm mit dem natürlichen Köder nach. Viele Amerikaner haben jedoch auch europäische Angeltechniken übernommen, wie das Fliegenfischen und das Angeln mit lebendem oder totem Köderfisch. Der Autor ist der Meinung, daß das Angeln auf rekordverdächtige Hechte – wobei man nur jene über 10 Kilogramm mitnehmen sollte – mit zu den erlebnisreichsten Angelabenteuern im Süßwasser zählt.

Für den Muskellunge (Esox masquinongy) hat man mehr als 50 Namen erfunden – im deutschsprachigen Raum wird er gelegentlich auch Tigerhecht genannt – da gibt es unter anderen den Muskalonge, Maskininge oder auch Tiger-Musky, doch welchen Namen man ihm auch immer gibt, er ist der größte in der ganzen Hechtfamilie. Ähnlich wie der nordische Hecht hat auch der Musky einen langgestreckten Körper, der etwa sechsmal so lang wie seine Körperhöhe ist. Er lebt in Flüssen und Seen, gelegentlich ist er auch in kleineren Fließgewässern zu finden. Der Musky liebt ruhige, flache bis mitteltiefe Gewässer, in denen es sowohl reichlich Unterwasserkraut als auch Wasserpflanzen an den Oberflächen gibt. Seine ursprüngliche Heimat war sehr begrenzt, wenn man ihn etwa mit der Verbreitung des nordischen Hechtes vergleicht. Sie beschränkte sich auf die Seenketten in Wisconsin, Minnesota, Ontario in Kanada und einige andere isolierte Vorkommen im St. Lawrence Fluß und den Großen Seen sowie im südlichen Ohio und Kentucky. Der Musky ist jedoch als ein geschätzter Fangfisch der nordamerikanischen Angler so bekannt, und das Geheimnis, das sich mit seinem Namen verbindet, so weit verbreitet, daß man ihn auch in vielen, vielen anderen Gewässern eingesetzt hat, um den Wünschen der Sportfischer zu entsprechen. Die Angler stellen ihm nach – oftmals pirschen sie sich an ihn heran – auf die gleiche Weise wie dem nordischen Hecht; und sie verwenden auch das gleiche Gerät, das allerdings robuster sein muß als jenes, das für den Fang der Großmaulbarsche verwendet wird. Die Grundausstattung ist eine steife Wurfrute, häufig mit einem langen Handteil, um den Zweihandwurf zu erleichern, sowie eine mittlere Stationär- oder Multirolle. Mit Rücksicht auf die schrecklichen Zähne, die sowohl den Musky als auch den nordischen Hecht auszeichnen, verwenden die Sportfischer im allgemeinen ein kurzes Stahlvorfach.

Die Kunstköder sind meistens größer als jene, die für den Großmaulbarsch genommen werden. Sie wiegen 20 bis 35 Gramm. Beim Einholen ahmen diese die Schwimmbewegungen kleiner Fische nach, wobei der Schnureinzug darauf abgestellt wird, daß sich die kleinen künstlichen Fische möglichst lebensecht bewegen. Zu den aufregendsten Augenblicken beim Fang eines Muskys kommt es immer wieder beim Schnureinholen an der Oberfläche, wenn ein Blinker oder Wobbler, die ein kleines Säugetier oder einen Frosch nachahmen, unregelmäßig durch Krautbetten eingeholt wird, in denen der Musky lauert. Dann kann es geschehen, daß der Anbiß wie eine Explosion kommt.

Viele Hechte und Muskys gehen wieder verloren, weil sie nicht fest genug gehakt wurden. Beide haben sehr harte, knochige Mäuler. Es ist daher notwendig, den Anschlag kraftvoll bis hinter den Widerhaken zu setzen, sonst schlägt sich der Fisch leicht frei. Die größeren Exemplare werden mit dem Gaff oder einem langen, tiefen Kescher eingeholt.

Anders als bei vielen Fischarten, die über den ganzen nordamerikanischen Kontinent in vielen Gewässern zu fangen sind, ist es beim nordischen Hecht und beim Musky erforderlich, Gewässer in der Wildnis aufzusuchen. Dies bedeutet, entweder irgendwo dort draußen in der Wildnis zu campen, oder in einer der Hütten zu übernachten, die in den Ferienanlagen von den Kanadiern ganz vorzüglich eingerichtet wurden und die nur zu Recht bei den Anglern, die einmal den „Fang des Lebens" machen wollen, so beliebt sind. Die beste Zeit, auf diese beiden Raubfischarten zu angeln, ist der späte Frühling (in Süd-Kanada der Juni) sowie der Herbst, beginnend im September, bis die Seen im Norden vom ersten Eis überzogen werden. Im August kann es durchaus geschehen, daß eine Zeitlang der Fang des Muskys deutlich zurückgeht. Früher war man der Meinung, daß in jenere Zeit Hecht und Musky gleichermaßen das Rauben einstellen, weil sie ihre alten Zähne abstoßen. Wir wissen heute, daß dies nicht stimmt. Die Fische ziehen sich vielmehr in tieferes und kühleres Wasser zurück, bis die Temperaturen im September wieder zu fallen beginnen.

Obgleich von Zeit zu Zeit immer wieder größere Fänge gemeldet werden, liegt der registrierte Weltrekord für den Musky bei einem Gewicht von fast 32 Kilogramm. Er wurde vom Boot aus auf dem St. Lorenz-Fluß im Staate New York 1957 gefangen. Auch der nordamerikanische Rekord für den nordischen Hecht wurde im Staate New York registriert, und zwar wurde dieser im Sacandaga Staubecken 1940 mit einem Gewicht von fast mehr als 21 Kilogramm gefangen.

Eine weitere, weniger bekannte und viel kleinere Hechtart ist der sogenannte Kettenhecht (chain pickerel – Esox niger), der in Gumpen und träge dahinfließenden Flüssen im Osten und Süden der Vereinigten Staaten beheimatet ist. Der größte dieser Art, der bislang gefangen wurde, wog 4,25 Kilogramm.

Der nordische Hecht (Esox lucius) ist eine der am weitesten verbreiteten Raubfischarten in ganz Europa. Man findet ihn in den klaren, arktischen Seen im Norden Skandinaviens sowie in den Flüssen und Seen im Norden Spaniens und Italiens, ferner auch im Bottnischen Meerbusen. Dort jagt er im Brackwasser den Hering und wächst zu beachtlichen Größen ab.
Die weite Verbreitung des nordischen Hechtes ist auch der Grund für sein oftmals ganz unterschiedliches Verhalten. In den nördlichen Seen, die nur im Sommer eisfrei sind, ist der Hecht in den hellen und sonnigen Sommertagen sehr aktiv. Da kann es schon mal geschehen, daß er auf der Jagd bis zu 2 Meter hoch aus dem Wasser springt. Weiter südlich steht er im Sommer dagegen in tieferen und kälteren Wasserschichten.
Der nordische Hecht ist im Süßwasser praktisch überall anzutreffen, in Strömen und Flüssen, in den Aufstauungen vor Kraftwerken, in Seen und Stauseen. Sein Lebensrhythmus ist recht unkompliziert; im zeitigen Frühjahr kommt er in Ufernähe, um abzulaichen. Sobald die Temperatur steigt, sucht er tiefere Gewässerschichten auf, wo er verbleibt, bis er dann im Herbst wieder in flacheren Gewässern raubt.
Ein nordischer Hecht ist ein perfekter Jäger in Binnengewässern. Mit seiner Tarnfarbe kann er sich unentdeckt in den Unterwasserpflanzen verbergen. Dort ist er jeden Augenblick bereit, einen kleineren Fisch zu packen. Er ist auch ein Kannibale, der nie zögert, auch einen kleinen Fisch von der eigenen Art anzugreifen. Man hat im Magen von nordischen Hechten schon Artgenossen von 3–4 Kilogramm gefunden und, man lese und staune, sogar Lachse von 15–20 Kilogramm.
Von Natur aus ist der Hecht ein Räuber, der auf Sicht jagt. Das ist eine Tatsache, die seinen Fang für den Sportfischer wirklich aufregend macht, da er ja normalerweise in recht klaren Gewässern anzutreffen ist.
Im Flachwasser fängt man den nordischen Hecht vor allem mit schnelldrehenden, leichten Spinnern, lebhaften Wobblern und leichten Blinkern. Schwere künstliche Köder, die auf den Grund absinken, sind genau das, was der Doktor für das Angeln auf Hecht in tieferen Gewässern verordnet hat. Dort sind schwere Spinner, besonders solche mit Bleikopf, sinkende Wobbler und gewichtige Blinker die erfolgreichen Köder und am rechten Platz.
Je nach Wassertemperatur ändert der nordische Hecht auch sein Raubverhalten. Darum ist es wichtig, in kalten Gewässern den Köder nur langsam zu führen. In warmen Gewässern ist dagegen ein Köder, der lebhaft schwimmt, eine besondere Versuchung.
Es ist bekannt, daß große Hechte auch kleine Kunstköder genommen haben. Doch grundsätzlich gilt, daß es verlorene Zeit ist, auf Hecht es immer wieder mit einem kleinen Köder zu versuchen, wenn man bedenkt, daß ihm ein großer Fisch gerade recht als appetitlicher Kosthappen ist. Daher gilt die Regel: kleiner Köder, kleiner Hecht, je größer der Köder, um so größer auch der Hecht. Der Jagdinstinkt des nordischen Hechtes ist so ausgeprägt, daß manchmal, wie man die Erfahrung gemacht hat, ein kleiner Hecht einen Kunstköder nahm, der etwa der Hälfte seiner eigenen Größe entsprach. Der Köder kann so beschaffen sein, daß der Hecht regelrecht danach schmachtet, so etwa, wenn dieser unregelmäßig eingeholt wird, indem man mal stoppt und dann wieder rascher einkurbelt. Das rasche Ziehen nach einem Stopp täuscht dem Hecht einen Kleinfisch vor, der einem Raubfisch zu entkommen versucht. Es hat ferner den Anschein, als würde ein nordischer Hecht heftiger zum Anbeißen verleitet, wenn man ihm denselben Köder mehrmals vorsetzt. Wenn ein Angler all dies weiß und außerdem bemerkt hat, daß in der Nähe ein Hecht steht, ist es wichtig, immer wieder dessen Standort anzuwerfen. Dabei kann man eventuell den Köder wechseln, indem man solche mit unterschiedlichem Schwimmverhalten oder von anderer Farbe und Größe auswählt. Ganz plötzlich, nach 5, 10 oder sogar mehr Würfen, kann es dann geschehen, daß der Hecht letztlich so irritiert oder vielleicht auch freßgierig geworden ist, daß er jede Vorsicht aufgibt und zuschnappt.
Von nicht geringer Bedeutung ist auch die Farbe des jeweiligen Köders. Jeder Körper hat bekanntlich im Wasser seine eigene Farbe, doch künstliche Köder lassen sich im allgemeinen in zwei Gruppen einteilen – in die natürlichen und in die kontrastreichen, wie etwa rot-weiß, rot-blau, rot-gelb, blau-weiß sowie in fluoreszierende Farben, die unter dem Einfluß des ultravioletten Lichts deutlicher sichtbar werden. Fluoreszierende Kunstköder sind deshalb oftmals in eingetrübtem, dunklem Wasser oder in solchem mit schlechten Lichtverhältnissen besonders fängig. Die Farben Silber, Kupfer und Messing sind immer für einen Anbiß gut.

Barsch

Ein nordischer Hecht hat mehrere hundert scharfe Zähne, die ohne jede Mühe eine Angelschnur zerbeißen können. Deshalb ist es wichtig, auf ihn mit einem entsprechenden Vorfach zu angeln – eine Rachensperre und ein Hakenlöser sind ebenfalls wichtiges Zubehör, um den Haken herauszubekommen. In Europa weiß man, daß Hechte Gewichte von 20–25 Kilogramm erreichen können. Hechte, die mehr als 20 Kilogramm wiegen, werden alljährlich in Deutschland, Österreich, in der Schweiz und in Osteuropa gefangen. Sogar in Skandinavien werden fast jährlich Hechte im Gewicht von 20 Kilogramm gelandet, abgesehen vom Brackwasser im Bottnischen Meerbusen. In Nordamerika, wo die meisten Hechte Gewichte von 2–5 Kilogramm haben und einer von 5–10 Kilogramm trophäenverdächtig ist, werden die europäischen Hechte als wahre Monster angesehen.

Barsch

Der Barsch (Perca fluviatilis, in den USA Perca flavescens) ist trotz seiner zumeist nicht zufriedenstellenden Größe ein ganz erstaunlicher Kämpfer, wenn er mit leichtem Gerät gefangen wird. Das erklärt auch seine Beliebtheit in so vielen Ländern. In den Vereinigten Staaten ist der Barsch in einigen Gewässern im Nordosten zu finden, dort spielt er allerdings für den Angler eine geringere Rolle. In Europa dagegen ist dieser Raubfisch in nahezu jedem Gewässer anzutreffen, das ihm geeignete Lebensräume bietet – angefangen vom kleinsten Teich bis zu den größten Seen, Flüssen und Stauseen. Obgleich man den Barsch auch sehr gut mit Naturködern fangen kann, ist er ebenso leicht durch künstliche Köder zu verführen. Kleine Spinner, Blinker und besonders Jigs sind für diesen schwarzgebänderten Räuber besonders verlockend. Rot ist die bevorzugte Farbe für den Barsch, wenngleich auch andersfarbige Köder mit starken Kontrasten, so etwa gelb, rot-weiß und besonders schwarz von ihm nicht verschmäht werden.

Jahrelang wurde darüber diskutiert, welche besonderen Beißzeiten diesem Fisch zuzuordnen wären. Eine Theorie vertritt die Auffassung, daß die geschlossene Schwimmblase beim Barsch hierfür verantwortlich sei. Die Schwimmblase betätigt sich als eine Art Stabilisierungsorgan, das den Druck ausgleicht, indem es Luft aufnimmt oder abgibt. Da jedoch die Schwimmblase des Barschs geschlossen ist, kann sie diese Funktion wie bei anderen Fischen nicht übernehmen. Diese „Luftdruck-Theorie" vertritt die Meinung, daß Wechsel im Luftdruck schlecht für den Barsch seien, weshalb er in solchen Lagen auch die Köder der Angler verweigere. Ein stabiler Luftdruck, ob nun hoch oder niedrig, wird für das Angeln auf Barsch als am besten angesehen. Wechsel im Luftdruck haben ja auch mit den Wetterbedingungen zu tun sowie mit Veränderungen in den Lichtverhältnissen, was alles möglicherweise indirekt die Beißfreudigkeit des Barschs mit beeinflußt. Wenngleich auf all diese Fragen niemand eine überzeugende Antwort zu geben vermag, steht doch eines fest – der Barsch hat ganz bestimmte Beißzeiten. In großen Seen, besonders in solchen, die einen hohen Bestand an Ukelei und Rotauge aufweisen, hat der Barsch ganz typische Beißzeiten, in denen er wie im Rausch jagt und frißt. Während dieser Zeit, selbst dann, wenn schlechteste allgemeine Bedingungen vorherrschen, kann er sich auch an künstlichen Ködern interessiert zeigen. In diesem Zusammenhang ist es sicher interessant zu wissen, daß, wenn ein Barsch einmal den Köder genommen hat, eine gute Chance besteht, daß die anderen im Schwarm seinem Beispiel folgen. Diese „Kettenreaktion" konnte man in kleineren Seen, Teichen und Fließgewässern beobachten. In solchen Gewässern stehen die kleinen Barsche ja häufig in Schulen zusammen, während die größeren Exemplare weitere Strecken beanspruchen, wobei sie allerdings in den gleichen Gewässerregionen schwimmen.

Wie man die Schnur einholt, ist davon abhängig, in welchem Maße sich die Barsche als beißfreudig erweisen. Es gibt Zeiten, da beißen sie beinahe auf alles und dann wieder andere, zu denen sie nur auf ganz spezielle Köder reagieren. Dabei ist jedoch immer wichtig, daß man den Köder zunächst einmal auf den Grund absinken läßt und dann beginnt, mit der Einholgeschwindigkeit zu spielen. Manchmal kann man den Fisch sehen oder auch spüren, wie er ein- oder zweimal am Köder vorbeischwimmt. Ist dies der Fall, so muß man den Barsch durch ungewöhnliche Manöver zum Anbiß verlocken, indem man zum Beispiel kurz zockt, rascher einholt und den Köder wieder absinken läßt, die Rutenspitze kurz nach links und rechts ausschlägt, die Schnur locker läßt und wieder strafft.

Häufig sind es ganz einfache Ideen, die zu einem guten Fang verhelfen. Eine davon ist die, auf kleine, sinkende Naßfliegen umzubauen. Am fängigsten sind solche mit leuchtenden Farben. Manchmal kann dies die Fänge geradezu verdoppeln, besonders dann, wenn man in einem Schwarm angelt. Auch eine kleine, rote Fliege, die man als Springer hinter einem hakenlosen Köder einknotet, zeigt manchmal überraschende Erfolge. Man kann den Barsch aber auch mit einem sogenannten Makrelensystem überlisten, indem man in ein Paternostervorfach Federn, Plastikwürmer, Regenwürmer und Fischfetzen einhängt. Der möglicherweise jedoch beste Köder auf Barsch ist der Jig. Der Bleikopf verursacht, daß der Jig rasch absinkt, während der Körper, aus Marabufedern, Rehhaar oder Plastik gefertigt, hierbei pulsiert. Man „jigt" durch leichtes Zocken mit der Rutenspitze. Bei diesem kurzen Rucken überträgt man diese Bewegung auf den Jig, was dem Barsch unten im Wasser eine Delikatesse vorgaukelt, der er selten widerstehen kann.

In Seen ist der Barsch häufig an den sogenannten „Barschbergen", kleinen Unterwassererhebungen, sowie an Sandbänken und Untiefen, zu finden, wo er auf kleinere Fische wartet, um ihnen nachzujagen. In kleineren Seen findet man den Barsch auch oft in größeren Bodenvertiefungen, doch auch gelegentlich im flachen Wasser. In rasch fließenden Gewässern trachtet der Barsch danach, einen Unterstand in Auswaschungen und Gruben zu finden; solche Unterstände sind im allgemeinen zwischen tiefen Gumpen und flacheren Gewässerstrecken anzutreffen.

Barsche beißen gleichermaßen wild, ob es nun warm oder kalt ist. Dieses Verhalten ist es ja gerade, gepaart mit seinem unbändigen Kampfgeist, was den Barsch so beliebt gemacht hat. Dieser kleine, stachlige Barsch erweist sich am leichten Spinngerät als ein interessanter Raubfisch. Barsche wiegen 100–500 Gramm im Durchschnitt. Fängt man einen im Gewicht von mehr als 2 Kilogramm, dann kann das der Barsch eines ganzen Anglerlebens sein!

Gestreifter Barsch

Gestreifter Seebarsch

Die Geschichte des Gestreiften Seebarschs (Roccus saxatilis) in Amerika, ist eine Historie der Verzweiflung, aber auch des Erfolgs. Es ist noch nicht allzu lange her, da zählte dieser Fisch zu den bedeutendsten aller Beutefische für den amerikanischen Angler. Häufig sucht er Brackwasser oder auch Binnengewässer auf, ansonsten kreuzt er in riesigen Mengen entlang der ganzen Atlantikküste von der Mündung des St. Lorenz-Flusses südwärts bis nach Florida. Brandungsangeln oder Schleppen in Küstennähe, das waren die beliebtesten Methoden für den Fang des Seebarschs, der bei allen Anglern hoch im Kurs stand. Dieser Fisch war so gut angesehen, daß er mit Erfolg quer über den Kontinent gebracht und auch an den Pazifikküsten eingebürgert wurde. Heute bevölkert er dort die Küstenstriche von der San Francisco Bucht bis nördlich zum Columbia Fluß.

Die Vorkommen des Gestreiften Seebarschs an der Atlantikküste wurden jedoch ganz außerordentlich dezimiert, wenn sie nicht sogar heute dort ganz verschwunden sind. Ursache hierfür sind die dramatischen Verseuchungen des Hudson Flusses und der Chesapeake Bucht. Beide Gewässer waren wichtige Laichaufzuchtgebiete für diese Fischart. Es kommt hinzu, daß die immense Abfischung des Gestreiften Seebarschs durch die Berufsfischerei noch zusätzlich zu dieser beängstigenden Verminderung beigetragen haben mag.

Als einen Erfolg kann man jedoch unbestreitbar die Tatsache verbuchen, daß es Wissenschaftlern gelungen ist, den Gestreiften Seebarsch auf dem Binnenland und zwar in vielen Stauseen in der südlichen Hälfte der USA einzubürgern. Dabei bleibt allerdings festzustellen, daß der Gestreifte Seebarsch in diesen Gewässern im Großmaulbarsch einen echten Nahrungskonkurrenten hat, mit dem er im übrigen auch nicht verwandt ist. Im Süßwasser fängt man den Gestreiften Seebarsch entweder im Schlepp, und dann mit Hilfe des Downriggers, oder beim Spinnfischen auf die umherziehenden Schwärme. Hierzu verwendet man schweres Spinngerät oder auch Naturköder.

Der bislang schwerste Gestreifte Seebarsch wurde 1982 von einem Sportfischer bei Atlantik City im Staate New York gefangen. Er kam auf ein Gewicht von 35,60 Kilogramm. Der schwerste im Binnenland gefangene ,,Striper'' wurde in einer Staustufe des Colorado Flusses in Arizona 1977 gelandet. Dieser wog über 27 Kilogramm. Der weiße Seebarsch (Morone chrysops) ist ein Verwandter des Gestreiften Seebarschs, der aber nur im Süßwasser vorkommt. In großen Mengen ist er im Erie-See sowie in einer ganzen Reihe größerer Staustufen anzutreffen. Man fängt ihn mehr oder weniger zufällig, doch wenn er Nahrung aufnimmt, geht er in großer Zahl leicht an den Haken. Der schwerste weiße Seebarsch wurde in einem See in Nord-Carolina gefangen, er wog 2,7 Kilogramm.

Regenbogenforelle

Die Familie der Salmoniden ist in Nordamerika ganz ausgezeichnet vertreten. Die Regenbogenforelle (Salmo gairdneri) ist an der Westküste Nordamerikas beheimatet. Sie wurde nicht nur auf dem ganzen Kontinent eingebürgert, sondern auch in vielen Ländern auf der ganzen Welt. Heutzutage ist entweder die Regenbogenforelle oder die Bachforelle weltweit der am meisten gefangene Salmonide.

Wir kennen zwei Arten, die meerwärts ziehende und die standorttreue Regenbogenforelle, und von Vorkommen zu Vorkommen unterscheiden sie sich ganz erheblich in ihrem Aussehen, ihren Verhaltensweisen und Wachstumsraten. Die meerwärts ziehenden Regenbogenforellen sind die berühmten ,,Steelheads'' und sie sind im Durchschnitt in ihrem Farbenkleid sehr viel blasser als ihre Vettern. Sie sind silberfarben. Steelheads und die nichtmeerwärts ziehenden Regenbogenforellen, die in großen und tiefen Seen leben, werden sehr viel schwerer und größer als jene, die sich das ganze Jahr über in den amerikanischen Flüssen aufhalten. Der wesentliche Unterschied zwischen den Regenbogen- und anderen Forellenarten ist in der Tatsache zu sehen, daß die Regenbogenforelle hauptsächlich in rasch fließenden Gewässern beheimatet ist.

Nach Europa kam die Regenbogenforelle erst gegen Ende des 19. Jahrhunderts, wo sie vor allem als Zuchtfisch verwendet wurde. Niemand weiß heutzutage noch, woher die ersten Regenbogenforellen kamen. Doch die Regenbogenforelle, wie wir sie in Europa vorfinden, hat die charakteristischen

Regenbogenforelle ▲ ▼ *Steelhead-Forelle*

Merkmale von einigen Regenbogenarten in Amerika, zugleich aber auch von der kalifornischen Forelle (Cutthroat trout).
Im Laufe der Jahre haben viele Regenbogenforellen ihre angestammten künstlich aufgestauten Seen und Teiche verlassen und sind in natürliche Wasserwege übergewechselt. In einigen Ländern ist der Besatz in natürlichen Fließgewässern und Seen mit Regenbogenforellen nicht mehr erlaubt. Doch diese Forellenart entkommt immer wieder. So ist es auch nicht verwunderlich, daß die Regenbogenforelle unter gezüchteten Bach- und Meerforellen anzutreffen ist, wenn jene in Flüssen und Strömen ausgesetzt werden.
In Skandinavien sind nur sehr wenige Stellen bekannt, in denen die Regenbogenforelle in natürlichen Gewässern ablaicht und noch viel weniger, in denen die Jungfische bis zur Geschlechtsreife abwachsen; die Konkurrenz durch die Bachforelle ist für die Regenbogenforelle zu stark.
Höhere Temperaturen verträgt allerdings die Regenbogenforelle besser als die Bachforelle. Sie wächst auch rascher und es hat den Anschein, daß sie auch preiswerter als die Bachforelle ist. Die Fische, die heutzutage aus Zuchtanstalten entkommen, oder die sich mit anderen Arten mischen, kann man in ihrem Lebenslauf als benachteiligt gegenüber jenen ansehen, die aus Zuchtanstalten in freie natürliche Seen und Flüsse kamen. Die Zuchtanstalten konzentrieren sich zu sehr auf schnelles Wachstum, auf die Laichreife und Farbe der Fische.
Alle Regenbogenforellen versuchen, soweit dies möglich ist, ins Meer abzuwandern. Dort nehmen sie sehr bald eine blassere Färbung an. Das ist zum Beispiel so im Bottnischen Meerbusen, aber auch besonders in Südschweden und Dänemark. Es ist denkbar, daß diese Regenbogenforellen Gene von den meerwärts ziehenden Regenbogenforellen, den Steelheads, in sich tragen. Im Frühjahr stellt man in den genannten Gegenden Skandinaviens in steigendem Maße silbern scheinende Steelheads fest, die sich auf ihrer Wanderung in die Laichzonen befinden, um danach wieder ins Meer zurückzukehren.
Während die Bachforelle es vorzieht, ihre Zeit an geschützten Stellen und entlang den Ufern, wo sie Nahrung findet, zu verbringen, ist die Regenbogenforelle ein Fisch der offenen Gewässerzonen. Häufig sieht man sie in Begleitung anderer Artgenossen. Dieser Schwarmtrieb hat sich möglicherweise in Zuchtanstalten entwickelt, wo ja bekanntlich viele Fische in einem kleinen Gewässer zusammen leben müssen. Als Nahrung bevorzugt die Regenbogenforelle Insekten, Larven und kleine Tiere, gelegentlich sogar junge Brut. Die Nahrung der Bachforelle ist vielgestaltiger und schließt auch Frösche, Krustentiere und Elritzen ein.
Ob man nun auf Regenbogen- oder Bachforellen in strömungsreichen Fließgewässern fischt, die Angeltechnik ist nahezu die gleiche. Die Regenbogenforelle steht in Strömungsrinnen, tiefen Gumpen und im Unterwasserkraut. Eine gute Wahl für ihren Fang sind Spinner, kleine Blinker und Wobbler, aber natürlich auch abgebleite Naßfliegen, Trockenfliegen und Naturköder. Die Regenbogenforelle raubt gern im Zwielicht. Sie ist bezüglich ihrer Nahrung sehr viel wählerischer als die Bachforelle und daher auch nur sehr schwer zufrieden zu stellen.
In Seen scheinen die Regenbogenforellen unglaubliche Kämpfer zu sein. In einigen Ländern hat das dazu geführt, daß extra Forellenteiche angelegt wurden, die man mit Regenbogenforellen besetzte. Die Engländer haben mit gutem Erfolg große Weiher und Stauseen mit ihnen besetzt; heute ist der Fang von Regenbogenforellen in diesen Gewässern mit der Fliegenrute vom Ufer und vom Boot aus sehr beliebt und ein geschätztes Freizeitvergnügen für den Fliegenfischer.
In Skandinavien, besonders in Schweden, gibt es einige hundert natürliche Seen, in die ein Besatz mit Regenbogenforellen eingebracht worden ist. Viele lokale Angelvereine besetzen ihre eigenen Kiesgruben, Weiher, Teiche und Seen mit Regenbogenforellen, um ihren Mitgliedern das Angeln auf diese Salmoniden zu ermöglichen.

Cutthroat Forelle

Bachforelle

Cutthroat Forelle
Eine weitere amerikanische Forellenart, die jedoch über ihre herkömmlichen Gewässer hinaus nur wenig Verbreitung erfahren hat, ist die Cutthroat Forelle (Salmo clarkii). Man trifft sie im Schlangenfluß und im Einzugsgebiet des Yellowstoneflusses im USA-Staat Wyoming an, ferner auch in den Gewässerregionen der Gebirge im Westen. Meerwärts ziehende Cutthroat Forellen hat man in den Flußmündungen von Alaska bis Kalifornien angetroffen. Durch Kreuzungen mit der Regenbogenforelle bildet diese Art Hybriden in den Seen der Rocky Mountains. Von dieser Forellenart kennt man eine ganze Reihe verschiedener Stämme; abgesehen von den roten Markierungen an der Kehle, von denen ihr Name abgeleitet wird, unterscheiden sich die weiteren Farben und Markierungen innerhalb der einzelnen Stämme ganz erheblich. Die auffallendsten Farben findet man unter den Cutthroat Forellen im Gebiet des Yellowstoneflusses, die rosa oder schwarz gepunktet und mit goldfarbenen Flossen zu bewundern sind. Nach Auffassung des Autors ist die Cutthroat Forelle nicht so vorsichtig, aber auch nicht leichter zu fangen als die Regenbogenforelle.

Östliche Bachforelle
Die Östliche Bachforelle (Eastern brook trout – Salvelinus fontinalis), die auch Breitschwanz-Forelle genannt wird, ist vielleicht die farbenprächtigste der ganzen Forellenfamilie. Dies gilt besonders für das Laichkleid. Die männlichen Tiere sind während der Laichzeit von einer Farbenpracht, die nur noch mit Fischen im Korallenriff verglichen werden kann. Die markanteste Kennzeichnung sind die weißen Kanten an ihren Flossen.
Als vor mehr als 3 Jahrhunderten die ersten Niederlassungen in Nordamerika gegründet wurden, gab es diese Bachforellenart im Übermaß in den vielen sauber und ungestört dahinfließenden Flüssen der Waldgebiete im Osten der Vereinigten Staaten und in Kanada. Die Urbarmachung des Landes für landwirtschafliche Zwecke und im Zusammenhang damit das Abholzen riesiger Waldbestände führte zu Schlammablagerungen und zur Steigerung der Wassertemperaturen in einem Maße, daß diese Forellenart heute nur noch in einigen wenigen, abseits gelegenen Flüssen in den USA überleben kann. Diese Forelle benötigt kaltes Wasser, sie kann Temperaturen wesentlich über 21 Grad Celsius nicht vertragen. In einigen Seen im Bundesstaat Maine, die einsam gelegen sind, kann man heute noch mit Erfolg auf diese Forellenart angeln. Wenn der Angler jedoch sicher sein will, ihr zu begegnen, dann muß er sehr viel weiter nördlich reisen, an die Flüsse, die in der Wildnis Ost-Quebecs oder in Labrador fließen.
Ende des 19. Jahrhunderts wurde die Östliche Bachforelle auch in Europa eingeführt und zwar gemeinsam mit der Regenbogenforelle. Da sich die letztere jedoch als geeigneter für die Aufzucht erwies, brachte man dieser Bachforellenart nur begrenztes Interesse entgegen. In einigen Fischzuchtanstalten gibt es sie heute noch in kleineren Beständen.
Das Ergebnis aus all dem ist, daß man diese Bachforelle heute in vielen Bächen und Flüssen Europas als ,,Wildling'' antrifft; allerdings, sofern diese Gewässer eine starke Strömung haben und auch im Sonner niedrige Temperaturen verzeichnen. Manchmal gehen Exemplare an den Haken, die 40 oder 50 Zentimeter lang sind; die Durchschnittslänge der Östlichen Bachforelle liegt jedoch bei 10–25 Zentimeter. Wenngleich sie kaum als Angelfisch in Betracht kommt, so ist sie doch ein erfreulicher Anblick und eine willkommene Bereicherung der Fischbestände.

Arktischer Saibling
Weiter oben im Norden, im Keewatin Distrikt in den nordwestlichen Territorien Kanadas, ist ein naher Verwandter der Östlichen Bachforelle anzutreffen, der Arktische Saibling (Salvelinus alpinus). In vielen arktischen Flüssen steigt er im Sommer auf um abzulaichen. Das Angeln auf den Arktischen Saibling ist in doppelter Hinsicht empfehlenswert. Zum einen zwingt es den Sportfischer in einige der einsamsten und, Gott sei Dank, noch unbelasteten Regionen der westlichen Welt zu reisen; zum anderen ist die Laichfärbung der männlichen Tiere dieser Fischart von einer Farbenpracht, die man fast als surrealistisch bezeichnen könnte. Sie reicht vom reinen Scharlach bis zu Mischungen aus Scharlach und Schwarz und Gold. Auf der pazifischen Seite des Kontinents, besonders in Alaska, ist die blassere Art vorherrschend. Hier findet sich auch noch eine andere Saiblingsart ein, der Dolly Varden (Salvelinus malma), der jedoch für Sportfischer bei weitem nicht so attraktiv ist.

Arktischer Süßwasser-Saibling

Dolly Varden ▲

▼ Meerwärts wandernder Arktischer Saibling

In Europa kennen wir den Arktischen Saibling in einigen unterschiedlichen Stämmen. Eine in Binnengewässern verbleibende Art treffen wir in Norwegen, Schweden, Finnland, auf Island und Grönland an. Ferner in einigen kalten und tiefen Seen in Irland, England, Schottland und Wales sowie in den Alpenregionen und im Norden der UdSSR. Es gibt aber auch eine meerwärts ziehende Saiblingsart entlang den Küsten von Nord- und Mittelnorwegen, auf Svalbard, Grönland und Island sowie in Nordamerika. Diese Arten wachsen jedoch nicht so rasch ab wie ihre Vettern im Nordosten Kanadas. Ein europäischer arktischer Saibling, der zwischen 1,5 und 3 Kilogramm wiegt, wird als groß angesehen. Nur auf Grönland wird der Arktische Saibling größer. Dort wird er in einigen Flüssen mit Gewichten von 6–7 Kilogramm gefangen.

Die in Binnengewässern verbleibende Art hat ihre eigenen besonderen Merkmale. Obgleich dieser Fisch nur selten zu einer bemerkenswerten Größe heranwächst, finden sich Gewässer in Schweden, Norwegen und Finnland, in denen er auf 4–9 Kilogramm Gewicht kommt. In den Alpenregionen und in Großbritannien trifft man auf verkümmerte Bestände, die kaum mehr als 0,5 Kilogramm wiegen.

Doch wo immer man ihm auch begegnet, der Arktische Saibling ist ein sehr beliebter Fisch für den Angler. In tiefen Seen werden sie im allgemeinen mit kleinen, lebenden oder toten Ködern gefangen, aber auch mit Kunstködern, und zwar entweder im Schlepp oder, sehr tief geführt, mit der Spinnrute.

In Skandinavien ist hierfür eine beliebte Angelmethode mit mehreren Ködern zugleich, die man nach Paternosterart hintereinander einhängt. Der letzte Köder ist eine Fliege oder ein Einfachhaken, bestückt mit einem Wurm. Auf diesen Seen wird auch im Winter geangelt, wenn eifrige Eisangler ihr Können prüfen. Sie verwenden dabei kleine, glänzende Zocker, Pilker oder Blinker, die wie Jigs bewegt werden. Häufig wird an solchen Ködern noch zusätzlich über denselben ein Naturköder oder eine Fliege eingehängt.

In den Alpenregionen angelt man auf den Saibling in der kalten Jahreszeit. Im zeitigen Frühjahr versucht man es mit künstlichen, aber auch mit natürlichen Ködern. In einigen Flüssen in Skandinavien ist auch eine Saiblingsart heimisch, die nicht meerwärts zieht. In den langen, hellen Mittsommernächten ist es für den Arktischen Saibling nicht ungewöhnlich, aus nahe gelegenen Seen in Flußmündungen abzuwandern und dann in diesen Flüssen weit aufwärts zu schwimmen. Der Arktische Saibling wird mit Spinnern und schmalen Blinkern gefangen. Hartnäckig verfolgt der Fisch einen solchen Köder, wodurch es erfolgversprechend wird, den alten Trick anzuwenden, einen Drilling gegen eine rote oder dunkle Fliege auszuwechseln und in einem Vorfach einzuknüpfen, das man etwa 5–10 Zentimeter hinter dem Köder herzieht.

Der meerwärts ziehende Arktische Saibling steigt in den Sommermonaten in die Flüsse auf. Wenn es sich um Neuankömmlinge handelt, kann man sie mit Blinkern und Spinnern fangen. Doch die beste Methode in klaren Flüssen ist zweifellos das Fliegenfischen. In arktischen Flüssen, wo das Wasser durch Gletscher eingetrübt ist, beißt der Arktische Saibling auf Spinner, Blinker und Wobbler, die ihm in Kehrwassern, Gumpen und Strömungsrinnen angeboten werden. Der Fisch ist ein guter Kämpfer und verlangt dem Sportfischer samt seinem Gerät allerhand ab. Er ist ein temperamentvoller Fisch mit einem ausgeprägten Kampfinstinkt, und die Tatsache, daß er weltweit zu den wohlschmeckendsten Salmoniden zählt, hat ihm an den Fischwassern einen weithin gerühmten Namen eingetragen.

Nordamerikanische Seeforelle

Die nordamerikanische Seeforelle (Salvelinus namycush) – wird auch Togue oder Mackinaw – nach der Insel im Huronsee – genannt. Heute ist sie in einem weiten Gebiet beheimatet, das sich von den Großen Seen nördlich über ganz Kanada bis in einige Regionen Alaskas erstreckt. Ihr Vorkommen übersteigt damit in hohem Maße das der anderen Forellenarten und Raubfische. Der Autor hat sie in denselben Gewässern angetroffen, in denen auch Zander, nordischer Hecht, Arktische Äsche, Regenbogen- und Bachforelle sowie Arktischer Saibling vorhanden waren. All die anderen Forellenarten fängt man zwar am besten und aufregendsten mit der Fliege oder leichtem

Nordamerikanische Seeforelle

Buckellachs

Rotlachs ▲

Chinook-Lachs, auch King und Spring (Kanada) genannt ▲

Coho-Lachs ▲ ▼

Spinngerät, die Seeforelle jedoch, die in den tiefen, kalten Seen beheimatet ist, erfordert andere Methoden. Etwa 9 von 10 Seeforellen werden beim Schleppangeln über tiefen Riffs und Felsengestein erbeutet. Nur in der kurzen Laichzeit, in der sie flachere Gewässerstrecken aufsucht, kann man sie mit leichtem Gerät überlisten. In Europa ist Nordschweden eine Gegend, in welcher man die aus Nordamerika eingebürgerte Seeforelle vorfinden kann.

Pazifischer Lachs

Es ist nicht allzu bekannt aber trotzdem eine Tatsache, daß alle 5 amerikanischen Lachsarten, zumindest zu bestimmten Zeiten, mit Sportfischergerät gefangen werden können. Der Autor hat sogar Exemplare aller 5 Arten nur mit der Fliegenrute gefangen. Trotz allem, der Hundslachs (Oncorhynchus keta) und der Buckellachs, auch Rosalachs genannt (Oncorhynchus gorbuscha) werden von den Sportfischern nicht sehr geschätzt. Auch der Rot- oder Sockeylachs (Oncorhynchus nerka) ist nicht hoch angesehen, obgleich er es verdienen würde. Aus gutem Grund sind die beliebtesten Pazifiklachse der King (Oncorhynchus tschawytscha), auch Spring, Chinook oder Tyee genannt sowie der Coho oder Silberlachs (Oncorhynchus kisutch).

Die Lebensgeschichte des Kings und des Cohos sind sehr gut bekannt. Alle Pazifiklachse stammen von Eiern ab, die in kalten, klaren und strömungsreichen Flüssen und Bächen abgelegt wurden. Die jungen Lachse wandern sofort ab ins Meer. Dort verbleiben sie 3 bis 5 Jahre, wo sie bei dem reichhaltigen Nahrungsangebot im Ozean rasch abwachsen, bevor sie an ihre Brutplätze in den Flüssen und Bächen zurückkehren. Dort laichen sie ab, um anschließend zu sterben. Die Cohos und Kings sind gewaltige Kämpfer, während sie im Salzwasser leben und sich die kurze Zeit nach der Rückkehr in den Fjorden und Flüssen aufhalten, unmittelbar, bevor die für sie tödliche Laichperiode beginnt. Ihnen mit leichtem Gerät in dieser letzten Phase nachzustellen, ist gewiß die bei weitestem spannendste Angelei, obgleich sehr viele Sportfischer auch beim Tiefschleppen im Salzwasser vor den Flußmündungen und in den riesigen Buchten der Westküste Nordamerikas erstaunliche Fänge machen.

Der Königslachs wächst zu einer beachtlichen Größe ab und ist ein unerbittlicher Kämpfer, wann immer oder wo immer man ihn an den Haken bekommt, angefangen an den langen Küsten der kanadischen Provinz Britisch-Kolumbien bis hoch in den Norden der Bering See. Sie beißen auf recht unterschiedliche Köder, wie etwa Lachs-Wobbler, blitzende Metallblinker, Spinner, Feder-Jigs und natürliche Köder, wie etwa den Hering, sowie auf Streamer und Lachsfliegen in den Flüssen. Auch der Coho nimmt alle diese Köder an. Die aufregendsten und akrobatischsten sowie spannendsten Augenblicke erlebt man jedoch mit dem Coho an der Fliegenrute, kurz, nachdem er in die Flüsse aufsteigt. Tatsächlich verhält es sich so, daß auf der ganzen weiten Welt der Sportfischer wohl kaum aufregendere Augenblicke erleben kann, als wenn er in einem wilden Fluß Alaskas den Kampf eines Cohos an der Fliegenrute miterlebt.

Zu den sehr bemerkenswerten Erfolgen von Fischereibiologen gehört auch in den letzten Jahrzehnten, daß es ihnen gelang, sowohl den Chinook als auch den Coho im Wasserstraßensystem der Großen Seen entlang der Grenze zwischen Kanada und den Vereinigten Staaten einzubürgern. Heute wandern diese beiden Lachsarten alljährlich aus ihren Laichgebieten in Flüssen und Bächen ab in die großen Süßwasserseen (anstelle wie früher in den Pazifischen Ozean) und wieder zurück, um abzulaichen. Das Ergebnis ist eine vielbeachtete Sportfischerei auf diese beiden Lachsarten in diesen Gewässern. Die Angeltechnik entspricht im wesentlichen jener, wie man sie an den Küsten des Pazifik ausübt.

Atlantischer Lachs

Systematiker betrachten den Süßwasserlachs in den Gewässern im Nordosten der Vereinigten Staaten und im angrenzenden Kanada von der Struktur her dem Atlantischen Lachs (Salmo salar) gleichwertig. Nichtsdestoweniger unterscheidet sich dieser hervorragende und vielgelobte Fisch ganz erheblich von letzterem durch seinen begrenzten Lebensraum und auch durch die Methoden, mit denen er beangelt wird. Vor langer Zeit, in der Prähistorie, wurde der atlantische Lachs durch geologische Verwerfungen von seinem Zugang zum Meer abgeschnitten. Seitdem hat er es verstanden, ohne jährliche Wanderung zum Meer, in einigen tiefen, kalten Gewässern in der Wild-

nis zu überleben. Seine Verbreitung wurde zudem durch Fischereiwissenschaftler auch auf andere Seen ausgedehnt, so in Neu-England, Kanada, aber auch in Argentinien und Chile. Die meisten werden beim Schleppfischen gefangen. Da der Lachs aber auch in vielen Gewässern nach Insekten steigt, die sich in den späten Abendstunden auf dem Wasser absetzen, wird er auch sehr gern und recht erfolgreich mit der Fliegenrute beangelt. Der Spinnfischer erbeutet ihn, wenn der Süßwasserlachs an flacheren Seeufern auf Nahrungssuche geht. Viele der früheren, heute auch bei uns berühmten Fliegenmuster, wurden ursprünglich einmal für den Fang des Süßwasserlachses entwickelt.
Ein 9–10 Pfund schwerer Süßwasserlachs ist, egal mit welchem Gerät er gefangen wurde, ein nenneswerter Fang. Sogar in Europa ist der Süßwasserlachs in einigen Flüssen und Seen anzutreffen. Der sehr große ,,Gullspang Lachs'' stammt ursprünglich aus dem schwedischen Vänernsee, der Westeuropas größter See ist. Dieser Lachs kann bis zu 18 Kilogramm schwer werden.
In Europa bestimmte der Lachs schon seit Jahrhunderten ganz wesentlich die Sportfischerei und ein großer Teil des Wissens um die Fische, hat sich ganz selbstverständlich aus der Kenntnis um den ,,König des Süßwassers'' herausgebildet. Das natürliche Verbreitungsgebiet des Lachses erstreckt sich von Nord-Spanien bis nach Grönland. Der Lachs ist durch seinen schlanken Körperbau und den gabelförmigen Schwanz, an dem man ihn so vorzüglich beim Anlanden packen kann, sehr leicht zu bestimmen. Ein anderes charakteristisches Merkmal ist die Form der faserartigen Kiemen. Der Lachs erreicht Gewichte bis zu 36 Kilogramm. Jedoch ein Lachs, der mehr als 15 Kilogramm wiegt, ist überall ein seltener Fang, ausgenommen in den norwegischen Flüssen, die dafür berühmt sind, daß in ihnen immer wieder Lachse von mehr als 20 Kilogramm Gewicht gefangen werden. Die Lachse halten sich anfangs in ihren Brutstätten, die in Flüssen und Bächen liegen, auf. Im Süßwasser verbleiben sie 1–5 Jahre, um dann ins Meer abzuwandern. Dort wachsen sie sehr rasch ab und nehmen schnell zu. Die Junglachse verbringen ihre Zeit außerhalb der Küsten von Norwegen und vor den Faröer-Inseln. Sie wandern aber auch entlang der Westküste von Grönland und in den Bottnischen Meerbusen – durchaus große Entfernungen von den Flüssen und Bächen, in denen sie geboren wurden. Nach 1–4 Jahren im Meer kehren die Lachse ins Süßwasser zurück. Der Weg stromaufwärts ist lang und gefährlich. Eine große Anzahl werden in Netzen gefangen oder gehen an einen Haken. Sind sie in die Flüsse heimgekehrt, aus denen sie stammen, müssen sie tiefe Gumpen mit oftmals verschmutztem Oberflächenwasser überwinden, und sie müssen die verführerischen Köder der Sportfischer meiden und manchmal außerdem noch Wasserfälle von bis zu 3 Meter überspringen. Anders als der Pazifiklachs, der nach dem Ablaichen stirbt, erleiden nur wenige Atlantiklachse dieses Schicksal. Die Mehrheit kehrt ins Meer zurück. Nach einem oder zwei Jahren im Meer, wandert der Lachs erneut stromaufwärts in sein Laichgebiet.
Der atlantische Lachs steigt in den Flüssen vom zeitigen Frühjahr bis zum Sommer auf. Die Zeit der Wanderung ist zwischen den einzelnen Ländern und Breitengraden unterschiedlich. In den Britischen Inseln steigt der Lachs von Januar/Februar bis März auf, in Nord-Norwegen geschieht dies jedoch nicht vor Mitte Juni. Zuerst kommen die großen Lachse, ihnen folgen die kleineren, so im Gewicht von 1–3 Kilogramm. Es ist aber auch nicht ungewöhnlich, daß ein oder auch zwei große Lachse noch mitten in der Saison eintreffen.
Wenn die Lachse in den Flüssen aufsteigen, nehmen sie keine Nahrung mehr zu sich. Die Tätigkeit des Magens ruht. Die ganze Energie des Fisches teilt sich auf in den körperlichen Aufbau für das Laichgeschäft und in die Vorbereitung für die lange Reise zu den Laichgründen, wo dann im späten Herbst das Ablaichen beginnt.
Warum der Lachs im Süßwasser doch einen Köder annimmt, kann niemand mit Bestimmtheit sagen. Augenscheinlich, so vermuten viele, ist es zunächst eine Art Beißinstinkt noch vom Meer her. Später könnte er durch den Köder irritiert werden, da er nun sein Territorium behaupten muß und schließlich dürfte es mit der saisonbedingten Angriffslust zusammenhängen, da die Zeit zum Ablaichen naht und er andere männliche Tiere vom Laichgrund verjagen muß. Um diese Zeit wird der Lachs, der silberfarben vom Meer zurückkehrte, zusehends intensiver und dunkler in seinen Farben.
Der atlantische Lachs beißt zielstrebig unmittelbar nach seinem Eintreffen im Fluß. Zeitig im Frühjahr ist das Wasser noch kalt und der Lachs bevorzugt die tieferen Stellen im Fluß, wie etwa Gumpen und Auswaschungen. Er ruht am Boden aus, dort, wo die Strömung am geringsten ist – und genau an diesen Stellen sollte der Sportfischer auf ihn angeln. Große und schwere Blinker und Wobbler, oftmals bleibeschwert, müssen tief geführt werden. Und es ist wichtig, immer wieder einzuwerfen an jenen Stellen, an denen man ihn vermutet. Es kann passieren, daß er schon beim ersten Wurf

Atlantischer Lachs

anbeißt, es kann aber auch erst der fünfzigste oder hundertste Wurf sein, und natürlich ist es auch möglich, daß er überhaupt nicht anbeißt. Ein guter Sportfischer kennt die örtlichen Gegebenheiten und Angeltechniken. Die niedrigeren Partien zu beangeln, das hat nur zur rechten Zeit Sinn. Gemeint ist damit die Periode, wenn der Lachs flußaufwärts schwimmt. Glücklicherweise bleibt das Lachsangeln solcherart eine Angelegenheit von Ausdauer, Geduld und ein bißchen Petri Heil.

Im Sommer sinkt der Wasserstand ab und die Temperatur steigt. Das ist die Zeit, wenn sich die Lachse zu ihren Ruhezonen in ganzen Schulen begeben; sie bevorzugen dann den Rand der Strömungen. Frisch vom Meer flußaufwärts ziehende Lachse stehen gern am Ende eines Gumpens, wo die Strömungen zusammenlaufen. Da diese Gumpen die ersten Ruheplätze nach dem Einstieg ins Süßwasser sind, kommt es vor, daß die Lachse miteinander um den Ruheplatz kämpfen. Wenn dies geschieht, ist der Fisch angriffslustig und nimmt eher einen Köder. Das ist dann eine gute Zeit, um mit leichtgewichtigen Blinkern und Wobblern zu angeln, da es zumeist nicht erforderlich ist, über Grund zu fischen. Je näher der Köder dem Fisch kommt, um so größer ist in dieser Situation die Chance auf einen Biß.

Wenn sich das Wasser weiter erwärmt und der Wasserstand noch weiter absinkt, dann beginnen die Fliegenfischer mit kleinen Fliegen und schwimmender Schnur zu angeln. Spinnfischer geben dann meistens auf. Doch häufig zeigt es sich gerade, wenn mit kleinen Spinnern und Blinkern dicht unter der Oberfläche geangelt wird, daß die Lachse zuschlagen. Möglich, daß sie die Imitationen für eine größere Fliege halten. Die meisten Angler werfen ihren Köder diagonal oder stromabwärts, entsprechend den Standorten der Fische, der Strömung und der Tiefe. Das Angeln stromaufwärts kann sich aber sehr lohnen, besonders mit Spinnern. Wenn es gelingt, den Spinner gegen den Ruheplatz eines Lachses arbeiten zu lassen und man dann plötzlich die Richtung wechselt oder zu entkommen versucht, kann man oftmals vom Biß eines Lachses überrascht werden. Diese Technik erfordert viel Praxis, doch in vielen Flüssen hat sie sich als recht erfolgreich erwiesen.

Welche Farbe reizt den Lachs? Die Beantwortung dieser Frage kann lebhafte Diskussionen auslösen. Ganz fraglos sind zum Beginn der Saison Blinker oder Wobbler in Silber, Gold oder Kupfer die fängigsten. Später im Jahr können sich fluoreszierende rote Wobbler, wie etwa bleibeschwerte Rapala, als ganz tolle ,,Lachskiller'' erweisen, vorausgesetzt, sie werden von der richtigen Hand geführt.

Seeforelle

Wann setzen die Lachse in den Flüssen und Strömen ihre Laichwanderung fort? Die meiste Zeit ruhen sie. Sie können an einem Platz mehrere Stunden verharren, aber auch Tage oder Wochen, bevor sie ihre Wanderung wieder aufnehmen. In dieser Lage muß man vorsichtig zu Werke gehen, auf jeden Fall sollte man vermeiden, den Fisch aufzuscheuchen, jedoch ruhig weiter angeln. Für das Verhalten eines Lachses ist es durchaus nicht ungewöhnlich, daß er denselben Köder minuten-, ja stundenlang immer wieder sieht, ohne ihm die geringste Aufmerksamkeit zukommen zu lassen. Doch dann, eventuell nach mehreren hundert Würfen des hartnäckigen Anglers, schlägt er urplötzlich zu.

Seeforelle

Die Seeforelle (Salmo trutta lacustris) treffen wir in vielen klaren und tiefen Seen in Europa an, ganz besonders in Skandinavien und in den Alpenländern. Um zu überleben benötigt sie kaltes Wasser mit Zuflüssen, die gute Laichgründe abgeben.

Unter optimalen Bedingungen kann eine Seeforelle 5–10 Kilogramm schwer werden. Trophäenfische erreichen 10–20 Kilogramm. Die Fische können sich geringfügig in ihrem Erscheinungsbild unterscheiden; die echte Seeforelle jedoch glänzt silbern mit einem Bronze- oder Goldton, verstärkt durch sternartige Flecken.

In den Seen jagt die Forelle kleinere Fische im Freiwasser. Die nicht so großen Exemplare stehen häufig dichter am Ufer, wo ihre Nahrung aus Insekten, Larven und kleinen Tieren besteht. Wenn die Seeforelle jedoch eine gewisse Größe erreicht hat, wechselt auch ihr Appetit; dann nämlich bevorzugt sie Barschbrut, Ukeleis, kleine Rotaugen und einige andere Arten mehr. Zu diesem Zeitpunkt kann die Seeforelle auch ein Kannibale sein, jedenfalls wächst sie sehr rasch ab. Beangelt wird sie dann im Oberwasser, wo sie sich als große Gegnerin erweist.

Zur Eisschmelze schwimmt die Seeforelle dicht unter der Wasseroberfläche, wo dann das Wasser am wärmsten ist. In dem Maße, wie die Wassertemperatur steigt, sucht sie tiefere Schichten auf. Später im Herbst kommt sie erneut nach oben, dann kann man sie an den Mündungen trüberer Flüsse beobachten.

Im Frühling fischt man am erfolgreichsten auf Seeforelle mit Blinkern und Wobblern an der Oberfläche. In dem Maße, wie der Fisch tiefer geht, muß man schwerere Wobbler und Blinker verwenden. Das Angeln in, unter oder soeben über der thermischen Sprungschicht kann gute Ergebnisse bringen. Im Herbst ist dann erneut das Schleppfischen mit Ködern, die an der Oberfläche oder im Flachwasserbereich eingesetzt werden, die beste Methode, um zum Erfolg zu kommen.

Es gibt eine ganze Reihe von Gewässern, in denen kleinere Seeforellen, so im Gewicht von 0,5–1 Kilogramm im Flachwasser auf Nahrungssuche gehen oder nach Insekten und Larven aufsteigen. Einige der klassischen Angelgebiete sind die großen Seen in Irland sowie gleichartige Gewässer in Schottland. Dort kennt man die Fische als ,,brown-trouts'' oder ,,brownies''. In diesen Seen werden die Forellen, welchen Namen man ihnen auch immer gibt, entweder mit der Fliege, beim Schleppen mit kleinen Wobblern oder beim Spinnfischen gefangen. Für letzteres sind besonders geeignet Gewässerstrecken mit Wasserpflanzenbewuchs, Scharkanten und Sandbänke mit Tiefen von 1–5 Meter.

Meerforelle

Die Meerforelle (Salmo trutta fario) ist eine ins Meer abwandernde Bachforelle. Von Nord-Spanien bis nach Nord-Norwegen, auf Island und den Faröer-Inseln, in Großbritannien und in Irland, überall ist sie anzutreffen. Ihre Nahrung nimmt sie im Meer auf, doch im Sommer und Herbst, oder spätestens im Winter, wandert sie in Flüssen, Strömen und Bächen landeinwärts um abzulaichen. Obwohl es gewisse regionale Unterschiede gibt, ähnelt die Meerforelle dem Lachs im Aussehen und Verhalten sehr. Die Meerforelle hat jedoch einen kürzeren und runderen Körperbau. Ihr Kopf ist oft kleiner als der beim Lachs und die Schwanzflosse ist nicht so stark eingekerbt, sie sieht vielmehr aus, als sei sie senkrecht abgeschnitten. Unabhängig von diesen Unterschieden haben sogar erfahrene Angler manchmal Schwierigkeiten, auf den ersten Blick festzustellen, um welchen Fisch es sich denn handelt, den sie da gefangen haben. Dies trifft besonders dann zu, wenn beide Arten in demselben Gewässer vertreten sind. Der einzige zuverlässige

Meerforelle

Weg, von den bisher genannten Unterschieden abgesehen, ist die genaue Überprüfung der Schuppen und Kiemenfasern. Während der Lachs oftmals sehr lange Strecken von seinem Laichplatz bis zu seinen Nahrungsgründen im Meer zurücklegt, entfernt sich die Meerforelle nie zu weit von den Küstenregionen. Jüngere Studien haben jedoch den Beweis erbracht, daß die Meerforelle durchaus imstande ist, auf ihren Wanderungen Hunderte von Kilometern zurückzulegen, obgleich sie, wie schon gesagt, im allgemeinen nicht so weit wandert wie der Lachs.
Nachdem sie 1–5 Jahre in dem Gewässer gelebt hat, in welchem sie geboren wurde, wandert die Meerforelle zum Meer, wo sie 1/2 oder 5 Jahre verbleibt, bevor sie den langen Weg wieder zurückschwimmt, oftmals zu demselben Platz, an dem sie aufwuchs.
Das ursprüngliche Territorium der Meerforelle ist der Nord-Atlantik, an dessen Rändern sie noch immer in großem Umfang saubere, sauerstoffreiche Flüsse und Ströme vorfindet, in deren Zuflüssen sie ablaichen kann. Genau diese Flüsse und Ströme, in welche die Meerforelle aufsteigt zum laichen und aus denen sie später wieder flußab wandert, um im Meer ihre alte Kraft wieder zu gewinnen, sind die Gewässerstrecken, in denen der Fisch für den Angler neuerdings so beliebt geworden ist. In Großbritannien, Irland und Norwegen sowie in einigen Gebieten Dänemarks wird die Meerforelle nach dem Ablaichen auf ihrer Rückwanderung zum Meer nicht mehr beangelt. In Schweden dagegen darf sie während des ganzen Frühjahrs befischt werden. Einige Flüsse in Schweden, wie zum Beispiel der Mörrum, sind geradezu berühmt für ihr ausgezeichnetes Aufkommen an Meerforellen, die im Frühjahr gefangen werden.
Sobald die Meerforellen mit dem Aufstieg in die Flüsse beginnen, werden sie beißfreudig. Das erklärt auch, warum die Meerforelle als ein typischer Fisch für den Fliegenfischer einen Namen hat. Das ändert nichts daran, daß in vielen Gewässern das Spinnfischen die vorherrschende Angelmethode ist.
Die besten Beißzeiten der Meerforelle liegen in der Dämmerung und nachts sowie in den frühen Morgenstunden, wenn sie in flacheres Wasser zieht. Dann wird sie gut mit kleinen Spinnern, Blinkern und Wobblern gefangen. Der Unterschied zwischen guten Fängen und einem Angeltag ohne jeden Biß, kann allein schon seine Ursache in der genauen Kenntnis des Anglers über die Beißzeiten und Verhaltensweisen der Meerforelle haben.
Wenn die Meerforelle sich eine Zeitlang im Süßwasser aufgehalten hat, verliert sie ihre Beißfreudigkeit. Sie wird dann zu sehr von anderen Forellen beeinflußt, die sich in demselben Gewässer aufhalten. Diese können sie irritieren und angriffslustig machen. Das führt manchmal dazu, daß sie kleinere Fische und andere Forellen verjagt. Zu dieser Zeit ist es dann leichter möglich, sie zum Anbiß auf einen künstlichen Köder zu verleiten. Der Abend und die Stunden nach Einbruch der Dunkelheit versprechen beim Angeln auf Meerforellen den größten Erfolg. Erst im Herbst, wenn der Wasserstand sich erhöht und die Flüsse vermehrt Schlick mit sich tragen und das Wasser abkühlt, kann man auch in den Mittagsstunden mit Fangergebnissen rechnen. Während dieser späten Jahreszeit wird die Meerforelle immer angriffslustiger, denn es kommt nun sehr bald zur Laichablage; dann kämpft die Forelle auch mit ihren Artgenossen um den besten Laichplatz. Das ist ohne Zweifel die schwierigste Zeit, eine Meerforelle zum Anbiß zu verleiten, andererseits sollte man bedenken, daß ein angriffslustiger Fisch auch verrückt genug sein kann, nach einem kleinen Spinner oder Wobbler zu beißen. Nach dem Ablaichen wandern die Meerforellen wieder flußabwärts und im Frühjahr sind sie dann auch wieder recht beißfreudig.
Für den Sportfischer ist es wichtig zu wissen, daß die Meerforelle während ihres Aufenthalts im Süßwasser nur sehr wenig Nahrung zu sich nimmt. Fliegen und Regenwürmer sind daher gleichermaßen so fängig wie künstliche Köder. Das erklärt auch, warum man ebenso erfolgreich mit einer Naßfliege, eventuell bleibeschwert, angeln kann, wenn man erst einmal den Standort einer Meerforelle ausgemacht hat.
Sofort nach dem Ablaichen beginnt die Meerforelle allerdings wieder mit der Nahrungsaufnahme. In vielen Flüssen und Strömungen schnappen sie dann nach Kleinfischen und Krustentieren, ja sogar nach Fröschen, bevor sie wieder das Meer erreichen. Dort verbleiben sie für ein oder mehrere Jahre, um dann erneut in die Flüsse zum Ablaichen aufzusteigen.
In Großbritannien, Irland und Norwegen ist die Meerforelle auch in Seen anzutreffen, durch welche die Flüsse fließen, in denen sie ablaicht. Auf diesen Seen ist es üblich, im Schlepp mit schwimmendem Wobbler und Blinkern dicht an der Oberfläche zu angeln, oder mit der Naßfliege ihr nachzustellen. Die Meerforelle folgt in diesen Seen ganz bestimmten Routen. Wenn der Angler diese kennt, steigert sich seine Chance auf einen guten Fang. In den Seen ist die Fliege der beste Köder.
Die Meerforelle wurde auch mit Erfolg in Südamerika eingebürgert und

Bachforelle

zwar in Argentinien, Chile und Tierro del Fuego. Dort hat sich der Besatz recht gut vermehrt und kommt heute auf Durchschnittsgewichte von 3–6 Kilogramm. 1958 wurde die Meerforelle auch in einigen Flußsystemen im Nordosten der Vereinigten Staaten und in Kanada eingesetzt und schließlich wurde sie auch in Neuseeland eingebürgert.

Bachforelle

Die ursprüngliche Heimat der Bachforelle (Salmo trutta) ist Europa, sie wurde jedoch mit großem Erfolg auch in vielen anderen Gewässerregionen auf der Erde eingesetzt, einschließlich in den Vereinigten Staaten (1883), Neuseeland, Pakistan, Indien und Südamerika. Biologisch ist die Bachforelle dieselbe Fischart wie die Meer- und Seeforelle, doch sie wandert nicht und lebt in Flüssen mit möglichst starker Strömung.

In ihren Erscheinungsformen sind diese drei Fischstämme jedoch sehr unterschiedlich. Die Bachforelle wird oftmals an ihren kleinen roten Flecken erkannt. Es gibt aber auch Vorkommen mit vielen schwarzen Punkten und andere wieder, die nahezu vollständig braun mit einigen wenigen roten Flecken sind. Es ist beinahe unmöglich, eine Bachforelle als solche zu bestimmen, wenn sie ihr Gewässer mit Meerforellen teilt. Eine genaue Kennzeichnung ist nur durch eine Analyse ihres Strontium-Sulfat-Spiegels (schwefelsaures Salz), da die Meerforelle große Konzentrationen dieser Substanz enthält, möglich.

Die Bachforelle wächst langsamer auf als ihre beiden Vettern, wenngleich der Fisch in Zuchtanstalten dieselbe Wachstumsrate aufwies wie die Meer- und Seeforelle. Bachforellen, die in Seen mit einem überreichen Nahrungsangebot leben, steigern ihr Gewicht. Sie werden dann jedoch als Seeforellen klassifiziert.

Die Bachforelle laicht im Herbst oder im Winter. Ihre Wachstumsrate ist von Fluß zu Fluß unterschiedlich und zugleich auch vom jeweiligen Klima und dem Gewässertyp abhängig. Die Wasserbedingungen reichen von den kalten, nahezu sterilen, arktischen Strömen bis zu den nahrungsreichen Gewässern in England, Jugoslawien und Dänemark. Die Nahrung der Bachforelle besteht aus Insekten, Larven, kleinen Tieren, Fischbrut, anderen Artgenossen, Fröschen und sogar kleinen Nagern. Die Bachforelle kann allerdings hohe Temperaturen nicht so gut vertragen wie die Regenbogenforelle; und sie ist standorttreu. Wenn sie sich einen solchen Standort ausgesucht hat, verjagt sie andere Fische, die sich ihm nähern.

Unsere heutigen Kenntnisse im Spinn- und Fliegenfischen basieren in hohem Maße auf den Erfahrungen, die beim Angeln auf Bachforellen erworben wurden. Diese haben ein ausgezeichnetes Sehvermögen, das es ihnen ermöglicht, Farben zu unterscheiden. Studien haben jedoch ergeben, daß ihr Farbsinn sich in der Dämmerung und nachts verringert. Dies gilt auch für die Ab- und Zunahme der Lichtverhältnisse in der Abend- und Morgendämmerung.

Auf die Bachforelle kann man nahezu mit jedem künstlichen Köder angeln – so mit kleinen Spinnern, Blinkern, Wobblern, Jigs und Fliegen. Eine große Bachforelle ernährt sich normalerweise von kleineren Fischen, was bedeutet, daß ein Wobbler, der ja einen Kleinfisch nachahmt, eine gute Wahl ist.

In stark strömenden Flüssen ist das Werfen stromaufwärts im allgemeinen eine recht erfolgreiche Technik. Da der künstliche Köder von der Strömung ja mitgetragen wird, präsentiert er sich dem Fisch auf die natürlichste Weise und er hat zumeist keine Zeit mißtrauisch zu werden. Allerdings ist bei dieser Methode sehr wichtig, das Einholen der Schnur sehr genau zu kontrollieren. Wie andere Raubfische auch, reagiert die Bachforelle auf blitzende Farben, wenn die Temperatur absinkt. Besonders wirksam ist dann Rot. Im Winter ernährt sich die Bachforelle auch vom Fischlaich, den die Strömung von den Laichplätzen mit fortträgt. Dies erklärt zugleich auch die Vorliebe des Fisches für die rote Farbe. Die Bachforelle frißt auch den Laich ihrer eigenen Art, aber sie verschmäht auch den Laich einer Steelhead oder eines Lachses nicht.

In vielen kleinen Flußläufen mit magerer Vegetation erreicht die Bachforelle höchstens Gewichte von 100–300 Gramm und nur selten wird sie größer. In Gewässern jedoch, die ihr eine gute Nahrungsgrundlage bieten, wiegen Bachforellen 0,5–2 Kilogramm und manchmal sogar noch mehr. Da die Bachforelle ihren Lebensraum verteidigt, ist der Besatz in einem Fließgewässer oftmals davon abhängig, wie groß die Zahl der vorhandenen Ruheplätze und Verstecke ist und in welchem Maße das Gewässer befischt wird.

Huchen

Der Huchen (Hucho hucho) ist ein Salmonide, der in der Donau und in vielen ihrer Zuflüsse heimisch ist, dies gilt vor allem für die Zuflüsse in Süddeutschland, Österreich und Bulgarien. Mit Erfolg wurde der Huchen auch in Jugoslawien und Marokko eingebürgert.

In seiner natürlichen Umwelt wurde der Huchen in den letzten Jahrzehnten durch Gewässerverschmutzungen arg bedroht. Ein Problem, das noch durch die Verschlammung und Versandung von Flüssen sowie durch das Absperren des Huchens von seinen angestammten Laichgründen verschlimmert wurde. Obgleich man weiß, daß diese Salmoniden Gewichte von mehr als 50

Kilogramm erreichen können, wird heute ein Huchen zwischen 10 und 20 Kilogramm als recht groß angesehen.
Die Saison auf Huchen beginnt im Spätherbst und zwar in den tiefen Gumpen und Auswaschungen von klaren Flüssen. Huchen werden mit künstlichen Ködern beangelt, die bis auf den Grund gehen. Ein Huchenzopf mit Bleikopf ist besonders fängig, gern werden aber auch schwere Blinker und größere Wobbler verwendet.

Wie der Fisch gehakt wird

Zu viele Fische sind schon verloren worden, weil die Rollenbremse entweder zu fest oder zu locker eingestellt worden war. Das führt unweigerlich dazu, daß der Fisch die Schnur zerreißt oder sich freischlägt. Doch es wurden auch schon Fische verloren, weil der Anschlag nicht straff genug gesetzt wurde. Dies passiert oft dann, wenn von der Rolle Schnur abgezogen wird und im selben Augenblick der Fisch zubeißt.
Beim Einholen sollte die Schnur immer einen Winkel mit der Rute bilden und die Bremse sollte so eingestellt sein, daß der Anschlag beim Biß eines

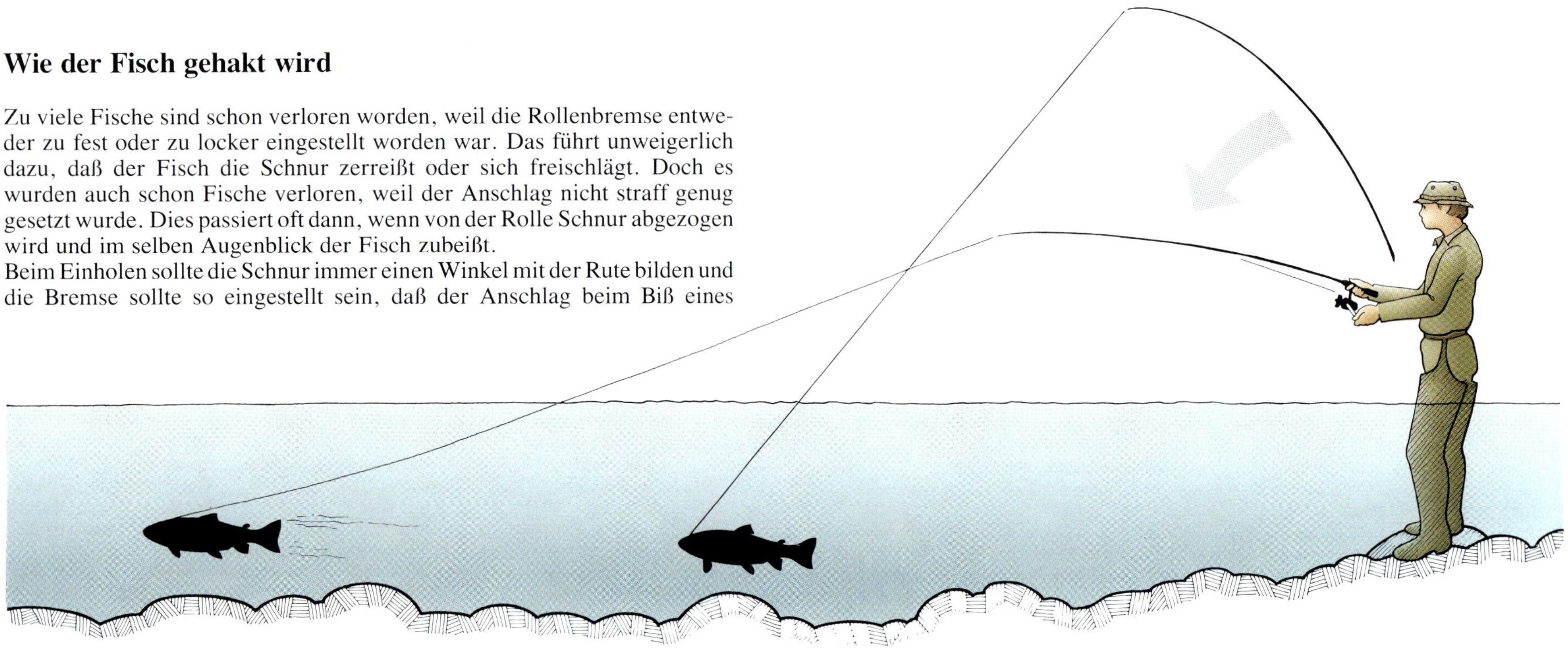

Oben: Mit einer plötzlichen Flucht kann sich der Fisch freischlagen, besonders, wenn die Rutenspitze zu hoch gehalten wird. Um dies zu vermeiden, ist es ratsam, beim Eindrillen die Rute zum Wasser hin zu senken.

Unten: Eine andere kritische Situation beim Drill ergibt sich, wenn der Fisch springt. Auch dann gilt, möglichst rasch die Rute senken, um die Spannung in der Schnur zu verringern.

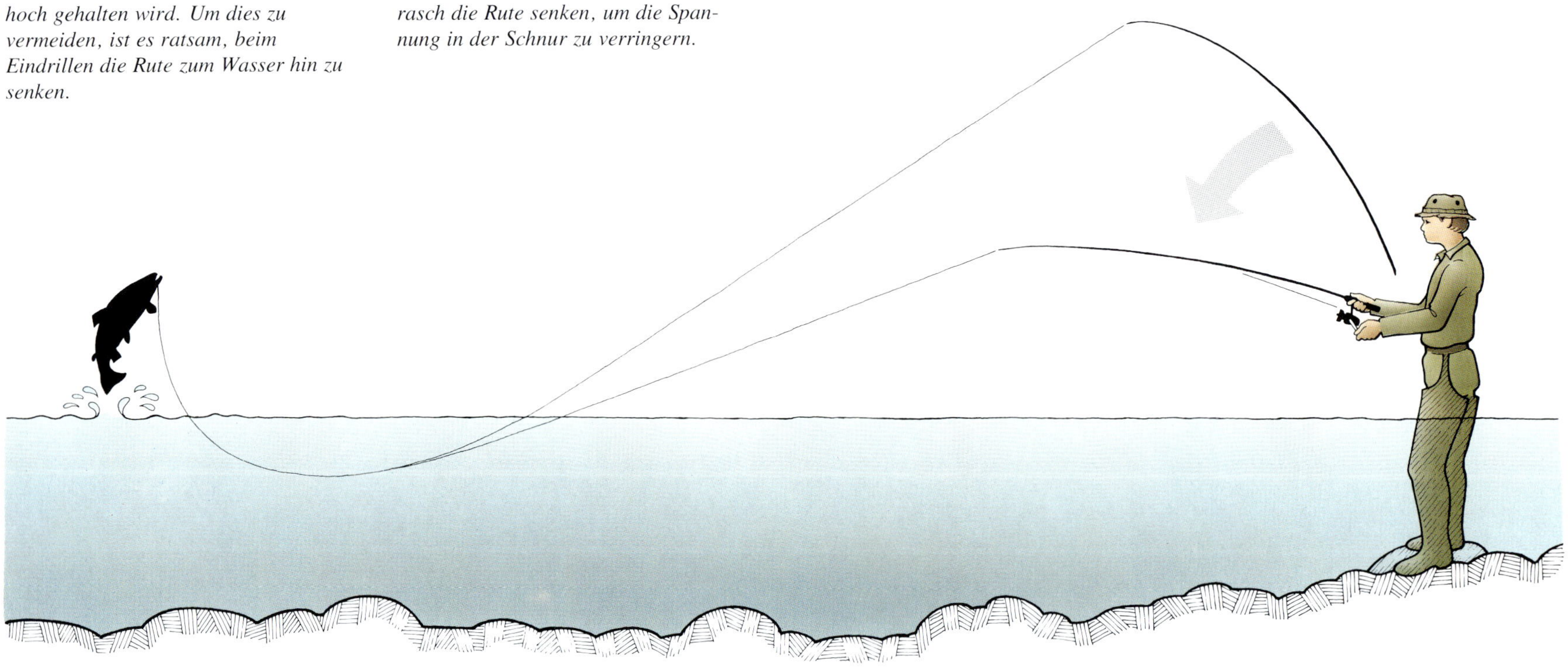

Fisches fest sitzt. Ein Raubfisch kann sich entweder wie wild oder auch sehr vorsichtig benehmen, doch wie dem auch sei, es ist auf jeden Fall außerordentlich wichtig, daß die Hakenspitze und der Widerhaken in das Fischmaul eindringen, wenn dieser anbeißt. Der Haken sitzt dann richtig, wenn der Anschlag beim Biß sofort und mit kräftigem Ruck der Rute nach hinten oder seitlich erfolgt. Das muß zielstrebig vor sich gehen und die Schnurspannung muß erhalten bleiben.

Die Kraft, die hinter einem Anschlag steckt, ist von der Länge der Schnur, die ausliegt, abhängig. Eine lang ausliegende Schnur erfordert mehr Kraft, um die Elastizität derselben auszugleichen. An einer kurzen Schnur kann der Haken mit einem kräftigen Armruck sicher gesetzt werden.

Man drillt einen Fisch, um diesen an Land oder ins Boot zu bringen, aber gewiß nicht, um zu erleben, wie der gehakte Fisch wieder und wieder aus dem Wasser springt. Ein Fisch kämpft deshalb so wild, weil sein natürliches Gleichgewicht, das normalerweise von der Schwimmblase und anderen Sinnesorganen kontrolliert wird, gestört ist. Wenn er am Haken hängt, versucht er mit aller Kraft, dieses Gleichgewicht wieder herzustellen.

Es ist ganz wichtig, den Druck auf den Fisch gleichmäßig und ständig aufrecht zu erhalten. Wenn der Haken nicht gut sitzt, dann kann es sein, daß der Widerhaken nicht eingedrungen ist oder daß die Hakenspitze nur in der Haut steckt. Eine falsche Rutenbewegung kann dann den Fisch freigeben. Wenn ein Fisch springt, ist es am besten, wenn man die Rute etwas niedriger hält, in der Hoffnung, daß es dadurch gelingt, die Schockwirkung beim Fisch zu mindern. Manchmal kann es sogar helfen, wenn man die Rutenspitze ins Wasser hält, dann nämlich, wenn es den Anschein hat, daß der Fisch an der Oberfläche zum Sprung ansetzt, oder wenn er an der kurzen Schnur

Oben: Beim Einholen des Fisches ist es wichtig, immer den Druck auf die Schnur zu erhalten, da man nie genau weiß, wie fest der Haken sitzt. Zu viel oder zu wenig Spannung in der Schnur könnte bewirken, daß der Fisch freikommt.

Unten: Die beste Methode, einen schweren Fisch zu ermüden, ist langsames Pumpen beim Einholen der Schnur. Dabei hebt man die Rute ohne Rollendrehung, um dann beim Absenken der Rute Schnur einzuholen.

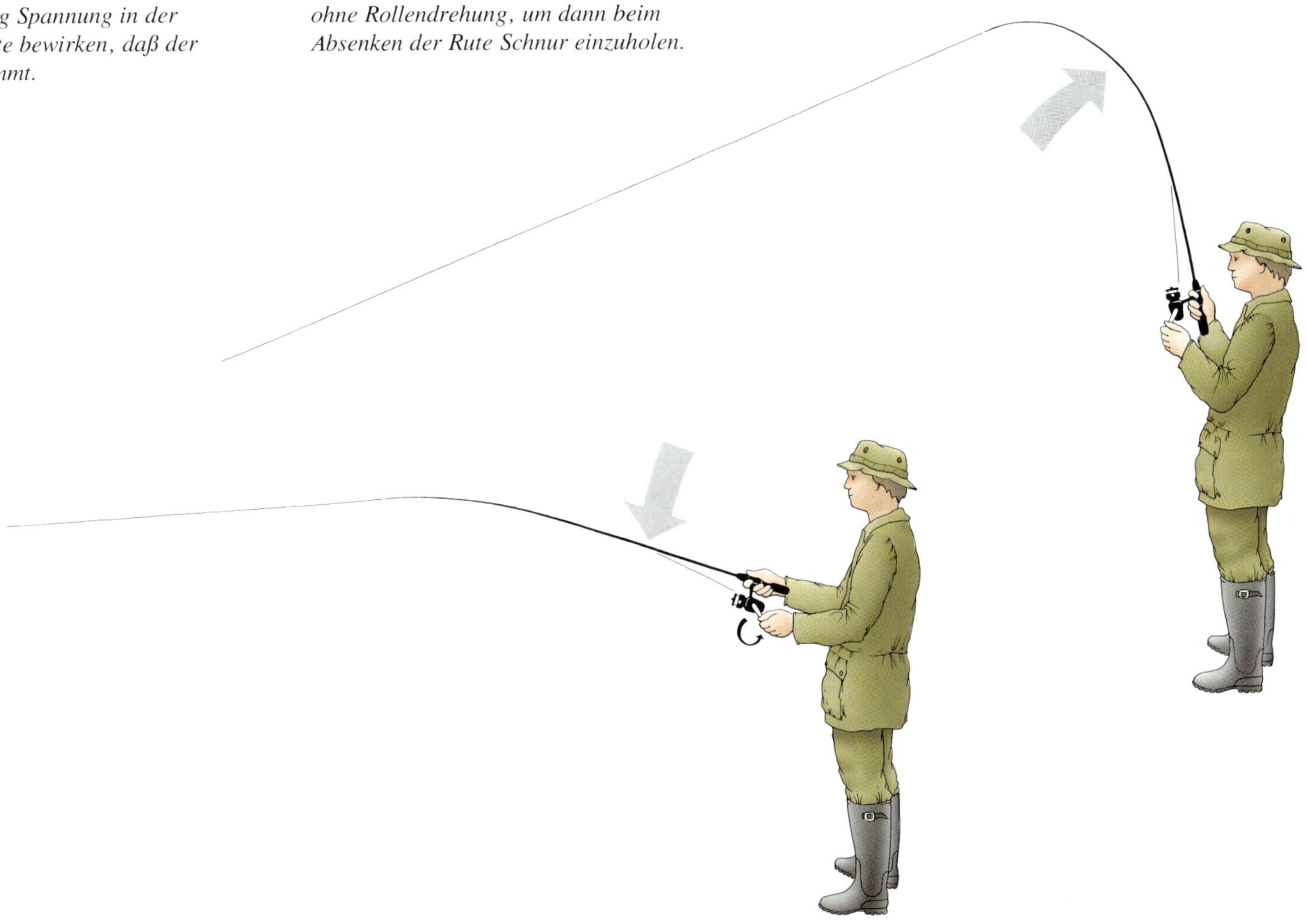

versucht, heftig zu flüchten. Wenn ein Fisch sich freischlägt vom Haken, dann hat dies häufig mehrere Gründe zugleich; dabei spielt einmal sein Gewicht eine Rolle und zum anderen die durchhängende Schnur nach einem Sprung und der Umstand, daß der Fisch hierbei mit seinem Kopf auf das Wasser aufkommt.
Schwere Fische pumpt man nach oben, indem man die Rute langsam hebt und wieder senkt, ohne anfangs dabei die Schnur einzuholen. Wenn die Rutenspitze sich dann deutlich zur Wasseroberfläche neigt, wird die Schnur eingeholt bis sie sich erneut strafft.

Das Anlanden eines Fisches

Wenn der Fisch letztlich ausgedrillt ist, kann er mit einem Kescher oder einem Gaff – letzteres nur wenn er sehr schwer ist – gelandet werden. Andere Methoden sind, ihn auf das Ufer zu ziehen oder mit der Hand an der Schwanzwurzel zu packen.
Ein guter Kescher kann sowohl einen langen als auch einen kurzen Handgriff haben. Ein Kescher mit kurzem Handgriff wird in Flüssen und Strömen verwendet, wenn möglich, sollte er einen schwimmenden Rahmen haben, damit man ihn auch beim Waten gut tragen kann, es sind dies die sogenannten Watkescher. Kescher mit langen Handgriffen, auch Teleskopkescher, werden beim Angeln vom Boot oder vom Ufer aus verwendet, letzteres vor allem, wenn es schwierig ist, dicht an das Wasser und damit an den Fisch heranzukommen. In einem Gewässer mit starker Strömung hält man den Kescher besser hinter den Fisch. Auf diese Weise öffnet die Strömung das Netz und läßt den Fisch hineingleiten.
Ein Gaff ist ein riesiger Haken mit Griff. An der Hakenspitze gibt es keinen Widerhaken, so daß es leichter ist, in die Fischhaut zu dringen. Auch Gaffs werden mit kurzen und langen Handteilen hergestellt. Sie sind für große und schwere Fische gedacht. In Skandinavien sind sie, im Gegensatz zu Deutschland, sehr beliebt und man verwendet sie beim Anlanden von Lachs, Seeforelle, Hecht und Zander. In anderen Ländern, so in Großbritannien zum Beispiel, aber auch in den deutschsprachigen Ländern, haben Kescher die größere Tradition und mit dem Gaff landet man nur, wenn erforderlich, den Lachs und nordischen Hecht. Lachse werden normalerweise im Genick, den Kiefern oder am Schwanz gegafft, Hechte im Genick oder den Kiefern.
Für das Anlanden eines Lachses nimmt man auch gern eine sogenannte Schwanzschlinge. Sie besteht im allgemeinen aus der Schlinge, einem langen Schaft, einem Kabel und einer gebogenen Stahlfeder. Diese Schwanzschlinge schiebt man von hinten über den Fisch, zieht sie zu und hält ihn so am Schwanzstück fest gepackt. Ein klein wenig Praxis gehört allerdings schon dazu. An flachen Uferpartien, die von Sand, Kieseln oder kleineren Steinen gebildet werden, ist es zumeist einfacher, den Fisch an Land zu ziehen. Das geschieht, indem man langsam uferwärts watet, dabei ständig die Schnur gestrafft hält und den Fisch so auf das Ufer zieht.
Es ist jedoch auch möglich, den Fisch mit der Hand vom Boot oder vom Ufer aus zu fangen und zu landen. Der Lachs wird hierbei normalerweise durch den sogenannten Schwanzgriff fest gepackt und an Land gebracht. Hechte und Zander hebt man ins Boot mit einem festen Griff ins Genick.
Barsche und andere kleine Fische kann man auch vorsichtig an der Schnur über Bord heben und dann den Haken lösen.
Größere Schwarzbarsche und ähnliche Fischarten werden auch gern gelandet, indem man mit dem Daumen in den zahnlosen Unterkiefer greift, mit den anderen Fingern fest zufaßt und sie so hoch hebt. Dies geht, ohne den Fisch zu verletzen.
Unabhängig davon, wie immer man auch einen Fisch landet, man sollte nie vergessen, daß viele Fische einen letzten Fluchtversuch wagen und das geschieht auch dann, wenn sie scheinbar völlig erschöpft sind. So mancher Anfänger hat seinen Fisch noch beim Einholen verloren, weil er zur Bremse an seiner Rolle nicht das rechte Vertrauen hatte und den Fisch zu rasch einholte. Und viele Fische haben ihre Freiheit in den letzten Sekunden des Drills wieder gewonnen, weil die Schnur zu fest angezogen war.

Das Zurücksetzen der Fische

Es gibt viele unterschiedliche und gute Gründe, um einen Fisch ins Gewässer zurückzusetzen. Der Fisch kann noch zu klein sein – dies bedeutet, daß er noch unterhalb des geforderten Schonmaßes liegt. Es kann aber auch sein, daß man bereits zu Hause im Kühlschrank zu viele Fische liegen hat. Für

Oben: Beim Keschern eines Fisches ist es wichtig, immer den Kescher ins Wasser zu halten. Der Fisch wird sehr leicht verschreckt und versucht, heftig auszubrechen. Um es noch leichter zu machen, ist es besser, wenn man den Kescher hinter den Fisch hält und ihn so in das Netz des Keschers gleiten läßt.

Unten: Ein Gaff sollte man nur beim Anlanden eines wirklich großen und schweren Fisches verwenden, wenn es ansonsten keine andere Möglichkeit gibt. Ein nordischer Hecht wird im allgemeinen im Unterkiefer gegafft.

Oben: Es ist durchaus üblich, einen Lachs mit der Hand zu landen, wenn das Ufer seicht ist und frei von Pflanzen. Der Lachs wird hierbei mit dem sogenannten Schwanzgriff gepackt und an Land gehoben.

Unten: Um die empfindliche Schleimhaut eines Fisches zu schonen, sollte man immer erst die Hand naß machen, mit der man den Fisch ergreifen will. Ein erschöpfter Fisch hat die besten Überlebenschancen, wenn man ihn vertikal im Wasser hält bis er deutliche Anzeichen von sich gibt, daß er sich erholt hat.

viele Gewässer gibt es aber auch sehr strenge Regelungen, nicht nur über die Art der Fische, sondern auch über die Anzahl, die man pro Angeltag mitnehmen darf. In wachsendem Maße gibt es zudem die Auffassung, daß man nach dem Fang alle Fische zurücksetzen sollte, nicht zuletzt zum Nutzen der Fischbestände selbst. Ein Standpunkt, der allerdings in Deutschland nicht vertreten wird, da er mit dem Tierschutzgesetz nicht in Einklang steht.

Wichtig ist es auf jeden Fall zu wissen, wie man einen Fisch zurücksetzt, damit er auch überlebt. Studien haben den Beweis erbracht, daß Fische, die nicht in der rechten Weise zurückgesetzt wurden, nur eine sehr geringe Überlebenschance hatten. Einer der häufigsten Gründe, warum sie beim Zurücksetzen umkommen, liegt in der Steigerung der Milchsäure im Fischblut. Während der Fisch darum kämpft, sich vom Haken zu befreien, verbraucht er seine ganze Energie, einschließlich seiner Sauerstoffreserven. Das hat zur Folge, daß der Fisch erstickt. Die Zunahme von Bakterien kann ebenfalls zum Tode führen. Die Schleimhaut, die einen Fisch umgibt, ist sein Schutz gegen Infektionen und Bakterienbefall. Wird sie zerstört, ist er gegen angreifende Bakterien und Viren wehrlos. Fische, die in tiefem Wasser gehakt werden, holt ein aufgeregter Angler, der die Folgen nicht bedenkt, manchmal so schnell nach oben, daß sie keine Zeit mehr haben, den Druck auszugleichen. Genau wie ein Taucher können sie die Taucherkrankheit bekommen und deshalb nicht überleben, wenn sie zurückgesetzt werden. Auch der oder die Haken können einen Fisch verletzen oder verstümmeln, dies besonders dann, wenn der Haken tief im Schlund, in den Kiefern oder im Magen sitzt. Auch ein Fisch, der in einer der größeren Arterien gehakt wurde, überlebt nur selten.

Viele Fische kommen jedoch auch um, weil der Haken nicht vorsichtig genug gelöst wurde. Haken ohne Widerhaken und Einfachhaken erhöhen die Überlebenschancen eines Fisches. Der beste Weg, um einen Haken zu lösen, liegt in der Verwendung einer langschenkligen Zange oder eines Hakenlösers. Wenn der Haken tief im Schlund sitzt, darf man nicht mit aller Kraft an der Schnur ziehen, weil dann der Haken den Fisch zusätzlich verletzen und sogar das Herz durchstoßen könnte, denn dieses sitzt ja unmittelbar hinter der Rachenhöhle. Der nordische Hecht und andere große Raubfische haben das Maul randvoll mit Zähnen, so daß es oftmals erforderlich ist, eine Rachensperre einzusetzen. Sie besteht aus einer zweischenkligen Sprungfeder, die man dem Fisch in den Kiefer steckt. Wenn die Rachensperre gespannt ist, öffnet sie das Fischmaul, so daß es relativ einfach ist, den Haken zu lösen. Sitzt dieser jedoch zu tief im Maul, so kann man sich entweder mit einem längeren Hakenlöser oder einer längeren Zange behelfen, um an den Haken heranzukommen.

Die Chancen eines Fisches zu überleben, steigen bei kälterem Wetter und in kaltem Wasser, denn kaltes Wasser hat einen höheren Sauerstoffgehalt als warmes Wasser. Wenn man einen Fisch zurücksetzen will, so ist es am besten, den Haken zu lösen, während der Fisch noch im Wasser ist. Befindet sich der Fisch aber außerhalb des Wassers, so verringert man seine Verletzungsgefahr, indem man die Hand naß macht, bevor man den Fisch anfaßt. Setzt man einen Fisch in starke Strömung zurück, dann ist es wichtig, seinen Kopf gegen die Strömung zu halten. In ruhigem Wasser muß man den Fisch vertikal halten. Wenn der Fisch seinen Schwanz bewegt, kann man ihn loslassen. Jedoch sollte man ihn auch dann noch genau beobachten. Wenn er sich plötzlich nach unten dreht, sollte man ihn erneut fangen und wieder vertikal halten. Bei einigen Fischarten dauert es einige Minuten oder länger, bis sie sich erholen und man damit ihre Überlebenschancen erhöht.

Wenn der Haken sehr tief sitzt und es schwierig ist, ihn zu lösen, ohne den Fisch zu verletzen, ist es möglicherweise besser, die Schnur am Haken abzuschneiden oder denselben mit einer Zange aufzubrechen. Der Fisch wird vom verbleibenden Haken oder seinem Rest weniger leiden, als von den Verletzungen, die man ihm beim Versuch, den Haken zu lösen, beibringt. Muskulöses Zellgewebe wird um den Haken herum wachsen und eventuell fällt dieser beim dem Wachstumsprozeß von selbst heraus. Nebenbei bemerkt, wenn kein rostfreier Haken verwendet wurde, dann rostet dieser sowieso heraus.

Angeln mit natürlichen Ködern

Cardinal 4

Schaut man auf die unterschiedliche Entwicklung des Angelns in so vielen Ländern auf unserer Erde, so vermittelt dies faszinierende Einblicke. Gewiß, es mag für diese Unterschiede so manche Begründungen geben, die vor allem ihre Ursachen in den verschiedenen Lebensräumen und den klimatischen Bedingungen haben, doch was unabhängig hiervon eine immer größere Wertschätzung erfährt, ist die Erkenntnis, daß letztlich jeder von jedem etwas für seine eigene Angelpraxis lernen kann. Allein schon beim Durchblättern von Angelzeitschriften aus verschiedenen Ländern, kann sich auch ein nicht-sprachbegabter Sportfischer ein Bild davon machen, wie neue Ideen und Anregungen aus dem Angelalltag gleichsam ihre Reise um die ganze Erde antreten.
Wenn ich auf Reisen bin, dann verfahre ich immer nach der alten Regel: ,,Wenn du in Rom bist, dann handle auch wie die Römer.'' Ich habe nie die Rolle eines Ratgebers im Angeln gespielt, im Gegenteil, viel lieber habe ich fremden Anglern über die Schulter geblickt, um so für mein eigenes anglerisches Können etwas dazu zu lernen. Ganz sicher, sagte ich mir, erfährst du auf diese Weise, wie man erfolgreicher angelt und mehr Fische fängt und, darauf kommt es ja schließlich auch an, wie ich bei all dem noch mehr Spaß haben kann. So habe ich zum Beispiel mit Vergnügen zugesehen, wie Fische mit künstlichen Ködern gefangen werden, eine Angeltechnik, in der die Amerikaner, Kanadier und Skandinavier wohl kaum zu schlagen sind. Ich habe aber auch die Wettfischer in meiner eigenen englischen Heimat beobachtet, wie sie respektvoll und mit Achtung die Feinheiten beim Friedfischangeln der Belgier, Franzosen und Italiener verfolgten. Gleichermaßen habe ich aber auch den Respekt der Angler vom europäischen Festland vermerkt, als sie dann die beachtenswerten Fänge der Engländer sahen, die jene mit Rute, Rolle und Posensystem besonders auf größere Entfernungen erzielten. Noch einmal sei deshalb gesagt: Jeder kann nur vom anderen lernen.
Wirft man in ein europäisches Gewässer einen Stein, so begeben sich die Wellen auf eine lange Reise. Auf meiner letzten Angeltour nach Amerika begegnete ich einem amerikanischen Schriftsteller, der mich bat, ihm ein Buch über die englischen Methoden im Friedfischangeln zu schicken. ,,Warum'', fragte ich ihn. ,,Weil ich an meinem Fluß einen Engländer habe, der mit Pose und Tauwürmern auf Steehead-Forellen angelt und mein Gewässer leer fischt.'' Die Überzeugung der Amerikaner von der Wirksamkeit ihrer künstlichen Köder ist sogar etwas ins Wanken geraten, nachdem sie europäische Angelmethoden auf Hecht mit totem und hier und da auch noch lebendem Köderfisch kennengelernt haben und selbst feststellen konnten, wie erfolgreich hiermit der Hecht beangelt wird. Die Angelzeitschrift ,,In-Fisherman'' hat zwei, drei Jahre lang diesem Thema viel Platz eingeräumt und Testangler der Zeitschrift, so scheint es, haben inzwischen den Erfolg dieser Angelmethode bestätigt.
Was nun meine Heimat England angeht, so dürfte es wohl stimmen, daß wir im Angelsport mehr neue Ideen exportieren als einführen. Dies bedeutet natürlich nicht, daß etwa die Engländer besonders geschickte Angler wären. Es hängt vielmehr damit zusammen, daß bei uns seit den 50er Jahren eine bestimmte Entwicklung in der Angelszene zu beobachten ist. Wir erlebten das Aufkommen des ,,Specimen hunter'' (ein Angler, der gezielt eine bestimmte Friedfischart befischt) sowie der ,,Specimen hunting groups''. Anfangs waren dies nur kleine Gruppen von Anglern, die vor allem am Karpfenfang interessiert waren. Später taten sie sich zusammen, um ihre Vorstellungen vom Fang großer Fische gemeinsam zu verwirklichen. In jenen Jahren bestand die Auffassung, daß es praktisch unmöglich sei, schwere Karpfen zu fangen. Selbst wenn man sie gehakt hatte, war es mit dem damaligen Gerät kaum möglich, sie sicher zu keschern, es sei denn, man hatte besonderes Anglerglück. Der britische Rekord im Karpfenfang lag damals bei 11,7 Kilogramm (26 engl. Pfund. 1 englisches Pfund entspricht 16 ounces (Unzen) beziehungsweise 453,59 Gramm). Jedermann in England dachte, daß dieser Rekord nicht zu überbieten sei. Doch schon nach kurzer Zeit stieg er auf 19,9 Kilogramm und heute beträgt er 23,5 Kilogramm. Über

das Karpfenangeln hat man hierzulande derart viel gelernt, daß selbst absolute Anfänger schon Karpfen über 13 Kilogramm gefangen haben und der alte Rekord wird nahezu jede Woche überboten.
Ähnliche Erfolge wie im Karpfenangeln haben weitere Anglergruppen aufzuweisen, die sich auf den Fang anderer Fischarten spezialisiert haben. Vergleichbare Erfolge wurden aus anderen Ländern nicht vermeldet. Die Engländer jedoch exportierten ihre Erfahrungen und Fertigkeiten, die sie sich erworben hatten. Wenn mich die Erinnerung nicht trügt, dann waren es niederländische Angler, die als erste unsere neu erworbenen Angelkenntnisse verwerteten. In eben dem Maße halfen sie aber auch uns, in dem sie ihre Erfahrungen, die sie an heimischen Gewässern gemacht hatten, an uns weitergaben. Wo stehen wir heute? Es ist längst erwiesen, daß etwa die riesigen Karpfen vom See Cassien in Südfrankreich problemlos zu fangen sind. Genau genommen ist es so, daß es heute nirgendwo auf der Welt noch Karpfen gibt, die nicht überboten werden könnten.
Was sind das nun für Angelmethoden, die überall so erfolgreich angewandt werden können? Meine Aufgabe in diesem Buch besteht darin, einige der interessantesten dieser Entwicklungen beim Angeln auf bestimmte Fischarten aufzuzeigen. Das kann natürlich nur eine Zusammenfassung sein, doch ich will versuchen, in der Hauptsache solche Angelmethoden zu erläutern, die letztlich auch für andere Fischarten angewandt werden können, als nur für jene, für die sie ursprünglich einmal entwickelt worden waren.

Ausrüstung

Für Angler, die mit einem kleinen Geldbeutel auskommen müssen, ist der Kauf eines neuen Angelgerätes meistens ein Kompromiß. Es ist zwar möglich, etwa eine Rute für verschiedene Angelmethoden herzustellen, doch naturgemäß geht dies auf Kosten ihrer Leistungsfähigkeit. Viele Angler haben sich darauf eingestellt, in dem sie sich im wesentlichen auf eine oder zwei Angelmethoden konzentrieren. Doch Allround-Angler, wie ich einer bin, sind schließlich, was den Geldbeutel anbelangt, einmal am Ende mit ihrem Latein. Sie müssen deshalb mit dem vorlieb nehmen, was der Angelladen um die Ecke am preiswertesten anzubieten hat.
Als ich wußte, daß ich für dieses Buch das vorliegende Kapitel zu schreiben hatte, habe ich mit einiger Verzweiflung auf meine Angelgeräte geschaut und mich gefragt, wie ich denn mit dieser Ausstattung den Anforderungen gerecht werden sollte. Es kommt ja noch hinzu, wie ich es anstellen soll, daß die Leser in so vielen Ländern unsere britische Methode der Klassifizierung von Angelruten verstehen. Wir in England prüfen nämlich eine Rute gemäß ihrer Testkurve, wobei die Belastung einer Rute in englischen Pfunden oder Teilen derselben angegeben wird.

Ruten

Um es kurz zu machen, wir sprechen von dem Gewicht, das erforderlich ist, um eine Rutenspitze in vollem Rund nach unten zu biegen. Eine solche Testkurve reicht von einigen Unzen bis zu 3 engl. Pfund (1,3 Kilogramm). Je schwerer das Gewicht sein muß, um so kräftiger ist jeweils die Rute.
Dieses System mit der Testkurve entstand damals, als die meisten Angler noch mit gesplißten Ruten fischten. Diese Ruten konnten leichter zerbrechen, wenn sie mit einer Schnur bestückt wurden, die stärker als für sie vorgesehen war. Die alte Formel, um die richtige Schnur zu bestimmen, entsprach dem Zweieinhalbfachen der Testkurve, wobei eine Über- oder Unterschreitung dieser Maßeinheit um ein Drittel einkalkuliert wurde. So hatte zum Beispiel bei einer Rute mit einer Testkurve von 900 Gramm die ideale Schnur eine Tragkraft von 2,2 Kilogramm. Eine solche Rute konnte aber auch mit Schnüren der Tragkraft von maximal 2,9 oder zumindest 1,5 Kilogramm bestückt werden.
Obgleich heutzutage moderne Materialien diese alte Formel überflüssig gemacht haben, ergibt diese doch für den englischen Angler eine gewisse Leitlinie. In unseren Tagen liegt die Gefahr eher darin, daß die Angelschnur für die Rute nicht schwer genug ist. Im Normalfall wird sie zerreißen bevor die Rute ihre Idealkurve erreicht hat. Es ist daher heute viel weniger kritisch, eine Rute mal zu ,,überladen", als dies bei den gesplißten Ruten der Fall war. Im Grunde genommen sind unsere jetzigen Ruten – eine solide Fertigung vorausgesetzt – gar nicht mehr zu zerbrechen, zumindest nicht am kräf-

Das englische Verfahren mit einer Testkurve, wie hier dargestellt, zeigt als Übersicht, welche Schnurstärke für eine bestimmte Rute gewählt werden sollte. Um diese Testkurve zu bestimmen, belastet man die Rutenspitze bis sie sich in einem Winkel von 90 Grad abbiegt. Der einfachste Weg hierfür besteht darin, die Rute an der Decke festzumachen und die Spitze mit einer Waage so lange nach unten zu ziehen, bis sie senkrecht zum Boden zeigt. Nunmehr kann man die Testkurve an der Skala der Waage ablesen.

tigeren Unterteil. Es ist daher durchaus üblich, daß Angler an einem Binnensee eine Rute mit einer 1,3 Kilogramm Testkurve mit einer Schnur von 5,4 oder 6,8 Kilogramm Tragkraft bestücken, manchmal sogar mit einer noch stärkeren. Beim Hecht- und Karpfenangeln mache ich dies im übrigen genau so.

Doch um das Ganze noch etwas zu erschweren, sei darauf hingewiesen, daß man durchaus zwei oder mehr Ruten besitzen kann, die einer 900 Gramm Testkurve entsprechen, aber dennoch in ihrer Leistung sehr unterschiedlich sein können. Moderne Materialien wie Kohlefaser und Boron oder Fiberglas, bevor jene auf den Markt kamen, ermöglichten es den Rutenherstellern, unterschiedliche Spitzenaktionen in den einzelnen Ruten anzubieten. So gibt es heute bei unseren modernen Ruten die verschiedensten Spitzenaktionen, und diese eignen sich für einige Angeltechniken besonders gut, für andere weniger.

So sind zum Beispiel Ruten aus Mischgewebe mit konisch verlaufender Spitze recht gut geeignet, um große Wurfgewichte weit zu werfen und auch beim Setzen des Hakens über weitere Entfernungen sind sie wirkungsvoller. Doch für das Drillen eines Fisches eignen sie sich nicht so gut. Hier sind Ruten mit mittlerer Aktion und geringerem Biegungsvermögen besser am Platz. Ich werde versuchen, die Aufmerksamkeit des Lesers auf diesen Punkt zu richten, wenn ich später von den Ruten berichte, die ich für bestimmte Fischarten und Angelmethoden verwende.

Heutzutage angle ich nur noch mit Kohlefaserruten, es gibt aber auch sehr viel preiswertere aus Fiberglas, die in ihrer Aktion zumindest ähnlich sind. Andererseits sind diese Ruten bedauerlicherweise schwerer und im allgemeinen auch dicker im Durchmesser. Für das Angeln auf Hechte verwende ich einige Kohlefaserruten in Längen von 3,5 bis nahezu 4 Meter. Ihre Testkurve reicht von 1 bis 1,3 Kilogramm. Große Naturköder werfen diese Ruten ohne jegliche Probleme 50 oder 60 Meter weit, wenn dies erforderlich sein sollte. Eine knapp 4 Meter lange Rute mit einer Testkurve von gut 1,2 Kilogramm wirft noch wesentlich weiter. Für eine spezielle Angelmethode, auf die ich noch zurückkomme – weit entferntes Angeln mit einer Flügelpose –, verwende ich eine solche etwa 4 Meter lange Rute mit einer Testkurve von mehr als 1,2 Kilogramm. Die Länge der Rute erleichtert es, die Schnur von der Wasseroberfläche abzuheben und so die Pose besser zu kontrollieren. Mit einer so lange Rute läßt sich zugleich der Anschlag besser setzen, denn sie ist kräftig genug, den Haken auch über eine größere Entfernung sicher zu verankern.

Diese Ruten dienen mir auch für den Karpfenfang auf größere Entfernungen; und ohne Zweifel bringt es ein guter Werfer fertig, mit den beiden stärksten Ruten einen Naturköder über eine Weite von 100 Metern sicher zu plazieren. Wenn ein solcher Wurf erforderlich ist, verwendet man ein Bleigewicht mit kleinem Köder, damit dieser keinen so großen Luftwiderstand verursacht. Wesentlich leichtere Ruten mit einer Testkurve von ca. 0,5 bis 0,9 Kilogramm und mittlerer Aktion sind für das Karpfenangeln auf geringere Entfernungen besser geeignet. Karpfen sind bekanntlich ganz außerordentliche Kämpfer und zudem sehr schnelle Schwimmer. Ruten mit vielseitiger Aktion sind deshalb besser in der Lage mit einer plötzlichen Flucht fertig zu

werden, besonders, wenn ein großer Fisch in geringer Entfernung gehakt wurde oder, wie es manchmal geschieht, wenn ein Fisch nach geglücktem Drill noch einmal überraschend davonschießt, obwohl er sich schon unter der Rutenspitze befindet.
In Gewässern mit dichtem Unterwasserkraut oder anderen Hindernissen, wie etwa versunkenen Bäumen, ist es ganz wichtig, den gehakten Karpfen so zu führen, daß er nicht seine volle Geschwindigkeit entwickeln kann. Dies erreicht man, indem man den Fisch nach dem Anschlag sofort straff führt. Mit kräftigen Ruten sind auf diese Weise allein schon deshalb viele Karpfen verloren gegangen, weil der Haken ausgerissen wurde. Meine gut 3 Meter lange Rute mit einer Testkurve von 0,5 Kilogramm biegt sich bei solchen Gelegenheiten nahezu doppelt so stark durch, zum Beispiel, wenn ich eine Schnur mit einer Tragkraft von knapp 5 Kilogramm verwende. Ich verliere jedoch mit einer solchen Rute weniger Karpfen als mit anderen.
Für Raubfische, die im allgemeinen kleiner als Hechte sind, bevorzuge ich eine gut 3 Meter lange Rute mit einer Testkurve von 0,5 Kilogramm und durchgehender Aktion. Dies gilt besonders für Fische mit weichem Maul, wie etwa beim Barsch. Diese Ruten eignen sich aber ebenso gut für das Angeln am Stillwasser auf gewichtige Brassen und Schleien. Andererseits sind beim Angeln auf Aal Ruten der Klasse 0,9–1,1 Kilogramm erforderlich. Sehr viel leichtere Ruten sind für das Angeln mit Feststellpose oder Waggler-Pose gefragt. (Die Posenbeschreibung folgt später.) In England werden solche Ruten als ,,Matchruten" klassifiziert. Dabei ist es allerdings gleichgültig, ob ihre Besitzer an Wettfischen teilnehmen oder nicht, denn diese Ruten eignen sich auch ganz vorzüglich für das allgemeine Stippfischen. Heutzutage sind diese Ruten aus Kohlefasern oder Boron und normalerweise 3,60–4,20 Meter lang. Sie sind auch leicht genug (gewöhnlich 140–220 Gramm schwer), um sie einen ganzen Angeltag lang zu halten, ohne dabei zu sehr zu ermüden. Vorgesehen sind solche Ruten für leichte Schnüre bis zu einer Tragkraft von 1,3 Kilogramm und Haken mit einer Tragkraft von 400–600 Gramm – manchmal sogar noch für weniger, etwa 330 oder nur 220 Gramm. Die Hakenwahl hängt jeweils von der Größe der Fische ab, mit denen man rechnen muß.
Viele Hersteller bieten solche Ruten an, doch im wesentlichen entsprechen sie zwei Grundmodellen. Ruten für Feststellposen haben in der Spitze einen festen Einsatz. Dies verleiht ihnen eine zügige, spritzige Aktion, hebt die Schnur gut vom Wasser ab und erlaubt, den Anschlag fest aus dem Handgelenk zu setzen. Ruten, die speziell für Waggler-Posen bestimmt sind, haben keinen festen Einsatz in der Spitze, aber eine durchgehende Aktion. Letzteres deshalb, weil Angler mit Waggler-Posen oftmals weite Schwünge machen müssen, um die locker liegende Schnur einzuholen. Bei Ruten mit Spitzenaktion kann es geschehen, daß bei solch kräftigen Schwüngen die Schnur zerrissen wird, wenn sie zu dünn ist. Die Rute muß daher weicher sein, um den Anschlag aufzunehmen.

Rollen
Der beste Rat, den ich geben kann, ist der, immer die qualitativ hochwertigste Rolle zu kaufen, die man sich leisten kann. Ich verwende nahezu ausschließlich Stationärrollen guter Qualität, wie sie etwa von ABU, Mitchell und Daiwa angeboten werden. Aber auch die anderen, ehemals sehr preiswerten und wenig empfehlenswerten Rollen aus dem Fernen Osten, sind heute in wesentlich besserer Qualität auf dem Markt.
Beim Angeln mit Feststellpose schätze ich jedoch auch eine Kapselrolle besonders. Ich begann damit, als seinerzeit die ABU 505 auf den Markt kam, ihr folgten die 506 und die 507. Sie waren eigentlich für das Spinnfischen gedacht, eignen sich aber auch vorzüglich für das Einhand-Angeln mit Matchruten. Bedauerlicherweise mußte man sie auf die eine oder andere Weise dieser Angelmethode anpassen und ich fand keinen geeigneten Ersatz, bis 1986 Ryobi seine Rolle ,,Mastermatch CF1" herausbrachte. Die Schnur verzettelt sich bei ihr nicht im Gehäuse und läuft weich von der Spule ab.

Posen
In einigen Ländern mag es ein Problem sein, gute Feststellposen und Waggler-Posen aus Pfauenfederkiel zu bekommen, doch es hat den Anschein, als würden gegenwärtig viele dieser Sets aus England eingeführt. Die Feststellposen werden in Sets in den üblichen Größen angeboten, wobei die längsten etwa 6 Bleischrote der Klasse 4 tragen können. Die beliebtesten

Posen hebt man am besten in einem speziellen Posenkasten auf, in dem die unterschiedlichen Längen mit einem Blick zu erfassen sind.

Waggler-Posen tragen 1, 1,5 und 2 Bleischrote (Klasse SSG). Kleinere Posen, die manchmal auf kürzere Entfernung verwendet werden, tragen 1 bis 2 Bleischrote (Klasse BB).

Schnüre und Haken
Die jeweilige Schnurauswahl wird in hohem Maße von persönlichen Vorlieben bestimmt. Zur Zeit gibt es viele gute Schnüre auf dem Markt, die meisten kommen aus Deutschland und Frankreich. Dies trifft auch auf die Haken zu. Besondere Aufmerksamkeit verdienen hier die neuen, chemisch geschärften Haken in Größen von 22 bis 18, die rasch beliebt geworden sind. Ich verwende die Größen 14 bis 18 wenn ich auf gewichtigere Fische angle, seltener verwende ich größere Drillinge der Nummer 8, etwa beim Angeln mit totem Köderfisch auf Hecht. Ich persönlich habe die Erfahrung gemacht, daß man größere Drillinge eigentlich nur für künstliche Köder benötigt, worüber ich allerdings in diesem Buch nicht zu berichten habe. Für den Karpfenfang zahlt es sich aus, wenn man extra starke Haken in den Größen 10 bis 6 nimmt. Gelegentlich verwendet man sowohl sogar noch größere Haken, so etwa, wenn es darum geht, sie mit gewichtigeren und größeren Ködern zu bestücken oder auch, wenn man weiß, daß in dem Gewässer, in welchem man angelt, besonders langgewachsene Karpfen beheimatet sind. Ich selbst bevorzuge Haken von Mustadt (Norwegen), Kamasan (Japan) und Partridge (England), die letzteren allerdings nur für spezielle Zwecke.

Zubehör
Zum wichtigsten Zubehör zähle ich einen großen Kescher. Er sollte immer groß genug sein, um jeden Fisch zu keschern, auf den man angelt. Ich verwende einen Hechtkescher, der eine Bügelöffnung von 1 Meter hat und für alle anderen Fischarten einen Kescher mit einer Öffnung von 60 Zenti-

Ein passionierter Angler zählt zu seiner Ausrüstung eine Fülle von Zubehör. Oftmals ist dies so sortiert, daß er auf verschiedene Angelbedingungen mit einem Handgriff reagieren kann.

meter. Für jene Angler, die ihren Fang möglichst unverletzt zurücksetzen wollen, ist ein knotenloser Setzkescher mit einer Länge von wenigstens 2 Meter erforderlich. Ich selbst nehme sogar noch längere Setzkescher und zwar von 3 Meter Länge und großer Weite.

In England ist es immer mehr zur Gewohnheit geworden, auch Hechte nach dem Fang zurückzusetzen. Wie das Zurücksetzen des Fangs ja überhaupt typisch für viele englische Angler ist. In Deutschland trifft dies im wesentlichen nur für den Fang untermaßiger Fische zu, die sofort zurückgesetzt werden müssen. In England jedoch werden die meisten Fische unmittelbar nach dem Fang zurückgesetzt. Jene Angler aber, die einen besonders großen Fisch halten wollen, bis sie Fotos gemacht haben, verwenden hierfür einen speziellen Kescher, einen sogenannten Aufbewahr-Sack. Dieser ist aus verrottungsfestem Nylon gefertigt; er hat Luftlöcher und wird oben mit einem Strick zugezogen. Hechte und Karpfen liegen selbst für längere Zeit ruhig in diesem Behältnis. Dies mag daran liegen, daß die Fische sich in dem dunklen Sack nicht orientieren können. In einem Setzkescher dagegen, versuchen sie immer wieder zu entfliehen und verletzen sich dabei eventuell. In Deutschland kennt man solche ,,Aufbewahr-Säcke'' für Fische nicht.

Es ist anzunehmen, daß gewissenhafte Sportfischer in ihrem Zubehör auch einen Hakenlöser haben. Solche Geräte gibt es in verschiedenen Ausführungen. Hechtangler übersehen manchmal dieses Zubehör. Sie sehen als wichtig eine langschenklige Zange an, mit der sie im Maul einen Haken lösen können, ohne daß die Finger dabei mit den scharfen Zähnen des Hechtes Bekanntschaft machen müssen.

Es gibt Autoren, die empfehlen, wenn ein Haken tief im Schlund eines Hechtes sitzt, die Schnur dicht am Haken abzuschneiden. Ich halte dies nicht für gut und bin vielmehr der Meinung, daß man mit einem langen Hakenlöser den Haken immer frei bekommt. Man sollte so ein Gerät stets beim Angeln dabei haben, da es immer wieder vorkommt, daß ein Hecht den Köder tief schluckt. Hat man keinen Hakenlöser zur Hand, so hilft auch ein Zweig von einem Busch. Der Zweig wird eingekerbt und man führt ihn an der Schnur entlang bis zum Haken. Mit einem kurzen Stoß bekommt man zumeist den

Haken frei. Die Spitzen hängen dann oftmals im Holz, so daß man den Haken ohne sonderliche Mühe herausbekommt. Dies ist ein wertvoller, kleiner Tip, an den man sich erinnern sollte, bevor man zur Schere greift.
Zusätzlich ist es eine Hilfe, wenn man weiß, wie man mit einem Hecht umgehen muß, um den Haken herauszubekommen, wenn kein Hakenlöser und auch keine Rachensperre vorhanden sind. Dann ist es am sichersten, wenn man eine behandschuhte Hand vorsichtig durch die Kiemen in den Kiefer führt, bevor man mit der anderen Hand fest zufaßt. Die Hand im Kiemenbereich befindet sich außerhalb des Kieferbogens und kommt so mit den Zähnen nicht in Berührung. Wenn man einen kleinen Hecht vom Grund heraufholt oder auch einen schwereren herangedrillt hat, dann ist das Maul ohnehin weit offen. Nun mit einer Hand durch die Kiemen zu fassen, ist einfacher, als es sich zunächst anhört. Noch besser geht es, wenn ein Angelfreund dabei hilft. Ich selbst vertraue dieser Methode so sehr, daß ich nicht einmal mehr einen Handschuh verwende.
Es ist mir aus Platzgründen nicht möglich, hier das ganze Zubehör zu erläutern, das Angler im allgemeinen für notwendig erachten. Doch wenn ich in meinen Gerätekasten schaue, so entdecke ich ein paar Kleinigkeiten, die ich nicht missen möchte. Die meisten von ihnen sind Teile von Bißanzeigern, über die ich hier gleich noch berichten werde.

Sehr viel werden auch Ködernadeln verwendet, doch ein Zubehör, auf das ich nicht verzichten könnte, soll erwähnt werden. Es handelt sich hierbei um ein PVA-Band und ein Stück Schnur. Zugegeben, dieses Produkt aus der Weltraumtechnik könnte kaum alltäglicher aussehen. Es ähnelt im Grunde einem Plastikband und die Schnur ist halt eine ganz normale Schnur. Doch das Band hat die Eigenschaft im Wasser zu schmelzen, weshalb man es recht vielseitig verwenden kann. Zudem hält es auch bei weiten Würfen und verhindert zugleich ein Verheddern des Köders mit dem Bleigewicht. Ich habe es nicht gern, zum Beispiel den Haken in einem toten Köderfisch zu fest zu verankern. Darum binde ich den Schwanz des toten Köderfischs mit dem PVA-Band an die Schnur, um sicher zu sein, daß mir der Köderfisch beim Auswerfen nicht verloren geht. Köder haben nun mal leicht die Neigung, beim Werfen davonzufliegen und zwingen deshalb manchmal zu kürzeren Würfen. Das PVA-Band aber hält die Köder zusammen und schmilzt erst im Wasser. Über weitere Verwendungen dieses Bandes spreche ich noch.

Bißanzeiger-Systeme

Nun zu diesen Bißanzeiger-Systemen. Davon gibt es eine ganze Menge und alle sind recht wirkungsvoll, doch die besten reagieren zweifach – akustisch und optisch. Zur Zeit sind elektronische Bißanzeiger sehr beliebt, in England dürfte wohl das Gerät ,,Optonic'' am besten sein. Es arbeitet auf folgende Weise:
Die Rute liegt auf zwei Rutenhaltern, das vordere Drittel der Rute hängt frei. Wird die Schnur bei einem Biß abgezogen, so bewegt sich ein Rädchen, über das die Schnur läuft. Hierdurch wird ein Lichtsignal ausgelöst, gleichzeitig ertönt ein Piepen, verursacht durch die Batterie. Die Schnur selbst wird über eine Klammer im Bißanzeiger geführt.
In England ist es üblich, zumeist mit zwei Ruten zu angeln, dies bedeutet, daß gleichzeitig auch zwei solcher Bißanzeiger-Systeme eingehängt werden. Das Lichtsignal zeigt dem Angler, an welcher Rute jeweils der Anbiß eines Fisches erfolgt. Das ist sehr wichtig, denn oftmals ist das erste Anzeichen eines Bisses lediglich eine leichte Straffung der Schnur, wodurch dann allerdings auch sofort das akustische Signal ausgelöst wird. Das Lichtsignal bleibt etwa 8 Sekunden sichtbar.

Hier ist ein ,,Optonic-Bißanzeiger'' mit Doppelsystem zu sehen: sowohl ein optisches als auch ein akustisches Signal zeigen den Biß an. Wird mit zwei Ruten geangelt, so zeigt das System auch, an welcher der beiden Ruten der Anbiß erfolgte.

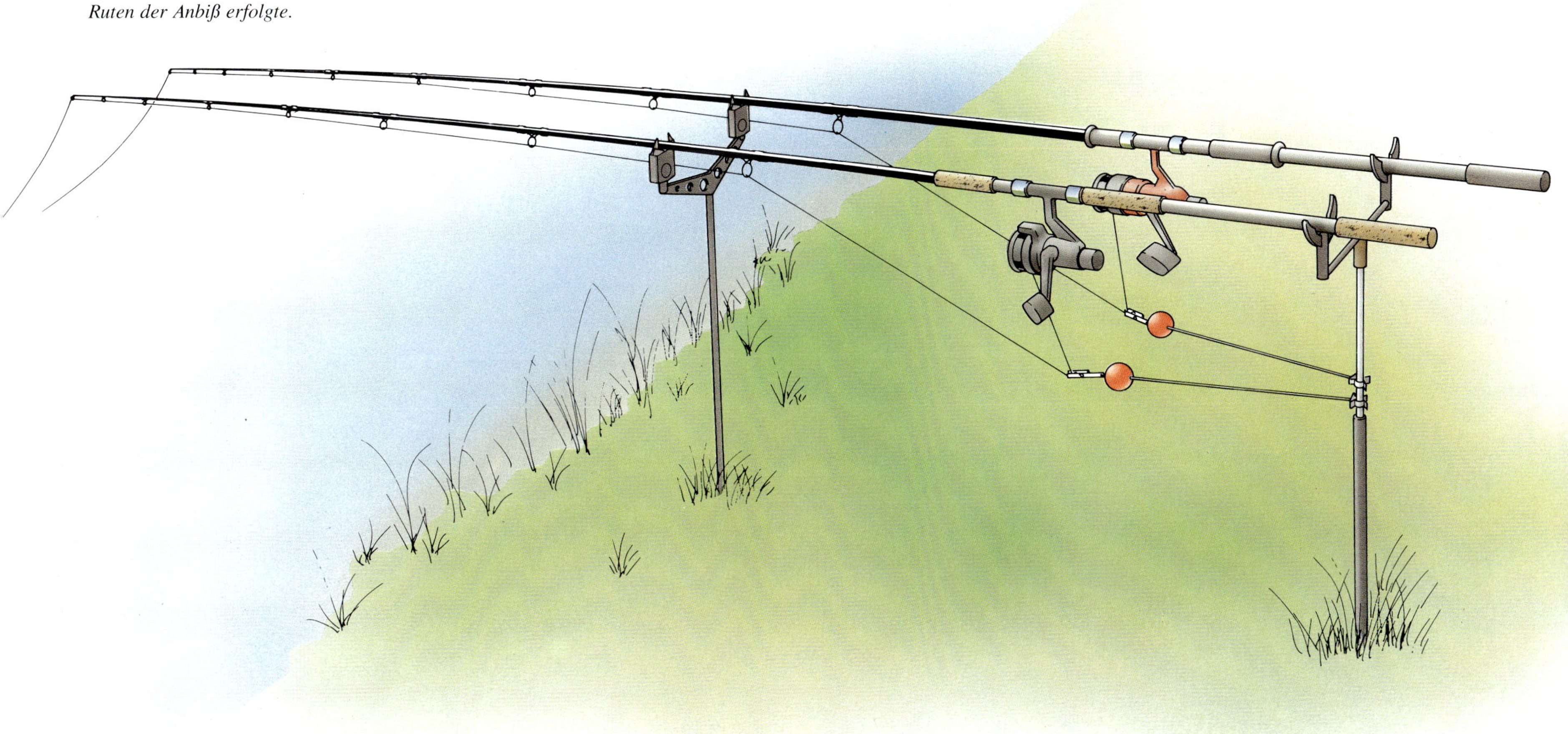

Solang wie ein Fisch über das Rädchen Schnur abzieht, so lange gibt auch der Bißanzeiger sein akustisches und optisches Signal. Der Angler kann daran sogar erkennen, ob der Fisch langsam oder schnell davonzieht. Wenn dieses System korrekt ist, gibt der Bißanzeiger auch dann ein Signal, wenn die Schnur durchhängt, weil der Fisch in Richtung auf den Standort des Anglers schwimmt. Voraussetzung hierfür ist, daß das Gerät entsprechend eingestellt ist.
Hierzu bedarf es einer kleinen Hilfe, dann reagiert der Bißanzeiger sofort, wenn der Fisch uferwärts schwimmt und dabei die Schnur durchhängen läßt. Der Trick ist eine Endklemme, die am Rutenhalter befestigt wird. An ihr befindet sich ein Schnureinhänger, wodurch die Angelschnur abgewinkelt wird. Ein Heben oder Senken des Anzeigers signalisiert nun das Verhalten des gehakten Fisches. Zieht der Fisch mit dem Köder ab, kommt die Schnur frei und die Endklemme hebt sich. Schwimmt der Fisch uferwärts, so hängt die Schnur durch und die Endklemme senkt sich. Doch gleichgültig, welche Richtung der Fisch auch immer nimmt, der Angler hebt sofort die Rute auf, legt den Schnurfangbügel um, holt gegebenenfalls vorsichtig die durchhängende Schnur ein und schlägt an, sobald er den Kontakt mit dem Fisch spürt.
Für Angler, die mit dem Optonic-Bißanzeiger oder einem ähnlichen Gerät fischen, ist diese Endklemme bestenfalls ein zusätzlicher Anzeiger. Doch für jene Angler, die sich kein so kostspieliges Gerät leisten wollen, ist diese ,,Endklemme" am Rutenhalter für sich allein ein völlig zufriedenstellender Bißanzeiger, wenngleich er, dies sollte man bedenken, beim Nachtangeln gewisse Nachteile hat, da er weder akustisch noch optisch reagiert.
Ein weiteres, recht wirkungsvolles Bißanzeiger-System ohne elektronische Teile kann man sich selbst herstellen. Die Engländer nennen diesen Anzeiger witzigerweise ,,Klammeraffenset". Verwendet wird hierzu eine kleine Büchse aus Plastik mit einem Metallstift, auf den der Anzeiger gesteckt wird. Bastler verwenden für den Stift oftmals einen Drahtbügel von einem alten Schirm. Die Schnur wird nun von der Rolle im Winkel nach unten abgezogen und in diesen Anzeiger gehängt, von ihm aus läuft sie aufwärts zum Endring der Rute. Wie dieser Bißanzeiger arbeitet, das hängt ein wenig von der Länge des Stiftes ab, auf dem der Anzeiger sitzt. Ist dieser Stift kurz, so wird der Anzeiger beim Biß eines Fisches kurz angehoben und fällt ab, schwimmt der Fisch uferwärts, so fällt der Anzeiger sofort herab. Ist der Stift jedoch lang genug, daß er über die normale Schnurhöhe hinausragt, so wird der Anzeiger, wenn der Fisch Schnur von der Rolle abzieht, angehoben und fällt dann wieder zurück – genau so, wie ein Spielzeugäffchen an einem Strick – daher auch der Name. Ich persönlich habe die Erfahrung gemacht, daß beide Systeme, sowohl die ,,Endklemme" als auch der ,,Klammeraffenset" ganz ausgezeichnet bei schwereren Fischen, wie etwa beim Hecht und Karpfen arbeiten. Wenn man jedoch auf kleinere und sehr vorsichtige Fische angelt, wie etwa Brachsen und Rotauge, dann ist es möglich, daß diese beiden Bißanzeiger nicht feinfühlig genug reagieren. Fische dieser Art lassen schon mal beim geringsten Widerstand den Köder einfach los, noch bevor der Angler den Anschlag setzen kann.
Die beste Alternative hierfür ist ein feiner Anzeiger unmittelbar an der Schnur. Ein solcher Bißanzeiger, der oftmals nur aus einem Stück Metallfolie besteht, die man in die Schnur einhängt, fällt herunter, ohne daß der Fisch auch nur den geringsten Widerstand gespürt hat. Einige meiner Angelfreunde, die sich auf Aal bei Tage spezialisiert haben, schätzen diesen einfachen Bißanzeiger mehr als alle anderen und ich selbst bevorzuge ihn, wenn ich auf Brachsen oder Rotaugen angle.

Rutenhalter

Es gehört nicht viel Geschicklichkeit oder Erfindungsgabe dazu, sich einen Bißanzeiger selbst anzufertigen. Ein Rutenhalter jedoch, sofern man nicht einfach eine Astgabel in den Boden steckt, ist nicht nur ein wichtiges, sondern auch ein recht preiswertes Angelzubehör. In einigen Ländern ist es erlaubt, gelegentlich mit zwei oder gar drei Angelruten zu fischen; deshalb gibt es hierfür auch doppel- oder dreifache Rutenhalter. Unsere Angler

Ein häufig verwendeter Bißanzeiger ist die Schwingspitze. Diese auswechselbaren Spitzen werden im oberen Ende der hierfür vorgesehenen Angelruten eingeschraubt und sie reagieren sofort beim Anbiß eines Fisches.

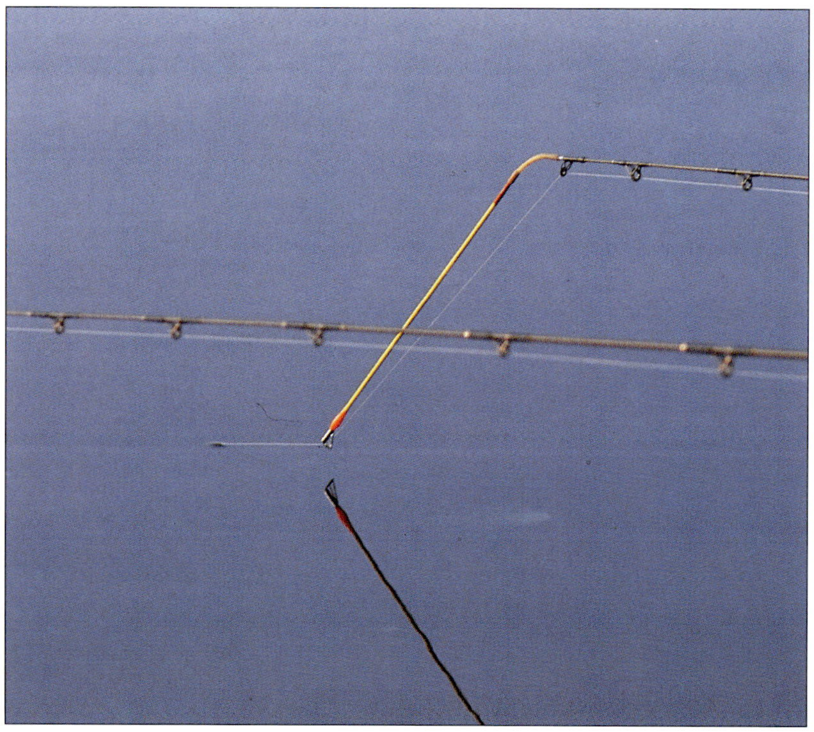

Diese Rutenhalter sind jeweils nur für eine Angelrute bestimmt, es gibt jedoch auch andere, die zugleich mehrere Ruten aufnehmen. Auf einer der Folgeseiten ist so eine Rutenhalterung zu sehen.

Der Hecht schnappt nach lebender und toter Beute gleichermaßen. Im eingesetzten Kleinbild sind zwei typische tote Fischköder zu sehen: oben ein Süßwasser-Weißfisch und unten ein Makrelenfilet.

haben ihnen den Namen ,,Summerlatte'' gegeben – wohl vor allem, weil der vordere Rutenhalter für die Aufnahme von Bißanzeigern wie etwa des Optonic verwendet wird. Anstelle dessen kann man natürlich auch einen einfachen, vorderen Rutenhalter wählen.

Es werden eine ganze Reihe unterschiedlicher Modelle angeboten und jedes hat seine eigenen Merkmale. Alle sind jedoch so gestaltet, daß die Schnur in der aufliegenden Rute einwandfrei ablaufen kann.

Für jene Angler, die bislang noch nicht versucht haben, mit mehr als einer Rute zu angeln, mag all dies ein wenig chaotisch klingen. Allein wenn sie nur daran denken, es könnte einmal ein großer Fisch anbeißen. Doch wenn man gleichzeitig mit zwei Ruten angelt, so bedeutet dies noch nicht, daß auch die Köder nebeneinander angeboten werden. So kann ein Köder rechts, der andere links ausliegen, oder der eine wird in Ufernähe, der andere weit draußen angeboten. Wenn ein Fisch gehakt ist, nimmt man im allgemeinen die zweite Rute aus dem vorderen Halter und legt die Rutenspitze ins Wasser, während das Ende der Rute weiterhin in der zweiten Halterung verbleibt. Auf diese Weise wird die Schnur auf den Gewässergrund absinken und im Normalfall kommt es so nicht zu einem Verheddern mit der anderen Schnur. Aufregung kann es allerdings dann geben, wenn zwei Fische nahezu gleichzeitig an beiden Ködern anbeißen, doch das geschieht glücklicherweise nur selten.

Angeln auf Hecht

Die Mehrzahl der Fische frißt auch einen anderen Fisch, wenn sich die Gelegenheit dazu bietet. Wenn vom Raubfisch die Rede ist, so denken jedoch die Angler an jene Fischarten, die zumeist mit toten Fischködern oder Nachbildungen von lebender Beute gefangen werden. Hecht, Zander, Musky, Wolfsbarsch, Wels und Barsch sind, zusammen mit den verschiedenen Salmonidenarten, jene Raubfische, denen ihr besonderes Interesse gilt.

Meine besondere Spezialität ist das Hechtangeln, wobei ich, in England ist dies möglich, sowohl mit lebendem als auch mit totem Köderfisch angle. Während ich mich hier auf den Hecht konzentriere, können die Leser, so hoffe ich wenigstens, aus meinen Schilderungen manchen Tip übernehmen, der sich auch für den Fang von Raubfischen eignet, denen der geneigte Leser möglicherweise den Vorzug gibt. In einigen Fällen werde ich besonders darauf hinweisen.

Der Hakenlöser ist ein wichtiges Zubehör, falls der Haken zu tief im Schlund eines Hechtes sitzt.

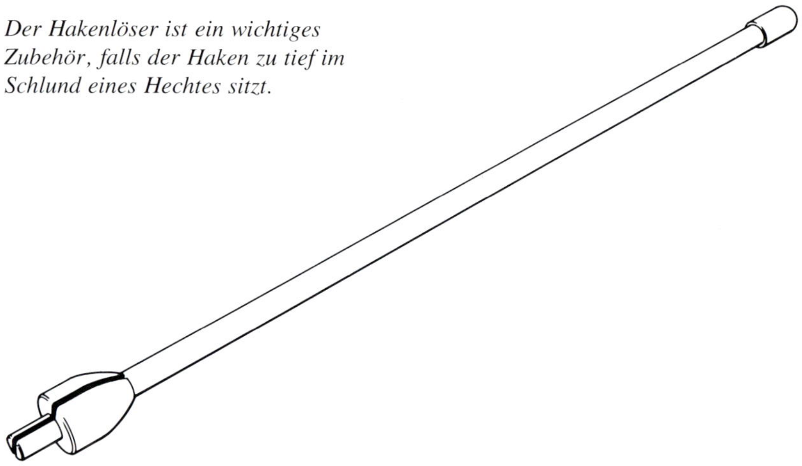

Das Angeln mit dem lebenden Köderfisch ist heute in England durchaus noch üblich, anders ist dies in Deutschland, wo nur in Ausnahmefällen der lebende Köderfisch noch erlaubt ist. Auch in Irland ist der lebende Köderfisch verboten! Das Angeln mit dem toten Köderfisch stammt im übrigen auch aus England und wird dort zumindest so häufig angewandt wie der lebende Köderfisch. In England jedenfalls wurde die Erkenntnis, daß der Hecht auch die Gewässer von toten Fischen säubert, schon vor einigen Jahrhunderten in Büchern veröffentlicht. Aus welchen Gründen auch immer wurde jedoch diese Angelmethode lange Zeit vergessen, bis sie in den frühen 50er Jahren wiederentdeckt wurde. Dabei stellten die Angler fest, daß der Hecht nicht nur tote Fische frißt, die in seinem Gewässer heimisch waren, sondern auch fremde Arten. Das führte dazu, daß auch Meeresfische wie Hering, Makrele, Sardine und Stint als tote Köderfische verwendet wurden. Der letzte Schrei als Hechtköder ist übrigens Thunfisch.
Wir stellen aber auch in England fest, daß immer mehr exotische Meeresfische verwendet werden, die zum Beispiel aus der Karibik eingeführt werden, um unsere Gewässer aufzustocken. Das sind Fische von unterschiedlicher Gestalt, von fremdem Geruch und von anderer Farbe. Doch egal welche Farbe es auch war, wir fanden zudem heraus, daß sich die meisten toten Fische in einer Lösung aus kaltem Wasser und Wasserfarbe auch leicht verfärben ließen. Auf diese Weise konnten wir alle gewünschten Farben bekommen, wie gold, gelb, rot und auch blau – alles Farben, von denen uns die Experten gesagt hatten, daß der Fisch diese in größeren Tiefen gut ausmachen könne. Das Angeln mit dem toten Köderfisch paßte ganz vorzüglich in unser System, den Hecht zu beangeln, das letztlich von drei Voraussetzungen bestimmt wird – Sicht, Geruch und der Möglichkeit, den Köder aufreizend anzubieten und ihn beim Einholen vibrieren zu lassen. Der Angler erfüllt mit seinem Köderangebot diese drei Voraussetzungen, manchmal sogar gleichzeitig. Heutzutage haben wir ja selbst künstliche Köder mit Lockstoffen.
Die ganze Angelegenheit wirft eine Reihe von Fragen auf. Warum, zum Beispiel, benötigen wir so viele unterschiedliche Typen, Geruchsstoffe und Farben für das Angeln mit dem toten Köderfisch? Die kurze Antwort hierauf lautet: Weil Experten ermittelt haben, daß der Hecht die Fähigkeit entwickelt hat, in einem toten Fisch auch eine Gefahr für sich selbst zu erkennen. Ein Beispiel, wenn ein Hecht schon verschiedene Male mit einem Makrelenköder gefangen wurde, dann kann es geschehen, daß er nicht erneut auf diesen Köder anbeißt. Neue Köder, das hat sich gezeigt, sind immer für eine Saison oder auch zwei besonders fängig, dann werden sie zumeist nicht mehr angenommen.
Das zuvor Gesagte trifft wohl speziell auf den englischen Hechtangler zu. Wir haben ja eingangs gelesen, daß dort die Gewohnheit zu bestehen scheint, auch den Hecht wieder zurückzusetzen. In den deutschsprachigen Ländern geschieht dies wohl nur, wenn ein Hecht das Mindestmaß noch nicht erreicht hat. Deshalb ist es in diesen Ländern zumindest bislang auch noch nicht üblich, tote Köderfische mit Duftstoffen zu versehen oder sie einzufärben. Es hat den Anschein, daß der Hecht weniger lernfähig ist, soweit es den lebenden Fisch betrifft. Er wird von ihm so oft angenommen, wie sich die Gelegenheit dazu bietet, obgleich der Hecht doch ebenfalls lernen könnte, daß ein lebender Fisch auch manchmal Haken hat. Hier verhindert wohl der Raubinstinkt alle Hemmungen! Die Vermutung, daß der Hecht gelegentlich auch mißtrauisch bei einem Köderangebot sein könnte, hat letztlich zur Entwicklung bestimmter Angelmethoden geführt, nicht zuletzt auch dazu, den Köder besonders verführerisch anzubieten. Jede dieser Angeltaktiken kann mit den Methoden durchgeführt werden, die ich im folgenden beschreibe.

Grundangeln mit Köderfisch

Normalerweise wird mit dem toten Köderfisch geangelt, indem man letzteren anhakt, auswirft und auf den Grund absinken läßt. Je nach Größe des Köders, wird er mit zwei oder drei Drillingen versehen, die an einem Stahl-

Das Angeln mit dem toten Köderfisch ist die bekannteste und zugleich in einigen Ländern nur noch erlaubte Methode beim Hechtangeln mit natürlichem Köder. Dabei sollte der Köderfisch auf dem Grund liegend angeboten werden. Hier sind zwei Montagen zu sehen, einmal mit Grundblei und einmal ohne.

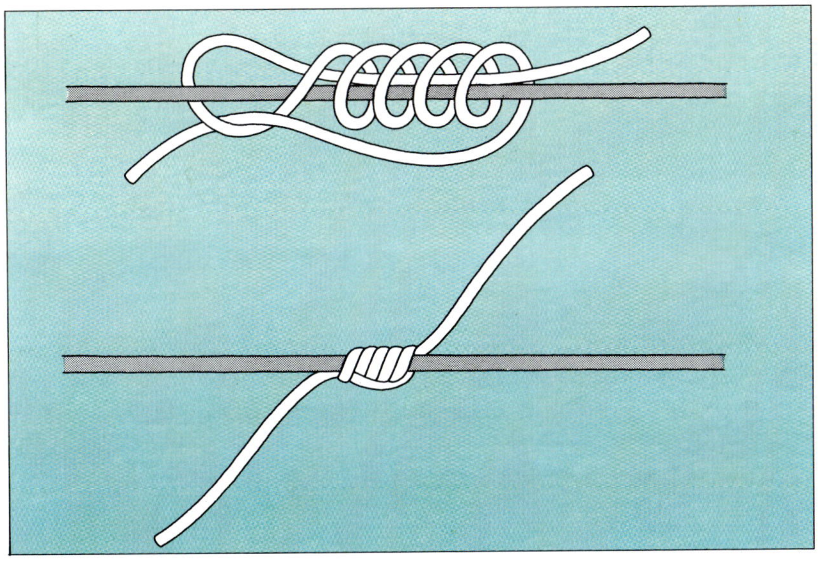

Ein Stopperknoten

Wenn man nicht will, daß der tote Köderfisch auf Grund liegt, kann man ihn auch mit Hilfe einer Pose oder Kunststoffkugel, die vor der Lippenköderung angebracht wird, frei über Grund schweben lassen. Dies erweckt beim Hecht den Eindruck, einen Fisch vor sich zu haben, der dem Grund zustrebt oder krank ist, was beides den Raubfisch zum Angriff reizt.

Die hier gezeigte Anköderung mit lebendem Köderfisch ist in Deutschland nicht mehr erlaubt. Auf diese Weise kann man jedoch auch den toten Köderfisch anbieten. Gezeigt wird ein Paternostersystem mit abgesunkener Pose, die den toten Köderfisch jeweils in einer bestimmten, zuvor gewählten Tiefe hält.

vorfach hängen. Selbst starke Hechte vermögen nicht es durchzubeißen. Angelt man ohne Stahlvorfach, das üblicherweise eine Tragkraft von 8–9 Kilogramm hat, so kann ein Hecht mit Leichtigkeit die Schnur durchbeißen. Das kann dazu führen, daß er beim Verschlucken der Haken zugrunde geht. Das Angeln mit Stahlvorfach und totem Köderfisch ist eine einfache Methode und dürfte einem Hecht kaum verdächtig erscheinen. Der Hecht kann mit seiner Beute schwimmen wohin er will, wobei er die Schnur entweder strafft oder durchhängen läßt. Der Bißanzeiger sollte so gut reagieren, daß er anzeigt, wann der Hecht seinen Köder verschlingt. Beim Hechtangeln verwende ich am liebsten diese „Endklemme", da diese sich entweder hebt, wenn der Fisch davon schwimmt oder senkt, wenn er auf das Ufer zukommt. So oder so, der Bißanzeiger macht deutlich, was im Wasser mit dem Köder geschieht.

Wenn weitere Würfe erforderlich sind oder wenn man im Fließwasser die Position halten will, ist es notwendig, ein Bleigewicht einzuhängen. Ich verwende hierfür Grundbleie, je nach Gewässer, von gut 200 bis manchmal sogar 800 Gramm. Trotz des hohen Gewichts verspürt der Hecht kaum einen Widerstand, da die Schnur durch die Bleiöse abgezogen werden kann, während das Blei einem Anker gleicht. Der Hecht kann ungehindert schwimmen in welche Richtung er auch immer will.

Grundangeln mit lebendem Köderfisch

Die beiden oben genannten Methoden kann man auch beim Angeln mit dem lebenden Köderfisch anwenden, doch nur, dies sei noch einmal gesagt, sofern dies erlaubt ist! Der Haken wird hierbei möglichst nur durch Lippenköderung eingesetzt, um die Verletzung des Köderfischs auf ein Minimum zu begrenzen. Es ist nun keineswegs immer so, daß der Köderfisch ständig in Bewegung bleibt. Nimmt man eine Brachse oder ein Rotauge als Köderfisch, so muß man wissen, daß diese im allgemeinen nur in Flachwasserbereichen die Angewohnheit haben, herumzuschwimmen. Sie sind dann auf der Suche nach Scharkanten oder tieferen Stellen, um abzutauchen. Sie kommen dann dahin, wo der Hecht sie zumeist auch raubt. Dort in der Tiefe

Diese Montage mit gleitendem totem Köderfisch bietet dem Hecht keinen Widerstand, wenn er den Köder packt. Im Fließwasser wird zudem der tote Köderfisch hin und her bewegt, was auch einen trägen Hecht zum Anbiß verleiten kann.

verharren sie. Auch in Kanälen und Flüssen schwimmt der an der Schnur gehende Köderfisch vor allem zu den tiefsten Stellen im Wasser, um sich dort zu verstecken. Fraglos ist dies ein schwieriges Angeln, das ständige Aufmerksamkeit erfordert. Wenn ein starker Bewuchs mit Wasserpflanzen vorhanden ist, eignet sich diese Methode nicht. Der Angler muß dem Köderfisch immer erlauben, so lange Schnur abzuziehen bis er verharrt. Erst dann kann er oben an der Rute den Bißanzeiger einhängen. Und wie ein Habicht muß er, sofern vorhanden, die akustische oder optische Bißanzeige beachten, besonders, wenn der Hecht uferwärts zieht. Diese Angelmethode ist gewiß nicht einfach, aber sie hat sich vor allem dort bewährt, wo schwere Hechte stehen und an sie mit anderem Köder kaum heranzukommen ist.
Einen lebenden Köderfisch auf oder kurz über Grund anzubieten, kann ebenfalls zu guten Erfolgen führen. Wenn wir mit einem Bleigewicht angeln, so ist zu empfehlen, eine Schaumstoffpose zu verwenden. Sie verhindert, daß sich der Köderfisch im Unterwasserkraut selbst begräbt. Diese Pose hebt den Fisch immer dann etwas nach oben, wenn er in Ruhestellung geht, was ihn letztlich dazu veranlaßt, erneut abzutauchen. Dieses ständige Auf und Ab ist andererseits für den Hecht sehr verlockend. Um ein Verheddern der Schnur zu verhindern, zieht man bei dieser Angelmethode ein kleines Stück Plastikrohr über die Schnur und verklemmt es in der Bleiöse.

Wenn der Gewässergrund stark verkrautet ist oder abgestorbenes Geäst ihn bedeckt, dann empfiehlt sich die sogenannte Paternostermethode mit abgesenkter Pose. Damit kann man einen lebenden Köderfisch auf jeder beliebigen Tiefe halten. Es geht ganz einfach, indem man je nach Wunsch die Schnurlänge vom Bleigewicht bis zum oberen Wirbel variiert. Hierbei ist ein doppeltes Stahlvorfach erforderlich. Gerät nämlich der Köder beim Schwimmen in die Schnur und verheddert sich in ihr, würde ein Hecht, der den Köderfisch packt, diese Schnur sofort durchbeißen. Verwendet man dagegen ein kurzes Vorfach für den Köderfisch und ein längeres zwischen Blei und Wirbel, läßt sich diese Gefahr vermeiden.
Um sowohl beim Auswerfen als auch im Wasser zu verhindern, daß der Köderfisch die Schnur verheddert, wird an der Verbindungsstelle ein Stück Schaumstoff eingeknotet. Das ist ein sehr guter und wichtiger Tip, denn der Köderfisch hält sich hierdurch immer in der gleichen Tiefe auf, egal, wie tief das Gewässer ist. Und es begrenzt zudem den Spielraum des Köderfischs in besonders fangträchtigen Revieren. Verwendet man zudem einen gleitenden

Vorsicht ist immer geboten, wenn man den Köder aus den Zähnen eines Hechtes herausholen will, da die nadelscharfen Zähne des Hechtes bei Unachtsamkeit böse Verletzungen an den Händen zur Folge haben können.

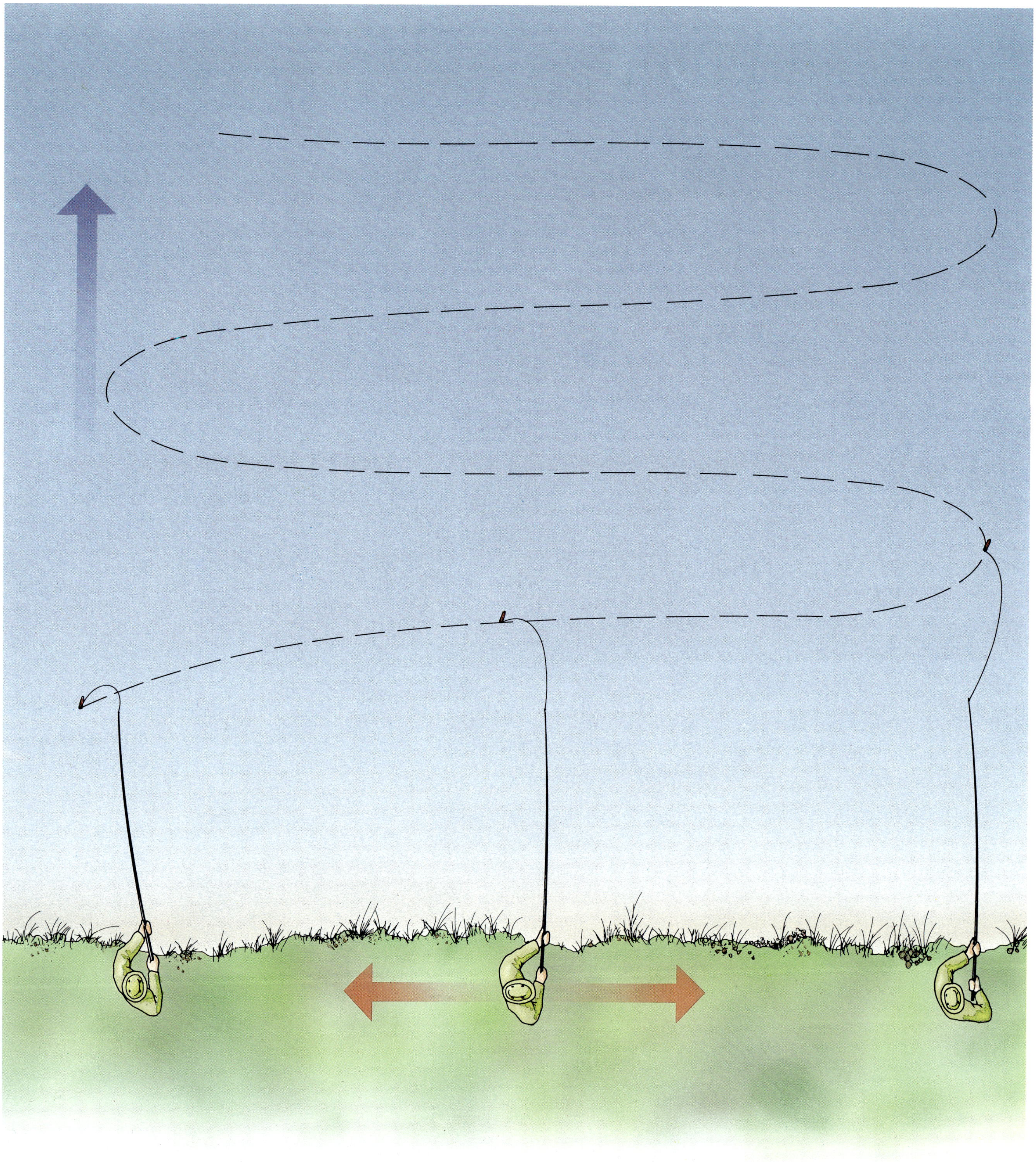

Links: Wenn man mit einer treibenden Pose angeln will, muß man den Wind im Rücken haben. Indem man am Ufer vor- und zurückgeht, bewegt man die Pose so, daß, gleichsam wie mit einem Segelschiffchen, eine größere Fläche abgesegelt und damit beangelt werden kann. Die gestrichelte Linie macht deutlich, daß man den Köder auch so steuern kann, daß er eine bestimmte Strecke abfischt, so zum Beispiel flache oder tiefe Scharkanten, die 100 bis 150 Meter weit draußen im See abfallen.

Stopperknoten, kann die Kugelpose aus Schaumstoff so justiert werden, falls dies gewünscht wird, daß sie an der Oberfläche erkennbar ist. Ein Nachteil dieser Montage ist allerdings, daß der Hecht, wenn er den Köder packt, alles mitnimmt, auch Pose und Bleigewicht. In der Theorie möchte man meinen, daß ein Hecht beim Anbiß doch eine ganze Menge Widerstand verspürt und deshalb lieber vom Köder abläßt, doch die Praxis hat gezeigt, daß dies nur sehr selten geschieht, vor allem dann nicht, wenn der Hecht ausgesprochen beißfreudig ist.

Ein widerstandsfreies System
Wenn sich der Hecht weniger beißfreudig zeigt, kann es sich auszahlen, wenn man ihm einen lebenden Köderfisch anbietet, der mehr Bewegungsfreiheit hat. Voraussetzung hierfür ist eine Montage, bei welcher der Hecht beim Anbiß keinen Widerstand spürt. Dieses System ergibt sich aus einer Zusammenfassung mehrerer guter Einfälle, die Hechtspezialisten hatten.

Unten: Hier wird gezeigt, wie so eine Montage mit totem Köderfisch und treibender Pose aussehen kann. Die Pose ist zigarrenförmig und hat eine Mittenbohrung, durch welche die Schnur läuft.

Diese Montage macht es möglich, daß Pose und Blei an ihrem Platz verbleiben, während er mit dem Köderfisch davonzieht. Sobald er die Schnur von der Klemme am Rutengriff abgezogen hat, spürt er überhaupt keinen Widerstand mehr beim Davonschwimmen mit dem Köderfisch.
Für dieses System eignet sich auch ein toter Köderfisch. Der Köderfisch hängt im Wasser nahezu frei, denn die Schnur ist nicht besonders straff und auch die Pose kann ungestört bewegt werden. Mit der Pose selbst kann sich der Köderfisch nicht verheddern, sofern die Schnur zum Köder kürzer ist als jene von der Pose zum Gardinenring, den man für dieses System benötigt. Rein theoretisch ist zwar auch ein Verheddern mit der Schnur, die von der Pose zum Blei führt, möglich oder auch mit der Hauptschnur selbst, doch dies passiert höchst selten. Eine Vorsichtsmaßnahme, daß dies nicht geschieht, ist ja gerade das obere Schnurstück vom Ring zur Pose. Wenn es schwierig ist, einen Hecht zum Anbiß zu verleiten, dann erweist sich dieses Ködersystem letztlich fängiger als alle anderen. Ich selbst habe hiermit schon viele große Hechte gefangen.

Montage mit schwimmendem, totem Köderfisch

Bevor ich auf das Angeln mit Köderfisch und Oberflächenpose zu sprechen komme, möchte ich noch ein anderes System erwähnen: das Angeln mit totem Köderfisch auf Grund, wobei man diesen auf die eine oder andere Weise ans Schwimmen bringt. Eine Möglichkeit hierfür ist, einen frischen, abgeschlagenen Süßwasserfisch mit Hilfe einer Luftnadel mit Luft zu füllen. Tote Meeresfische halten eine solche Luftfüllung allerdings nicht, doch in so einem Fall kann man sich damit helfen, indem man an den Fisch kleine Schaumstoffkugeln anbindet oder in den Schlund der toten Köderfische kleine Stücke von Balsaholz drückt.
Mit diesem System kommt man dem Raubverhalten des Hechtes auf Sicht und Geruch gleichermaßen entgegen. Wenn ein Hecht sich in normaler Schwimmlage befindet, dann sind seine Augen nach vorn und oben gerichtet. Es ist daher höchst wahrscheinlich, daß er eine Beute über Grund rascher ausmacht. Sehr viel häufiger wird ein Köderfisch über Grund eher angenommen, als einer der auf dem Boden liegt, doch gelegentlich kann es genau so auch andersherum sein.

Angeln mit treibender Pose

Letztlich bleibt immer die Frage, was an einem Angeltag auf Hecht wohl am besten geht. Häufig hat man auch einen guten Erfolg mit freischwimmendem Köderfisch und treibender Pose an der Oberfläche. Vor Jahren verwendeten wir hierzu große, runde Posen, die jedoch recht unpraktisch waren, da sie einem Hecht, der den Köder genommen hatte, arg viel Widerstand entgegensetzten. Heutzutage sind die Posen wesentlich verfeinert und eine relativ neue Methode, mit solch einer Pose auf Hecht zu angeln, hat sich als bemerkenswert fängig erwiesen.
Oberflächenposen für lebende oder tote Köderfische haben in Längsrichtung eine Mittenbohrung und sind meist zigarrenförmig. Im Idealfall sollte die Pose nur so groß sein, daß sie eben den Köderfisch und die Schnurbebleiung tragen kann. Die Hauptschnur vor der Pose sollte eingefettet sein, damit sie nicht absinkt. Wenn dies nämlich geschieht, macht das die Pose unbeweglich und manchmal kann es dann sogar geschehen, daß sie sich mit dem Köderfisch verheddert. Normalerweise angelt man mit diesem System so, daß man die Pose in einem bestimmten Abschnitt treiben läßt. Ein lebender Köderfisch kann natürlich auch gegen den Wind schwimmen, sofern die Schnur zwischen Rute und Pose etwas straff gehalten wird. Gibt es allerdings hinter der Pose im Wasser einen Schnurbogen, so spürt ein Köderfisch diesen Widerstand sofort. Seine Reaktion ist dann, augenblicklich von diesem Hindernis wegzukommen – und damit schwimmt er unweigerlich auf den Angler zu.
Es war selbstverständlich, daß erfahrene Hechtangler darüber nachzudenken begannen, wie man beim Angeln auf Hecht mit Pose den Ablauf etwas besser unter Kontrolle bringen könnte. Diese Überlegungen führten zur Einführung der ,,Flügel-Pose'', die letztlich perfektioniert wurde. Die ursprüngliche Idee war, einen Köder unter Kontrolle mit dem Wind treiben zu lassen, wobei die Flügel-Pose als Segel diente. Der Angler hatte nichts weiter zu tun, als die eingefettete Schnur in dem Maße freizugeben, wie sie von der Pose fortgetragen wurde. Doch schon bald stellt man fest, daß diese Pose sehr viel mehr als nur ,,das'' zustande bringen konnte. Sie kann nämlich gegen den Wind ,,segeln'' und zwar nach rechts oder links, je nachdem, wie der Angler die Schnur führt.
Auf diese Weise kann man mit der treibenden Pose an einer nahe liegenden Scharkante eines Sees den Köder entlangtreiben lassen, anschließend läßt man die Pose samt Köder ins Freiwasser davonsegeln, wobei man möglichst einen Zick-Zack-Kurs einhält. Mit so einer Pose kann man auf die gleiche Weise eine Wasserfläche abfischen, wie dies der Spinnfischer mit einem Wobbler oder Blinker macht – wobei dem Raubfisch dazu noch ein lebender oder toter Köderfisch präsentiert wird. Eine Verlockung, die vom Raubfisch zu gegebener Zeit, sicher noch eher angenommen wird, als ein blitzendes Stück Metall oder Plastik. Mit der Flügel-Pose kann man aber noch weiter entfernte Gewässerpartien erreichen, als etwa mit einem künstlichen Köder oder auch beim Weitwurf mit einem toten Köderfisch. Ich habe mit so einer Flügel-Pose Entfernungen bis zu etwa 275 Meter erreicht, womit gesagt sein soll, daß ca. 70 bis 140 Meter für vorsichtige Angler immer drin sind.
Die Art und Weise wie man hierbei vorgeht, hängt von der Windrichtung ab. Doch all die Manöver, die ich hier beschrieben habe, sind nur möglich, wenn der Wind direkt hinter dem Angler steht. Die Schnur muß eingefettet werden. Dann werfe man aus und lasse den Wind die Flügel-Pose ergreifen. Sie wird sofort in Windrichtung davonziehen. Wenn man jedoch wünscht, daß sie gegen den Wind geht, muß man nur den Schnurablauf stoppen. Dabei wird sich nach rechts oder nach links von der Pose in der Schnur ein Bogen bilden. Formt er sich nach rechts aus, so wird die Pose langsam nach rechts gleiten. Falls die Uferbepflanzung dies erlaubt, braucht der Angler nur der abtriftenden Pose soweit zu folgen, wie der Gewässerabschnitt befischt werden soll. Wenn die Schnur soweit abgetrieben worden ist, wie dies gewünscht wird oder wie der Angler zu folgen vermag, dann läßt man einfach die Schnur wieder ablaufen bis die Flügel-Pose 10 oder 20 Meter weiter seewärts geglitten ist. Danach hebt man die Schnur an, indem man die Rute, so gut es geht, hochhält und geht nun auf die linke Seite. Das verursacht automatisch einen Linksbogen in der Schnur und damit gleitet auch die Pose nach links. Ein neuer Gewässerabschnitt wird beangelt.
Auf diese Weise kann man große Gewässerareale befischen, einschließlich die stets vielversprechenden Ränder von Inseln, eingesunkenen Dämmen oder Sandbänken, die ein kompetenter Angler ja kennen sollte. Moderne grafische und digital Rekorder, wie der in England bekannte ,,Lowrance Eagle'' sowie andere, erleichtern die Erfassung der Unterwasserstruktur eines Gewässers. Als Ergänzung hierzu hat auch der Bootsangler Vorteile bei der Verwendung einer treibenden Pose. Er kann damit bestimmte Bereiche beangeln, an die er vielleicht anders nicht herankommt, aber auch Uferzonen, besonders schilfreiche Buchten, in denen sich ja oft Hechte und andere Raubfische verbergen. Das Angeln mit diesem System ist eine sehr vielseitige und erfolgreiche Methode, die man am besten in Gewässern mit Tiefen von 3 bis 7 Meter anwenden sollte.
In so einem Gewässer angle ich mit dem Köderfisch auf halber Höhe, höchstens aber bis zu zwei Drittel der durchschnittlichen Tiefe des Gewässers. Ich höre Sie schon fragen, wie sieht das mit Gewässern aus, die innerhalb einer möglichen Wurfweite flach sind und weiter draußen sehr tief? Dieses Problem läßt sich oftmals lösen, wenn man eines jener PVA-Bänder verwendet, die sich im Wasser auflösen; ich sprach davon im Abschnitt ,,Zubehör''. Wenn man zum Beispiel den Köder in einer Tiefe von 4 Metern anbieten will, die Pose jedoch über eine Stelle gleiten soll, die nur 2 Meter tief ist, so hängt man zunächst einmal den Köder auf 4 Meter Tiefe an der Schnur ein. Dann macht man einen einfachen Gleitknoten in der Schnur, etwa 2,5 Meter über dem Stahlvorfach. Mit einem Stück PVA-Band oder Schnur hängt man dann den Wirbel mit Vorfach in der Schlaufe ein. Im allgemeinen wird die Pose tieferes Wasser erreicht haben, bevor das PVA-Band schmilzt, so daß der Köderfisch dann auf die gewünschte Tiefe absinken kann.
Eine andere Möglichkeit ist es, den Köder an einem Luftballon gleiten zu lassen. Hierzu steckt man am Vorfachwirbel eine Büroklammer ein und klemmt in diese einen aufgeblasenen Luftballon. Wenn man die Klammer mit PVA-Band befestigt, so wird sie beim Auswerfen des Köders halten. Wenn der Luftballon den Köder auf die gewünschte Entfernung getragen hat, wird auch das PVA-Band schmelzen. Mit einem kräftigen Ruck an der Rute wird nun der Luftballon freigesetzt. Der Köderfisch sinkt auf die gewünschte Tiefe ab und die Pose tritt nun in Funktion. Diese Methode kann man auch für die meisten anderen Ködersysteme anwenden, die ich hier

beschrieben habe und zwar dann, wenn der Köder in einer Entfernung angeboten werden soll, die sich mit dem Auswerfen nicht erreichen läßt.

Lebender oder toter Köderfisch?

Hier habe ich einige der erfolgreicheren Angelmethoden mit lebendem oder totem Köderfisch auf Hecht vorgestellt. Bevor ich darauf zu sprechen komme, wie diese oder ähnliche Methoden auch auf andere Raubfische angewandt werden können, möchte ich mich mit dem Erfolg der beiden Köderarten befassen. Es gibt Angler, die vertreten die Meinung, daß der lebende oder tote Köderfisch gleichermaßen erfolgreich ist. Ich persönlich kann dieser Aussage nicht ohne weiteres zustimmen. Wenn ich die Fangstatistik der letzten 200 Hechte betrachte, die ich gefangen habe und die alle über 10 Pfund schwer waren, dann muß ich sagen, daß ich eine größere Zahl mit lebendem Köderfisch gefangen habe, obgleich ich ebenso oft mit totem Köderfisch geangelt habe.

Andererseits heißt es aber auch, daß man mit dem toten Köderfisch die größten Hechte fängt und dies mag sicher in vielen Fällen so sein. Von jenen Hechten, die ich im Gewicht von mehr als 20 Pfund gefangen habe, waren es aber mehr mit lebendem als mit totem Köderfisch. Auch mein bislang schwerster Hecht, der nahezu 30 Pfund wog, wurde mit lebendem Köderfisch gefangen. Gleichzeitig muß ich aber auch anerkennen, daß auf Hecht der künstliche Köder am erfolgreichsten ist. Doch hierüber wurde bereits im vorhergehenden Kapitel geschrieben. Um beim Hechtangeln die erfolgreichste Methode ausfindig zu machen, sollten die Sportfischer, soweit dies möglich ist, alle drei Angelmethoden ausprobieren.

Wir haben schon mehrfach erwähnt, daß in Deutschland der lebende Köderfisch nur noch in Ausnahmefällen erlaubt ist, und daß er zum Beispiel in Irland gänzlich verboten ist. Doch soweit es die hier vom englischen Autor beschriebenen Angelmethoden auf Hecht angeht, können diese alle auch mit dem toten Köderfisch am System angewandt werden. Am Erfolg dürften kaum Zweifel bestehen.

Noch ein letzter Tip, bevor wir auf die kleineren Raubfische zu sprechen kommen – eine Methode, tote Köderfische auf weite Entfernungen zu werfen, ohne daß sich die Haken lösen, oder ohne daß die Haken zu fest eingedrückt werden müssen, womit dann oftmals die Gefahr besteht, daß man einen zupackenden Hecht nicht sicher genug anschlagen kann. Aus mancherlei Gründen sprechen wir in England hierbei von einem „Auswurfsystem". Der sogenannte Auswerfer nimmt die Belastungen beim Wurf auf, der tote Köderfisch hängt dabei in einer Schlaufe aus fester Schnur, die um den Schwanz des Köderfischs gewunden wird. Unmittelbar nach dem Wurf löst sich die durch einen Gummi festgezurrte Pose aus der Schlaufe. Auf diese Weise kann man einen nicht allzu fest gehakten Köderfisch sehr viel weiter werfen, als wenn die Spannung beim Wurf voll von den Haken im Köderfisch getragen werden müßte.

Kleinere Raubfischarten, wie etwa der Barsch und Zander, können auf die gleiche Weise wie der Hecht gefangen werden.

Kleinere Raubfische

Einige der Angelpraktiken mit dem lebenden oder toten Köderfisch auf Hecht wurden aus Methoden abgeleitet, die ursprünglich für den Fang kleinerer Raubfische wie etwa Barsch, Zander und Aal angewandt wurden. Weitere Raubfischarten, die etwa so groß wie Barsch und Zander werden, können mit gleichartigen Methoden, wie hier beschrieben, gefangen werden.

Barsch

Die Standardmethode, wie man mit lebendem Köderfisch auf Barsch angelt – sofern dies erlaubt ist – wurde bereits zu Beginn des Abschnitts über das Angeln mit lebendem Köderfisch auf Hecht behandelt. Diese sehr fängige Methode mit kleinen lebenden Köderfischen wie Elritzen und anderen steht europäischen Anglern ja oft zur Verfügung. Dies trifft auf die bereits erwähnten Länder nicht zu.
Sowohl Barsch als auch Zander verhalten sich sehr vorsichtig, wenn sich beim Anbiß Widerstand ergibt. Die hier beschriebene Methode verhindert dies soweit wie möglich. Sobald die Schnur von der Ringklemme freigekommen ist, kann der Raubfisch mit seiner Beute ungehindert davonschwimmen, dabei zieht er die Schnur durch die Öse der abgesenkten Pose. Um in einer bestimmten Position einen kleinen, lebenden oder auch toten Köderfisch anzubieten, gibt es nach meiner Auffassung kein besseres System. Mit einer Ausnahme, für das Angeln vom Boot aus ist diese Montage weniger geeignet.

Ich beneide ein wenig meine Angelfreunde in solchen Ländern wie Schweden, wo die Barsche sehr viel größer werden als bei uns in England. Mein schwerster Barsch wog noch keine 3 Pfund. Diesen Barsch fing ich auf einer Angeltour vom Boot aus. Damals wurden von uns noch drei weitere von gut 3 Pfund Gewicht sowie einige über 2 Pfund schwere Barsche gefangen. Dies war ein Fang, wie er zur Zeit in England unmöglich sein dürfte. Als Folge von Fischkrankheiten und Verseuchungen in einigen Gewässern, in denen er früher zahlreich vertreten war, ist bei uns der Barschfang fast ganz zum Erliegen gekommen.
Deshalb zugegeben, ich bin ein wenig eifersüchtig auf jene Angler, die nach wie vor den Barsch in größerer Zahl und in guter Qualität fangen können. Ich angle noch immer mit diesem System der abgesenkten Pose und kleinen, lebenden oder toten Köderfischen, wobei mir auch gelegentlich ein Barsch an den Haken geht. Manchmal allerdings hänge ich auch voller Hoffnung ganz einfach einen Regenwurm an den Haken. Kürzlich habe ich es auch einmal mit kleinen Spinnern und Blinkern sowie Jigs versucht, mit denen die Niederländer und andere Angler auf dem Festland so gute Barschfänge verzeichnen. Ich muß jedoch zugeben, daß ich damit noch keinen Erfolg gehabt habe.

Zander

Soweit es den Zander angeht, ist in Bezug auf England zu sagen, daß sich dieser in den letzten Jahrzehnten auch in unseren Gewässern verbreitet hat und beim Angler auf zunehmendes Interesse gestoßen ist. Naturgemäß wird er bei uns genau so beangelt wie der Hecht, also vor allem mit lebendem und

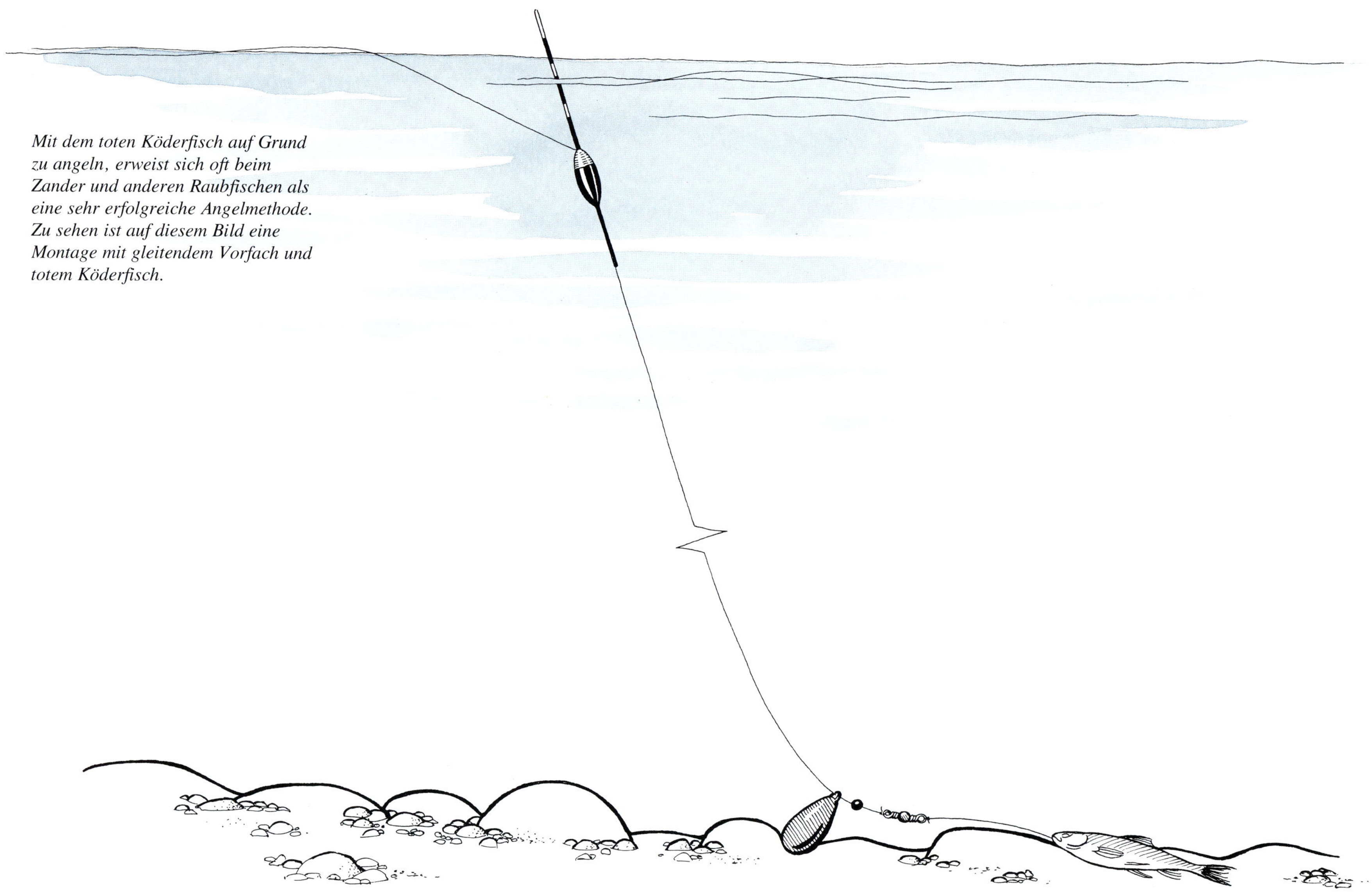

Mit dem toten Köderfisch auf Grund zu angeln, erweist sich oft beim Zander und anderen Raubfischen als eine sehr erfolgreiche Angelmethode. Zu sehen ist auf diesem Bild eine Montage mit gleitendem Vorfach und totem Köderfisch.

totem Köderfisch. Die Angelmethoden, wie sie im Abschnitt über den Hechtfang schon beschrieben wurden, sind alle auch erfolgreich für das Zanderangeln anwendbar.
Viele Zander werden mit totem Köderfisch auf Grund gefangen. Fische mit schlankem Körper, wie etwa Döbel und Hasel, sind die besten Köder, gefolgt von Rotauge und Rotfeder. Nicht gerade sehr appetitlich aussehend, aber sehr fängig, sind kleine Aalstücke. Man teilt ein etwa 30 Zentimeter langes Stück in 3 Teile.
In einer ganzen Reihe von Ländern habe ich mir das Angeln auf Zander aufmerksam angesehen, dabei muß ich sagen, daß ich die niederländische Art des Zanderfangs am meisten schätze. Sie verwenden lange, schlanke Posen, die ganz vorzüglich geeignet sind, auch bei kurzem Wellengang noch zu gleiten, zudem bieten sie nur einen geringen Widerstand, wenn ein Zander mit dem Köder abzieht. Diese Posen liegen gut im Wind, dabei sehen sie so aus, als würden sie jeden Augenblick untergehen – auch wenn sie schon stundenlang so liegen!
Eine weitere Angeltaktik der Niederländer eignet sich nicht nur für den Zander, sondern für den Fang vieler Raubfischarten. Ein an der Lippe gehakter, toter Köderfisch wird möglichst weit ausgeworfen und dann langsam über Grund wieder eingeholt. Auf diese Weise fängt man viele Zander, manche davon sind sogar größer, als so viele von uns zu hoffen wagen.
Überrascht war ich, als ich einigen niederländischen Zanderspezialisten beim Angeln zusah, schon ein wenig. Ich dachte, sie würden ihre Ruten heben und senken, zockenderweise, wie das manchmal Hechtangler mit dem toten Köderfisch machen. Statt dessen gingen sie fast genau so wie ein Fliegenfischer vor. Mit leichtem Rucken holten sie die Schnur regelmäßig ein, wobei sie diese durch die Finger gleiten ließen. Hin und wieder legten sie einen kurzen Stopp ein, um die lose hängende Schnur aufzuspulen.
Während dieses vorsichtigen Einholens erfühlen sie mit den Fingern den oftmals sehr vorsichtigen Biß eines Zanders, dabei achten sie sehr sorgfältig auf die weiche Rutenspitze, ob diese die geringste Reaktion zeigt. Ich war

Der Aal ist ein gefräßiger, aber auch scheuer Raubfisch.

Auf dem unteren Bild ist eine Montage für den Aalfang auf weichem oder bewachsenem Gewässergrund zu sehen. Die Fischstücke können auch anstelle des Bambusröhrchens an ein gleitendes Vorfach montiert werden.

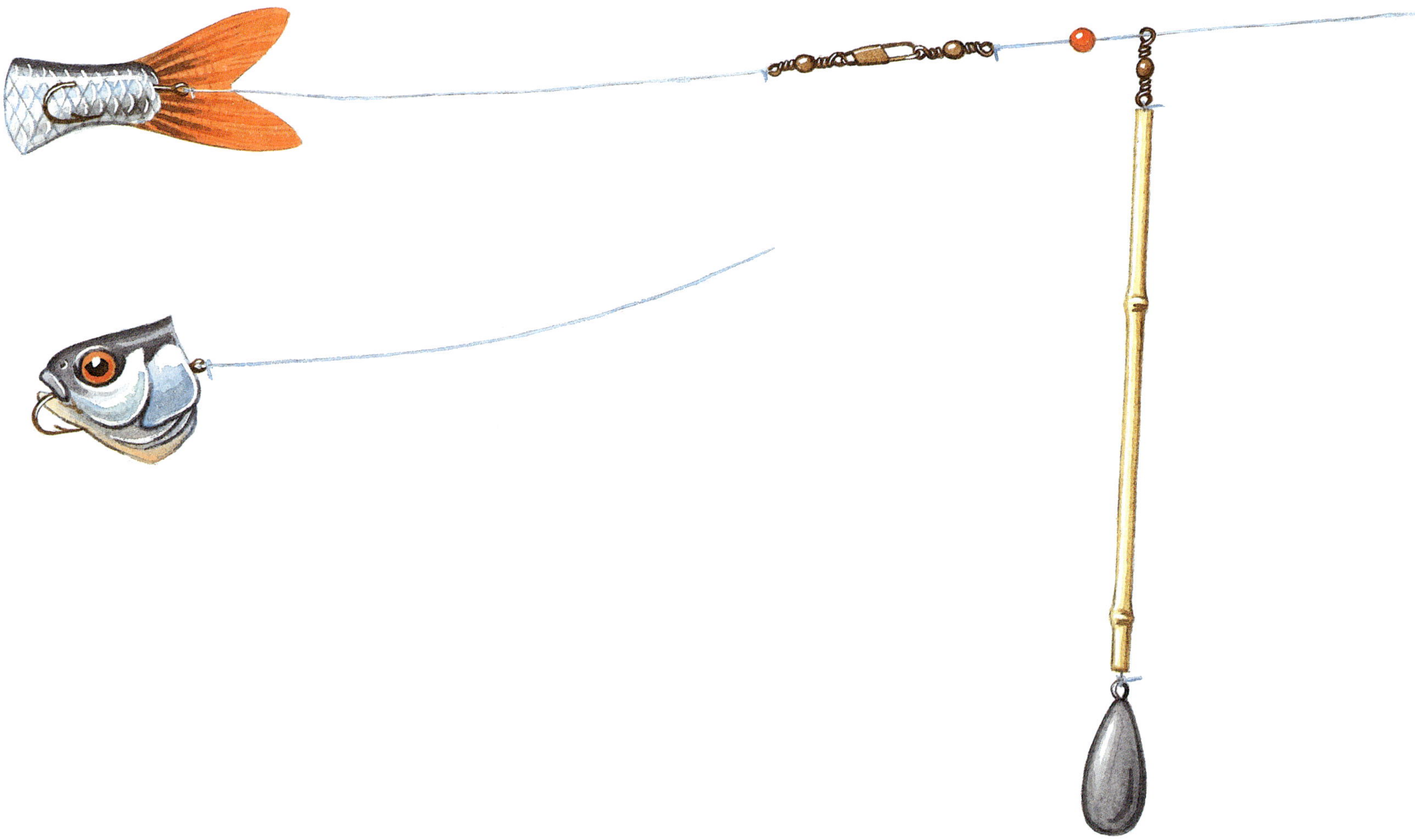

gespannt darauf, ob diese Angeltaktik, einen toten Köderfisch zu präsentieren, wohl auch auf Hecht erfolgreich ist. Einige Zander, dies hatte ich beobachtet, zerbissen allerdings die Schnur; denn ein Stahlvorfach nimmt der Zander ja nicht an. Als ich wieder in England war, probierte ich diese Methode auf Hecht aus und stellte fest, daß auch der Hecht gut darauf anbiß. Allerdings gab es nicht den vorsichtigen Anbiß, den die Niederländer mit ihrer Schnur ertasteten. Der erste Hecht, den ich auf diese Weise fing, riß mir fast die Rute aus den Händen.

Aal

Im Grund habe ich eigentlich immer vermieden, einen Aal zu fangen. Der Aal gehört nicht zu den von mir bevorzugten Fischarten – obgleich ich zugeben muß, daß ich doch Geschmack an ihm gefunden habe, besonders wenn er mir in Restaurants auf dem Festland geräuchert serviert wurde. Mit dieser Auffassung stehe ich allerdings im Gegensatz zu vielen meiner Angelfreunde, die alles daran setzen, um den Aal zu fangen. Im Laufe der Zeit haben sie sich umfassende Kenntnisse über diese bemerkenswerte Fischart angeeignet. Ein Biologe, den ich im Radio hörte, wußte Erstaunliches vom Aal zu berichten. So könne diese Fischart etwa in einem Gewässer von der Größe des Sees Constance noch eine konzentrierte Flüssigkeit ausmachen, wenn hiervon nur ein Tropfen hineingegeben wird! Klingt unglaublich, hört sich fast wie Anglerlatein an.

Meine Angelfreunde fischen vor allem den weiblichen Aal, der sehr viel rascher in unseren Wassersystemen von Flüssen und Kanälen aufwärts wandert, als der männliche Aal, der sich zumeist in den Flußmündungen aufhält. Die weiblichen Exemplare wandern schon als Jungaale zielstrebig im Süßwasser aufwärts, und sie finden ihren Weg durch die Bewässerungssysteme und schmalen Bäche und Flüsse bis in weit abgelegene Seen und Weiher. Dort wachsen sie zu großen Exemplaren ab, bis sie der Fortpflanzungstrieb zur Abwanderung an die Küsten und von dort in die Sargasso See zwingt, um da abzulaichen. Die wirklich großen Aale, die gefangen werden, sind entweder solche, die ihren Fortpflanzungstrieb eingebüßt haben oder die ihren Weg nicht mehr zurückfinden, den sie einmal als Jungaale landeinwärts gekommen sind.

Sehr gute Köder für den Aalfang sind dicke Tau- und Regenwürmer. Vorgestellt wird hier ein gleitendes Vorfach mit einem Wurm oder einem Bündel Würmer am Haken. Im unteren linken Bild sind drei verschiedene Montagen mit gleitendem Vorfach zu sehen.

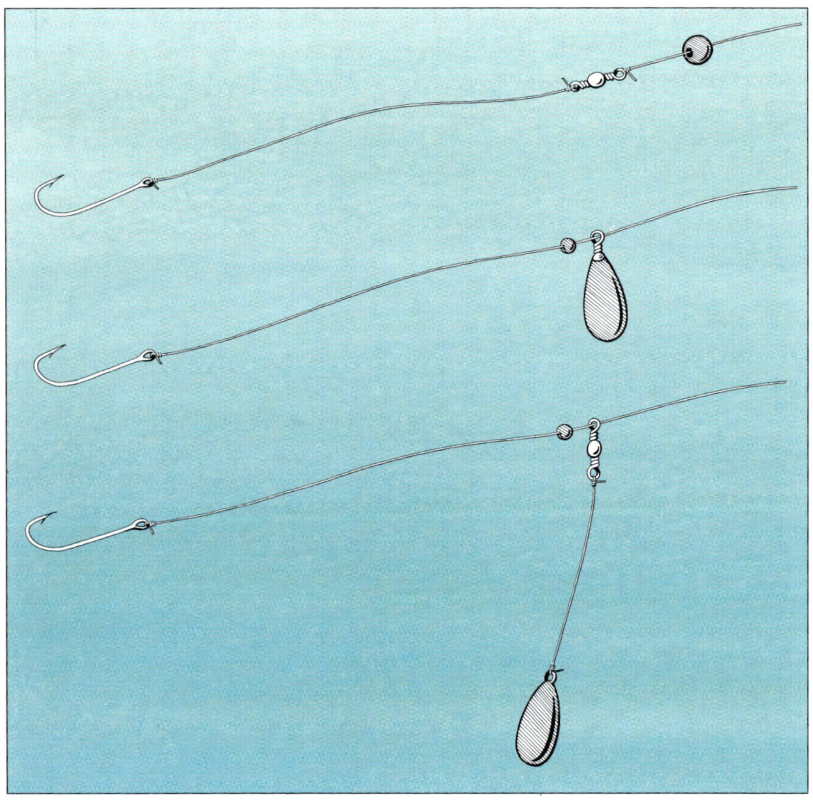

Wer weiß das schon genau? Diesen Fisch umgeben mehr Geheimnisse als jede andere Fischart. Trotzdem ist es dem Angler gelungen, einige spezielle Fangmethoden für den Aal zu entwickeln und die Gewässer ausfindig zu machen, in denen sie besonders gut abwachsen.
Die Biologie kennt nur einen Aaltyp (Anguilla anguilla). Soweit es den Fang angeht, sprechen die Angler jedoch von zwei typischen Vertretern der Gattung Aal: dem Breitkopf- oder Raubaal und dem Spitzkopfaal. Warum die Aale sich entweder zu groß- oder schmalköpfigen Raubfischen entwickelt haben, ist kaum zu erklären. Tatsache ist jedoch, daß es sich so verhält und die Größe des Aalmauls ist bei den einzelnen Exemplaren recht unterschiedlich. Wenn ein Aalangler an einem ihm fremden Gewässer seinen ersten Aal gefangen hat, so überprüft er zunächst einmal, welcher der beiden Gruppen er zuzuordnen ist. Man kann davon ausgehen, daß die anderen Aale in dem Gewässer diesem Typ entsprechen. Wenn es sich um einen Spitzkopfaal handelt, so fängt man ihn am besten mit einem dicken Tauwurm. Die Breitkopfaale gehen auch gern auf tote Köderfische, besonders auf Fetzenköder vom Kopf oder Schwanz.
Zum Aufziehen dieser Köder verwendet man Ködernadeln. Wenn man mit so einem Fetzenköder über weichem oder bewachsenem Gewässergrund angelt, so eignet sich hierfür gut ein größeres Birnenblei mit aufgesetztem Bambusröhrchen als Montage. Oberhalb vom Röhrchen läuft die Schnur mit dem Köder durch einen Doppelwirbel. Auf diese Weise kann der Köder nicht im Kraut oder Schlamm versinken. Auf hartem Gewässergrund genügt ein einfaches Birnenblei. Dieses System eignet sich auch gut für das Angeln mit Tau- und Regenwurm.
Es ist nicht immer üblich, mit einem Stahlvorfach auf Aal zu angeln. Wenn dies nicht der Fall ist, sollte man beim ersten Anzeichen eines Bisses den Anschlag setzen, damit der Fisch sicher gehakt wird. Anstelle eines Grundbleies kann man auch ein Futterkörbchen verwenden. Dieses Futterkörbchen füllt man mit Fischstückchen. Diese Montage ist oftmals für jene Fischarten sehr gut, die sich bei ihrer Nahrungssuche vor allem auf ihren Geruchssinn stützen.

Die Tatsache, daß der Karpfen zu hohen Gewichten abwachsen kann und daß er ein großartiger Kämpfer und beliebter Speisefisch ist, hat wesentlich dazu beigetragen, daß sein Fang in vielen Ländern Europas zu einem der aufregendsten Angelabenteuer zählt.

Karpfen

Viele Angler klagen darüber, daß der Karpfen unter allen Süßwasserfischen der intelligenteste sei; mit der gleichen Überzeugung betonen andere, daß er ihrer Meinung nach zu den dümmsten Süßwasserfischen zähle. Ich vermute, daß beide recht haben. In Ländern, in denen sich Angler weniger für den Karpfen interessieren, wie etwa in den Vereinigten Staaten und Kanada, ist er relativ leicht zu fangen. Auch in einigen europäischen Ländern, wie zum Beispiel in Spanien, geht er in den Flüssen selbstmörderisch leicht an den Haken und ohne Zweifel wird er dort auch viel gefangen.
Warum also sieht man den Karpfen in anderen Ländern, wie in England, den Niederlanden aber auch in Deutschland als so besonders geschickt an? Vielleicht, weil in diesen Ländern Karpfen und Hecht zu den größten Fischarten zählen und weil daher in diesen Ländern auch besondere Anstrengungen unternommen werden, um ihn zu fangen. Während die Amerikaner und Kanadier in ihren Gewässern Raubfische fast im Übermaß haben und sich daher auf einige dieser Arten besonders konzentrieren, stehen in vielen europäischen Ländern Karpfen und Hecht an erster Stelle.

Aus der Geschichte des Karpfenangelns

In England hat der Karpfen während der letzten 30 Jahre die besondere Aufmerksamkeit der Angler gefunden. Zuvor wurde er im Grunde genommen als eine Fischart betrachtet, die mit dem vorhandenen Angelgerät kaum zu keschern war, selbst, wenn man ihn gehakt hatte. Darum war es auch nur eine Handvoll von Karpfenspezialisten, die damals gute Fänge verzeichneten. Dann aber entwickelte der Altmeister der englischen Angler, Richard Walker, eine gesplißte Rute, die kräftig genug war auch schwere Karpfen zu landen. Noch in demselben Jahr verdoppelte er nahezu den britischen Karpfenrekord mit einem Fisch von knapp 20 Kilogramm, den er in einem kleinen See in Herfordshire fing. Mit einem Schlag war es nun plötzlich möglich, auch große Karpfen zu fangen und Walkers Erfolg setzte eine ganze Welle von Karpfenanglern in Bewegung, die immer noch anhält. Mehr und mehr Gewässer wurden mit Karpfen besetzt und heute scheint es fast unmöglich zu sein, ohne daß eine Woche vergeht, in der nicht ein Karpfen von mehr als 15 Kilogramm gefangen wird.
Dabei hat sich im Laufe der Jahre als Tatsache herausgestellt, je mehr Angler dem Karpfen nachstellen, um so schwieriger ist sein Fang geworden. Obgleich ich in keiner Weise ein Karpfenspezialist bin, habe ich doch auf diesem Gebiet meine Erfahrungen gemacht. Vor einiger Zeit war ich einmal in der glücklichen Lage, einen Karpfensee zu beangeln, in dem zuvor noch nie geangelt worden war. Ich fing viele, viele Karpfen, alle so im Gewicht bis zu 2,5 Kilogramm, auf die einfachste Weise: mit Pose und Zuckermais. Als ich an diesem Gewässer ein zweites Mal mit Zuckermais angelte, fing ich schon sehr viel weniger Karpfen und nachdem ich schließlich mehrmals dort geangelt hatte, war es sehr schwierig geworden, überhaupt noch einen Biß auf Zuckermais zu bekommen.
Die Vermutung erscheint verrückt, daß jeder Karpfen in diesem Gewässer entweder aus Erfahrung gelernt hatte, daß mit dem Zuckermais Unannehmlichkeiten verbunden sind oder daß jene, die noch nicht am Haken gehangen hatten, durch die vorsichtigen Reaktionen der anderen auf diesen Köder, mißtrauisch geworden waren. Ich persönlich glaube jedoch, daß dies zutrifft

Ob man den Karpfen als einen intelligenten Fisch ansieht oder nicht, hat wenig damit zu tun, daß die Angelmethoden für seinen Fang immer ausgefeilter geworden sind. Oben ist eine Ködermontage zu sehen, die man als ,,aufgereihtes Köderangebot'' bezeichnet, links werden zwei Varianten der üblichen Methode ,,mit kurzem Vorfach'' gezeigt.

und ich bezweifle ob ich in ganz England auch nur einen Karpfenspezialisten treffen könnte, der hiervon nicht genau so überzeugt ist.
Den Beweis für meine Theorie erbringt die ganze Geschichte des Karpfenangelns. Eine der ersten Angelmethoden auf Karpfen war denkbar einfach: Schwimmbrot oder Brotkruste, angeboten an der Oberfläche, das der Karpfen mit großem Appetit annahm. Wenn sie jedoch einmal mit Schwimmbrot gehakt worden waren, dann stupsten sie an diesem so lange herum, bis einige Stücke abbrachen, die sie gefahrlos schlucken konnten. Nun begannen die Angler mit einem großen und kleinen Stück Schwimmbrot oder Brotkruste zu angeln, wobei sie den Haken im kleinen Stück plazierten. Das ging eine Zeitlang gut, bis der Karpfen auch hinter diesen Trick kam. Von diesem Zeitpunkt an wurde beobachtet, daß der Karpfen auch über längere Zeit ein recht gutes Erinnerungsvermögen entwickelt. Dies traf besonders auf große Karpfen zu, die bei einem bestimmten Köder schon einmal gehakt worden waren. Mir ist keine Fischart bekannt, die so ein Erinnerungsvermögen entwickelt hat.
Eine andere Schwierigkeit besteht darin, daß der Karpfen offensichtlich ein ausgeprägtes Mißtrauen gegen jede Art von Angelgerät entwickelt hat. So hat man zum Beispiel festgestellt, daß ein Karpfen bei der Aufnahme eines Köders die Angelschnur entdeckte und deshalb den Köder sofort wieder ausspuckte. Es gab auch Angler, die behaupteten, daß der Karpfen den Köder nicht annahm, weil er die dicke Angelschnur gesehen habe. Doch Richard Walker bewies, daß dies falsch war. Er bekam beim Angeln mit geflochtener Schnur, die sehr viel dicker als eine Monofilschnur war, gute Karpfenbisse, obwohl jene ja sehr viel besser zu sehen war. Der Unterschied, so stellte sich heraus, lag vielmehr darin, daß die geflochtenen Schnüre weicher und biegsamer als die steifen Monofilschnüre waren. Erstere schluckte der Karpfen ohne beunruhigt zu sein.
Dies sind nur einige Beispiele, kleine Stücke im großen Puzzle, das sich aus dem 30jährigen Bild des Karpfenangelns in England zusammensetzt. Die Entwicklung des Karpfenangelns im einzelnen zu untersuchen, ist an dieser Stelle zwar nicht möglich, wohl aber, eine Zusammenfassung der erfolgreichsten Angelmethoden auf Karpfen zu geben.

Das System mit dem kurzen Vorfach

Die Angler hatten es beim Karpfen mit einem Fisch zu tun, der sehr rasch auf die verschiedenen Köder und ihre Montage reagierte. Es war daher erforderlich, ihn mit neuartigen Ködern und Angelsystemen zu täuschen und ihn so immer wieder zum Anbiß zu verleiten. Im Grunde genommen ging es in England ja viele Jahre um dieselben Karpfen, einige von ihnen, die ich in den 50er Jahren in jenem kleinen See in Herfordshire gefangen hatte, wurden über 50 Jahre alt. Viele Gewässer, in denen seitdem Karpfen eingesetzt wurden, haben noch heute große Bestände ihres ursprünglichen Besatzes. Um die jetzige Situation zu schildern, muß ich daher, weil ich mich kurz fassen will, Jahre der Entwicklung im Karpfenangeln in England einfach überspringen. Anstelle dessen möchte ich einige der modernen Fangmethoden beschreiben sowie die Überlegungen, die hierzu führten. Dabei beginne ich mit der Erfindung des vielleicht wichtigsten Schrittes, der je im Karpfenfang getan wurde – mit dem System des kurzen Vorfachs.
Der Köder wird hierbei ein kurzes Stück vor dem freiliegenden Haken eingebunden. Dieses Schnurstück sollte eine Tragkraft von etwa einem halben Kilogramm haben. Wir wissen ja, daß eine stärkere, geflochtene Schnur sich ebenso gut eignet. Der scheue Karpfen nippt und spielt vorsichtig mit dem Köder, dabei spürt er jedoch nichts, was ihn mißtrauisch machen würde.
Noch manch andere Variante dieser Ködermontage wurde von den Anglern angewandt und der Karpfen hat stets auch einige von ihnen angenommen. Er saugt den Köder ein, zermahlt ihn mit seinen kräftigen Schlundzähnen und schluckt ihn hinunter. Der nächste Köder scheint genau so zu sein. Es hat nicht den Anschein, daß er mit Hilfe eines großen Hakens und einer kräftigen Schnur am Boden liegt, also wird auch er auf die gleiche Weise geschluckt. Der Haken kommt erst danach. Im Hirn des Fisches schrillt nun zwar eine Alarmglocke, doch im gleichen Augenblick reagiert auch der Bißanzeiger des Anglers. Der Fisch ist so gut wie gefangen.

Den Köder mit Grundblei anzubieten, gehört zu den erfolgreichsten Angelmethoden beim Karpfenfang. Verwendet man hierzu noch ein kurzes Vorfach, hakt der Fisch sich oft selbst.

Angeln mit Grundblei

Sehr oft wird das System mit dem kurzen Vorfach auch zusammen mit einer anderen Montage verwendet. Wir sprechen vom Angeln mit Grundblei. Auch diese Methode basiert auf der Überlegung, wie man dem Mißtrauen und der Empfindlichkeit dieser Fischart bei der Futtersuche begegnet. Dies geschieht, indem auch hier der Köder an einem kurzen Schnurvorfach angeboten wird. Durch dieses wird der Karpfen getäuscht und schlürft den Köder ein. Danach wird er total unempfindlich gegen weitere Hindernisse.

Angler haben die Intelligenz eines Karpfens geprüft und fanden zu ihrer Überraschung heraus, daß diese keineswegs so ausgeprägt war, wie manche vermutet hatten. Gewiß, die Karpfen sind geschickt, doch zu einem bestimmten Zeitpunkt können sie nur einen Vorgang registrieren. So stellte man fest, daß ein Karpfen während der Köderaufnahme sich selbst am Haken verletzte und gleichzeitig den starken Widerstand eines Bleigewichts

Oftmals ist es ein Problem, für den wählerischen Karpfen den richtigen Köder, den er ohne Mißtrauen annimmt, zu finden. Das eingeschobene Bild zeigt, wie Körner auf den Haken gesteckt werden.

Durch gezieltes Anfüttern ist es möglich, den Fisch an eine bestimmte Nahrung zu gewöhnen.

verspürte – seine erste Reaktion hierauf war, so schnell wie möglich zu flüchten.

Als ich das erste Mal dieses System ausprobierte, war die Wirkung ziemlich erschreckend. Einen Augenblick lang war der flache, verkrautete Weiher friedvoll und still. Doch dann gab es plötzlich eine Explosion, als ein Karpfen meinen Köder aufnahm und wie ein Blitz davonschoß. Eine große Bugwelle zeichnete seinen Weg quer über den Weiher nach und meine Rolle knarrte wie verrückt, als der Fisch heftig die Schnur abzog. Am Ende zeigte sich, daß der Karpfen noch nicht einmal sonderlich schwer war, er wog etwa 6 Kilogramm.

Wenn man mit dem Grundblei angelt, so geschieht es in vielen, vielleicht in den meisten Fällen, daß sich der Karpfen beim Zug gegen das Bleigewicht selbst hakt. Auch wenn er nur leicht oder noch gar nicht gehakt ist, ist er vom Bleiwiderstand so geschockt, daß er in der ersten heftigen Reaktion davonzieht, ohne zu beachten, daß er sich dabei selbst haken könnte. Dieses System ist so fängig, daß der Karpfen selbst dann gehakt wird, wenn der Angler einmal unachtsam beiseite getreten ist.

Viele meinen, daß sei eigentlich gar nicht mehr ein echtes Angeln und in gewisser Hinsicht tendiere ich auch zu dieser Auffassung. Darum habe ich diese Methode hier auch nur erwähnt, um aufzuzeigen, in welch hohem Maße das Angeln auf Karpfen durch gründliche Überlegungen beeinflußt worden ist. Es mag sein, daß dieses Angeln mit Grundblei und kurzem Vorfach vielleicht zu perfekt war, als man damit begann, gab es kaum Fehlbisse. Wenn ein Karpfen es hierbei fertigbrachte, die Schnur zu zerreißen, dann war er allerdings dazu verurteilt, mit einem schweren Bleigewicht herumzuschwimmen. Das hat sich grundlegend geändert. Heute fischen die Angler mit Grundblei so, daß bei einem Schnurbruch das Blei abfällt.

Anfüttern

Ich komme auf andere zeitgemäße Angelmethoden zu sprechen, die für den Karpfenangler nützlich sein könnten. In Gewässern, in denen der Karpfen zahlreich vertreten ist und die zugleich wenig beangelt werden, sind einige dieser Tips nebensächlich. Die alten Köder wie Brotkruste, Schwimmbrot, Wurm und halbgekochte Kartoffel sind in so einem Fall noch immer fangsichere Köder und Zuckermais wird sich als unwiderstehlich erweisen. Doch in Gewässern, in denen schon Generationen von Anglern den Karpfen befischt haben, ist dieser mißtrauisch geworden. Darum wurde es notwendig, sich nach Köderangeboten umzusehen, die er auch heute noch vertrauensvoll annimmt.

Hierfür wurden viele Versuche unternommen, einschließlich dem Anfüttern mit einem breiten Angebot an Lockstoffen. Einen Tag, oder besser noch mehrere Tage, vor dem Angeln beginnt man an einer bestimmten Stelle mit dem Anfüttern. Auf diese Weise werden die Karpfen mit dem Futterangebot vertraut gemacht, sie nehmen dies schließlich als ihre natürliche Nahrung an. Werden sie dann mit einem Köder gefangen, entsteht bei ihnen, falls man sie zurücksetzt, keine Vorsicht gegenüber diesem Köder. Sie haben von diesem Futter soviel gefressen, bevor sie am Haken hingen, daß sie auch künftig wieder diesen Lockstoff aufnehmen, bis sie erneut gefangen werden. Basierend auf dieser Erfahrung hat sich das Anfüttern beim Karpfenangeln in weitem Maße durchgesetzt.

Stückchenköder

Als sich der Stückchenköder, wie wir ihn in England nennen, als recht erfolgreich erwies, angelte man mit ihm eine lange Zeit. Einer von diesen Stückchenködern ist und war die Erdnuß. Wenn Erdnüsse über Nacht gewässert werden, schwellen sie auf mehr als das Dopplte ihrer eigentlichen Größe an. Hat man den Karpfen einmal an die Erdnüsse gewöhnt, dauert es sehr lange, bevor er diesen Köder ablehnt. Ich habe einmal mit nahezu 4 Pfund Erdnüssen immer dann in einem See angefüttert, wenn ich dorthin zum angeln ging. Allerdings fing ich meine Karpfen mit einem anderen Köder. Nahm ich aber einmal eine Erdnuß auf den Haken, so waren die Fänge außerordentlich. Zwei Jahre lang habe ich auf diese Weise meine Karpfen geangelt, bis ich die Methode schließlich aus purer Langeweile aufgab.

Die gleiche Wirkung kann man auch mit anderen Stückchenködern erzielen – so zum Beispiel mit allen Bohnenarten. Schwarze Bohnen sind besonders fängig, vor allem, wenn man sie in einer Tomaten- oder Ochsenschwanzsuppe abgekocht hat. Die Bohnen erhalten so den besonderen Geschmack. Man schaue sich einmal in einem Bioladen um, und man wird feststellen, wie viele Arten von Bohnen und Erbsen es gibt. Mit allen kann man Karpfen fangen. In Heimtierläden schaue man sich nach Vogelfutter um, wie etwa Hanf und Zuckererbsen, die, wie viele andere dieser Art, vor der Verwendung abgekocht werden müssen. Auch Weizen und Mais eignen sich. Der Letztere muß mehrere Tage gewässert werden, bevor man ihn abkocht. Von den Erdnüssen kommt man auf Kamerunnüsse, ebenfalls ein sehr fängiger Köder. Die Liste ist fast endlos. Sogar Lupinensamen, zu klein, um ihn auf den Haken zu spießen, eignet sich gut für den Karpfenfang, wenn er in ausreichendem Maße angeboten wird. Die Angler formen eine Kugel aus Ton oder Kaugummi und drücken den Lupinensamen reichlich hinein.

Tierfutter

Bio- und Heimtierläden sind nun keineswegs die einzigen Quellen, aus denen man Stückchenköder oder Anfüttermaterialien beziehen kann. In Supermärkten kann man Karpfenköder gleich sackweise kaufen, nämlich jene Futterstoffe, die üblicherweise als Katzen- oder Hundefutter angeboten werden! Das sind zumeist kleinere Stücke in mancherlei Formen und Geschmacksrichtungen, auf die Karpfen manchmal besonders versessen sind.

Normalerweise sind dies schwimmende Köder, doch wenn man damit einmal längere Zeit angefüttert hat oder sie am Haken anbietet, wird man feststellen, daß die Karpfen sehr wohl zur Oberfläche kommen und diese Nahrung annehmen, wie dies üblicherweise die Regenbogenforellen in Fischzuchtanstalten machen. In diesem Zusammenhang sei darauf hingewiesen, daß auch dieses Forellenfutter von Karpfen sehr gern genommen wird. Wie das Katzen- und Hundefutter kann man Forellenfutter auch für den Gebrauch am Angelhaken zubereiten. Hierzu preßt man es in einen Plastikbeutel, den man eine Weile verschließt. Danach ist es weich genug, um es als kleine Kügelchen am Haken zu verwenden. Das Angeln auf Karpfen mit schwimmenden Köderstückchen ist eine sehr reizvolle Beschäftigung und viel besser, als herumzusitzen und mit dem Grundblei zu angeln.

Boilies

Verschiedene hoch-proteinhaltige Nahrungsmittel, die für die menschliche Ernährung gedacht sind, werden miteinander gemischt, wobei man Eier als Bindemittel verwendet. Aus der so gewonnenen Teigmasse werden kleine Kügelchen geformt. Diese kocht man dann etwa eine Minute lang, um die Außenhaut etwas zu härten, damit sie vor allem für Karpfen eßbar sind. Kleinere Fische werden zumeist davon abgehalten, an diesen Ködern zu nagen. Um den Boilies unterschiedliche Farben zu geben, verwendet man Lebensmittelfarbstoffe. Als Duftstoffe hat man alle möglichen konzentrierten Materialien angewandt, damit diese Boilies so schmackhaft und unterschiedlich duftend wie nur möglich werden.

Die ganze Angelegenheit hat inzwischen einen solch wissenschaftlichen Anstrich bekommen, daß sie mein Vorstellungsvermögen überschreitet. Ich fühle mich außerstande, an den Diskussionen über das Für und Wider der Boilies teilzunehmen. Die Theorie hierbei ist jedenfalls, daß Karpfen diese hohe proteinhaltige Nahrung mit Vorliebe fressen und irgendwie will man auch festgestellt haben, daß die Fische hiervon Vorteile haben. Die meisten Angler scheinen hiervon ebenfalls überzeugt zu sein, und die Karpfen verputzen auf diese Weise jährlich um eine Million Boilies. Heutzutage ist es möglich, die verschiedensten Mischungen zu kaufen, man fügt nur die Eier und ein wenig Wasser hinzu und wählt letztlich selbst eine Geschmacksrichtung und bestimmte Farbe, die ebenfalls millionenweise in Flaschen und Beuteln angeboten werden. Natürlich gibt es auch Angler, die längst begriffen haben, daß es am besten ist, selbst eine Mischung zusammen zu stellen; und es gibt viele Händler, die ein gutes Geschäft damit machen, die Angelfreunde mit einem fast nicht mehr zählbaren Angebot an Grundstoffen hierfür zu versorgen. Dazu gehören Kasein, Milchsäure, Natrium, Kalzium-Kasein, Fleisch-Protein, Sojakonzentrat, Sojaduftstoff, Weizenkleber, Weizenkeim, Lebertran, Fisch- und Garnelenmehl, Melasse, Erdnußmehl, Fleisch- und Knochenmehl . . . die Liste ist endlos.

Diese Köder sind so gut, daß Anfänger in ein Geschäft gehen können und dasselbe als Experten über Boilies wieder verlassen. Doch all dies hat auch seinen Preis und ich glaube, daß es oftmals nicht erforderlich ist, so viel dafür auszugeben. Es sei denn, die Karpfen sind in heimischen Gewässern

Je häufiger ein Gewässer beangelt wird, um so schwieriger wird es, darin einen Karpfen zu fangen. Das ist eine der Ursachen, warum die Angler weltweit, was den Karpfen betrifft, so unterschiedliche Erfahrungen mit ihm gemacht haben.

so scheu geworden, wie dies in britischen Gewässern der Fall ist. Dann nämlich, das vermute ich, ist man inzwischen an die 100 Jahre alt geworden, bis man sich durch all die Bohnen und Erbsen, Nüsse, Rosinen, Sultaninen, Samen sowie das Frühstücksfleisch und das Katzen- und Hundefutter hindurch gearbeitet hat, um endlich die passende Mischung gefunden zu haben!
Wenn es erforderlich und sinnvoll ist, mit Boilies zu angeln, so sind die Voraussetzungen dieselben, wie bei den anderen Angelmethoden – man möge reichlich anfüttern, damit der Karpfen an diese Nahrung gewöhnt wird. Man kann Boilies auch so herstellen, daß sie schwimmen. Sie schweben dann über Grund oder bleiben an der Oberfläche liegen. Hierzu stecke man sie kurz in den Ofen, um sie zu überbacken. Sie schwellen an, deshalb sollte man für den Ofen kleinere Kugeln formen. Die Standardgröße der Boilies beträgt 14 und 18 Millimeter.

Verschiedene Angelmethoden auf Karpfen
Grundsätzlich können all die verschiedenen Köder, die ich hier aufgeführt habe, mit dem kurzen Vorfach oder mit dem Grundblei angeboten werden. Das ist im übrigen genau die Art, wie ich selbst die härteren Köder anbiete, so zum Beispiel Boilies, Nüsse und ähnliche. Weiche Köder bedingen schon von selbst die Montage mit dem kurzen Vorfach, doch sie können auch auf den Haken gesteckt werden. Angelt man mit so einem Köder auf dem Haken, so ist es wichtig, daß die Hakenspitze immer frei bleibt, sonst gehen viele Bisse verloren. Nur die sehr weichen Köder, wie Brot, Brotkruste oder Schwimmbrot kann man ganz im Haken verbergen.
Die Montage mit dem kurzen Vorfach sollte noch etwas genauer erläutert werden. Normalerweise verwenden die Angler als kurze Vorfachschnur ein Stück Monofilschnur mit einer Tragkraft von einem halben Kilogramm. Ich verwende jedoch eine geflochtene Schnur, die wesentlich kräftiger ist. Es ist die Weichheit und Biegsamkeit dieses Schnurstücks, die zum Erfolg führt, nicht sein Durchmesser. Am Hakenbogen oder an der Hakenöse binde ich ein Schnurstück von 4 bis 5 Zentimeter Länge an. Am Schnurende mache ich eine Schlinge. Spezielle Ködernadeln sind erforderlich, um diese Schlinge durch den oder die Köder zu schieben (hierfür eignen sich auch Ködernadeln, wie man sie für tote Köderfische beim Hechtangeln verwendet). Damit

die Köder fest sitzen, stecke ich ein Streichholz, einen dicken Grashalm oder auch ein kurzes Stück Schnur in diese Schlaufe und zurre sie fest, damit nun der oder die Köder beim Auswerfen nicht verloren gehen.
Als Gegenstück zum Angeln mit dem kurzen Vorfach wird häufig ein System verwendet, das wir „Aufreihen" nennen. Es erweist sich als besonders fängig beim Angeln mit Boilies, eignet sich aber auch gut für andere Köder. Hierfür ziehen wir etwa 5 Köderkügelchen auf ein sich später auflösendes PVA-Band, wobei wir hinter jedem Kügelchen einen Knoten machen, damit sich diese nicht verschieben. Das PVA-Band wird schließlich am Hakenbogen eingeknotet. Nach dem Auswerfen löst sich das Band im Wasser auf und hinterläßt eine hübsche Linie von mehreren Köderkügelchen, von denen das letzte auf dem Haken sitzt. Nun hängt natürlich alles davon ab, an welchem Ende dieser Reihe der Karpfen zu fressen beginnt, doch es besteht 50 zu 50 die Chance, daß er zuerst die lose liegenden Köder aufnimmt. Dabei wird er nicht im geringsten mißtrauisch, doch beim letzten hängt er dann plötzlich am Haken. Selbst wenn diese Rechnung nicht aufgeht, so ist dieses System doch eine ausgezeichnete Möglichkeit, um mehrere Köder an der Stelle zu plazieren, an der man angeln will. Mit jedem Wurf legen wir so eine exakte Köderspur dorthin, wo wir sie haben wollen.
Die Entscheidung, welche von den verschiedenen Montagen man anwendet, um den Köder möglichst verführerisch anzubieten, hängt ganz wesentlich von der Bodenstruktur des Gewässers ab. Oftmals gerät man an eine Schicht weichen Treibsandes, in dem ähnlich wie in wäßrigem Schlamm der Köder vollständig versinken kann. Das gleiche kann geschehen, wenn man mit dem Köder in Unterwasserkraut oder anderen dichten Bewuchs kommt. Sicher, der Karpfen gründelt am Boden und es stört ihn nicht, von welcher Beschaffenheit dieser ist und er kann auch Köder finden, die im Unterwasserkraut oder Treibsand versunken sind. Doch ich selbst bevorzuge, wenn dies möglich ist, den beköderten Haken frei liegen zu haben.
Eine andere Methode für das Angeln über Treibsand besteht darin, den Köder langsam absinken zu lassen, so daß er möglichst auf dem Treibsand aufliegt, ohne zu versinken. Das gelingt, indem man den Köder nur so schwer macht, daß er gerade eben absinkt. Wir verwenden hierzu ein aufgebohrtes Stück Hartholz, das wir auf die Schnur schieben. Es wird nur mit so viel Blei gefüllt, daß es langsam absinkt. Wenn ich diese Montage vorbereite, dann nehme ich etwas Wickelblei, lege es um die Schnur, bis ich das richtige Gewicht habe, und schiebe dann das Blei in das Hartholzröhrchen.

Schwimmende Köder

Ein weiteres Köderangebot ist vor allem dann nützlich, wenn der Gewässergrund bewachsen ist. In so einem Fall verwende man schwimmende Köder, die man in jeder beliebigen Tiefe anbieten kann. Brotkrusten waren möglicherweise die ersten Köder, mit denen man auf diese Weise angelte. Doch heutzutage nimmt man hierfür auch Boilies, die man im Ofen vorgebacken hat – wie bereits erwähnt. Große Würmer kann man ebenfalls so anbieten, in dem man diese mit einer Luftnadel auffüllt. So ein Köderangebot kann durchaus an bestimmten Gewässern recht erfolgreich sein.
In flachen Gewässern kann man den schwimmenden Köder an der Oberfläche anbieten, indem man ganz einfach die Länge vom Bleigewicht zum oben liegenden Köder beliebig verlängert. Ob man damit Erfolg hat, hängt vom Verhalten der Karpfen ab. Wenn es keine sonderlich scheuen Fische sind, werden sie möglicherweise den Köder aufnehmen. Das trifft vor allem dann zu, wenn man gleichzeitig oder zuvor mit Brotkruste angefüttert hat. Vorsichtige Karpfen werden eventuell alle lose herumschwimmenden Brotkrusten aufschnappen und genau jene vermeiden, in welchen der Haken hängt. Ich vermute, daß sie vielleicht stutzig werden, weil ausgerechnet dieses eine Brotstück verankert ist, während ja alle anderen im Wind driften. In so einem Fall sollte man ebenfalls einen Schwimmköder anbieten, der, wie die anderen, vom Wind fortgetragen wird. Und hierfür gibt es eine Reihe von Möglichkeiten.

Oben: Angeln mit Schwimmbrot oder Brotkruste erweist sich beim Karpfenfang oftmals als sehr erfolgreich. Hier ist eine Montage mit Senkblei zu sehen, wobei die Entfernung vom Köder zum Senkblei beliebig justiert werden kann.

Hier wird eine Gleitmontage mit auf dem Grund liegenden Bodenblei vorgestellt. Die eingerahmte Kleinzeichnung zeigt eine Balance-Pose, die in einem Winkel zur Wasseroberfläche die Schnur hochhält.

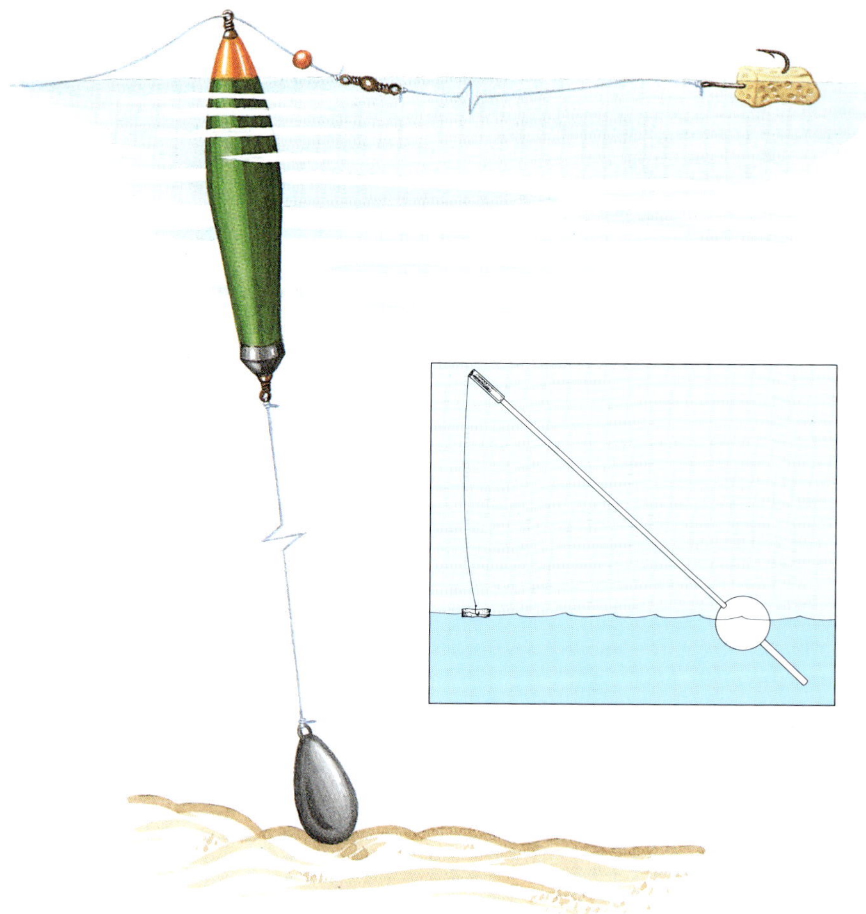

Stippangeln und Matchfischen

Nachdem wir uns eingehend mit dem Fang von Raubfischen und Karpfen befaßt haben, ist es an der Zeit, von jenen Angelmethoden zu sprechen, die für die meisten anderen Friedfischarten entwickelt wurden. Diese Taktiken kann man den Grundzügen des englischen Stipp- und Wettfischens entnehmen.

Die Engländer werden als führende Angler anerkannt, soweit es das Angeln mit Rute, Rolle und Pose angeht. Zumindest trifft dies auf alle europäischen und skandinavischen Länder zu, die an den Weltmeisterschaften im Angeln, durchgeführt von der CIPS, teilgenommen haben. Die englische Mannschaft hinterließ anläßlich der Weltmeisterschaft 1985 in Italien einen nachhaltigen Eindruck, als sie mit überlangen Ruten und Posen ihre Erfolge errang. Schon zuvor hatten Spezialisten aus England Weltmeisterschaftsstitel errungen, indem sie Ruten und Rollen verwendeten, die jedermann durch ihre hohe Wirksamkeit überraschten. Die Engländer waren schon jahrelang eines der beständigsten Teams, bevor ihnen 1985 der Durchbruch in Italien gelang. Dieser Sieg steigerte in hohem Maße den Export an britischen Posen und Geräten in die meisten Mitgliedsländer der CIPS.

Die beim Wettfischen angewandten Angelmethoden haben der Entwicklung neuer Geräte und verbesserter Angeltaktiken viel Auftrieb gegeben, was heutzutage auch dem ,,normalen'' Stippfischer in hohem Maße zugute kommt.

Feststellposen eignen sich sehr gut für den Fang vieler Weißfischarten.

Der Verband Deutscher Sportfischer e. V., Mitglied der CIPS, hat aus Gründen des Tier- und Naturschutzes beschlossen, keine nationalen Meisterschaften im Angeln mehr durchzuführen. Es ist daher anzunehmen, daß er auch an internationalen Meisterschaften im Angeln nicht mehr teilnehmen wird. Dies mindert jedoch keineswegs die Bedeutung der im folgenden geschilderten Angelmethoden für Stippfischer. Im Gegenteil, sauberes und korrektes Stippfischen zählt gewiß mit zu den schönsten Angelerlebnissen, die ein waidgerechter Sportfischer haben kann.
Der Export von Angelgerät und Zubehör ist die eine Seite; der Export der Kenntnisse, wie man mit diesen Geräten besondere Erfolge erzielt, ist eine andere. Ich werde versuchen, dies hier zu erläutern, da diese Kenntnisse letztlich den Wettfischern und ,,normalen'' Stippfischern gleichermaßen zugute kommen.
Die Grundlage unserer Stippfischerei in England sind zwei bestimmte Posentypen, hinzu kommt noch eine weitere Taktik, die allerdings zumindest bei Wettbewerben in einigen anderen Ländern nicht gestattet ist – das ist das Angeln mit dem Futterkörbchen. Nichtsdestoweniger, mit letzterer Methode kann man überall eine Menge gute Fische fangen. Ich selbst kann mir keine Fischart denken, die nicht entweder auf die Feststellpose, die Wagglerpose oder das Futterkörbchen reagiert. Ich möchte daher diese etwas ausführlicher erläutern.

Feststellpose
Hierbei handelt es sich um Standardposen aus Balsaholz mit fester Antenne im Mittelteil – normalerweise bestehen sie zu zwei Dritteln aus Balsaholz und zu einem Drittel aus der Antenne. Bei manchen von ihnen wird auch eine Klaviersaite als Antenne verwendet oder auch Aluminiumrohr. In England werden diese Posen ausschließlich in Flüssen mit langsamer bis mittlerer Strömung eingesetzt, wobei die Angelschnur an der Antennenspitze und am unteren Schaft derselben jeweils mit einem Gummi- oder Plastikring fixiert wird.
Diese Posen wurden für zielgenaues Werfen mit einer Stationär- oder Kapselrolle entwickelt. Im Grunde genommen sind diese Posen leicht zu kontrollieren, ausgenommen bei starkem Wind, besonders bei Gegenwind oder bei Windverhältnissen in flußabwärts führender Richtung. Herrschen solche Windströmungen vor, greift man zu anderen Angelpraktiken, über die noch berichtet werden wird. Mit solchen Posen läßt sich eine große Zahl von Schwarmfischen fangen, die bevorzugt in Fließgewässern beheimatet sind – wie etwa Rotauge, Rotfeder, Hasel, Döbel, Aland, Gründling, Ukelei oder auch Barsch. Sogar der Hecht schnappt gelegentlich nach Ködern, die eigentlich für Friedfische gedacht sind.
Der Schlüssel zum Erfolg beim Angeln mit der Feststellpose liegt in der guten Kontrolle und dem exakten Angebot des schwimmenden Köders, woraus dieser auch immer bestehen mag. Beginnen wir mit der Kontrolle. Vor allem ist wichtig, daß die Pose in gerader Linie flußabwärts gleitet. Man stelle sich einen angenehmen, ruhigen Tag an einem Flußabschnitt vor, an dem man den Fisch in einer gewissen Ufernähe fangen kann, etwa in der Entfernung einer 4 Meter langen Matchrute. Unterhalb der Rutenspitze hängt man eine leichte Pose ein und, bei geöffnetem Schnurfangbügel, nimmt die Strömung die Pose geradlinig mit. Oftmals ist gerade dies die richtige Geschwindigkeit, um den Köder anzubieten. Es kommt jedoch vor, daß der Fisch besser auf den Köder reagiert, wenn dieser langsamer als die Strömung schwimmt oder auch von Zeit zu Zeit angehalten wird.
Dieses langsamere Gleiten kann man auf mancherlei Weise bewerkstelligen. Angelt man mit einer Kapselrolle, so wird aus dieser ohnehin die Schnur etwas langsamer abgezogen als von einer Stationärrolle mit geöffnetem Schnurfangbügel. Manche Angler lassen auch die Schnur durch die Finger gleiten, um so den Ablauf etwas zu verlangsamen. Andere wieder, zu denen auch ich gehöre, geben der Rute unmittelbar nach dem Auswerfen einen Schwung stromaufwärts, halten dabei die Schnur mit dem Finger an der Rolle und heben dann langsam die Rute in Richtung flußabwärts, wobei sie der Pose folgen. Auf diese Weise läßt sich sehr genau die Pose kontrollieren. Wenn man mit dem Arm der abfließenden Pose so weit wie möglich gefolgt ist, muß man erneut die Rute flußaufwärts schwingen und den Ablauf wiederholen. Nach einiger Zeit hat man eine gewisse Praxis und das Ganze geht leicht und elegant vonstatten.
Genau diese Kontrolle der Pose ist auch erforderlich, wenn man weiter draußen angeln möchte. Allerdings, je weiter man hinaus will, um so schwieriger wird dies auch. Möglicherweise sollte man dann auf eine schwere Pose umwechseln, die mehr Bleischrot zu tragen vermag. Sobald die Pose beginnt seitlich abzuziehen, wenn man sie kontrollieren will, ist es Zeit, eine größere Pose zu nehmen.
Angelt man auf weitere Entfernung, so besteht das größte Problem der Posenkontrolle darin, daß die Schnur zwischen Rutenspitze und der Pose in einem Bogen ausliegt. Hierdurch gerät die Pose ins Gleiten oder man verschlägt den Anhieb, wenn ein Fisch beißt. Deshalb muß dieser Bogen beseitigt werden. Die richtige Methode hierfür ist, den Schnurablauf zu stoppen und die Schnur stromaufwärts anzuheben, um so den Bogen zu begradigen. Das kann sich nach jedem Auswerfen zwei- oder dreimal wiederholen, aber es lohnt sich immer, es zu versuchen. Dabei sollte man beachten, daß die Schnur begradigt ist, bevor die Pose jene Stelle erreicht hat, an der man sich Bisse erhofft. Wenn es unmöglich ist, die Pose während des ganzen Gleitens flußabwärts zu kontrollieren, dann sollte dies zumindest in jenen Abschnitten geschehen, auf die es ankommt.
Dies bringt mich zu dem wichtigen Punkt des Anfütterns. Dies geschieht in der Absicht, die Fische anzulocken und sie dort zur Nahrungsaufnahme zu veranlassen, wo man selbst am besten an die Fische herankommt. Wir verwenden hierfür Maden oder auch verpuppte Maden, die wir ,,Werfer'' nennen. Manchmal füttern wir auch nur mit Hanf an, während wir am Haken Maden oder verpuppte Maden haben. Die Hakengröße beträgt bei dieser Art des Angelns durchschnittlich 18 oder noch kleiner, es sei denn, die Fische sind wirklich groß.
Wenn das Gewässer tief ist und eine starke Strömung hat, muß man die Anfütterstoffe in rasch absinkende Grundköder packen, um sie so schneller auf den Boden zu bringen. Handelt es sich bei den Fischen um solche Arten, die ohnehin am Grund gründeln, wie etwa die Brachsen, dann geht es sowieso nicht anders. Ein brauchbarer Trick beim Angeln mit Feststellpose ist es auch, an zwei Stellen anzufüttern. Die eine sollte in unmittelbarer Nähe vom Köder sein, die andere weiter entfernt. Wenn man nur an einer Stelle anfüttert, kann es sein, daß der Fisch argwöhnisch wird, weil es immer weniger Fische werden. Dann verläßt er diese Stelle. Füttert man dagegen an zwei Stellen an, so verläßt man die eine für eine Weile, wenn man zwei oder drei

Rechts: Hier sind zwei verschiedene Feststellposen zu sehen. Rechts außen demonstriert das Diagramm unterschiedliche Möglichkeiten der Bebleiung. Die linke Darstellung mit gleichmäßiger Verteilung der Bleischrote auf die Schnur zwischen Pose und Haken ist für das Angeln in langsam fließenden Gewässern üblich. Rechts daneben sind zwei Varianten für das Angeln in tieferem und strömungsreicherem Wasser zu sehen.

Unten: Wichtig ist, daß die Pose möglichst geradlinig ausliegt und mit derselben Geschwindigkeit wie die Strömung flußabwärts treibt. Hin und wieder kann es nützlich sein, dieses Gleiten abzubremsen oder auch für einen kurzen Augenblick ganz zu unterbrechen.

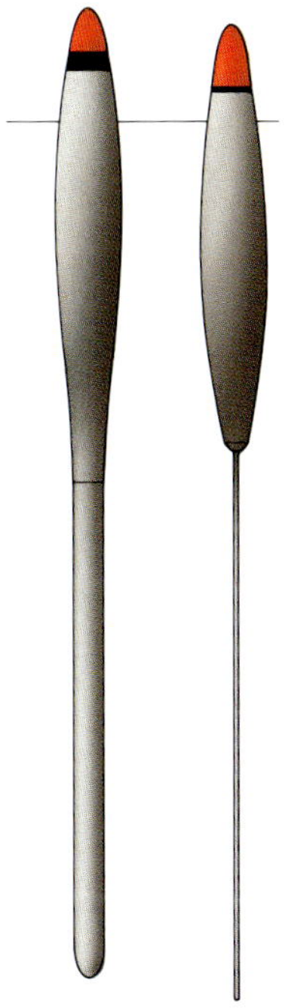

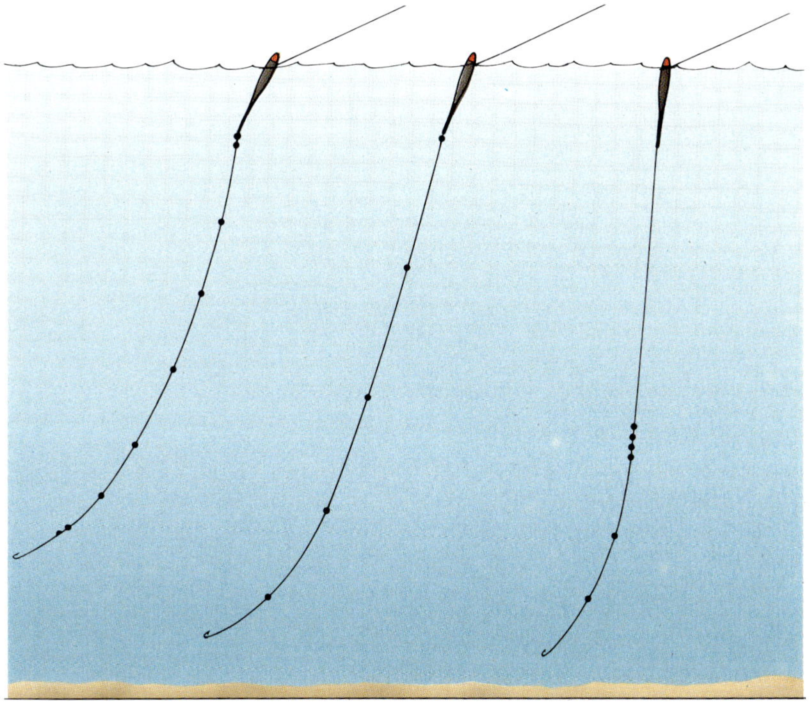

Fische gefangen hat und angelt erst mal an der anderen weiter. Im Ganzen gesehen, hat man so zahlreichere Fänge. Wir nennen diese Methode auch „gepflegtes Anfüttern".
Wie man der linken Seite des Diagramms mit verbleiten Posen entnehmen kann, gehen wir bei langsam fließenden Gewässern von einer leicht bebleiten Pose aus. Dabei sinkt auch der Köder gleichmäßig und langsam ab und man hat so die Chance, Fische in jeder Tiefe zu fangen. Dabei muß man ermitteln, wie lang die Bleischroten benötigen, um auf den Grund abzusinken. Dauert dies viel zu lang, sollte man die Rute leicht anheben. Eventuell fängt der Fisch den absinkenden Köder auf, wordurch die Pose ihn gar nicht erst auf die gewünschte Tiefe absinken lassen kann. Geschieht dies, so sprechen wir von „angehobenen Bissen" oder von „Tropfenbissen".
Wenn eine Pose ihre Stellung eingenommen hat und der Köder offensichtlich bis auf die gewünschte Tiefe abgesunken ist, ohne daß ein Biß kam, kann es sich manchmal auszahlen, die Pose ein wenig anzuheben. Hierdurch wird auch der Köder bewegt und mit angehoben. Oftmals provoziert man auf diese Weise einen Anbiß. Zugegeben, dies ist zweifellos eine etwas geschäftige Angeltaktik, bei der man ständig die Tiefe des Köders verändern muß, aber sie kann recht erfolgreich sein. Als gut erweist es sich manchmal auch, wenn man das auf Grund liegende Bleischrot bewegt. Stellt man beim Einholen der Schnur fest, daß eine Made ausgesaugt wurde, ohne daß ein Biß spürbar war, hilft es, wenn man das am tiefsten angeklemmte Blei näher zum Haken hin verschiebt. Mit diesem Trick kann man Bisse deutlich erkennbarer machen.
Grundsätzlich gilt: Bekommt man keine Bisse oder hat das Beißen aufgehört, dann wechsle man ein Teil aus – entweder die eingestellte Tiefe, das Grundbleischrot oder die Geschwindigkeit, mit der man den Köder anbietet. Es muß ganz einfach etwas geschehen!
In tieferem und schneller fließendem Wasser muß man die Bleischrotmontage ändern. Man kann größere Bleischrote anklemmen oder bringt in Grundnähe drei Schrotkugeln hintereinander an (wie auf dem Diagramm rechts zu sehen ist). Es gibt viele Möglichkeiten. Der ganze Erfolg liegt in der Auswahl der jeweils passenden Pose und der entsprechenden Bleibeschwerung. In rasch fließenden und strudelreichen Gewässern stellt sich eine schwerere Pose besser gegen die Strömung und bietet mehr Stabilität und Kontrolle.

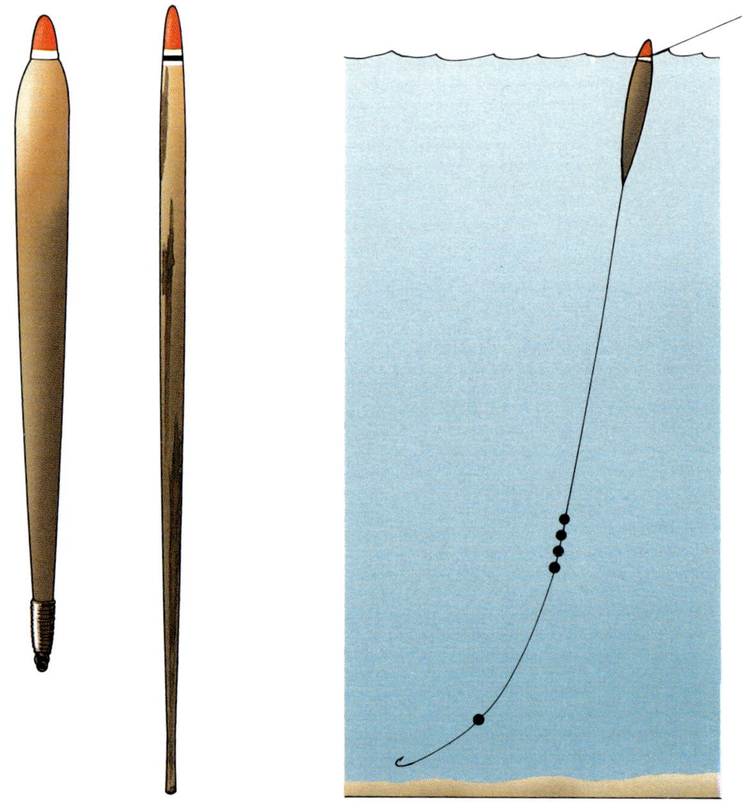

Die Balsaholz-Pose ist eine Variante der Feststellpose. Sie wird in tiefen und stark fließenden Gewässern verwendet. Das Bild rechts verdeutlicht, wie die Bleischrote angeklemmt werden sollten, einige dicht beieinander und ein weiteres Bleischrot etwa auf der Hälfte zwischen diesen und dem Haken.

Balsaholz-Posen
Es ist richtig, ich habe diese Posen bislang nicht erwähnt, doch sie sind eine wirkliche Bereicherung der Feststellposen in tieferen und kräftiger fließenden Gewässern. Balsaholz-Posen haben eine höhere Tragkraft – können also stärker mit Bleischrot bestückt werden. Diese Bleibeschwerung bringt man am besten in einer Entfernung von 1–1,25 Meter vom Haken an, wobei man ein einzelnes Bleischrot etwa auf halber Länge zum Haken anklemmt.
Balsaholz-Posen werden auf die gleiche Weise kontrolliert, wie das hier schon beschrieben wurde. Sie sollen so langsam wie möglich gleiten. Für kleine Köder verwende man kleine Haken, für größere auch kräftigere Haken. Letztere verwendet man für das Angeln auf große Fische, wobei man als Köder Brot, Frühstücksfleisch oder auch tote Raupen und Käfer auf den Haken zieht.
Einer meiner Freunde hat an strömungsreichen Flüssen in Schweden mit dieser Angelmethode zahlreiche Alande gefangen. Ein anderer, es wurde wohl schon erwähnt, fängt in Kanada auf diese Weise mit Regen- und Tauwürmern verschiedene Fischarten gelegentlich sogar mal eine Steelhead-Forelle.

Wagglerposen
Waggler ist eine Sammelbezeichnung für Posen, die nur in die untere Öse eingehängt werden, ohne dabei als Laufpose verwendet zu werden. Durch zwei Bleischrote, vor und hinter der Öse, werden sie an einer bestimmten Stelle der Hauptschnur fixiert. Von den anderen Posen unterscheiden sie sich im wesentlichen durch die Länge und Stärke ihrer Pfauenfederkiele. Manchmal sind die Posen jedoch auch aus Balsaholz, da diese mehr Bleibeschwerung tragen können. Je mehr Tragkraft sie haben, um so weiter kann man die Posen werfen.
Anders als bei den Feststellposen wird die Wagglerpose sowohl an Flüssen als auch an Seen verwendet. Läßt man die Bleischrote an der Posenöse weg, so kann man diese Pose natürlich auch als eine echte Gleitpose in sehr tiefen Gewässern einsetzen. Angelt man zum Beispiel an einem Gewässer von 6 Meter Tiefe, dann ist es unmöglich, mit einer Feststellpose diese Tiefe an einer 4 Meter langen Rute einzustellen. Eine Gleitpose hat damit keine Schwierigkeiten, doch ich möchte von vorn beginnen.
Die Taktik, mit dieser Pose zu angeln, besteht in der Hauptsache darin, die Mehrzahl der Bleischrote, die eine solche Pose tragen kann, in der Schnur beiderseits der Posenöse einzuklemmen. Handelt es sich um eine Gleitpose, dann muß das Bleischrot auf dem unteren Schnurteil festgeklemmt werden. Es hängt dann in der Schnur zwischen Pose und Haken. Mit zwei Bleischroten wird sodann, wie eingangs schon erwähnt, die Wagglerpose an einer bestimmten Stelle der Schnur fixiert, wobei unterhalb derselben nur einige kleinere Bleischrote eingeklemmt werden.
An Fließgewässern, wenn ein unangenehmer Wind den Angler daran hindert, mit einer Feststellpose erfolgreich zu angeln, kann an dessen Stelle eine kleine Wagglerpose verwendet werden. Man wirft sie hinter die Linie, auf der man fischen will. Danach senkt man die Rutenspitze unter die Wasseroberfläche, wobei die Pose deutlich zurückkommt, bis sie die Stelle erreicht hat, die man beangeln will. Nun sinkt die Schnur ab. Man erlaubt den Schnurabzug von der Rolle und läßt die Pose flußabwärts gleiten, wobei man stets auf eventuelle Bisse achten sollte. Diese Wagglerposen können nicht so gut kontrolliert werden, wie dies bei Feststellposen geschieht, doch die Schnur unter der Oberfläche streckt sich zumindest in gerader Linie flußabwärts. Auf diese Weise kann man noch an Stellen Bisse bekommen, wo

man mit der Feststellpose nicht mehr hinreicht. Allerdings ist diese Angelmethode statischer, sie kann nicht so häufig verändert werden.
Eine weitere Verwendung der Wagglerpose beim Flußfischen besteht in der Möglichkeit, noch in Entfernungen zu angeln, die man mit einer Feststellpose nicht erreichen kann. Wichtig ist hierbei, eine Posengröße auszuwählen, mit welcher man die gewünschte Entfernung anwerfen kann. Dabei kann man zu sehr guten Fangerfolgen kommen, ganz besonders in langsamen bis mittelstark fließenden Gewässern, die nicht so außerordentlich tief sind.
Es kann manchmal schwierig sein, mit der Wagglerpose zurecht zu kommen, besonders, wenn der Wind so stark bläst, daß die Schnur einen Bogen bildet. Wenn das passiert, muß man die Schnur absinken lassen, wie dies bereits beschrieben wurde, doch hierbei kann ein Problem entstehen. In der lang ausliegenden, abgesunkenen Schnur besteht eine solche Spannung, daß die Pose ständig dazu neigt unterzugehen, auch wenn gar kein Biß erfolgt. Ursache hierfür ist sowohl der Haken mit dem Köder als auch das Grundblei, die auf den Boden stoßen und so langsam die Pose nach unten ziehen. Das geschieht im übrigen auch, wenn sich in der Schnur, die von der Rolle abläuft, irgend ein Hindernis verfängt.

Wenn man an Fließgewässern angelt, so gibt es eine Antwort auf dieses Problem, in dem man Posen mit stärker ausgebildetem Oberteil verwendet. Die Schrotbebleiung sollte hierbei so abgestimmt sein, daß die Spitze der Pose höher aus dem Wasser ragt. Mit einem bißchen Glück, das der Angler ja haben sollte, gelingt es dann, die Pose von der Strömung forttragen zu lassen, ohne daß diese zu stark unter Wasser gezogen wird. Wenn sie langsam absinkt, ist dies ohne Bedeutung, denn das ist kein Anzeichen für einen Biß. Man gebe etwas mehr Schnur nach und die Pose wird erneut auftauchen. Beißt jedoch ein Fisch an, dann wird dieses langsame Ab- oder Auftauchen der Pose jäh unterbrochen und die Strömung wird sie unvermittelt nach unten ziehen. Das ist dann der Zeitpunkt, an dem man einen langen, durchziehenden Anschlag setzen sollte.
An einem Fluß auf weite Entfernung mit abgesunkener Pose zu angeln, ist gewiß die schwierigste Art, das Fischen mit der Wagglerpose zu meistern. Häufig sind jedoch die Bedingungen so, daß es möglich ist mit der Schnur an der Oberfläche zu angeln. Das ist auf jeden Fall auch sehr viel erfolgversprechender. Die Pose macht keinen Versuch abzutauchen und falls die Schnur einen zu großen Bogen beschreibt, kann man sie, wie schon bei der

Hier sehen wir zwei unterschiedliche Wagglerposen und ihre Anwendung. Auf dem linken Bild wird eine Montage vorgestellt, wie sie für das Angeln auf mittlere Entfernung in Seen und an Flüssen üblich ist. Das System in der Mitte eignet sich gut für Bäche und Kanäle. Rechts schließlich ist die Montage mit einer größeren Pose zu sehen, die sich besonders für das Angeln auf weite Entfernungen an Flüssen und größeren Seen eignet. Natürlich wird die Entfernung davon bestimmt, wie weit man jeweils mit dem Köder werfen kann, indem man entweder zum Anfüttern Teigbälle formt und diese dorthin wirft, wo die Pose steht, oder durch Verwendung einer Köderschlinge.

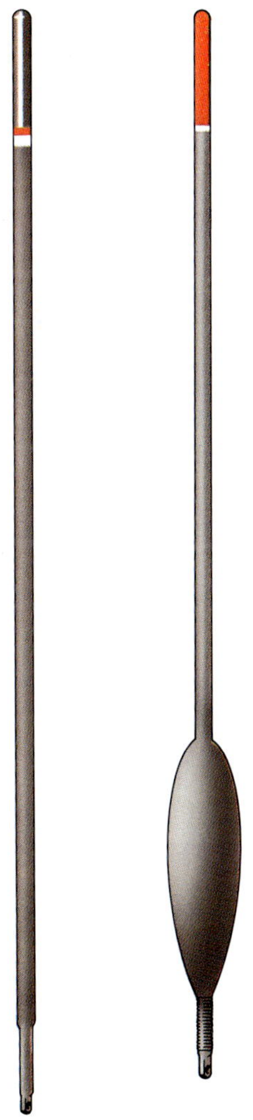

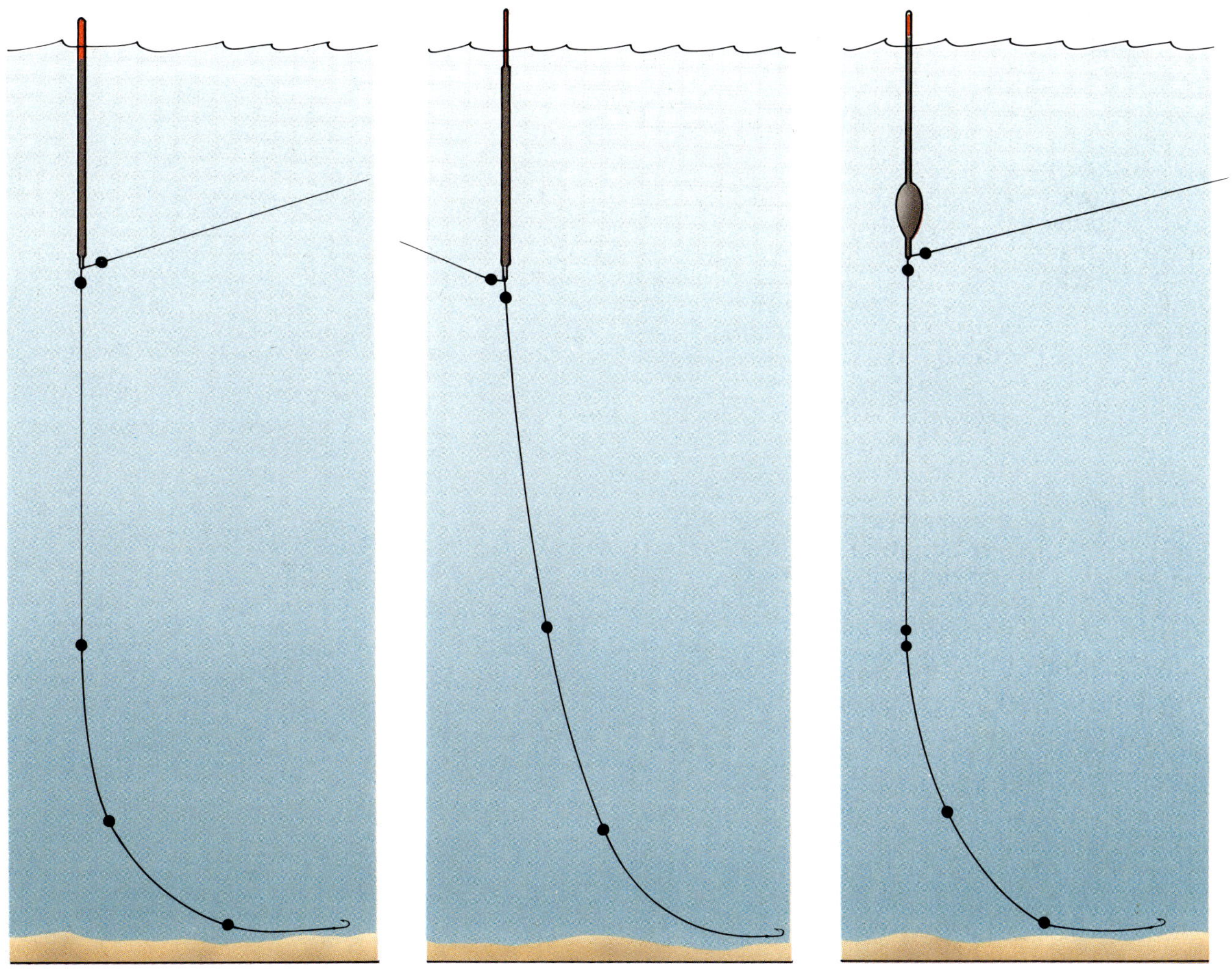

Rechts: Wagglerposen, die für das Angeln in Stillwassern bestimmt sind, haben einen besonders dünnen Spitzeneinsatz. Hier werden zwei unterschiedliche Modelle mit solchen Einsätzen gezeigt, daneben eine kurze grafische Anleitung, wie sie verwendet werden.

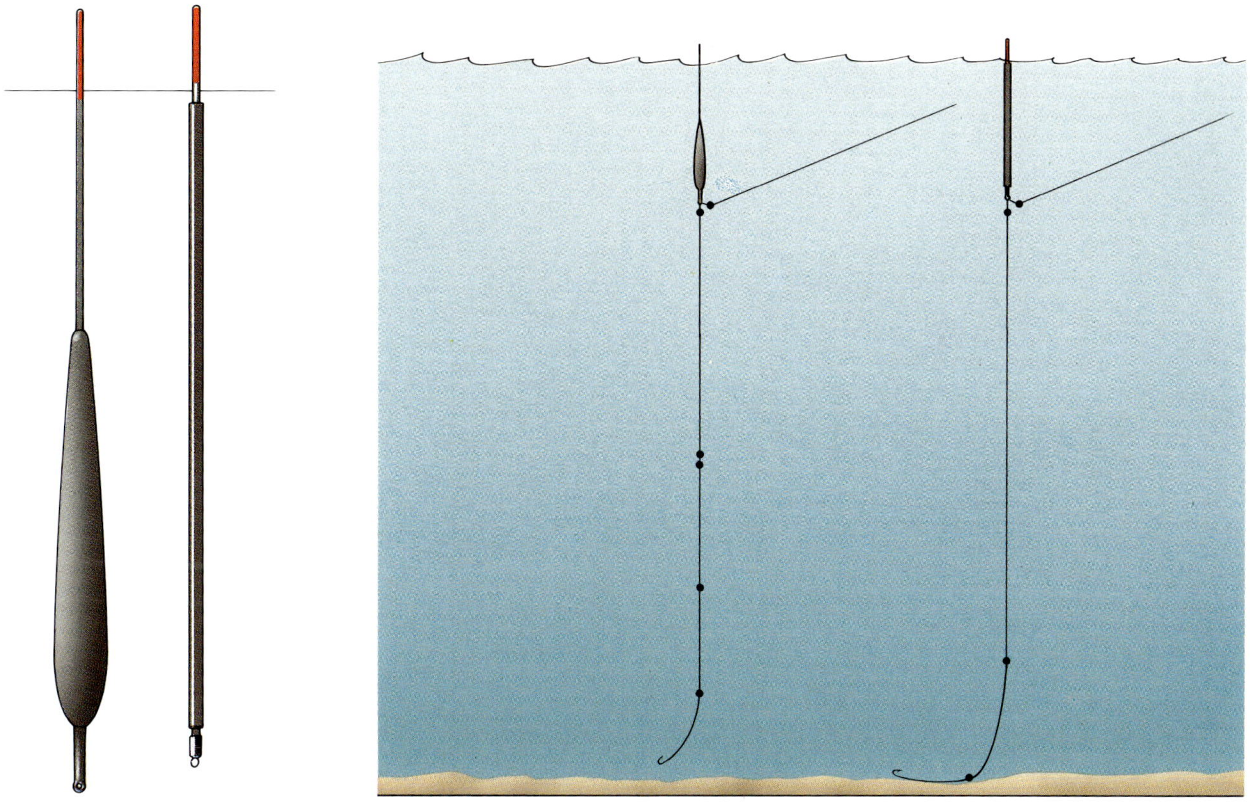

Feststellpose beschrieben, wieder straffen. Ich hatte anfangs viele Schwierigkeiten, mit der Wagglerpose zurecht zu kommen, bis ich schließlich einmal unseren international so erfahrenen Anglern über die Schulter schaute. Es machte ihnen nicht sonderlich viel aus, wenn die Schnur in einem weiten Bogen auslag. Sie beachteten vor allem die Pose, tauchte sie ab, schlugen sie die Rute in einem weiten Schwung aus und streckten so die Schnur. Oftmals hoben sie die Rute in einem Bogen von 180 Grad an, wobei sie jedesmal heftig an der Rolle kurbelten, um Schnur einzuholen, bevor sie Kontakt mit dem Fisch bekamen. Aus mancherlei Gründen schien der Fisch bei dieser Taktik längere Zeit am Köder zu hängen. Meine Meinung hierzu ist, daß die Strömung eine gewisse Spannung zwischen dem Köder und der Pose verursacht, wodurch das Ausspucken des Köders verhindert wird.
Beim Angeln auf geringere Entfernungen an Seen und Kanälen funktioniert die Wagglerpose im wesentlichen so wie beschrieben, wenngleich auch da Unterschiede bestehen. Diese Gewässer beangelt man stets mit abgesunkener Schnur, um den Einfluß irgendwelcher Oberflächenströmungen zu vermeiden. Die Länge der Posen entspricht dabei durchaus diesem Zweck. Da es in Seen keine bedeutenden Strömungen gibt, abgesehen von den Wellen, verursacht durch den Wind, ist es auch kein Problem, mit einer abgesunkenen Schnur zu angeln. Da andererseits aber eine solche Strömung auch nicht hilfreich ist, um die Pose bei einem Biß abtauchen zu lassen, muß eine Wagglerpose beim Angeln in Seen und Kanälen sehr viel empfindlicher reagieren, als auf einem Fließgewässer.
Der Fisch in einem Stillwasser, der versucht, eine stärkere Fließwasserpose unter Wasser zu ziehen, spürt den Widerstand und läßt den Köder los. Deshalb verwenden wir hier in England in solchen Fällen Posen mit sehr dünnen Spitzenantennen, um diesen Widerstand zu verringern. Wir stecken einen dünneren Federkiel in einen dickeren, manchmal verwenden wir auch unterschiedliche Materialien wir Rohr, Schilf oder sogar Borsten aus einem Nylonbesen. Alles ist davon abhängig, in welcher Entfernung wir angeln wollen. Je mehr wir in Ufernähe angeln, um so dünner kann die Posenspitze sein. Die Frage ist jeweils, was kann man auf solche Entfernung noch gut sehen.
Der große Vorteil solch dünner Einsätze in der Posenspitze liegt, abgesehen vom geringeren Widerstand, wenn ein Fisch diese nach unten zieht, in der Tatsache, daß der Anbiß besonders deutlich markiert wird. Das zeigt sich entweder beim langsamen Absinken des Köders oder wenn er vom Gewässergrund mit dem auf dem Boden liegenden Bleischrot aufgenommen wird.

Links: Wie das Angeln überhaupt, ist auch das Stippfischen eine feine Sache, um sich im Grünen an einem idyllisch gelegenen Wasser zu erholen. Ein beliebter Fisch in solch einem Gewässer ist die Schleie, wie im kleinen Bild gezeigt.

Links: Wagglerposen werden nur mit der unteren Öse in die Schnur eingehängt. Sie können ebenso als Gleitposen verwendet werden und – anders als Feststellposen – eignen sie sich sowohl für Stillwasser als auch für Fließgewässer.

Rechts: Der Zweck eines Futterkörbchens ist, dem Fisch die Nahrungsaufnahme zu erleichtern. Es wird mit demselben Köderfutter gefüllt, das sich auch am Haken befindet. Beide zusammen werden dann an der Angelstelle ausgeworfen. In Fließgewässern wird auf diese Weise eine Spur mit Futterstoff gelegt, die direkt zum beköderten Haken führt.

In so einem Fall wird die Posenspitze entweder höher aus dem Wasser ragen als sie sollte, oder sie legt sich urplötzlich auf der Oberfläche um, als sicheres Zeichen dafür, daß am Grund ein Biß die Schnur angehoben hat. Ein Bleischrot der Größe 8 wird etwa eine 8 Zentimeter lange Nylonborste zum Sinken bringen. Hebt also ein Fisch am Grund so ein Bleischrot mit dem Köder an, so steigt die Borste an der Oberfläche um 8 Zentimeter – was kaum zu übersehen sein dürfte.

Wenn auf einem Stillwasser der Wind einen beträchtlichen Sog verursacht, sind diese dünnen Posenspitzen allerdings nicht mehr wirksam. Das Wasser an der Oberfläche zieht dann in die eine Richtung, die Strömung über Grund in eine andere. Liegt dann der bebleite Köder auf dem Grund, wird eine solche Pose mit dünner Spitze unweigerlich unter Wasser gezogen. Da geht es dann ganz einfach darum, sie auszuwechseln und eine Pose zu finden, die in der Spitze kräftig genug und genügend schwimmfähig ist, um an der Oberfläche zu verharren.

Ich erinnere mich, wie ich erstmals solche Wagglerposen in Ländern wie die Niederlande, in Frankreich und Italien verwendete, bevor man solche Posen in diesen Ländern kannte. Dabei wurde ich von einigen einheimischen Anglern recht seltsam betrachtet – bis auch sie feststellten, wie fangträchtig diese Posen sind. Am Garda-See in Italien fing ich damit Fische, die ich selbst noch nie zuvor gesehen hatte, wie Forellenbarsche und Zwergwelse. Seitdem habe ich mit dieser Angeltaktik in Amerika solche Fischarten wie Sonnenbarsche und Crappies gefangen; dort sind ja unsere europäischen Posen auch noch weiterhin unbekannt.

Fazit ist, daß diese Angelmethode mit der Wagglerpose universell anwendbar ist. An Flüssen, Seen und Kanälen kann man damit fangen, was immer an Besatz vorhanden ist. Und das gilt mit Sicherheit auch für die nächste Methode, die ich beschreiben will – für das Angeln mit dem Futterkörbchen.

Futterkörbchen

Ein Futterkörbchen ist nichts weiter als ein Stück gewichtiges Plastikrohr, das an den Seiten einen Deckel oder keinen hat. Im Angelbereich hat es jedoch kaum eine Neuheit gegeben, die ein solches Für und Wider ausgelöst hat, wie dieses Zubehör. Das ,,Plastikschwein'' ist eine der wenig schmeichelhaften Bezeichnungen hierfür von Stippfischern, die erkennen mußten, daß ihre speziellen Techniken zumindest teilweise durch das Futterkörbchen ausmanövriert wurden. Dieses Körbchen hat hoffnungslos erfolglose Angler zu gelegentlich erfolgreichen gemacht, gelegentlich erfolgreiche zu erfolgreichen und jene wieder zu Superfängern. In den richtigen Händen kann so ein Futterkörbchen jeden Fisch in Ufernähe zum Anbiß verleiten und es kann zu Bissen verführen, wo Stippfischer fast verzweifeln.

An dieser Stelle sollte man erwähnen, daß solche Futterkörbchen in den Katalogen deutscher Angelgerätehersteller durchaus zu finden sind, diese auch gelegentlich vom deutschen Angler als nützliches Zubehör betrachtet werden, bislang jedoch noch keinen solchen hohen Stellenwert einnehmen, wie dies offensichtlich in England der Fall ist.

Wie der Name bereits andeutet, besteht die Funktion eines Futterkörbchens darin, zusätzliches Futtermaterial anzubieten – zumeist als Mischung dessen, was als Köder am Haken hängt. Da dieses Körbchen in der Schnur eingehängt wird, bietet es exakt an der Stelle, an der auch der Köder ausliegt, zusätzlich Anfütterstoffe an. Die Zeiten sind längst vorbei, als man Köder und Futterkörbchen getrennt voneinander auswarf. Es gehört Geschick dazu, zunächst das Futterkörbchen an einer bestimmten Stelle auf Grund

Die Anzahl der verschiedenen Naturköder ist kaum aufzulisten, doch die Made zählt hierunter zu den beliebtesten.

auszulegen und anschließend mit dem beköderten Haken beim nächsten Wurf genau diese Stelle wieder zu finden.
Heutzutage ist all dies mit einem Wurf zu bewerkstelligen. Wenn in einem Fluß oder See Fische sind, die sich vom Köder am Haken zum Anbiß verleiten lassen, werden sie das Angebot im Futterkörbchen in viel höherem Maße akzeptieren. Dabei ist es unwichtig, um welche Fischart es sich handelt. Diese Angelmethode ist fangträchtig und einfach, wiederum jedoch nicht so einfach, wie manch einer denken mag. Man kann mit so einem Futterkörbchen nämlich gut aber auch schlecht angeln; und wie es oftmals geschieht, ist es letztlich jener Angler, der überlegt vorgeht, dem schließlich der Erfolg winkt.
Im Grunde besteht so ein Futterkörbchen aus einem abgeschlossenen Röhrchen, dessen oberer Deckel zu öffnen ist. Das Körbchen selbst hat zahlreiche Bohrungen. Es wird mit losem Futter gefüllt – Maden, verpuppte Maden, Hanf oder andere Futterstoffe, die winzig genug sind, um durch die Bohrungen ausgewaschen werden zu können. Stellen Sie sich einmal vor, was passiert, wenn so ein Futterkörbchen an eine zuvor ausgesuchte Stelle in einem Fluß geworfen worden ist. Einige Bestandteile fallen schon gleich beim Aufschlag heraus, weitere während das Körbchen absinkt. Auf diese Weise wird eine Köderspur am Boden gelegt, die den Fisch an jene Stelle lockt, wo das meiste Futter angeboten wird. Da ein Wurf dem anderen folgt, wird diese Köderspur gefestigt und letztlich liegt dort eine Menge Anfüttermaterial verstreut, wo das Futterkörbchen am Ende auf Grund liegt.
Mit Hilfe des Körbchens kann man eine große Zahl von Fischen zu diesem Futterplatz locken, und da die Nahrung mit wachsendem Zutrauen aufgenommen wird, besteht auch eine gute Chance, daß schließlich der Köder am Haken geschnappt wird. In dem Maße, wie die Fische nach oben hin zum Kescher verschwinden, kommen am Boden neue hinzu, um sich am Futter zu laben. Solang Fische im Umfeld sind, streben sie dem Futterplatz und damit dem Gefangenwerden zu. So einfach ist im Grunde diese Methode – vorausgesetzt, der Angler versteht nicht nur den Haken gut im Köder zu verstecken, sondern auch den gehakten Fisch möglichst elegant und unauffällig nach oben zu holen.
Das nämlich ist hauptsächlich das Problem. Angler selbst entwickelten Ruten mit schlanken, feinnervigen Spitzen aus Fiberglas und anderen Materialien, wobei sie aufmerksam auf jeden Anbiß achteten. Dies kann manchmal nur ein scheinbares Nippen, dann wieder auch ein heftiger Ausschlag in der Rutenspitze sein. Wir in England verwenden noch immer schlanke Spitzen, doch das Rutenangebot ist umfassend. Moderne Ruten registrieren heutzutage einen Anbiß sofort und unübersehbar.
Das Erfolgsgeheimnis liegt letztlich auch im Gewicht des Futterkörbchens. Ich werfe so ein Körbchen mit einem kleinen Bleigewicht aus, von dem ich annehme, daß es das Körbchen soeben am Boden hält, andererseits, manchmal hoffe ich direkt, daß dies nicht gelingt. Wenn es nicht fest liegt, so wird mir meine Rutenspitze das signalisieren. Sie wird sich nämlich in dem Maße hin- und herbewegen, wie das Körbchen am Boden rollt. Ist dies der Fall, so stecke ich eine Bleikugel in das Körbchen und versuche es erneut. Das wiederhole ich mit zusätzlicher Bebleiung so lange, bis sich das Futterkörbchen am Boden nicht mehr bewegt. Erst wenn ich genau das erforderliche

Gewicht habe, fülle ich das Körbchen mit Futterstoff und beködere den Haken. Nunmehr können nur noch zwei Geschehnisse das Körbchen in Bewegung setzen – Gras oder anderes Treibgut, das mit der Strömung flußabwärts in die Schnur gerät (was entfernt werden muß) oder der Anbiß eines Fisches.
Das Körbchen ist dann so genau austariert, daß selbst der Biß eines kleinen Fisches es zum Rollen bringt. Wenn dies geschieht, schlägt die Rutenspitze heftig von einer Seite zur anderen aus. Wir haben herausgefunden, daß es dann noch nicht einmal notwendig ist, kräftig anzuschlagen. Wir heben nur eben die Rute an und holen Schnur ein. Der Fisch hängt unweigerlich am Haken entweder, weil er keinen Widerstand verspürte oder, weil er den Köder nicht wieder ausspucken kann. Ich bin nicht sicher, welche von beiden Möglichkeiten zutrifft, denke jedoch, es ist die erstere.
Es hat sich herausgestellt, daß der günstigste Platz an einem Fließgewässer für das Auswerfen eines solchen Körbchens etwas oberhalb vom Standort des Anglers ist. Damit liegt es schließlich, wenn es auf den Boden abgesunken ist, gerade vor dem Angler. Zudem zahlt es sich aus, wenn man zwischen dem Futterkörbchen und der Rutenspitze einen größeren Schnurbogen auf dem Wasser hat, sofern man geradeaus oder leicht flußabwärts angelt. Hält man die Schnur etwas locker, kann sich das Körbchen mit einem geringeren Bleigewicht am Boden halten – das erscheint logisch. Doch der Schnurbogen ermöglicht zugleich eine weitere Angelmethode: mit dem Futterkörbchen zu angeln, wenn dieses in Bewegung ist.
Wenn man ermittelt hat, wieviel Bleigewicht so ein Futterkörbchen am Grund hält, so genügt es, dieses Gewicht um ein oder zwei Stücke zu verringern, um es in Bewegung zu bringen. Liegt die Schnur in einem großen Bogen aus, wird sich das Futterkörbchen flußabwärts bewegen und nicht die Strömung kreuzen. Die Fische sind argwöhnisch bei allem, was ihnen unnatürlich erscheint. Und Köder, die eine Strömung kreuzen, sind unnatürlich. Mit einem beweglichen Futterkörbchen angelt man dann, wenn das ruhig am Boden liegende nicht mehr erfolgreich ist, möglicherweise, weil der Fisch mißtrauisch wurde und flußabwärts gewandert ist. In dem Maße wie das Körbchen sich bewegt, wackelt auch die Rutenspitze, doch das geschieht langsam und gleichmäßig. Wenn ein Fisch den Köder packt, wird dieses langsame Wackeln von einem Schlag unterbrochen. Ein untrügliches Anzeichen dafür, die Rute anzuheben und Schnur einzuholen, wie bereits beschrieben.
Das Angeln mit Futterkörbchen, die beidseitig offen sind, sogenannte Futterspiralen, geschieht nahezu auf die gleiche Weise. Solche Spiralen werden jedoch durch größere Bleischrote ausbalanciert, die in die Schnur eingeklemmt werden. Dadurch liegen diese Spiralen mehr direkt in der Verlängerung der Hauptschnur. Sie werden mit Grundfutter gefüllt – das kann übliche Brotkruste sein, wie sie sich auch am Haken befindet oder, heutzutage in steigendem Maße üblich, eine der fantasiereichen Mischungen, wie sie die europäischen Stippfischer mixen. Grundköder werden nur dann angeboten, wenn die beangelte Fischart solche mit Vorliebe annimmt, ein typisches Beispiel hierfür sind die Brachsen.
Einige Fischarten, wie der Döbel, nehmen manchmal vor Grundkörpern Reißaus. Ich vermute jedoch, daß dies auch schon so war, bevor man damit begann, verschiedene Anfütter- und Grundstoffe zu entwickeln, auf welche die meisten Fischarten ansprechen. Experimente von Karpfenanglern mit Lockstoffen haben gezeigt, daß bestimmte Futterstoffe eher zu stark auf andere Fischarten wirkten. Wenngleich den Karpfenanglern dies nicht sonderlich gefällt, so bleibt trotzdem zu vermerken, daß etwa Wettfischer heute auf eine gewisse Weise wiederentdecken, was vorzeiten schon einmal die Karpfenangler herausgefunden hatten. Starke, fruchtige Düfte wirken auf viele unterschiedliche Fischarten in warmen Gewässern, während würzige, curryartige Düfte sich besser in kälteren Gewässern bewährten. Die Angler finden sehr bald heraus, welcher Duft für eine bestimmte Fischart besonders verführerisch ist. So ist zum Beispiel bekannt, daß Vanille hervorragend auf Brachsen wirkt und Zuckerahorn lockt vor allem Schleien an. Die Amerikaner sind dabei Duftstoffe zu entwickeln, die besonders auf Raubfische wirken. Auf diesem Gebiet gibt es noch eine Menge zu lernen.
Ohne es besonders zu betonen, sei gesagt, daß beide Modelle des Futterkörbchens natürlich auch erfolgreich an Stillwassern sind, auf eben die gleiche Weise, wie sie sich in Fließgewässern bewähren. Der wesentliche Unterschied besteht darin, daß es an einem Stillwasser nicht so leicht ist, einen Biß festzustellen. Hier erfolgt der Anbiß sehr viel sanfter und langsamer als dies im Fließwasser geschieht. Am Stillwasser sind wir deshalb auf Angelruten mit sehr schlanker, sensibler Spitze angewiesen, wobei wir auf die geringste Bewegung derselben achten müssen, ganz besonders im Winter. Eine Alternative für jene Angler, die lieber auf große Fische am Stillwasser angeln, bietet ein elektronischer Bißanzeiger und/oder ein feiner Hilfsanzeiger, wie etwa ein Stück Metallfolie, die man an einem Streichholz oder dergleichen in die Schnur einhängt.
Ein weiteres Problem für den Angler am Stillwasser besteht darin, wie er es geschickterweise anstellt, wenn er immer wieder die gleiche Angelstelle anwerfen muß, vor allem, wenn dies über eine größere Entfernung geschieht. Ein nützlicher Tip hierfür ist, diese bestimmte, gewünschte Stelle anzuwerfen und dann etwa 1 Meter Schnur von der Rolle aus mit Nagellack zu markieren. Bei jedem weiteren Wurf ist es dann sehr leicht festzustellen, ob man zu weit geworfen hat, also etwas Schnur einholen muß – oder nicht weit genug.
Wieviel Blei benötigt man für diese Futterkörbchen? Nun, die Bedingungen an einem Fließwasser sind sehr unterschiedlich, sie reichen von langsamer bis zu besonders starker Strömung. Nicht zuletzt hängt auch vom Wasserdruck auf die Schnur ab, wieviel Blei erforderlich ist, wobei noch hinzu kommt, wie tief das Gewässer ist und welche Entfernung gewünscht wird. An den Fließgewässern, an denen ich selbst angle, genügen nur 7 Gramm, manchmal benötige ich aber auch 100 Gramm. Im Durchschnitt sind 40 bis 60 Gramm erforderlich. Ich habe es jedoch mit Flüssen zu tun, die der Tide unterliegen und wo die Strömung zuzeiten steigt oder fällt. Dies bedeutet, daß man sich jedesmal erneut darauf einstellen muß, wenn man gute Angelerfolge haben will.
Natürlich ist es schwierig, eine Angelrute zu finden, die diesen unterschiedlichen Bleigewichten beim Werfen in vollem Maße gerecht wird. Ich verwende zwei Angelruten: für das leichtere Angeln eine 3,30 Meter lange Rute mit feiner Aktion und eine steifere in derselben Länge für die größeren Gewichte.
Um eine möglichst hohe Zahl von Bissen zu bekommen, fischen viele Angler mit zu geringen Hakengrößen. Auf der Rolle haben sie eine Schnur mit einer Tragkraft von ca. 2,4 Kilogramm, damit sie sich weicher werfen läßt, doch die Haken, die sie einknüpfen, haben nur eine Tragkraft von 450 oder 650 Gramm. Dadurch entsteht ein echtes Problem, besonders bei kräftigeren Fischarten wie Barbe und Karpfen, doch das gilt auch für größere Brachsen oder Döbel. Wenn diese Fische mit einem Köder davonschießen, kann es geschehen, daß sie den Haken zerbrechen, wenn das Bleigewicht zu hoch ist. Wenn das Gewicht, so wie beschrieben, gut austariert ist, dann ziehen die großen Fische damit ab und die Schnur bleibt intakt. Ist das Futterkörbchen jedoch zu fest verankert, wird die Schnur zerreißen. Wurde der erste Schock des Fisches vom Haken aufgefangen, gilt es, ihn erfolgreich, aber auch vorsichtig heranzudrillen. Eine Angelrute, die gerade kräftig genug ist, ein Gewicht von 60 Gramm zu werfen, ist nicht sonderlich gut geeignet, um an dünner Schnur einen großen Fisch sicher zu drillen.
Ein weiterer Punkt, der Beachtung verdient, ist die Schnur selbst – nicht ihre Tragkraft, sondern ihr Durchmesser. Es gibt eine ganze Reihe von Schnüren, die heutzutage als „extra strong" angeboten werden. Dies bedeutet, daß sie eine Tragkraft von etwa 2,7 Kilogramm haben, doch die Schnur hat einen Durchmesser wie jene, die nur 1,6 Kilogramm Tragkraft aufweisen. Ich bin selbst gespannt auf einige dieser Schnüre. Die Bayerwerke in Deutschland haben bei uns in England eine Schnur unter dem Namen „Ultima" auf den Markt gebracht und sie hat sich für das Angeln mit Futterkörbchen ganz ausgezeichnet bewährt. Der Durchmesser einer Schnur kann durchaus entscheidend sein für das Bleigewicht, das erforderlich ist, um das Körbchen am Boden zu halten und ganz allgemein gesagt, je weniger Blei man hierfür benötigt, um so besser ist es.
An Stillwassern wird natürlich das Bleigewicht ausschließlich von der Entfernung bestimmt, die man überbrücken will. Doch ist das Wasser tief, würde ich eher mehr als zu wenig Bleibeschwerung verwenden. Dies schon deshalb, um das Körbchen möglichst rasch auf den Gewässergrund absinken zu lassen. Diese Futterkörbchen werden mit leichter, mittlerer oder auch schwerer Bebleiung im Handel angeboten, man kann jedoch auch zusätzlich Bleischrote und -streifen kaufen oder selbst basteln.

Küsten- und Brandungsangeln

Willkommen zur bunten Welt der Küstenfischerei, einer Angelmethode, die weltweit Millionen von Anglern begeistert. Sie angeln von Stränden, kieselhaltigen Steilhängen, von Klippen und an Flußmündungen. Hier hat man es wirklich noch mit Fischen zu tun, die wild in freier Natur aufgewachsen sind, unkontrolliert vom Menschen und unabhängig in ihren Wanderungen, wohin sie auch immer ziehen wollen. Ihre Lebens- und Freßgewohnheiten werden im wesentlichen bestimmt von den Jahreszeiten, dem Wetter und dem biologischen Kreislauf.

Um erfolgreich zu sein, muß der Küstenangler sehr geschickt vorgehen, eine gehörige Portion Selbstvertrauen haben und mit der Entwicklung der maritimen Verhältnisse an den Küsten sehr gut vertraut sein. Anders als die Angelfreunde im Binnenland, kann sich der Küstenangler nicht auf Besatzmaßnahmen und Gewässerunterhaltungen verlassen. Angelmethoden wie Anfüttern oder schwimmende Köder sind praktisch unmöglich angesichts der weiten Wasserflächen und der Meeresgründe, die von Wellen und Meeresströmungen beherrscht werden. Da gibt es nur ganz wenige Möglichkeiten, den Fisch an bestimmte Nahrungsangebote zu gewöhnen, wie dies zum Beispiel beim Karpfen üblich ist. Höchst selten ist es zudem der Fall, sich länger als bestenfalls einige Stunden des Vorteils zu freuen, daß man einen Schwarm Fische an einer bestimmten Stelle in der Tiefe ausfindig gemacht hat.

Die Fische im Meer sind ständig unterwegs, sie ernähren sich nur von natürlichen Pflanzenvorkommen oder tierischen Substanzen und was ihre Umwelt anbetrifft, so reagieren sie scheu und abweisend gegenüber allen unnatürlichen Erscheinungen. Wechsel in der Wassertemperatur, im Luftdruck, in der Sauberkeit des Wassers sowie der Laichzyklus bedeuten, daß es manchmal relativ einfach ist, die Standorte von Meeresfischen auszumachen und sie zu fangen, während es andererseits bei sehr viel mehr Gelegenheiten vom Geschick und der Ausdauer des Anglers abhängt, um auch nur einen Biß zu bekommen. Trotz allem, dies gehört zum Alltag eines Küstenanglers und wir wünschen letztlich gar nicht, daß es anders wäre.

Wohin immer ich auch in der Welt reise, stets werde ich von den Menschen gefragt, inwiefern sich denn das Küstenangeln in den einzelnen Ländern unterscheide. Sieht man einmal von augenscheinlichen Unterschieden ab, wie etwa den vorkommenden Fischarten und den örtlichen Gegebenheiten, kann man sagen, daß das Küstenangeln überall auf der Welt bemerkenswert gleichartig ist. Bestimmte Angelmethoden, die, sagen wir für Dorsch und Wolfsbarsch in Europa entwickelt wurden, eignen sich auch für den Fang anderer Fischarten wie etwa für den Schwarzbarsch in Amerika oder den Adlerfisch an der Atlantikküste Afrikas. Ähnliche Parallelen gibt es bezüglich gleichartiger Küstenformationen, Angeltechniken und der Fischarten. Natürlich muß man sich den jeweiligen Wasserverhältnissen anpassen und es gibt auch spezielle Köder, die hier oder dort besonders fängig sind, doch die Grundvoraussetzungen für das Küstenangeln stimmen weltweit überein.

Dessen eingedenk, habe ich mit Bedacht in diesem Beitrag die technischen Aspekte des Küstenangelns ausgewählt. In erster Linie kommen hierbei die Wurftechniken in Betracht, denn für einen Küstenangler wäre es ein ernsthafter Nachteil, wenn er nicht imstande sein sollte, einen Köder weiter als 100 Meter auszuwerfen, sofern dies erforderlich werden wird. Natürlich gibt es auch Zeiten, in denen der Fisch sich nah an der Küste aufhält. Manchmal stehen sie praktisch in Reichweite zu Füßen des Anglers. Doch im ganzen gesehen, hat ein Küstenangler, der weite Entfernungen überwerfen kann, auch die größeren Chancen auf einen guten Fang.

Wichtig ist daher vor allem das Erlernen von Weitwürfen. Mit den heutigen Geräten und einigen Wochen Übung ist dies jedoch durchaus erreichbar. In zweiter Linie kommt es dann darauf an, in Übereinstimmung mit dem jeweiligen Gewässer und den dort anzutreffenden Fischarten, die richtige Gerätezusammenstellung auszuwählen. Dabei sollte der Angler immer darauf bedacht sein, nur die beste Köderqualität auszusuchen. Letztlich ist es ausschlaggebend, sich gründlich mit den Fischarten, ihren bevorzugten Beißzeiten, ihrem Verhalten während der Gezeiten und mit ihren Lebensräumen zu befassen. Über all dies muß man sich ein gutes Grundwissen aneignen. Zusammengefaßt heißt dies: zur rechten Zeit am richtigen Platz mit dem besten Köder zu sein. Doch dies gilt natürlich für jede Art der Sportfischerei!

Ausrüstung

Es ist gewiß schwierig, die richtige Rute für das Küstenangeln auszuwählen, denn schließlich kommt es ja darauf an, ideale Weitwurfeigenschaften mit einer guten Bißanzeige zu verbinden, außerdem muß es die Rute ermöglichen, einen schweren Fisch sicher zu drillen. Mit einer Angelrute, die ein sehr steifes Rückgrat aufweist, wird man immer imstande sein, ein Grundblei an die 250 Meter weit zu werfen, doch eine solche Rute könnte auch zu steif sein, um einen vorsichtigen Biß anzuzeigen. Andererseits könnte eine schöne, leichte Rute mit sensibler Spitze weniger in der Lage sein, den Köder auf die gewünschte Entfernung zu werfen.
Es ist daher unvermeidlich, daß die Rutenentwicklung letztlich nur ein Kompromiß aus all diesen Grundbedingungen für das Küstenangeln sein kann. Moderne Materialien, wie etwa Kohlefaser sind jedoch dabei hilfreich, diese Lücke zu schließen; doch ungeachtet dessen sollte der Angler bei der Wahl einer Angelrute immer diese Grundvoraussetzungen im Auge behalten. Die Mehrzahl der Angler, die sich neu mit dem Küstenangeln befassen, macht oft den Fehler, sich eine Rute zu kaufen, die viel zu steif und kraftvoll ist. Mit einer solchen Ausrüstung ist es nämlich praktisch unmöglich, das richtige Werfen angemessen zu erlernen und die erforderlichen Angeltaktiken wirkungsvoll einzusetzen.
Die Ruten für das Küstenangeln teilt man in 3 Kategorien ein: allgemeine Brandungsruten für Wurfgewichte von 100–150 Gramm; Spinnruten für künstliche Köder im Gewicht bis zu 100 Gramm und lange, leichte Wurfruten für besondere Angeltechniken wie etwa das Fischen mit Pose in Häfen. Die erstgenannte Angelrute ist mit Abstand die wichtigste, denn mit ihr lassen sich mehr als 90 Prozent aller Angelmethoden, die beim Küstenangeln erforderlich sind, ausführen. Für so manchen Küstenangler wird es vielleicht die einzige Angelrute sein, die er hierfür benötigt.

Beim Küstenangeln sind oftmals Weitwürfe erforderlich, deshalb benötigt man hierfür eine Rute, die Wurfgewichte von 100–150 Gramm befördern kann. Um aber auch vorsichtige Bisse zu spüren, muß eine solche Rute zugleich eine empfindliche und relativ weiche Spitze haben. Das Mittelteil dagegen sollte fest und auch steif sein, damit der Köder weit genug ausgeworfen werden kann.

Brandungsruten
Brandungsruten, wie sie heutzutage im Handel angeboten werden, haben im allgemeinen Längen von 3,60–4,20 Meter. Der deutsche Angler bevorzugt hierfür große, stabile Stationärrollen, doch auch das Werfen mit Multirollen, sofern man es sich angeeignet hat, ist mit diesen Ruten möglich. Die Rutenblanks bestehen zumeist aus Kohlefaser- und Glasfibermischungen. Brandungsruten aus reinem Kohlefasermaterial sind nicht so populär. Sie verfügen zwar über hervorragende Wurfeigenschaften, doch in der Spitze sind sie zu steif, wodurch die Bißanzeige empfindlich gemindert wird. Es kommt hinzu, daß sich auch die Höhe des Wurfgewichts, das man noch zielsicher auswerfen kann, verringert.
Ungeachtet der weitläufigen Diskussion über das Für und Wider der Spitzenaktion bei Brandungsruten, gewinnen die meisten Angler nichts, wenn sie von einer Rute mit mittlerer Spitzenaktion auf eine solche umsteigen, die zwar in der Spitze fester, dafür aber im Handteil weniger steif ist. Eine gute Brandungsrute verspricht schon von ihrer Gestaltung her eine hohe Abwurfgeschwindigkeit und kraftvolle Würfe über weite Entfernungen, zugleich bietet sie aber auch die Möglichkeit, Wurffehler auszugleichen. Die Aktion dieser Ruten wird jedem Wurfstil gerecht, einschließlich der Pendelwurftechnik. Die Rutenspitze ist schlank ausgebildet und reagiert auf den feinsten Biß. Das Mittelteil einer solchen Rute ist zudem flexibel genug, um auch einen schweren Fisch sicher zu führen. Da die Rutenhersteller zeitgemäße Materialien verwenden, sind sie in der Lage, nicht nur qualitativ hochwertige, sondern zugleich auch solche Ruten herzustellen, die all die gewünschten Wurfleistungen erbringen und zudem oftmals noch weniger als 700 Gramm wiegen.
Die Rutenringe sind jeweils so gewählt, daß sie sowohl für Multirollen und Stationärrollen oder auch für beide Rollentypen gleichzeitig verwendbar sind. Um die höchste Wurfleistung zu erzielen, ist jedoch zu empfehlen, die Beringung jeweils auf einen Rollentyp hin vorzunehmen. Eine Brandungsrute für Multirollen sollte 7–9 Ringe haben, wobei der Durchmesser des Endrings etwa 30 Millimeter und jener des Spitzenrings bis 12 Millimeter betragen sollte. Für Ruten, die mit Stationärrollen bestückt werden, sind 3–4 Ringe in den entsprechenden Durchmessern von 50–16 Millimeter besser geeignet, um den großen Windungen gerecht zu werden, die von einer solchen Rolle beim Wurf abgezogen werden. Ruten, die sowohl für die eine als auch für die andere Rollenart geeignet sind, sollten mit 5–6 Ringen und mit Durchmessern von 50–12 Millimetern ausgestattet sein. Sie bieten so nicht nur eine angemessene Leistung, sondern auch die Möglichkeit zur Kontrolle für jene Angler, die an derselben Rute einmal mit einer Multi- und ein anderes Mal mit einer Stationärrolle angeln möchten.

Spinnruten
Beim Küstenangeln in vielen Ländern ist es für die Sportfischer eine Selbstverständlichkeit auch Wobbler und metallene Blinker und Löffel, gelegentlich auch Spinner zu verwenden. Die richtige Rutenwahl ist hierbei jeweils

vom Gewicht des künstlichen Köders, der Wurfweite und der Größe der Fische abhängig, auf die man angelt. In der Mehrheit aller Fälle, dürften sich hierfür Ruten in Längen von 2,70–3,30 Meter mit Wurfgewichten von 30–100 Gramm vorzüglich eignen. Da Bisse beim Spinnfischen sehr viel leichter festzustellen sind, als beim Angeln mit natürlichen Ködern, ist die Spitzenempfindlichkeit hier nicht so von Bedeutung. Spinnruten aus reiner Kohlefaser sind deshalb sehr beliebt. Solche Ruten sind besonders leicht, liegen vorzüglich in der Hand, erlauben kraftvolle Würfe mit hohen Wurfgeschwindigkeiten und bieten zugleich die Möglichkeit, schwere Fische an relativ dünnen Schnüren zu drillen. Überzeugte Spinnfischer greifen im Grund genommen immer zur Stationärrolle. Ein Grund, solche Ruten mit weniger Ringen, dafür aber mit größeren Ringdurchmessern zu versehen.

Ruten für das Posenangeln

Das Angeln mit der Pose ist unter den Küstenanglern im allgemeinen keineswegs üblich und kann auch nicht in jedem beliebigen Flachwasser am Meer angewandt werden. Es bleibt jedoch festzuhalten, daß man unter bestimmten Voraussetzungen mit dem Posenangeln nicht nur mehr Fische angeln kann, sondern zugleich auch den Verlust einer schwereren Montage am Unterwasserbewuchs und Felsen vermeidet. Dies trifft für das Anbieten von Ködern im Mittelwasser, entlang an Steinbänken, Riffen und Felsen ebenso zu, wie in Häfen und anderen tieferen Wasserbereichen am Meer. Es kann manchmal erforderlich werden, auch beim Angeln mit Pose eine gewichtigere Montage zu verwenden, dies erfordert dann auch eine entsprechende Bebleiung. Doch damit versteht ein Brandungsangler ja hervorragend umzugehen. Für das leichtere Angeln mit Pose und Bleigewichten bis etwa 50 Gramm, sollte jedoch auch eine hierfür geeignete Angelrute genommen werden. Geeignete Modelle für diesen Zweck sind etwa Hecht- oder Karpfenruten in Längen bis zu 3,60 Meter und mit einer Testkurve von knapp 2–3 Pfund. Solche Ruten haben die Wurfeigenschaften und auch die Festigkeit, die für diese Art des Meeresangelns erforderlich sind.

Rollen

Wahrscheinlich verwenden 90 Prozent aller Küstenangler Stationärrollen. Sie sind einfach zu handhaben und verursachen keine Perücken. Für sehr weite Würfe mit Bleigewichten von 100 bis 180 Gramm erweist sich allerdings die Multirolle als weicher, kräftiger im Getriebe und der Bremse und genauer in der Kontrolle des gehakten Fisches. Von ihren Wurfeigenschaften her gesehen ist die Multirolle im Vergleich zur Stationärrolle auch um ein weniges besser. Wenn sie richtig gehandhabt wird, sind mit ihr weitere Würfe möglich.

Die Angst vor Perücken ist die häufigste Ursache, weshalb so viele Angler die Multirolle meiden. In der Tat, die älteren Modelle waren nicht so einfach zu kontrollieren, doch die heute im Handel angebotenen Multirollen mit Zentrifugal- oder Magnetbremsen, lassen die Schnüre so weich und zuverlässig ablaufen, daß es lediglich an der Ungeschicklichkeit des Anglers liegt, wenn es zu einem Schnursalat kommt.

Bei Verwendung einer Stationärrolle sollte die Spule so groß wie irgend möglich sein, da beim Auswerfen die Tragfähigkeit der Schnur sehr hoch belastet wird. Empfehlenswerte Rollen hierfür sind unter anderen die Mitchell 486 und 489 sowie für schweres Spinnfischen eine Pennrolle 850 SS und für mittleres Spinnfischen eine Pennrolle 650 SS.

Die beste Multirolle für jedwede Situation ist eine Rolle mit möglichst geringer Sicherheitsschnur-Kapazität und einer leichten Spule. Ob die Schnur nun tatsächlich von der Rolle abgezogen wird oder nicht, es rotiert jeder Zentimeter Schnur bei jedem Wurf erneut. Schwere Spulen haben im Augenblick der Schnurfreigabe ein gewisses Beharrungsvermögen, das etwa in der Mitte des Abwurfs durch eine hohe Schwungkraft abgelöst wird. So ein Vorgang schafft die idealen Voraussetzungen für die Bildung einer Perücke. Deshalb sind für das allgemeine Angeln an der Küste, bei Verwendung von Schnüren mit einer Tragkraft von 5,5–6,5 Kilogramm kleine Rollen, wie die ABU 6500 GR, 7000 C oder die Pennrolle 970 ausgezeichnet geeignet. Für das Angeln mit stärkeren Schnüren, etwa einer Tragkraft bis zu 15,8 Kilogramm, verwende man besser eine Multirolle wie die ABU 9000 oder die Penn Magpower 980. Sie können den Schnurablauf sicher kontrollieren, vorausgesetzt, daß der jeweilige Kontrollmechanismus der Rolle richtig eingestellt ist.

Beim Küstenangeln sind für beide Rollentypen die folgenden technischen Merkmale unbedingte Voraussetzungen: starke Getriebe, kräftige aber weiche Bremssysteme, salzwasserfeste Konstruktion, bequeme Ersatzteillieferung und guter Service. Wer an Wettbewerben im Weitwerfen interessiert ist, der wähle eine Multirolle wie etwa die ABU 6500 GR. Sie kann so modifiziert werden, daß sie den geforderten Bedingungen entspricht. Dies bedeutet unter anderem den Austausch des Aufwickelsystems durch eine einfache Traverse und das Herabmindern der Magnetbremse, um eine höhere Umlaufgeschwindigkeit der Spule zu erzielen.

Schnüre

Da die Schnur das einzige Bindeglied zwischen dem Angler und seinem Köder ist, der sich eventuell mehr als 100 Meter weit draußen befindet, muß sie absolut zuverlässig sein. So überraschend sich das vielleicht auch anhört, es ist nicht notwendig, daß die Schnur eine besonders hohe Tragfestigkeit aufweist. Unter normalen Verhältnissen ist eine Tragfähigkeit von 5–8 Kilogramm ausreichend. Selten nur sind stärkere Schnüre erforderlich, so etwa wenn ein großer und schwerer Fisch aus dichtem Unterwasserkraut heraus geholt werden soll, oder natürlich auch wenn es darum geht, besonders kampfstarke Fische, wie etwa einen Hai von mehreren hundert Pfund Gewicht heranzudrillen.

Leichtere Schnüre sind aus zwei Gründen angebracht. Erstens, je dünner die Schnur, um so weiter kann man mit ihr werfen. Ein Wurf von etwa 100 Meter mit einer 25 lb-Schnur läßt sich unschwer auf eine Entfernung von 130 Metern steigern, sofern man die Schnurstärke auf 15 lb herabsetzt. Es kommt hinzu, daß starke Schnüre eher verbraucht werden, denn eine Brandungsrute eignet sich nicht gut, um eine gewisse Schnurspannung aufrecht zu erhalten. Wenn man mit einer höchst stabilen Brandungsrute die Schnur mit aller Kraft einholt, ist es praktisch unmöglich, auf eine Entfernung von 100 Metern eine Spannung von mehr als 3 Pfund zu erzeugen. Sogar wenn die Entfernung nur 25 Meter beträgt, ist schon ein sehr kräftiger Mann erforderlich, um mit einer solchen Schnur einen Druck von 10 Pfund auf den Haken auszuüben. Natürlich spielen hierbei auch noch andere Faktoren eine Rolle, doch selbst dann ist dies so zu verstehen, daß Schnüre mit einer Tragkraft von mehr als 6,8 Kilogramm nur in Ausnahmefällen verwendet werden sollten. Starke Schnüre verringern nur die Wurfweite und erfordern größere Rollen. Bei Verwendung einer Multirolle würde dies bedeuten, daß dies unweigerlich eine geringere Kontrolle der Schnur zur Folge hat.

Monofilschnüre sind in jedem Fall die richtige Wahl. Am besten eignen sich solche mit mittleren Werten. Naturgemäß kann man sich nicht auf Billig-Schnüre verlassen, andererseits ist es beim Küstenangeln kaum möglich, die Vorteile einer erstklassigen Schnur auszukosten. Es kommt hinzu, daß das Brandungsangeln die Schnüre sehr in Mitleidenschaft zieht. Deshalb ist es wichtig, daß man diese zumindest nach einem zwölfmaligen Gebrauch erneuert. Der Preis einer Schnur ist daher eine Überlegung, die man unbedingt in Betracht ziehen sollte.

Bleibeschwerung

Ein wirksames Grundblei für das Küstenangeln sollte stromlinienförmig sein, damit es beim Werfen einen möglichst geringen Luftwiderstand bietet; zugleich soll es aber auch die Voraussetzungen mitbringen, sich auf dem Meeresgrund zu verankern, um, falls dies erforderlich wird, Wellen und Meeresströmungen zu widerstehen. Für diese Aufgabe eignen sich zwei Typen von Grundbleien, die sich weltweit nach langen Versuchen als die besten herausgestellt haben: das Birnenblei und die umgekehrte Pyramide. Obgleich die letztere noch gern bei sandigem Grund benutzt wird, ist das Pyramidenblei bei Weitwürfen nicht mehr so gefragt, da es hierbei eher hinderlich ist. Für Weitwürfe ist ohne Zweifel das Birnenblei besser geeignet. Wenn ein solches Birnenblei mit festen oder biegsamen Drahtarmen versehen ist, kann es sich auf dem Meeresgrund unter schlechten Bedingungen ebenso festklammern, wie ein entsprechendes Pyramidenblei. Außerdem kann man beim Birnenblei als zusätzlichen Vorteil die normale Öse durch ein aufgesetztes, etwa 10 Zentimeter langes Drahtstück ersetzen. Dieser Draht wird oben am Birnenblei eingesetzt, das obere Ende wird zur Öse gebogen. Hierdurch wird ermöglicht, daß die Schnur ständig in dieser Höhe über Grund durch die Bleiöse läuft. Gleichzeitig wird bei Verwendung eines Birnenbleis die Stabilität des Ködersystems beim Wurf erhöht und auch

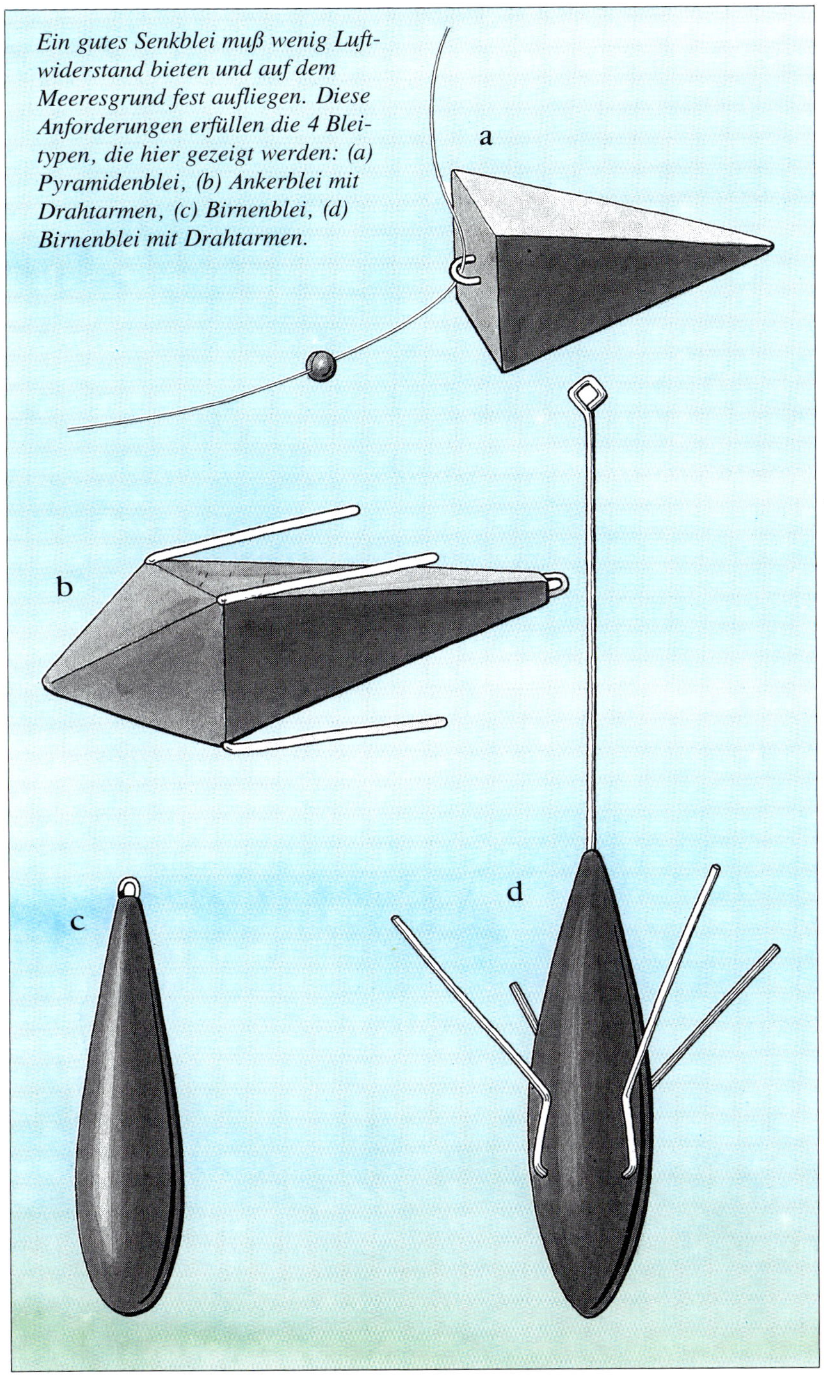

Ein gutes Senkblei muß wenig Luftwiderstand bieten und auf dem Meeresgrund fest aufliegen. Diese Anforderungen erfüllen die 4 Bleitypen, die hier gezeigt werden: (a) Pyramidenblei, (b) Ankerblei mit Drahtarmen, (c) Birnenblei, (d) Birnenblei mit Drahtarmen.

die Festigkeit der Verankerung im Meeresgrund steigt um etwa 30 Prozent.

Normalerweise sind die Brandungsruten um 3,60 Meter Länge für Wurfgewichte von 120–180 Gramm ausgelegt, doch ihre besten Wurfresultate erbringen sie mit Bleigewichten, die um 150 Gramm wiegen. Nicht zuletzt haben sich deshalb Bleigewichte um 150 Gramm zu den beliebtesten beim Küstenangeln auf weite Entfernungen entwickelt. Bei vielen Wettveranstaltungen im Brandungsangeln wurde dieses Gewicht deshalb auch als Standardgewicht in die Bedingungen aufgenommen. Jeder Angler, der sich mit Weitwürfen beim Brandungsangeln vertraut machen möchte, ist gut beraten, wenn er nur mit Bleigewichten um 150 Gramm übt und alle anderen Gewichte draußen läßt.

Künstliche Köder und Posen werden mit gelochten Kugel- oder kleinen Tropfen- und Birnenbleien beschwert. Manchmal, wenn man über sehr schroffem Grund angelt, ist es vorteilhafter, einige Hilfsmittel zu verwenden, wenn man etwaige Verluste der Bebleiung vermeiden möchte. In so einem Fall leistet dann auch mal eine alte Zündkerze oder ein kleineres Metallstück gute Dienste. Zumeist kommt es in solchen Fällen nicht auf Weitwürfe an, deshalb ist es auch nicht erforderlich, auf besondere Stromlinienförmigkeit des Bleizubehörs zu achten. Die einzige zusätzliche Bebleiung, die beim Küstenangeln noch in Frage kommen könnte, sind Birnen- oder Tropfenbleie im Gewicht von 170–230 Gramm und zwar dann, wenn besonders starker Wind weht oder eine rauhe See herrscht.

Der Haken links ist ein „Mustad Seamaster", ein Beispiel für einen stabilen, dicken Metallhaken. Rechts ist ein dünner Metallhaken des Typs „Aberdeen" zu sehen. Er eignet sich für kleinere Fische, da er gut im Köder versteckt werden kann.

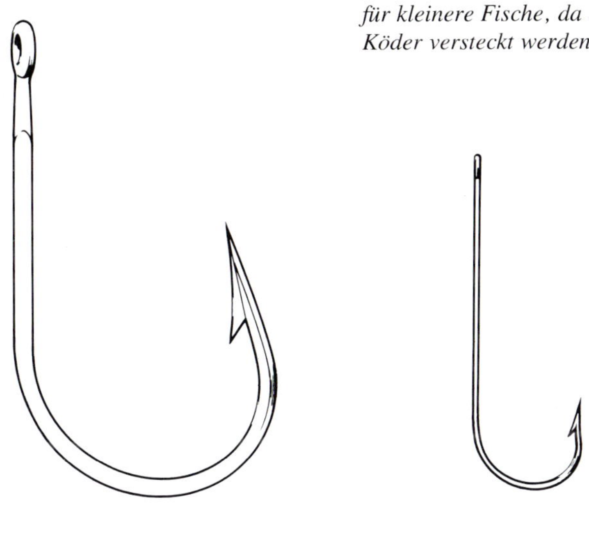

Haken

Praktisch ist es unmöglich, genau zu sagen, welche Haken man für das Küstenangeln verwenden sollte. Ein Haken, der sich beispielsweise in den Vereinigten Staaten für den Fang der Goldmakrele eignet, könnte bei einem etwa gleich großen Fisch, wie dem Dorsch in nordeuropäischen Gewässern, sich durchaus als falsch erweisen. Trotz allem, schlicht und einfach lassen sich die Haken in zwei breitgestreute Kategorien einteilen: das sind einmal dünne Haken, bei denen es besonders auf die beste Präsentation bestimmter, ausgesuchter Köder ankommt und zum anderen sind es massive, schwere Haken, bei denen der Festigkeit und Tragfähigkeit der absolute Vorzug gegeben wird. Ein Beispiel für den dünnen Hakentyp ist der langschenklige Aberdeen Haken mit ausgeprägtem Rundbogen. Auf den ersten Blick sieht er ziemlich zerbrechlich aus. Das klassische Beispiel für einen massiven Haken ist der Mustad Seamaster. Die Größe der Haken wird hierbei nicht so sehr vom Gewicht der zu fangenden Fische bestimmt, sondern viel mehr von der Größe der verwendeten Köder. Vorausgesetzt, daß es sich um einen qualitativ guten Haken handelt, erweist sich der dünne Haken oftmals als fängiger als ein großer. Wichtig ist ferner, daß ein kleinerer Haken, einschließlich bei Weitwürfen, rascher absinkt.

Vorfächer

Für das Angeln am Meer gibt es eine ganze Reihe von Vorfachmontagen, bei den meisten von ihnen handelt es sich entweder um Paternostersysteme oder allgemeine Montagen für das Grundangeln. Ein Paternostersystem besteht aus einem Grundblei, das am Ende des Vorfachs oder der Hauptschnur eingehängt wird, sowie aus Seitenarmen, an denen einer oder bis zu drei Haken befestigt werden. Diese Seitenarme sind aus dünnem Draht und werden in die Schnur eingehängt, das sieht aus, als wenn von einem Baum die Äste waagerecht abstehen. Zum System für das Grundangeln, das auf dem Meeresboden rollen kann, gehören ein Einfachhaken, der an einem Vorfach aus Nylon oder Draht befestigt wird. Das Vorfach wird in die

Hauptschnur eingeschlauft. Das zu diesem System erforderliche Grundblei wird mit Hilfe eines Wirbels oder Clips so an der Hauptschnur eingehängt, daß es auf- und abgleiten kann. Die Idee hierbei ist, dem nahrungssuchenden Fisch einen Köder anzubieten, daß dieser bei der Aufnahme keinen Widerstand auslöst. Auf diese Weise sollen auch besonders scheue Fische zum Anbiß verleitet werden. Ob diese Ködermontage besser als ein Paternostersystem ist, darüber wird unter erfahrenen Küstenanglern immer wieder diskutiert. Viele von ihnen sind der Ansicht, daß, unabhängig vom System, vor allem die jeweilige Länge des Vorfachs ein besonders wichtiger Faktor für erfolgreiche Fänge ist.

Köderklemmen verringern den Luftwiderstand und verlängern damit die Wurfweite. Am Ende der Montage ist eine Variante des Birnenbleis mit Drahtarmen zu sehen.

Köderklemme
Für das Küstenangeln auf weite Entfernungen ist die Köderklemme ein ganz wichtiges Zubehör. Eine solche Klemme oder auch ein Clip wird in der Hauptschnur ein Stück oberhalb vom Grundblei eingeknüpft. Der Haken befindet sich an einem Vorfach mit Wirbel. Dieses Hakenvorfach ist genau so lang wie das Schnurstück von der Klemme bis zum Wirbel. Vor dem Abwerfen wird nun der Haken mit dem Köder in den Clip geklemmt, so daß beide beim Wurf an der Hauptschnur anliegen. Mit dieser Montage lassen sich weitere Würfe erzielen, da der Luftwiderstand sehr gering ist, zugleich wird der Köder vor Beschädigungen geschützt. Wenn das System auf die Wasseroberfläche auftrifft, öffnet sich die Klemme und gibt den Haken mit dem Köder frei. Er sinkt dann ab und liegt auf dem Meeresboden wie bei einer normalen Montage mit Grundblei. Diese einfache Neuerung ist ganz ohne Zweifel eine wichtige Bereicherung für erfolgreiches Küstenangeln.

Wurftechniken

Eine der wichtigsten Voraussetzungen für erfolgreiches Angeln an den Küsten ist sicheres, weites Werfen. Solang man die Wurftechniken nicht einwandfrei beherrscht, wird man so manche gute Gelegenheit zu einem prächtigen Fang versäumen. Es ist die Rede davon, daß im Grunde genommen 10 Prozent aller Angler an die 90 Prozent aller Fische fangen – soweit dies das Küstenangeln angeht, sind hierfür geschickte, kraftvolle und exakte Würfe die wichtigste Voraussetzung.

Der durchschnittliche Angler wirft kaum weiter als 70 Meter. Mit den modernen Angelgeräten, die heutzutage angeboten werden, sind jedoch Würfe von 150 Metern und mehr relativ leicht zu erbringen. Solche Würfe erfordern weder ein besonderes Talent noch außerordentlich viel Kraftaufwand. Der Weitwurfrekord mit einem 150 Gramm Blei in Wettbewerben liegt bei nahezu 270 Metern – ein Beispiel dafür, was mit einer modernen Rute und Rolle erreicht werden kann! Vergleicht man hiermit die Absicht, einen Köder 100 bis 125 Meter weit auszuwerfen, so sollte doch dies eine durchaus erreichbare Leistung sein. In der Tat trifft dies auch zu. Viele Anfänger haben dies unter Beweis gestellt, indem sie nach 6 Wochen Praxis sehr viel weiter warfen.

Warum aber sind gerade 100 bis 125 Meter ein erstrebenswertes Ziel? Fangstatistiken, die man rund um die Welt über mehrere Jahre gesammelt hat, haben ergeben, daß ein Zusammenhang zwischen dieser Zone auf dem Meeresgrund und den guten Fängen daselbst besteht. Man könnte darüber diskutieren, warum dies so ist, zumal man ja wohl hierfür eine ganze Reihe von Faktoren als Ursache aufführen könnte. Doch, was immer auch die Gründe sein mögen, das jedenfalls ist der Bereich vor der Küste, der unter fast allen Bedingungen eine gute Fischwaid verspricht. Wer hier „mitfischen" will, muß allerdings eines können, gut, weit und sicher werfen.
Im folgenden sollen daher die Grundlagen für gutes Werfen näher erläutert werden. Zunächst einmal, eine Angelrute ist sowohl ein Hebel als auch eine Sprungfeder. Dabei ist ganz wichtig, zu verstehen, daß keine Angelrute beide Funktionen gleichzeitig ausüben kann. Solang die Rute nicht ihren höchsten Biegungsgrad erreicht hat, absorbiert sie Schnellkraft und ist noch nicht vollständig in der Lage, die Muskelkraft des Werfers wirkungsvoll auf die Fliehkraft des Bleigewichtes zu übertragen. Nur wenn die Rute so gebogen ist, daß sie bis in das Handteil hinein unter Spannung steht, wird sie ihrer Hebelwirkung voll gerecht. Erst dann überträgt sie den höchsten Kraftauf-

wand auf die Fliehkraft des Bleigewichtes und bringt so die gewünschte Beschleunigung zustande. Alle guten Wurftechniken – einschließlich des Südafrikanischen- und des Pendelwurfs – basieren auf derselben Grundlage: anfangs in Ruhe verharren, auch der Rute die Chance geben durchzuhängen, um dann im nächsten Augenblick die volle Muskelkraft in den Abwurf zu legen und damit zugleich auf die Bleibeschwerung und Montage zu übertragen. Es kann nicht oft genug betont werden, wie wichtig diese beiden Abwurfphasen sind, denn sie sind der einzig richtige Ablauf, um weite Würfe zu erzielen.

Das Werfen sollte man auf einem Feld oder am Strand bei Ebbe üben. Es ist ratsam, bei solchen Wurfübungen nicht gleichzeitig zu angeln. Wichtig ist vielmehr, sich zunächst voll auf korrektes Werfen und auf den richtigen Ablauf der Wurftechnik zu konzentrieren. Der Versuch, gleichzeitig dabei zu angeln, lenkt nur ab.

Am Anfang wird zunächst einmal die Rolle auf die Rute montiert. Die Schnur auf der Rolle sollte eine Tragkraft von 18–22 Kilogramm haben; am Ende der Schnur wird das Bleigewicht eingeknüpft. Ein Vorfach ist nicht erforderlich. Von der belasteten Schnur sollten zumindest 6 volle Umdrehungen auf der Rolle verbleiben, wenn der ,,Tropfen‘‘ (die Schnurlänge zwischen Rutenspitze und Senkblei) korrekt eingestellt ist. Für den Anfang ist es ausreichend, wenn die Schnur in einer Länge von 1,20–1,80 Meter von der Rutenspitze herabhängt. Man sollte jedoch darauf vorbereitet sein, dieses Schnurstück zu verlängern, wenn die Abwürfe immer wieder nach links oder zu tief gehen.

Mit den Füßen stehe man bequem, man halte sie etwas auseinander und abgewinkelt. Zuerst ein Blick auf die Rolle und die Rutenspitze, um zu kontrollieren, daß sich die Schnur nicht um den Spitzenring gewickelt hat. Jetzt drehe man sich halb seitwärts zurück (entgegengesetzt zur Wurfrichtung), das Senkblei lasse man soeben den Boden berühren. Dabei sollte jedoch die durchgebogene Rutenspitze nicht weiter als 15 Zentimeter vom Boden entfernt sein. Es gilt darauf zu achten, daß sich nun der linke Ellbogen in Schulterhöhe oder etwas höher befindet, während die rechte Hand seitlich

Grundhaltung bei Weitwurfübungen.

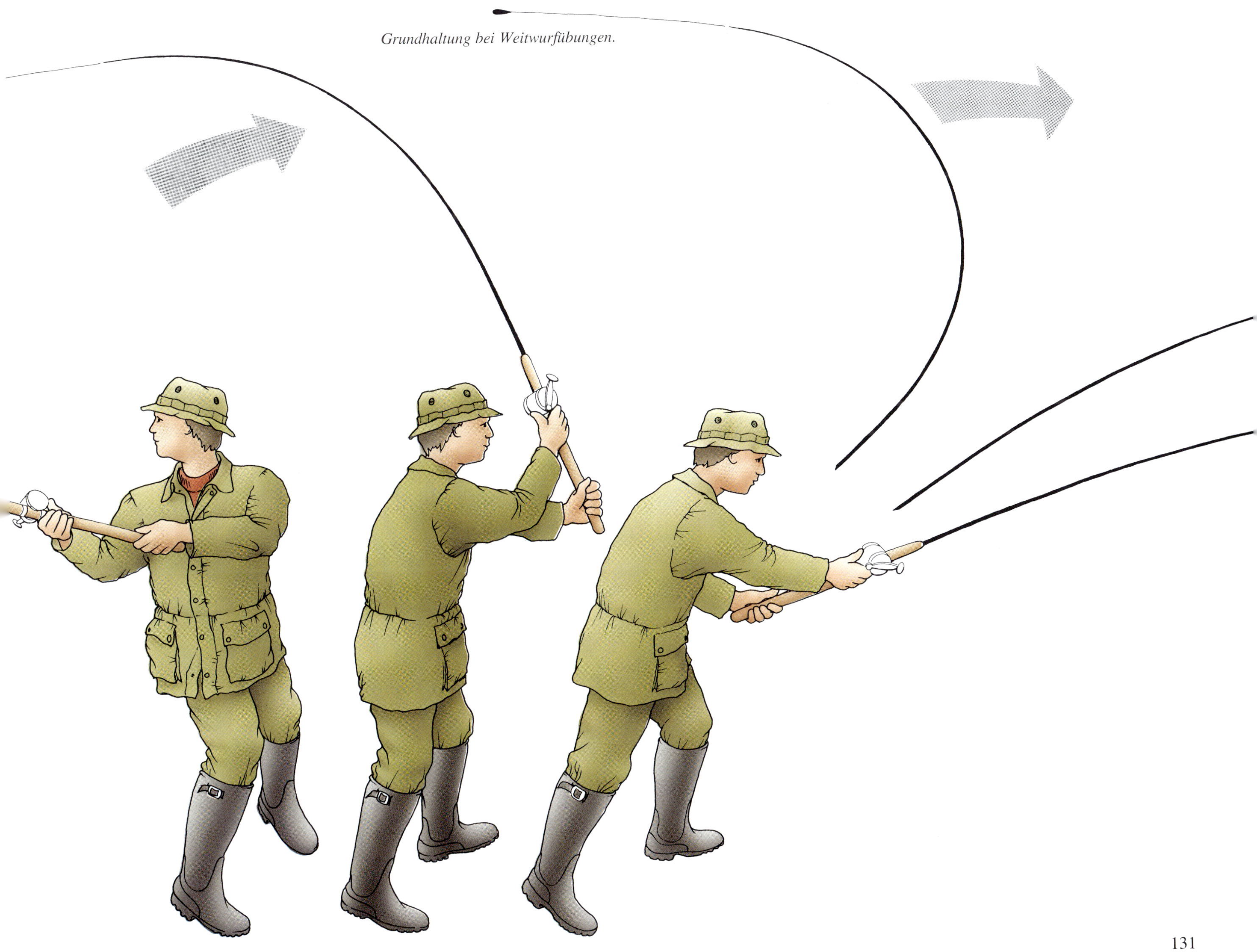

vom Körper nach oben ausschwingt. In dieser Grundstellung blicke man aufwärts zum Himmel und zwar in die Richtung, in welche das Senkblei geworfen werden soll.
Dabei sollte man sich fest auf ein imaginäres Ziel am Himmel konzentrieren, während man mit der rechten Hand jetzt die Rute so nach vorn schwingt, als wenn man einen Speer oder einen Stein werfen wollte. Die Rute muß sich dabei ebenfalls gleich einem Speer in Axialrichtung strecken – dies bedeutet, sie muß eine gerade Linie ergeben und keinen Bogen. Ganz automatisch wird sich hierbei die linke Hand vom Körper wegbewegen und leicht nach oben gleiten. In dem Maße, wie die rechte Hand die Rute nach vorn schwingt, sollte man das Körpergewicht vom rechten auf den linken Fuß verlagern.
Das Ergbnis dieses Bewegungsablaufs ist erstens, daß die Rute sich spannt, mit anderen Worten, sie beginnt sich gegen die Trägheit des Senkbleis durchzubiegen. Zweitens, man bringt nunmehr das eigene Körpergewicht ins Spiel, um die Rute in dieser Abwurfphase zu unterstützen.
Hat man diese Stellung eingenommen, befindet sich naturgemäß der rechte Arm in einer Beuge, als wolle er zu einem Boxhieb ansetzen. Der linke Arm ist dabei ausgestreckt und kann nun mit einem Ruck halb-links nach unten gestoßen werden. Für einen Augenblick lang mag der Eindruck entstanden sein, daß die Bewegung zuvor nur kurz und wenig kraftvoll war, doch sie hat genügend Spannung erzeugt, um die Hebelwirkung der Rute beträchtlich und wirkungsvoll einzusetzen. Nunmehr sind die Voraussetzungen gegeben, um mit der Abwurfphase zu beginnen und das Bleigewicht auf seine Höchstgeschwindigkeit zu beschleunigen. Dies geschieht auf folgende Weise: Die linke Hand wird mit einem kräftigen Ruck nach unten gedrückt, während gleichzeitig die rechte Hand nach oben und vorwärts gestoßen wird. Um jedem Irrtum vorzubeugen, natürlich ist diese zweite Wurfphase ein weicher, gleitender Übergang aus der ersten. Zwischen beiden Bewegungsabläufen darf man nicht langsamer werden oder gar zögern.
Ganz offensichtlich wird die Rute bei diesem kräftigen Ruck und Schwung stärker belastet, als bei den traditionellen Wurfpraktiken. Doch da auf diese Weise die Rutenspannung vorweg genommen wurde, kommt die eigene Muskelkraft sehr viel besser zur Wirkung. Als Ergebnis dieser Aktion fliegt das Bleigewicht höher und schneller und damit sehr viel weiter. Wann sollte man denn nun die Schnur freigeben? Darüber sollte man nicht nachdenken. Die Schnurfreigabe ist eine ganz natürliche Reaktion, die keine bewußte Einstellung erfordert, zumindest nicht, sofern es Angler betrifft. Die Konzentration auf den rechten Augenblick für die Schnurfreigabe würde in der Tat den ganzen Schnurablauf nur unnütz erschweren. Nach der Freigabe sollte man die Schnur laufen lassen, bis das Senkblei den Meeresgrund erreicht hat. Wirft man mit einer Multirolle, so ist es ganz wichtig, in diesem Augenblick die Spule abzubremsen, damit es keine Schnurperücke gibt.

Der Südafrika-Wurf

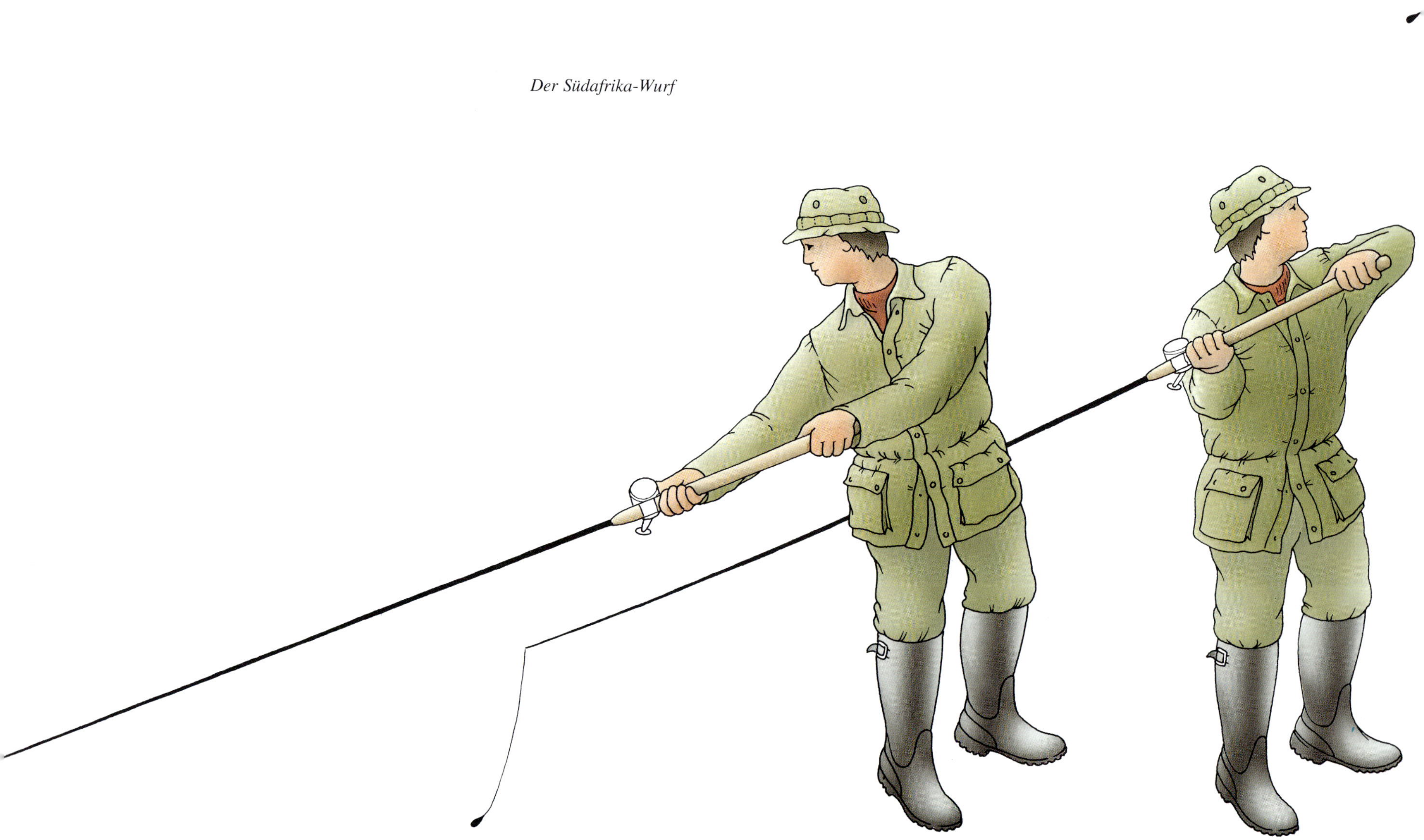

Der Südafrika-Wurf

Ungeachtet aller Verbesserungen in der Herstellung von Ruten und Rollen behält die Wurftechnik, die vor wenigstens 30 Jahren in Südafrika entwickelt wurde, ihren eigenen Wert. Dies trifft auch im Vergleich mit modernen Wurftechniken, wie etwa dem Pendelwurf, zu. Im Grunde genommen ist der Südafrika-Wurf nichts anderes als eine erweiterte Version jener Grundübungen, die wir bereits erlernt haben. Tatsächlich wird der kraftvolle Wurf auf die gleiche Weise erzielt; erst der Ruhepunkt und dann der gezielte und geballte Abwurf. Der einzige Unterschied besteht darin, daß der südafrikanische Werfer mit seiner Rute einen größeren Bogen ausschwingt, wodurch er von den Armen bis zu den Beinen ein Höchstmaß an Kraft und Zügigkeit einsetzen kann.

Die Illustration unten macht die einzelnen Phasen dieses kraftvollen Wurfs deutlich. Diese Leistung wird unter stufenweisem Aufbau der Wurfphase auf die gleiche Weise erreicht, wie sie im vorigen Abschnitt erläutert wurde. Das Ziel ist hierbei, soviel Körperkraft und Bogenbeschleunigung der Rute einzusetzen, wie dies nur möglich ist. Der Werfer arbeitet bei dieser Technik mit seinem Körper und der Rute so gut zusammen, daß eine Höchstleistung erzielt wird. Allerdings, man sollte nie den Körpereinsatz so weit ausdehnen, daß man einen Punkt erreicht, an dem man sich unwohl oder überanstrengt fühlt. Ein Rutenbogen von 270 Grad ist in der Tat ausreichend, um Wurfweiten von 180 Metern und mehr zu erzielen. Dabei ist zu beachten, daß der größere Bogen auch einen längeren ,,Schnurtropfen" erforderlich macht. Auch der Anstellwinkel zwischen Rute und Schnur muß stimmen, damit der weiche Abfluß des Senkbleies nicht aufrecht erhalten und zugleich in der ersten Wurfphase ein angemessener Druck hinter das Gewicht gesetzt werden kann.

Eine durchschnittliche Brandungsrute dürfte im allgemeinen diesem Wurfstil gerecht werden. Doch gilt es zu bedenken, daß es ihr an ausreichender Länge in der Spitze mangelt, um die höchstmögliche Entfernung zu erreichen, wenn in der Ausgangsstellung ein Rutenbogen von 270 Grad besteht. Richtig ist zudem auch, daß südafrikanische Ruten für das Brandungsfischen zumindest 3,90 Meter lang sind (4,05 Meter werden für das durchschnittliche Angeln mit Brandungsruten in Südafrika empfohlen). Diese Ruten verfügen in der Spitze über eine hohe Schnellkraft. Das Rutenhandteil ist steif ausgebildet, während der Blank zwischen Handteil und Spitze auf mitt-

lere Aktion ausgelegt ist. Die Rolle wird etwa 22 Zentimeter oberhalb vom Rutenende angeschraubt und vom Werfer mit der linken Hand kontrolliert. Es ist anfangs gewiß etwas schwierig, die Rolle in dieser Position zu haben, doch die damit verbundenen Unannehmlichkeiten zahlen sich durch längere Würfe, geringeren Druck auf die Rolle und durch bessere Kontrolle derselben und einen kraftvollen Abwurf aus. Multirollen sind für den Südafrika-Wurf sehr beliebt. Offensichtlich entsprechen sie dieser Wurftechnik mehr als die Stationärrollen.

Der Pendelwurf

Zeitgemäß in seinem Konzept, aufregend, wenn man zuschaut und modern in der Wurftechnik, mit der eigentlich alle Rekorde in Wettbewerben erzielt werden – das ist der Pendelwurf. Er ist weder umständlicher noch schwieriger zu erlernen als der Südafrika-Wurf. Wie dieser, geht der Pendelwurf von denselben Voraussetzungen aus, wie wir sie bereits im ersten Abschnitt über die Wurftechniken kennengelernt haben. Wird der Pendelwurf beim Küstenangeln ganz normal angewandt, so ist er im Grunde nicht mehr als eine gewisse Modifikation der Ausgangsstellung beim üblichen Wurf. Anstatt, daß das Senkblei, wie bei letzterem, in der Ausgangsstellung auf dem Boden liegt, schwingt es bei diesem Wurfstil in Stellung eines Pendels auf halber Höhe. Der Anstellwinkel zwischen Blei, Schnur und Rute bildet mit dem Körper des Werfers eine Einheit, um so ein höheres Beharrungsvermögen zu erzielen (wodurch die Rute eine deutlichere Belastung erfährt). Da hierbei auch der Bewegungsbogen der Rute stärker ausgedehnt wird, trägt auch dies zu erhöhter Leistung und Beschleunigung bei. Im Augenblick des Abwurfs wird so bei der Schnurfreigabe die Rute in die Lage versetzt, nahezu 100 Prozent der verfügbaren Energie auf die Fliehkraft des Bleigewichtes zu übertragen. Die Wurfweite wird erhöht und die Kontrolle des Wurfs verbessert.

Der Pendelwurf

Anwendung des Pendelwurfs

Solang man die grundsätzliche Wurftechnik, wie beschrieben, noch nicht beherrscht, sollte man sich mit dem Pendelwurf nicht befassen. Erst wenn man seine Erfahrungen mit den vorgenannten Wurftechniken gemacht hat und ein Bleigewicht sicher weiter als 110 Meter werfen kann, lohnt es sich, auf den Pendelwurf umzusteigen.

Beinstellung und allgemeine Körperhaltung sind beim Pendelwurf dieselben, wie bei den anderen Würfen. Wichtig ist jedoch, zunächst einmal sicherzustellen, daß der sogenannte „Schnurtropfen" auf einer Länge von 1,80 Meter, gemessen von der Rutenspitze, herabhängt. Dies ergibt nämlich einen gleichmäßigen, nicht zu schnellen Pendelschwung, der leicht abzustimmen und zu kontrollieren ist. Aus der Grundstellung wird die Rute zunächst mit der rechten Hand nach außen geschwungen. Bei dieser Bewegung schwingt das Senkblei vom Körper weg etwa bis in Augenhöhe. Während die rechte Hand in dieser Stellung verbleibt, stößt die linke Hand den Rutengriff kräftig nach unten. Dieser Stoß überträgt sich auf die Rutenspitze und damit auf die Schnur. Dies hat zur Folge, daß das Senkblei in einem rückwärtigen Bogen ausschwenkt, wodurch es hinter die Rute und damit auch hinter die rechte Schulter gerät. In dieser Stellung ist somit das Blei für einen Moment unserem Blickwinkel entzogen. In dem Maße, wie nun das Blei seine höchste Position erreicht, verliert die Schnur ein wenig an Spannung. Es bleibt im Unterbewußtsein die Verblüffung, daß das Senkblei plötzlich verschwunden ist. In Wirklichkeit jedoch schwebt es etwa in halber Höhe – und das ist genau das Signal, nun die folgende Abwurfphase einzuleiten. Was jetzt kommt ist sehr einfach: alles, was man zu tun hat, ist, wie schon bei den vorausgegangenen Wurfübungen, sich einen imaginären Zielpunkt am Himmel zu suchen. Gleichsam als wolle man einen Speer werfen, schießt nun die rechte Hand nach vorn, um sodann mit beiden Händen und Armen den Abwurf auf die schon bekannte Weise abzuschließen.

Verharren und der kraftvolle Abwurf selbst, entsprechen damit in ihrem Ablauf genau jenen Übungen, die schon beschrieben wurden. Genau deshalb ist es auch so wichtig, den Pendelwurf noch nicht zu üben, bevor man nicht die Grundwürfe so beherrscht, daß man sie praktisch automatisch ausführt. Wenn irgend etwas im Wurfablauf falsch läuft, so erinnere man sich, daß der wesentliche Unterschied zwischen diesen beiden Wurfarten in der Ausgangsstellung mit dem Senkblei liegt. Der Krafteinsatz, die Abstimmung und die Schnurfreigabe sind jedesmal gleich.

Für den Pendelwurf sind Stationär- und Multirollen gleichermaßen gut geeignet. Um mit einer Stationärrolle die beste Leistung zu erzielen, sollte man eine Rute wählen, die in der Spitze eine gewisse Steifheit aufweist, dafür aber sehr viel Flexibilität im Mittelteil hat. Das Gegenteil ist bei der Multirolle der Fall. Hier sollte die Rutenspitze flexibel, das Mittelteil jedoch etwas steifer sein, um eine hohe Wurfleistung zu erreichen.

Erfahrene Brandungsangler verwenden für den Pendelwurf entweder eine Rute mit einer Länge von 3,60 Meter und einer Rollenhalterung etwa 70 Zentimeter oberhalb vom Rutenende oder eine 3,90–4,05 Meter lange Rute, wobei die Rolle nach südafrikanischer Art etwas tiefer arretiert ist. Ein großer Fehler wäre es, eine lange Rute mit hochsitzender Rolle zu verwenden. Das wäre exakt die Voraussetzung, um geringe Entfernungen, Schnurperücken und wunde Daumen während des Schnurablaufs an der Spule sich einzuhandeln.

Angeltechniken an der Küste

Wenn man die außerordentlichen Unterschiede an den Küstenlinien dieser Welt in Betracht zieht, sowie die Wasserverhältnisse und die verschiedenen Fischarten, könnte man leicht zu der Auffassung gelangen, daß wohl Tausende von Angelpraktiken erforderlich sind, um mit all dem zurecht zu

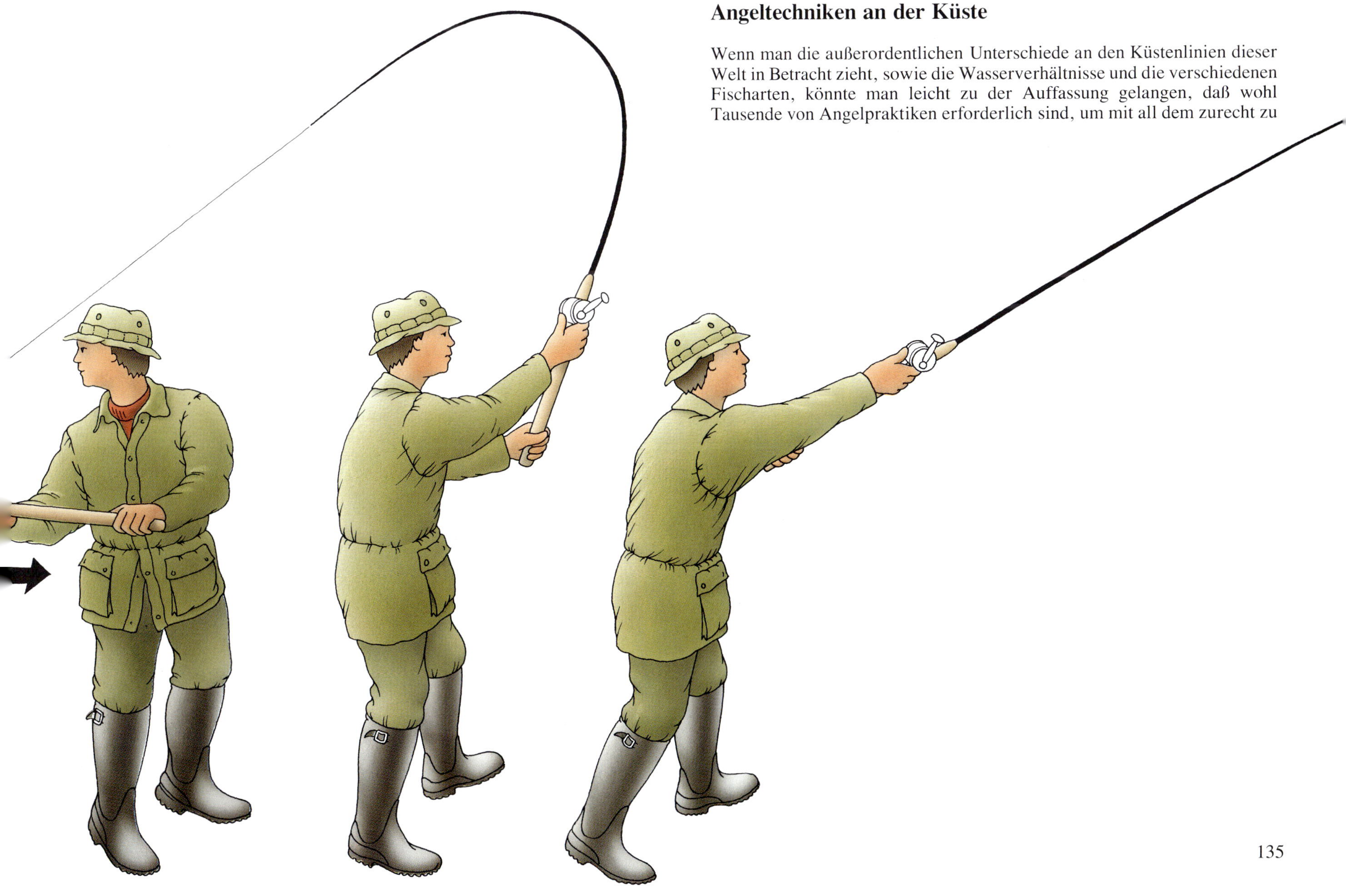

kommen. Nur ein Beispiel, das Brandungsfischen auf Schwarzbarsch an der Ostküste der Vereinigten Staaten scheint mit dem Angeln auf Dorsch an den europäischen Küsten überhaupt nicht vergleichbar zu sein. In Wirklichkeit jedoch haben sowohl die Angeltechniken als auch die Fischarten durchaus Gemeinsamkeiten aufzuweisen. Die Ködersysteme und die Angelmethoden sind im weitesten Sinne identisch; auch die Fische ernähren sich nahezu auf die gleiche Weise und ähneln sich auch in ihrem Verhalten gegenüber den Wasserbedingungen und Witterungsverhältnissen. So gibt es letztlich zwischen allen Fischarten, und im Grunde genommen auch zwischen den lokalen Gegebenheiten, durchaus Ähnlichkeiten. Kurz gesagt, die Unterschiede im Küstenangeln sind weltweit sehr viel geringer, als man dies auf den ersten Blick hin vermuten möchte.
Bezüglich der Küstengewässer selbst gibt es solche vergleichbaren Ähnlichkeiten allerdings nicht. Sie widerspiegeln nicht mehr als den allgemeinen Auswahlprozeß, der schließlich die Grundlage allen Geschehens in der Natur bildet. In ihrem Kern wird dieses Netzwerk durch die Wechselbeziehungen zwischen Pflanzen, pflanzenfressenden Tieren und Raubtieren gebildet (bekannt als Nahrungskette), sowie durch die faszinierenden Wege, welche die Natur immer findet, wenn es gilt ein umweltbedingtes Vakuum aufzufüllen.
Der Schwarzbarsch wandert küstenwärts, um unter den Meerbarben und Meeräschen zu räubern, diese wiederum ernähren sich von Planktonteilchen, die in flachen Salzwasserzonen treiben. Der Dorsch zieht an die Küsten, um Wittling, Garnele und Krabbe zu fressen, die alle wiederum von mikroskopisch kleinen pflanzlichen und tierischen Substanzen leben. So gesehen, spielen Schwarzbarsch und Dorsch in der Natur dieselbe Rolle. Und da beide Fischarten mehr Nahrung finden, wenn Wellen und Wind die küstennahen Gewässer aufwühlen, scheinen die besten Fangzeiten unter solchen Wetterbedingungen bei kraftvollem Brandungsangeln zu bestehen. Mehr noch, die Ruten, Rollen und Ködersysteme, die für den Fang von Dorsch entwickelt wurden, erweisen sich als ebenso ideal beim Angeln auf Schwarzbarsch.
Damit wird die Botschaft für den Küstenangler deutlich: wenn man das Angeln vom Standpunkt der Naturgeschichte aus betrachtet, ist das Fischen sehr viel einfacher und voraussagbarer. Es zahlt sich sogar aus, wenn man die Angeltechniken eher auf die Küstenverhältnisse hin ausrichtet, als auf die anzutreffenden Fischarten. Man kann sich dies deshalb erlauben, weil die Angelmethoden, die etwa für das Klippfischen in Irland entwickelt wurden, sich ebenso gut auf den westindischen Inseln bewährt haben. Natürlich sind die Köder unterschiedlich, wie auch die Fischarten, die sich von diesen Ködern zum Anbiß verleiten lassen; die Angelmethoden jedoch sind sich im wesentlichen gleich. Ob man in der Brandung angelt, an steilen, abschüssigen oder sich sanft neigenden, steinigen oder kiesigen Strandpartien, an Flußmündungen oder Häfen, die Angelbedingungen ähneln sich immer.

Sandstrände

Brandungsreiche Sandstrände sind weithin sich erstreckende Uferpartien, die von der flachen See ausgewaschen werden und den jeweils herrschenden Winden ausgesetzt sind. An so manchem Küstenstrich weltweit kann der Gezeitenwechsel zwischen Flut und Ebbe einen Unterschied bis zu 2 Kilometer landeinwärts ausmachen. Tierische Nahrung wird, wie Sandaale und Krabben, mit der Tide landein- oder meerwärts getragen oder dieses Meeresgetier gräbt sich bei Ebbe im nassen Sand ein.
Plattfischen, wie Flundern und Klieschen, reicht es durchaus, wenn ihnen nur wenige Zentimeter Wasserhöhe zur Verfügung stehen, darum haben sie sich auch auf geradezu ideale Weise den Bedingungen angepaßt, die solche Strände bieten. Sie schwimmen immer unmittelbar hinter der Wasserkante und wandern dabei täglich mit den Gezeiten landein- und landauswärts. Weder gegen die Wellen noch gegen die Intensität des Lichteinfalls sind sie sonderlich empfindlich. Extrem starke Sonneneinstrahlung und ruhiges, spiegelglattes Wasser mögen sie jedoch nicht, ähnlich verhält es sich bei heftigen Stürmen, die sie ja schon vom Körperbau her nahezu bewegungsunfähig machen. Doch im allgmeinen sind die Meeresbewohner solcher Strandpartien in ihrem Verhalten abschätzbar und leicht zu fangen.
Diese kleinen Fische fallen einer großen Zahl von Raubfischen zum Opfer, die Palette reicht von mittelschweren Räubern, wie dem europäischen Wolfsbarsch bis zum Adlerfisch und Schwarzbarsch, aber auch der Hunds- und Katzenhai stellen ihnen nach. All diese Raubfische benötigen jedoch eine gewisse Wassertiefe, um sich bewegen zu können und trotz ihres Gewichtes und ihrer Kraft sind sie doch verhältnismäßig vorsichtig, es sei denn, sie geraten in einen Blutrausch. Allerdings, die genannten Raubfische sind jedoch keineswegs so regelmäßig und voraussehbar innerhalb der Wurfweiten eines Brandungsanglers anzutreffen, wie dies bei ihrer Beute der Fall ist. Die Verhaltensweisen des europäischen Wolfsbarsches, um auf diesen beliebten Fangfisch noch einmal zurückzukommen, sind nicht nur typisch, sondern auch ein Spiegelbild dessen, wie andere Fischarten leben, egal, in welchem Ozean sie auch immer anzutreffen sind.
Der Wolfsbarsch ist bei ruhigem, klarem Wasser und bei Tageslicht ein außerordentlich wachsamer Fisch. Wenn kein Wind auf der Meeresoberfläche Wellen wirft oder durch seine Stärke Unterwasserströmungen verursacht, hält sich der Wolfsbarsch außerhalb der üblichen Wurfweiten auf und ist dann auch auf keine noch so geschickte Weise zu einem Anbiß zu verleiten. Brandungsangeln an einem schönen, ruhigen Sommertag zu betreiben, dies sei in diesem Zusammenhang noch einmal erwähnt, ist ohnehin im allgemeinen die Garantie dafür, wenig oder gar nichts zu fangen.
Nachts ist alles anders, da kann plötzlich dieselbe Strandpartie voller Fische sein, auch wenn dann das Wasser still und klar ist. Der Fisch ist zudem nachts

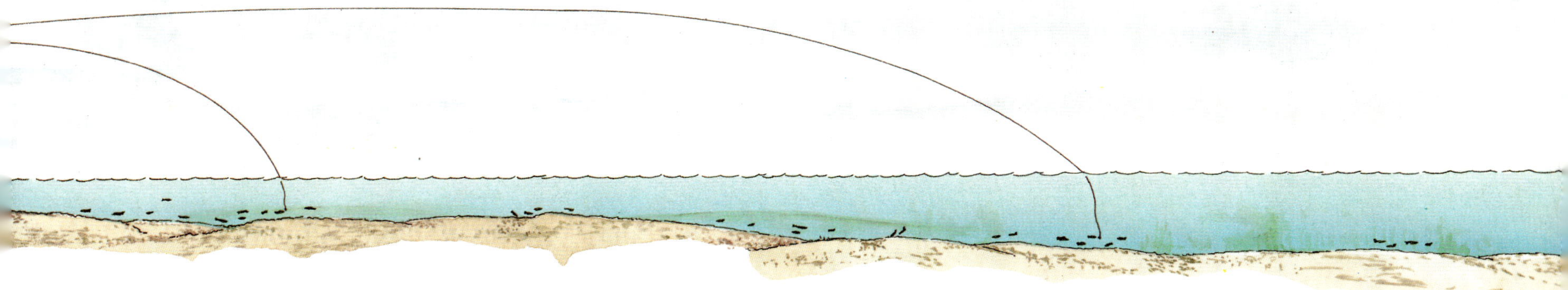

weniger vorsichtig und es kann sein, daß er auch innerhalb der Wurfweite eines Brandungsanglers erreichbar ist. Eines sollte man aber nicht vergessen, auch nachts kommen die Fische nicht bis ans flache Ufer heran. Es zahlt sich daher immer aus, wenn man unter diesen Umständen in der Lage ist, den Köder weiter als 110 Meter zu werfen. Manchmal ist der Weitwurf überhaupt die einzige Möglichkeit, um einen Biß zu erhalten.
Die besten Angelbedingungen sind dann gegeben, wenn Wind, aufkommende Flut und bedeckter Himmel zusammentreffen und eine Brise auf der Meeresoberfläche Wellen wirft, wenn zudem eine gute Unterwasserströmung vorhanden ist und wenn die Lichtverhältnisse nicht die besten sind. Unter solchen Bedingungen kommen auch größere Raubfische eher in die Reichweite des Werfers, da sie kleineren Fischen und anderem Meeresgetier nachjagen, die aus dem Meeressand ausgewaschen werden. Das kräuselnde Wasser an der Oberfläche nimmt ihnen zudem ein wenig die Orientierung. In solcher Lage ist dann selbst ein Wurf von etwa 70 Metern weit genug, um den Köder dort anzubieten, wo die Fische auf Nahrungssuche sind. Gelegentlich geschieht es sogar, daß Raubfische ihre Beute so dicht an das Ufer treiben, daß diese ihre Rettung auf dem trockenen Sand sucht. Watet man dann nur wenige Meter meerwärts, kann es geschehen, daß Fische buchstäblich vor den Füßen stehen.

Weitwürfe sind zumeist erforderlich, wenn man bei ruhigem und freundlichem Wetter angelt. Naturgemäß zieht der Raubfisch dichter unter Land, wenn die Lichtverhältnisse schlechter sind und das Wasser bewegter ist. Dann nämlich verlassen die kleineren Fischarten, Krabben und anderes Meeresgetier ihre Unterstände, in denen sie sich verstecken. Wurfweiten von 70 Metern können dann ausreichend sein, um die Fische zu erreichen. Die einzigen Fischarten, die auch bei gutem Wetter unter Land ziehen, sind die Plattfische, die beispielsweise nach Watwürmern und Seeringelwürmern suchen. Andere Fischarten dagegen gehen bei bedecktem Himmel oder im Schutz der Dunkelheit und bei starkem Wind in flaches Wasser, weil dann die Wellen den Meeresgrund aufwühlen. Bei diesen Witterungsbedingungen erreicht man ihre Standorte schon mit Würfen von 30–50 Metern. Außerdem sollte der Küstenangler immer die lokalen Gegebenheiten, die von den Gezeiten abhängen, berücksichtigen. An manchen Küsten gibt es kilometerweite Unterschiede zwischen auf- und ablaufendem Wasser, also zwischen Flut und Ebbe. Ein Plattfisch, der häufig in solchen Küstengewässern gefangen wird, ist die Scholle, wie oben im kleinen Bild zu sehen.

Steilhänge und abschüssige Strandpartien

Abschüssige Strandpartien finden sich oft in der Mitte zwischen flachauslaufenden Stränden und manchmal senkrecht abfallenden Klippen und Felsen in tiefes Wasser. Die Angelmethoden und die dort anzutreffenden Fischarten spiegeln in gewisser Weise die mittlere Position wider. Die Konsequenz hieraus ist, daß solche Küstenpartien zumeist sehr gute Fänge ermöglichen und deshalb auch bei den Küstenanglern besonders beliebt sind.

Je steiler ein Abhang sich neigt, um so mehr nähern sich Höchst- und Niedrigwasserstand einander an. Im Frühjahr beträgt der Unterschied zum Niedrigstand bei Ebbe manchmal weniger als 22 Meter. Damit ist gesagt, daß praktisch jederzeit tieferes Wasser in ausreichendem Maß vorhanden ist, auch wenn man oft von Steilhängen keine weiten Würfe machen kann. Vom Standpunkt des Fisches aus gesehen, steigt sein Vertrauen in die Wasserfläche, da genügend vorhanden ist, um sich darin zu verstecken, aber auch, um zu jagen. Faßt man diese beiden Gesichtspunkte zusammen, so ergibt sich, daß an Steilhängen und abschüssigen Stränden die Angelbedingungen normalerweise gut und auch beständig innerhalb der Gezeitenwechsel sind. Zum anderen werden solche Küstenformationen sehr viel weniger negativ von ruhiger See und den jeweiligen Lichtverhältnissen beeinflußt.

Außer für Plattfische und andere kleine Fischarten sind solche abschüssigen Strandpartien zugleich auch natürliche Lebensräume für Fischarten wie Rochen und Katzenhaie, selbst solche Fische wie Dorsch und Wolfsbarsch halten sich in derartigen Meeresrandgebieten gern auf. Im Grunde genommen fühlt sich jede Fischart, je nach Jahreszeit, von solchen Küstenbereichen angezogen. Diese reichen Fischvorkommen bieten dem Küstenangler sowohl die Möglichkeit, viele Fischarten an den Haken zu bekommen, als auch die Chance, auf bestimmte Arten gezielt zu angeln.

Im Nord-Atlantik und in der Nordsee ist der klassische Fisch der Dorsch (Gadus morhua). Für viele Angler in Großbritannien und auf dem Festland ist der Dorsch so ziemlich die einzige Fischart, auf die es sich lohnt zu angeln. Die meisten von ihnen gehen besonders im Herbst und Winter auf Dorschfang, dann nämlich ziehen die Dorschschwärme aus dem hohen Norden küstenwärts. In den nördlichen Regionen Schottlands und Skandinaviens ist der Dorsch jedoch das ganze Jahr über anzutreffen. Das gilt im übrigen auch für die Ostsee in den Küstenbereichen und vor den Inseln Dänemarks. Zu den Vorkommen zählen auch eine ganze Reihe dorschähnlicher Fischarten, die, soweit es das Angeln betrifft, auf die gleiche Weise gefangen werden.

Angeln von Klippen und Felsen

Wenn ein Küstenangler das Klippfischen bevorzugt, dann meint er im allgemeinen das Angeln von Klippen und Felsen in sehr tiefem Wasser und wo die Brandung bis dicht unter seine Füße hochschlägt. Der Meeresgrund kann

An Steilhängen und abschüssigen Küstenstreifen fängt man im allgemeinen am besten, denn diese bieten nicht nur den Fischen einen guten Unterstand, sondern auch genügend Wassertiefe, damit sie sich ungehindert bewegen können. Es kommt hinzu, daß solche Küstenstrecken von den Gezeiten und von Wind und Wetter relativ wenig beeinflußt werden. Man trifft hier die verschiedensten Fischarten an, das reicht von Meeresgrundbewohnern wie Dorsch und Plattfisch bis zu Makrelen und anderen Fischarten der Freiwasserzone. Da der Fisch hier näher an die Küste heranschwimmen kann, sind weite Würfe nicht erforderlich, wie dies zum Beispiel an sandigen Stränden der Fall ist. Von Vorteil kann sein, gleichzeitig mit zwei oder drei Ruten zu angeln, wobei man den Köder in unterschiedlicher Entfernung von der Küste anbieten sollte.

durchaus ein reines Sandbett sein, obgleich er zumeist aus einer Mischung von Felsbrocken, Riffen, Unterwasserpflanzen und blanken Sand- oder Kiesflächen besteht.

Der große Vorteil beim Klippfischen ist darin zu sehen, daß im allgemeinen die Unterwasserwelt, soweit sie in Reichweite der Würfe liegt, von den Gezeitenunterschieden kaum beeinflußt wird. Selbst beim tiefsten Stand der Ebbe verbleibt zumeist noch ein Wasserstand von 15 Metern, wodurch das Angeln sehr erleichtert wird, selbst dann noch, wenn man nicht besonders gut werfen kann. Zugleich erlaubt das Klippfischen aber auch die Anwendung verschiedener Angelmethoden. So ist das Angeln auf Grund eine exzellente Angeltaktik für alle Fischarten, doch auch das Angeln mit Pose ist recht erfolgreich – letzteres ist ja am Strand unmöglich, weil das flache Wasser diese Methode ausschließt. Und auch das Spinnfischen von den Klippen dürfte wohl kaum anderswo an der Küste erfolgreicher sein, wenngleich man natürlich bei Bedarf von jedem Küstenstreifen aus mit der Spinnrute angeln kann. Zu diesen Vorteilen kommt noch hinzu, daß der Klippenfischer darauf vertrauen kann, daß an solchen Stellen die Unterwasserwelt sehr viel stabiler als an jeder anderen Küstenformation ist. Der Fisch fühlt sich hier sicher und hat die Neigung sowohl länger als auch mit weniger Vorsicht seine Nahrung aufzunehmen.

Häfen und Flußmündungen

Häfen und Flußmündungen sind für den Küstenangler ebenfalls recht interessant, da er oftmals eine Vielzahl guter Angelplätze in kurzen Abständen voneinander vorfindet. Auf einer Hafenmole, zum Beispiel, kann es vorkommen, daß auf der einen Seite tiefes Wasser mit einer Population von einem Dutzend Fischarten vorhanden ist, während sich auf der anderen Seite

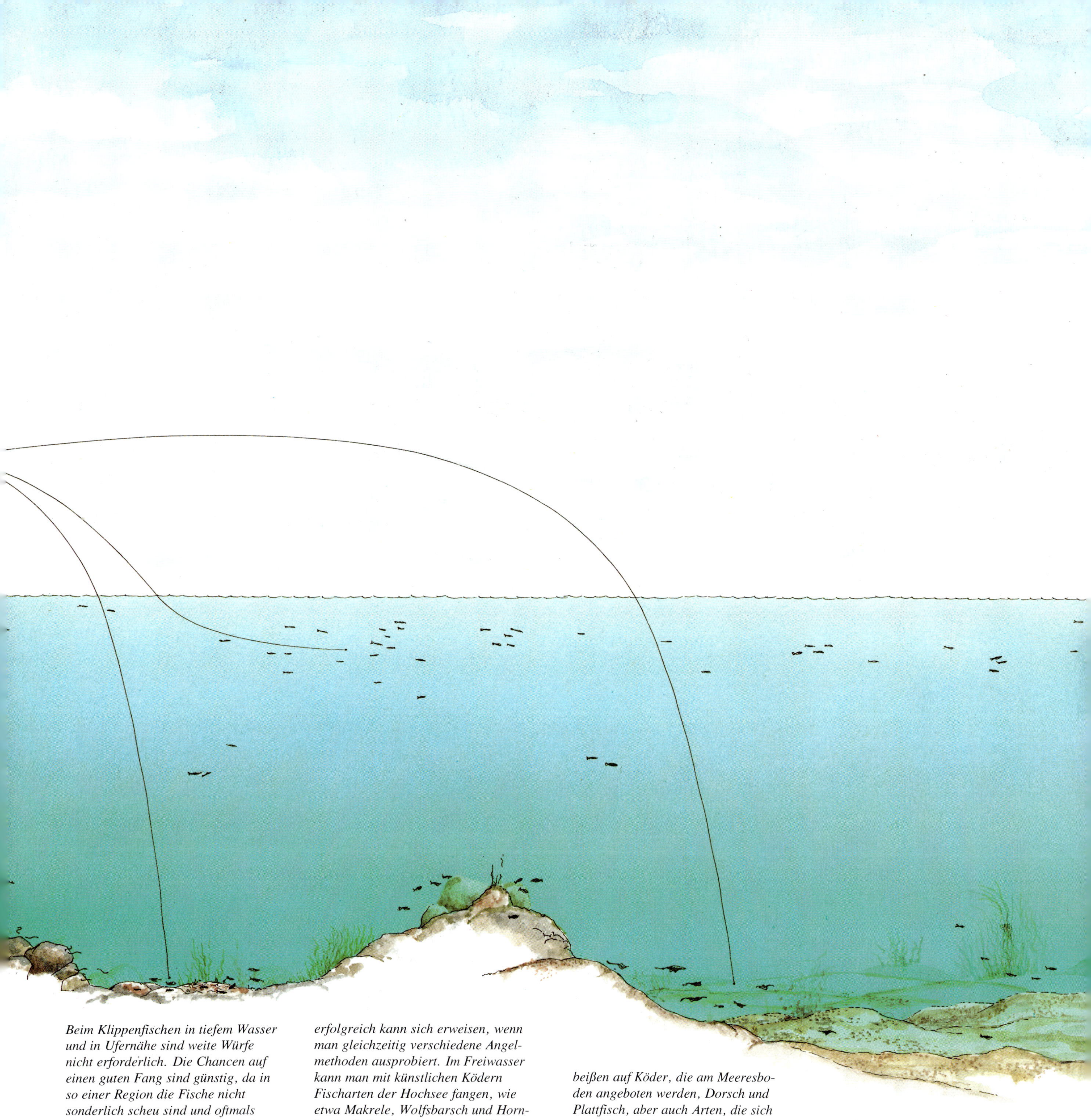

Beim Klippenfischen in tiefem Wasser und in Ufernähe sind weite Würfe nicht erforderlich. Die Chancen auf einen guten Fang sind günstig, da in so einer Region die Fische nicht sonderlich scheu sind und oftmals über lange Zeit auf Raub aus sind. Das Angebot an Fischarten ist im allgemeinen vielseitig, und als recht erfolgreich kann sich erweisen, wenn man gleichzeitig verschiedene Angelmethoden ausprobiert. Im Freiwasser kann man mit künstlichen Ködern Fischarten der Hochsee fangen, wie etwa Makrele, Wolfsbarsch und Hornhecht. Beim Grundangeln mit Weitwürfen können Rochen und Hai gefangen werden, und näher am Ufer beißen auf Köder, die am Meeresboden angeboten werden, Dorsch und Plattfisch, aber auch Arten, die sich gern hinter Felsen und Klippen verbergen, wie Ling, Seewolf und Conger. Zusätzlich kann man beim Angeln mit Pose, nur wenige Meter von den Klippen entfernt, erfolgreich auf Meeräschen angeln.

der Mole eine weite Strecke flachen, schlammigen Grundes oder Sandbodens erstrecken kann, die nur bei auflaufendem Wasser Fische anzieht. Die kräftigen Strömungen in Flußmündungen, in denen Wolfsbarsch und Makrele nach kleinen Beutefischen jagen, geben den Weg zu Lagunen und Brackwasserbuchten landeinwärts frei. Dort trifft der Angler ganze Schwärme von Klein- und Plattfischen an, denen der geringe Salzgehalt des Wassers wenig ausmacht.

Von den vielen unterschiedlichen Strukturen der Küstenlinien sind Häfen und Flußmündungen jene, die am meisten durch Zivilisation und Industrialisierung beeinflußt worden sind. Hafendämme, Molen, Pfahlwerke und ausgebaggerte Kanäle sind typische Beispiele für jede Art der Industrialisierung. Eingriffe solcher Art in die Natur müssen jedoch nicht immer und in hohem Maße für die Fisch- und Tierwelt abträglich sein. Das gilt natürlich nicht für Gewässerverschmutzungen und -verseuchungen! Vieles von dem, was an der Küste geschieht, erweist sich als attraktiv für eine ganze Reihe von Fischarten. So haben sich einige von ihrer natürlichen Nahrung abgewandt und bevorzugen jetzt Fischeingeweide, Abfälle aus Nahrungsmittelfabriken und ähnliche Abfallstoffe, die ins Wasser gelangen. Viele solcher Fabriken an der Küste, sind heute oftmals ein Indiz für hohes Fischvorkommen und beeinflussen damit auch die Fangmöglichkeiten für den Angler.

Ein treffendes Beispiel hierfür sind die Lebensgewohnheiten des Congers (Meeraal). In den Freiwassern der Meere ist der Conger ein scheuer, überaus vorsichtiger Fisch, der fast ausschließlich von frischem Fleisch lebt – von Fischen, einschließlich Tintenfischen und Krabben. Die Chancen, ihn mit einem anderen Köder als absolut frischem Fischfleisch zu fangen, sind minimal. Doch in Häfen, die von Congern als neuer Lebenraum ausgesucht wurden, wandeln sich ihre Freßgewohnheiten. Sie werden zu Aasfressern. Minderwertige Fische und Fischeingeweide, die von Trawlern außenbords geworfen werden, sind sehr viel leichter zu bekommen, als wenn man sich die Beute selbst erjagen muß . . . schon seit längerem haben deshalb die Conger in dieser Umgebung das Jagen aufgegeben. Sie gewöhnen sich auch an Lärm und an die Gegenwart von Menschen und haben so ein groß Teil ihrer natürlichen Vorsicht verloren. Wahrscheinlich werden von Hafenmolen und Piers mehr schwere Conger gefangen, als von Klippen und Felsen, und die Gründe hierfür sind deutlich erkennbar.

Köder für das Küstenangeln

Der Unterschied in den Fangergebnissen zwischen weniger guten und guten Ködern ist enorm. Trotzdem schenkt leider die Mehrheit der Angler der

Hafenanlagen und Flußmündungen erlauben in einem relativ begrenzten Bereich die Anwendung verschiedener Angelmethoden auf eine ganze Reihe von Fischarten. So sind zum Beispiel Wellenbrecher, hölzerne Dämme und Palisaden beliebte Unterstände für den Aal. Auf der dem Land zugewandten Seite eines Wellenbrechers werden im flachen Wasser Plattfische gefangen. Auf der Freiwasserseite des Brechers dagegen sind häufig Raubfische wie Makrele, Pollack und manchmal auch Dorsch anzutreffen. Es ist aber auch durchaus nicht ungewöhnlich, daß von einem Wellenbrecher aus auch sehr große Fische gefangen werden, wie zum Beispiel so ein Hai, wie er rechts oben im kleinen Bild zu sehen ist. Schließlich rauben auch Makrele, Zackenbarsch und Dorsch in den Flußmündungen, während andere, die der starken Strömung nicht widerstehen können, im Brackwasser anzutreffen sind.

richtigen Köderauswahl und der Qualität derselben nirgendwo die nötige Aufmerksamkeit. Es ist egal, ob man Fische, Würmer, Krabben oder irgend einen anderen beliebten Köder auswählt – nun frisch sollte er sein.
Erfolgreiche Küstenangler verwenden sehr viel Zeit darauf, Köder selbst auszugraben oder zu fangen. In der Tat ist es so, daß sie für die Köderbeschaffung mehr Zeit aufwenden, als für das Angeln selbst. Haben sie diese zusammengetragen, so erfahren die Köder eine aufmerksame Behandlung. Würmer werden in Frischbehältern aufbewahrt, die mit Meerwasser gefüllt sind; Köderfische werden tiefgekühlt, Krabben hält man feucht unter kontrollierter Temperatur. Es mag so aussehen, als sei dies übertrieben und unnötig, doch die Fangergebnisse geben jenen Anglern recht, die so verfahren. Vergleicht man die Köder aus den üblichen Fischgeschäften mit jenen, die von Spezialisten zusammengesucht und aufbewahrt werden, so zeigt sich, daß letztere doppelt so fängig sind.
Das Grundproblem mit Meeresködern ist das folgende: Es ist egal, wieviel Würmer auf einen Haken gehen oder wie groß der Köderfischbrocken ist, verglichen mit der Weite des Ozeans bleiben diese Angebote winzig. Schließlich gilt es zu bedenken, die Menge der Reizstoffe, die von einem solchen Köder ausgeht, wird im Meerwasser im Verhältnis von etwa Eins zu einer Million verdünnt. Fast alle Fischarten sind durchaus empfänglich für solche Reize, doch ganz offensichtlich gibt es eine Schwelle, unterhalb deren sie nicht ausmachen können, was am Haken hängt. In der Vergangenheit lag die Reizwirkung auf die Fische im Köder selbst begründet. Heutzutage jedoch produziert die Industrie ausgezeichnete Hilfsmittel in Form von biologischen Präparaten. Diese Mischungen von Duft- und Lockstoffen sind ein enormer biochemischer ,,Magnet'', der die Fische von weither anlockt und sie zur Nahrungsaufnahme verleitet. Aus allen Teilen der Welt liegen Aussagen von Anglern vor, daß solche Präparate als ein großer Schritt vorwärts im Bereich der Ködermaterialien in diesem Jahrhundert sind. Meine persönlichen Fangerfolge haben sich durch Verwendung solcher Stoffe um zumindest 20 Prozent erhöht.

Fischköder

Unter den Küstenanglern ist der Köderfisch ohne Frage noch immer der beliebteste Köder. In vielen Ländern wird der Köderfisch ohnehin als der einzige Köder angesehen, mit dem es sich lohnt zu angeln. Verwendet werden sie auf dreierlei Art: als ganze Fische, als große Filetstücke und als dünne Fischstreifen und Fetzenköder. Die Wahl, welche Köder man verwenden sollte, ist mehr eine Frage der Logik – je größer der Fisch ist, den man fangen möchte, um so größer sollte auch der Köder sein.
Die meisten Köderfische werden frisch abgeschlagen. Das Angeln mit lebenden Köderfischen am Meer ist in England ziemlich unüblich, allein schon deshalb, weil es nicht korrekt ist, einen lebenden Fisch über weite Entfernungen zu werfen, zum anderen auch, weil es nicht immer ganz einfach ist, an der Küste lebende Köderfische zu bekommen. In England und in einigen anderen Ländern wird wahrscheinlich zu 99 Prozent der Sandaal als lebender Köderfisch verwendet. Ob jedoch ein lebender gegenüber einem frisch abgeschlagenen Köderfisch fängiger ist, darüber könnte man diskutieren. Wichtig ist vielmehr nicht die Frage, ob lebender oder toter Köderfisch, sondern daß derselbe frisch ist; ohne Zweifel ist ein frischer Köder sehr viel erfolgreicher als ein tiefgekühlter. Auch hier soll der Hinweis nicht fehlen, daß in Deutschland und einigen Ländern auch der lebende Köderfisch am Meer kaum noch verwendet wird.
Eine wichtige Bedingung für die Verwendung des Köderfisches ist es, daß dieser möglichst stark riecht und einen hohen Fett- und Blutgehalt aufweist. Meeräschen, Meerbarben, Muscheln, Makrelen, Heringe und ähnliches Meeresgetier haben diese Qualitäten und sind deshalb bevorzugte Köder für nahezu alle Gelegenheiten beim Küstenangeln. Man wähle sich nur einen von diesen aus oder gemäß den lokalen Gegebenheiten den jeweils üblichen Köderfisch und man wird ganz sicher damit nicht fehl gehen.

Würmer

Würmer sind für viele Fischarten die übliche Kleinnahrung und daher auch einer der besten Köder. Größere Fische, wie etwa Wolfsbarsch und Dorsch, betrachten möglicherweise den Wurm als einen Appetitshappen. Doch wie das so ist, etwa auf die gleiche Weise, wie wir Menschen es schätzen nur mal eben eine Süßigkeit anstelle einer warmen Mahlzeit zu nehmen, so ist es oftmals auch ein Haken, gespickt mit Würmern, der Fische zum Anbiß reizt, weil sie eben mal keine Lust auf einen größeren Happen haben. Insbesondere für den Dorsch ist beim Küstenangeln im Herbst und Winter ein Bündel Watwürmer der übliche Köder. Gleicherweise fängig ist der Wat- und Seeringelwurm für den Wolfsbarsch.
Es kommt hinzu, daß Würmer als Köder beim Küstenangeln für viele weitere Fischarten der beste Köder sind. Für das allgemeine Angeln an den Küsten

Sowohl der lebende als auch der tote Köderfisch müssen von guter Qualität sein, wenn sie Raubfische anlocken sollen. Ein passionierter Küstenangler fängt sich seine Köderfische selbst, um sicher zu sein, daß sie frisch sind. Kleine tote Köderfische und Würmer – alles frisch – sind für viele Fischarten die beliebtesten Köder.

Einen toten Fisch kann man entweder ganz oder als Fetzenköder anbieten. Der Ling auf dem rechten Bild hat auf ein großes Filetstück vom Fisch angebissen.

sind sie nicht zu schlagen. Etwas anderes ist es, wenn man auf eine bestimmte Fischart gezielt angeln will. Watwürmer am Haken können so manchen Fisch zum Anbiß verlocken, sei es nun Plattfisch, Wolfsbarsch, Aal oder Katzenhai, doch für letzteren ist in jedem Fall ein Fetzenköder von der Makrele unschlagbar.

Krabben
Fast alle Fischarten, die am Meeresboden ihre Nahrung suchen, lassen sich die Gelegenheit nicht entgehen, eine Krabbe zu verspeisen. Die in Europa so zahlreich vorkommende grüne Wollhandkrabbe, die Geisterkrabbe in subtropischen Meeren, die Strand- oder Dreieckskrabbe, der Einsiedlerkrebs und viele andere Arten, sie alle sind ausgezeichnete Köder für eine Vielzahl kleiner und großer Meeresfische. Verwirrend an der Sache ist, daß zwar bei nahezu allen Fischarten die hartschaligen Krabben zur normalen Nahrung gehören, doch daß sie zögern, wenn ihnen diese am Haken angeboten werden. Es gibt Fischarten, die solche Angebote vollständig ignorieren.

Erfolgreich und fängig dagegen sind Krabben, die sich häuten, entweder solche mit weichen Rücken, die keine Hartschale tragen oder solche, die gerade dabei sind sich zu häuten. Ganz ohne Frage sind Krabben in diesem Stadium fängiger, das mag vielleicht auch daran liegen, daß sie in dieser Zeit einen stärkeren Duft absondern.
Solche sich häutenden oder weichen Krabben kann man ganz oder in Stücken auf den Haken aufziehen, je nachdem, auf welche Fischart man gerade angelt. Man kann sogar die spinnenartigen Beine abschälen und als zusätzliche Lockwirkung auf den Haken ziehen, eventuell halten sich diese dann auch länger. Die meisten Krabben werden frisch abgeschlagen als Köder verwendet, doch in der kälteren Jahreszeit kann man sie auch gefroren nehmen, in dieser Zeit häuten sie sich ja ohnehin nicht.

Tintenfische
Der Tintenfisch scheint deshalb ein interessanter Köder zu sein, weil er im allgemeinen nicht so produktiv ist wie andere Fische, Würmer und Krabben; deshalb gilt er auch als ein ausgesuchter Köder für größere Fische. Als klas-

Die Standardköder für viele Angler, die über sandigem Meeresgrund fischen, sind normalerweise Würmer, die in verschiedenen Arten angeboten werden. Das kleine Bild zeigt Exkremente von Wat- und Sandwürmern, die man in den kleinen Erhebungen ausgraben kann.

Links: Tintenfische werden oft von großen Fischen genommen. Wie auf dem Bild zu sehen ist, kann man sie auch in Streifen schneiden, bevor man sie am Haken einhängt.

Rechts: Für Raubfische, die in ganzen Schulen im Mittelwasser jagen, kann sich ein Kunstköder als sehr fängig erweisen. Der künstliche Sandaal, wie er hier gezeigt wird, ähnelt dem natürlichen sehr und zählt daher zu den erfolgreichsten Kunstködern.

sisches Beispiel mag das Angeln auf Wolfsbarsch dienen. Manchmal kann es beim Angeln mit Würmern geschehen, daß man Biß auf Biß von kleineren Fischen bekommt. Wirft man statt dessen einen größeren Fetzenköder vom Tintenfisch aus, so kann es passieren, daß man einen ganzen Tag am Wasser zubringt ohne auch nur einen einzigen Biß zu bekommen. Es ist in der Tat so, daß Spezialisten darauf eingestellt sind, tagelang oder sogar Wochen nur mit diesem Köder zu angeln und zu warten und zu warten. Doch sie wissen genau, wenn ein Wolfsbarsch beißt, wird es ein großer sein. Ähnlich verhält es sich beim Angeln auf Dorsch und auf die größeren Rochenarten im Nord-Atlantik, wie etwa den Stech- und den Weißrochen. Solang man nicht in der Lage ist, sich seine Tintenfische selbst zu fangen, sollte man auf tiefgefrorene Blöcke von Kalamaris und kalifornischem Tintenfisch zurückgreifen, die man beim Fischhändler kaufen kann.

Künstliche Köder

In den Augen der Amerikaner fallen Wobbler, Blinker und Pilker, weltweit gesehen, bescheiden aus , wenn sie das totale Fangergebnis im prozentualen Vergleich mit natürlichen Ködern betrachten. Es wäre jedoch falsch, wollte man die künstlichen Köder beim allgemeinen Küstenangeln mit den natürlichen vergleichen. Immerhin, etwa 75 Prozent aller Fischarten, die beim Küstenangeln gefangen werden, gehen auf ausgelegte, natürliche Köder auf den Haken.

Die Stärke und, wenn man will, die Schwäche der künstlichen Köder liegt darin begründet, daß man mit ihnen am erfolgreichsten auf Raubfische angelt, die in ganzen Schulen rauben, wie etwa die europäische Makrele oder – in wärmeren Gewässern – der Adlerfisch. Da diese beiden Arten in ihrer Größe und Raubgier sehr unterschiedlich sind, füllen sie, im Ganzen gesehen, eine gleichartige ökologische Lücke aus – nämlich jene von Räubern, die ganze Schwärme von Beutefischen in ihrem Freßrausch in die ufernahen Flachwasser treiben. Wirft man einen Blinker in dieses Massenvorkommen von Fischen, wird man kaum ohne Biß bleiben. Trotz allem, die bloße Zahl der auf diese Weise von passionierten Anglern und Urlaubsfischern gefangenen Fische, sollte nicht dazu verleiten, die tatsächlichen Fangstatistiken beim Küstenangeln anzuzweifeln. Wolfsbarsch, Dorsch, Plattfisch und so manche andere Fischart gehen nicht allzu häufig auf solch künstliche Köder, manche von ihnen nehmen sie überhaupt nicht an. Beim Klippenfischen dürfte dies anders sein. Sofern es möglich ist, den künstlichen Köder tief zu führen, nimmt die Beißfreudigkeit von Raubfischen hierauf sichtlich zu.

Bei der Auswahl künstlicher Köder für den Fang von Raubfischen, die in Schwärmen küstenwärts ziehen, kann man eigentlich kaum einen Fehler machen. Jeder Kunstköder, der im Wasser aufblitzt und so schwer ist, daß man ihn auf die gewünschte Entfernung werfen kann, eignet sich gleichermaßen gut. Der „Hopkins-Blinker" (in England üblich) und die deutsche Sprotte sind sicher Köder für den blitzschnell reagierenden Wolfsbarsch und Dorsch sowie für den amerikanischen gestreiften Barsch. Auch Wobbler sind gute, fängige Köder, vorausgesetzt, daß man sie weit genug werfen kann und daß sie auf die gewünschte Tiefe absinken.

Von den modernen Kunstködern hat sich weltweit der Sandaal sowohl für große als auch für kleine Raubfische sehr erfolgreich bewährt. Mepps und andere Spinnköder sind ebenfalls sehr gut, kommen aber nicht an den überall zu verzeichnenden Erfolg des Sandaals heran. Schließlich soll nicht unerwähnt bleiben, daß man nicht unbedingt auf das Spinnfischen verzichten muß, wenn man keinen künstlichen Köder dabei hat. In so einem Fall nehme man ein schweres Stück Makrelenfilet oder einen frisch abgeschlagenen Sandaal, werfe ihn aus und hole ihn wieder ein wie einen Kunstköder. Diese natürlichen Spinnköder erweisen sich oftmals als sehr viel fängiger als Kunstköder aus Metall oder Plastik, was ganze ohne Zweifel mit der Blut- und Fettspur zusammenhängt, die sie hinterlassen.

Grund- und Paternostersystem

Es lohnt, sich daran zu erinnern, daß nur sehr wenige Fischarten nicht an der ausgelegten Grundangel gefangen werden können. Der auf dem Meeresgrund angebotene Köder ist deshalb nicht nur der vielseitigste und der Basisköder überhaupt, sondern zugleich auch der fängigste von allen. Da diese Montage auch für Weitwürfe geeignet ist, kann man mit so einem Köder in beliebiger Entfernung angeln, das beginnt unmittelbar unter der Rutenspitze und geht bis deutlich hinter die 170 Meter-Marke im Freiwasser.

Das Paternostersystem und die Grundangel, wie sie hier illustriert gezeigt werden, erweisen sich in dieser Form als sehr fängig. Die Zeichnung stellt die allgemein übliche Montage vor. Die Zahl der Haken an einem Paternostersystem, die Länge des Vorfachs und die Abstände der einzelnen Haken voneinander, die Befestigung beim Wurf durch Klemmen, die Verwendung von Seitenarmen aus Draht, all dies und noch manch anderes bei der Montage einer Paternosterangel bleibt der Experimentierfreudigkeit des Anglers anheimgestellt. Gleichermaßen verhält es sich mit der ausgelegten Grundangel, bei der man in der Vorfachlänge, der Tragkraft der Schnur, der Hakengröße und -form und sogar beim Vorfachmaterial beliebig variieren kann. Nylonvorfächer eignen sich für die meisten Fischarten, doch wenn man auf Hundshaie, Conger, Haie und andere Raubfische mit scharfem Gebiß angelt, ist zwischen Haken und Hauptschnur unbedingt ein Stahlvorfach erforderlich.

Angeln mit Pose

Im allgemeinen tendiert das Angeln mit Pose zu leichteren Gewichten, etwa zu einem Senkblei von 28–55 Gramm und einer Hauptschnur mit einer Tragkraft unter 5,5 Kilogramm. Als Posenkörper kann man keine besser Wahl treffen als ein Stück Schaumstoff zu nehmen, das man sich selbst zur Pose schneidet oder man nimmt eine jener dickeren Korkenposen in der traditionellen Form, wie sie im Handel angeboten werden. Soweit es die Hakenmontage angeht, kann jedermann die Länge des Vorfachs, die Hakengröße und die Bleibeschwerung entsprechend der Köderwahl sowie der Fische, auf die geangelt werden soll, selbst bestimmen. Die Angeltiefe wird durch einen Stopper in der Hauptschnur festgelegt und durch die gleitende Laufpose markiert.

Über felsigem und verwachsenem Grund sind schwerere Posen anzuraten, da es ansonsten recht teuer werden kann, wenn man den Köder samt Montage durch Hänger verliert. Für Senkbleie über 110 Gramm eignet sich auch bestens ein aufgeblasener Kinder-Luftballon als Pose. Er wird mit einem Wirbel und einem Stück Nylonschnur an der Hauptschnur eingehängt. Nach dem Auswerfen gleitet der Wirbel bis zum Stopper, so daß der Köder in der richtigen Tiefe, das sollte zumeist kurz über Grund sein, angeboten werden kann. Der Trick besteht darin, den Ballon nicht zu sehr aufzublasen. Ein Durchmesser von etwa 10 Zentimeter läßt ihn gut schwimmen, außerdem ist er so leicht genug für einen weiten Wurf.

Künstliche Köder

In den meisten Fällen wird der künstliche Köder unmittelbar in die Hauptschnur eingehängt oder, um mit scharfzahnigen Raubfischen fertig zu werden, an ein kurzes Stahlvorfach. Das Gewicht des Kunstköders sollte so sein, daß es für weite Würfe ausreicht und gleichzeitig ein rasches Absinken desselben gewährleistet. Ideal ist, wenn kein zusätzliches Senkblei eingehängt werden muß, denn häufig wird hierdurch die Bewegung des künstlichen Köders beeinträchtigt. Wenn es dennoch erforderlich wird, ein zusätzliches Blei zu nehmen, weil eventuell der Kunstköder zu leicht ist, sollte man ein Birnen- oder Tropfenblei verwenden, das zumindest 60 Zentimeter vom Kunstköder entfernt, eingehängt werden sollte. Noch besser ist es, einen Abstand von knapp einem Meter einzuhalten. Das Problem bei Verwendung eines zusätzlichen Senkbleis besteht darin, daß Blei und Kunstköder in der Wurfphase einander umkreisen und so die Wurfweite beeinträchtigen, zudem kann es leicht zu einem Schnursalat kommen.

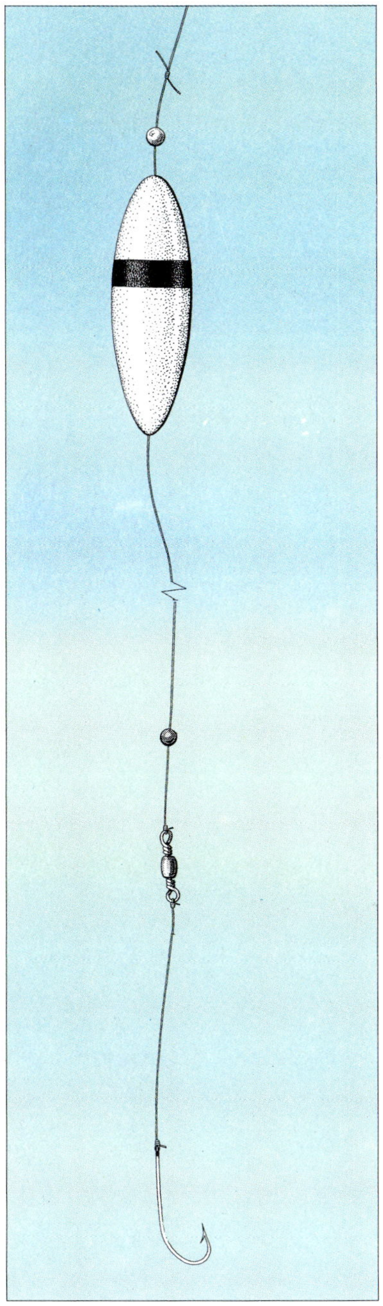

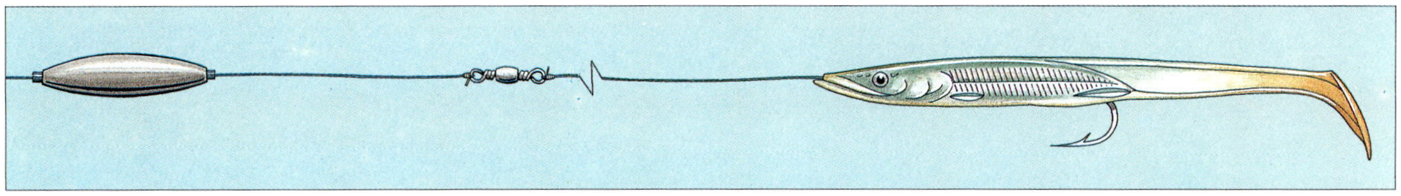

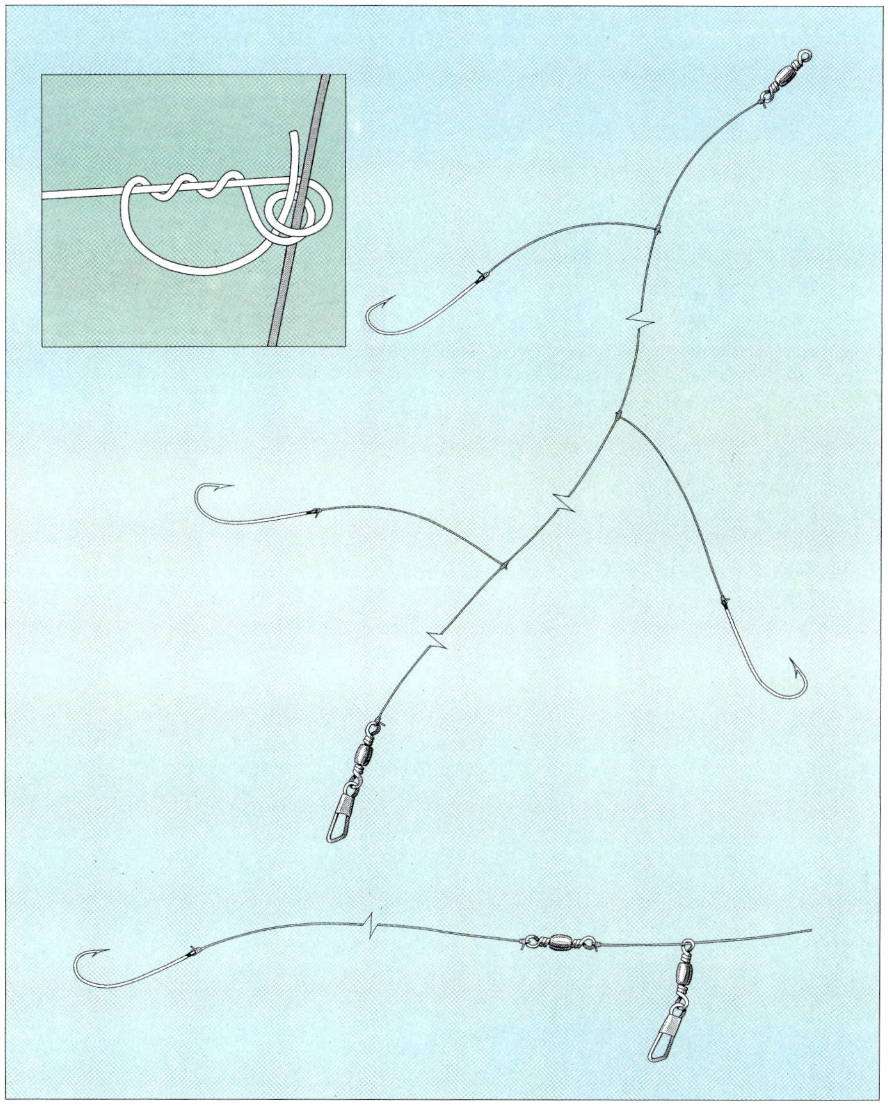

Oben: Ein System für das Angeln mit künstlichem Köder, wie etwa einem Sandaal, erfordert ein zusätzliches Bleigewicht, um mit ihm entsprechend weit werfen zu können. Dieses Bleigewicht sollte 60–100 Zentimeter vor dem Köder eingehängt werden.
Links: Das Angeln mit Pose ist besonders dann zu empfehlen, wenn der Meeresgrund schwierig ist und daher andere Ködersysteme zu Hängern führen würden. Das Bleigewicht, die Vorfachlänge und die Angeltiefe sollten jeweils den Gegebenheiten angepaßt werden.
Rechts: Ein Paternostersystem besteht normalerweise aus zwei bis vier einfachen Haken, die sich in einem bestimmten Abstand vom Senkblei befinden. Die Länge des Vorfachs und der Abstand zwischen den einzelnen Haken kann unterschiedlich sein und sollte jeweils den Verhältnissen am Meeresgrund und den Fischarten, auf die man angeln will, entsprechen. Jeder Seitenarm, sofern er nicht aus Draht ist, wird mit einem besonderen, festen Knoten am Vorfach oder der Hauptschnur eingeknüpft. Andererseits gehört zu einer Gleitmontage nur ein Haken. Wie der Name schon sagt, muß bei letzterer die Schnur frei gleiten, wenn ein Fisch anbeißt, damit dieser keinen Widerstand spürt. Mit diesem System angelt man gern auf besonders scheue Fischarten, wie zum Beispiel den Aal. Bei beiden Systemen wird das Senkblei in einen Wirbel eingehängt.

Meeresangeln

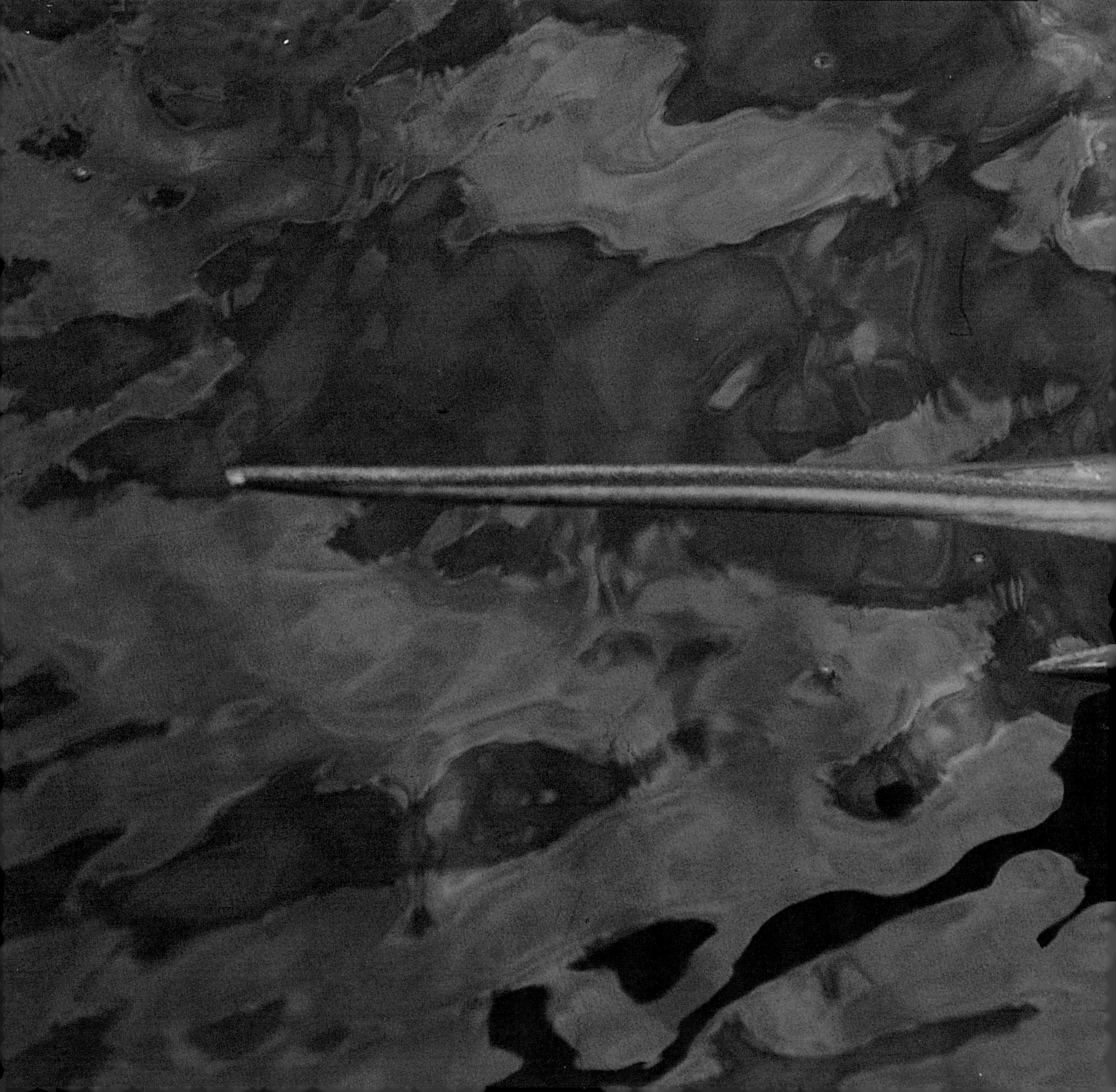

Es gibt wohl kaum ein aufregenderes Erlebnis, als mit seinem Angelgerät auf hoher See zu sein. Man hat das Gefühl, die ganze Welt am Haken zu haben, weiß man doch nie, was am anderen Ende der Schnur geschieht und wie groß der Fisch sein wird, der anbeißt. Ich frage mich immer, ob es die Hoffnung auf einen großen Fisch oder auf viele Fische ist, die auf den Angler so verführerisch wirkt. Oder ist es vielleicht ganz einfach das Naturerlebnis – die sonnigen Tage in der Sommerhitze, die erfrischende, kühle Meeresbrise, die gute Kameradschaft unter gleichgesinnten Männern auf einem Boot, oder ist es möglicherweise nur die Tatsache, auf der unendlichen Weite des Ozeans einmal den Alltag fern hinter sich zu lassen?
Das Hochseeangeln überspannt Kontinente und Ozeane, es reicht von den kalten Tagen in der Arktis mit Eis in den Rutenringen und Dorsch und Köhler unterm Kiel und von dicker, warmer Kleidung bis zu den prächtigen, hellen und sonnigen Tagen im Süden, nah zur Küste, mit dem Angeln auf Makrele, Plattfisch und andere Arten. Hochseeangeln ist aber auch der Kampf mit den Großen der Meere, mit Thunfisch, Hai und Marlin. Und es ist ferner auch das Angeln über Riffen und Sandbänken oder auf Grund, wo Leng und Conger oder andere unbekannte Fischarten angreifen. Nicht zuletzt ist es natürlich auch das Angeln auf südlichen Breitengraden in der Karibik. Hier kann es geschehen, daß aus heiterem Himmel urplötzlich mit gewaltiger Kraft ein Tarpon die Schnur auf der Rolle leert und daß hierbei das Flachwasser regelrecht explodiert. Meeresangeln ist eben genau so eine Leidenschaft, wie all die anderen Formen des Angelns. Doch wer bislang noch nie auf hoher See war, aber den Geschmack des Salzwassers, den Schrei der Möwen und die Fische der Meere kennenlernen möchte, muß hierfür gut ausgerüstet sein. Jede Fischart und jede Meeresregion hat ihre eigenen charakteristischen Bedingungen und erfordert ihre speziellen Angeltechniken. Grundsätzlich kann man jedoch sagen, daß die Kenntnisse und Erfahrungen, die man beim Angeln gewonnen hat, ganz allgemein anwendbar sind, wo immer auf der Welt man auch das Meeresangeln betreibt; auch das Angelgerät hierfür ist praktisch überall gleich.

Ausrüstung

Die Hochsee-Angelrute

Prinzipiell lassen sich die Hochsee-Angelgeräte in drei Kategorien einteilen: leicht, mittel und schwer. Moderne Hochseeangelruten werden üblicherweise nach Gewichtsklassen unterteilt und zwar nach den Nummern 6, 12, 20, 30, 50, 80 oder 130 lbs. (Die Abkürzung lb bedeutet englische Pfund.) So entsprechen die hier genannten Nummern jeweils 3, 6, 10, 24, 37 oder 60 Kilogramm. 1 englisches Pfund ist gleich 453,59 Gramm. Diese Klassifizierung spiegelt die Tragfähigkeit der Schnüre wieder, die zu den entsprechenden Ruten passen. Eine 15 Kilogramm (30 lb) Hochsee-Angelrute sollte mit einer Schnur bestückt werden, deren Tragkraft 15 Kilogramm beträgt. Diese Klassifikation wurde entsprechend dem internationalen System eingeführt, das die „International Game Fish Association" (IGFA) aufgestellt hat, um weltweit Rekordfänge, die mit unterschiedlichen Schnüren erzielt wurden, zu registrieren. Dies beginnt mit Schnüren, die eine Tragkraft von 1 Kilogramm (2 lb) bis zu 60 Kilogramm (130 lb) haben.
Hochsee-Angelruten werden entweder aus Glasfiber- oder Kohlefasermaterial hergestellt oder auch aus einer Kombination beider Materialien (solche Ruten sind als „Composite" im Handel).
Das am häufigsten verwendete Material ist Glasfiber. Die ideale Rutenlänge beträgt 170–240 Zentimeter (5,5–8 ft). Wenn man in einem Boot steht und einen großen Fisch am Haken hat, eignen sich bezüglich der Länge solche Ruten am besten, die man senkrecht halten kann, ohne daß sie zu stark durchgebogen werden. Das Angeln mit Pilkern oder bleibeschwerten Jigs erfordert zumeist eine kräftige Rute, die, besonders beim Angeln in tiefem Wasser, nicht zu lang sein sollte. Dagegen sind für das Grundangeln längere und weichere Ruten angebracht. Die Ruten haben unterschiedliche Aktionen: langsame, mittlere und schnelle Aktion. Für das leichtere Meeresangeln werden von vielen Sportfischern Ruten mit langsamer Aktion bevorzugt. Solche Ruten sind leichter zu kontrollieren und erlauben außerdem einen sicheren Drill des gehakten Fisches.
Eine Meeresrute besteht aus mehreren Teilen: dem Rutenende, dem langen Handteil mit der Rollenhalterung und dem Zweihand- oder Vorgriff, dem Rutenblank im ganzen und den Rutenringen. Einige Ruten sind im Mittelteil mit einer Steckbuchse ausgestattet, andere wieder werden im Handteil miteinander verbunden.
Das Handteil besteht entweder aus Holz, Fiberglas, Kunststoff oder aus Leichtmetall, letztere werden gern beim Schleppfischen verwendet. Die Rollenhalterung sollte mit zwei Feststellringen oder verschraubbaren Schellen ausgestattet sein.
Der Vorgriff oberhalb der Rollenhalterung soll 20–30 Zentimeter lang sein, um beim Drill eines schweren Fisches der Hand genügend Spielraum zu lassen. Dieser Vorgriff besteht zumeist aus Kork, Kunststoffschaum oder Moosgummi.
Der Blank einer solchen Hochsee-Angelrute ist im allgemeinen mit 4–7 Rutenringen versehen. Die Ruten haben Schnurröllchen (Fa. Aftco) oder sind aus Keramik (Fa. Fuji), beziehungsweise aus verchromten Messingteilen gefertigt, die in Bügel aus gleichartigem Material eingelagert sind. Diese Rutenringe mit Schnurröllchen wurden besonders für das Schleppfischen und für das Angeln auf sehr schnell schwimmende Fische entwickelt. Auf diese Weise wird die Gefahr eines Scnurbruchs oder anderer Beschädigungen der Schnüre während des heftigen Schnurabzugs durch die Ringe gemindert. Die Ringe werden mit speziellen Halterungen auf der Rute befestigt, die Bindungen werden zusätzlich noch mit Rutenlack überzogen.

Oben: Die Ausrüstung für das Hochseeangeln wird im allgemeinen von ultra-leicht (IGFA-Klasse 2,7 Kilogramm) bis schwer (60 Kilogramm) eingeteilt. Links ist eine leichte Ausführung von 9 Kilogramm und in der Mitte eine sehr leichte der Klasse 5,4 Kilogramm zu sehen. Beide Ruten sind mit einer Multirolle mit Sternradbremse ausgestattet. Rechts wird eine mittelschwere Ausrüstung vorgestellt, die der Klasse 22,5 Kilogramm entspricht. Die Rolle hat eine Hebelbremse.

Die Meeresrolle

Es gibt zwei Typen von Meeresrollen, das sind einmal große Stationärrollen oder Multirollen. Letztere haben entweder eine Sternrad- oder Hebelbremse. Eine Stationärrolle verwendet man für das leichtere Meeresangeln sowie für das Spinn- und Schleppangeln auf kleinere Arten von Meeresfischen. Die Konstruktion einer solchen Stationärrolle, bei der die Kraft über mehrere Achsen übertragen wird, hat einen Schwachpunkt: die begrenzte Schnuraufnahmefähigkeit. Die Multirollen haben entweder eine Sternradbremse, wie die ,,Penn Senator'', oder eine Hebelbremse, wie die ,,Penn International''. Der grundsätzliche Unterschied zwischen beiden Bremssystemen besteht darin, daß die Sternradbremse aus mehreren Bremsscheiben besteht, die bei Betätigung derselben gegeneinander gedrückt werden; anders dagegen die Hebelbremse, die gleichsam wie eine große Bremsscheibe arbeitet, so daß die gesammelte Bremswirkung voll übertragen wird. Demgemäß ist natürlich die Bremsscheibe einer solchen Hebelbremse sehr viel größer als jene einer Sternradbremse und damit auch fester. Es ist teurer, eine solche Bremsscheibe zu wechseln, doch sie hält länger und bietet eine beständigere und gleichmäßigere Bremswirkung. Die Hebelbremse arbeitet wie eine Kupplung, wobei der Hebelarm zugleich auch der Kupplungshebel ist. Die Sternradbremse dagegen arbeitet beim Anziehen und Lösen der Bremse über ein anderes System auf die Spule.

Welches Modell man wählen soll, das hängt einmal von der Angelmethode ab und zum anderen von der Fischart, die man fangen möchte. Für das Schleppangeln ist eine Rolle mit Hebelbremse zu empfehlen. Das Angeln auf dem Meeresgrund oder das Pilken mit Jigs oder Pilkern kann mit beiden Modellen betrieben werden; vorzugsweise sollte eine solche Rolle allerdings eine Spule aus Kunststoffmaterial haben, da eine solche aus Metall die Rolle und damit das Gerät nur schwerer macht.

Kleinere Rollen für das Meeresangeln können auch mit einem selbstzentrierenden Schnurverteiler ausgerüstet sein. Dieser spult die Schnur exakt auf. Meeresrollen werden von 1/0 bis 16/0 klassifiziert, aber gleichzeitig auch mit den Einteilungen 12, 20, 30, 50, 80 oder 130 lbs, womit sie der Klassifizierung der IGFA-Klassen entsprechen. Es ist durchaus möglich, eine Schnur mit einer Tragkraft von 24 Kilogramm (50 lb) auf einer 30 lb-Rolle zu verwenden. Beim allgemeinen Meeresangeln auf kleinere Fischarten verwenden die meisten Angler Geräte der IGFA-Klassen 3–15 Kilogramm (6–30 lb) und, falls erforderlich, 24 Kilkogramm (50 lb). Die beste Rollengröße für das Grundangeln sowie das Fischen mit Jigs und Pilkern ist 1/0–4/0. Die Rollen haben auch unterschiedliche Übersetzungen für den Schnureinzug von 1 : 2,5 (normal) bis 1 : 3,8 (hoher Schnureinzug). Es ist schwieriger, einen Fisch mit hohem Schnureinzug zu drillen, als bei einer Rolle mit normaler Übersetzung.

Schnüre

Nach dem Ende des 2. Weltkrieges waren es die Meeresangler, die als erste Nylonschnüre verwendeten. Nylon war damals das eingetragene Warenzeichen der Firma Du Pont. Bis zum Beginn des 2. Weltkrieges wurden im wesentlichen Schnüre verwendet, die aus Pflanzenfasern hergestellt worden waren. Doch sehr bald wurden diese Materialien vom neuartigen Nylon überrundet. Heute sind am üblichsten Monofilschnüre aus Nylon, Dacronschnüre (geflochten oder geklöppelt) und Schnüre aus Stahldrahtlitzen.

Die Monofilschnur aus Nylon ist die beliebteste, sie ist preiswert und recht stark. Praktisch unbegrenzt haltbar, hat sie zudem eine hohe Tragkraft. Ihre Nachteile sind, daß sie ziemlich leicht zu beschädigen ist und einen hohen Dehnungsfaktor von 20–30 Prozent aufweist. Außerdem verliert sie an geknoteten Stellen und wenn sie feucht wird an Festigkeit. Mehr noch, die Tragkraft wird durch hohe Sonneneinwirkung gemindert. Die Schnüre werden durchsichtig, farbig oder fluoreszierend angeboten. Letzteres erlaubt eine ausgezeichnete Schnurkontrolle speziell beim Schleppfischen. Bei fast allen Schnüren wird die Tragfähigkeit ausgewiesen und garantiert – die Schnur bricht bei einer Belastung oder einem Druck, der jeweils auf der Verpackung angegeben ist. So beträgt die Tragfähigkeit etwa 10, 24 oder 37 Kilogramm (20, 50 oder 80 lbs). Solche Schnüre werden für die Eintragung von Rekordfischen, bei speziellen Wettbewerben oder auch Meisterschaften verwendet. Schnüre dieser Art sind im allgemeinen ein wenig teurer als solche, die keine Klassifizierung haben.

Dacron-Schnüre werden hohlgeklöppelt und getalkt. Ihre Dehnbarkeit ist geringer als 10 Prozent. Wenn sie feucht werden, verringert sich die Tragfähigkeit nicht und auch ihre Knotenfestigkeit ist höher als bei Monofilschnüren. Genau genommen haben diese Schnüre den gleichen Durchmesser wie Nylonschnüre, denn die geklöppelte Schnur ist hohl, wobei die Luft im Hohlraum unter Druck zusammengepreßt und versiegelt wird. Die Schnur liegt besser auf der Spule und zugleich erhöht sich die Schnurkapazität der Rolle. Dacron-Schnüre werden gern für das Schleppfischen aber auch für andere Methoden beim Hochseeangeln verwendet. Allerdings, solche Schnüre sind teurer als Monofilschnüre und Beschädigungen der Schnur sind zumeist auch nicht so leicht auszumachen wie bei den Nylonschnüren.

Bei den Stahldrahtschnüren unterscheidet man zwischen solchen mit einer Litze (einfädig) und solchen mit mehreren Litzen (mehrfädig). Sie werden mit Nylon ummantelt oder auch blank angeboten, auch solche mit einem Bleikern sind im Handel. Die einfädige Drahtschnur wird gern als Führungsschnur beim Downrigger verwendet oder auch dann, wenn man in sehr tiefem Wasser angelt, das zudem noch eine starke Strömung hat. Diese einfädige Litze hat ein relativ hohes Nettogewicht, sie widersteht Strömungen und

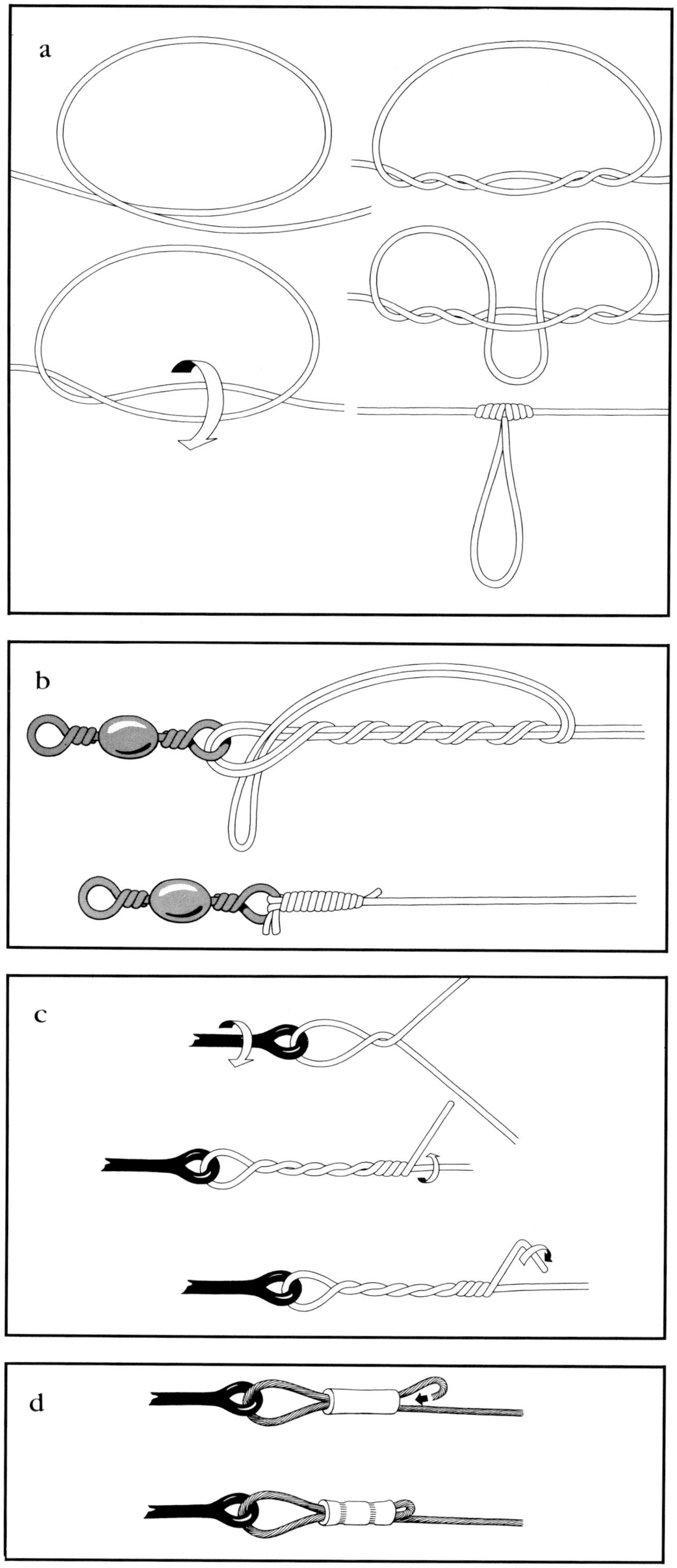

Beim Angeln auf dem Meer müssen die Schnüre und Systeme einfach und wirksam miteinander verknotet und verbunden werden. Eine allgemeine Regel ist: nie mehr Knoten zu verwenden, als unbedingt erforderlich.

(a) Schlaufenknoten
(b) Doppelter Klammerknoten
(c) Vorfach-Drahtwicklung mit einfädiger Litze
(d) Vorfach-Drahtschlaufen mit mehrfädiger Litze

hat im Grunde genommen keinen Dehnfaktor. Ein wenig schwierig ist es, so eine Drahtlitze einwandfrei auf die Rolle zu spulen, im übrigen bricht sie auch sofort, wenn sie geknickt wird. Kurzum, es ist eine Schnur für Spezialisten. Die mehrfädige Litze wird zumeist beim Angeln mit dem Downrigger verwendet. Eine Schnur mit Bleikern besteht aus einer festen Bleifaser, die mit anderem Material umwickelt wird. Eine solche Schnur wird beim Schleppfischen in tiefem Wasser eingesetzt.

Angelmethoden

Geangelt wird entweder von einem driftenden oder verankerten Boot aus. Beliebt ist auch das Schleppfischen auf dem Meer, wobei verschiedene Raubfischarten zum Anbiß auf den nachgezogenen Köder verleitet werden.
Welche der einzelnen Angelmethoden angewandt wird, hängt von den jeweils örtlich vorhandenen Fischarten und von den Bedingungen ab, die man am Meeresboden vorfindet. Beim Angeln vom driftenden Boot geht man sowohl auf Fischarten, die im Freiwasser leben, als auch auf solche, die ihren Lebensraum am Meeresgrund haben. Letzteres verspricht vor allem dann gute Erfolge, wenn der Meeresgrund verschiedenartig gestaltet ist – mal sandig, mal felsig oder bedeckt mit Schotter und Kies, dazu noch unterschiedlich tief. Viele Fischarten werden von solchen Bodenstrukturen angezogen. Strömungen und Winde können manchmal das Angeln vom treibenden Boot aus unmöglich machen, dann ist es notwendig, vom verankerten Boot die Angel auszuwerfen. Starke Strömungen und kräftiger Wind sind die Ursache, daß sich der Köder zu schnell bewegt, so daß die Fische ihn kaum wahrnehmen und auch seinen Geruch nicht aufnehmen können. Wenn das Boot verankert ist, steht allerdings nur ein begrenztes Angelrevier zur Verfügung, genau gesagt, nur der Bereich unterhalb und dicht am Boot. Andererseits kann man auf diese Weise besser mit Fischen in Kontakt kommen, die sich im allgemeinen für bewegliche Köder kaum interessieren. Vom verankerten Boot aus zu angeln, ist besonders dann vorteilhaft, wenn unter Wasser Riffe, Sandbänke und Wracks lauern oder an Scharkanten und Abhängen der Meeresgrund plötzlich abfällt. Doch auch auf Fische der Freiwasserzone kann man vom verankerten Boot aus sehr gut angeln.
Beim Schleppfischen beangelt man eine sehr viel größere Gewässerfläche als mit jeder anderen Angelmethode. Den Köder kann man hierbei sowohl an der Oberfläche als auch im Mittelwasser oder in der Tiefe anbieten. In tiefem Wasser wird dann häufig mit dem Downrigger geangelt (siehe auch Seite 143 ,,Schleppfischen mit dem Downrigger" – 3. Kapitel). Packt der Fisch den Köder, wird die Hauptschnur freigegeben und der gehakte Fisch wird mit Rute und Rolle auf die übliche Weise gedrillt.
Das Schleppangeln hat eine weite Verbreitung gefunden. An der Westküste Amerikas wird auf diese Weise auf Lachs geangelt, in den wärmeren Meeren werden viele Fische zum Anbiß verleitet, wenn der Köder an der Wasseroberfläche geschleppt wird, aber auch an den nordeuropäischen Küsten wird geschleppt, vor allem beim Angeln auf Makrele.

Blinker und andere künstliche Köder.
Kunstköder sind Nachahmungen natürlicher Fischnahrung. Damit der Fisch sie auch annimmt, müssen diese ihn durch bestimmte Bewegungen reizen. Zu den beliebtesten Kunstködern der Meeresangler zählen der ,,Norwegi-

Von einem driftenden Boot, zum Beispiel über abgesunkenen Felsnasen, wird normalerweise mit künstlichem Köder geangelt. Zumeist handelt es sich hierbei um Fänge, die der Gattung Dorsch zuzuordnen sind.

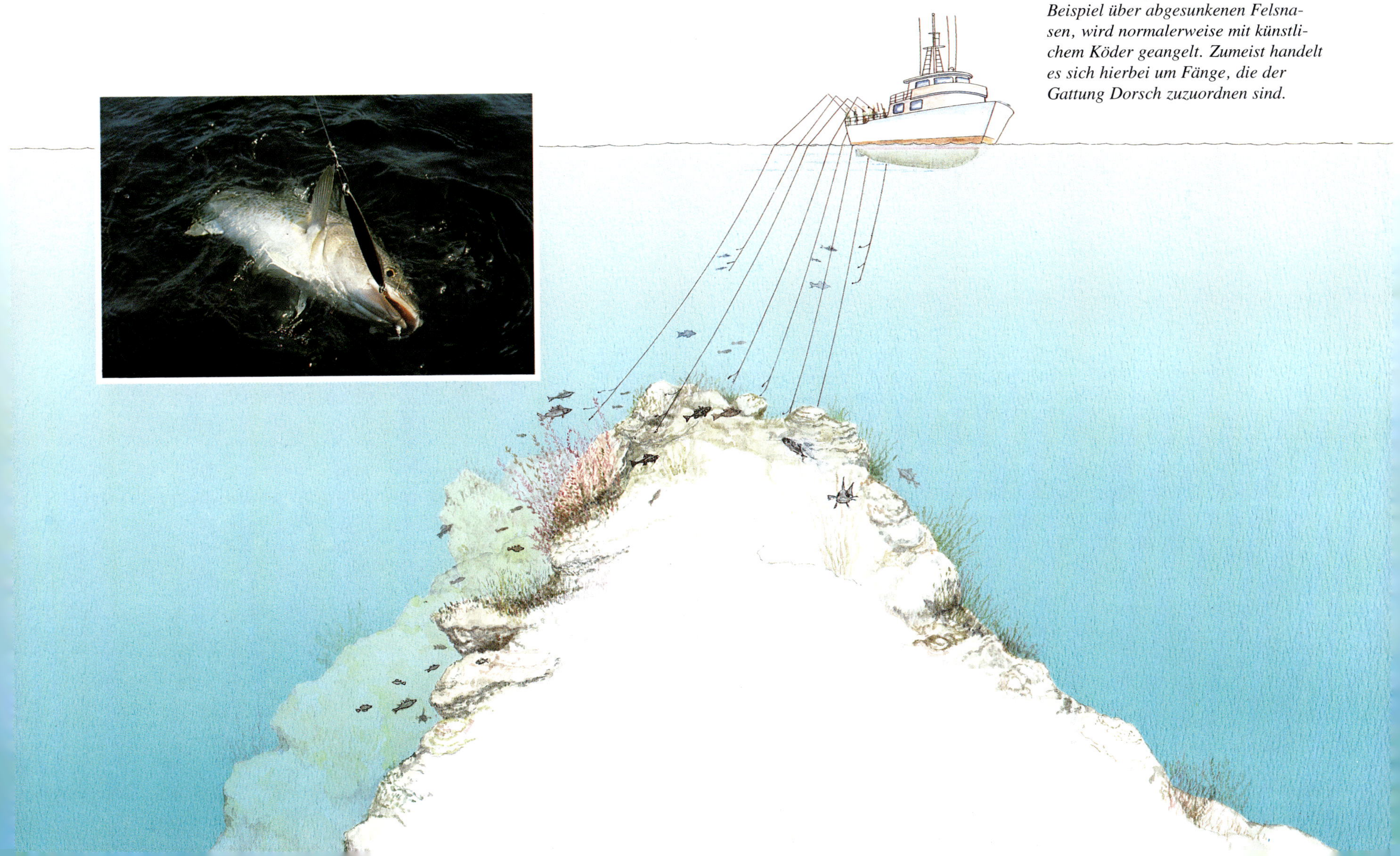

sche Pilker" und der ,,Diamond Jig", ferner ähnliche Jigs, weiche, künstliche Würmer aus Plastik sowie Federsysteme und große Fliegen. Für das leichtere Angeln eignen sich Löffel, Wobbler und Spinner besonders gut.
Der Norwegische Pilker ist eine Metallnachbildung aus Blei oder Messing. In den meisten Angelgerätegeschäften kann man ihn in Gewichten von 25 bis 750 Gramm kaufen (1–26 Oz). Er wird fast nur beim Pilken benutzt. Der Pilker wird vom driftenden Boot ausgeworfen, sodann läßt man ihn auf Grund sinken, hebt ihn leicht an und pumpt ihn ruckweise nach oben.
Pilker sind in den europäischen Gewässern besonders beliebt. Hier wird mit ihnen gern auf Dorsch, Köhler und Pollack geangelt. Doch auch in wärmeren Gewässerregionen angelt man mit ihnen auf die Meeresbewohner der Riffe, die bei ihrer Futtersuche von der Sicht auf den jeweiligen Köder abhängig sind. Form, Oberfläche sowie Farbe und Gewicht der Pilker sind recht unterschiedlich. Es werden eine Vielzahl von Modellen angeboten. Je größer der Pilker im Vergleich zu seinem Gewicht ist, um so lebendiger bewegt er sich im Wasser. Norwegische und schwedische Pilker waren jahrzehntelang die Muster für viele Pilkerarten, die heute im Handel angeboten werden.
So, wie der Fisch durch einen Pilker gereizt wird, so beeinflußt seine Farbe den Fang. In flachen Gewässern sind rote und gelbe Pilker außerordentlich fängig, während in tieferen Gewässern man die Erfahrung machen wird, daß blitzende und leuchtende Pilker, auch solche aus Chrom, sich sehr bewähren.
Einige Fischarten, die auf Pilker ansprechen, nehmen auch gern kleinere, künstliche Köder aus Weichplastik, Federsysteme und Fliegen oder andere Kunstköder, die oberhalb des Pilkers oder Blinkers eingehängt werden. Ob man 1–3 solcher künstlicher Beifänger einhängt, ist von der Fischart abhängig, auf die man gerade angelt und natürlich auch davon, ob man nur einen Fisch, eine Doublette oder gar noch mehr auf einmal an Bord holen möchte. Oft genug geschieht es ja, daß bei Verwendung kleiner Jigs als Beifänger gleich mehrere Fische auf einmal anbeißen. Solche Beifänger sind normalerweise farbige Haken mit Anhängseln aus Plastik, Gummi, Federn oder Haaren. Imitationen dieser Art ähneln oftmals auch der natürlichen Beute, so gibt es englische Sandaal-Nachahmungen und auch norwegische Gummi-Aale.
Zu den kleineren künstlichen Ködern, die weltweit verwendet werden, zählt auch der norwegische Makrelen-Blinker. Soweit es das Pilken betrifft, ist es von Bedeutung, daß die jeweilige Tiefe, in der geangelt wird, auch für die Farbe des Pilkers oder des Federsystems ausschlaggebend ist. Rote, weiße, gelbe und silberne Kunstköder sind vor allem in flachen Gewässerregionen sehr fängig.
Jigs gehören zu jenen künstlichen Ködern beim Meeresangeln, die beim Fischen über Grund sich fast überall als außerordentlich fängig erweisen. Ein Jig kann gezockt und bewegt werden, ohne daß es einen Hänger gibt, weil beim Jig der Haken nach oben gebogen ist. Zudem kann man mit ihm sehr viel langsamer, aber auch lebhafter angeln als mit einem Pilker. Beim Angeln auf Raubfische in flachem Wasser ist der Jig ein ausgezeichneter Köder. Gleichgute Ergebnisse kann man sowohl vom Pilker als auch vom Jig erwarten, wenn man diese beiden als Spinnköder entweder vom driftenden oder vom verankerten Boot aus benutzt.
Beim Schleppangeln benötigt man andere Köder. Diese müssen sich nicht nur der Schleppgeschwindigkeit anpassen, sondern auch in ihren Bewegungen einem Beutefisch ähnlich sein. Hierfür eignet sich ein Pilker weniger. Es gibt jedoch heutzutage Meereswobbler und -blinker, die sich als sehr erfolgreich erwiesen haben; auch der Jig, bleibeschwert und in Grundnähe geführt, ist ein sehr fängiger Kunstköder beim Schleppangeln in Küstennähe.

Beim Angeln mit natürlichem Köder kann es erforderlich werden, von einem verankerten Boot aus zu angeln, dies besonders dann, wenn der Fisch in einem begrenzten Raum angetroffen wird, wie dies zum Beispiel an einem Wrack der Fall ist.

Natürliche Köder

Natürliche Köder verwendet man in erster Linie für Raubfische, die sich bei ihrer Jagd nach dem Geruch richten; ferner für solche Fischarten, die sowohl nach dem Geruch als auch auf Sicht jagen. Zu den natürlichen Ködern gehören Fischfetzen, Filetstücke vom Fisch oder auch ganze Fische, zumeist als tote Köder, aber auch Garnelen, Krabben, Muscheln sowie Meeresschnecken. Würmer, besonders Watt- und Seeringelwürmer, sind nicht nur beliebte, sondern auch sehr erfolgreiche Köder. Natürliche Köder sollten dem Fisch so präsentiert werden, daß er sowohl vom Geruch derselben als auch von seinen Bewegungen angezogen wird. Der Köder muß so auf dem Haken befestigt sein, daß er noch bewegt werden kann; gleichzeitig muß der Haken so in ihm versteckt sein, daß der Fisch nicht argwöhnisch wird und den Köder annimmt.

Der natürliche Köder soll frisch sein. Je älter er ist, um so weniger ist er fängig. Nach und nach verliert sich im Salzwasser der Geruch des Köders, deshalb muß dieser öfter erneuert werden.

Makrele, Sardine und Hering verströmen einen durchdringenden Geruch, weshalb diese Fische in der ganzen Welt beliebte natürliche Köder sind. Garnelen und Krabben sind hervorragend für Fischarten geeignet, die ihre Nahrung auf dem Meeresgrund suchen und normalerweise sich von diesen, sowie von Muscheln und Krebsen ernähren. Tintenfische verwendet man in Streifen und Stücken oder auch als ganze Fische. Auch Muschelfleisch strömt einen intensiven Geruch aus. manchmal kann es jedoch schwierig sein, Muscheln am Haken anzubringen. Man kann sich helfen, indem man so etwas wie ein dichtes Haarnetz verwendet, um Muschelfleisch an einem größeren Haken zu befestigen. Hierzu formt man aus dem Muschelfleisch einen kleinen Ball, steckt das Ganze in ein solches Gebilde und hängt dieses dann an den Haken.

Das Angeln mit lebendem Köder kann, soweit es erlaubt ist, auch recht erfolgreich sein. So ein lebender Köder wirkt ja nicht nur durch seinen Anblick und Geruch auf den Raubfisch, sondern vor allem durch seine Bewegungen. In Meereszonen, wo Dorsch, Hai, Köhler, Wolfsbarsch und dem Thunfisch verwandte Arten rauben, kann sich der lebende Köderfisch als sehr fängig erweisen. Es gilt jedoch zu beachten, daß in Norwegen und anderen Ländern der lebende Köderfisch auch auf dem Meer nicht erlaubt ist.

Angelgerät-Zubehör und Haken

Schnüre, Ködersysteme und Haken sind das Bindeglied zwischen Angler und Fisch. Sie müssen sich in einem solchen Zustand befinden, daß sie sowohl den Belastungen des Meeresbodens, wie Felsen, Schotter, Wracks und anderen Hindernissen als auch den scharfen Zähnen von Raubfischen widerstehen. Als Vorfach für das Meeresangeln kann man eine Nylonschnur wählen oder auch eine einfädige oder mehrfädige Drahtlitze mit oder ohne Ummantelung. Für viele Fischarten ist ein Stahldrahtvorfach erforderlich, für die meisten genügt jedoch ein kräftiges Nylonvorfach.

Das Vorfach sollte einfach aber zuverlässig und fest, mit möglichst wenigen Knoten, eingeknüpft sein. Es muß so gestaltet sein, daß es ohne weiteres zu Grund gelassen werden kann, daß es fängig ist, sich nicht verheddert und den Fisch nicht daran hindert, den Köder zu schlucken. Im allgemeinen unter-

Ein Paternoster-System mit künstlichen Ködern.

Paternoster-System für natürliche Köder.

scheidet man beim Meeresangeln auf Grund und auch im Freiwasser zwischen dem Paternostersystem, der Driftschnur und der Grundangel.
Am häufigsten wird mit dem Paternostersystem geangelt. Es besteht aus einer Vorfachschnur mit einer Seitenschnur oder auch zwei eingeknüpften Seitenschnüren, an denen sich die Haken befinden. Dieses System eignet sich auch recht gut für künstliche Köder. Am Schnurende hängt ein schwerer Pilker oder Blinker, manchmal auch nur ein Grundblei. Als Beifänger werden Meeresfliegen, Jigs oder dergleichen verwendet. Wenn erforderlich, etwa beim Makrelenfang, werden Systeme genommen, die bis zu 5 solcher Beifänger haben. Da geschieht es dann oft, daß nicht nur Doubletten, sondern drei oder vier Fische auf einmal gehakt werden. Zum Einknüpfen der Seitenschnüre in das Vorfach oder die Hauptschnur macht man jeweils einen Blutknoten. Diese Seitenschnüre sind maximal bis zu 30 Zentimeter lang, zumeist aber so um 15 Zentimeter.
Die Driftschnur ist im Grunde genommen ebenfalls ein Paternostersystem, das allerdings horizontal durch das Wasser gezogen wird. In einer oder zwei Schlaufen werden die Köder eingehängt, mit denen man dicht über dem Meeresgrund angelt. Sowohl das eine als auch das andere System wird beim Angeln vom driftenden Boot verwendet.
Die Grundangeln setzt man am erfolgreichsten beim Angeln vom verankerten Boot ein und zwar, wenn man dicht über dem Grund, sei dies nun ein Wrack, eine Scharkante oder auch sandiger Boden, fischen will. Hier geht man auf Plattfisch, Rochen und Hai. Der Vorteil dieses Systems besteht darin, daß der Angler den unmittelbaren Kontakt mit dem Haken hat. Wenn ein Fisch den Grundköder aufnimmt, hat er die Chance, sich zurück zu bewegen oder davonzuschwimmen, ohne daß er den Widerstand des Bleis spürt. Daraus ergibt sich, daß dieses System sich vorzüglich zum Fang scheuer Fischarten eignet, nämlich solcher, die Zeit benötigen, um dem Geruch des Köders nachzugehen und mit demselben davonschwimmen, um ein Versteck aufzusuchen. Genau in dem Augenblick, wenn der Fisch sein Versteck aufsucht, muß der Anhieb erfolgen. Viele Arten, wie etwa Hai und Rochen, packen den Köder und schwimmen erst mal einige Meter davon, bevor sie ihn schlucken. Diese Fangmethode ist nur mit der Grundangel möglich, wenn die Schnur frei läuft. Wenn das Vorfach am Blei fest angebunden ist, könnte der Fisch durch den Widerstand mißtrauisch werden und den Köder wieder ausspucken.
Ausleger, in der Hauptsache für die Befestigung der Senkbleie, werden im wesentlichen aus Draht gefertigt. Mit ihrer Hilfe kann man recht gut den beköderten Haken freilaufend anbieten. Das wichtigste Zubehör für den Meeresangler ist jedoch der Wirbel, mit dem er die Hauptschnur mit dem Vorfach verbindet und ferner der Karabinerwinkel als Bindeglied zwischen der Hakenmontage und dem Vorfach oder auch zwischen der Hauptschnur und dem Senkblei.
Der Knoten zum Anknüpfen entspricht einem Blutknoten. Wenn die Haken-

Grundangel-System mit Ausleger, auch als Montage mit driftender Schnur einsetzbar.

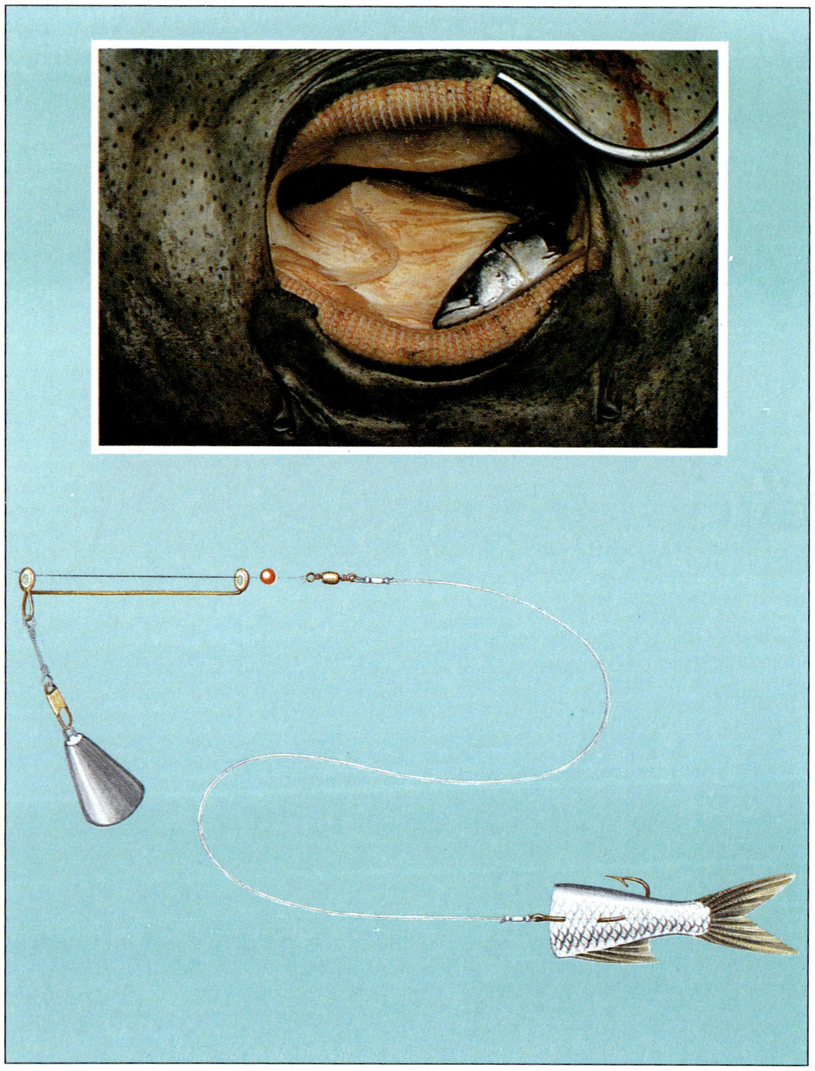

Für die verschiedenen Fischarten und Angelmethoden gibt es mehr als 20 000 Hakentypen. Mit der hier gezeigten Zusammenstellung kommt man lang aus.

Welchen Haken man immer auch auswählt, die Hauptsache ist, daß er genügend scharf ist, um auch in ein härteres Fischmaul eindringen zu können.

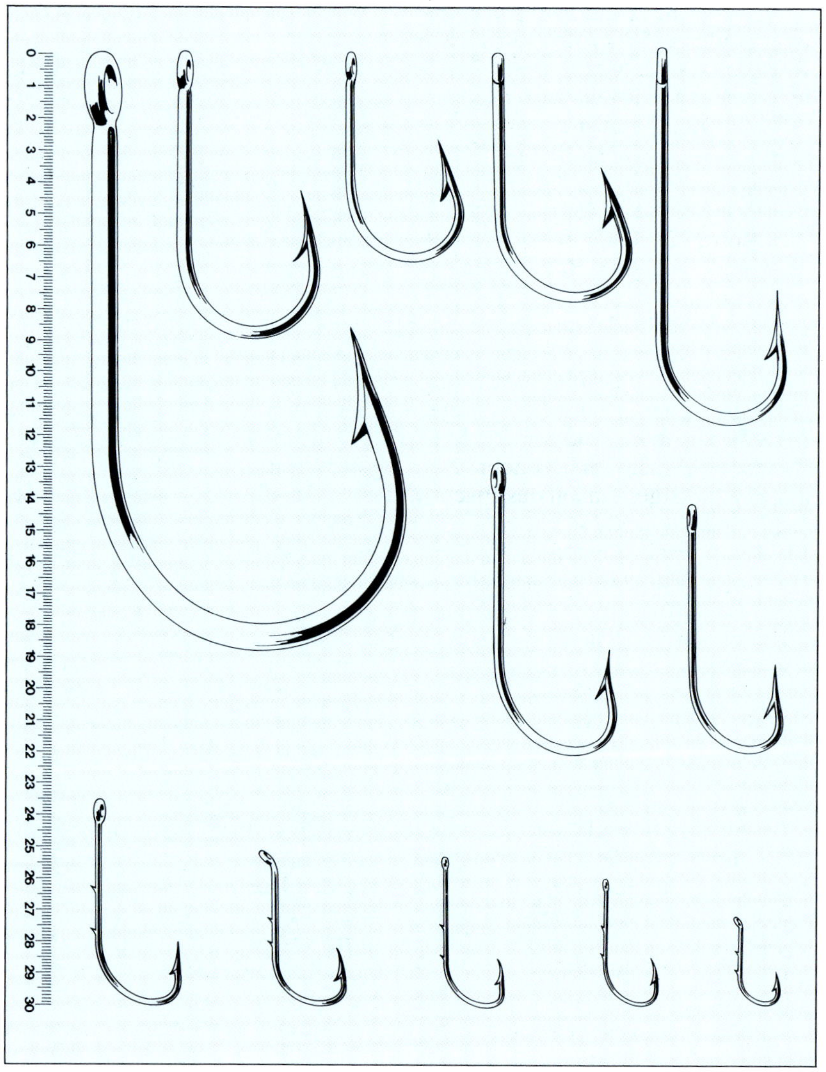

montage eine starke Vorfachschnur erfordert, etwa 1,0–1,5 Millimeter, sollte man zur Befestigung eine Drahtbuchse oder Muffe mit Hilfe einer Zange verwenden, denn, je stärker die Schnur ist, um so schwieriger ist es einen festen Knoten zu machen. Deshalb sind solche Drahtbuchsen, die zusammengeklemmt werden, oftmals die richtigen Verbindungsstücke für starke Hakenmontagen.
Stahldrahtvorfächer sind für manche Art des Meeresangelns unbedingt erforderlich. So ein Drahtvorfach widersteht nicht nur den scharfen Zähnen der Raubfische, sondern hält auch besser, wenn es über Felsen, Steinbrocken und andere Hindernisse am Meeresgrund gezogen wird. So ein Stahldrahtvorfach wird zumeist im Handel mit Buchsen an den Enden zu haben sein. Diese Buchsen stimmen in ihren Öffnungen mit der gewünschten Schnurstärke überein. Zum Festklemmen ist hierfür eine entsprechende Zange erforderlich.
Von Zeit zu Zeit wird es auch notwendig sein, spezielle Vorfächer zu verwenden. So werden zum Beispiel Pilker mit Stücken von Fetzenködern am Haken für solche nordischen Fischarten wie Dorsch, Heilbutt oder Seewolf verwendet. Es ist aber auch möglich, unterhalb des Pilkers noch ein Vorfach einzuhängen, wenn man zuvor den Drilling entfernt hat. In diesem Fall wirkt der Pilker wie ein natürlicher Kleinfisch, der zum Anbiß verleitet. Zugleich kann der größere Räuber dann leichter den unter dem Pilker hängenden natürlichen Köder packen.
Beifänger werden an Vorfächern beim Meeresangeln sehr viel verwendet. So ein Beifänger kann an jedem beliebigen Vorfach eingeknüpft werden. Das Ganze lohnt sich jedoch nur, wenn man von einem driftenden Boot aus angelt und in Meeresgewässern, in denen eine gute Strömung besteht oder bei windigem Wetter. Kleinere Beifänger verwendet man auch gern beim Angeln auf Plattfische. Dabei knüpft man auch kleine, farbige Perlen und Kugeln mit ein, die, wenn sie von den Fischen irrtümlich für winzige Schnecken oder Muscheln gehalten werden, sie dazu veranlassen, nach dem Naturköder auf dem Haken zu schnappen.
Beim modernen Meeresangeln ist der Kreuzwirbel nicht mehr so empfehlenswert, weil sich die Erkenntnis durchgesetzt hat, daß jede Öse desselben ja auch einen Knoten erfordert. Um einen Kreuzwirbel einzusetzen, muß man auch drei Knoten knüpfen, anstelle von einem oder zwei bei Verwendung anderer Wirbel. Ein Kreuzwirbel ist jedoch dann angebracht, wenn man beispielsweise über die Schnur eine Plastikröhre schiebt und diese auf die Öse steckt. So ein Röhrchen übernimmt dann die Funktion eines Auslegers und hält den Haken von der Hauptschnur in der erforderlichen Entfernung.
Für die einzelnen Angelmethoden und die verschiedenen Fischarten wurden eine ganze Reihe unterschiedlicher Hakensysteme entwickelt. Am bekanntesten in England ist der ,,O'Shaughnessy Haken'', der sicher sowohl in weiche als auch in harte Fischmäuler eindringt und den Fisch fest am Haken führt. Der ,,Beak Haken'' von Mustad hat eine leicht nach innen gebogene Spitze. Er eignet sich besonders für ein gutes Festhalten des Köders und für ein zuverlässiges Haken des Fisches. Langschenklige Haken, wie etwa der ,,Aberdeen'', sind für den Fang von Plattfischen besonders zu empfehlen. Der enge Hakenbogen erleichtert es dem Fisch sehr, den Köder zu schlucken. Dabei ist es zugleich einfach, den Haken wieder aus dem Fischmaul zu lösen.
Es ist absolut wichtig, den Haken immer scharf zu erhalten , damit er in die Kiefer eines Fisches eindringen kann. Doch auch der schärfste Haken nützt nichts, wenn die Knoten zu schwach oder beschädigt sind. Mit anderen Worten gesagt, die Ausrüstung für den Meeresangler ist dann perfekt, wenn sie absolut zuverlässig auch noch in ihren schwächsten Teilen ist.

Zubehör

Manchmal ist es recht schwierig, einen Fisch über eine längere Zeitspanne zu drillen, besonders bei schwerer See oder auf einem schlüpfrigen Deck. Dabei hilft dann ein spezielles Zubehör für den Hochseeangler: ein Rutenhaltegurt und ein Harness. Der Rutenhaltegurt besteht aus einer offenen Halterung, in welche das Rutenende eingesetzt wird, und aus einem Ledergurt, der es erlaubt, diese Halterung am Körper zu tragen. Der Zweck dieses Gurtes besteht darin, den Druck, der auf der gebogenen Rute lastet, auf eine größere Fläche zu übertragen. Der in der Halterung ruhende Rutenfuß macht dies möglich. Ein Harness ist ein ledernes Gurtgebilde, das über der Schulter getragen wird. Der Hochseeangler legt es besonders beim Fang großer Fische wie Hai und Thunfisch an. Das Harness wird nur bei Verwendung einer Multirolle für das Meeresfischen getragen. Vom Harness gehen nach vorn von beiden Schultern zwei Lederbänder mit Karabinerhaken aus. Diese werden in die dafür vorgesehenen Ösen an der Multirolle eingehängt. Mit Unterstützung eines solchen Rutenhaltegurtes und eines Harness kann der Angler allein Fische von 50–100 Kilogramm drillen.
Von großem Vorteil ist ferner, wenn man einen Gerätekasten dabei hat. In ihm lassen sich eine ganze Anzahl von Pilkern, Haken, Wirbeln, Kunstködern, Federfliegen, Makrelenlöffel, Hakensysteme und Zangen unterbringen. Größere Gerätekästen haben zudem noch Platz für Reservespulen und weitere Rollen.
Auf Charterbooten gehören Gaffs und große Landekescher zur normalen Ausrüstung. Wenn man jedoch mit dem eigenen Boot ausfährt, sollte man nie vergessen, entsprechende Landekescher und auch ein großes Gaff mitzunehmen. Für große und schwere Fische benötigt man ein Gaff mit langem Handteil. Wichtig ist ferner, ein Paar Lederhandschuhe dabei zu haben, um in die Schnur oder in das Vorfach fassen zu können, aber auch, um den Fisch mit an Bord heben zu können, sei es nun, damit er zurückgesetzt wird oder abgeschlagen werden soll.

Mit einem Rutenhaltegurt und einem Schulter-Harness läßt sich auch stehend ein großer Fisch drillen. Bei Verwendung eines Schulter-Harness muß die Rolle zwei Ösen haben, um die Karabinerhaken vom Harness einhängen zu können.

Rubby-Dubby
Die Bedingungen, die der Hochseeangler auf dem Meer vorfindet, sind recht unterschiedlich. Sie reichen von geschützten Buchten und Hafenanlagen bis zu künstlichen Riffen und der Weite der Ozeane, von Küstenstrichen mit großen Gezeitenunterschieden und Meeresströmungen bis zum Freiwasser, von sandigen und lehmigen Meeresböden bis zu Felsen- und Steinformationen.
Viele Fischarten, die auf natürliche Köder ansprechen, können auch an die Boote herangelockt werden, wenn man ihnen diese natürlichen Köder als Lockspur vorsetzt. Das kann einmal Makrelenmus sein, Heringsstücke, Sardinen oder ähnliche Fische oder auch andere Fischarten, die man zerkleinert außenbords anbietet.
Diese Methode, die als ,,Rubby-Dubby'' oder auch als ,,Chum'' bekannt ist, kann man auf vielfache Weise anwenden. Die bekannteste Art ist das Ausbringen einer Blutspur, die mit entsprechenden Fischresten für den Haifang im Wasser ausgelegt wird, um so Haie anzulocken und auf die eigentlichen Köder aufmerksam zu machen. Es ist auch möglich, von einem verankerten Boot diesen Chum außenbords zu werfen, damit das Zeug in die Tiefe absinkt oder man schüttet den Fischbrei in einen Behälter, den man am Ankerseil festmacht, um auf diese Weise Fische an die auf dem Meeresboden ausliegenden Köder heranzulocken. Chum wird sehr viel beim Angeln auf Thunfisch verwendet, wobei kleine, frische Fischstücke oder auch lebende Kleinfische außenbords geworfen werden, um mit ihnen den Thunfisch in Bootsnähe zu locken.
Chum wird für viele Fischarten verwendet. Plattfische werden zum Köder gelockt, indem man ihnen auf dem Meeresgrund in einem Behälter Hunde- oder Katzenfutter anbietet. Wenn man hin und wieder den Behälter schüttelt, wird eine ständige Duftspur gelegt, die den Plattfisch anlockt. Auf die gleiche Weise wird im Grunde genommen auch auf Aal geangelt und in großem Maße auch auf Dorsch und Leng. In südlichen Gewässern lockt man so Fischarten an, die dort ihre Nahrung auf dem Meeresgrund suchen. Mit Chum hat man aber auch hervorragende Fänge beim Angeln auf Conger, Leng und Muränen, die gemeinsam in Riffen und Felsspalten am Meeresgrund leben und nur herauskommen, wenn sie den Geruch von Nahrung verspüren.
Diese Anfüttermaterialien, die auf dem Meeresgrund angeboten werden, packt man am besten in einen alten Kartoffelsack, in ein großes Netz oder andere Behälter, die man für diesen Zweck herrichtet. Sie werden unter der Reling an der Wasserlinie eingehängt. Dabei gilt es darauf zu achten, daß die Duftspur gleichmäßig und ununterbrochen ausgelegt wird. Wenn man sie unterbricht, kann es geschehen, daß die Fische die Spur verlieren und damit auch den Köder nicht finden.

Anschlag, Drill und Landung
Der Fisch nimmt einen künstlichen oder natürlichen Köder weil er diesen als seine natürliche Beute ansieht. Deshalb ist ein Anschlag erforderlich, um den Fisch zu haken, bevor dieser seinen Irrtum bemerkt und den Köder wieder ausspuckt. Es gibt Fische, die sich selbst haken, bei anderen wieder ist ein rascher Anschlag erforderlich. Dies gilt vor allem für die Fische in tieferen Gewässern. Dabei muß die Angelrute zügig angehoben werden. Wichtig ist, daß die Schnur zum Fisch hin gestrafft ist. Das Einholen des Fisches beginnt mit Pumpbewegungen. Man muß sehr darauf achten, daß man den gleichen Biegegrad der Rute und den gleichen Druck während des ganzen Drills beibehält. Der Fisch muß die Möglichkeit haben, Schnur zu nehmen, wenn er plötzlich abtaucht. Die Rollenbremse muß entsprechend der Tragfähigkeit der Schnur eingestellt sein. Nach einer Weile gelingt es zumeist, den Fisch näher an das Boot heranzuführen. Wenn er an die Oberfläche kommt, wird er mit einem großen Landekescher oder einem Gaff an Bord geholt. Handelt es sich um einen kleineren Fisch, kann man ihn auch an der Schnur mit der Rute über die Reeling heben.
Angelt man mit natürlichem Köder, muß man dem Fisch Zeit lassen, den Köder zu schlucken, bevor man anschlägt. Viele Angler begehen den Fehler, daß sie anschlagen, sobald sie den Fisch spüren. Doch das ist zu früh. Für den Fisch ist es vollkommen unnatürlich, daß ihm der Köder aus dem Maul gerissen wird, wenn er gerade dabei ist, ihn zu kosten. Wenn man dem Fisch genügend Zeit läßt und vorsichtig mit ihm Kontakt aufnimmt, bevor man anschlägt, wird man sehr viel mehr Fische fangen.

Ein modernes Sportfischerboot muß eine Grundausstattung haben, um wirkungsvoll arbeiten zu können. Das wichtigste Instrument, um die Fische ausfindig zu machen, ist ein Sonargerät. Rechts ist zu sehen, wie ein graphisches Aufzeichnungsgerät auf dem Papierstreifen die Bodenstruktur aufzeichnet. Darunter ist erkennbar, wie der Meeresgrund tatsächlich aussieht und wo die Fische stehen. Ein Kompaß und ein Navigator sind ebenfalls wichtige Instrumente für die Navigation. Dazu gehören auch ein VHF oder AM/FM Seefahrts-Radio.

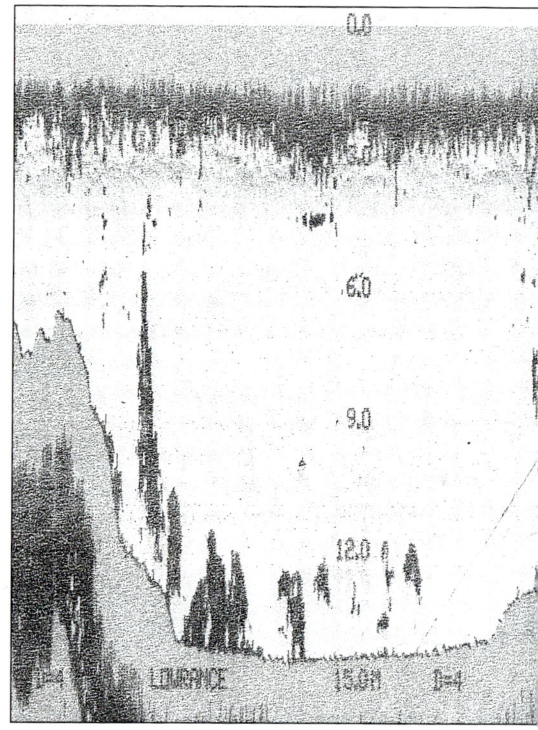

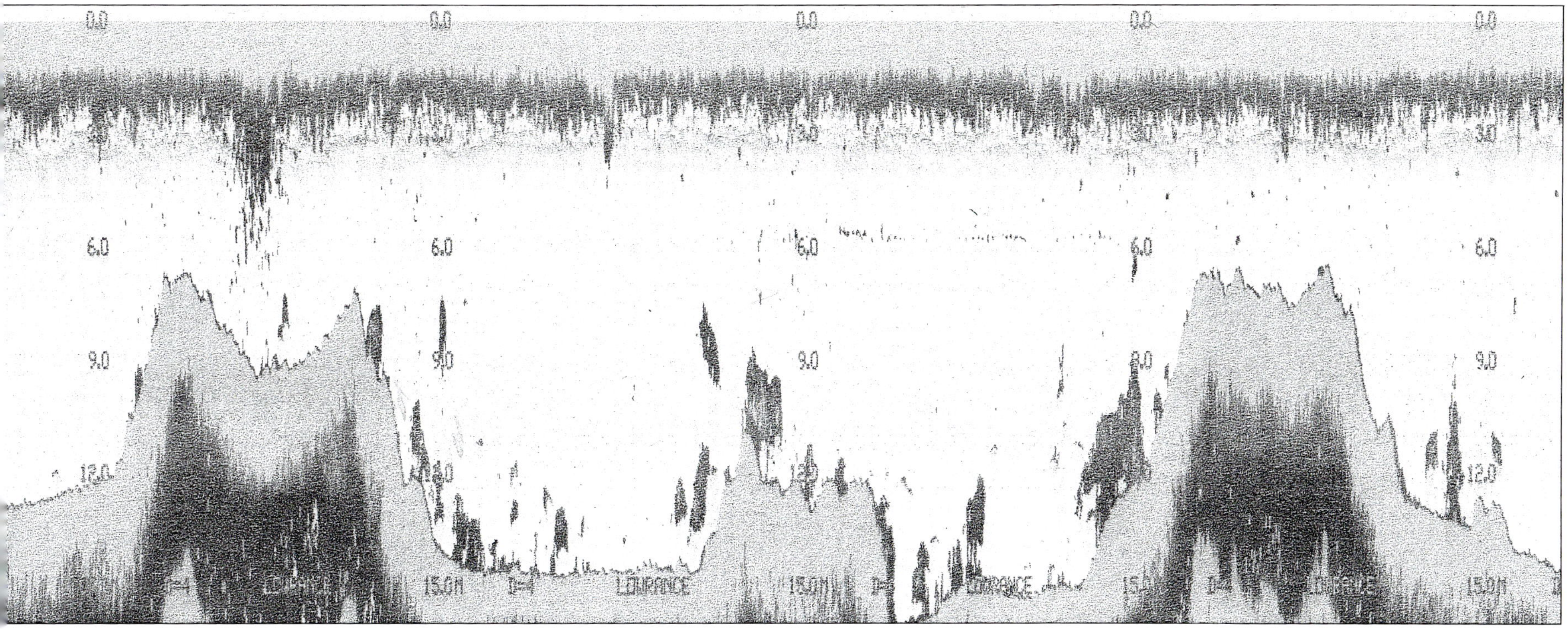
0.0
3.0
6.0
9.0
12.0
15.0 M
D-4
LOWRANCE

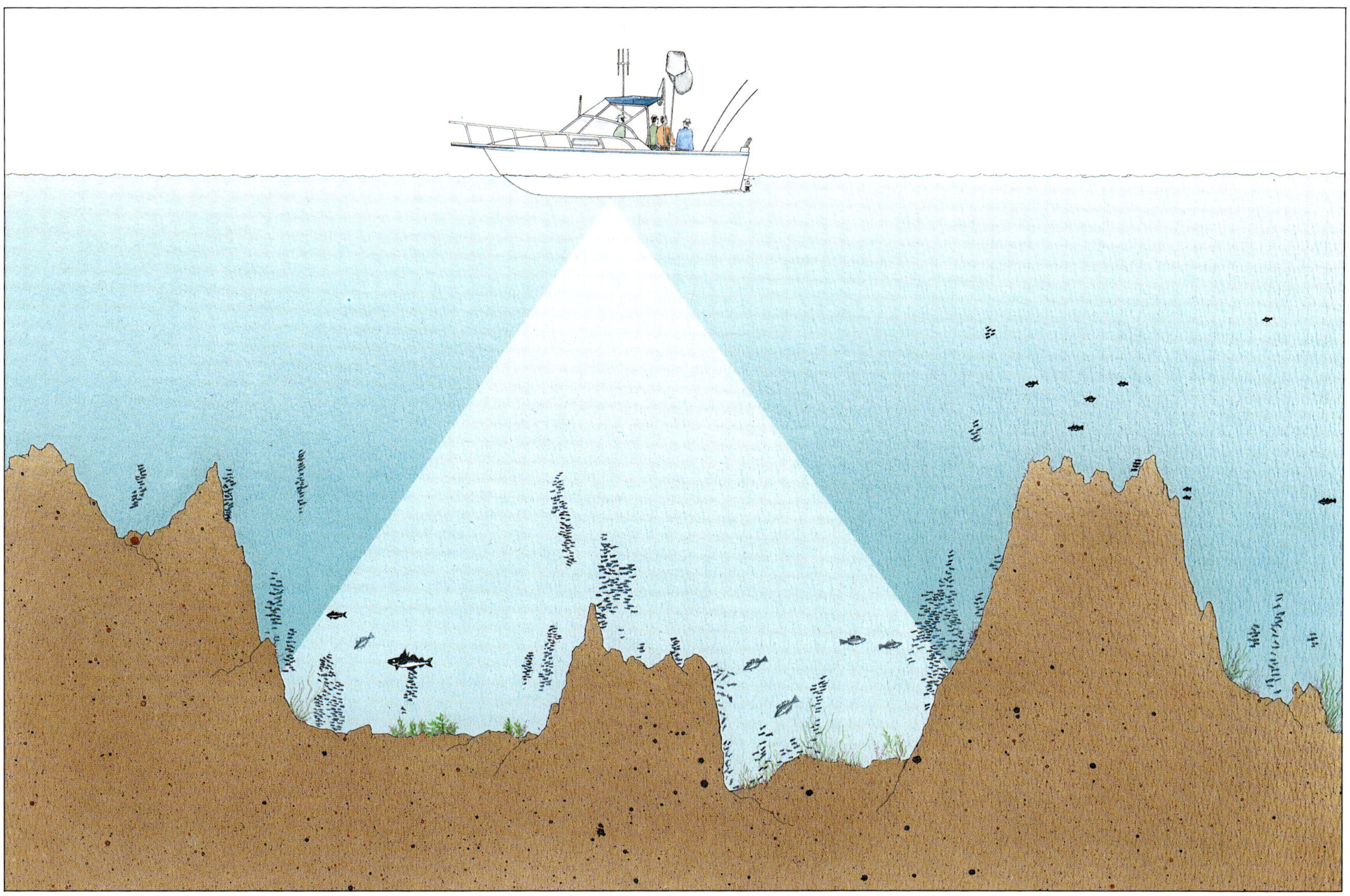

Die Fische – eine Herausforderung für den Meeresangler

Die Meere sind reich an Fischarten, von der Arktis und den gemäßigten Zonen bis zu den subtropischen und tropischen Regionen. Einige Fischarten wandern alljährlich über weite Entfernungen von ihren Nahrungsplätzen bis in die Laichgebiete. Doch vor allem anderen ist es die Wassertemperatur, welche die Lebensräume der Fische bestimmt. Die Bedingungen auf dem Meeresboden sind unterschiedlich, sie variieren von sandigem Grund bis zu Felsen und kieshaltigen Zonen. Für die meisten dieser Bodenformationen hat sich eine eigene Pflanzen- und Tierwelt entwickelt.
Von den Anglern wird nur ein sehr kleiner Teil der gesamten Wasserfläche der Meere beangelt. In erster Linie sind dies die küstennahen Bereiche. Ausgenommen hiervon ist die Schleppfischerei auf die in den südlichen Meeren lebenden und hohe Geschwindigkeiten entwickelnden Fischarten wie etwa Thunfisch, Marlin und Schwertfisch, die zumeist an der Oberfläche gefangen werden, über Tiefen, die manchmal mehr als einige Kilometer betragen.
Im Nord-Atlantik leben Fischarten, die für den Meeresangler besonders interessant sind: Dorsch, Köhler, Pollack, Plattfisch, Conger, Dornhai, Hundshai, Seewolf, Rochen, Leng und Makrele. Einige von diesen prächtig kämpfenden Fischarten sind auch in südlicheren Gewässern, wie etwa im Mittelmeer, anzutreffen. Es gibt unterschiedliche Dorschbestände in Küstennähe und in tieferen Gewässern, aber auch in Freiwasserzonen, wo sie schwarmweise Makrelen, kleinere Köhler, Heringe und andere Fischarten jagen. Der Dorsch nimmt sowohl künstliche als auch natürliche Köder an. Der Köhler wird vor allem im Freiwasserbereich gefangen. Die kleineren Fische treten auch in Küstennähe auf, sofern eine kräftige und gleichmäßige Strömung vorhanden ist, während die größeren Exemplare weiter draußen auf See oftmals im Mittelwasser jagen, in Zonen, in die der Angler selten gelangt.
Der Pollack hält sich dichter an der Küste auf und wandert auch nicht in dem Maße wie der Köhler. Auch er ist ein guter Kämpfer. Wie der Köhler beißt auch der Pollack geradezu verrückt auf künstliche Köder; natürliche Köder nimmt er nur selten an. Die Plattfischarten wie Kliesche, Flunder und Scholle trifft man in Flachwassern sowie in Buchten und Fjorden an. Dort werden sie mit leichtem Gerät und Würmern oder Fetzenködern gefangen. In tieferem Wasser lebt der Steinbutt. Der König des Atlantiks, der Heilbutt – ein naher Verwandter des pazifischen Heilbutts im Nord-Pazifik – war einstmals in großer Zahl vor den Küsten Norwegens, Schottlands, der Shetland-Inseln, Orkney-Inseln, der Faröer-Inseln und vor Grönland heimisch, doch er wurde durch die Berufsfischerei sehr dezimiert, insbesondere durch das Fischen mit langausliegenden Netzen. Er wächst zu Gewichten bis zu 300 Kilogramm ab. Heutzutage jedoch werden nur selten Heilbutts im Gewicht von mehr als 30–40 Kilogramm mit der Angel gefangen. Gelegentlich landen die Berufsfischerflotten noch Heilbutts im Gewicht von 50–100 Kilogramm an. Der Heilbutt beißt auf natürliche Köder oder auf Pilker mit natürlichem Köder.
Der Leng ist ein dorschartiger Fisch, der sich in tieferen Gewässern wohlfühlt. Seine Hauptgebiete sind die Küsten Englands und Irlands sowie die Nordsee. Kleinere Lengs kann man auch in flacheren Gewässern antreffen, während solche im Gewicht von 10–30 Kilogramm in Tiefen von 50–200 Meter gefangen werden. Wracks sind als Aufenthaltsorte beim Leng besonders beliebt. Hier können sie sich verstecken und finden auch gute Lebensbedingungen vor. In wärmeren Meereszonen, wie zum Beispiel im Golfstrom, lebt der Conger. Er fühlt sich in flachen und tieferen Gewässern gleichermaßen wohl, sofern er Felsen, Wrackteile oder steinigen Boden vorfindet, wo er sich verstecken kann. Er wächst zu Gewichten bis zu 100 Kilogramm ab. Der Angelrekord liegt über 50 Kilogramm, gefangen im Englischen Kanal, wo bekanntlich die schwersten Exemplare an den Haken gehen. Der Conger wird nur mit natürlichem Köder gefangen, oftmals vom verankerten Boot aus, da er seine Zeit braucht, um nach dem Geruch seine Beute zu finden. Der Seewolf tritt in der Arktis und in skandinavischen Gewässern auf, wo ihm gern nachgestellt wird. Er bevorzugt einen felsigen, steinigen Meeresboden und er lebt von Muscheln, die er mit seinen kräftigen Kiefern aufbricht. Es gibt von ihm drei Arten: den blauen, in tiefem Wasser lebenden, den gesprenkelten Seewolf, der insbesondere vor Grönland angetroffen wird, und den gestreiften Seewolf, den man in den skandinavischen Gewässern und in der Nordsee fängt. Der blaue Seewolf wiegt zumeist so um 40 Kilogramm, der gesprenkelte kommt auf 30–35 Kilogramm und der gestreifte Seewolf wiegt etwa 15 Kilogramm.
Unter den kleineren Fischarten finden wir den gesprenkelten Katzenhai, der in Mengen um England und Irland sowie im Mittelmeer anzutreffen ist. Er lebt gern auf sandigem Boden und nimmt dann oftmals den Köder an, wenn man auf andere Arten angelt. Der Dornhai ist gefräßig und bevorzugt natürliche Köder. Der Hundshai jagt in den gleichen Meereszonen. Oftmals wird er in flachen Gewässern beobachtet, aber auch an sandigen Stränden, mit nur wenigen Metern Wassertiefe ist er zu finden, sofern dort eine gute Strömung herrscht. Er kommt auf Gewichte von 30–40 Kilogramm und ist als guter Kämpfer an leichterem Gerät bekannt.
Die verschiedenen Rochenarten leben weitgestreut an einigen Küsten und in tieferem Wasser. Sehr häufig trifft man sie vor der Westküste Irlands an. Sie bevorzugen sandigen, lehmigen oder auch kieshaltigen Meeresboden. Die größten Rochenarten kommen auf Gewichte bis zu 100 Kilogramm. Ihnen wurde sowohl von den Anglern als auch von den Berufsfischern vielerorts sehr nachgestellt, so daß ihr Besatz drastisch zurückgegangen ist. Die britischen Inseln – England und Irland – sind bekannt für ihre guten Bestände an Rochen. Weitere große Rochenarten sind der Weißrochen (Raja lintea) und der Spitzrochen (Raja oxyrinchus). Unter den kleineren Rochenarten ist der bekannteste der Nagelrochen und einige weitere Arten, die selten über ein Gewicht von 10 Kilogramm kommen und zumeist nur in örtlich begrenzten Beständen angetroffen werden. Der Meerengel, er gehört zur Familie der Haie und Rochen, ist um England und Irland sowie im Mittelmeer anzutreffen. Hier lebt er in flacheren Gewässern. In einigen Buchten an der Westküste Irlands wächst der Meerengel zu beträchtlichen Exemplaren ab.
Viele der im Nord-Atlantik anzutreffenden Fischarten kommen auch in südlicheren Gewässern vor, in denen zudem noch weitere Arten die Möglichkeiten für den Meeresangler erhöhen. Sowohl Hornhecht als auch Makrele sind auf alle europäischen Meeresgebiete verteilt. Die spanische Makrele sieht genau so wie die nordische Makrele aus, während die Roßmakrele besonders im Freiwasser jagt. Der Seeteufel (Lophius piscatorius) ist ein Grundfisch, der sich seiner Umgebung sehr gut anpaßt. Ferner gibt es eine ganze Reihe von Riff- und Korallenfischen, von denen die Meerbrassen die bekanntesten sind. Zu diesen Arten zählen auch die Brachsenmakrele (Brama raii), sowie andere glänzende und rötliche Fischarten wie Graubarsch (Pagellus centrodontus), Rotbrassen (Pagellus erythrinus) und der Streifenbrassen (Spondyliosoma cantharus). Selten wiegen sie mehr als einige Kilogramm, sie sind jedoch am leichten Gerät gute Kämpfer. Der Muräne begegnet man an steinigen und felsenreichen Küstenregionen sowie in Unterwasserhöhlen, Spalten und anderen Bodenformen, in denen sie sich verstecken kann. In der Nähe steiniger Küsten findet man den Lippfisch und auf sandigem Grund, gleichfalls nah zur Küste, ist der Knurrhahn beheimatet. Alle Fische der südlichen Meere nehmen kleine Köder, Streifen oder Fetzenköder vom Fisch, manchmal auch farbige Federjigs oder weiche Plastik-Imitationen. Vor den Küsten Madeiras, der Kanarischen Inseln und der Azoren tauchen regelmäßig auch andere Fischarten auf, wie etwa der Amberfisch, der Rotbarsch und der Seehecht. Doch selbst in diesen Regionen wird man im allgemeinen jenen Fischarten begegnen, die eigentlich mehr den nördlichen Meeren zugeschrieben werden, wie der Makrele, dem Hundshai und anderen Arten, die in den südlichen Gewässern stärker aufkommen.
Andere Fischarten wiederum haben an der amerikanischen Ostküste wesentlich zur Entwicklung des Meeresangelns in Amerika beigetragen. Dorsch und Pollack sind, wie in Skandinavien, über felsenreichem Meeresboden sowie an Sandbänken und an Wracks anzutreffen. In tieferen Gewässern fängt man den Dorsch ebenfalls, das trifft im übrigen auch auf den Leng zu. Warme Meeresströmungen sind zudem der Grund, warum typische Warmwasser-Fischarten viel weiter nördlich an der Küste gefangen werden, als dies zum Beispiel auf denselben Breitengraden im östlichen Atlantik der Fall ist. Hierzu zählen unter anderen die Goldmakrele und die Streifenbrasse, die im Freiwasser vor den Küsten gefangen werden. Im Süden, vor den Küsten von Süd-Carolina und Florida, trifft man andere Fischarten an, vor allem Seehecht, Brachsenmakrele, Klippenbarsch und Schwarzbarsch.
An künstlichen Riffs, felsigen Stränden und über steinigem Grund fängt man verschiedene Arten der Meerbrasse, große Barsche und ganz zu schweigen

vom Amberfisch. All diese Fischarten leben in bestimmten Gewässerregionen, die ihnen besonders zusagen. Die außergewöhnlichsten Regionen sind zweifellos die sogenannten ,,Flats" – weite Flachwasser-Gebiete an den Küsten Süd-Floridas, vor Kay West, den Bahamas sowie vor mehreren Inseln in der Karibik und entlang der amerikanischen Golfküste. In diesen Gewässerregionen erlebt der passionierte Angler wahrscheinlich einige der aufregendsten Fischabenteuer, die er heute noch weltweit haben kann.

Der Hochseeangler hat viele Möglichkeiten zu einem guten Fang – doch naturgemäß trifft er auf unterschiedliche Fischarten, je nachdem, welches Klima, welche Bodenformation und Wassertemperatur er vorfindet. Gezeigt werden hier ein Heilbutt (unten links), ein kleiner Hai (Mitte) und ein Dorsch (rechts). Rechts oben ist ein Rochen zu sehen.

Die „Flats"

An den Flachküsten, den Flats, herrscht eine starke Strömung und die weiten Wasserflächen sind durchsetzt von Mangroven-Inseln. Meeräsche, Kalifornische Makrele, Tarpon, Barrakuda und Jägerfisch zählen zu jenen Arten, die in den Flats gefangen werden. Die Flats sind reich an Krabben, Garnelen und anderen Muschelarten, die alle zur Nahrung der Raubfische zählen. Das Wasser ist kristallklar und zumeist herrscht eine brütende Hitze. Oftmals kann man diese Fische als lange, dunkle Schatten ausmachen oder man erkennt ihre Standorte an den Rückenflossen, die aus dem Wasser ragen. Die Flats sind das Paradies der Angler in schmalen, kleinen Booten, die hier mit leichtem Gerät oder auch nur mit der Fliegenrute angeln.

Stellen Sie sich einmal selbst vor, Sie würden mit ihrem Boot nah an den Mangrovenbüschen oder in eine flache Bucht driften, wenn der Schatten eines 30–40 Kilogramm schweren Tarpons in einer Entfernung von 35 Metern vom Boot sichtbar wird. Dort ist er nicht mehr erreichbar. Sie lassen Ihr Boot näher herantreiben und sind vielleicht überzeugt, daß die Krabbe so nah genug plaziert werden und zu Boden sinken kann, daß sie in das Gesichtsfeld des Fisches gelangt. Oder es gelingt, einen buschigen Streamer so genau zu werfen, daß er nur wenige Zentimeter vor den Kiefern des Tarpons entfernt eintaucht. Urplötzlich dreht sich der Fisch zum Köder hin, öffnet und schließt seine Kiefer und spürt im selben Augenblick den Haken sowie den Widerstand der Schnur und Rute. Der Kampf beginnt. Vielleicht nur einige Sekunden oder auch 30 Sekunden lang explodiert förmlich das Wasser, danach folgt eine wilde Flucht, der kaum eine Rollenbremse widerstehen kann. Blitzschnell werden Hunderte von Metern Schnur abgezogen und trotz mächtiger Sprünge ist der Fisch fähig, seine Geschwindigkeit noch zu steigern. Der Angler hat keine allzu große Chance, sein Gerät unter Kontrolle zu halten. Neun von zehn gehakten Tarpons schlagen sich so wieder frei. Und es kann sein, daß Ihnen nur die Gelegenheit bleibt, für einige Minuten den Fisch am Haken zu erleben. Es gibt keinen Zweifel, ein Tarpon zählt zu der am meisten gewünschten Fischbeute, sei es nun, daß er mit künstlichem (Fliege, Blinker, Wobbler) oder mit natürlichem Köder gefangen wird.

Die Angelsaison ist für die einzelnen Fischarten unterschiedlich. Sehr stark wird der Erfolg beim Angeln von der Wassertemperatur, den Strömungsverhältnissen und den Mondphasen beeinflußt. Es ist unglaublich wichtig, zur rechten Zeit am richtigen Platz zu sein – in der Tat, diese genaue Abstimmung ist wichtiger als der beste Angelführer. In den Flats wird, abgesehen von einigen Monaten, das ganze Jahr über geangelt, denn diese Flats erstrecken sich ja immerhin entlang den Küsten von zwei Kontinenten.

Der Spinnfischer angelt auf einige Fischarten mit kleinen Wobblern, Blinkern, Löffeln, Jigs und Spinnern. In den meisten Fällen bringt jedoch das Angeln mit lebenden Ködern mehr Erfolg, so werden zum Beispiel kleine Krabben oder auch kleine Garnelen als Köder auf einen Einfachhaken gesteckt. Die Angelmethode ist einfach: Man wirft in die Richtung, aus welcher der Fisch erscheint, und läßt den Köder auf den Boden absinken, wo er in das Gesichtsfeld des Fisches gelangt. Dann läßt man dem Fisch Zeit, den Köder aufzunehmen und zu schlucken. Erst danach setzt man den Anschlag. Die Boote, die man für dieses Angeln benutzt, gehören zumeist örtlichen Anglern oder Angelführern, die, mit wenigen Ausnahmen, Spezialisten sind und sich sehr gut mit den Gewässern auskennen. Sie wissen auch, wo die Fische stehen. Deshalb befindet sich der Fremde bei ihnen zumeist in guten Händen.

Die meisten Tarpons werden vom driftenden oder still liegenden Boot aus gefangen. Am fängigsten sind natürliche Köder wie Krabben, kleine Meer-

Die „Flats“ werden mit kleinen Booten und leichtem Gerät beangelt. Manchmal werden künstliche Köder versucht, doch im allgemeinen angelt man mit natürlichen Ködern, wie Garnelen und Krabben. Fliegenfischer angeln mit Streamer-Fliegen.

äschen, Garnelen oder Salzwasser-Welse. Langsames Schleppen entlang der Golfküste von Florida ist besonders erfolgreich. Andererseits kann man sich mit dieser Methode im flachen Wasser natürlich nicht an die Fische heranpirschen, um sie dann mit einer Brandungsrute, Spinnrute oder auch Fliegenrute zu beangeln. Das Vorfach muß eine Tragfähigkeit von 10–20 Kilogramm haben. Haken werden im allgemeinen in der Größe 1/0–6/0 verwendet. Die Mehrzahl nimmt Haken der Größe 4/0.

Die Meeräsche, der graue Geist der Flats, ist keineswegs die geringste von allen Fischarten, die im küstennahen Flachwasser gefangen werden. Die Meeräsche gehört schon deshalb beim Angler zu den beliebten Fischen, weil er sie vor, während des Anbisses und beim Drill praktisch immer sehen kann. Sie lebt in den ausgedehnten, strömungsreichen Flats, von denen die Halbinsel Florida umgeben ist, aber auch vor vielen Inseln in der Karibik ist sie anzutreffen. Normalerweise kommt die Meeräsche mit auflaufender Flut in Küstennähe. Mit einer Polarisationsbrille kann man sie in dem klaren, flachen Wasser sehr gut ausmachen, allerdings ist der Fisch in diesen flachen Gewässern auch sehr nervös.

Die Meeräsche wird mit der Spinnrute gefangen, wobei man zumeist eine lebende Krabbe oder einen anderen Köder ihr dort vorsetzt, wo man sie bei der Nahrungsaufnahme beobachtet. Aufregender ist es jedoch, eine Meeräsche von mehr als 2,5 Kilogramm mit künstlichem Köder zu fangen, dies gilt ganz besonders für die Fliegenrute und an einem Streamer. Wenn eine Meeräsche zugepackt hat, schwimmt sie sofort in heftiger, atemberaubender Flucht davon, um in tieferem Wasser Schutz zu suchen. Wenn es dem Angler gelingt, den Fisch bei dieser ersten wilden Flucht zu halten, ist das Drillen und Anlanden der Meeräsche meistens nicht sehr schwierig. Als Speisefisch ist die Meeräsche weniger geeignet, wie der Tarpon wird sie deshalb von den amerikanischen Anglern häufig wieder zurückgesetzt.

Die Meeräsche tritt in ganzen Schulen auf. Für ihren Fang verwendet man Hakengröße 1/0 oder 2/0 an einer Monofilschnur aus Nylon, die eine Tragkraft von 5–10 Kilogramm haben sollte. Selten kommt die Meeräsche auf Gewichte von 4–5 Kilogramm, im Durchschnitt wiegt sie 1–2,5 Kilogramm. Im allgemeinen hängt man eine geringe Bleibeschwerung ein, um weite Würfe machen zu können. Denn eines ist in den Flats besonders wichtig, je weiter man werfen kann, um so mehr steigt die Chance auf einen guten Fang. Die kalifornische Makrele ist runder als die europäische und ein kräftig gebauter Fisch, der in den Flats steinigen, felsigen oder korallenartigen Grund bevorzugt. Auf ihrem Speiseplan stehen sowohl Garnelen als auch Krabben, manchmal auch versucht sie sich an Jigs. Der Rotbarsch ist bei auflaufender Flut in den wärmeren Gewässern der Flats saisonbedingt ebenfalls in großen Mengen anzutreffen.

Für diese Fischarten verwendet man ein kräftiges Nylonvorfach, jedoch kein Stahlvorfach. In den nur wenige Meter tiefen Flats kann man auch Anglererfahrungen mit dem Barrakuda und dem Atlantischen Ammenhai machen. Der Spinnfischer angelt auf den Barrakuda mit schlanken, langen Blinkern oder mit einer Montage, wobei er an einem Plastikröhrchen entweder einen oder zwei einfache Haken oder Drillinge beködert auswirft. So ein Röhrchen ist 20–30 Zentimeter lang. Der Barrakuda ist ebenso scheu wie andere Fischarten auch und reagiert verärgert auf ungenaue Würfe. Für ihn ist ein Stahlvorfach erforderlich, entweder einfädig oder aus mehreren Litzen gebunden, mit einer Länge von 20–30 Zentimetern. Der Ammenhai wird häufig mit natürlichen Ködern gefangen, gelegentlich nimmt er auch einen künstlichen Köder.

Fliegenfischen in den Flats

In den Flats kann ein Fliegenfischer seine Träume wahr machen. Ein Tarpon zieht innerhalb von Sekunden die Schnur von der Rolle. Die Meeräsche läßt eine Fliegenrolle surren, als wäre sie ein Bohrer in den höchsten Tönen beim

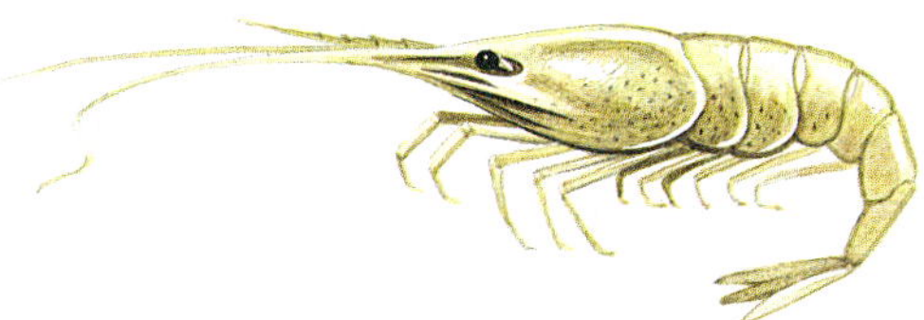

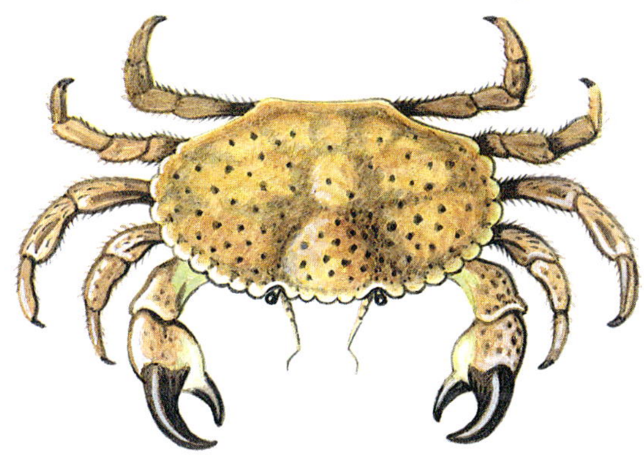

Für den Fliegenfischer sind die Flats ein Paradies. Es gibt nur wenige Angelreviere auf der Welt, in denen man mit der Fliege so große und wild kämpfende Fische fangen kann wie hier.

Zahnarzt. Die Flats sind für den Fliegenfischer tatsächlich ein echtes Paradies. Doch bekanntlich gibt es kein Paradies ohne Schlange. Für den Fliegenfischer bedeutet dies, daß er das beste und kräftigste Angelgerät benötigt, das zu bekommen ist. Exaktheit und Geschicklichkeit, hervorragendes Gerät, sichere Knoten und Verbindungen, das alles ist die Voraussetzung, um dort einen Fisch zu fangen. Ein guter Angelführer allein ist nicht ausreichend. Auch eine gehörige Portion Vorsicht, Schlauheit und Aufmerksamkeit sind wichtige Eigenschaften, die der Angler in den Flats haben muß. Grundsätzlich darf man keinen Wurf auf's Geratewohl machen, und es kann sein, daß man 5–15 Fische ausmacht, aber nur wenige davon an einem Tag wirklich drillen wird. Deshalb ist es so wichtig, daß die Würfe exakt ankommen. Es hat Rekordfänge gegeben, bei denen nur 5–10 Meter weit geworfen wurde, doch je weiter und genauer man werfen kann, um so höher steigen die Fangchancen.
Es gibt spezielle, salzwasserfeste Fliegenschnüre. Meeräschen im Gewicht von 1–5 Kilogramm können mit Fliegenschnüren der AFTMA-Klasse 6–9 gefangen werden, vorausgesetzt, auf der Rolle befindet sich eine Backline von etwa 200 Meter Länge und die Rolle ist mit einer justierbaren Bremse, am besten einer Hebelbremse, ausgerüstet. Geeignete Modelle hierfür sind Rollen von Marryat, Pflüger, Fin-Nor, Hary, Sunbeam oder Scientific Anglers. Ich bevorzuge eine „Pflüger Medalist", weil sie auch preislich eine der besten unter den Rollen für diese spezielle Art des Fliegenfischens ist.
Sehr viel schwieriger ist die Gerätezusammensetzung für den Fang des Tarpons. Hierbei wird man im allgemeinen größere Fische an den Haken bekommen, daher ist eine verhältnismäßig kurze und kräftige Rute erforderlich, die speziell für das Angeln auf Tarpon entwickelt wurde. Schnüre der Klassen 11–12 sind üblich, entweder mit einem entsprechenden „Shooting-Head" oder einer WF-Keulenschnur. Das ist eine kräftige Ausrüstung, aber man wird kaum Gelegenheit haben, damit viele Würfe an einem Tag zu machen. Kleinere Tarpons, so im Gewicht von 5–10 Kilogramm, kann man auch mit leichterem Gerät fangen. Fliegen der Größe 4/0 werden für das Angeln auf größere Fische eingeknüpft und entsprechend Fliegen der Größe 1/0 für die kleineren Fische. Das Fliegenvorfach sollte eine Tragkraft von 10–15 Kilogramm haben.
Meeräschen fängt man mit kleineren Fliegen, häufig nimmt man die Größe 1/0 oder sogar noch kleinere. Rosafarbene Garnelen-Imitationen sind sehr beliebt. Neue Bindematerialien bei der Herstellung von Fliegen haben jedoch die alten, üblichen Muster etwas in den Hintergrund treten lassen. Sehr gut gehen Fliegen mit Flügeln, die zweimal so lang wie der Hakenschenkel sind. Die Fliegen holt man mit Bewegungen ein, die jenen einer Garnele gleichen. Die kalifornische Makrele nimmt selten die Fliege. Doch wenn es geschieht, dann ohne Ankündigung und, obgleich sie sehr scheu ist, sind manchmal mehrere genaue Würfe erforderlich, bevor sie sich dazu verführen läßt, die Fliege zu schnappen und das Wasser explodiert. Barrakudas kann man mit großen Fliegen aus farbigem Material fangen, solches wie „Fishhair". Hierfür ist als Vorfach eine Klaviersaite von etwa 10–15 Zentimeter Länge erforderlich. Jägerfisch und Meerforelle sind immer bereit, eine Fliege anzunehmen.
Entlang der amerikanischen Ostküste erstrecken sich Flats mit Mangrovenbüschen, kristallklaren Lagunen und in tropischer Hitze. In diesen Flats trifft man auf andere Fischarten, die man ebenfalls mit der Fliege fangen kann. Hierzu gehören Gestreifter Barsch, Goldmakrele sowie Plattfische. Es ist jedoch bei diesem Fliegenfischen keineswegs nur die Frage, ob der Fisch auch die Fliege nimmt, sondern vielmehr, ob der Angler gut und ausdauernd genug ist, immer wieder mit der Fliege einen Fisch zum Anbiß zu verlocken, denn es handelt sich ja um Fische, die normalerweise mit anderen künstlichen oder natürlichen Ködern gefangen werden.

Hochseeangeln

Der Traum vom großen Fisch verfolgt alle Meeresangler. Ein Kampf mit dem Fisch über mehrere Stunden, die Überraschung, wenn man die gewaltige Kraft verspürt, mit der ein Fisch die Stille der Ozeane urplötzlich durchbricht und letztlich der geglückte Drill und die Landung – das sind einige der Gründe, warum ein Meeresangler die Großen der Meere zu fangen versucht. Es gibt ja wohl auch kaum andere Fische, die so mit mehreren hundert Kilogramm Muskelfleisch ausgestattet sind, den Köder packen und wie eine Lokomotive mit Höchstgeschwindigkeit davonschießen, zum Teil im Wasser, zum Teil mit gewaltigen Luftsprüngen, auf einem Kurs, den keiner von uns kennt.

Dieser Traum war es, der Angler gegen Ende des 19. Jahrhunderts verführte, als in den Vereinigten Staaten die ersten Tarpons und Thunfische an der Angel gefangen wurden. Nach heutigem Standard waren dies nicht einmal große Fische, doch damals wurden sie als wahre Monster angesehen. Schließlich wurden die Fänge immer größer und zu Beginn unseres Jahrhunderts wurde der erste Gestreifte Marlin gefangen. In den zwanziger Jahren fing der amerikanische Schriftsteller Zane Grey einen Marlin von mehr als 1000 englischen Pfund – und das war der große Durchbruch.

Um diese Zeit fing man auch die ersten Thunfische mit der Angel, nicht nur in amerikanischen Gewässern, sondern auch in der englischen Nordsee und vor Dänemark. Das Angeln auf Thunfisch breitete sich in den dreißiger Jahren sowohl in den Vereinigten Staaten als auch in Nordeuropa aus. Es wurde Angelgerät entwickelt, mit dem man die Giganten, die bis zu 380 Kilogramm schwer wurden, bezwingen konnte. Dann fing ein französischer Angler einen Thunfisch im Bosporus und in den vierziger Jahren wurde in Frankreich ein Thunfisch angelandet. Die Organisation der Meeresangler, die IGFA, die 1939 gegründet worden war, schuf ein Reglement für modernes Meeres- und Hochseeangeln. Strenge Regeln garantierten korrekte Rekordmeldungen. Einige Jahre später wurde Zane Greys großem Fang die Anerkennung wieder versagt, da sein Marlin beim Drill von Haien angegriffen und zerbissen worden war. So dauerte es schließlich noch bis zum Jahr 1952, als die IGFA einen Marlin von mehr als 1000 englischen Pfund als Rekord anerkennen konnte.

In den fünfziger und sechziger Jahren wurde das Hochseeangeln sehr populär. Das Gerät für die Hochseeangler machte mehrere Stufen der Entwicklung und Erneuerung durch. In Europa war es der französische Angler Pierre Clostemann, der sich unter den Meeresanglern ein hohes Ansehen erwarb. Ganz ohne Zweifel war er jahrelang der „Vater des Meeresangelns" in Frankreich. Er inspirierte Tausende dazu, sich dem Meeresangeln zu widmen, wie dies auch Michael Lerner zwischen den beiden Weltkriegen in den Vereinigten Staaten getan hatte. Nun wurden die hervorragenden Marlin-Fischgründe am Großen Barrier Riff vor der Küste Australiens erforscht, und der Australier Alfred Dean wurde weltweit berühmt, als er einen Weißen Hai im Gewicht von mehr als 1000 Kilogramm fing.

Die amerikanischen Angler schauten sich auch zusehends nach neuen Fanggebieten um – diese waren die Bahamas und Hawaii. Die Pioniere der euro-

päischen Meeresangler kamen in den sechziger Jahren auf die Kanarischen Inseln. Sehr rasch entwickelten sich diese zu einem Zentrum für das Hochseeangeln für Angler aus aller Welt. Bereits in den fünfziger Jahren wurde in England das erste Hai-Zentrum gegründet. Die Möglichkeiten, die Madeira bietet, wurden in den sechziger Jahren zur Kenntnis genommen; Anfang der achtziger Jahre begann man vor den Azoren mit dem Hochseeangeln auf Marlin. In der Zwischenzeit wurden Tausende von Rollen ihre Schnüre los, zerbrachen Ruten und es gab verlorene Kämpfe auf hoher See, aber auch Siege. Heute werden nahezu täglich neue Schnüre auf Meeresrollen gespult und neue Ruten für das Hochseeangeln werden überall auf der Welt hergestellt. Es gilt, die alten Monster und vielleicht noch größere in den Weiten der Ozeane ausfindig zu machen . . .

Das Boot

Angeln kann man von nahezu allen Bootstypen aus. Tatsächlich wurden einige große Fische sogar von Schlauchbooten und kleineren Motorbooten aus gefangen, Boote, die nicht länger als 4,5–5,5 Meter waren. Um jedoch die Sicherheit für Angler und Ausrüstung jederzeit zu garantieren und dem Hochseeangler einen entsprechenden Komfort zu bieten, wird heute auf hoher See von Booten aus geangelt, die 6–18 Meter lang sind. Diese Boote sind ausgestattet mit Auslegern, Rutenhalterungen, einem Kampfstuhl, fliegenden Gaffs, großen Keschern und oftmals sogar mit einem sogenannten Thunfischturm, einem Auslug. Ferner gehören zu solch einem Boot moderne Navigationsinstrumente und ein Meßgerät für die Wassertemperatur. Viele der Beutefische von Hochseeanglern lieben wärmeres Wasser, in welchem sie im Oberflächenwasser leben und jagen.
Es ist schwierig, den Unterschied zwischen gezieltem Hochseeangeln (Big-Game-Fishing) und dem Meeresangeln auf größere Fischarten zu erläutern. Letzteres schließt etwa das Angeln auf Heilbutt, Rochen und Hai von 30–40 Kilogramm aufwärts ein. Beim Big-Game-Fishing werden demgegenüber eine ganze Reihe von Fischarten als Beifang gelandet, wie etwa Wahoo, Königsdorsch, Goldmakrele und Barrakuda – wenngleich es möglich ist, das Angelgerät so auszulegen und zu beködern, daß die gewünschte Fischart gefangen wird.

Das Angelgerät

Der Meeresfisch ist im allgemeinen groß und schnell und hat eine ganz schöne Menge Wasser unter seinem Bauch. Unterschiede bestehen im Kampfwillen der einzelnen Fischarten. Der Drill dauert von einigen Minuten, etwa bei einem kleinen Blauhai, bis zu einem stundenlangen Ringen mit einem Thunfisch oder Marlin. Für das Big-Game-Fishing sind die Geräte der IGFA-Klassen von 15, 24, 37 und 60 Kilogramm erforderlich. Für den Fang von Marlin und dem gigantischen Blauflossen-Thunfisch wird ein Gerät von 37–60 Kilogramm benötigt. Kleinere Marline und Thunfische (Großaugen- und Gelbflossenthun) genauso wie Schwertfische werden mit Geräten der Klassen 24–37 Kilogramm gefangen, während für kleinere Haie, Thunfische, Schwertfische und gestreifte Marline Geräte von 15–25 Kilogramm genommen werden.
Die Hochseerute wurde speziell für dieses schwere Fischen entwickelt. Sie hat ein rostfreies Leichtmetall-Endstück, oftmals für die bessere Halterung kreuzweis eingekerbt, feste Rollenhalterung und Ringe mit laufenden Schnurröllchen der Marken Aftco, Mildrum oder Fin-Nor sowie andere. Ruten für das Schleppfischen sind kräftiger ausgebildet als jene für das übliche Meeresangeln über Grund. Die unterschiedlichen Traditionen zwischen dem Meeresangeln und dem sogenannten Big-Game-Fishing haben auch zur Entwicklung von Meeresruten geführt, die zwar dieselbe Klassifikation besitzen, jedoch nicht dieselbe Aktion oder den gleichen Biegeradius. Für das stehende Angeln im Boot werden in erster Linie Ruten nach dem kalifornischen Stil eingesetzt, die mit einem langen Vorgriff und einem längeren Endstück als die traditionellen Schleppruten ausgestattet sind.
Die Rollen sind massiv gestaltet und haben ein hohes Schnuraufnahmevermögen. Die Mehrzahl der Meeresangler bevorzugt Rollen mit Hebelbremse beim Schleppfischen, weil diese Bremse weicher und zuverlässiger arbeitet. Auf diese Weise ist die Rolle in der Lage, die hohe Belastung besser zu über-

Boote für das Big-Game-Fischen sind für alle Erfordernisse ausgerüstet. Sie haben Ausleger, Rutenhalter, Geräte zum Anlanden der Fische, einen „Thunturm" und erstklassige Navigationsinstrumente an Bord.

Oftmals ist ein Kampfstuhl erforderlich, um den langwährenden Drill mit einem der Großen der Meere zu bestehen und ihn an Bord zu bekommen. Beidseitig sind Schleppruten mit ihren Rollen in Aktion zu sehen.

Rollen, die beim Hochseeangeln eingesetzt werden, müssen sehr stabil gebaut sein und eine Schnuraufnahme-Kapazität von mehreren 100 Metern haben. Hier ist eine Multirolle mit Hebelbremse zu sehen.

stehen, die dadurch zustande kommt, daß die Giganten der Meere mit enormer Geschwindigkeit davonjagen und mit großer Heftigkeit versuchen, sich freizuschlagen. Unter den klassischen, mit einer Sternradbremse ausgestatteten Rollen, findet man auch die Penn Senator, während die bewährtesten Rollen mit Hebelbremse die Penn International, Fin-Nor, Everol, Gladiator, Mitchell, Daiwa Tournament und Shimano Triton sind. Mitchell, Daiwa und Shimano stellen auch Meeresrollen mit den traditionellen Sternradbremsen her.
Die Wahl der Angelschnur entspricht der jeweils zu verwendenden Schnurklasse. Zumeist greift man zu Nylon-Monofilschnüren. Fluoreszierende Schnüre erlauben eine bessere Kontrolle der Schnur im Wasser. Geflochtene oder geklöppelte Schnüre von Dacron werden noch immer von vielen Hochseeanglern bevorzugt. Auf modernen Booten werden sie jedoch nicht mehr so oft angeboten.

Angeltechniken und -methoden
Geangelt wird entweder von einem driftenden oder verankerten Boot aus. Hierzu nimmt man verschiedene Naturköder oder auch lebende Köderfische – besonders dann, wenn auf Fische geangelt wird, die ihre Nahrung auf dem Meeresgrund suchen, wie Hai, Thun- und Schwertfisch. Die bei weitem am meisten angewandte Methode beim Hochseeangeln ist das Schleppfischen auf eine große Zahl verschiedener Fischarten, bei dem künstliche oder natürliche Köder hinter dem Boot hergezogen werden.
Beim Angeln vom driftenden oder verankerten Boot wird üblicherweise Rubby-Dubby oder Chum ausgebracht. Dies geschieht vor allem, um die verschiedenen Haiarten anzulocken. Chum wird aus großen Stücken Fisch gemixt, zusätzlich wird dann oftmals noch mit lebendem Köderfisch geangelt. Auf diese Weise wird auch der Thunfisch an das Boot gelockt und damit an die beköderten Haken, die in unterschiedlicher Tiefe plaziert werden.
Für das Angeln auf Hai ist Chum ein ausgezeichneter Spurleger, wobei man gleichzeitig drei oder vier Köder in verschiedenen Tiefen anbietet kann – zum Beispiel, einen unmittelbar unter der Wasseroberfläche, einen zweiten in einer Tiefe von 10 oder 20 Metern und den dritten auf 50 Meter Tiefe. Die Fischstücke bilden gemeinsam mit dem Gemisch eine Duftspur im Wasser. Der Hai folgt ihr und gelangt so in Bootsnähe. Doch auch andere Fischarten, wie Goldmakrele, Bonito und Makrele, werden vom Rubby-Dubby angelockt. Die Köder für den Hai werden an Vorfächern in mehreren Tiefen ausgelegt, zumeist mit Hilfe einer Pose, wozu häufig Luftballons oder Plastikeimer genommen werden, die man in die Hauptschnur einhängt. Als Köder werden immer frische Fische verwendet und zwar Stücke von der Sardine bis zur Makrele oder auch Streifen vom Bonito oder von kleinen Thunfischen.
Das Schleppangeln ist eine sehr wirksame Methode, um eine weite Wasserfläche abzufischen. Dabei wird der künstliche Köder 20–50 Meter hinter dem Boot hergezogen, während das Boot eine durchschnittliche Geschwindigkeit von 5–12 Knoten beibehält. Die jeweilige Geschwindigkeit ist abhängig von der Fischart, auf die man angelt, von der Wassertemperatur und von den örtlichen Bodenverhältnissen. Die verlockende Wirkung, die vom Schleppangeln ausgeht, ergibt sich aus dem Zusammenhang zwischen der Vibration des Motors, der Schiffsschraube und dem aufgewühlten Kielwasser. All dies wirkt so, als wären Hunderte oder Tausende gejagte kleine Fische an der Wasseroberfläche unterwegs. Da viele Raubfische an der Oberfläche jagen, werden sie durch diese Vibrationen angelockt, noch bevor sie die Köder bemerkt haben, die hinter dem Boot hergezogen werden und auf welche sie sich dann sofort stürzen.
Es ist üblich, mit 3–6 ausgelegten Schnüren gleichzeitig zu schleppen. Beim Angeln auf Thunfisch verwendet man 4–5 Köder, beim Marlin nur 3–4. Dabei ist ebenfalls Norm, künstliche Köder als Lockfische mit auszubringen, die ohne Haken sind. Diese werden zwischen den anderen Ködern eingehängt, manchmal läßt man sie auch unmittelbar hinter dem Boot herlaufen. Diese Lockköder signalisieren dem Raubfisch eine leichte Beute und verführen ihn so rascher zum Angriff.
Viele Fischarten bevorzugen bestimmte Köder und Farben, aber auch die Geschwindigkeit beim Schleppen ist mit ausschlaggebend. Ebenso bestimmt die Länge der ausgelegten Schnur hinter dem Boot, ob und wann die Köder angenommen werden. Normalerweise wird das Hochseeangeln von einem gecharterten Boot oder privaten Boot aus durchgeführt. Bei letzterem sind zumeist die Skipper und die Besatzung begeisterte Meeresangler. Gehört man als Gast dazu, hat man eine prächtige Gelegenheit, nicht nur die Vor- und Zubereitung der Köder und Montagen zu beobachten, sondern vor allem auch von der reichen Erfahrung der Mannschaft zu lernen. Nicht zuletzt erfährt man so, welche Köder in einem bestimmten lokalen Bereich besonders fängig sind. Nichtsdestoweniger, der künstliche Köder muß möglichst geradlinig im Wasser laufen, wobei er kräftig Blasen aufwirft, den sogenannten „Rauch" macht. Wenn der künstliche Köder sich zu heftig bewegt – zum Beispiel bei stürmischem Wetter und hohen Wellen – oder wenn die Form und die Konstruktion des Köders sich als nicht geeignet erweist, so muß man diesen auswechseln.
Sehr viel wird auch mit natürlichen Ködern geangelt, mit montierten Meeräschen, kleinen Bonitos oder anderen festen Fischen. Allgemein gilt, daß vom Köder die Schleppgeschwindigkeit abhängt und daß die lokalen Verhältnisse entscheiden, ob man mit künstlichem oder natürlichem Köder angelt. Vielerorts ist es üblich, vor allem mit natürlichem Köder zu angeln, nicht nur, weil diese preiswerter als künstliche sind, sondern auch, weil sie sich grundsätzlich als fängiger erweisen. Manchmal wird auch mit lebenden Bonitos auf Marlin geangelt. Der Bonito wird sofort nach dem Fang an das System gehängt und ins Wasser zurückgesetzt, wobei das Boot höchstens mit einer Geschwindigkeit von 3–5 Knoten fährt und der Bonito so hinter dem Boot herschwimmt.
Das Auslegen der Schnüre und die gegenseitige Abstimmung der einzelnen Köder muß perfekt sein. Dies gilt auch für die Rollenbremse. Sie muß so justiert sein, daß der Fisch im selben Augenblick, wenn er in Freßgier zupackt, auch gehakt wird. Angelt man mit natürlichem totem oder leben-

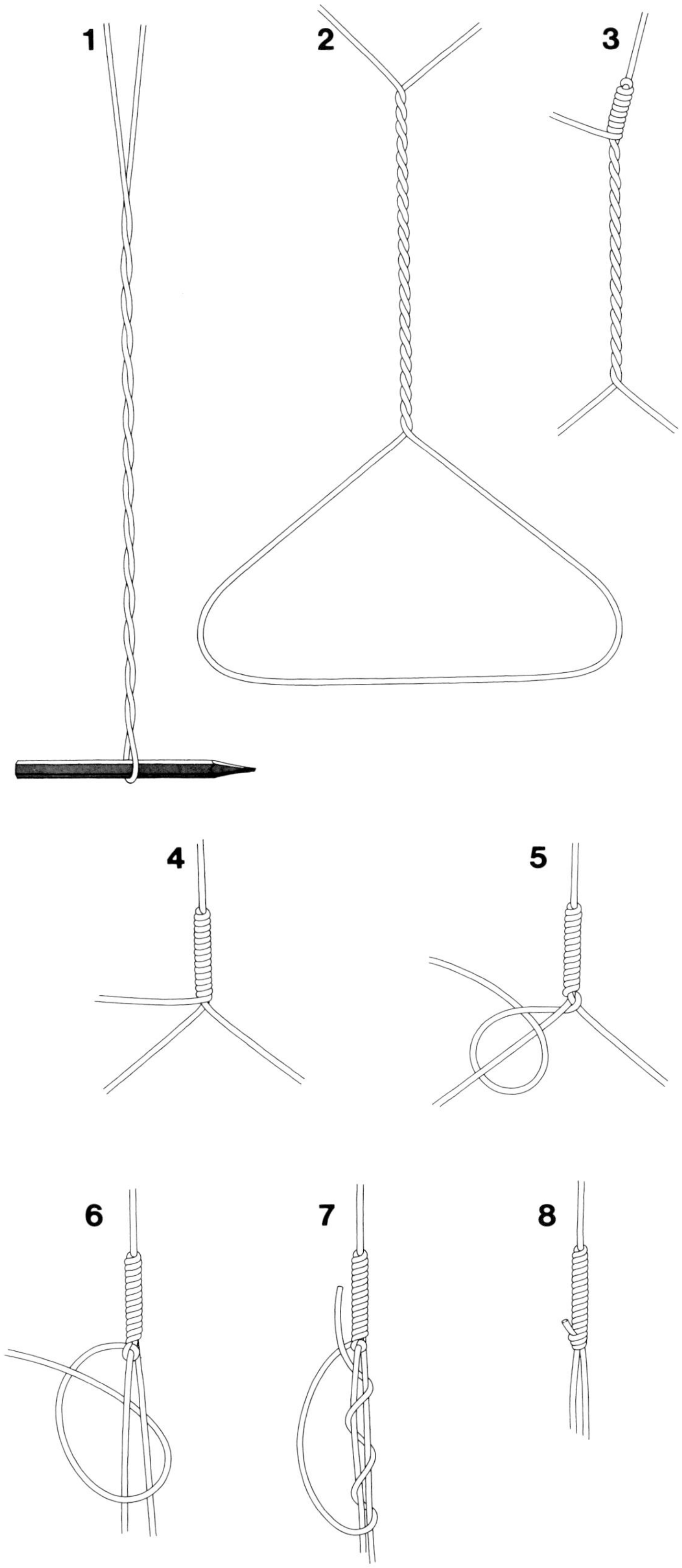

Der „Bimini-Knoten" ist der sicherste Knoten beim Big-Game-Fischen. Es ist schwierig, ihn zu binden, doch er ist außerordentlich haltbar.

dem Köder, dann muß die Bremse so fein eingestellt sein, daß der Fisch Schnur abziehen kann, wenn er den Köder nimmt. Der Fisch verschlingt den Köder auf der Stelle, erst danach darf der Anschlag gesetzt werden. Überall auf der Welt, wo das Hochseeangeln betrieben wird, liegt es letztlich am Geschick der Mannschaft und des Skippers, zu wissen, worauf es ankommt.

Köder und Montagen

Zum natürlichen Köder gehören Fischfetzen und -stücke sowie Fischstreifen ebenso wie ganze Fische – mit ihnen wird entweder vom driftenden oder verankerten Boot aus geangelt oder sie werden im Schlepp hinter dem Boot hergezogen. Zu den künstlichen Ködern zählen vom Pilker bis zum Jig alle Formen und Farben wie japanische Feder-Jigs, Schwarzkopf-Jigs, Glieder-Jigs, Weichplastik-Jigs und abgeplattete Pilker. Die Kunstköder haben – abgesehen vom Pilker – nur einen Kopf aus Metall oder anderem Material, zumeist mit einer Bleifüllung und einem Federkleid, das einen oder auch zwei Haken verhüllt. Will man an einem Wettbewerb entsprechend den Regeln der IGFA teilnehmen oder hofft man auf einen Rekordfisch, so darf bei Verwendung von Schnüren mit einer Tragkraft von 15–60 Kilogramm das Vorfach nicht länger als 9 Meter sein. Ein solches Vorfach darf eine Nylon-Monofilschnur sein, aber auch Stahldraht, ein- oder mehrfädig, ist erlaubt.
Auch die Verwendung einer Doppelschnur ist gestattet, diese darf jedoch in den IGFA-Klassen 15–60 Kilogramm ebenfalls die Länge von 9 Metern nicht überschreiten. Zusammengenommen dürfen Vorfach und Doppelschnur nicht länger als 12 Meter sein. Die Doppelschnur erhält ihren besonderen Wert am Ende eines Drills, wenn es mit dem Fisch an der Oberfläche einige kritische Augenblicke gibt und die Gefahr besteht, daß die Schnur zerrissen wird. Dann nämlich ist es der Doppelschnur zu verdanken, wenn man die ersten Windungen auf die Rolle bekommt und somit den Druck auf den Fisch erhöht.
Die IGFA hat weitere Regelungen für Vorfächer beim Big-Game-Fishing für die Klassen 3, 6 und 10 Kilogramm vorgesehen, doch nur wenige Angler fischen mit so leichtem Gerät auf die Großen der Meere.

Angeln auf Hai

Zur Gruppe der Haie, auf die geangelt wird, gehören unter anderen der Heringshai, der Blauhai, der Makohai und der Hammerhai. Diese sind weltweit am bekanntesten von allen Haiarten. Die meisten Haiarten verlassen sich bei der Jagd auf ihren Geruchssinn, der Mako- und Heringshai jedoch jagen auf Sicht.
Auf fast alle Haie kann man vom driftenden oder verankerten Boot aus angeln, wobei man die Fangchancen erhöht, wenn man Rubby-Dubby oder Chum außenbords bringt. Der Hammerhai wird auch beim Schleppfischen gefangen. Er beißt auf natürlichen, weniger dagegen auf künstlichen Köder. In manchen Meeresregionen ist es üblich, auf den Makohai mit künstlichen Ködern zu schleppen.
Für das Haiangeln ist ein Stahlvorfach erforderlich. Es kann aus einer mehrfädigen Litze mit einer Tragkraft von 100–400 Kilogramm bestehen oder aus einem kürzeren, etwa 90–180 Zentimeter langen, einfädigen Stahlvorfach, wie etwa einer Klaviersaite, mit einer Tragkraft von 50–100 Kilogramm. Die Vorteile des letzteren sind darin zu sehen, daß es preiswert ist, man es leicht auswechseln kann und daß es scharfen Zähnen gut widersteht. Manchmal werden vom Hai einzelne, dünne Litzen von einem mehrfädigen, dünnen Vorfach zerbissen, das ist jedoch bei einem kräftigen, einfädigen Vorfach nicht möglich.
Blauhai und Makohai sind Arten, die in wärmeren Gewässerregionen leben, wo sie in mittlerer Tiefe des Freiwassers ihrer Beute nachjagen. Im Gegensatz hierzu fühlt sich der Heringshai am wohlsten in den gemäßigten Zonen und manchmal sucht er sogar flachere Gewässer auf. Die meisten Rekordfänge beim Heringshai werden vor der englischen Südküste von Cornwall verzeichnet. Sein wichtigstes Verbreitungsgebiet sind die Meeresregionen um England und Irland, man begegnet ihm aber auch in den subtropischen Meereszonen des Nordatlantiks und an der Ostküste der Vereinigten Staaten.
Der Hammerhai wird sowohl weit von der Küste entfernt und dann oft in großen Exemplaren angetroffen als auch als kleinwüchsiger Hai in flacheren Gewässern. Hier raubt er gern vor felsiger Küste, an Schären und Riffen.

Auf Hai wird oftmals vom driftenden Boot aus geangelt. Eine wichtige Voraussetzung hierfür ist Chum und Rubby-Dubby, ein Netz oder Behälter mit kleingehakten Fischstücken, die außenbords eine Geruchs- und Geschmacksspur legen und so die Haie anlocken. Links ist so ein Netzbeutel mit Chum zu sehen, rechts oben die Montage mit einem toten Köderfisch. Das Foto unten rechts zeigt das Anlanden eines Makohais.

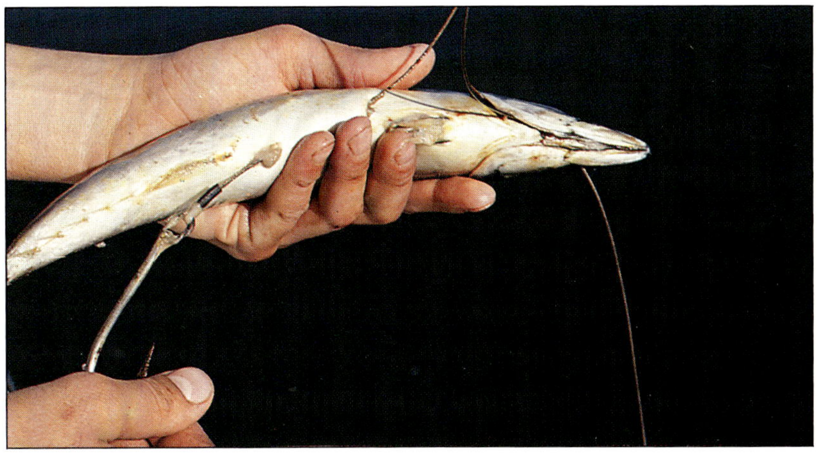

Unten: Schematische Darstellung des Angelns vom driftenden Boot aus. Auf der einen Seite des Bootes hängt ein Netzbeutel mit Chum im Wasser, um mit den Fischresten eine Lockspur für die Haie zu legen. Auf der dem Wind abgewandten Seite sind die Köder in unterschiedlichen Tiefen und mit Hilfe großer Posen (Luftballons) ausgelegt.

Thunfischfang

Es gibt eine ganze Reihe von Thunfischarten, die bekanntesten sind der Bonito, der Albacore, der Großaugen- und Gelbflossenthun, der Blauflossenthun und andere. Der Thunfisch ist ein ständiger Wanderer oder Jäger. Da er keine Luftblase hat, muß er vom Tag seiner Geburt an bis zu seinem Tod immer schwimmen. Im allgemeinen tritt der Thunfisch in ganzen Schulen auf, ausgenommen hiervon ist der Blauflossenthun, der die meiste Zeit über allein oder nur in Begleitung einiger Familienmitglieder durch die Meere zieht.

Der Thunfisch jagt im Oberwasser kleinere Fische, die er an die Oberfläche treibt. Sein Jagdrevier wird oft von tauchenden Möwen verraten. Unter solchen Umständen befindet sich der Thunfisch unablässig auf Jagd, wobei er sowohl künstliche als auch natürliche Köder packt. Über Grund, wo der Meeresboden steil abfällt und an anderen Bodenformationen, über denen der Thunfisch jagt, wird er auch im Tiefwasser, in Tiefen von 50–100 Meter, mit lebendem Köder gefangen. Auch Schleppfischen mit künstlichem Köder kann den Thunfisch so reizen, daß er ihn annimmt. Da der Thunfisch nur kleine Zähne hat, werden für seinen Fang nur Vorfächer aus Nylon-Monofilschnur verwendet, allerdings müssen diese eine Tragkraft von 50–200 Kilogramm haben. Für Thunfische, die 50–150 Kilogramm wiegen, sind Vorfächer mit einer Tragkraft von 100–150 Kilogramm am beliebtesten.

Angeln auf Marlin und Schwertfisch

Diese große Gruppe besteht aus dem Schwarzen Marlin, dem Blauen –, Weißen – und Gestreiften Marlin und den Schwertfischen. Diese Fischarten sind besonders in subtropischen und tropischen Meeren heimisch, aber auch in gemäßigten Zonen werden sie gefangen.

Die große Gruppe der Marline sind nicht nur außerordentlich kraftvolle Fische, sondern zugleich auch hervorragende Springer, wenn sie zum ersten Mal am Haken hängen.

All die verschiedenen Gruppen können mit lebendem Köder von einem drif-

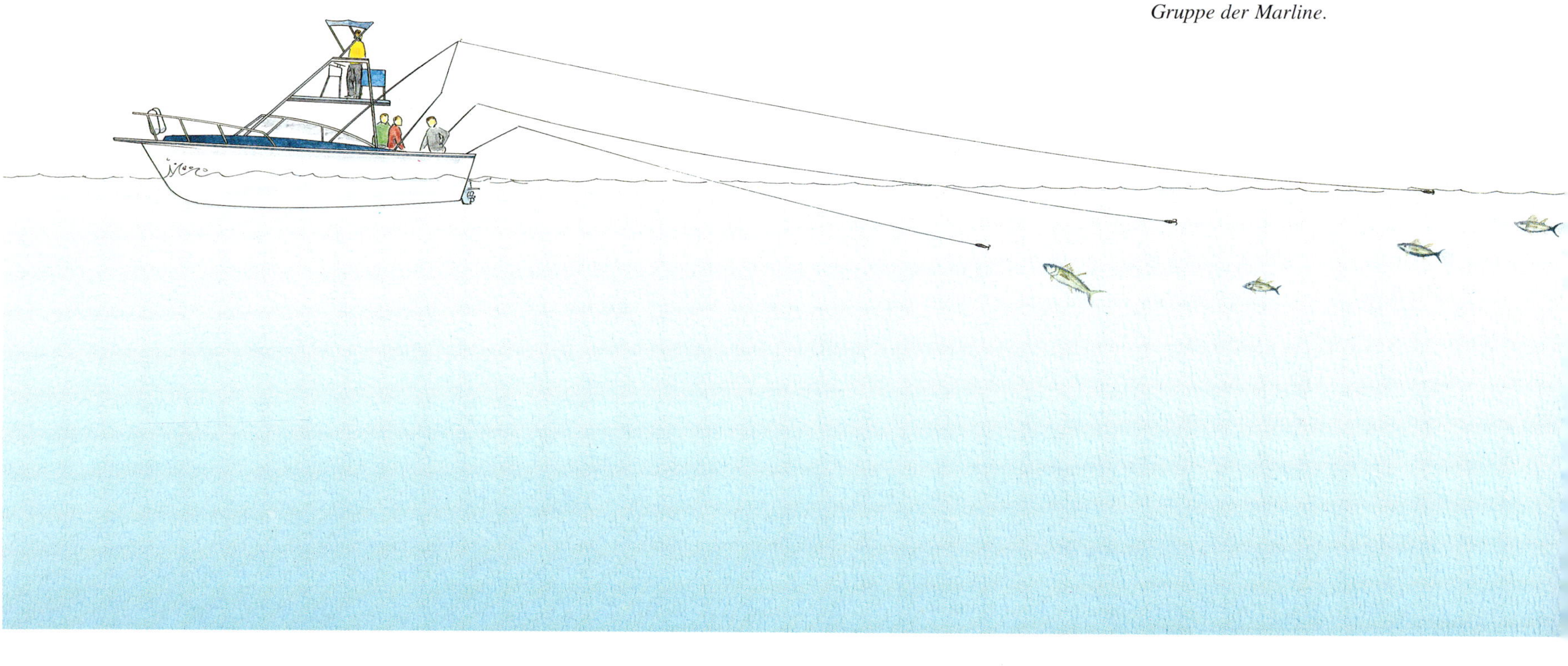

Schleppfischen mit künstlichen oder natürlichen Ködern ist die übliche Art, um einen Thunfisch zu fangen. Dies ist auch die am meisten Erfolg versprechende Methode für die große Gruppe der Marline.

tenden oder verankerten Boot aus gefangen werden, am häufigsten jedoch ist die Methode, sie mit künstlichem Köder im Schlepp zum Anbiß zu verlocken. Auf den Blauen – und Schwarzen Marlin wird im Schlepp mit totem, montiertem Köderfisch, wie Meeräsche, Makrele, Bonito, Goldmakrele oder kleinem Thun geangelt. Die künstlichen Köder sind im allgemeinen große Zöpfe, abgeplattete Pilker und dergleichen. Manchmal packt der Marlin in wahrer Freßgier auch kleinere Köder wie Jigs und Weichplastikkörper, die ansonsten nur für den Fang des Weißen Marlins oder Schwertfischs verwendet werden.

Der Gestreifte Marlin wird oft mit mittelgroßen Ködern gefangen. Der Weiße Marlin nimmt im allgemeinen gern kleine Jigs, Weichplastikköder oder montierte Fischstreifen. Es gibt auch einige Arten des Speerfisches, sie sind jedoch selten und werden nur gelegentlich gefangen.

Ein anderes Mitglied dieser großen Gruppe, der Schwertfisch, ist zwar mit großer Wahrscheinlichkeit in allen Ozeanen der Welt vertreten, aber doch an der Angel sehr viel schwieriger zu fangen als Marlin oder Segelfisch, da er in großen Tiefen lebt. In letzter Zeit ist es jedoch amerikanischen Hochseeanglern von New York bis Florida sowie vor der Südküste Kaliforniens gelungen, mit Hilfe neuer Fangtechniken solche Giganten im Schlepp zu fangen. Sie fuhren dabei in stillen, ruhigen Nächten weit draußen auf dem Meer. Manchmal kommen diese Schwertfische auch tagsüber an die Oberfläche. Man spricht dann von einem Fisch, der ein Sonnenbad nimmt. Da kann es dann geschehen, daß er auf einen Köder beißt, den man für einen Marlin ausgelegt hat. Dies passiert auch mit einer toten Makrele am System. Eine spezielle Methode, die von den Amerikanern angewandt wird, besteht darin, einen lebenden Naturköder weit dorthin zu werfen, wo ein Fisch ein Sonnenbad nimmt. Auf diese Weise wurden schon viele Fische gefangen.

Auf Schwertfisch wird am erfolgreichsten nachts in einer Tiefe von 40–100 Metern geangelt. Lebende oder tote Köderfische, zum Beispiel Tintenfische, letztere mit leuchtenden Chemikalien präpariert, werden dann angeboten. Man macht dies, weil der Schwertfisch offensichtlich nachts eine ungewöhnlich hohe Sehkraft hat und dann auf leuchtende Köder gut reagiert.

Der Segelfisch – erkennbar an seiner übergroßen Rückenflosse, dem Segel – wird normalerweise an Kunstködern gefangen, die an der Oberfläche wirbeln. Er beißt jedoch auch auf kleine Naturköder am System: ganze Fische oder Fischstreifen, die an einem Jig oder einem anderen kleinen Kunstköder eingehängt werden. Sowohl Marlin als auch der Segelfisch können dabei einem Köder Hunderte von Metern oder gar noch mehr folgen. Besonders der Segelfisch ist für diese Verhaltensweise bekannt. Dieses seltsame Benehmen macht es möglich, sie manchmal bis dicht an das Boot heranzulocken und so den Köder anzubieten, den sie besonders mögen. Gelegentlich klappt diese Taktik auch beim Marlin.

Alle Fische dieser Gruppe haben anstelle scharfer Zähne nur Reibezähne im schwertbewehrten Fischmaul. Woraus sich ergibt, daß für ihren Fang ein Stahlvorfach nicht erforderlich ist. Die Mehrzahl der Angler verwendet daher eine Nylon-Monofilschnur als Vorfach. Nur in Meeresregionen, in denen auch andere große Raubfische anzutreffen sind, wie etwa Wahoo, Barrakuda oder Makohai wird ein Stahlvorfach verwendet – zumeist sind dies Klaviersaiten. Die Tragkraft einer Nylon-Monofilschnur sollte für den Schwarzen – und Blauen Marlin zwischen 100 und 300 Kilogramm liegen. Für den Weißen Marlin und den Segelfisch genügen 50–100 Kilogramm.

Noch bis vor einigen Jahrzehnten wurden die Kunstköder für diese Raubfische nur mit einem Einfachhaken ausgerüstet. Das führte dazu, daß viele Bisse verloren gingen. Heutzutage hat man diese Kunstköder weiter entwickelt und anstelle eines Hakens ist es besser, zwei zu verwenden, wovon der eine frei hängt. Er wird mit einem Stahlvorfach, ein- oder mehrfädig, oder auch mit einer Nylonschnur angebunden, wobei darauf zu achten ist, daß dieser Haken die Bewegungen des Kunstköders im Wasser nicht nachteilig beeinflußt.

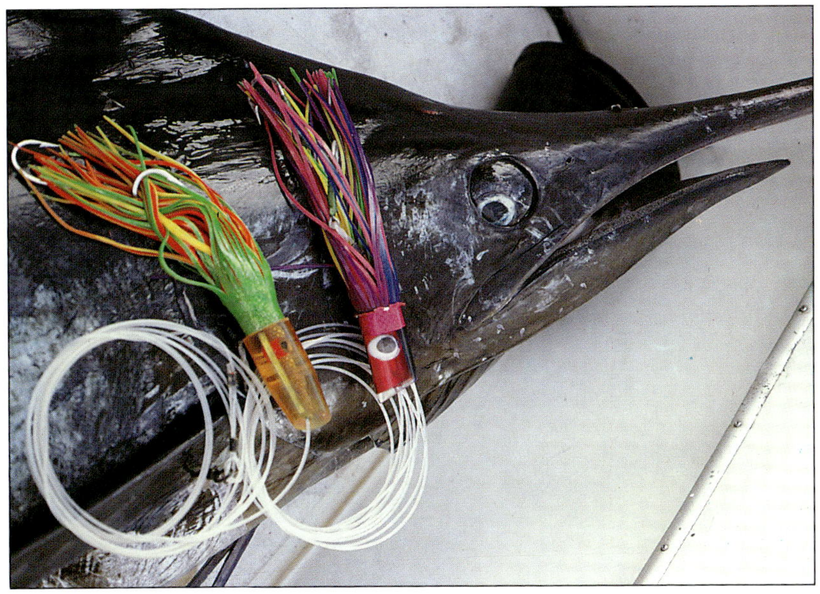

Links unten ist die Ködermontage mit einer toten Meeräsche zu sehen. Rechts unten werden einige Kunstköder (Zöpfe) für den Fang von Marlin und anderen Fischarten vorgestellt. Oben ist ein frisch gefangener Marlin mit jenen Kunstködern zu sehen, auf die er angebissen hat.

Andere Fischarten der Hochsee
Wenn immer zwei Hochseeangler in Amerika zusammenkommen, sofort geht die Diskussion darüber los, was wohl der aufregendste Sportfisch beim Meeresangeln ist. Einige sind der Ansicht, daß die Goldmakrele (Coryphaena hippuras) zu den beliebtesten Sportfischen zählt. Sie ist nicht nur wegen ihrer brillanten Farbgebung bekannt, sondern sie ist auch ein schneller und spektakulärer Springer und ein gewaltiger Kämpfer an jeder Art von Angel, besonders, wenn sie mit leichtem Wurfgerät gehakt wird.
Es ist einfach ein ungewöhnlich schöner Anblick, wenn man weit draußen auf dem Meer einen Schwarm Goldmakrelen entdeckt. Fährt man näher heran, so kann man die dunklen Schatten in der Tiefe des blauen Wassers ausmachen. Man braucht nur einen beliebigen Kunstköder hinabsinken zu lassen, sofort wird blitzartig der Anbiß erfolgen. Eine Goldmakrele schlägt wild und ohne zu Zögern zu, um sich unmittelbar danach mit einem gewaltigen Sprung in die Luft zu katapultieren.
Doch noch zahlreiche andere Fischarten bevölkern die Lagunen, Küstenstriche, Buchten, Flußmündungen und Flüsse, für deren Fang keine gepflegten Charterboote oder kostspieliges Angelgerät erforderlich sind.
In subtropischen und tropischen Gewässern kann man sein Petri Heil auch auf Königsmakrele, Wahoo und große Barrakudas versuchen. Der Wahoo wird als der schnellste Fisch der Welt angesehen. In küstennahen, flachen Gewässern besteht manchmal die Gelegenheit auf den Fang von Goldmakrele und andere Arten. Wenn sie anbeißen, muß man sie zunächst abziehen lassen, um sie dann heranzudrillen – all diese Fischarten sind hervorragende Kämpfer, wenn man sie am richtigen Gerät gehakt hat.

Ködernahme, Anschlag und Drill
Nach vielen Stunden an einem sonnigen Tag auf dem Meer wird die Stille urplötzlich von einem Marlin oder Thunfisch unterbrochen und die Rollenbremse beginnt zu kreischen. Das ist der Augenblick, in dem der Kampf beginnt. Die Mannschaft holt die anderen ausliegenden Schnüre ein und der Käpt'n manövriert das Boot in eine genaue Lage zwischen Angler und Fisch. Ohne Teamwork an Bord, ohne die hilfreichen, geschickten Hände der Mannschaft, wird auf hoher See kein Fisch gefangen. Vom Anbiß an bis zum Anlanden oder auch Zurücksetzen des Fanges, stehen sie dem Angler immer zur Seite. Ihre Geschicklichkeit ist es oftmals, die entscheidet, ob es ein erfolgreicher Angeltag wird.
Den Drill kleinerer Exemplare kann der Angler im Boot stehend bewältigen, wenn er sich hierzu ein Schulter-Harness umlegt und mit einem Gerät angelt, das der Klasse 15–24 Kilogramm entspricht. Das kann ein aufregendes Abenteuer sein, erfordert allerdings gutes Wetter. Für größere Fische ist der Kampfstuhl notwendig. Es gibt Meeresreviere, in denen zur Bedingung gemacht wird, daß der Fisch nach dem Fang wieder freiggeben wird. Dazu muß der Käpt'n das Boot dicht an den Fisch heranbugsieren, damit der Haken gelöst werden kann und der Fisch seine Freiheit zurück erhält. Wenn der Drill sehr lange gedauert hat, kann ein Fisch nicht überleben. Der Schlüssel zum erfolgreichen Fang liegt im gleichbleibenden Druck auf den Fisch, während das Gerät die harte Arbeit übernimmt und der Angler die Rollenbremse so geschickt betätigt, daß der Fisch ermüdet wird. Die genaue Kenntnis des Gerätes, der Angelkraft und der Tragkraft der Schnur sind hierfür erforderlich.

Registrierung von Rekordfängen
Die Registrierung von Rekordfängen ist für jedes Angelzentrum und den Käpt'n eines Bootes wichtig. Nicht zuletzt hängt es von solchen bekundeten Fängen ab, ob ein Angelrevier auf dem Meer als besonders empfehlenswert ausgewiesen wird. Die internationale Organisation der Meeresangler IGFA ist weltweit tätig, um solche Rekordfänge zu registrieren. Wird ein rekordverdächtiger Fisch eingebracht, so muß er nach dem Fang und Drill gewogen werden. Zudem ist zu prüfen, ob er den weiteren Regelungen und Bedingungen entspricht, die von der IGFA aufgestellt wurden. Anerkennungsformulare und Unterlagen können von der Organisation unter der folgenden Anschrift angefordert werden:
IGFA, 3000 East Las Olas Boulevard, Fort Lauderdale, Florida, 33316, U.S.A.
Sofern Sie ein Mitglied der IGFA sind und die Organisation unterstützen, tragen Sie hierdurch zur Entwicklung des modernen Hochseeangelns bei und leisten Ihren Beitrag zum Schutz und zur Erhaltung der Meeresfische weltweit.

Es kann Stundern dauern, bis ein Großer der Meere anbeißt – doch wenn es geschieht, muß alles bis ins kleinste Detail gut vorbereitet sein.

Eine gute Zusammenarbeit an Bord ist erforderlich, um den Fang erfolgreich abzuschließen.

Seevögel und Fische
Noch nicht einmal ein Prozent der gesamten Wasserfläche auf der Erde wird von Anglern aufgesucht. Die Fischgründe der Ozeane erscheinen jedermann unerschöpflich, wenn er einmal mit dem Boot auf die unendliche Weite des Meeres hinausgefahren ist. Es gibt Stunden, da kommt man aus dem Wundern darüber gar nicht heraus, ob es überhaupt möglich ist, auf dieser riesigen Wasserfläche einen Fisch zu fangen. Doch wenn der Käpt'n, die Mannschaft und der Angler selbst aufmerksam alle Signale beobachten, die den Standort von Fischen verraten, dann hat man gute Fangchancen.
Seefahrtskarten geben über den Meeresgrund und seine Beschaffenheit in Küstennähe Auskunft. Sie zeigen an, wo die Strömungen laufen und ob diese kaltes oder warmes Wasser und Nahrungsstoffe mit sich führen. Wenn alle Voraussetzungen stimmen, kann man normalerweise von guten Fängen ausgehen. Strudel und Wirbel verursachen zumeist gute Bedingungen, sei es nun in kaltem oder warmem Wasser, von denen die Fische angezogen werden. Sehr viele Fischarten bevorzugen wärmeres Wasser und moderne Boote sind normalerweise mit Geräten zur Messung der Wassertemperaturen ausgerüstet, denn schon ein geringer Unterschied in derselben kann darüber entscheiden, ob die Fische da sind oder nicht.
Von großer Bedeutung bei der Standortbestimmung der Fische sind die Möwen und andere Seevögel. Sie sind die Pfadfinder auf den Ozeanen, halten sie doch ständig Ausschau nach etwas Freßbarem. Es kann sein, daß der Ozean recht leer und einsam daliegt, doch in Wirklichkeit ist er voller Leben. Ganz unvermittelt erscheinen plötzlich die ersten Möwen, andere folgen ihnen und stürzen auf die Wasseroberfläche, um die kleinen Fische zu rauben, die von den großen Räubern aus der Tiefe nach oben gejagt werden. Diese Großen sind es, die uns Angler interessieren. Suchen Sie mit ihren Augen immer die weite Fläche der See ab und je mehr Augen dies tun, um

Der Traum von einem wirklich großen Fang hat sich erfüllt. Nun muß der Fisch nur noch an Bord gehievt, gewogen und eventuell als Rekordfisch der IGFA gemeldet werden.

so besser ist es. Der Käpt'n und seine Mannschaft sollten am besten die Augen von Habichten haben, wenn sie draußen auf dem Meer sind.

Seekrankheit und Wetterkleidung

Außer, daß die Fische verrückt spielen, ist das Schlimmste, was einem Angler widerfahren kann, die Seekrankheit. Um diese zu vermeiden, gibt es einige Regeln, die man beachten sollte, aber auch manch gute Medizin. Merken Sie sich die folgenden Ratschläge: Schlafen Sie gut aus, bevor Sie an Bord gehen. Vermeiden Sie ferner Alkohol, Kaffee und bittere Drinks, wie etwa Zitronenwasser. Trinken Sie statt dessen gesüßte Limonade. Essen Sie leichte Speisen, aber öfter. Nehmen Sie süße Früchte zu sich. Trachten Sie danach, von Zeit zu Zeit kräftig durchzuatmen und betätigen Sie sich an Bord. Vermeiden Sie den Geruch von Rauch und Diesel. Wenn die Seekrankheit einsetzt, versuchen Sie, etwas zu trinken. Tabletten gegen die Seekrankheit, vor der Ausfahrt eingenommen, können eine gute Wirkung tun. Man sollte jedoch vermeiden, Tabletten zu sich zu nehmen, die man noch nicht ausprobiert hat. Einige von ihnen haben nämlich Nebenwirkungen und können zum Beispiel zu Schwächeanfällen führen. Es ist schon passiert, daß Angler nach der Einnahme von solchen Tabletten so tief in Schlaf gesunken sind, daß Sie den ganzen Angelausflug versäumt haben. Wenn Sie daher schon bestimmte Tabletten gewöhnt sind, sollten Sie bei diesen bleiben.

Soweit es die Wetterkleidung angeht, empfehle ich in kälterem Klima Thermokleidung zu tragen. Anstelle eines dicken Pullovers, sollte man lieber mehrere dünne bei kaltem Wetter anziehen. Die Luft zwischen den einzelnen Pullovern isoliert und hält sie besser warm. Außerdem sollten Sie heiße Getränke, wie Suppe oder Tee sowie leicht verdauliche Nahrung dabei haben.

In südlichen Regionen ist es wichtig, sich gegen die Sonne und Hitze zu schützen. Sonnenbrille, Sonnenschutzöl mit einem hohen Sonnenfaktor sowie eine Mütze oder Kappe dürfen auf keinen Fall fehlen. Außerdem sollten Sie ein T-Shirt und eine leichte Jacke mit langen Ärmeln mitbringen, um die Arme vor Sonnenbrand zu schützen. In tropischen Zonen ist die beste Fischerkleidung ein luftiger, leichter „Pyjama", der den ganzen Körper vor der heißen Sonne schützt. Man sollte immer bedenken, daß die Sonnenstrahlung auf dem Meer zweimal so stark ist, wie auf dem Land, verursacht durch die Spiegelung des Wassers. Diese indirekte Strahlung ist recht hoch.

Fliegenfischen

Würde man das Fliegenfischen lediglich als eine sehr erfolgreiche Fischfang-Methode beschreiben, bliebe das Besondere an dieser Art zu fischen unberührt. Genauso vordergründig wäre es, im Fliegenfischen nur kühl den eleganten Sport zu sehen. Sicher ist die fließende Leichtigkeit gekonnten Werfens sportlich-elegant, sind die scheinbar schwerelos fliegenden Leinen ein ästhetischer Anblick. Aber die Idee, das tiefere Wesen des Fliegenfischens umfaßt viel mehr.
Fliegenfischen ist das natürlichste Fischen der Welt. Fischen, das aus der Naturbeobachtung lebt. Der Fliegenfischer beachtet die Vorgänge am Wasser sehr genau. So bekommt er Einblick in die hier geltenden Regeln und lernt mit ihnen umzugehen. Er baut auf jenes unschlagbare Phänomen, das überall in der Natur so weit entwickelt ist und in immer neuen Varianten gespielt wird: die Täuschung. Er betreibt eine sehr differenzierte Mimikri, indem er mit seinen ,,Fliegen'' Strukturen nachahmt, in denen die Fische die ihnen vertrauten Erscheinungsformen ihrer Beute erkennen. Sein Wissen über die natürlichen Zusammenhänge ist die Grundlage seines Erfolgs.
Wie tief die Wurzeln dieses Fischens in die Vergangenheit hinabreichen, läßt sich nur erahnen. Die ersten urtümlichen Ansätze, mit feder- und haarbeköderten, aus Knochen gefertigten Haken Fische zu fangen, sind uralt. Reichen sie zurück bis in die Anfänge des Hakenfischens überhaupt? Denn für jene Fliegenfischer im alten Macedonien, die Claudius Aelianus im 3. Jahrhundert nach der Zeitwende beschrieb, war der Umgang mit der Fliegenangel schon altvertraut. Bei ihnen hatte dieses Fischen seine elementare Zweckgebundenheit bereits überwunden.
Seither ist das Fliegenfischen als fester Bestandteil der Angelfischerei belegt. Als es dann 1496 im ,,Treatise on Fysshynge wyth an Angle'' der legendären Dame Juliana Berners aufscheint, hat es sich in England längst zur puren Lustfischerei gemausert, ist zum herrschaftlichen Sport geworden. Und immer wieder tauchen – sogar weit ältere – Zeugnisse über das Fischen mit der ,,Vederangel'' und seine Kultivierung auch im alten Mitteleuropa bruchstückhaft aus dem Nebel der Geschichte auf.
Generationen von Anglern haben sich mit wahrer Inbrunst dem Fischen mit der Fliegenrute verschrieben und haben über ihr Tun nachgedacht. Mit fast wissenschaftlichem Ernst gingen sie dem vielgestaltigen Leben an den Gewässern, forschten sie den Grundlagen ihrer Passion nach. Die fliegenfischereiliche Kultur unserer Tage ist die Summe einer Jahrhunderte währenden Begeisterung. Und mit seinem in zahllosen Publikationen niedergelegten Wissen, seinen feinsinnigen Naturschilderungen und bekenntnishaften Autobiographien verfügt das Fliegenfischen heute über ein einzigartiges Schrifttum.
Zweifellos erreichte das Fliegenfischen in Großbritannien seine erste Blüte. Von England gingen vor allem im vorigen Jahrhundert die großen Impulse aus und fruchteten in vielen Teilen der Welt. Englischer Stil beeinflußte das Fliegenfischen im alten Europa bis weit in dieses Jahrhundert. In Nordamerika verlief die Entwicklung stürmisch. In kaum hundert Jahren entstanden dort ganz eigenständige Stilrichtungen, die von unkonventionellem Denken, aber auch von Einflüssen der Landschaften und ihrer Flüsse geprägt sind. Dieser ,,American Way of Flyfishing'' wirkte seinerseits länger befruchtend auf das Fischen und Fliegenbinden in Europa zurück und beeinflußte die Entwicklung in vielen Ländern.
In Mitteleuropa kam das Fliegenfischen erst in den letzten Jahrzehnten überhaupt zum Durchbruch. In Skandinavien erlebt das Flygfiske gerade in diesem Jahrzehnt einen explosiven Boom. Doch nur in Westeuropa, in Frankreich, Großbritannien und Irland ist das Fliegenfischen heute im wahrsten Wortsinn populär. Auf den britischen Inseln nutzen zwei Millionen Angler jede Möglichkeit, vor allem auch im Stillwasser, um ihrem geliebten ,,Sport'' nachzugehen.
Die allermeisten europäischen Angler stehen dem Fliegenfischen allerdings noch immer sehr reserviert gegenüber. In Mitteleuropa, wo die Möglichkeiten durch die Bevölkerungsdichte, Flußverbauung und Gewässerverschmutzung ohnehin eingeschränkt sind, werden nicht einmal die Salmonidengewässer ausschließlich mit der Fliege befischt. Der eigentliche Grund dieser Zurückhaltung ist eine schier unüberwindliche Hemmschwelle, die den ,,Durchschnittsangler'' verunsichert: Fliegenfischen gilt allgemein als äußerst kompliziert und teuer! Wie konnte es zu dieser absurden Einstellung kommen?

Sicher steht dem Fliegenfischer vor allem der Nimbus im Wege, mit dem es von seinen Jüngern – weniger aus elitärem Denken, als einfach aus Enthusiasmus – seit jeher umgeben wird. Möglicherweise wird auch sein unerschöpfliches Schrifttum vollkommen falsch gedeutet: Eine Sache, über die es so viel zu sagen gibt, muß doch ungeheuer schwierig sein . . . Das wäre eine Ironie besonderer Art. Denn nichts kann den Einstieg ins Fliegenfischen einfacher machen, als diese einmalige Sammlung an fundiertem Wissen und praktischer Information.
Fliegenfischen heißt Schauen, Pirschen, Lauern. Es setzt die Tugenden des Jägers voraus: wache Sinne, Selbstbeherrschung und Reaktionsvermögen. Es ist aktives, kreatives Fischen, das alles bietet, was Fischen überhaupt bieten kann: Spannung, spielerische Bewegung beim Werfen, atemberau-

Das Fliegenfischen ist nicht nur leicht zu erlernen sondern auch ein sehr natürlicher Weg, sich dem Fisch mit Imitationen seiner eigenen Nahrung zu nähern – alle Insekten, die in oder am Wasser leben.

bende Drills. Es ist unmittelbarstes, intensivstes Naturerleben. Wen es packt, dem wird es zur Leidenschaft.

Fliegenfischen kann wie kaum eine andere Angelfischerei kultiviert, es kann als hohe Kunst betrieben werden. Aber seine Basis-Techniken und -Taktiken sind n i c h t schwerer zu erlernen als die anderer Angelmethoden auch! Um herzerfrischend fliegenzufischen braucht man weder besonders begabt, noch überdurchschnittlich begütert zu sein. Man braucht nur echtes Interesse an der Natur und einen Schuß Begeisterungsfähigkeit. Man muß eben wirklich Fischer sein, das ist es.

Modernes Fliegenfischen

Wer sich bisher nicht näher mit dem Fliegenfischen befaßt hat, wird überrascht sein, wie vielseitig das Fischen mit den fliegenden Leinen ist. Natürlich stehen die Salmoniden nach wie vor im Brennpunkt fliegenfischereilicher Techniken und Taktiken. Doch mit Naßfliegen, mit Trockenfliegen und mit Nymphen sind nicht etwa nur Forellen, Äschen, Saiblinge und Renken zu fangen, sondern viele andere Fischarten mehr. Setzt man dann noch Bucktails, Streamers und Muddlers in entsprechenden Größen ein, wird die Artenzahl noch um die eigentlichen Raubfische – insbesondere die Barschartigen und Hechte – erweitert.
Das Fischen auf Lachs – seit jeher klassische Domäne – soll hier nicht einbezogen, sondern entsprechend seiner Bedeutung für sich behandelt werden. Auch das vor allem an den amerikanischen Küsten populäre Salzwasser-Fliegenfischen auf Meeresfische ist ein ganz spezieller Bereich.
Hier soll im weiteren das Fischen mit Naßfliegen, Trockenfliegen, Nymphen und das Streamerfischen interessieren. Die Einteilung nach diesen vier Fliegengrundtypen hat sich allgemein eingebürgert, ist aber etwas willkürlich. Denn obwohl sie ziemlich klar zu unterscheiden sind, kommen doch bei manchen Mustern gewisse Überschneidungen vor. Übrigens auch bei den Techniken, mit denen sie gefischt werden. Über diese Dinge wird unter Fliegenfischern mit wahrer Leidenschaft diskutiert. Vor allem, wenn es um die Definition des ,,Fliegenfischens'' an sich geht.
In ihrer Begeisterung neigen nämlich viele dazu, das Fliegenfischen doch etwas einseitig zu interpretieren: ,,Flyfishing'', so argumentieren sie, sei das Fischen mit Insekten-Imitationen. Die Nachbildungen anderer wichtiger Beuteobjekte der Fische, wie Kleinfischchen (Minnows), Lurche, Egel oder große Fantasiemuster seien keine Fliegen, sondern ,,Lures'' und das Fischen mit solch großen Mustern sei kein Fliegenfischen mehr.
Wenn auch die Insekten, d. h. die Wasserinsekten, sicherlich erst zur Entwicklung des Fliegenfischens geführt haben und ihre Bedeutung auch heute noch absolut vorrangig ist, ist dem Streamerfischen der Rang echten Fliegenfischens keineswegs abzusprechen. Zunächst einmal ist die Größe der Muster kein Kriterium. Größengerechte Imitationen z. B. von Steinfliegen-Nymphen der europäischen Dinocras- oder Perlodes-Arten oder gar der riesigen ,,Hellgrammites'' (Corydalis spp.) aus dem amerikanischen Westen sind größer als so mancher Streamer. Naßfliegen-Muster von Steinfliegen sind übrigens richtige Klassiker, denn sie werden bereits bei Juliana Berners (1496) erwähnt. Bei der Definition unserer Fliegen geht es jedoch um ganz etwas anderes.
Vergleicht man nämlich die vielen so grundverschiedenen Fliegentypen – von der winzigen Midge bis zum großvolumigen Hechtstreamer – miteinander, wird ihr gemeinsamer Grundcharakter deutlich. Alle echten Fliegenmuster sind sich in ihren beiden wesentlichen Eigenschaften gleich: Sie sind lediglich auf optische Reize hin aufgebaut und wirken durch ihre Silhouette, Farbe, Bewegung (Spiel). Zum zweiten sind sie so leicht, daß man sie nur mit einer besonderen Fliegenschnur und einer dafür ausgelegten Rute werfen kann.
Mit dieser Definition lassen sich nun auch solche Köder sicher ausgrenzen, denen diese Charakteristika von Anfang an fehlten. Oder ,,Fliegen'' bei denen diese Eigenschaften auf dem Altar der Erfolgsoptimierung geopfert wurden. Gemeint sind mit Feder und Haar kaschierte, stark beschwerte Jigs, ,,Grundbolzer'', die man genausogut mit leichtem Spinngerät fischen könnte. Wer solche ,,Fliegen'' an eigentlichem Fliegengerät fischt, verstößt zumindest gegen den guten Geschmack. Nüchtern betrachtet, ist dieses Angeln genausowenig Fliegenfischen, wie die Darbietung von Fliegen mit der ,,Wasserkugel'', an der ,,Hegene'', am ,,Tiroler Hölzl'' oder gar am ,,Otter''.
Beim Fliegenfischen wird die federleichte Fliege mit Hilfe des Leinengewichts geworfen. Die Darbietung solcher Fliegen mit ,,Fliegenschnur und Fliegenrute'' ist es, was das Fliegenfischen ausmacht. Nichts sonst!
Vielleicht sollte man das moderne Fliegenfischen deshalb besser ,,Flyline-fishing'' nennen, mit Bezug auf die ,,fliegende Schnur'' – wie es bereits in der älteren (verpönten) deutschsprachigen Bezeichnung ,,Flugangeln'' und ,,Flugschnur'' anklingt.

Mit der Naßfliege

Das Fischen mit Naßfliegen ist die älteste Form des Fliegenfischens überhaupt. Bevor die ersten Angler tastend versuchten, ihre Fliegen trocken zu fischen, d. h. auf der Wasseroberfläche schwimmend, war die naß gefischte Fliege gang und gäbe. Es sind so viele alte Muster überliefert, daß die Kollektion von Ronalds aus seinem Buch ,,Fly Fisher's Entomologie'' (1836) fast schon modern anmutet. Von ihrer Wirkung her haben diese alten englischen Fliegenmuster bis heute nichts eingebüßt. Und nicht wenigen Zeitgenossen diesseits und jenseits des Atlantik ist es ein besonderes Vergnügen, heute noch diese Klassiker zu fischen.
Naßfischen ist interessant und effektvoll. Kein Wunder, decken doch die Salmoniden der allermeisten Gewässer ihren Nahrungsbedarf zu 80% unter der Wasseroberfläche. Viele Cypriniden nehmen sogar nur unter dem Wasserspiegel Nahrung auf. Inzwischen hat das modernere Nymphenfischen in Kontinentaleuropa und in Nordamerika den alten, bewährten Naßfliegentechniken den Rang abgelaufen. Doch auf den britischen Inseln und in Irland ist die Naßfliege speziell beim Lough-Fishing unverändert populär.
Mit Naßfliegen-Mustern versuchten Fliegenfischer seit jeher, die unterschiedlichen Stadien der verschiedenen Wasserinsekten und auch Krebstierchen nachzuahmen. Sehr attraktiv sind weich und spärlich behechelte Muster, die im Wasser spielen und lebendig wirken. Am erfolgreichsten fischen solche Fliegen, die in ihrer Erscheinung und Größe der jeweils aktuellen Fischnahrung am besten entsprechen. Es gibt viele recht unscheinbare Allround-Typen, die stets einen Versuch wert sind. Naßfliegen werden von den Fischen auch als ertrunkene Landinsekten genommen.
Im strömenden Wasser werden Naßfliegen heute vorwiegend als Einzelfliegen gefischt und dicht unter der Wasseroberfläche oder in größerer Tiefe angeboten. In klassischer Manier werden sie querüber serviert und stromab gefischt. Wichtig ist, daß sie dabei locker im Spiel der Strömung abschwimmen und dann am Ende der Abdrift sanft im ,,wetfly swing'' herumtreiben. Es empfiehlt sich, jeden Wurf sorgfältig auszufischen, denn gerade die Endphase bringt häufig Bisse ein. Recht spannend ist es, ausgemachten Fischen die Naßfliege stromauf anzubieten, eine Technik, die ein gutes Auge und schnelle Reflexe verlangt.
In seichteren Gewässern fischt man zweckmäßigerweise mit einer Schwimmschnur, für tiefes Fischen ist eine Sinktip-Schnur oder eine Sinkleine besser geeignet. Geschmeidige Ruten von 8 bis 9 Fuß Länge, der Schnurklassen 5 bis 6, entsprechen den Anforderungen bei Service, Fliegenführung und Schnurbehandlung am besten.
Im Stillwasser werden Naßfliegen aktiv bewegt angeboten. Nach dem Auswerfen werden sie langsam bis sehr langsam geführt, d. h. herangezupft. Bei tieferer Fliegenführung ist auch hier die Sinkleine angebracht. An diesen weiten Wasserflächen sind 9-Fuß-Ruten die unterste Grenze.
Bei flacher Fliegenführung kann man das Nehmen eines Fisches gut ausmachen, häufig durchbricht er dabei die Oberfläche. Beim Erscheinen des Schwalls muß der Haken durch zügiges, aber gefühlvolles Heben der Rute und Strecken der Schnur gesetzt werden. Bei tiefer Fliegenführung meldet sich der Fisch mit einem zaghaften Zupfer oder einem energischen Ruck und ist dann ebenso zu heften. Beim Stromabfischen haken sich Fische häufig selbst.

Mit Naßfliegen hat man eine gute Chance, einen Biß zu bekommen, da 80 Prozent aller Fische ihre Nahrung unter der Wasseroberfläche aufnehmen. Die weich befederten Fliegen sind am fängigsten, wenn sie frei im Fließwasser driften oder auch, wenn sie in einem See langsam mit kurzem Zucken eingeholt werden.

Mit der Trockenfliege

Das Fischen mit der Trockenfliege spricht die allermeisten Fliegenfischer am stärksten an. Für viele ist es ,,das Fliegenfischen" schlechthin. Die Ursachen für diese Beliebtheit liegen auf der Hand. Einmal spielt sich beim Trockenfischen alles, vom Service bis zum Biß, offen sichtbar ab. Das kommt uns als ,,Augenwesen", die wir uns vorwiegend optisch orientieren, am meisten entgegen. Dazu hat es etwas Spielerisches, ist unerhört spannend und besitzt spektakulären Show-Appeal. ,,Dry Fly Fishing" ist elegant und kurzweilig, besitzt alle Vorzüge, die eine Angelmethode überhaupt bieten kann. Es kann regelrecht süchtig machen.

Dennoch ist es nicht unbedingt die schwierigste Art mit der Fliege zu fischen. Man sieht genau, wohin man zu werfen hat, erkennt jeden Fehler bei der Darbietung sofort und – sofern man sich mit den Insekten auskennt – man kann sich relativ gut auf den Geschmack der Fische einstellen.

Forschendes Hinterfragen der Vorgänge am Wasserspiegel hat das Fischen mit Trockenfliegen begründet. Die Flugstadien der Insektenwelt und besonders die Lebenszyklen der Wasserinsekten haben seine Fliegen und seine Taktiken geprägt. In ihrer andauernden Auseinandersetzung mit diesen Problemen haben die Trockenfliegenfischer die Angler-Entomologie entscheidend vorangebracht.

Das Trockenfischen-Fieber brach um die Mitte des vergangenen Jahrhunderts an den Kreideflüssen in Hampshire aus. George Pulman beschreibt in seinem ,,Vade Mecum of Fly Fishing for Trout" 1841 als erster die neue Methode. Aus der gleichen Zeit sind Trockenfliegen von James Ogden bekannt, der als bedeutender Trockenfliegenbinder der frühen Epoche gilt. Innerhalb von 50 Jahren kommt das ,,Dry Fly Fishing" im Süden Englands zur Blüte. Es entwickelt sich hier unter Halford um die Jahrhundertwende zum Kult. Halfords Buch ,,Floating Flies and How to Dress Them" inspiriert auch Theodore Gordon, der die amerikanische Trockenfischer-Schule begründet und den Siegeszug der Trockenfliegen in der Neuen Welt einleitet.

In der nunmehr schon fast einhundertfünfzigjährigen Geschichte des Trockenfliegenfischens haben seine zahllosen begeisterten Anhänger ihr Fischen immer weiter entwickelt und neue Varianten entdeckt. Das Midgen mit 28er Fliegen auf der feinen und das Bass- und Hechtfischen mit entsprechend großen Trockenen auf der gegenüberliegenden Seite bringen die ganze Variationsbreite zum Ausdruck. Die unterschiedlichen Verhältnisse ließen den Landschaften, ihren Fisch- und Insektenarten angepaßte Stilrichtungen und Muster entstehen.

Das Prinzip des Trockenfischens ist einfach: Fischen, die nach auf oder an der Wasseroberfläche treibenden Insekten steigen, werden künstliche Fliegen angeboten. Das klassische Beispiel ist gegeben, wenn der Angler die natürlichen Insekten bestimmt und mit einem entsprechenden Imitat in die Nahrungsaufnahme der Fische einbrechen kann. Je mehr eine künstliche Fliege die Merkmale ihres Vorbilds trifft – das gilt aber auch für die Art ihrer Anbieteweise – um so eher wird sie genommen.

Insektenaufkommen an der Wasseroberfläche beruhen zum größten Teil auf bestimmten Phasen im Leben der Wasserinsekten. Diese steigen nach Abschluß ihrer Larvenentwicklung an die Oberfläche, schlüpfen dort aus ihrer Nymphen- oder Larvenhaut, um dann als Luftinsekten ihren Lebenszyklus zu vollenden. Zur Eiablage kehren sie aufs Wasser zurück. Sowohl der Schlupf als auch der Laichflug lösen das Steigen der Fische aus. Auch aufs Wasser geratene Landinsekten werden gern genommen. In manchen Gegenden sind gerade sie von großer Bedeutung für das Trockenfischen. Besonders im Westen der USA ist das Fischen mit ,,Terrestrials" ein wichtiger Zweig und es gibt zahllose Fliegen, deren Vorbilder Landinsekten sind. Ideale Verhältnisse liegen vor, wenn oberflächenaktive Fische gezielt angeworfen werden können. Wenn keine ,,Ringe" auszumachen sind, kann man erfolgversprechende Partien auf Verdacht abfischen. Die Muster müssen gut schwimmen und werden auf der Oberfläche oder in den Oberflächenfilm eingesunken angeboten. Man fischt sie an der Schwimmschnur mit langem Vorfach.

Im strömenden Wasser wird vorwiegend stromauf oder querüber serviert. Das ist auch die beste Art, sich ungesehen einem steigenden Fisch zu nähern. Man setzt die Fliege oberhalb des angesprochenen Fischs auf und läßt sie ihm ungehindert mit der Strömung zudriften. Es kommt auf einen sehr genauen Service, korrekte Drift und natürlich auf die richtige Fliege an. Die Fliegen-

Beim Angeln mit der Trockenfliege kann der Fliegenfischer genau verfolgen, wie der Fisch den Köder annimmt. Dieses Erlebnis trägt ganz wesentlich dazu bei, warum das Angeln mit der Trockenfliege so beliebt ist. Wenn man beobachtet, welche Insekten der Fisch bevorzugt, ist es leicht, ihm ein entsprechendes Muster anzubieten – und der Erfolg wird sich einstellen.

wahl läßt sich durch Beobachten besser, als durch Probieren verschiedener Muster lösen.

Die Phase zwischen dem Service und dem Steigen des angeworfenen Fischs macht den größten Reiz dieses Fischens aus. Wird er steigen? Und wenn er steigt – wird er dann nehmen oder ablehnen? Wenn der Fisch nimmt, ist zügig, aber keinesfalls heftig anzuschlagen. Ein Strecken der Schnur genügt, um den wieder abtauchenden Fisch sicher zu heften.

Zum Trockenfischen sind – je nach Gewässergröße und Gewässertyp – Ruten von 7 bis 9 Fuß der AFTMA-Klassen 4 bis 6 am besten geeignet. Mit den leichten Schnurklassen läßt sich am unauffälligsten servieren. Diese Leinen sind allerdings sehr windanfällig und wer seine Leine nicht sicher beherrscht, sollte am Anfang lieber eine schwerere Schnur werfen.

Mit der Trockenfliege Fische zu fangen, ist wirklich nicht schwierig. Man lernt es, sofern man etwa 8 m Leine herausbringen kann, in wenigen Stunden. Zu großem Können ist es dann allerdings noch ein weiter, aber faszinierender Weg.

Nymphenfischen

Das Fischen mit der Nymphe ist mit Abstand das anspruchsvollste, faszinierendste, wirkungsvollste Fliegenfischen. Zugleich wird es am häufigsten mißverstanden, von den wenigsten Anglern beherrscht und deshalb oft auf primitivste Art ausgeübt.

Nymphen imitieren Larvenformen von Wasserinsekten. Streng genommen stellen sie eigentlich Phasen im Wasserdasein und beim Schlupf der Eintagsfliegen dar. Doch man kann durchaus auch Nachahmungen der Larven von Köcherfliegen, Steinfliegen und verschiedener Zweiflügler als Nymphen fischen. Und sogar die verschiedenen Kleinkruster (Amphipoda). Beim Nymphenfischen kommt es nämlich weniger auf das Vorbild an, das mit der Nymphe ,,imitiert'' wird, sondern in erster Linie auf eine korrekte, artgemäße Darbietung! Als was die Fische unsere mit Fantasie gebundenen, doch ewig unvollkommenen Imitationen letztlich ,,mißverstehen'', ist eine ganz andere Frage . . .

Die Anfänge des Nymphenfischens fallen in die Zeit des aufblühenden Trockenfischens. Den ersten Anstoß gab G. E. M. Skues. Ort der Handlung war der südenglische Itchen. Skues entdeckte dort die Vorliebe der unerhört schwierig zu fangenden Brown Trout für die schlüpfend unter der Wasseroberfläche abtreibenden Eintagsfliegen-Nymphen. 1895 begann er gezielt mit stromauf gefischten Naßfliegen zu experimentieren und reduzierte sie nach und nach zu den ersten modernen Nymphen. Über vierzig streng imitatorische Nymphen-Muster gehen auf ihn zurück. Seine Nymphen-Technik auf hochstehende Forellen beschrieb er in verschiedenen hervorragenden Publikationen, u. a. in seinem ,,Nymph Fishing for Chalkstream Trout''. Ernest Schwiebert, selbst einer der großen amerikanischen Nymphenfischer der jüngeren Generation, hebt in seinem Mammutwerk ,,Trout'' die befruchtende Korrespondenz zwischen Skues und James Leisenring hervor, dem Mann, der dem amerikanischen Nymphenfischen die bedeutenden Anstöße gab.

Einem zweiten Engländer, Frank Sawyer, blieb es vorbehalten, den europäischen Nymphenfischern in den 50er Jahren eine völlig andere, brillante Technik auf tiefstehende Fische zu eröffnen. Sawyers Muster waren leicht beschwert, aber auch er fischte konsequent auf Sicht. Er konzipierte einige auf elementarste imitatorische Elemente reduzierte Nymphentypen, die den Anforderungen für dieses Fischen ideal entsprachen. Seine ,,Pheasant Tail'', der klassische Eintagsfliegen-Typus schlechthin, gehört heute zu den meistgefischten Nymphen in Europa.

Beim Nymphenfischen werden die Muster, je nach Art und Aktivität der Fische, unter der Wasseroberfläche, im Mittelwasser oder über Grund gefischt. Es ist guter Stil, Nymphen entsprechend dem natürlichen Auftreten ihrer Vorbilder anzubieten. Im strömenden Wasser bedeutet das: in toter Drift oder mit Bewegungsimpulsen – aber nicht etwa widernatürlich gegen

Wenn man mit einer Nymphe fischt, ist es oftmals viel wichtiger, wie diese präsentiert wird, als das Muster, das man verwendet. Es kommt ganz einfach darauf an, die Nymphe auf die gleiche, natürliche Weise einzuholen, wie das Insekt sich bewegt.

den Strom gezogen. Im Stillwasser werden Nymphen allerdings wie Naßfliegen gezupft.
Es ist die eleganteste Art, einem ,,nymphenden'' Fisch die Fliege stromauf oder querüber auf Sicht anzutragen. Bei unter der Oberfläche nymphenden Fischen und entsprechend flacher Fliegenführung sieht man das Nehmen gut. Der Fisch zeichnet dabei deutlich. Beim Fischen im Mittelwasser braucht es selbst unter günstigen Bedingungen ein geübtes Auge, um das Nehmen zu sehen. Bei tief gefischten Nymphen kann man den Biß lediglich an einer Bewegung oder dem Stehenbleiben der Schnurspitze erkennen. Dann muß unverzüglich der Haken gesetzt werden.
Unter der Oberfläche oder im Mittelwasser werden Nymphen an der Schwimmschnur angeboten. Spezielle Nymph-Tip-Schnüre erleichtern die Sichtkontrolle. Im tieferen Wasser empfiehlt sich eine Sink-Tip-Schnur, an der Bisse allerdings schwieriger zu erkennen sind. Die Sinkschnur ist lediglich für die Seenfischerei zu verwenden, bei der durch das Heranzupfen steter Kontakt zur Nymphe besteht und ein Biß erfühlt werden kann.
Es gibt Anbietetechniken mit der Schwimmschnur für tiefes Wasser.
Dabei kann man jedoch nur mit überlangen Vorfächern und stärker beschwerten Nymphen auf Tiefe kommen. Diese Köderführung setzt eine absolute Leinenkontrolle voraus. Und es gehört sehr viel Erfahrung dazu, Bisse unter diesen Bedingungen überhaupt zu erkennen. Dennoch stellen diese Techniken mit stark beschwerten Nymphen eher eine spezielle Naßfischerei als wirkliches Nymphenfischen dar.
Zum Nymphen sind sensible Ruten mit mindestens 8 Fuß Länge für die Schnurklassen 4 und 5 am besten geeignet. Eine möglichst leichte Schnur trägt zu unauffälligem Service und unbehinderter Drift bei. Im Stillwasser ist dieser Aspekt bedeutungslos.
Das Nymphen kann die eleganteste und kunstvollste Form des Fliegenfischens sein. Am Stil, die Nymphe zu fischen, offenbaren sich Können und sportliche Einstellung des Fischers.

Streamerfischen

Nicht selten wird die Ansicht vertreten, das Streamerfischen wäre eine ganz moderne Form der Fliegenfischerei. Doch auch von den als Fischchen-Imitationen geführten Großfliegen sind sehr alte Muster bekannt. Sie stammen von Fischern, die noch ohne Metall auskommen mußten und sich ihre Angelhaken mühsam aus Knochen oder Geweihteilen herstellten. Und diese uns überlieferten Ur-Streamer stammen aus ganz entgegengesetzten Teilen der Welt.
Samische Fischer im Arjeplogfjäll in Schwedisch Lappland fischten noch vor rund 250 Jahren ganz einfach befiederte ,,Streamers'', die auf Haken aus Renhorn gebunden waren. Diese Archetypen von Fischchen-Imitationen fingen Großforellen in den brausenden Strömen am Polarkreis zu einer Zeit, als im Westen Schwedens bereits mit hochentwickelten englischen Lachsfliegen auf Salmo salar gefischt wurde.
Andere Proto-Streamers sind aus Neuseeland bekannt geworden. Auch die Maoris fischten mit Federn beköderte Knochenhaken, schon lange bevor die Europäer gegen Ende des vorigen Jahrhunderts überhaupt Forellen und Lachse auf die Inseln brachten. Ganz interessant, daß das Streamerfischen dann in den heute weltberühmten Salmonidengewässern Neuseelands eine so glänzende Fortsetzung fand. Viele hervorragend fängige, neuzeitliche Streamers, z. B. die Matuka-Typen, stammen dorther.
Das moderne Streamerfischen kam vor allem durch nordamerikanische Fliegenfischer voran. Die allermeisten Muster stammen aus der Neuen Welt. So werden die vielgefischten Bucktail-Muster auf die ,,Bumble-puppies'' zurückgeführt, die Theodore Gordon um 1880 am Neversink entwickelte.
Ein beredtes Beispiel für die Offenheit und die Vielseitigkeit amerikanischer

Das Angeln mit einem Streamer ist eine sehr alte Methode der Nachahmung eines kleinen Fisches oder eines anderen größeren Köders. Oben rechts sind zwei Streamer aus der Zeit um 1730 zu sehen. Sie wurden von Lappen beim Angeln in den Arjeplog Bergen im nördlichen Schweden verwendet.

Fliegenfischer: Gordon war es schließlich auch, der das amerikanische Trockenfliegenfischen begründete.

Sicherlich ist die Bezeichnung Streamerfischen etwas eng gefaßt. Denn im Grunde verkörpern die gestreckten Streamers lediglich den Fischchen- oder Minnowtyp unter den so unterschiedlich aussehenden und wirkenden Großfliegen, die heute gefischt werden. Auch viele andere Muster sind streng an natürlichen Vorbildern orientiert: Muddlers, Sculpins, Leeches beispielsweise. Es gibt aber auch reine Fantasiefliegen, die lediglich durch ihre Farben und ihr Spiel wirken. Die Übergänge sind gleitend.

Die Zielgruppe beim Streamerfischen sind Fische und Fischarten, die auf größere Beute eingestellt sind. Die Anwendung großer Muster setzt entsprechend ausgelegte Ruten, Schnurklassen und Vorfachstärken voraus. Selbst unbeschwerte Großfliegen lassen sich nur mühelos werfen und fischen, wenn sie das Leinengewicht trägt und die Rute kraftvoll genug ist. Zum Streamern sind Ruten mit durchgehender Aktion und kräftiger Spitze ab Schnurklasse 7 am besten geeignet. Mindestlänge 8 Fuß, besser länger. Man fischt je nach Gewässertyp und Anbieteweise Schwimmschnüre, Sink Tip- oder Sinkschnüre.

Im strömenden Wasser werden Streamers entsprechend ihrem Typ und der anzusprechenden Fischart in Oberwasser, in mittleren Tiefen oder über dem Grund gefischt. Man serviert am zweckmäßigsten querüber, besser leicht stromauf, damit die Fliege in richtiger Tiefe in ihr Aktionsgebiet eintreiben kann. Durch rechtzeitiges Wenden der Schnur gegen den Strom wird eine natürliche Abdrift erreicht. Akzentuierte Bewegungsimpulse verleihen der Fliege Leben. Großfliegen mit gutem Spiel können auch in absolut toter Drift äußerst fängig sein.

Man fischt jede Drift bis zum Strecken der Leine aus und führt die Fliege dann langsam gegen den Strom heran. Wenn die Fische nicht auf Sicht angefischt werden können – das ist meist der Fall – sind genaue Kenntnisse der Standplätze wichtig. Die besten Resultate erzielt man, wenn die Fliege von vorn in den Aktionsradius eines Fischs eindriftet oder vor ihm mäßig schnell herumschwingt.

Im Stillwasser ist die Fliegenführung einfacher zu kontrollieren. Man führt die Fliege je nach Temperament und Verhalten der befischten Art langsam bis extrem schnell. Oft löst hier ein geräuschvolles Einfallen der Fliege schon den Biß aus.

Streamer und andere Großfliegen erweitern die fliegenfischereilichen Möglichkeiten beträchtlich und erschließen vordem kaum befischte Reviere. Beim Befischen von Salmoniden sollte der Streamer nur auf wirkliche Großfische eingesetzt werden. Im Forellenbach sind Großfliegen nicht vertretbar – es sei denn, im gezielten Einsatz auf unerwünschte ,,Räuber''. Die ablehnende Haltung vieler Fliegenfischer gegenüber dem Streamern ist unbegründet. Verantwortungsbewußt eingesetzt, ist das Streamerfischen – oder umfassender: das Fischen mit allen Großfliegen-Typen – jeder anderen Fliegenfischerei qualitativ vollkommen gleichwertig.

Die Ausrüstung

In Anglerkreisen hält sich noch immer die Meinung, daß die Ausrüstung zum Fliegenfischen besonders umfangreich und dementsprechend teuer sei. Wie so viele Vorurteile gegenüber dem Fliegenfischen ist auch dieses rasch zu widerlegen! Denn mit zwei Ruten, zwei Rollen nebst Ersatzspulen, fünf Schnüren, verschiedenen Vorfächern und ein paar Dutzend Fliegen unterschiedlicher Typen ist man für jegliche Situation bestens ausgerüstet. Lediglich zum Lachsfischen und zum Fischen auf Großfische im Meer ist zusätzlich speziellere Ausrüstung nötig.

Eine universelle Grundausrüstung.

1 Rute 7 1/2 bis 8 Fuß	für AFTMA-Schnurklasse	5	
1 Rute 8 1/2 bis 9 1/2 Fuß	für AFTMA-Schnurklasse	7/8	
1 Rolle mit 1 Ersatzspule	für AFTMA-Schnurklasse	5	und 40 m Backing
1 Rolle mit 2 Ersatzspulen	für AFTMA-Schnurklasse	7/8	und 120 m Backing
1 Schwimmschnur DT oder	WF AFTMA-Klasse	5	und 40 m Backing
1 Sink Tip-Schnur DT oder	WF AFTMA-Klasse	5	und 40 m Backing
1 Schwimmschnur DT oder	WF AFTMA-Klasse	7	und 120 m Backing
1 Sink Tip-Schnur DT oder	WF AFTMA-Klasse	7	und 120 m Backing
1 Sink-Schnur DT oder	WF AFTMA-Klasse	8	und 120 m Backing

10 Vorfächer mit Spitzen von 0.16 bis 0.35 Ersatzmonofil.
Div. Naßfliegen, Trockenfliegen, Nymphen und Streamers (Großfliegen).

Fliegengerät wird heute in breitester Auswahl angeboten. Die Fülle macht Einsteigern die Wahl nicht leichter. Bei Unsicherheit sollten sie sich deshalb fachmännisch beraten lassen. Insgesamt wurde inzwischen – besonders bei Ruten und Schnüren – ein Standard erreicht, der noch vor zwei Jahrzehnten kaum vorstellbar war. Mit diesem Gerät, es muß nicht das allerteuerste sein, fällt der Einstieg wirklich nicht mehr schwer.
Jedem, selbst wenn er es auch ,,nur erst mal versuchen'' möchte, ist allerdings von Billiggerät unbedingt abzuraten. Ungeeignete Erstausrüstungen haben schon viele hoffnungsvoll begonnene Versuche mit der Fliege von vornherein zum Scheitern gebracht. Solide Qualität ist dringend zu empfehlen – sie ist letztlich am preiswertesten.
Seit sich die amerikanischen Gerätehersteller auf die Normierung der Fliegenschnüre geeinigt haben und sich diese AFTMA-Klassen weltweit durchsetzen konnten, ist die Gerätezusammenstellung ausgesprochen einfach geworden. Man braucht sich nur nach den Herstellerangeboten zu richten, um für eine Rute die passende Schnur zu wählen und umgekehrt. Bereits mit elementaren Kenntnissen über die Aufgaben und Anforderungen, die das Gerät erfüllen muß, kann man eine gebrauchstüchtige Fliegenfischerausrüstung zusammenstellen.

Hier sind einige gespließte Einhand-Fliegenruten zu sehen, außerdem ein traditioneller, geflochtener Anglerkorb, ein Watkescher und eine Fliegenbox.

Fliege, Vorfach, Schnur, Rute, Rolle – das sind die fünf Elemente, aus denen sich Fliegengerät zusammensetzt. Die Forderungen an seine Gebrauchstüchtigkeit sind einfach zu umreißen:
1. Das Gerät muß seinem Einsatzbereich entsprechen. 2. Jedes einzelne Element muß seine Aufgaben verläßlich erfüllen. 3. Alle fünf Teile müssen harmonisch aufeinander abgestimmt sein.

Fliegen

Die Zahl der heute gefischten Typen und Spielarten von Naßfliegen, Trockenfliegen, Nymphen und Großfliegen ist kaum noch überschaubar. Täglich kommen neue hinzu. Denn das Prinzip ihrer fabelhaften Wirksamkeit ist unbegrenzt variabel. Es fordert geradezu immer neue Abwandlungen heraus. Und um die Chance, ihre eigenen Ideen und Beobachtungen verwirklichen zu können, binden wirklich begeisterte Fliegenfischer ihre Muster selbst.
Fliegenmuster waren und sind für alle Fliegenfischer ein unerschöpfliches Thema. Sie sind ja schließlich die Basis dieses Fischens schlechthin. Fliegen und deren Vorbilder üben auf Fliegenfischer eine mindestens so große Faszination aus, wie auf die Fische, die sie fangen.
Künstliche Fliegen werden ausschließlich in Handarbeit hergestellt. Gute Fliegen haben ihren Preis. Wer seine Fliegen kauft, muß auf Qualität achten. Liederlich oder aus untauglichem Material gebundene Muster lohnen das Fischen nicht.
Die Haken müssen erstklassig sein. Wenn ihr Stahl zu stark gehärtet ist, besteht Bruchgefahr. Man merkt das schon, wenn man den überflüssigen Widerhaken mit einer Flachzange niederdrückt . . . Ist der Stahl hingegen zu weich, biegt sich der Haken im Drill eventuell auf. Die Bogenöffnung muß in vernünftigem Verhältnis zur Hakenspitzenlänge stehen, damit gute Hak- und Halteeigenschaften gegeben sind. Überlange Hakenschenkel gestatten zwar lange, schlanke Streamer-Formen, setzen beim Drill aber sehr nachteilige Hebelkräfte frei.
Die Proportionierung der Fliege muß stimmen, d. h. ihre Einzelteile, Flügel-, Hechel-, Körper- und Schwanzlänge müssen zueinander passen. Imitatorische Muster sollten das Charakteristische ihres Vorbilds treffen. Trockenfliegen müssen sich schneeflockenleicht servieren lassen und in guter Manier schwimmen. Naß zu fischende Muster sollten schnell sinken – ohne daß eine stärkere Beschwerung ihre Beweglichkeit beeinträchtigt.
Zwar beruht die Effizienz von Fliegen zu einem nicht geringen Teil auf der Überzeugung, mit der sie gefischt werden, aber in erster Linie kommt es natürlich auf eine kluge Bindeweise, einwandfreie Funktionalität – und auf den richtigen Einsatz an.

Vorfächer

Die Verbindung zwischen der Fliege und der Fliegenschnur wird mit dem Vorfach überbrückt. Für Fliegenvorfächer ergeben sich eine ganze Reihe wichtiger Funktionen: Sie müssen – vor allem beim Trockenfischen – lang genug sein, um die relativ dicke Fliegenschnur vor dem Fisch zu verbergen. In ihrer Spitze fein genug, um die Fliege unauffällig darbieten zu können; dabei stark genug, um einen beherzten Drill zuzulassen. Außerdem müssen sie sich auch bei Wind gut werfen, zusammen mit der Fliegenschnur harmonisch abrollen und sich schön gestreckt oder auch im Bogen ablegen lassen.
Heute werden nahezu alle Vorfächer nach einem in gewissen Grenzen variablen Schema aufgebaut. Von ihrem dicken oberen Ende, das einen glatten Übergang zur Schnurspitze sicherstellen muß, werden sie in Stufen (gezogene Vorfächer auch stufenlos) auf ihre feine Spitze herunterverjüngt. Ungefähr 60% bis 70% ihrer Länge entfällt dabei auf den starken Oberteil, der die Wurfkraft übertragen muß. Die restlichen 40% bis 30% verteilen sich auf die Verjüngung und die Spitze. Letztere sollte beim Trockenfischen mindestens 50 cm, beim Naßfischen und Nymphen eher länger sein.
Man kann seine Vorfächer aus einzelnen Monofilsegmenten nach eigenen Bedürfnissen leicht selbst knüpfen. Das Vorfachmaterial sollte geschmeidig und knotenfest, aber keinesfalls zu lappig sein. Aus Einzelstücken mit jeweils 0,05 mm Unterschied im Durchmesser sind verläßlich haltbare Knoten zu schürzen und brauchbare „Tapers“ herzustellen.

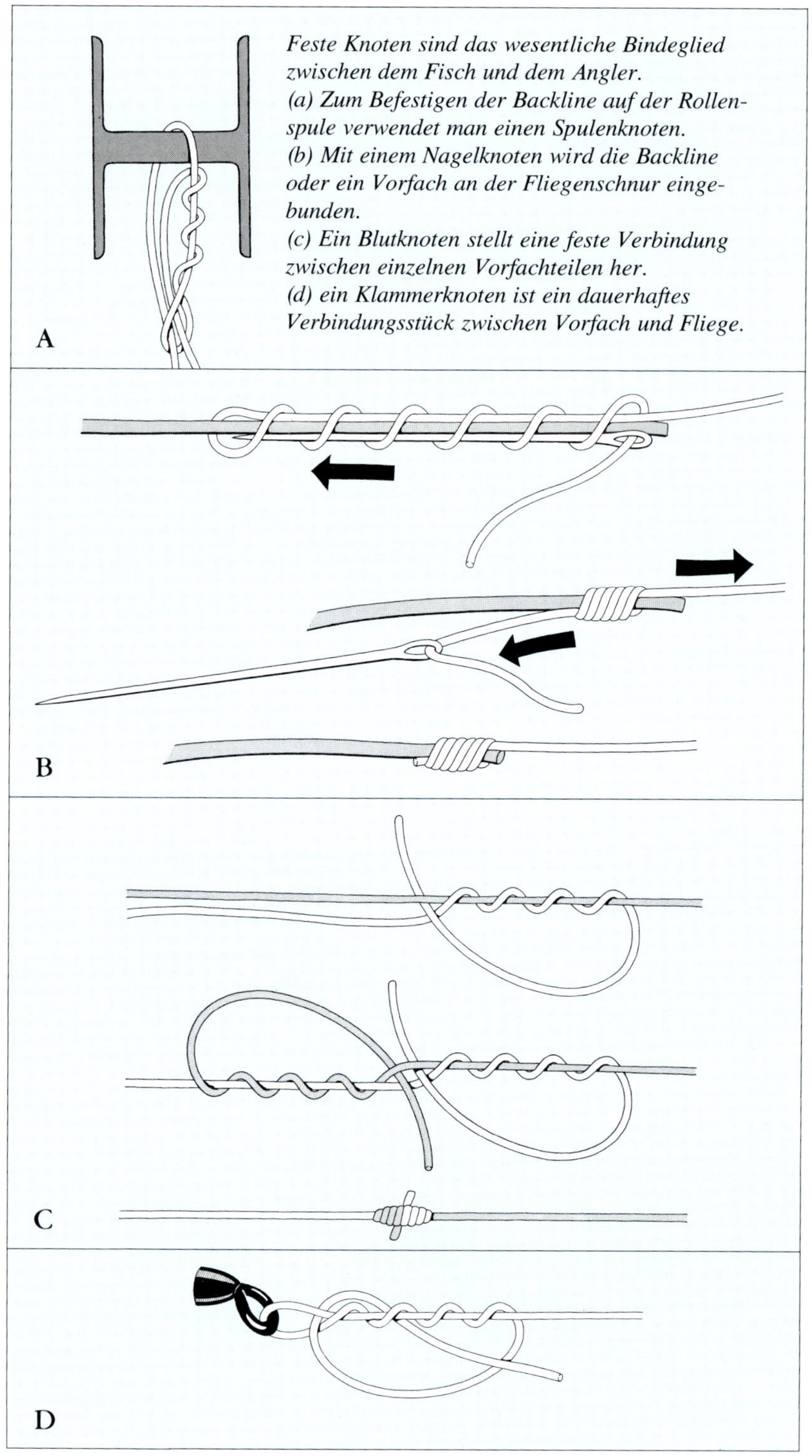

Feste Knoten sind das wesentliche Bindeglied zwischen dem Fisch und dem Angler.
(a) Zum Befestigen der Backline auf der Rollenspule verwendet man einen Spulenknoten.
(b) Mit einem Nagelknoten wird die Backline oder ein Vorfach an der Fliegenschnur eingebunden.
(c) Ein Blutknoten stellt eine feste Verbindung zwischen einzelnen Vorfachteilen her.
(d) ein Klammerknoten ist ein dauerhaftes Verbindungsstück zwischen Vorfach und Fliege.

Mit Vorfachlängen von 2,40 bis 2,80 m kann man an den meisten Gewässern gut zurechtkommen. Noch immer empfehlenswert sind „Casts“ nach der von Charles Ritz vor über dreißig Jahren gegebenen Formel „Rafale“. Vorfächer dieses Typs sind in ihren guten Eigenschaften auch von moderneren Vorfachtypen schwerlich zu übertreffen.
Fertigvorfächer werden in den unterschiedlichsten Versionen angeboten: Geknüpft, knotenlos gezogen, aus flachem Monofil (flat butt) oder auch mit mehrfädig gedrehtem, geklöppeltem oder hohlgeflochtenem Kraftübertragungsteil. Neuerdings auch aus Kevlar. Die Vorteile der „Mehrfädigen“ liegen in ihrer größeren Geschmeidigkeit und noch weicherem Abrollen. Ihre Nachteile liegen in einer gewissen Empfindlichkeit und – wenn man sie selbst herstellt – in der aufwendigen Fertigungsweise.

Die Vorfachspitzen müssen stets der Fliegengröße angepaßt sein. Bei Mustern unter Gr. 16 kann man – sofern man eine weiche Rute fischt – durchaus auf Spitzen bis 0,12 heruntergehen. Sind größere Fische zu erwarten, sollte man jedoch fairerweise keine dünneren als 0,18 mm-Spitzen verwenden.
Beim Naßfischen mit sehr großen Mustern (Hakengröße 8 bis 4) kommt man mit einem einfachen, angemessen starken Stück Monofil (0,25 bis 0,30 mm) als Vorfach aus. Beim Fischen mit der Sink Tip oder Sinkschnur kann ein extrem kurzes Vorfach vorteilhaft sein. So wird die Fliege durch die tiefsinkende Leinenspitze verläßlich in Grundnähe geführt.
Obschon es in letzter Zeit Mode geworden ist, das obere Vorfachende in die Schnurspitze einzukleben oder diese in das hohlgeflochtene Ende des Vorfachs, ist für Praktiker eine einfache Nagelknotenverbindung nach wie vor unschlagbar: An die Schnurspitze knüpft man ein etwa 30 cm langes Stück 0,45 Mono und daran das gewünschte Vorfach. Wenn durch häufigen Wechsel dieses Stück zu kurz geworden ist, knotet man ein neues an. Das ist auch am Wasser einfach. Als Fliegenknoten ist der ,,Improved Clinch'' sehr zu empfehlen. Auch er ist einfach zu schürzen und absolut verläßlich.

Fliegenschnüre

Der Schnur kommt beim Fliegenwurf entscheidende Bedeutung zu. Sie ist das eigentliche Wurfgewicht, das Vehikel zum Transport der federleichten Fliege. Damit Flugschnüre tatsächlich elegant fliegen, in der Luft gehalten und zielgenau geworfen werden können, werden sie in einer bestimmten Weise aufgebaut. Ihre Profile werden nach aerodynamischen Notwendigkeiten geformt, ,,getapert''.
Moderne Fliegenschnüre sind das Ergebnis jahrzehntelanger ständiger Versuche und Forschung: Sie werfen sich hervorragend, schneiden den Wind, rollen tadellos ab, besitzen dank ihrer glatten Oberfläche gutes Schußvermögen. In dem Maße, wie sich die Fliegenfischer immer neue Bereiche und Reviere erfischten, wurden auch die Schnüre fortentwickelt. Neben vielseitig einzusetzenden Schnüren entstanden zahlreiche Spezial-Tapers, so daß man sich heute für jede Fischerei zweckmäßig ausrüsten kann.
Fliegenschnüre werden entsprechend der AFTMA-Norm in fünfzehn Gewichtsklassen hergestellt. Die Klasse, d. h. das Wurfgewicht, errechnet sich bei allen Schnüren aus den vordersten 30 Fuß, das sind 9,14 m. Schnüre bis Klasse 3 sind extrem leicht und nur für die feinste Fischerei an windstillen Tagen (!) verwendbar. Die Klassen 4 bis 6 decken den meistgefischten Bereich beim Trocken- und Naßfischen ab. Zum Streamerfischen empfehlen sich die schwereren Schnurklassen 7 bis max. 9, deren Gewicht einwandfreie, runde Würfe mit Großfliegen gewährleistet. Die Klassen 10 bis 15 schließlich finden beim Lachsfischen und beim Salzwasserfischen auf Großfische Verwendung.
Wenn man von der antiquierten Parallelschnur absieht, lassen sich zwei verschiedene Schnurtypen unterscheiden: Die doppelt verjüngte Schnur (DT =Double Taper) und die Torpedoschnur (WF=Weight Forward). Die DT besitzt einen gleichmäßig kalibrierten Mittelteil (Bauch), der auf beiden Enden in eine dünnere Spitzenpartie übergeht. Diese Verjüngung zur Schnurspitze bildet nicht nur den Übergang zum Vorfach, sie ist für ein ausgewogenes Wurfverhalten, zielgenaues und sanftes Aufsetzen der Fliege wichtig. Infolge ihres symmetrischen Aufbaus kann man DT-Schnüre – wenn eine Seite verbraucht ist – einfach umdrehen. Dieser Schnurtyp ist problemlos zu handhaben und gehört zu den meistgefischten.
Bei den Torpedoschnüren ist das Wurfgewicht auf einen genau begrenzten Bereich im Vorderteil, die Keule, konzentriert. Ihre Spitze geht in diese meist um 8 m lange Keule über, die sich auf ihrem hinteren Ende in eine leichte Halte- oder Schußleine verjüngt. WF-Schnüre wurden vor allem für das Fischen auf größere Entfernung entwickelt. Von diesem Schnurtyp gibt es etliche Varianten. Leinen mit extrem nach vorn verlagertem Gewicht (Bass- oder Saltwater-Taper), die sich speziell für das Fischen mit großen, windfängigen Fliegen eignen. Und solche mit extrem verlängertem Bauch (WFL=Long Belly), die im Nahbereich wie eine DT arbeiten und bei Weitwürfen die Vorzüge der Torpedoschnur bieten. Schußköpfe (ST=Shooting Taper) schließlich sind lediglich projektilartige Schnursegmente, die direkt an besondere Schußleinen angeschlauft und für das Distanzfischen eingesetzt werden.
Zum Fischen mit Trockenfliegen sowie zum Naßfischen oder Nymphen in seichten Gewässern kommen Schwimmschnüre (F=Floating Lines) zum Einsatz. Für das tiefere Fischen werden Schnüre mit sinkendem Vorderteil (F/S=Floating/Sinking) oder reine Sinkschnüre (S) verwandt. Gegenüber letzteren bieten die vielen Wet-Tip-Typen entscheidende Vorteile: Sie sind mit verschieden langer Sinkspitze erhältlich, so daß man mit ihnen auch größere Tiefen gezielt befischen kann und durch ihre schwimmende Hauptschnur lassen sie sich dennoch bequem kontrollieren. F/S und S-Schnüre gibt es in verschiedenen Sinkklassen. Langsam sinkende Schnüre sind lediglich für das Stillwasser geeignet, je schneller das Wasser strömt, um so rascher muß die Schnur sinken.
Vielleicht noch ein Wort zur Schnurfarbe. Im Wurf und bei der Abdrift sind helle Leinen wesentlich besser zu verfolgen als unscheinbar dunkle Schnüre. Schwimmschnüre und die schwimmenden Teile von Wet-Tip-Schnüren müssen auch bei ungünstigem Licht gut zu sehen sein. Das ist für erfolgreiches Fischen wesentlich! Die Scheuchwirkung, die hellen Schnüren angedichtet wird, kann man getrost vergessen . . .
Fliegenschnüre sind durchweg 27 bis 30 yd, also 25 bis 27 m lang. Obschon diese Länge allenfalls beim Distanzfischen voll ausgespielt wird und sogar für die meisten Drills ausreicht, werden Schnüre grundsätzlich mit einer Nachschnur (backing) versehen. Diese Leinenreserve fungiert auch als Unterfütterung auf der Rolle, damit die Schnur nicht in allzu engen Windungen liegt. Von Monofil als Backing ist wegen seiner Neigung zum Verkringeln abzuraten. Geflochtenes Dacron ist besser geeignet, besitzt hohe Tragkraft bei geringem Durchmesser und ist alterungsbeständig. Bei schnurzehrenden Fluchten wehrhafter Fische muß man jedoch unbedingt von der Rolle drillen – rasch von Hand eingeholtes, und einfach fallengelassenes Dacron verschlingt sich zu unentwirrbaren Perücken und führt bei erneuter Flucht des Fischs unweigerlich zum Verlust. Am besten ist kunststoffbeschichtetes Dacron als Backing geeignet. Dieses Material fällt allerdings etwas dicker aus und beansprucht entsprechend mehr Platz auf der Rolle.

Die Wurfeigenschaften von Fliegenschnüren sind von ihren Profilen oder ihrem konischen Verlauf abhängig.
(a) Shooting-head-Schnur.
(b) Salzwasser-Fliegenschnur
(c) Keulen-Schnur
(d) Doppelt-verjüngte-Schnur
(e) Parallel-Schnur

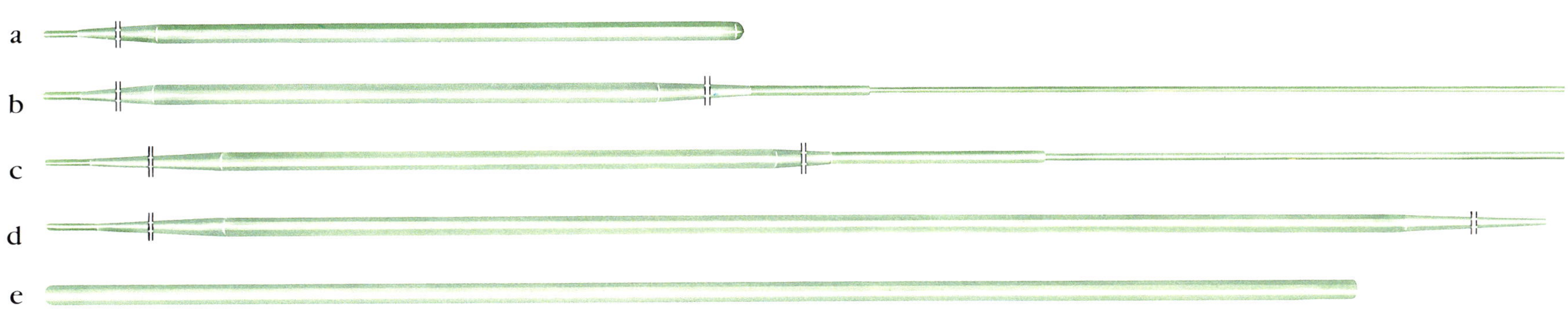

Fliegenruten

Die Fliegenrute ist Wurfinstrument, dient als verlängerter Arm zur Behandlung der ausgebrachten Leine, d. h. zur Führung der Fliege und ist Kampfgerät in der Auseinandersetzung mit dem gehakten Fisch. Als Wurfgerät hat die Rute die Aufgabe, die in sie eingegebene Bewegungsenergie schwingungsfrei auf die Leinenmasse zu übertragen. Sie muß dabei alle aus der Wurfbewegung kommenden, ungleichmäßigen Krafteingaben ausgleichen, damit die Schnur glatt abrollen und sich gezielt entfalten kann. Sie muß sensibel sein, um auch feine Impulse übermitteln und empfangen zu können, dennoch kräftig genug, um die für sie berechnete Schnurklasse zu tragen und um außerdem für beherzte Drills zu taugen.

Bis Mitte der fünfziger Jahre waren solche Fliegenruten ausschließlich aus Tonkinrohr in Split-Cane-Bauweise herzustellen. Dann eroberten die Synthetikfasern den Markt. Nach einer relativ kurzen Vollglas-Zeit und Hohlglasruten-Blüte begann mit den Graphite Ruten eine High-Tech-Faser-Ära, die noch immer in stürmischer Evolution begriffen ist. Dank dieser Materialien, immer ausgereifterer Fertigungsmethoden und ,,Tapers'' konnten Fliegengerten verwirklicht werden, deren Schnellkraft, Stand und Dämpfungsvermögen tatsächlich keine Wünsche mehr offen lassen und das Werfen zum Spiel machen. Auf jeder Rute vermerkt, finden sich nun zudem Angaben über die passenden AFTMA-Schurklassen und vereinfachen die Zusammenstellung praxistauglichen, harmonischen Geräts wesentlich.

Mit der Kunstfaserentwicklung schien die Zeit der schönen handgemachten ,,Bamboo Rod'' endgültig vorüber. Doch seit einigen Jahren erlebt die Gesplißte eine regelrechte Renaissance. In Mitteleuropa sind es vor allem die allein und individuell arbeitenden Rutenbauer, die die moderne gesplie߀te Rute prägten. In einer Qualität und mit einer Leistung, wie es sie kaum zuvor gab.

Fliegenruten lassen sich nach ihrem Arbeitsvermögen, ihrer sog. Aktion klassifizieren: Bei der Spitzen-Aktion verläuft die Arbeitskurve im oberen Rutenteil, bei der ,,parabolischen'' Aktion erstreckt sich die Biegung gleichmäßig über die volle Länge. Die ,,semiparabolischen'' Aktions-Typen liegen dazwischen. Die meisten modernen Ruten besitzen eine mehr oder weniger semiparabolische Aktion. Ruten dieser Art lassen sich problemlos werfen. Mit ihrer Biegekurve im oberen Rutendrittel arbeiten sie bereits mit relativ kurzen Schnurlängen. Erst bei höherer Belastung, wenn man sie härter fordert, biegen sie sich über ihre volle Länge und übertragen dann auch stärkere Krafteingaben.

Modeströmungen sind auch dem Fliegenfischen nicht fremd und wirken über Wurfstile oder fischereiliche Trends bis in den Rutenbau. Lange Zeit hat der von Hans Gebetsroither geprägte alpenländische Wurfstil die Rutenlängen der mitteleuropäischen Fischer schrumpfen lassen. 6 bis 7 Fuß kurze und relativ harte Ruten waren ,,in''. Solche Ruten sind zwar erstklassige Instrumente für diesen ökonomisch-modernen Wurfstil, ihre fehlende Länge ist beim Fischen jedoch ein großer Nachteil. Genau wie ihre Härte, die feinere Vorfächer nur zuläßt, wenn man über einen absolut kontrollierten Anhieb verfügt.

Zur Zeit schlägt nun das Pendel in die genaue Gegenrichtung aus. Immer mehr Fischer entdecken die Vorzüge längerer geschmeidiger Ruten neu. Das Extrem dieser Entwicklung stellen die ,,Longsofter'' dar, sehr lange Ruten für sehr leichte Schnüre. Auch ist eine Tendenz zu ultraleichtem Fischen mit entsprechend feinen Rütchen unverkennbar. Das Fischen mit derartigem Spielzeug übersteigt nicht selten jedes Maß an Sportlichkeit, weil es keine fairen, kurzen Drills mehr ermöglicht. Nicht irgendwelche Moden, sondern die praktischen Anforderungen und waidgerechtes Verhalten sollten beim Fliegenfischen maßgeblich sein.

Fliegenruten müssen ihrem Einsatz entsprechen. Nicht nur von der Länge und ihrer Schnurklasse her, sondern auch von den zu erwartenden Fischgrößen, dem Gewässertyp und klimatischen Gegebenheiten. Ruten unter 7 Fuß Länge sind lediglich beim Watfischen noch praktisch und selbst hier machen sie die Leinenführung nicht einfacher. 8 Fuß ist eine universelle Länge und für größere Gewässer sind eher längere Gerten empfehlenswert. Für die Rutenklassen gilt das für die AFTMA-Schnurklassen bereits gesagte. Für Kohlefaserruten werden häufig mehrere Schnurklassen angegeben. Anfänger sollten dann stets die schwerere Schnur wählen, weil man ein höheres Schnurgewicht leichter beherrschen lernt.

Vom Gewicht her geben moderne Ruten auch wenig trainierten Werfern kaum noch Probleme auf. Selbst lange Einhandruten der höchsten Klassen (8 bis 10) wiegen kaum mehr als 120 bis 140 g und sind ermüdungsfrei zu fischen – wenn der Griff vernünftig dimensioniert ist und zur Wurfhand paßt. Das ist wichtig. Auch die Grifform verdient Beachtung. Leichte Gerten bis 8 Fuß lassen sich gut mit aufgelegtem Zeigefinger werfen. Hierfür ist ein zigarrenförmiger Griff am besten geeignet. Längere Ruten und höhere Klassen machen den Daumengriff nötig, für den ein ,,American Standard'' oder ,,Fishtail'' besser geeignet ist. Für schwere Einhandruten ist eine abnehmbare Griffverlängerung (fighting butt) praktisch, mit der man wehrhafte Fische bequemer führen kann. Die Beringung muß eine glatte Leinenführung gewährleisten. Dabei ist es unerheblich, ob sie aus einbeinigen Alu-Oxydringen oder herkömmlichen Schlangenringen besteht – solange deren Qualität stimmt.

Für die allermeisten Fliegenfischer ist die Rute der absolut wichtigste Ausrüstungsgegenstand. Bei keiner anderen Fischerei besteht aber auch die Notwendigkeit einer so engen Beziehung zwischen Angler und Rute. Denn je mehr Typus und Arbeitsweise einer Fliegenrute den körperlichen Veranlagungen und dem Temperament ihres Besitzers entsprechen, um so besser kann er mit ihr umgehen und seine Möglichkeiten entfalten.

Die Fliegenrute dient nicht nur dazu, den Fisch waidmännisch zu drillen, sondern auch, um die Schnur korrekt und elegant auszuwerfen. Die Fliegenrute ist daher das wichtigste Gerät des Fliegenfischers, sie sollte immer mit großer Sorgfalt ausgewählt werden.

Fliegenrollen

Kaum einem anderen Teil der Ausrüstung wird in Fliegenfischerkreisen so unterschiedliche Bedeutung zugebilligt. Geräte-Freaks finden in den Finessen ausgeklügelter Fliegenrollen ihr höchstes Glück, während die an technischen Dingen weniger Interessierten ihre Rollen einzig unter den praktischen Gesichtspunkten als Schnurdepot betrachten. Für das leichtere Fischen besitzen Rollen tatsächlich keine so gravierende Bedeutung – solange sie in etwa ihre Funktion erfüllen. Notfalls kann man kleinere Fische ja aus der Schnurhand abdrillen. In der Auseinandersetzung mit wirklich starken Fischen kommt allerdings einiges hinzu: Schnurfassungsvermögen, Bremsleistung, Bedienungskomfort und absolute Verläßlichkeit. Rollenpannen waren schon häufig Ursache für den Verlust des Traumfischs . . .

Zwei Fliegenrollen-Grundtypen lassen sich unterscheiden. Die sog. ,,Single'' Action ist eine sehr einfache Konstruktion. Über die auf ihrer Achse rotierende Spule wird mit der außen angebrachten Kurbel Schnur eingeholt; beim Leineabziehen von Hand dreht sich die Kurbel rückwärts mit. Eine geringfügig verstellbare Knarrenbremse oder eine auf die Achse wirkende, justierbare stille Hemmung verhindert das ,,Überlaufen'' der Spule beim Schnurabziehen. Es gibt auch Modelle mit gut regulierbaren, wirkungsvollen Scheibenbremsen. Die Einholgeschwindigkeit hängt vom Spulendurchmesser des Modells und der Spulenfüllung ab. Manche Modelle sind mit Übersetzung (Multiplier) erhältlich. Die komfortabler konstruierten Anti-Reverse-Rollen besitzen leistungsfähigere, fein regulierbare Bremssysteme, mit vorgeschalteter Kupplung. Beim Schnurabzug steht ihre Kurbel still und kann sogar in Gegenrichtung gedreht werden. Vorfachbrüche durch plötzlich auftretenden Streß beim Einholen der Leine können durch eine entsprechende feine Bremseinstellung ausgeschaltet werden.

Die Spulen herkömmlicher Rollen laufen zumeist in einem Gehäuse, dem Rollenkäfig, der ihnen den notwendigen Halt gibt. Rollen mit reduziertem Gehäuse, dessen eine Seite vom Spulenaußenrand gebildet wird, müssen sehr präzis gearbeitet sein, um eine problemlose Schnurführung sicherzustellen. Bei Kunststoffrollen wurde dies bisher kaum befriedigend gelöst.

Die Forderungen an eine funktionelle Fliegenrolle lassen sich etwa so zusammenfassen: Möglichst leicht – aber präzis laufend und robust. Ein vernünftiges, dem Einsatz entsprechendes Fassungsvermögen. Für leichtes Fischen: Fliegenschnur und etwa 40 m, für schwereres Fischen: Fliegenschnur und 120 m Backing. Dabei darf die Spule nur soweit gefüllt sein, daß die aufgewundene Schnur die Rollenstege nicht berührt. Bequem auszuwechselnde Spulen. Ein verläßlich und vor allem fein justierbares Bremssystem, bei einfachen Aktionen ist ein für Handbremsung ausgelegter Spulenrand vorteilhaft. Griffige Kurbel und Justierschrauben. Glatte, abgerundete schnurschonende Öffnung. Rollendurchmesser besser groß mit geringer Breite – als umgekehrt. Und ein möglichst nicht reflektierendes Äußeres.

Abgesehen von diesen Dingen, muß die Rolle entsprechend den Wünschen ihres Benutzers, für Rechts- oder Linkshandbetrieb ausgelegt bzw. wechselweise einzusetzen sein. Bei Bedarf ist auch auf Salzwassertauglichkeit zu achten! Für Fischen und Fische, bei denen es auch auf die Leistung der Rolle ankommt, sind Qualitätsrollen gerade gut genug.

Die Fliegenrolle dient in der Hauptsache zur Aufbewahrung der Fliegenschnur, sie muß jedoch auch mit einem wirksamen Bremssystem ausgestattet sein, wenn es darum geht, einen heftig kämpfenden Fisch sicher zu kontrollieren.

Kleidung und Watzeug

Wie man sich als Fliegenfischer kleidet, ist nicht nur eine Frage des persönlichen Geschmacks, sondern auch der äußeren Bedingungen. Harris Tweed und Krawatte beispielsweise mögen ja an den Flüssen der englischen Parklandschaft ganz nett sein, sind aber für die Schneeweidendickichte an den Ufern lappländischer Flüsse oder auf einem Float Trip in Alaska völlig ungeeignet.

Fischerkleidung muß zwar nicht unbedingt camouflage, sollte aber aus taktischen Gründen gedeckt-unauffällig und dabei bequem und zweckmäßig sein. Ob man dann eine ,,Wulff-Weste'' bevorzugt oder seine Utensilien in einer soliden Anglertasche oder im Rucksack mitführt, ist gleichgültig – solange man nur alles griffbereit unterbringt. Klasse und Stil eines Fischers hängen jedenfalls nicht von Äußerlichkeiten ab, sondern einzig von seiner Einstellung.

Infolge der relativ geringen Wurfweiten, die man mit Fliegengerät erreichen kann, kommt dem Watfischen große Bedeutung zu. Beim Waten werden dem Aktionsradius lediglich durch Tiefe und Strömungsdruck Grenzen gesetzt. Selbst überzeugte Uferfischer kommen um gelegentliches Waten nicht herum. Verläßliches Watzeug – schon aus gesundheitlichen Gründen unverzichtbar – muß gut gegen Kälte isolieren und eine möglichst hohe Trittsicherheit gewährleisten.

Ob man sich für lange Stiefel oder eine Wathose entscheidet, hängt vom Einsatzbereich ab. Wathosen erschließen auch tiefere Gewässerpartien, sind aber unbequemer als Stiefel. Vor allem, wenn man größere Strecken ,,zu Land'' darin zurücklegen muß. Dünnes Material bedeutet zwar Gewichtsersparnis, jedoch schlechte Dämmung. Selbst wenn man entsprechend warmes Unterzeug trägt, macht sich in kaltem Wasser innen die starke Kondensfeuchtigkeit sehr unangenehm bemerkbar. Die modernen Neopren-Watsachen bieten z. Zt. den größten Watkomfort: sie tragen sich angenehm, isolieren hervorragend, sind leicht, recht robust und lassen sich sogar bequem reparieren.

Der Sohlenbeschaffenheit von Watsachen gebührt besondere Aufmerksamkeit. Gummistollen sind nur trittsicher mit eingebetteter Stahlwolle. Die mit Wolframstiften gespickte ,,alpine'' Sohle ist zwar einigermaßen rutschsicher, ihr Kratzen auf dem Grundgestein aber nicht ohne Scheucheffekt. Filzsohlen sind besser geeignet, doch meist schnell verbraucht. Rauh-griffige Teppichboden-Sohlen sind unverwüstlich und in punkto Trittsicherheit unerreicht, mit einer geeigneten Qualität läßt sich beim Schuhmacher jeder ,,wader'' preiswert nachrüsten.

In reißenden Strömungen reicht rutschfeste Besohlung oft nicht mehr aus. Hier muß ein Watstock als drittes Bein fungieren. Jeder schulterlange, gewachsene robuste Stock tut es. Abgestorbene Äste sind wegen der Bruchgefahr ungeeignet! Natürlich muß man den Watstock sicher anleinen – ein Verlust weitab vom Ufer kann fatal sein. Von den käuflichen Stöcken sind einteilige Modelle die besten. Zusammenlegbare Patentstöcke mit innenlaufendem Gummizug sind nur brauchbar, wenn ihre Segmente absolut verläß-

lich zusammengehalten werden. Als Watstockspitze ziehe ich persönlich eine leise Gummikappe jeder Stahlspitze vor.
Im Stillwasser oder sehr langsam fließenden Gewässern, in denen eine Wathose nicht mehr ausreicht und Boote nicht zur Verfügung stehen, eröffnet das Fischen aus dem ,,Belly Boat" neue Dimensionen. Diese bestehen aus einem luftgefüllten Schwimmring (am sichersten ist ein Zweikammer-System), der in einem mehr oder weniger komfortabel ausgestatteten Überzug mit Sitzfläche steckt. Der ,,Belly Boater" trägt eine brusthohe Wathose, denn er sitzt bis etwa zur Hüfte im Wasser. Zur Fortbewegung dienen Schwimmflossen an den Füßen. Luftleer in einer größeren Tasche zu transportieren und damit an allen geeigneten Gewässern einzusetzen, erfreut sich dieses Fischen aus der Schwimmvogel-Perspektive zunehmender Beliebtheit.

Was man sonst noch braucht
Aus dem reichhaltigen Zubehörangebot können hier nur Dinge angesprochen werden, die zur Basis-Ausrüstung gehören. Manches darüber hinaus ist sicher recht nützlich, aber keinesfalls unverzichtbar.
Absolut unverzichtbar beim Fliegenfischen ist ein verläßlicher Augenschutz! Außer Kontrolle geratene Fliegen – sei es durch Windeinwirkung oder einen mißglückten Wurf – können zu irreversiblen Augenschäden führen. Deshalb ist ein breitkrempiger Hut oder eine Schirmmütze keine Show, sondern die mindeste Vorsichtsmaßnahme. Und widerhakenlose Fliegen sind nicht nur fairer gegenüber dem Fisch, sondern auch weniger gefährlich für uns selbst.
Ein perfekter Augenschutz ist natürlich jede Brille. Sonnenbrillen, möglichst mit Polaroidgläsern, haben manches für sich: Sie schonen die Augen vor grell besonnten Wasserflächen, mindern Reflexionen und verbessern die Sicht ins Wasser, unter gewissen Blickwinkeln sogar wesentlich.
Wenn Sie sich dann für eine Fliegenweste entscheiden, sollten Sie nicht auf besonders viele, sondern vor allem vernünftig bemessene, gut schließende Taschen achten. Hochformatige Taschen sind verliersicherer als quer geschnittene, zumal wenn sie mit Klettverschluß ausgestattet sind. Aufeinander angeordnete Taschen blähen jede Weste geradezu grotesk auf – ohne praktisch zu sein. Rucksacktaschen sind nur nützlich, wenn sie auch bequemen Zugriff gestatten. Das gilt im besonderen für kurz geschnittene Watwesten.
Anglertaschen müssen mindestens so groß sein, daß sie außer den Fliegendosen und diversen Kleinteilen auch Regenzeug oder Pullover aufnehmen können. Auch hier gilt: hochformatige Modelle sind vorzuziehen. Sie sollten aus Waterproof-Material hergestellt und mit einem gut deckenden Überwurf zu schließen sein. Ein unterteiltes Hauptfach hilft Ordnung halten, sicher schließende Außentaschen sind Bedingung. Der Schulterriemen muß druckfreies Tragen sichern, ein zusätzlicher Bauchgurt verhindert beim Bücken das lästige Verrutschen.
Bei Fliegenbüchsen sollte man musterschonende Modelle wählen, die Übersicht bieten, gut schließen und schwimmfähig sind. Für Trockenfliegen sind Boxes mit Einzelfächern gut geeignet, besonders, wenn diese separat verschließbar sind. Auch Dosen mit Weichschaumstreifen sind hakenschonend, übersichtlich und garantieren bei entsprechenden Innenmaßen unversehrte Trockenfliegen. Für Nymphen und Naßfliegen sind sie auch in flacherer Ausführung zu empfehlen. Magnethalterungen sind nur brauchbar, wenn sie verläßlich festhalten. Flyboxes mit Metallklammern sollten Streamers, größeren Naßfliegen, d. h. Mustern vorbehalten bleiben, die eine flache Halterung vertragen und deren Hakenspitzen durch die Klammern nicht leiden. Halterungssysteme sind überhaupt nur brauchbar, wenn die Unversehrtheit der Haken gegeben ist.
Für die Aufbewahrung fertiger Vorfächer gibt es spezielle Taschen, aber jede Brieftasche tut es auch. Wichtiger ist ein funktionaler Vorfachdispenser als Vorfachspitzen-Depot, sofern man die verschiedenen Monofilstärken nicht auf Einzelröllchen mit sich führen will. Ein guter Dispenser sollte vier bis sechs verschiedene Stärken halten und das Monofil leichtgängig und geglättet freigeben – aber nur auf Zug und nicht etwa selbsttätig in der Tasche . . .
Messer und Schere sind unverzichtbar. Ein solides (feststehendes) Messer ist vielseitig und nicht nur zum korrekten Abschlagen und Versorgen der Fische einzusetzen. Eine längere Kombischere ist zum schonenden Hakenlösen, zum Abschneiden von Monofil und evtl. zum Frisieren von Fliegen praktisch. Man trägt sie am besten unverlierbar am Gummiband oder an einem Federzug-Clip.
Sofern man in schonender Handlandung nicht geübt ist – kann man sich für einen kurzen Watkescher oder einen (verläßlich funktionierenden) Klappkescher entscheiden. Beim Landen größerer Fische ist nicht so sehr die Öffnungsweite, als eine gehörige Netztiefe wichtig. Hölzerne Watkescher, die man am Gummiband an der Seite oder auf dem Rücken trägt, sind leicht und nicht nur beim Waten bequem einzusetzen. An verwachsenen Ufern kann ihr freihängendes Netz allerdings störend sein. Hier ist ein Patentkescher, der im Köcher getragen wird, besser geeignet. Zur erfolgreichen Landung von hohen Ufern tiefer Gewässer sind langstielige Modelle vorteilhafter.
Vielleicht auch noch ein Wort zum Fliegenpräparieren. Von den zahllosen Schwimmpräparaten für Trockenfliegen sind die flüssigen vorzuziehen: Sie beeinträchtigen das Aussehen der Muster nicht und wirken nach dem Verfliegen des Lösungsmittels verläßlich. Zum Trocknen nasser Fliegen ist dann Amadou unschlagbar, aber auch Wildleder hervorragend geeignet. Feste Schwimmfette können jedoch zum Vorfach- oder Schnurfetten sehr nützlich sein. Auf Sinkpräparate habe ich persönlich bisher bewußt verzichtet, denn Vorfächer oder langsam sinkende Schnüre kann man durch Abreiben mit Schlamm einfach von anhaftenden Fetten befreien und wieder sinkfähig machen.

Mit Watstiefeln, einer Fischerweste, einem Watkescher, einer Polarisationsbrille und einer breitrandigen Mütze oder einem Fischerhut fängt man zwar nicht mehr Fische, aber nach wie vor gehören diese Stücke zur Ausrüstung des Fliegenfischers.

Das Werfen

Die fliegenden Leinen sind das Charakteristikum des Fliegenfischens. Gekonntes Werfen besticht durch seine rhythmische Harmonie. Die Bewegungen des Werfers wirken fast spielerisch leicht, von fließender Eleganz. Verfolgt man den Flug der Leine, so scheinen die Gesetze der Schwerkraft aufgehoben . . .
Wunderschön anzuschauen, doch ungeheuer schwer zu erlernen – das ist die verbreitete Meinung vieler Angler. Und nur die Furcht vor dem Werfenlernen hält die meisten vom Erlebnis Fliegenfischen ab. Doch ist der Fliegenwurf kein Mysterium, sondern einfach durch eine Folge aufeinander abgestimmter Bewegungsabläufe von jedermann so einfach auszuführen wie Laufen oder Schwimmen. Höchst simpel, wenn man das Grundprinzip begriffen hat.
Zweifellos ist das Werfenkönnen wichtig. Die korrekte Darbietung der Fliege setzt zunächst einmal einen gelungenen Wurf voraus. Auch kommt man erst zum wirklich freien Fischen, wenn man eine gewisse Sicherheit im Werfen besitzt und nicht dauernd daran denken muß. Doch dies ist klarzustellen: Um mit der Fliege glücklich und erfolgreich zu fischen, braucht man kein Superwerfer zu sein. Es gibt genug hervorragende Werfer, die dennoch miserable Fischer sind – und überaus erfolgreiche Fliegenfischer, die nur über bescheidene Wurfkünste verfügen. Denn trotz ihrer Bedeutung sind Werfen und Präsentation immer nur ein Teil des Fliegenfischens, wenn auch ein faszinierender.
Heute wird oft und gern die Meinung vertreten (und gemacht), niemand könne allein vernünftig werfen lernen. Sicher, mit praktischer Anleitung eines gewieften Lehrers fällt der Einstieg leichter. Aber unverzichtbar ist ein Wurfkursus nicht! Denn es gibt Zehntausende, die ganz ohne Hilfestellung begeisterte Fliegenfischer geworden sind. Es genügt eine Portion echtes Interesse, um sich die wesentlichsten Grundzüge über das Werfen anzulesen. Schon in ein paar Übungsstunden auf einer Wiese bekommt man dann das erste Gespür für Rute und Leine. Und bald schon bringt jeder durchschnittlich Veranlagte brauchbare Würfe aus. Dann sollte er fischen gehen. Denn nirgendwo übt sich das Werfen besser, als beim Fischen selbst.
Doch um es auch hier noch einmal zu betonen: Eminent wichtig ist perfekt aufeinander abgestimmtes Gerät. Die Zusammenstellung ist bei Beachtung der Herstellerangaben (nach AFTMA) einfach. Welcher Rutentyp einem dann am besten liegt, findet man allerdings erst im Lauf der Zeit heraus.
Als Erstgerät ist eine semiparabolische Kohlefaserrute von 7 1/2 bis 8 Fuß (2,25 m bis 2,40 m) der Klasse 5 bis 6 und eine helle Schwimmschnur empfehlenswert. Dabei sollte man stets die höchste der auf der Rute angegebenen AFTMA-Schnurklasse wählen, weil dann das Schnurgewicht schon bei relativ geringen Distanzen besser zu spüren ist. An die Leine kommt ein etwa rutenlanges, verjüngtes Vorfach mit 0,20er Spitze. Bei den allerersten Versuchen kann man auf eine Fliege verzichten, keinesfalls aber auf das Vorfach! Denn das sich nach vorn weiter verjüngende Vorfach fängt das harsche ,,turn over'' der Frontleine ab und sorgt für ein sanftes Ausrollen bis zur Spitze. Gelingen dann die ersten Würfe, sollte man zum Üben eine helle 12er Fliege ohne Hakenbogen (!) anknüpfen. Eine hakenlose Fliege verfängt sich nicht im Gras und ist bei ungewollten Kontakten völlig harmlos.

Werfen lernen

Die Grundsituation beim Fliegenwurf ist folgende: Die zu bewegende Wurfmasse ist die Fliegenschnur. Wurfinstrument ist die Rute. Durch druckvollen Aufwärtsschwung wird die Rute gespannt und Energie auf die Leine übertragen. So wird zunächst die Trägheit der vor dem Spitzenring der Rute befindlichen Wurfmasse überwunden und die Schnur auf eine Flugbahn gebracht. Durch weitere dosierte Energieeingaben bei Vor- und Rückschwung kann die Leine dann in der Luft gehalten, beschleunigt, verlängert, gelenkt und die Fliege zielgerichtet abgelegt werden.
Das ist praktisch viel einfacher auszuführen, als es sich beschreiben läßt. Gehen wir also unbefangen auf eine Wiese und tasten uns ganz locker an das Gefühl für Rute und Leine heran.

Der aufrechte Wurf

Zunächst die Ausgangsbasis: Sechs bis acht Meter Fliegenschnur abziehen und samt Vorfach gestreckt auf den Boden legen. Die Rutenhand umfaßt fest und am besten mit oben aufgelegtem Zeigefinger den Griff. Die Schnurhand ergreift die Leine unterhalb des Leitrings und hält sie – zur Faust geballt – in Höhe der Taille so, daß die leicht gestraffte Schnur über die Daumenkuppe nach vorn läuft. Der Wurfarm ist bei zwanglos angelegtem Ellenbogen nach vorn abgewinkelt. Der Unterarm bildet mit der Rute eine Gerade. Die Schulter des Wurfarms ist leicht zurückgenommen, das Körpergewicht ruht auf dem Bein dieser Körperhälfte. Der Fuß des anderen Beins weist, etwas vorgestreckt, in die Wurfrichtung. Man steht bequem und völlig entspannt. Die Rutenspitze ist leicht abwärts geneigt.
Erste Übung: Mit zügigem Schwung die Rute aus der Waagerechten in die Senkrechte führen und den Rückschwung hier mit angespannten Muskeln stoppen. Die Schnur wird abgehoben, folgt dem Rückschwung, fliegt nach hinten und streckt sich. Jetzt die Rute im Vorschwung bis in die Waagerechte zurückführen. Die Schnur folgt wiederum dem Zug, rollt über die Rutenspitze nach vorn ab und streckt sich – Rute absenken und Schnur ablegen. Oberarm und Unterarm bleiben beim Werfen unverändert gebeugt, die Wurfbewegung erfolgt allein aus dem Schultergelenk. Erst beim Ablegen der Schnur wird der Wurfarm nach vorn gestreckt.
Die Rute wird so geführt, daß ihre Spitze auf zwei nebeneinanderliegenden Bahnen läuft. Beim Rückschwung leicht nach außen geneigt: Die Schnur fliegt seitlich an Rute und Werfer vorbei. Beim Vorschwung führt man die Rute senkrecht: Die Schnur rollt über die Rutenspitze nach vorn ab. Wichtig: Die Schnurhand muß die Bewegung der Rutenhand in gleichbleibendem Abstand mitmachen. Nur bei gleichmäßiger Schnurspannung, d. h. straffer Leine zwischen Schnurhand und Leitring, kann die eingebrachte Energie voll auf die Schnur einwirken und ihr die nötige Beschleunigung geben.
Der ganze Bewegungsablauf muß zügig und druckvoll, aber mit deutlich abgegrenzten Energieimpulsen erfolgen. Der Stoppunkt bei senkrechter Rutenstellung muß unbedingt eingehalten werden. Erst wenn das Gewicht der nach hinten fliegenden Schnur in der Gerte spürbar wird, in der Streckphase also, wird der Vorschwung angesetzt. Das korrekte ,,timing'' entscheidet über das Gelingen oder das Mißlingen des Wurfs. Bei zu früh angesetztem Vorschwung, wenn sich die Schnur nach hinten noch nicht weit genug gestreckt hat, kommt es zum ,,Peitscheneffekt''. Er kann so stark sein, daß die Fliege abgeknallt wird. Erfolgt der Vorschwung dagegen zu spät, sinkt die Leine ab, berührt u. U. den Boden und der Wurf bricht zusammen.
Bereits nach einigen Versuchen spürt man das Leinengewicht in der Rute und bekommt Gefühl fürs Timing. Wenn dann die beschriebenen Bewegungsabläufe stimmen und die Schnur sicher und gerade abgelegt werden kann, folgt der zweite Übungsteil.
Zweite Übung: Dabei wird die Leine nicht nach vorn abgelegt, sondern zum ,,Leerwurf'' in der Luft gehalten. Die Rute wird jetzt beim Vorschwung bereits in schräg aufwärts zeigender Position mit angespannten Muskeln gestoppt. Der Wurfarm bleibt dabei gebeugt. Die Schnur rollt über die Rutenspitze ab, streckt sich nach vorn. In dieser Phase den neuen Rückschwung ansetzen, die Leine zum Rückwurf beschleunigen und die Rute in senkrechter Stellung stoppen. Die Schnur fliegt wiederum außen vorbei und streckt sich nach hinten. Neuer Vorschwung.
Die Leerwürfe können beliebig oft wiederholt werden. Dabei wächst das Gefühl für Rute und Leine. Wenn das Timing stimmt, d. h. die Stoppphasen beachtet werden und die Kraftimpulse richtig erfolgen, ergibt sich eine akzentuierte Pendelbewegung, mit der die Fliegenschnur mühelos in der Luft gehalten wird. Erst zum Ablegen der Fliege wird die Rute dann nach dem Strecken der Schnur nach vorn bis unter die Waagerechte abgesenkt.
Sobald man Leerwürfe mit etwa 8 m Leine beherrscht, sollte man sie in Bewegung üben, indem man dabei ganz zwanglos umhergeht. Das lockert und bringt Sicherheit. Wenn man nun mit der Rute seitlich immer weiter heruntergeht, kommt man ganz einfach zum ,,side cast'', der am Wasser unverzichtbar ist. Auch beim Seitenwurf wird die Rute wie bisher geführt. Der Seitenwurf ist nichts anderes als ein mehr oder weniger horizontal geführter Normalwurf.

Schnurbehandlung

Beim Werfen und bei allen Anbietetechniken kommt es auf die absolut freie Verfügbarkeit von Leerschnur an. An verwachsenen Ufern, wo die Schnur nicht glatt abgelegt werden kann, oder beim Waten, wo eine scharfe Strömung die Leerschnur ,,festhält'', bietet sich die Schnurhand zugleich als Leerschnur-Depot an. Es gibt verschiedene Methoden, diese Leinenreserve bereitzuhalten.

Die Leine wird mit der Schnurhand in gleichmäßig kleinen Schlingen aufgehaspelt. Diese Technik ist einfach und praktisch. Man kann etwa 12 Meter Schnur in glatten Schlingen in der Hand halten und nach Bedarf freigeben.

Eine elegante Lösung: Die Leine wird mit Daumen und Zeigefinger ergriffen und in Achterschlingen obenherum über den Zeigefinger und untenherum über Ringfinger und Kleinen Finger geführt. Der Mittelfinger bleibt frei. Etwa 15 Meter Leine können so in gleichmäßigen Achterschlingen in der Schnurhand gehalten werden. Durch leichtes Spreizen der Hand läuft die Leerschnur gleichmäßig locker ab.

Die Schnur wird in beliebig großen, gleichlangen Schlaufen eingezogen und festgehalten. Auf diese Weise ist die komplette Leine in Reserve zu halten. Das unbehinderte Ausgeben in dosierten Längen beim Werfen erfordert etwas Übung.

Die Schnur wird in ein umgeschnalltes,,Shooting Basket'' gestrippt und liegt in losen Klängen zum Schuß oder zum Nachfüttern bereit. Die früher aus Korbgeflecht und heute zusammenfaltbar aus Segeltuch gefertigten ,,Baskets'' sind zum Distanzfischen vor allem beim Waten äußerst praktisch.

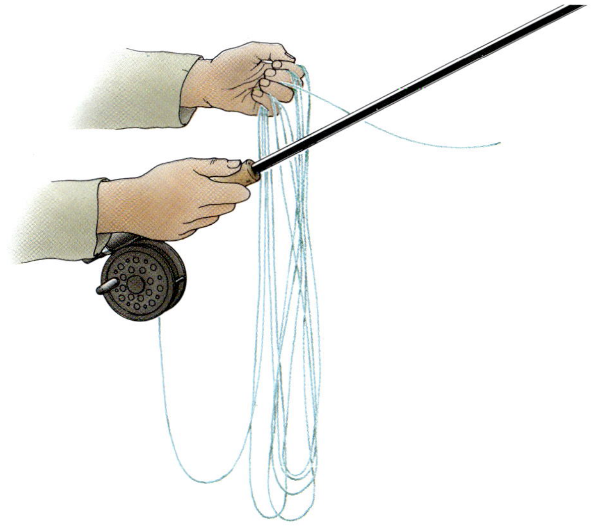

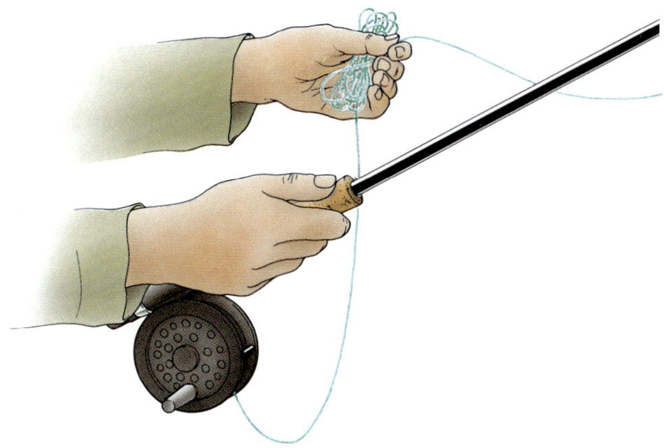

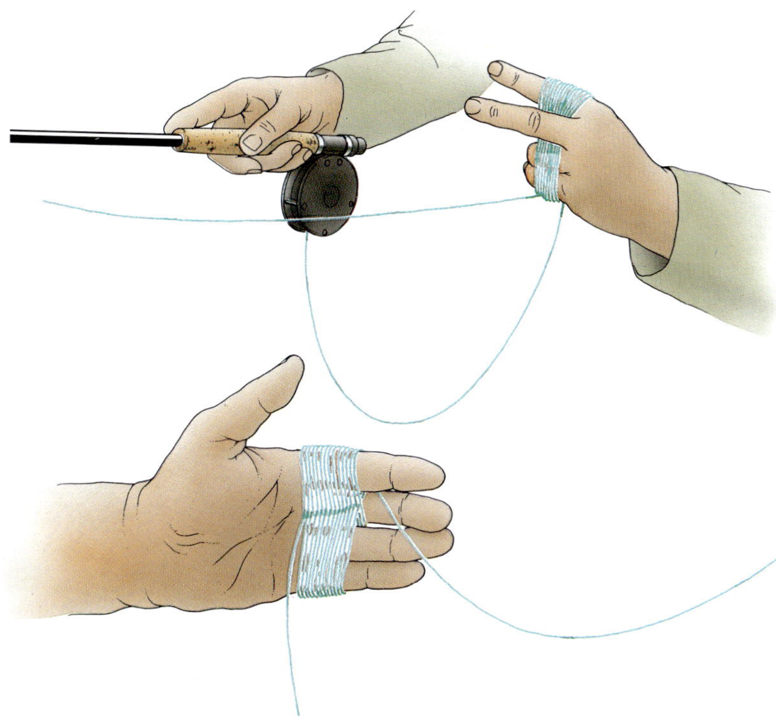

Überkopfwurf

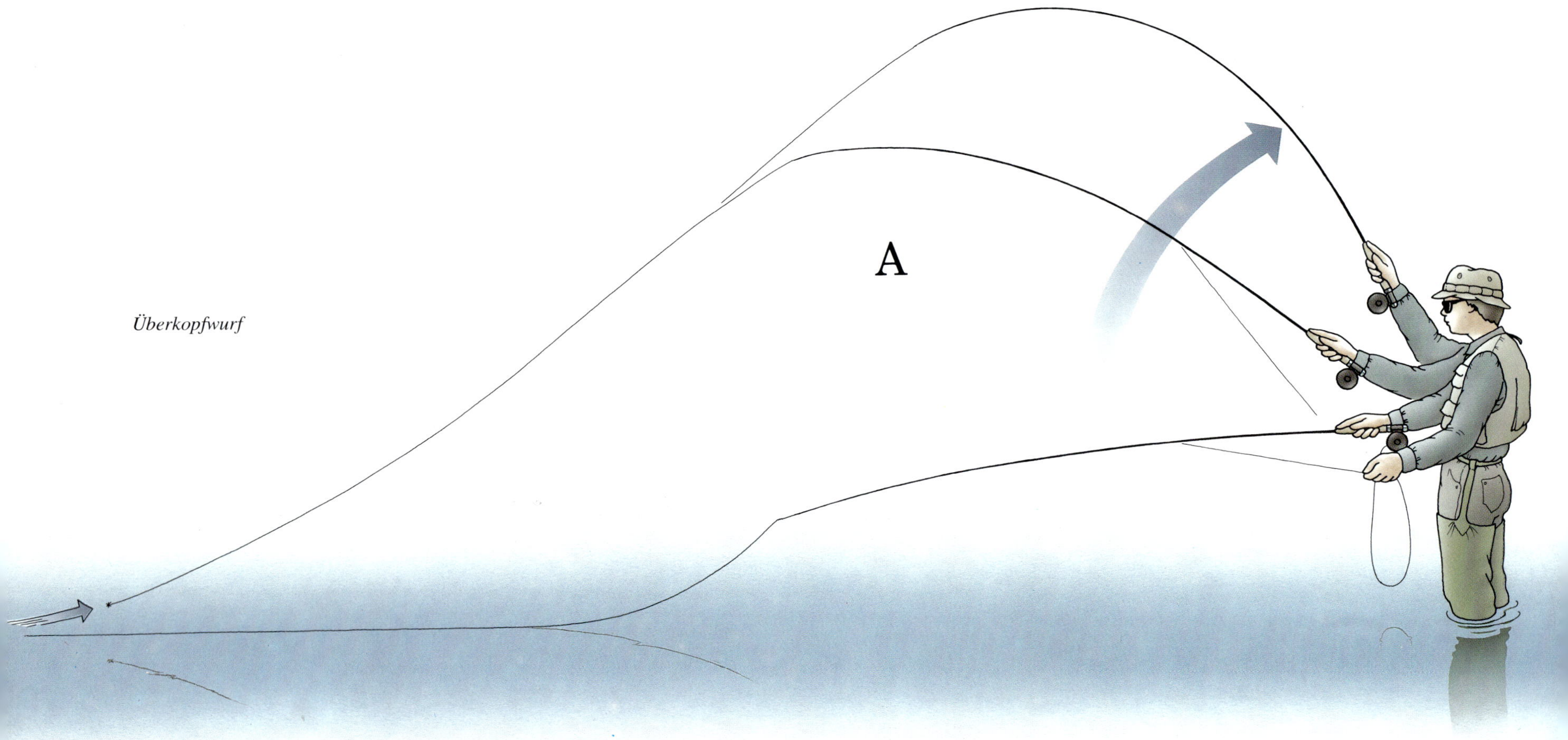

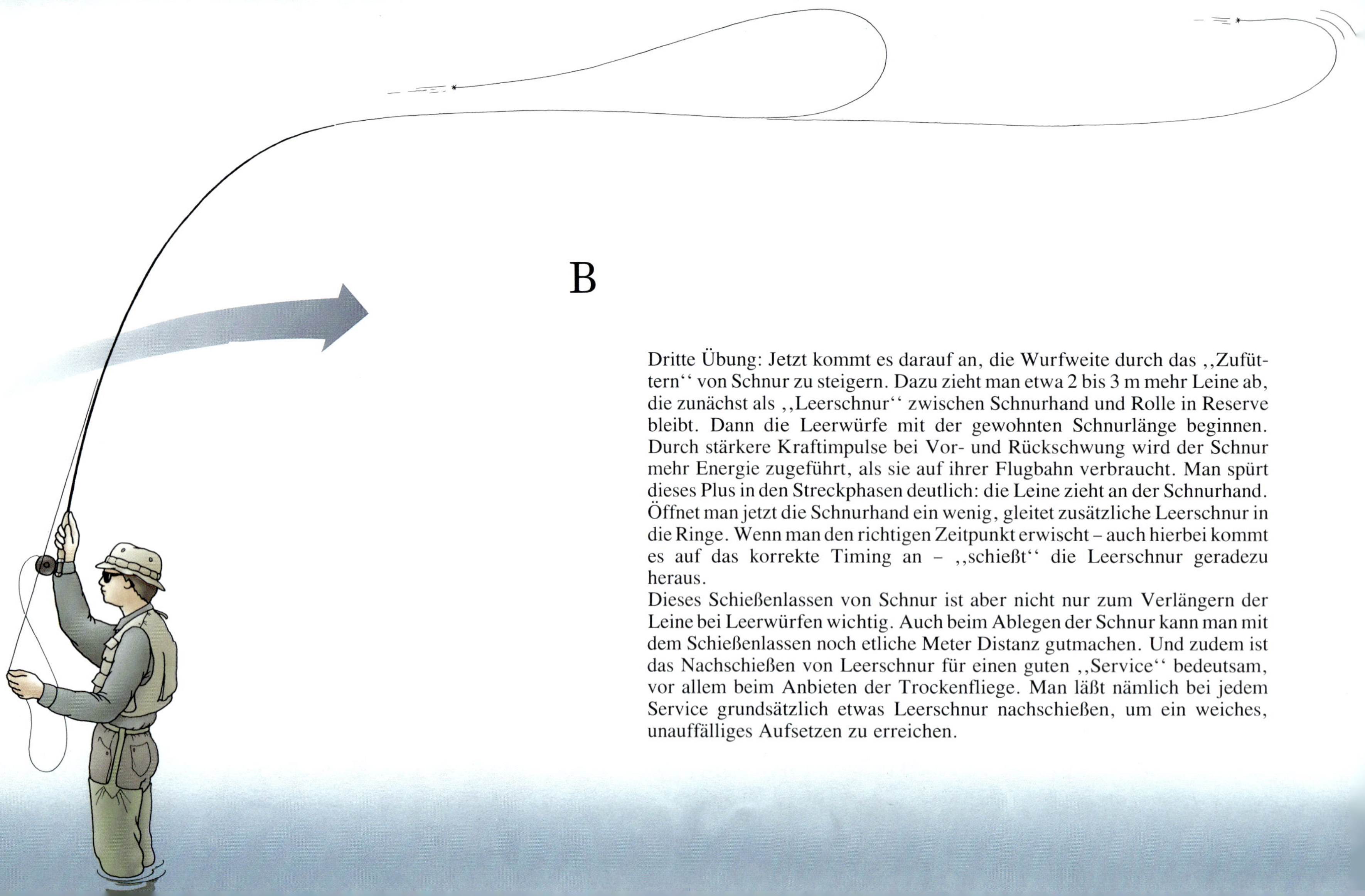

Dritte Übung: Jetzt kommt es darauf an, die Wurfweite durch das ,,Zufüttern'' von Schnur zu steigern. Dazu zieht man etwa 2 bis 3 m mehr Leine ab, die zunächst als ,,Leerschnur'' zwischen Schnurhand und Rolle in Reserve bleibt. Dann die Leerwürfe mit der gewohnten Schnurlänge beginnen. Durch stärkere Kraftimpulse bei Vor- und Rückschwung wird der Schnur mehr Energie zugeführt, als sie auf ihrer Flugbahn verbraucht. Man spürt dieses Plus in den Streckphasen deutlich: die Leine zieht an der Schnurhand. Öffnet man jetzt die Schnurhand ein wenig, gleitet zusätzliche Leerschnur in die Ringe. Wenn man den richtigen Zeitpunkt erwischt – auch hierbei kommt es auf das korrekte Timing an – ,,schießt'' die Leerschnur geradezu heraus.

Dieses Schießenlassen von Schnur ist aber nicht nur zum Verlängern der Leine bei Leerwürfen wichtig. Auch beim Ablegen der Schnur kann man mit dem Schießenlassen noch etliche Meter Distanz gutmachen. Und zudem ist das Nachschießen von Leerschnur für einen guten ,,Service'' bedeutsam, vor allem beim Anbieten der Trockenfliege. Man läßt nämlich bei jedem Service grundsätzlich etwas Leerschnur nachschießen, um ein weiches, unauffälliges Aufsetzen zu erreichen.

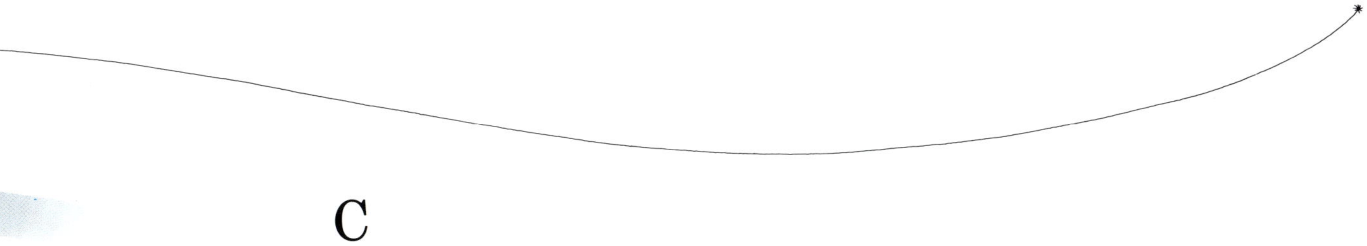

C

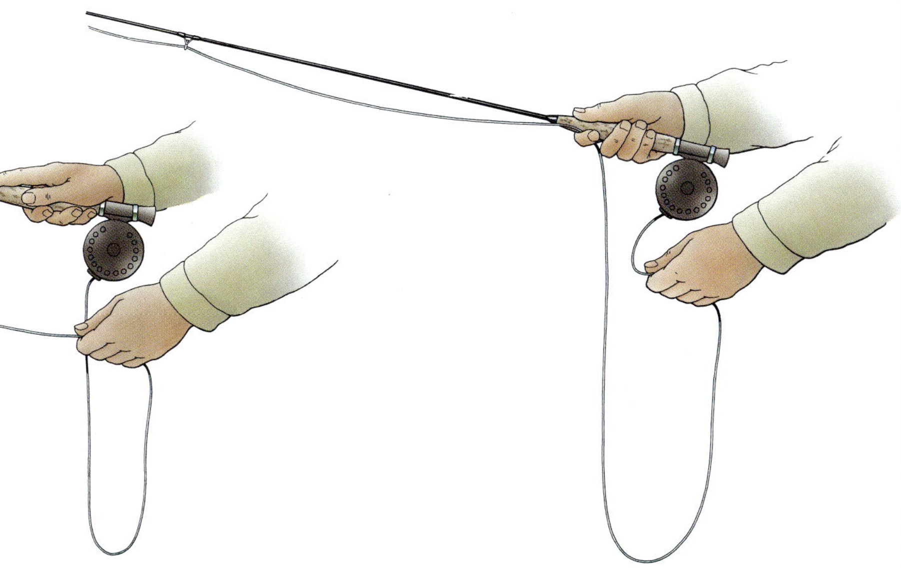

Die Fliegenschnur kann man entweder direkt in der Schnurhand zwischen Daumen und Zeigefinger halten oder indem man sie mit dem Zeigefinger der Rutenhand am Handgriff führt. Welche Weise man bevorzugt ist der persönlichen Praxis anheimgestellt.

D

Zum Aufsetzen der Fliege peilt man einen Punkt etwa 60 cm über dem Ziel an und drückt die Rute im Vorschwung bis in die Waagerechte. Wenn der Zug der fast gestreckten Leine in der Schnurhand spürbar wird, gibt man die Schnur frei und senkt die Rute ab. Die Restenergie wird von der nachgleitenden Schnur aufgezehrt und die Fliege setzt sanft auf.

Es ist wichtig, dieses Zufüttern und Schießenlassen zu üben. Dabei sollte man sich zunächst aber auf die Zehn- bis Zwölf-Meter-Distanz beschränken. Wenn man diese Leinenlänge einigermaßen beherrscht, kann man an einem kleineren Gewässer ohne weiteres und mit Erfolg fischen gehen.

Wurfvarianten und Anbietepraxis

Ideale Bedingungen für das erste Fischen mit Fliegengerät herrschen bei Oberflächenaktivität. Man kann dann die steigenden Fische bzw. ihre Ringe ausmachen und sieht genau, wohin man zu werfen hat. Und wenn man genauer hinschaut, kann man oft auch sehen, worauf die Fische aus sind. Auch für wirkliche Neulinge im Fischen fällt der Einstieg unter diesen Bedingungen nicht schwer. Wenn man bereits Fischer ist, kennt man sich ja ohnehin aus – lediglich das Gerät und die Anbieteweise sind noch etwas ungewohnt.

Natürlich ist es ratsam, sich an den ersten Tagen Gewässerpartien auszusuchen, die keine großen werferischen und anbietetaktischen Anforderungen stellen. Freie Züge mit gleichmäßiger Strömung, die ausreichend Platz für den Rückschwung bieten. Wenn man sich den aktiven Fischen dann langsam und vorsichtig stromauf nähert, kann man fast immer auf bequeme Wurfweite herankommen.

Für den „gestreckten Service“ zieht man zunächst eine ausreichende Leinenlänge ab, also etwas mehr als die Wurfweite erfordert. Ganz grundsätzlich fischt man immer mit einer gewissen Leerschnurreserve. Beim Waten kann man zunächst die Leerschnur einfach ins Wasser gleiten lassen. Wirft man dagegen vom Ufer, wird diese Reserveleine am Boden abgelegt. Dabei ist allerdings darauf zu achten, daß sie nirgendwo hängen bleibt und die freie Entfaltung behindert. Wie man Reserveleinen in der Schnurhand bereithält, zeigt das Insert „Schnurbehandlung“.

Man schätzt nun die Entfernung ab, bringt die erforderliche Schnurlänge in Leerwürfen heraus und serviert schräg stromauf. Zum Anbieten der Fliege wird der Bereich etwas stromauf des aktiven Fischs anvisiert. Man zielt – wie schon beschrieben – auf einen Punkt etwa 60 cm über diesem Bereich und läßt zum Aufsetzen etwas Schnur nachschießen. Die Schnur wird erst freigegeben, wenn sie sich im Vorschwung bei waagerecht gesenkter Gerte fast gestreckt hat. Zum „Schießen“ läßt man die Schnur jedoch nicht etwa fallen, sondern durch die leicht geöffnete Hand gleiten. Der geringe Reibungswiderstand sorgt für einen bis in die Vorfachspitze gestreckten Service. Die Fliege setzt sanft auf und kann unauffällig dem angesprochenen Fisch zutreiben.

Nach dem Aufsetzen der Fliege wird die Schnur mit dem Zeigefinger der Rutenhand am Griff leicht eingeklemmt und mit der Leinenhand im Tempo ihres Antreibens eingezogen. Die Rutenspitze ist auf die Fliege gerichtet und folgt der Abdrift. So kann man jederzeit schnell Kontakt zur Fliege herstellen. Beim Nehmen eines Fischs wird durch schnelles, aber keinesfalls heftiges Heben der Rute die Schnur gestreckt und der Haken gesetzt.

Artet dieses Anstrecken in den oft zitierten „Anhieb“ aus, besteht Gefahr des Vorfachbruchs. Denn das „Heften“ des Fischs erfolgt ja im Augenblick seines Abtauchens, ist also ein genau gegenläufiger Impuls. Fischt man zudem modern und naturbewußt, d. h. Fliegen ohne den höchst überflüssigen Widerhaken, bedarf es ohnehin überhaupt keiner Kraft, den Haken sicher einzutreiben.

Wenn die Fliege abgelehnt wird, läßt man sie immer ein gehöriges Stück über den angeworfenen Fisch hinaustreiben, bevor man Schnur und Fliege zu einem neuen Wurf abhebt. Die Ursachen der Ablehnung sind zumeist entweder eine mangelhafte Präsentation, ein unglaubwürdiges Fliegenmuster – oft auch beides. Fehler bei Service und Präsentation sind beim Trockenfischen Hauptursachen der Ablehnung. Der Darbietung gebührt deshalb allergrößte Aufmerksamkeit: die Fliege muß vollkommen natürlich und ohne zu „dreggen“ mit der Strömung abtreiben. Sie darf keinesfalls an der Oberfläche furchen!

Am gestreckten Vorfach ist dies überhaupt nur bei gleichmäßiger Oberflächenströmung möglich. Bei leicht unterschiedlich schnellen Strömungszungen – wie man sie vorwiegend antrifft – ist ein Service mit locker angelegtem Vorfach erfolgversprechender. Die Strömung kann dann die Windungen des locker aufgewasserten Vorfachs „aufzehren“ bevor sie die Fliege zum Dreggen bringt. Deshalb ist das Anbieten mit lockerem Vorfach in vielen Situationen unabdingbar.

Schon durch einen „gestoppten Wurf“ ist das möglich. Bei dieser Anbieteweise bleibt die Schnur gestreckt. Lediglich die Fliege wird beim Service zurückgestoppt. Man erreicht diesen Effekt ganz simpel, indem man das Nachschießen der Leine durch Schließen der Schnurhand abrupt beendet: Die Fliege wird zurückgeprellt und setzt mit lockerem Vorfach auf.

Es gibt verschiedene Wurfmethoden, von denen jede in einer bestimmten Situation ihre Vorteile hat. Besonders in Gewässerabschnitten, in denen die Fließgeschwindigkeit arg unterschiedlich ist, besteht die Möglichkeit zu eleganteren Würfen, indem man verschiedene Wurfarten anwendet.

Der gestoppte Service ist beim Trockenfischen anzuwenden, wenn das gewundene Vorfach ausreicht, Strömungsunterschiede im Anbietebereich auszugleichen. Auch beim Naßfischen sind gestoppte Würfe nützlich: zurückgestoppte Muster mit lockerem Vorfach sinken schneller ab. Schon beim Stromauffischen kann ein gestoppter Service vorteilhaft sein. Beim Querüber- und Stromabfischen ist er vielfach unverzichtbar.

Auch der „Schlangenwurf“ hilft beim Trockenfischen unterschiedliche Strömungen zu überbrücken und die unbehinderte Abdrift zu verlangen. Wenn man genügend Leerschnur bereit hat, ist er einfach auszuführen: Die Gertenspitze wird beim Schießenlassen der Schnur zum Service schnell in kurzen horizontalen Schwipps hin- und hergeschlagen. Die Schnur folgt diesen Impulsen und fällt in Schlangenlinien aufs Wasser. So kann z. B. eine schnellere Mittelströmung diese Bögen aufzehren, bevor sie an der Fliege zerrt.

In ähnlichen Situationen, vor allem aber beim Stromabfischen sind auch „Fallschirmwürfe“ zu nutzen. Bei der klassischen Variante dieses Wurfs wird die Rute im Vorschwung bereits in sehr steiler Position gestoppt. Die Leine streckt sich in Höhe der Rutenspitze nach vorn. Dann erst wird die Rute in unveränderter Haltung bis aufs Wasser gesenkt und die Fliege aufgesetzt. Beim anschließenden Absenken der Rutenspitze sind zwei Gertenlängen unbehinderte Abdrift herauszuholen. Beim Parachute im „Gebetsroither-Stil“ wird der Vorschwung etwa wie im Leerwurf gestoppt, die Schnur schräg aufwärts abgeschossen und die Rutenspitze bis fast aufs Wasser abgesenkt. Der hintere Schnurteil setzt zuerst auf, Schnurspitze und Vorfach fallen in sich zusammen und können sich unbehindert stromab entfalten.

Fischt man schräg oder steil stromab, kann man die unbehinderte Abdrift der Fliege nach einer dieser Wurfvarianten durch das „Nachschlagen“ von Leerschnur bedeutend verlängern. Voraussetzung dafür ist wieder eine entsprechende Schnurreserve zwischen Schnurhand und Rolle: Unmittelbar nach dem Ablegen der Fliege gibt man wie beim Schießenlassen Leerschnur frei und schlägt die Gerte flach und energisch stromauf. Durch die Adhäsion der aufgewasserten Leinenlänge wird Leerschnur vor den Spitzenring gerissen und kann nun in einem stromab gerichteten halbhoch geführten Vorschwung der abtreibenden Schnur nachgeschlagen werden. Mit jedem Nachschlagen ist die freie Abdrift etwa um Rutenlänge zu steigern. Ist dann erst einmal eine längere Leine auf dem Wasser, kann man weitere Leerschnur einfach aus dem Spitzenring „schütteln“ und die unbehinderte Drift der Fliege fast beliebig verlängern.

In Gewässerpartien, wo der Raum für eine aufrechte Rutenführung nicht ausreicht – meist sind die überwachsenen Züge die interessantesten – verlagert man die Wurfebene zum Seitenwurf in die Horizontale (siehe auch „Werfen lernen“). Halbhoch geführte Würfe und flache „side casts“ sind an vielen Strecken die gebräuchlichsten. Oft ist auch der Raum für den Rückwurf eng begrenzt. Hänger lassen sich in solchen Situationen vermeiden, indem man per „Rückhandwurf“ präsentiert. Das gelingt am besten mit einem halbhoch geführten Wurf: Mit dem Ziel im Rücken entfaltet man die erforderliche Leinenlänge in die mögliche Lücke hinein. Zur Präsentation wendet man sich über die Schulter des rutenführenden Arms dem Ziel zu, senkt die Rute über den Handrücken bis in die Waagerechte ab und gibt die Schnur frei.

In Partien, wo überhaupt kein Rückschwung möglich ist, kann immer noch mit einem „Rollwurf“ präzis serviert werden. Für einen glatt laufenden „Roulé“ wird zunächst mit einem knappen Seitenwurf eine etwa doppelt rutenlange Leinenflucht ausgebracht. Dann wird die Gerte in eine senkrecht nach oben weisende Position gehoben und druckvoll in die Waagerechte geschlagen. Die Schnurhand hält die angleitende Schnur gespannt. Die Leine folgt der Rutenbewegung und rollt auf der Wasseroberfläche dem Ziel zu. Durch Zugabe von Leerschnur beim erneuten Anheben der Rute in die

Ausgangsposition und wiederum druckvolles Nach-vorn-schlagen, kann die Wurfdistanz weiter gesteigert werden. Mit mehreren hintereinander abgesetzten Rollwürfen lassen sich bei korrekter Mitarbeit der Schnurhand 12-Meter-Distanzen leicht übertreffen.
Sehr effektiv ist in solchen Situationen auch eine Synthese aus Seitenwurf und Rollwurf. Man bringt die erforderliche Schnurlänge in Seitenwürfen parallel vor dem Körper aus. Der Blick ist auf das Wurfziel gerichtet. Beim letzten Rückschwung wird dann die Gerte in einer fließenden Bewegung aus der Horizontalen in die Senkrechte geführt und energisch auf das Ziel zu heruntergedrückt. Die im Flug befindliche Leine folgt dem richtungsweisenden Rutenimpuls und streckt sich in einer Luftrolle querüber ins Ziel.
Rollwürfe sind überhaupt in vielen Situationen nützlich. Die Schnuraufnahme mit einem ,,roll pick up'' ist vor allem beim Stromauffischen bequem.

Fallschirmwurf

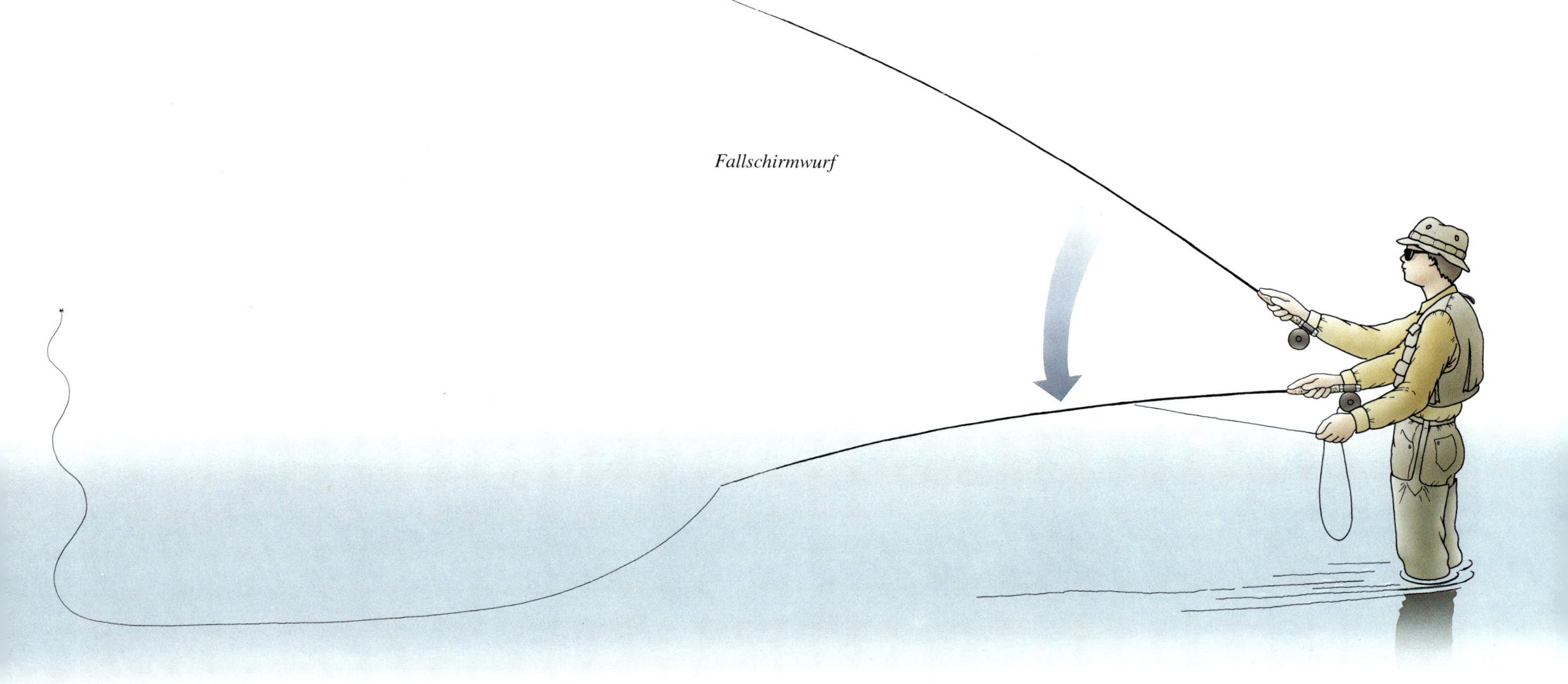

Schlangenwurf

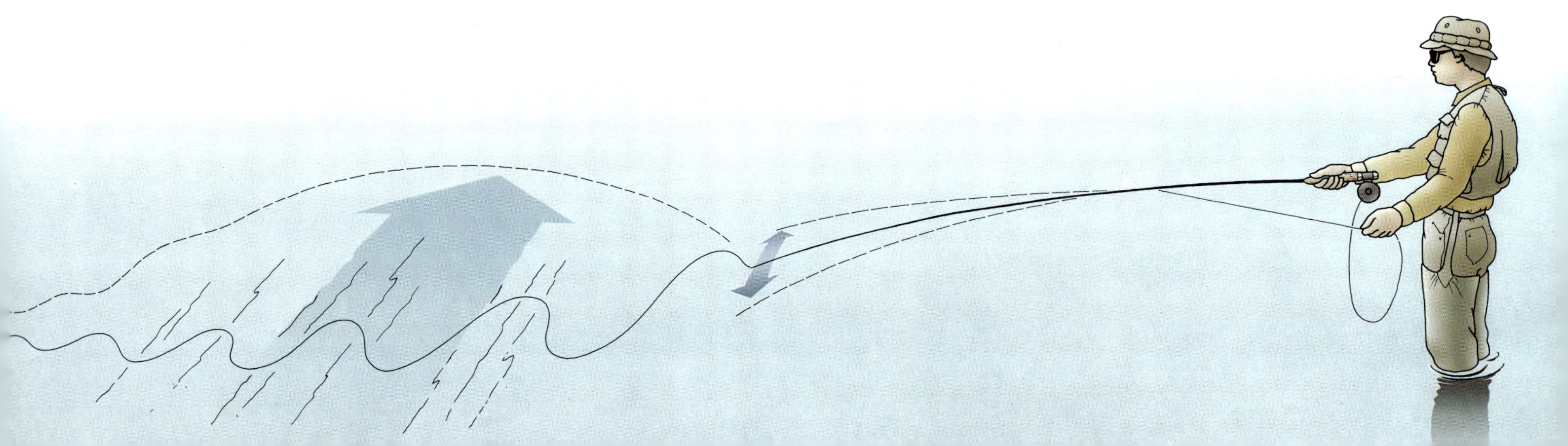

Man läßt ganz einfach die letzten Meter Leine auf sich zutreiben, hebt dabei die Gerte in die Senkrechte und schlägt sie dann energisch nach vorn in eine halbhohe Position. Die Schnur wird seitlich mit einer Rolle abgehoben, streckt sich nach vorn und kann nun in Leerwürfen wieder auf ein neues Ziel gelenkt werden. Auch zum Schnurnachschlagen beim Naßfischen sind knappe Roulés gut geeignet. Man setzt die Impulse so leicht an, daß die Rollen kurz vor Erreichen der Schnurspitze zusammenfallen. Der Zug wird damit aus der Frontleine genommen und die Fliege kann schneller sinken und unbehindert abtreiben.

Beim Trockenfischen sollten die Fische das verdächtige Vorfach möglichst gar nicht zu sehen bekommen. Die Fliege muß also dem Vorfach voraus in ihren Aktionsradius driften. Beim Anbieten querüber ist das mit gerade abgelegten Würfen noch möglich. Beim Stromauffischen kommt man ohne Bogenwürfe nicht aus.

Der ,,Bogen nach rechts'' wird mit einem flachen oder halbhoch geführten Seitenwurf angesetzt. Wichtig ist wieder die korrekte Mitarbeit der Schnurhand. Es kommt darauf an, die sich nach vorn entfaltende Leinenschlaufe zu erhalten. Beim Service nimmt man – bevor sich die Schnur ins Ziel strecken kann – durch das Freigeben der Leerschnur den ,,Dampf'' aus dem Wurf. Die zum Strecken der Leine nötige Energie geht durch das Schießenlassen verloren, der Wurf ,,verhungert''. Folge: Die Fliege setzt an einem mehr oder weniger nach rechts geöffneten Bogen auf und kann dem Vorfach voraus abtreiben. Die Bogenöffnung fällt um so enger aus, je früher man die Leerschnur freigibt. Verzögert man das Schießenlassen bis in die beginnende Streckphase, kann sich der Schnurbogen bis zum rechten Winkel öffnen. Bereits nach einigem Werfen stellt sich Gefühl für das richtige Timing ein.

Der ,,Bogen nach links'' ist auf zweierlei Weise abzulegen. Erste Variante: Man entfaltet die Schnur mit der Schulter des Wurfarms in Zielrichtung parallel vor dem Körper und serviert per Rückhand. Das ist sehr bequem. Zudem gilt für die Ausführung das gleiche wie für den nach rechts geöffneten Bogen. Zweite Variante: Man setzt mit einem halbhoch geführten Normalwurf an, übersteuert aber den Abwurfimpuls zum Service so kräftig, daß sich Frontleine und Vorfach völlig strecken und nach links herumschwingen. Dann erst läßt man etwas Schnur nachschießen, senkt die Rutenspitze und setzt auf. Bei dieser Variante kommt es besonders auf die richtige Dosierung des Abwurfimpulses und präzises Timing an. Ein leichter Gegenwind ist hilfreich.

Die hier beschriebenen Wurfvarianten und Anbieteweisen sind schon mit etwas Übung ziemlich einfach auszuführen. Man kann sie dann – ganz individuell – in der Praxis vielfach variieren. Und so reichen sie völlig aus, um in den unterschiedlichsten Situationen am Wasser erfolgreich zu fischen.

Rollwurf

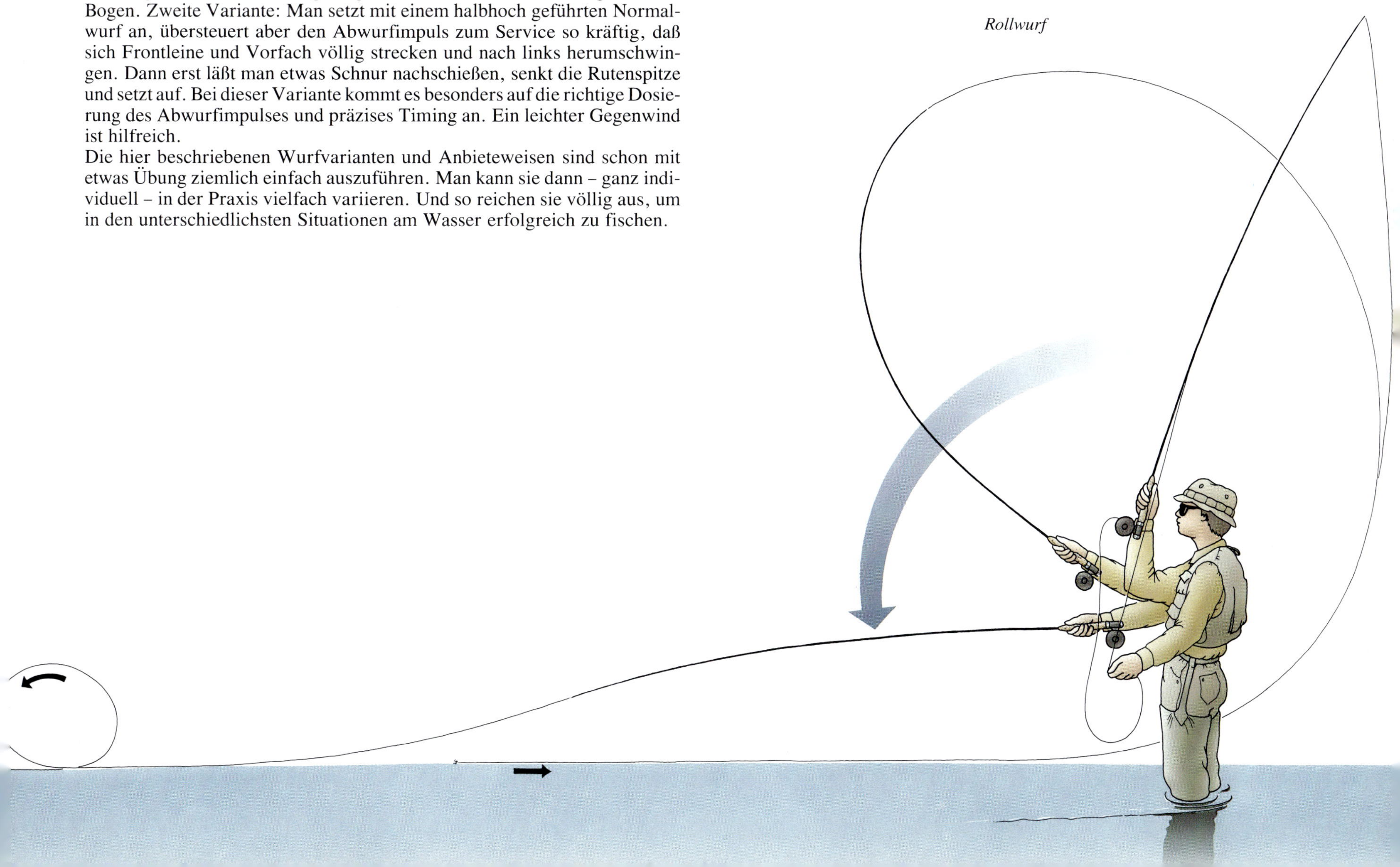

Der gezogene Wurf

Bei korrekter Rutenführung und richtigem Einsatz der Schnurhand sind mit modernem Gerät im einfachen Wurf Weiten bis etwa 20 Meter zu erreichen. Weit größere Distanzen also, als an den meisten Fließstrecken allgemein gefischt werden. Liegt doch die Durchschnittsdistanz zwischen 10 und 15 Metern und ist beim Trockenfischen eher noch geringer. An großen Flüssen und erst recht an Seen kommt es dagegen recht oft auf Distanzwürfe an. Nicht selten steigen hier die Erfolgsaussichten mit der Wurfweite erheblich. Wie schwer aber bereits nur etwas überdurchschnittliche Distanzen beim Waten zu bewältigen sind, bekommt man oft genug zu spüren: Je tiefer man steht, um so niedriger über dem Wasser muß sich natürlich die Schnur entfalten. Stimmt dann das Timing nicht hundertprozentig, kommt es im Rückschwung zu ,,Touchen'', d. h. die Schnur berührt das Wasser, der Wurfrhythmus geht verloren und der Wurf bricht zusammen. Zu ähnlichen Problemen kommt es schon bei mittleren Weiten, wenn heftiger Wind im Spiel ist.

Die Ursachen? Mit zunehmender Leinenlänge kommt die Schwerkraft immer mehr ins Spiel, weil der Wurfrhythmus zwangsläufig langsamer wird. Bei Tempoverlust kann jedoch das Schnurgewicht der Schwerkraft nur bis zu einem gewissen Grad widerstehen. Es braucht also zusätzliche Energieimpulse, um die Schnur in der Luft halten und absolut beherrschen zu können. Weitwürfe und Würfe bei stärkerem Wind gelingen nur, wenn sich die Schnur druckvoll, schnell und ohne Tempoverlust entfaltet.

Das kann nur mit gezogenen Würfen erreicht werden. Denn durch akzentuierte, gegenläufige Züge mit der Schnurhand kann die Rutenspannung gesteigert, die Leine wesentlich beschleunigt und dadurch ihre Entfaltung in den Leerwürfen stabilisiert werden.

Schon der ,,einfache Zug'' gibt der Schnur soviel mehr Speed, daß sie beim Service um einiges weiter schießt. Zugleich ist er eine gute Ausgangsübung für den ,,Doppelzug''.

Der einfache Zug wird zusammen mit dem Vorschwung angesetzt und ist genau gegen die Bewegung der Rutenhand gerichtet. Man zieht die Leine mit einer schnellen, energischen Bewegung diagonal nach unten und gibt sie im Augenblick ihrer höchsten Spannung zum Schießen frei.

Die durch den Zug anwachsende Beschleunigung der Leine ist in der Schnurhand deutlich zu spüren. Das mit dem Speed zunehmende Leinengewicht drückt deutlich auf den schnurführenden Daumen. Der Druck signalisiert zugleich den optimalen Moment der Schnurfreigabe. Und zwar nicht nur zum Service, sondern genausogut zum Verlängern der Schnur im Leerwurf. Es kommt hier besonders auf das Zusammenspiel beider Hände an. Und es bedarf einiger Übung, das korrekte Timing zu erfühlen.

Der Doppelzug ergibt sich dann einfach durch eine zusätzliche Zugbewegung, die schon zusammen mit dem Rückschwung angesetzt wird. Man zieht die Schnur in der anschwellenden Aufwärtsbewegung der Rute genau wie beim einfachen Zug, also energisch diagonal nach unten. Hat die Gerte den Stoppunkt erreicht und streckt sich die Schnur nach hinten, folgt die Schnurhand dem Zug der Leine zum Leitring und bringt mit dem Vorschwung den zweiten – bereits beschriebenen – Zug an. Wiederum wird die Leine beschleunigt und streckt sich druckvoll nach vorn.

Man übt den Doppelzug am besten in ruhigen Leerwürfen mittlerer Weite. Die Zugbewegungen sollen anfangs eher knapp bemessen sein. Es kommt zunächst nicht darauf an, möglichst starke Impulse zu geben – sondern ein koordiniertes Bewegungsspiel beider Hände und einen harmonischen Wurfrhythmus zu finden. Wenn das Timing stimmt, fühlt man es am ausgeglichen kraftvollen Flug der Schnur. Nun kann man beim Rückschwung mehr Leerschnur schießen lassen und mit wachsender Schnurlänge zu raumgreifenderen Zügen übergehen. Erst ganz allmählich tastet man sich dann an größere Distanzen heran. Aber, das gilt grundsätzlich: Nach jedem Ablegen muß man soviel Schnur einziehen, daß man den neuen Wurf mit einer leicht zu werfenden Schnurlänge aufbauen kann!

Der Doppelzug ist keineswegs besonders schwierig. Dennoch braucht es einige Übung, bis man ihn spielend kann. Mit ,,gezogenen Würfen'' sind dann aber nicht nur größere Distanzen und der störende Wind zu bewältigen. Richtig angebrachte Züge zahlen sich schon bei mittleren Wurfweiten aus: in der Schonung des Wurfarms, in unauffällig knappen Bewegungen, in präzis-gestochenen Leinenlängen und dadurch in schnellerem und genauerem Service.

Doppelzug-Wurf

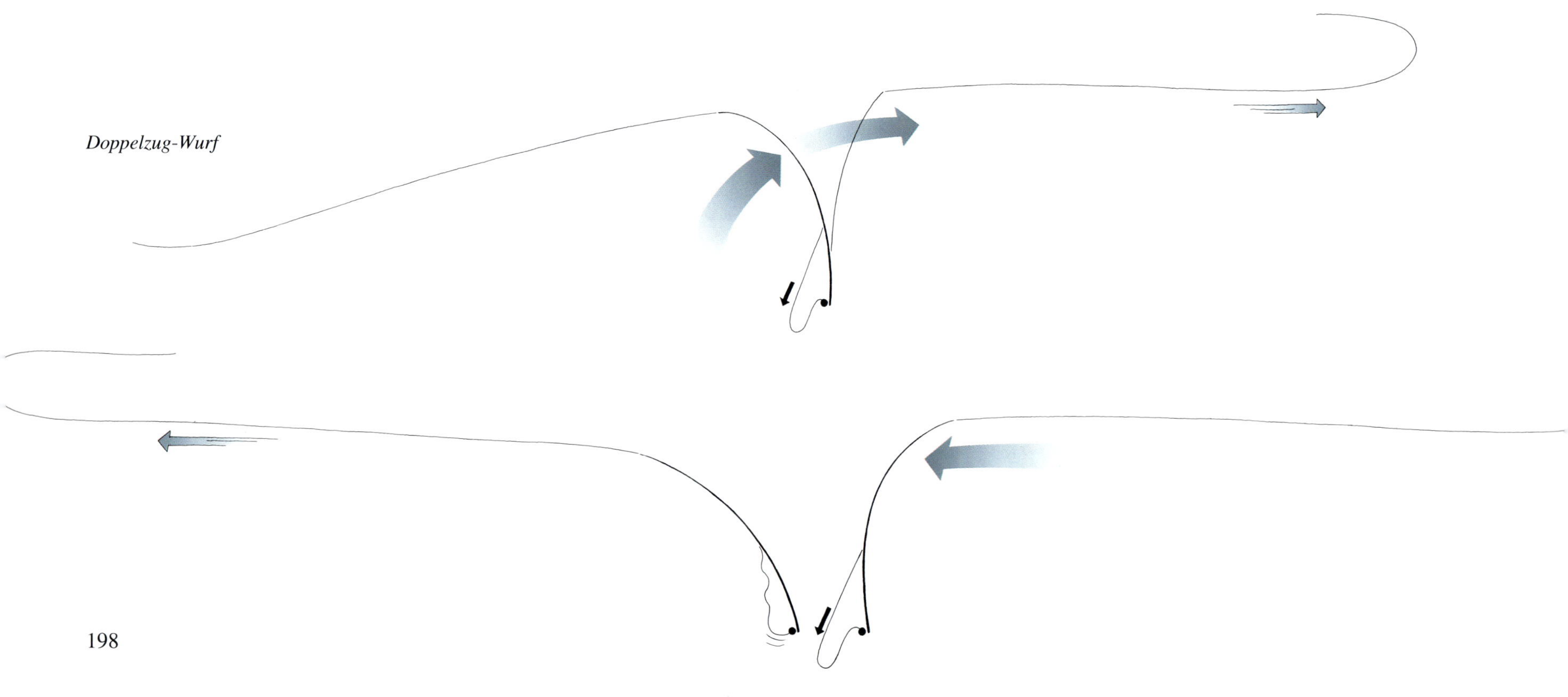

Am Wasser

Das Fliegenfischen zielt ganz einfach auf die Nutzung naturgegebener Vorgänge ab. Wesentlich für den Erfolg sind eine wache Beobachtung, die korrekte Deutung des Geschehens und die Umsetzung in entsprechende Techniken und Taktiken. Der Gewässertyp, seine Fischarten und ihre besonderen Verhaltensweisen bei der Nahrungsaufnahme sind es, auf die sich der Fliegenfischer einstellen muß.
Natürlich lassen sich bei der Verschiedenartigkeit der Fischwasser keine allgemeingültigen Regeln für das Befischen aufstellen. Die Variationsbreite ist riesengroß. Dennoch kann man drei Gewässerkategorien unterscheiden, die – jede für sich – etwa gleiche Forderungen an das Vorgehen, an die Befischungsweise und an das Gerät stellen: 1. Die Bäche und kleineren Flüsse, 2. Die großen Flüsse und 3. Das Stillwasser der Seen. Es ist deshalb naheliegend, die fliegenfischereilichen Anforderungen und Möglichkeiten unter diesen grundlegenden Gesichtspunkten anzugehen.

An Bächen und kleineren Flüssen

Nur die Fischwasser dieser Kategorie werden von vielen Anglern als lohnende Fliegenwasser angesehen. Diese Einschätzung, wie auch die Bezeichnung ,,Fliegenwasser`` sind an sich schon etwas irreführend, denn grundsätzlich kann man an jedem Fischwasser erfolgreich mit der Fliege fischen. Absolut richtig ist dagegen, daß die Bäche und kleineren Flüsse insbesondere der Salmonidenregion allerbeste Voraussetzungen fürs Fliegenfischen bieten: Sie führen durchweg klares Wasser und sind somit nicht nur von ihrer Größe her überschaubar, und sie erfordern keine allzugroßen Wurfdistanzen, nicht zuletzt, weil sie sich meist gut bewaten lassen. Und außerdem sind ja die Lachsartigen durch ihre Wesensart und ihr Nahrungsaufnahmeverhalten mit der Fliege besonders leicht anzusprechen.
Die obersten Leitsätze für das Begehen von Bächen und Flüßchen lauten: Äußerste Vorsicht, erst Schauen, dann Fischen! Nirgendwo sonst werden plumpe Annäherungsversuche von den Flossenträgern so eindrucksvoll beantwortet wie hier – mit dem sofortigen Einstellen der Nahrungsaufnahme und mit Flucht!
Schon unbesorgtes Erscheinen am Ufer kann das Fischen auf Stunden hinaus verderben. Hier, wo die Bedrohung durch den Freßfeind vor allem ,,von oben`` kommt, wirkt ein plötzlich auftauchender Schatten wie ein Schock. Sinnlos, an einer ,,vertretenen`` Partie überhaupt noch eine Leine zu entfalten. Allenfalls unbedarfte Jungfische nehmen dann noch eine Fliege an. Es ist also unumgänglich, jegliche Beunruhigung am Wasser zu vermeiden.
Man bewegt sich vorsichtig und langsam, nutzt jede Deckung und pirscht wo immer möglich stromauf. Gut angepaßte Kleidung läßt die Silhouette mit Ufer und Vegetation verschmelzen. Durch möglichst niedrigen Stand versucht man, im Sichtkegel der Fische gar nicht erst zu erscheinen. Man bemüht sich, geräuschlos und ohne auffällige Wasserbewegung zu waten, denn Druckwellen und Geräusche pflanzen sich im Wasser über weite Strecken fort. Überaus verräterisch wirken sich auch Reflexionen aus, das Blitzen hochglänzender Ruten etwa oder blanker Fliegendosen. Besser, man deckt seine Brillengläser mit der Hutkrempe oder dem Mützenschirm ab, dann kommen auffällige Lichtsignale nämlich gar nicht erst auf.
Man fischt nie mit der Sonne im Rücken, sondern versucht immer die Schatten von Körper, Rute und Leine aus dem Gesichtskreis der Fische zu halten. Bewegte Schatten üben in vollbesonnten Partien enorme Scheuchwirkung aus. Lediglich in Mischlichtzonen, vor allem vor windbewegter Vegetation, kann man sich etwas sorgloser bewegen. Beim Uferfischen an freien Strecken nähert man sich dem Wasser nur soweit wie unbedingt nötig und mogelt sich notfalls im Knien in eine günstige Wurfposition.
In seichten Zügen mit glatter Oberfläche ist die Gefahr, frühzeitig enttarnt zu werden, am größten. Doch selbst im tiefen, glatten Wasser verprellt man gute Exemplare schnell. Überall dort, wo man die Fische gut ausmachen

kann, wird man bei Fehlverhalten ebenso schnell erspäht. Nur am schnellen Wasser mit stark gebrochener Oberfläche ist man weitgehend gedeckt – dann aber sind auch die eigenen Einblicke entsprechend gering.
Wer blind drauflosfischt, wird gerade an Bächen und kleineren Flüssen nur zu Zufallsfängen kommen. Auch lassen die wechselnden Gegebenheiten keine gleichförmigen Taktiken zu. Man muß beobachten und sich ständig anpassen. Doch gerade diese Abwechslung macht den besonderen Reiz an diesen Gewässern aus.

Die Aktivität der Fische, die Art ihrer Nahrungsaufnahme hängt eng vom Nahrungsaufkommen, in erster Linie vom Insektenleben ab. Dies ist der Faktor, der jegliches Vorgehen bestimmt. Bei der Wahl des Fliegenmusters, aber auch der Entscheidung, ob man die Trockenfliege, Naßfliege, Nymphe oder gar eine Großfliege einsetzt, läßt man sich ganz einfach von den Fischen leiten. Auf die augenblickliche Form der Nahrungsaufnahme kommt es an. Am wirkungsvollsten sind immer jene Muster, die den gerade bevorzugten

Beutetierchen am besten entsprechen und die, analog dem Auftreten ihrer Vorbilder, auf der Wasseroberfläche, im Oberflächenfilm oder unter Wasser angeboten werden. Genau hinzuschauen, was gerade genommen wird, ist eine weit bessere Methode als tastendes Versuchen auf gut Glück. Und je besser man sich mit den Insekten und der Kleinlebewelt am Wasser und ihren vielfältigen Erscheinungsformen auskennt, um so gezielter und wirkungsvoller kann man seine Fliegen einsetzen.

Wenn ein Fisch im Fließwasser, wie diese Forelle, ein an der Oberfläche driftendes Insekt nimmt, folgt und steigt sie nach ihm an einem Punkt, der flußabwärts von ihrem Standort liegt. Deshalb sollte die Fliege in einiger Entfernung stromauf von diesem Punkt angeboten werden.

Hier sind einige typische Fischstandorte in einem schmalen Fließwasser zu sehen:
(a) Unterspülte Ufer mit überhängender Vegetation.
(b) Überhängende, schattige Baumäste, die ein gewisses ,,Schutzdach'' bilden, besonders, wenn dicke Wurzeln noch weiteren Schutz versprechen.
(c) Vor, seitlich und hinter großen Steinbrocken. Die ausgewaschenen Vertiefungen hinter den Steinen sind übliche Standorte.
(d) Weiche Böden mit schilfbewachsenen Ufern sind keine typischen Standorte, doch oftmals trifft man hier sich versteckende Forellen an, was mit dem an solchen Stellen häufiger vorkommenden größeren Bestand an Insekten, wie etwa den Maifliegenarten, zusammenhängt.
(e) Stromabwärts ausgerichteter Bewuchs bietet viele Nahrungsstoffe, zudem einen schützenden Unterstand und Schatten.

Oberflächenaktivität der Fische ist sicher am einfachsten auszumachen. Allerdings fällt es oft schwer, auf Anhieb zu sagen, ob wirklich von der Oberfläche oder nicht etwa dicht darunter genommen wird. Doch die Art des Zeichnens der aktiven Fische gibt hierüber ziemlich verläßliche Auskunft (s. das Insert ,,Oberflächenaktivität'').
Wenn die Fische tatsächlich von der Oberfläche nehmen, ist Trockenfischen die richtige Antwort. Ist die Aktivität nicht exakt einzuschätzen und werden Trockenfliegen beharrlich abgelehnt, sind dicht unter der Oberfläche angebotene Nymphen oder Naßfliegen meist effektiv. Andererseits sind auch bei scheinbar völliger Passivität mit einer korrekt angebotenen Trockenen

A

B

C

D

E

Fische heraufzubringen – sofern man ihre Standplätze ansprechen kann. Die Unterwasser-Aktivität zu beurteilen, erfordert einen geübteren Blick. Man muß gute Sichtverhältnisse haben, um eine Nahrungsaufnahme im Mittelwasser genau zu sehen. Aber aus den Bewegungen der Fische läßt sich gut darauf schließen: ein Hin und Her am Standplatz, seitliches Ausscheren oder leichtes Aufsteigen vom Grund deutet z. B. an, daß sie Nymphen nehmen. Ist überhaupt kein Leben im Wasser festzustellen, verspricht eine verlockend geführte Nymphe oder Naßfliege noch immer Erfolg. Dann kommt es darauf an, die erfolgversprechenden Stellen auszumachen und richtig anzufischen.

Wenn man die bevorzugten Standplätze der verschiedenen Salmonidenarten kleinerer Gewässer miteinander vergleicht, findet man die wirklich guten Bachforellen stets an den am schwierigsten zu befischenden Stellen. Es sind Plätze, die Nahrung und Deckung zugleich bieten: Strömungsbündel, die die Drift konzentrieren und im Schutz überwachsener oder unterspülter Ufer, an Felskanten, in Strömungstaschen, neben großen Steinen oder Pflanzenbetten liegen. Regenbogenforellen sind in ihrem Schutzbedürfnis längst nicht so anspruchsvoll. Auch Äschen und Saiblinge stehen gern in der freien Strömung, sie lieben die Turbulenz. Alle besseren Fische bevorzugen im kleineren Gewässer allerdings immer Partien, deren Tiefe deckenden Rückzugsraum bietet. Erst im Schutz der Dämmerung sind gute Fische auch im ganz flachen Wasser anzutreffen, dann werden auch die tagsüber nichtssagenden Züge interessant.

Ob man stromauf fischt, stromab oder querüber, hängt vom Verhalten der angesprochenen Fischart, den örtlichen Gegebenheiten und nicht wenig von den eigenen Wurfkünsten ab. Am spannendsten und sportlichsten ist es, sich nur wirklich lohnende Fische auszusuchen. Doch stets sollte man deren Standplätze und die Strömungsverhältnisse dort erst genau studieren, bevor man ihnen eine Fliege schickt.

Die meistgeübte Taktik an kleineren Gewässern ist es, langsam stromauf zu fischen. So kann man sich den auf Driftnahrung anstehenden Fischen ungesehen bis auf Wurfweite am besten nähern. In seichteren Zügen ist diese Methode oft die einzig erfolgversprechende, ganz gleich, ob man die Trocken-, die Naßfliege oder die Nymphe fischt. Nachteilig ist dabei, daß man sich Widerwassern und Rückströmen – die oft Standplätze der besten Forellen sind – von vorn nähert. Auf diese Partien ist besonders zu achten. Kann man dort einen Klassefisch ausmachen, lohnt es immer, einen Bogen zu schlagen und den Service stromab zu versuchen.

Beim Stromauffischen führt man die Schnur mit halbhoher Rute und bietet möglichst mit Bogenwürfen an. In der Flußmitte watend erreicht man beide Uferkanten gleich gut. Serviert man jedoch steil stromauf und mit gestreckter Schnur, besteht immer die Gefahr, daß man ungewollt Fische überwirft. Panik ist die Folge. Selbst wenn dann der Service perfekt auf den anvisierten Fisch kommt, wird er nicht nehmen, wenn ihn die Flucht seiner Artgenossen alarmiert. Steilpräsentationen sind allenfalls im rauhen Wasser angebracht, wo die Fische im Strömungsschutz dicht über Grund stehen müssen und ihr optisches Wahrnehmungsvermögen eingeschränkt ist.

In etwas breiten Partien und Kolks ist auch der Wurf querüber, schräg stromab oder stromab erfolgversprechend, jedoch nur, wenn man ihn aus größerer Entfernung oder guter Deckung absetzen kann. Sonst verprellt man die Fische schon, bevor die Fliege überhaupt auf dem Wasser ist. Lediglich die Äschen in manchen Flüssen sind nervenstark genug, den Anblick eines agierenden Anglers zu ertragen. Dafür prüfen sie dann Angebot und Anbietweise äußerst kritisch und nehmen es mit den Vorfachspitzen sehr genau.

Korrektes Anbieten der Fliege ist über unterschiedlich schnelle Strömung hinweg oder stromab nur mit Zurückgestoppten, Schlangen- und Fallschirmwürfen zu erreichen. Und nicht nur Trockenfliegen müssen ohne zu dreggen abtreiben, auch Nymphen und Naßfliegen wirken nur in natürlich lockerer Drift. Wenn sie dagegen an einer von der Strömung ausgebauchten Leine durch's Wasser flitzen, ist lediglich Ablehnung die Folge oder gar Flucht.

Abgesehen vom Nahrungsangebot haben Standplätze und Strömung prägenden Einfluß auf die vielberedete ,,Selektivität" der Fische. Je schneller die Strömung, desto weniger wählerisch können die Fische sein. Im schnellen Wasser müssen sie rasch reagieren, sonst ist die mögliche Nahrung vorbeigetrieben und für sie verloren. Bei intensiver Drift einer einzigen Insektenart, kann ihr Spektrum dennoch recht eng sein. Besonders Äschen bringen es fertig, selbst in schnellen, relativ seichten Zügen noch eine erstaunlich genaue Auswahl zu treffen.

Beim Trockenfischen im seichten Wasser kann man das Überraschungsmoment nutzen, indem man sehr knapp serviert. Kritische Fische sind viel leichter zum Steigen zu bringen, wenn ihnen wenig Zeit zum Fixieren der Fliege bleibt. Unmittelbar aufs Maul oder knapp neben den anvisierten Fisch serviert, bleibt diesem kaum Zeit zu zögern. Am wirkungsvollsten ist solches Anbieten, wenn der Fisch das Einschweben der Fliege sieht. Und manchmal sind unwillige Forellen gerade durch eine knallharte Präsentation doch noch zum Nehmen zu bringen. Beim Fischen in der langsamen Strömung oder im Kolk verfangen derartige Tricks allerdings nicht. Präziser Service, unauffälliges Aufsetzen und eine möglichst lange fehlerlose Abdrift machen hier bei guten Fischen einen Großteil des Erfolgs aus – sofern die angebotene Fliege paßt.

Bei den vielfältigen Taktiken und Techniken, die das Fischen am Bach und kleineren Fluß erfordert, fährt man mit leichtem, aber universell verwendbaren Gerät am besten. Sensible Sieben- bis Acht-Fuß-Gerten der Schnurklasse 4 bis 5 lassen sich zum Trockenfischen, Naßfischen und Nymphen gleichgut einsetzen. Sieben-Fuß-Rütchen sind selbst an verwachsenen Kleinflüßchen das unterste Maß; sie lassen noch eine raumsparende Leinenführung zu, gestatten aber auch aus schulterhohem Uferbewuchs unbehindert zu präsentieren. In den allermeisten Fällen wird man hier auch zum Naßfischen mit einer Schwimmschnur auskommen. Nur an überdurchschnittlich tiefen Flüßchen ist zusätzlich eine Sink-Tip-Leine angebracht. Für die hier in Frage kommenden Weiten und das häufige Präsentieren auf kurze Distanz bieten sich DT-Schnüre an. Vorfächer von etwa 2 m Länge sind ideal.

Ultraleicht und extrafein zu fischen ist ein Ratschlag, der auch für die kleineren Salmonidengewässer überhaupt nicht taugt. Nicht etwa, weil Hänger im Gesträuch so häufig Fliegenopfer fordern, sondern weil gute kämpferische Fische hier nur durch energische Drills zu landen sind. Nicht eine Handbreit Leine darf man preisgeben, wenn eine Forelle ihren Irrtum durch Flucht ins Wurzelwerk, in Treibholzburgen oder ins Kraut korrigieren will. Deshalb sind 0.14er Vorfachspitzen das Minimum. Mit dieser Stärke kommt man selbst bei extrem ,,vorfachscheuen" Fischen aus. Präsentationsmängel durch extrafeine Vorfächer verschleiern zu wollen, ist wenig elegant. Viel besser ist es, Werfen und Anbieten zu üben. Die Bäche und kleineren Flüsse der Salmonidenregion bieten hierfür die beste Gelegenheit.

Fischen am großen Fluß

,,Kleines Wasser – kleine Fische, großes Wasser – große Fische" ist eine Faustregel, die die Verhältnisse recht gut wiedergibt. Doch nicht nur von den zu erwartenden Fischgrößen her sind die großen Salmonidenflüsse für Fliegenfischer eine Herausforderung. Ihre Dimensionen stellen auch ganz eigene fischereiliche Anforderungen.

Im großen Fluß ist der Fischbestand längst nicht so gleichmäßig verteilt wie im Kleinfluß. Manche Strecken sind ausgesprochen dünn besiedelt, in anderen Bereichen trifft man vorwiegend Jungfische an und wieder andere werden von dieser oder jener Art eindeutig bevorzugt. Die Ursachen sind in den Ansprüchen der verschiedenen Fischarten an Milieu und Nahrung zu suchen. Doch selbst wenn man diese Ansprüche genau kennt, bleibt noch manches rätselhaft.

Der hohe Sauerstoffbedarf der Lachsartigen setzt ihrer Verbreitung in den Flüssen der gemäßigten Breiten gewisse Grenzen. Bei höheren Durchschnittstemperaturen sind Salmoniden deshalb auf die schnellströmenden Partien (Stromschnellen) angewiesen. In den immerkalten, hochgelegenen Strömen verwischt sich dieses Bild. Das gleiche gilt für die Flüsse im hohen Norden und tiefen Süden. Hier hat vor allem das Nahrungsangebot prägenden Einfluß auf die Standplätze. Neben dem Insektenaufkommen spielten in vielen Flüssen Kleinfische (Minnows) eine große Rolle. Und in den Heimatflüssen der Pazifiklachse werden Standplatzwahl und Freßverhalten der stationären Regenbogenforellen und Saiblinge vom Laichzyklus der anadromen Arten ganz entscheidend beeinflußt.

Einen großen Fluß einzuschätzen, fällt nicht leicht und wird man nicht von einem ,,Kenner" eingewiesen, kann man ihn nur Schritt für Schritt erobern. Das allein ist schon spannend genug! Zunächst gibt das Insektenaufkommen gute Hinweise. Man kann unschwer beobachten, daß auch die verschiedenen

Wasserinsekten an ganz bestimmte Strecken gebunden sind. Schlüpfe, Schwärmen und Eiablage vieler Arten finden also nur in gewissen Bereichen statt und lösen dann auch nur hier Aktivität der Fische aus. Viele Vogelarten (Schwalben, Seeschwalben, Möven u. a.) geben verläßliche Hiweise auf Insekten. Flußstrecken, über denen Vögel kreisen und aufs Wasser stoßen, sind schon aus der Ferne zu erkennen und immer befischenswert. Auch wenn dann scheinbar keine Fische aktiv sind. Auf größere Distanz und bei unruhiger Oberfläche muß man schon sehr genau hinschauen, um ein Steigen oder gar eine Nahrungsaufnahme dicht unter der Oberfläche auszumachen. Ein Fernglas (mit 8 bis 10facher Vergrößerung) ist eine gute Hilfe, auch zum Erkennen der Insekten.

Ist keinerlei Insektenleben zu beobachten, kann man sich am Grund flacherer Züge Hinweise über das Kleintierleben und erfolgversprechende Muster verschaffen. Die vom Wasserstand (Trockenfallen) betroffenen Uferzonen vermitteln allerdings keinen verläßlichen Eindruck. In den tieferen Partien kommt man deshalb um systematisches Suchfischen oft nicht herum.

Lohnend sind vor allem schnellfließende Züge mit grobschotterigem Grund und gebrochener Strömung, die Wirbellosen Besiedlungsfläche und den Fischen somit Nahrung und auch geschützte Standplätze bieten. Dunkelgrundige, veralgte, verblockte Strecken und tiefe Rinner sollten nie übergangen werden. Ruhige, tiefe Strömungen sind vor allem unterhalb Stromschnellen interessant, von denen Insektenlarven und Insekten in allen möglichen Stadien verdriftet werden. Fließstrecken versprechen immer dort Fischreichtum, wo sie die Nahrungsdrift konzentrieren. Die Oberflächenströmung zeigt das oft durch eine typische V-Form an. Viele ,,Stromnacken'', glatte Strömungen oberhalb schnellen Wassers, sowie Pool-Einläufe und Gumpen-Ausläufe weisen diese Merkmale auf. Ganz hervorragend lassen sich auch die Einläufe und noch mehr die Ausläufe von Seen und seenartigen Erweiterungen im Stromgebiet befischen. Viele Fische ziehen zur Nahrungsaufnahme hierher.

Fische reagieren in großen Strömen längst nicht so scheu wie im Kleinfluß. Langsam watend kann man sich ihnen meist bis auf bequeme Wurfweite nähern – wenn Strömung und Tiefe das zulassen. Oft wird man die Fische jedoch nicht ausmachen können und kann sich nur eine erfolgversprechende Wurfposition erwaten. Selbst dann bleiben oft noch beachtliche Wurfweiten zu überbrücken und auch beim Uferfischen kommt man am großen Fluß selten ohne Distanzwürfe aus.

Lange, geschmeidige Rute von mindestens 8 1/2, besser 9 Fuß sind für größere Flüsse ideal. Sie vereinfachen den Umgang mit langen Leinen, erleichtern die Präsentation und die Leinenführung wesentlich. Die Schnurklassen 6 und 7 sind universell, noch leicht genug zum Trocken- oder Nymphenfischen, doch auch für Großfliegen geeignet und – das ist besonders wichtig – nicht allzu windanfällig. Schwimmschnüre decken das Oberflächenfischen bis etwa 1 m unter den Wasserspiegel ab. Muß man tief anbieten, erweisen sich schnellsinkende ,,Wet-Tip-'' oder ,,Wet-Head-Leinen'' reinen Sinkschnüren gegenüber als überlegen. Ihre schwimmende Hauptschnur läßt eine viel gezieltere Fliegenführung zu.

Natürlich hängen die Anbieteweisen entscheidend von der Gewässerstruktur ab. Im Taschenwasser mit seiner von zahllosen Spiegeln und Strömungen zerrissenen Oberfläche sollte man so kurz wie möglich fischen. Man kann stromauf, querüber oder stromab anbieten. Es kommt vor allem darauf an, die Abdrift möglichst zu verzögern, den Fischen Zeit zum Zufassen zu geben. Ganz gleich, ob man die Trockene oder einen Streamer fischt. Nur mit stark zurückgestopptem Service, mit Schlangen- und Parachute-Casts kann man eine Trockene lange genug im Spiegel halten oder natürlich an den Strömungskanten entlangtreiben lassen. Nur an lockerer Leine driften Naßfliegen im Spiel der Strömung verlockend in den im Taschenwasser recht kleinen Aktionsradius der Fische ein.

Im Taschenwasser liegen die Fische nicht nur im Schutz der Spiegel, sondern auch in den Strömungsfalten oder, wenn die Strömung das zuläßt, oft auch im Vorstau. Die Verwirbelungen lassen kaum Einblicke zu. Hat man sich eine gute Position erwatet, sollte man alle erreichbaren Standplätze ringsum erst sorgfältig, d. h. wiederholt, abfischen, bevor man sich einen anderen Bereich vornimmt.

Beim Trockenfischen im glatten Strom ist es entscheidend, daß die Strömung keinen Zug auf die Schnur ausübt, damit die Fliege den ganzen Anbietebereich ohne Dreggen durchdriften kann. Stehen z. B. Forellen unter der Oberfläche an, zeichnen sie unmittelbar am Standplatz. Sie sind leicht zu bedienen, die erforderliche Driftstrecke ist kurz. Fischt man dagegen auf tiefer stehende Fische, muß man u. U. sehr weit vorhalten und ganz locker ablegen, denn die erforderliche Driftstrecke ist lang. Äschen z. B. steigen fast immer von Grund auf und je tiefer und schneller das Wasser, um so weiter unterhalb ihres Standplatzes erscheint der Ring. Nur wenn man weit genug vorhält, kann der Fisch die Fliege überhaupt annehmen. Doch während Äschen im Seichten die Fliege nur auf einer sehr schmalen Bahn, ihrem ,,Strich'', beachten, sind sie in tiefen Strömungen doch bereit, auch auf meterweit seitlich vorbeitreibende Fliegen zu steigen.
An vielen großen Flüssen fällt jedoch dem Naßfischen die weitaus größte Bedeutung zu. Beim Anbieten unter der Oberfläche oder im Mittelwasser serviert man am besten leicht stromauf oder stromab querüber. Man setzt etwas oberhalb der aktiven Fische oder der anzufischenden Partie leicht zurückgestoppt auf, die Fliege kann nun locker absinken. Gleich nach dem Aufsetzen wird die Schnur gegen den Strom ,,gemendet'', um jeden Zug auf das Muster infolge Ausbauchens der Leine durch die Strömung auszuschalten. Dieses Mending erfolgt durch einen parallel zur Wasseroberfläche stromauf geführten Schwipp der Rutenspitze. Dieser Impuls wird so dosiert, daß nur die aufgewasserte Hauptschnur abgehoben und in leichtem Bogen stromauf umgelegt wird. Die Spitzenpartie der Schnur und die Fliege bleiben unberührt. Durch wiederholtes Menden ist eine unbehinderte Drift bis zum Strecken der Leine stromab zu erreichen. Erst jetzt zwingt der Strömungsdruck die Fliege an die Oberfläche. Dieses Aufsteigen am Ende der Abdrift löst oft heftige Reaktion der Fische aus.
Ob eine bewegungslose ,,tote Drift'' oder ein mit kleinen Bewegungsimpulsen gefischtes Muster wirkungsvoller ist, hängt größtenteils von den Insekten ab, die gerade genommen werden. Manchmal auch von den Launen der jeweiligen Fischart. Die Verhaltensweisen der Insekten in ihren verschiedenen Stadien sind absolut artgebunden. Wer sie kennt, weiß, daß z. B. Mückenpuppen und viele Eintagsfliegen-Aufsteiger im Oberflächenbereich reglos abtreiben, daß dagegen frei schlüpfende Köcherfliegen mit lebhaften Bewegungen zur Oberfläche streben. Wenn man etwas genauer hinschaut und mit Überlegung testet, kommt man bei der Musterwahl und Anbieteweise am besten voran.

Bedeutsam ist auch die Anbietetiefe. Generell zahlt es sich aus, den Fischen weitmöglichst entgegenzukommen, d. h. hochstehenden Fischen flach und tiefstehenden über Grund zu servieren. Zwar ,,steigen'' Forellen in ruhiger Strömung durchaus noch aus großer Tiefe auf unter der Oberfläche treibende Fliegen. Die großen Exemplare der stark grundorientierten Saiblingsformen tun das hingegen nie und in vielen Flüssen sind auch kapitale Äschen nur über Grund anzusprechen.
Nur wenn man weit genug oberhalb der zu befischenden Stelle aufsetzt, hat die Fliege Zeit zum Sinken und driftet in der nötigen Tiefe in den Anbietebereich. Nur durch rechtzeitiges Menden des schwimmenden Schnurteils bleibt das Muster bis zum Ende der Drift konstant auf Tiefe. Jedes Ausbauchen der Schnur übt Zug auf die Fliege aus und läßt sie aufsteigen; mendet man dann, sinkt sie wieder ab. Dieses Auf und Ab kann man auch ganz gezielt einsetzen. Eine ,,lebendige'' Präsentation kann u. U. einer bewegungslosen Drift deutlich überlegen sein.
Große Fische mit kleinen Fliegen zu fangen ist sicher am reizvollsten und besonders elegant. Bei entsprechendem Insektenaufkommen hat man auch im großen Fluß allerbeste Chancen dazu. In vielen Gewässern, überall dort, wo Kleinfische ihre Hauptnahrung sind, sprechen starke Salmoniden allerdings wesentlich besser auf große Muster an. Das gilt auch für das Trockenfischen. Erst happige ,,Hoppers'' und großvolumige ,,Rehhaar-Sedges'' bringen hier noch Kapitale vom Grund. Unter Wasser sind zum systematischen Abtasten möglicher Standplätze Großfliegen-Streamers, Muddlers, Wooly Worms u. a. – am besten einzusetzen. Hier fällt dem Streamerfischen seine eigentliche Aufgabe zu.

Beim Ausbessern der Richtung schlägt man die Rutenspitze kräftig und rasch stromaufwärts, damit die Hauptschnur von der Wasseroberfläche aufgehoben wird und sich in einem weichen Bogen auslegt, dabei dürfen allerdings weder das Vorfach noch die Fliege beeinträchtigt werden.

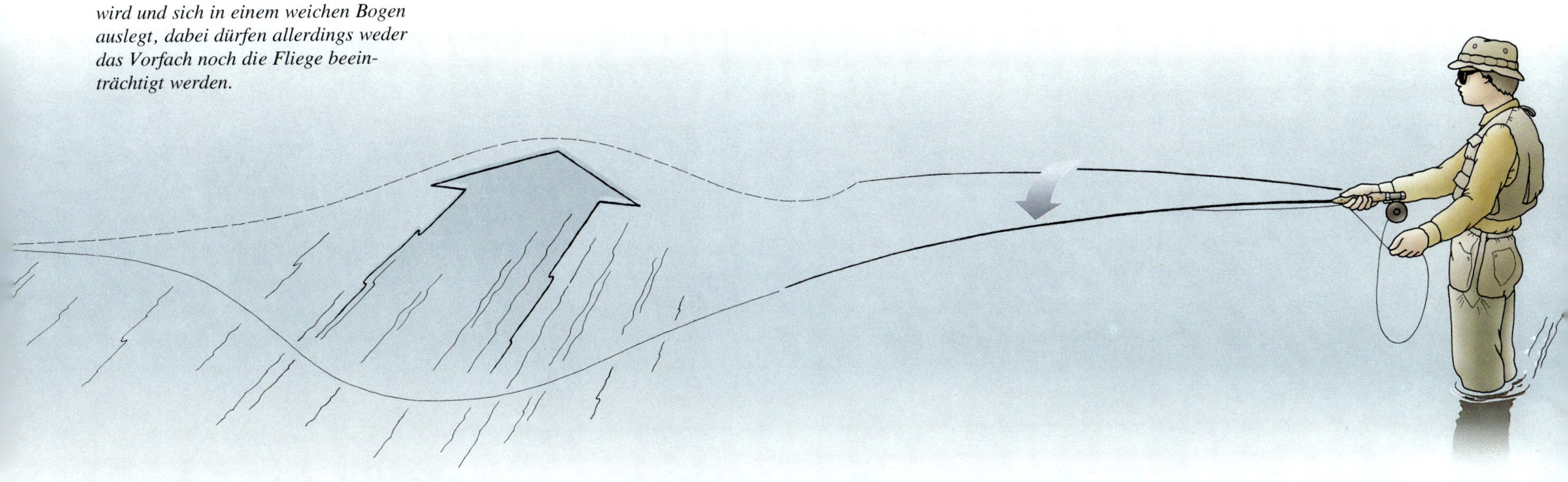

In größeren Fließgewässern trifft man mehr oder weniger die Fische an den gleichen Standorten an, wie in kleineren. Auf dieser Zeichnung sind sie beispielsweise vor Rauschen, hinter großen Steinen, unter überhängenden Ästen und Wasserpflanzen und am Zusammenfluß zweier Fließgewässer zu sehen.

Oberflächenaktivität
Schon unscheinbare Wasserbewegungen deuten auf Oberflächenaktivität hin. Aktive Fische verraten sich durch Aufwölbungen und kleine Wellen in der glatten Oberfläche, auch wenn sie den Wasserspiegel nicht berühren.
Nahrungsaufnahme dicht unter der Oberfläche: Beim Nehmen zeichnen die Fische nur mit Rücken- und Schwanzflosse. Große Forellen buckeln deutlich, auch Saiblinge und Renken zeichnen häufig so.
Nehmen von der Oberfläche: Die Fische – besonders große Forellen – markieren gut sichtbar mit Vomer (Maul), Rücken- und Schwanzflosse.
Häufigste Form des ,,Steigens'': Es entsteht lediglich ein unterschiedlich großer Ring – der keinesfalls immer Hinweise auf die Größe des aktiven Fischs gibt.
Bei Oberflächenaktivität in schnellen, tiefen Strömungen brechen Äschen, Saiblinge und Forellen infolge hoher Steiggeschwindigkeit häufig durch die Oberfläche. Spritzende ,,Wendemarken'' entstehen sowohl beim Nehmen unter dem Wasserspiegel (Scheinsteigen) als auch beim wirklichen Steigen.

Am Stillwasser

Auf den britischen Inseln und in Irland hat das Stillwasserfischen mit der Fliege alte Tradition. Die Brown Trout der schottischen Lochs, der Seen von Wales, des Lake-Distrikts und in den großen irischen Loughs auch die Meerforellen und Lachse zogen die Angler seit jeher in ihren Bann. In langer Auseinandersetzung mit diesen Fischen und den besonderen Gegebenheiten ihrer Gewässer entstand ein ganz eigenständiger, klassischer Stil, eine besondere Art Fliegenzufischen, die bis heute nichts an Reiz und Effektivität verloren hat.

Durch die zahllosen neu entstandenen Stauseen, die größtenteils auch als kommerzielle ,,Stillwater Fisheries'' betrieben werden, konnte sich dieser Zweig des Fliegenfischens in Großbritannien unbehindert weiterentwickeln – zur heute populärsten (auch erschwinglichsten) Fliegenfischerei überhaupt. T. C. Ivens Buch ,,Stillwater Fly Fishing'', das 1952 herauskam, gab erste wertvolle Hinweise für diese interessante, doch außerhalb der britischen Inseln kaum beachtete Fischerei.

Noch zeigen die meisten Fliegenfischer vor Seen einen unglaublichen Respekt. Weite Wasserflächen verunsichern und wenn die Fische nicht steigen – die häufigste Situation –, kommt man sich hier tatsächlich ziemlich verloren vor. Stillwasserfischen bietet nur in Ausnahmefällen das kurzweilige Fischen, das die kleineren Fließgewässer so beliebt macht. Es erfordert schon etwas Standvermögen – vor allem das Wissen, wo und wie man fischt.

Kleinere Seen sind durch ihre Überschaubarkeit recht einfach anzugehen, und wenn die Fische überhaupt aktiv sind, wird man mit einer tief geführten Nymphe, Naßfliege oder einem Streamer auch als Neuling zum Fisch finden. Lange Ruten ab 9 Fuß (Klasse 6 bis 9) bringen gute Reichweite, wenn man vom Ufer fischt. Schwimmschnüre für die Trockenfliege, Sink-Tip-Leinen fürs Oberflächenfischen und Sinkschnüre für tiefes Fischen eröffnen variable Anbieteweisen.

Sind keine Fische an der Oberfläche, sucht man mit tief geführter Fliege strahlenförmig den Uferbereich ab. Man beginnt mit kurzen Würfen, dehnt den Anbietebereich immer mehr aus und wiederholt das ganze, wenn keine Reaktion erfolgt, fünfzig Schritte weiter, und fährt so fort. Nach dem Wurf läßt man die Fliege absinken und strippt sie mit akzentuierten Zupfern wieder ein. Jeder Wurf wird bis in unmittelbare Ufernähe ausgefischt. Nachläufer nehmen häufig erst im letzten Moment. Die Fliegenführung variiert von extrem langsam bis schnell – je nach Wirkungsweise des Musters.

Sind keine Zu- und Abflüsse vorhanden, fischt man an offenen Gewässern gegen den Wind, der durch den Wellenschlag eine gewisse Drift erzeugt und Nahrung zusammentreibt. Mäßig tiefe, steinige Ufer sind bessere Futterplätze als der Steilabfall. Sie bieten Insekten und Kleinfischen Lebensraum und ziehen gute Fische an. Bewaldete Ufer sind durch die ständig anfallenden Insekten immer befischenswert, auch bei ablandigem Wind. Vorsicht ist geboten, denn gute Fische kommen hier bis ganz dicht unters Ufer und sind schnell verprellt. In vielen, auch kleineren Seen (Saiblingsseen!) halten sich die Fische tagsüber im tiefsten Teil auf und kommen erst bei schwachem Licht in den Uferbereich. In der Abenddämmerung und nachts sind sehr gute Forellen und Saiblinge auch trocken zu fangen.

Das Fliegenfischen in Stillwassern unterscheidet sich vielfach von dem in Fließgewässern. Da zumeist die Wasserfläche recht groß ist, wird dem Fliegenfischer viel Ausdauer, ein hohes Maß an werferischem Können und Vorsicht abverlangt. Auch die Angelmethoden sind unterschiedlich, weil sich der Fisch in Stillwassern nicht so lang in den oberen Wasserschichten aufhält. Damit also der Fisch die Möglichkeit bekommt, unsere so mit Bedacht ausgewählten Fliegen überhaupt zu sehen, sollten sie so tief wie möglich angeboten werden.

An kleineren und windgeschützten Gewässern kann man im Belly Boat auch die vom Ufer nicht oder nur schwer zugänglichen Bereiche gut befischen. Durch den tiefen Sitz bietet man keine auffällige Silhouette und kann sich vorsichtig relativ dicht an aktive Fische heranbewegen. Auch beim Fischen aus dem Ruderboot sollte man stets auf geringste Scheuchwirkung achten: Im Sitzen fischen! Stehende Angler vergrellen die Fische bei klarem Wasser in viel weiterem Umkreis, als die eventuell etwas größere Reichweite beim Werfen gutmachen kann.
Für das Uferfischen an großen Seen gilt das bereits Gesagte. Partien mit Strömung bieten die besten Chancen. Auf großen Gewässern entstehen durch den Wind noch weit stärkere Wasserbewegungen, die man tunlichst beachten sollte. Enge Seebereiche durch Inseln, Eingänge tiefer Buchten, Halbinseln und Vorsprünge sind gute Fischplätze. Vom driftenden Boot aus hat man allerdings die besten Chancen, alle Seeteile zu erreichen, in denen Ringe oder an der Oberfläche zeichnende Fische Aktivität anzeigen. Ist keine Nahrungsaufnahme auszumachen, so sind beim Treiben vor dem Wind große Bereiche systematisch abzusuchen – aus einem festliegenden Boot zu fischen lohnt nur an erwiesenermaßen besonders fängigen Stellen (Einmündungen, Ausläufe, Durchflüsse).

Am günstigsten ist immer eine gekrauste bis wellige Oberfläche. Spiegelglattes Wasser wirkt sich durchweg nachteilig aus. Vor allem beim Trockenfischen im Sonnenschein. Die Fische haben Zeit, jedes Muster eingehend zu beäugen. Das Vorfach läßt sich unter diesen Umständen nur etwas tarnen, wenn es bis zur Fliege versunken unter der Oberfläche liegt. Manchmal gelingt es dann immerhin, einen mißtrauischen Fisch durch das Bewegen der Fliege zu verleiten.
Im klassischen Stil fischt man aus dem driftenden Boot über mäßiger Tiefe und wirft mit dem Wind. Benutzt werden 10 bis 13 Fuß lange Ruten, Schwimmschnüre bzw. ,,Intermediates'' und Vorfächer mit drei meist verschiedenen Naßfliegen in den Gr. 10 bis 14. Die vorderste Fliege, der Strecker (Tail Fly) fischt am tiefsten; normalerweise aber kaum mehr als 1,5 m unter der Oberfläche. Der mittlere Springer (Middle Dropper) bewegt sich darüber und der oberste (Bob Fly) spielt am Wasserspiegel. Es wird etwa 10 bis 12 m weit geworfen, dann werden die Fliegen hereingezupft. Es kommt auf eine gekonnte Fliegenführung an, um die Forellen zum Steigen zu bringen und auf eine gehörige Portion Geduld.
Natürlich braucht man keine drei Fliegen am Vorfach um zu fangen, man kommt recht gut mit einer aus. Der Service gegen den Wind hat sich dabei auch aus dem Boot bewährt, und zwar beim Anbieten der Trockenfliege und naß zu fischender Muster gleichermaßen. Die Trockene legt man etwa 15 m gegen den Wind ab und läßt sie tunlichst liegen. Gutes Schwimmvermögen vorausgesetzt, driftet sie Hunderte von Metern verlockend hinter dem Boot. Wenn in erreichbarer Nähe ein Fisch steigt, kann man sie mit der langen Rute in einem Zug abheben und ohne Zeitverlust zielgenau präsentieren. Sehr oft mit Erfolg!

In den meisten Seen stehen die Fische tagsüber tief, doch in der Dämmerung oder nachts wechseln sie auf der Futtersuche in Flachwasserzonen, wobei sie manchmal in wilder Freßgier jagen.

Beim Nehmen eines Fischs muß augenblicklich die Leine angestreckt werden. Das setzt ständige Konzentration voraus. Die meisten ,,Fehlbisse'' sind in Wirklichkeit ,,verschlafene Anschläge'', eine Folge stundenlangen Fischens ohne jede Reaktion . . .
Wenn Fische unter der Oberfläche nehmen, z. B. Sedge-Aufsteiger, fischt man sie mit der Schwimmschnur, einem bis auf die letzten 50 cm gefetteten Vorfach oder einer gefetteten Nassen an. Bei etwas Wellengang braucht man die Fliege nicht zu bewegen. Herrscht keinerlei sichtbare Aktivität, kommt man um planvolles Suchfischen nicht herum. Je nach Tiefe kommt eine längere Sink Tip (Wet Head) oder eine reine Sinkschnur zu Einsatz. Auch jetzt bietet man gegen den Wind an, läßt die Fliege sinken und zupft sie dann herein. Bei starkem Wind und schneller Drift genügt es, auszuwerfen und der hinter dem Boot liegenden Fliege mit der Rutenspitze Bewegung zu geben. Beim tiefen Naßfischen schlagen sich Forellen, Äschen und Saiblinge meist selbst an.
Bei der Fliegenwahl muß man Größe und Typ an den Insekten des Gewässers orientieren. Aber nicht selten spielen Landinsekten eine wichtige Rolle. Am besten liegt auch hier, wer herausfindet, auf was die Aktivität gerichtet ist – gerade im Stillwasser oft ein schwieriges Unterfangen. Beim Naßfischen kommen unscheinbare klassische Muster mittlerer Größe häufig am besten an. Eine fast weltweit überaus erfolgreiche Fliege ist die simple ,,Iven's Black & Peacock Spider'', die in der strammen Gr. 8 selbst dann noch fängt, wenn die Fische eigentlich auf winzige Kleinkruster aus sind . . .
Fliegenfischen im Stillwasser ist wirklich von großem Reiz und überhaupt nicht ohne Spannung, wie immer noch viele glauben. Ausdauer ist allerdings gefragt. Denn es gibt ausnehmend gute Fische zu fangen – doch die bekommt man nicht geschenkt.

Raubfische

Wie spannend es ist, auf die Barschartigen und Hechte zu fischen, beginnt sich unter den europäischen Fliegenfischern erst ganz zögernd herumzusprechen. Für die meisten sind die intelligent-temperamentvollen Barsche und die explosiven Hechte noch immer regelrechte Exoten. Zahllose, für Fliegenfischer interessant zu befischende Gewässer bleiben deshalb weitgehend unbeachtet.
Auch in dieser Hinsicht haben die progressiven amerikanischen Flyfishermen uns Europäern viel voraus. Gerade die Barsche – vor allem die in mehreren Arten und Formen vorkommenden Black Bass – gehören dort zu den populärsten Gamefish und werden begeistert mit der Fliege befischt. Von besonderem Reiz und dementsprechend beliebt ist das Fischen mit ,,Bass bugs'', voluminösen ,,Fliegen'' mit Kork-, Rehhaar- oder Kunststoff-Körpern, die ,,blubbernd'' an der Oberfläche geführt werden. Spezielle WF-Schnüre (Bass Bug Taper) mit extrem auf die Leinenfront konzentrierter Keule, erleichtern die Präsentation so windfängiger Muster. Oberflächenaktive Black Bass sind vor allem in seichteren Gewässern anzutreffen und können z. T. auf Sicht angefischt werden. Dabei dürfen die immer vorsichtigen Fische nicht durch heftige Wurfbewegungen beunruhigt oder gar überworfen werden. Nur wenn die Fliege unauffällig ,,eintropft'' und dann erst akzentuiert bewegt wird, sind gute Black Bass zum Nehmen zu bringen. Auch die europäischen Barsche sind durchaus für auffällig an der Oberfläche gezogene Trockenfliegen zu interessieren. Doch wie der Smallmouth Bass lassen auch sie sich viel leichter mit Naßfliegen, Nymphen und Streamer ansprechen.
Alle Barsche jagen mit ,,moderater Verve'', sind neugierig, fast immer zu

Beim Fliegenfischen auf Hecht sind große Fliegen mit klar auszumachender Silhouette gefragt. Extra lange Streamer, in die glitzernde Fäden eingebunden wurden, erweisen sich im allgemeinen als sehr fängig.

aktivieren – aber nie unbedacht. Sie reagieren am besten auf recht langsam geführte, doch möglichst bewegliche Fliegen. Kontrastreiche Marabou-Muster in Gr. 4 bis 8, tief an der Sink Tip oder Sinkschnur geführt, kommen mit Abstand am besten an. Man wird oft Nachläufer erleben, die mit aufgestelltem Kamm der Fliege bis auf den letzten Meter folgen und dennoch nicht zu verführen sind. Am leichtesten sind noch die im Rudel raubenden Mittelgrößen zu fangen, wenn sie ihre auffälligen Brütlingsjagden veranstalten. Barsche dieser Klasse, und selbst größere, nehmen häufig winzige Nymphen an. Die einzeln jagenden Großbarsche sind am ehesten in der Nähe von Kleinfischschwärmen aufzuspüren, sie rauben gern Jungfische der eigenen Art. Ihre Ruhezeiten verbringen sie immer in der Tiefe. Sie sind aber auch dort mit grundnah geführten Fliegen erfolgreich anzufischen – sofern man die Ausdauer aufbringt, diese Standplätze auszuloten.
Auch die größten nordischen Barsche, der europäische Zander und sein amerikanisches Pendant der Walleye (Stizostedion sp.), sind grundsätzlich über Grund anzufischen. Beide Arten treten auch als Großfische vorwiegend in Schulen auf. Als Kleinfischfresser gehen sie auf mittelgroße, langsam geführte Streamer vom Minnow-Typ am besten ein. Zander nehmen manchmal ziemlich gierig, wegen ihrer starken Bezahnung ist ein 0,45 mm-Vorfach unterste Grenze.
Im Gegensatz zu den Barschen spricht der Hecht viel stärker auf reißend schnellgeführte, große Streamers an. Er ist der typische Lauerjäger, robust und nervenstark und nicht leicht zu verprellen. Im Gegenteil. Seine Aufmerksamkeit ist gerade durch besonders geräuschvollen Service zu erregen. In seichterem Wasser ist es eine wirksame Taktik, die Fliege möglichst hart zu servieren, direkt wieder abzuheben; nochmals auf die gleiche Stelle zu plazieren und dann beim Absinken bereits schnell wieder einzuholen. Steht der angefischte Hecht auf Raub, nimmt er den Streamer meist schon beim Einfallen an. Zu langsam geführte Fliegen werden häufig nur interessiert verfolgt und erst genommen, wenn man sie plötzlich davonschießen läßt. Im klaren Wasser läßt sich das sehr schön beobachten.
Wenn Hechte mit Gier nehmen, hakt man sie fast immer tief im Rachen und sie hängen sicher fest. Bei vorsichtigem Nehmen ist die Verlustquote recht hoch. Vor allem in den zähnestarrenden harten Oberkiefer kann der Haken nur schwer eindringen. Der Anschlag muß energisch ausfallen und das setzt entsprechendes Gerät voraus. Kräftige 8 1/2 Fuß-Ruten der Klasse 7 sind richtig. Das Vorfach muß mindestens 0,45 mm stark sein, absolut verläßlich widerstehen nur Stahlvorfächer (z. B. Berkley's Steel-on-Leader) der mörderischen Hechtbezahnung. Untermaßige Hechte sind nur mit einer langstieligen Löseschere ohne Schaden für Fisch und Fischer zu befreien.
Als Fliegen kommen 10 bis 14 cm lange Streamer in Frage. Matuka-Muster und ähnlich schmal gebundene Fliegen lassen sich auch in dieser Größe noch problemlos werfen. Wichtig ist eine dichte Silhouette, etwas Flitter gibt der Fliege Pep und Glanz. Leichte Lachshaken der Gr. 4/0 bis 6/0 und besonders so weitbogige Typen wie der Mustad 3282 sind ideal. In seichten Gewässern fischt man Sink Tip Leinen, im tiefen Wasser sind Sinkschnüre besser angebracht.
Man kann Hecht nur selten auf Sicht anfischen, fast immer lauern sie gut gedeckt über Grund. Das Ausmachen typischer Standplätze ist deshalb besonders wichtig. In Flüssen stehen Hechte vorwiegend im Uferbereich: in Ausbuchtungen, unter Treibholz, hinter Pflanzenbetten und oft im Schutz von Steinen hart am Rand der scharfen Strömung. Im stehenden Wasser sind Schilffelder und der Pflanzengürtel am Rand der Scharkante ihr Revier. In sehr vielen Seen – vor allem in Renkengewässern – trifft man sie auch überall im offenen Wasser an.
Hechtfischen bedeutet erregendes Streamerfischen und ist an Spannung kaum zu überbieten. Der Northern Pike hat alles, was man sich von einem ,,gamefish'' erhofft: stürmisches Temperament, wuchtige Kraft und Größe. Wer ihn einmal an der Fliegenrute erlebt hat, wird ihm von da an immer wieder nachspüren.

Cypriniden
Erste Kontakte zu den Karpfenfischen werden von den allermeisten Fliegenfischern eher zufällig geknüpft. Dort, wo Cypriniden als Begleitfische der heißgeliebten Salmoniden auftreten. In Mitteleuropa sind dies vor allem Döbel, Hasel, Aland sowie die grundorientierten Nasen und Barben. In Nordamerika nehmen manche Arten der weitverbreiteten ,,Suckers'' diesen Platz ein. Und spätestens nach der ersten Auseinandersetzung mit einem größeren Cypriniden merkt man, daß die Voreingenommenheit der Fliegenfischer gegenüber den ,,coarse fish'' – zumindest aus sportlicher Sicht – absolut unbegründet ist.
Die allermeisten Cypriniden sind schon durch ihre Wesensart schwieriger zu befischen als die Lachsartigen: sie sind bedächtiger bei der Nahrungsaufnahme, vorsichtiger und die größeren Exemplare sind enorm scheu. Tast- und Geschmacksinn spielen für ihre Nahrungssuche, vor allem in trüben Gewässern, eine große Rolle. Doch besitzen sie ein viel besseres Sehvermögen, als man ihnen gemeinhin zugesteht, und mit optischen Reizen, d. h. der Fliege, sind sie sehr wohl anzusprechen. Am einfachsten dort, wo man auf Sicht fischen kann.
Im strömenden Wasser nehmen oberflächenaktive Cypriniden korrekt angebotene Trockenfliegen oder flach gefischte Nasse gern an. Man muß ihnen nur sehr vorsichtig servieren und ihre langsame Reaktion berücksichtigen. Ein zu früh gesetzter Anschlag verdirbt alles und sind Karpfenfische auch nur im geringsten beunruhigt, ist jeder weitere Versuch aussichtslos. Noch extremer geht es im Stillwasser zu. Trockenfliegen sind regelrecht ,,hinzuhauchen'' und unter der Oberfläche gefischte Muster mit sparsamsten Bewegungsimpulsen zu führen. Die Fische nehmen hier buchstäblich im Zeitlupentempo – und nur sofern der Fliegentyp ihrer Vorstellung entspricht. Immerhin kann man die Vorgänge unter der Oberfläche gut verfolgen und beantworten.
Viel höhere Anforderungen stellen sich beim Naßfischen im tiefen oder trüben Stillwasser. Genaue Kenntnisse über Futtergründe und Verhalten der Fische sind (neben gehöriger Beharrlichkeit) Vorbedingung, um mit der dicht über Grund geführten Nymphe erfolgreich zu sein. Man fischt entweder die Schwimmschnur mit entsprechend langem Vorfach oder eine Sink Tip. Nach dem Service läßt man absinken und führt die Fliege sehr langsam wieder heran. Problematisch ist das Erkennen der Bisse, die immer sehr zart ausfallen. Jede Bewegung am Eintauchpunkt der Schnur ist ein Hinweis und muß mit gefühlvollem Anheben der Rute beantwortet werden. Hat der Haken einmal gefaßt, sitzt er im lederartigen Cyprinidenmaul verläßlich sicher.
Durch ihre räuberische Lebensweise unterscheiden sich die Rapfen (Aspius aspius) völlig von den übrigen europäischen Cypriniden. Ihr temperamentvolles Rauben verrät sie bereits auf Distanz. Panisch durch die Oberfläche brechende Lauben deuten eine Rapfenjagd an. Flach und schnell geführte Streamers werden dann gut angenommen und versprechen in Flüssen mit Rapfenvorkommen spannendes Fischen.
Interessant ist auch das Fischen auf die schwimmgewandten Nasen und Barben in der unteren Salmonidenregion. Man kann diese in Schulen auftretenden Grundfische bei der Nahrungsaufnahme selbst in tieferen Strömungen gut aufspüren: Beim Abweiden des Grundgesteins ist das Blitzen ihrer silbernen bis goldenen ,,Spiegel'' (Flanken) unübersehbar. Nur dann lohnt es, ihnen eine Nymphe anzubieten.
Mit Vorsicht kann man sich einem aktiven Schwarm immer bis auf Wurfweite nähern, serviert aber erst, wenn die Fische in der Nahrungssuche fortfahren. Es kommt dabei nicht so sehr auf das Muster an, sondern auf die Präsentation direkt über Grund. Und man muß u. U. sehr oft servieren, bevor man zu einem Fisch kommt. Das geringste Verhalten der abtreibenden Schnurspitze deutet einen Biß an. Sofort ist der Haken zu setzen. Dann aber wissen sich diese unbändig starken Fische stürmischer zu wehren als die allermeisten Salmoniden.

Auf Karpfen mit der Fliege zu fischen, ist schwieriger als die meisten Angler vermuten. Jedoch, eine sehr gut servierte Fliege, die mit langsamen Bewegungen eingeholt wird, verlockt dennoch oftmals einen Karpfen zum Anbiß – wenn auch sehr vorsichtig. Ein zu früher Anschlag ist dann häufig die Ursache für einen verlorenen Fisch.

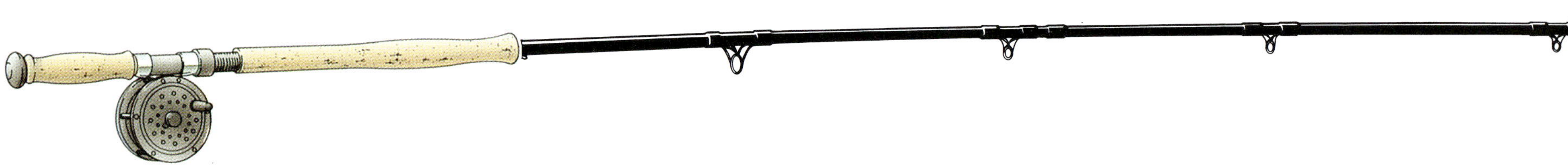

Fliegenfischen mit schwerem Gerät

Der Fang von Lachs und Meerforelle gehört zu den faszinierenden Erlebnissen eines Fliegenfischers. Es gibt viele Methoden um diese Fische zu fangen, doch keine kann konkurrieren mit der nervenaufreibenden Spannung und der Atmosphäre, wie sie beim Fang mit der Fliege entsteht.

Die Saison

Die Regel ist, daß der schwere Lachs als erster während der Saison zurückkehrt, ihm folgen der mittelschwere und der kleine Lachs. Die in den norwegischen Flüssen frühzeitig aufsteigenden Lachse können sehr groß sein, oftmals erreichen sie ein Durchschnittsgewicht von 10–12 Kilogramm. Im Verhältnis hierzu sind die Lachse, die in den Flüssen Großbritanniens, Islands, Irlands und Nord-Amerikas aufsteigen, schmaler. Doch der Herbstaufstieg der Lachse in den schottischen Flüssen Tweed, Tay und Nith kann sich in der Größe mit den norwegischen Lachsen messen.

Der früheste Aufstieg der Lachse wird von den schottischen und irischen Flüssen gemeldet – bis zum 11. Februar in einigen und während des Monats Februar in den meisten anderen wie dem Tweed, Dee und Spey. Die Lachssaison auf den britischen Inseln ist nicht nur die früheste im Jahr, sondern sie währt auch am längsten. Nachdem zum Beispiel die Saison am Tweed im November endet, kann man südwärts fahren, um am Camel und Fowey in Cornwall zu fischen, wo das Angeln auf Lachs bis Mitte Dezember möglich ist.

In Schottland geht die Saison für den Frühjahrs-Lachs vom zeitigen Frühjahr bis Ende Mai. In den folgenden Monaten werden dann Sommer-Lachse, Grilse, und Meerforellen gefangen. Vom September bis zum Ende der Saison wird dann auf die Herbst-Lachse geangelt. Binnenseen in Schottland und Irland, die einen guten Bestand an Lachsen und Meerforellen aufweisen, sind ebenfalls sehr populär.

In Skandinavien ist es Norwegen, dessen Flüsse mit Abstand das größte Aufkommen an Lachsen haben. Normalerweise sind sie in mehr als 200 Flüssen anzutreffen, oder nahezu in tausend, wenn man all die schmalen Wasserläufe mitzählt, in denen Lachse und Meerforellen in Zeiten größeren Aufkommens während des ganzen Jahres aufsteigen. In Norwegen sind die besten Monate für die Lachsfischerei der Juni und der Juli. An den meisten Flüssen beginnt die Saison am 1. Juni, hierzu gehören so bekannte Flüsse wie der Vossa, Laerdal, Surna, Orkla, Gaula, Størdal, Namsen und Alta. Der späte Juli und der ganze August werden als die besten Monate für den Fang von Meerforelle angesehen.

In Finnland hat nur ein Fluß noch ein gutes Lachs-Aufkommen, das ist der Tenojoki an der Grenze zu Norwegen. Die Flüsse, die in den Bottnischen Meerbusen und in die Ostsee münden, hatten einmal ein reiches Aufkommen an Lachsen, doch der Aufstieg für die Fische wurde durch Wasserkraftwerke verbaut. Auch Schweden kann sich nicht rühmen, viele Flüsse mit Lachs- und Meerforellenbestand zu haben, doch gute Fänge können zu bestimmten Zeiten am Mörrum, Eman, Ätran und einigen anderen Flüssen getätigt werden. Die besten Fangzeiten in der Saison liegen zwischen Mai und August für den Lachs und im September für frisch aufsteigende Meerforellen.

Eine ganze Anzahl von Sportfischern finden Island als ideal für den Lachsfang. Die Flüsse Islands weisen noch immer einen reichen Lachsbestand auf, das ist den strengen Regelungen und Verboten zu verdanken, mit denen die Netzfischerei der Berufsfischer außerhalb der Flußmündungen belegt ist. Obgleich Island nicht größer als der US-Staat Maine ist, gibt es auf dieser Insel etwa 50 Lachsflüsse. Zu den mehr bekannteren zählen der Laxá in Adaldal, der Laxá in Kjos, der Sela, Nordura, Grimsa und Stramfjordara. In einigen dieser Flüsse gibt es auch einen sehr großen Bestand an meerwärts wandernden Arktischen Saiblingen. Genau wie in Norwegen steigt auch auf Island das Lachsaufkommen im Sommer.

Atlantischer Lachs

Die Lachssaison in Spanien beginnt Ende März und geht bis Mitte Juli. Die besten Fangzeiten sind in den einzelnen Flüssen unterschiedlich. An der nordatlantischen Küste gibt es 16 bedeutende Lachsflüsse, die besten von ihnen sind Sella, Cares-Deva, Narcea, Ason, Pas, Eo, Navia und der Canero.

Auch die französischen Flüsse waren einmal für ihre Lachsaufkommen berühmt, doch die meisten von ihnen sind durch Bauwerke und Verschmutzung dezimiert worden. Die einstmals für ihre Lachse bekannten Flüsse Sienne, See und Selune erzielen heutzutage alle zusammen nicht mehr als einige hundert Lachse im Jahr. Gegenwärtig dürften die besten Lachsgewässer in Frankreich das Adour System sein, besonders der Gave d'Oloron.

Auch in Nordamerika liegen die besten Fangzeiten in den Sommermonaten. Entlang der atlantischen Ostküste gibt es ausgezeichnete Flüsse, in denen der Atlantik-Lachs aufsteigt, zu ihnen gehören der Narraguagus in Maine und der Margaree in Neu-Schottland. Bedeutend in Neu-Braunschweig ist das umfangreiche Miramichi-System mit seinen Zuflüssen – dem Nordwest Miramichi, dem Kleinen Südwest Miramichi, dem Cains, Dungarvon, Bartholomew, Renous und Sevogle. In Quebec sind die Flüsse Grant Cascapedia, Restigouche und Matane unter den amerikanischen Fliegenfischern sehr

Steelhead

populär. Neufundland und Labrador sind weltbekannt für ihre Lachsflüsse, wie etwa dem Humber, dem Portland Creek, Eagle und St. Mary.
Hinzu kommt, daß eine ganze Reihe von Pazifik-Lachsarten in einer großen Zahl von Flüssen an der Westküste der Vereinigten Staaten und Kanadas aufsteigen. Vor allem das Fliegenfischen mit der Maifliege dürfte wohl in diesen Flüssen, wobei die Steelhead-Forelle gefangen wird, mit der Einhand-Fliegenrute ein fantastisches Abenteuer sein. Verschiedene Pazifik-Lachsarten werden auch in jenen Flüssen mit der Fliege gefangen, die in einige der Großen Seen fließen.

Standorte

Wenn man bedenkt, daß der Lachs nur in die Flüsse aufsteigt, um seine Laichgewässer zu erreichen und daß er während dieser Zeit keine Nahrung mehr zu sich nimmt, könnte man den Eindruck gewinnen, daß das Angeln auf Lachs schon eine seltsame Art der Sportfischerei ist. Doch warum nimmt der Lachs immer wieder die Fliege? Viele vermuten, daß der Lachs eine Art vererbte Erinnerung an seine Jugend in sich trägt, weshalb er gelegentlich auch auf eine Fliege beißt. Andere wieder nehmen an, daß der kurz vor dem Aufstieg im Meer zu Ende gegangene Prozeß der Nahrungsaufnahme, bei dem er sich viel Fett angefuttert hat, ihn einfach in einer Art Reflexbewegung zubeißen läßt.
Die meisten Beobachter gehen jedoch davon aus, daß es ganz willkürlich eine Revierverteidigung des Lachses ist, der zubeißt, wenn ihm ein Köder in die Quere kommt. Diese Theorie hat sehr viel für sich, wenn man in Betracht zieht, daß der Lachs während seiner Wanderung durch die Flüsse keine Fliege annimmt, sondern erst dann, wenn er geeignete Laichgründe vorgefunden hat. Deshalb ist es wichtig, zu wissen, wo in einem Fluß solch geeignete Laichgründe vorhanden sind.
Die Lachsfischer sprechen untereinander von niedrigen und hohen Gumpen (Pools). In kleinen, warmen Sommerflüssen, wird der Lachs oftmals an Plätzen pausieren, an denen eine rasche Strömung vorherrscht und die sauerstoffreich sind. In großen, viel Wasser mit sich führenden Flüssen sind die Lachse häufig am Ein- und Auslauf der Gumpen sowie in denselben anzutreffen. Nach heftigen Regenfällen, wenn die Flüsse angestiegen sind und das Wasser eingetrübt ist, stehen die Lachse zumeist dicht in Ufernähe.
Jeder Fluß und jeder Flußabschnitt hat seinen eigenen Charakter und seine ganz bestimmte Geländestruktur, und diese sind letztlich auch entscheidend dafür, wo der Fisch seinen Standort wählt. Es reicht nicht aus, daß Strömung und Tiefe stimmen; die Bodenbeschaffenheit ist für den Lachs von großer Bedeutung bei der Auswahl eines Gumpens. Der Flußgrund in einem Gumpen, in dem ein Lachs sich wohlfühlt, sollte eine Mischung aus größerem Gestein, Schotter und gelegentlich großen Felsbrocken sein. Um solche Felsbrocken herum entstehen oft Auswaschungen, in denen der Lachs gern ausruht.
Der klassische Gumpen für den Fliegenfischer beginnt am Ende einer Rausche, wo die Strömung beginnt breiter und behäbiger dahinzufließen und wo der Auslauf beschleunigt wird und sich zu einem schmalen Durchlaß verengt. Solche Gumpen haben oftmals eine seichte, begehbare und eine tiefe Seite mit einem unvermittelten Abfall, wo der tiefere Kanal verläuft.
Bei Niedrigwasser wird der Lachs in so einem Gumpen sich eine Stelle am Anfang des Pools, wo das Wasser mit Sauerstoff angereichert ist, zum Rasten aussuchen. Dies kann ebenso ein Platz im tieferen Kanal sein, wo der Grund abfällt. Die beste Zeit zum Fischen ist dann, wenn der Fluß mittlere Wassertiefe aufweist, denn dann ist der Fisch möglicherweise überall in einem Gumpen anzutreffen. Bei sehr hohem und eingetrübtem Wasserstand findet man den Lachs sehr dicht am Ufer, an der begehbaren Seite, weil er dort Schutz vor der starken Strömung sucht.
Ein guter Platz, wo man den Lachs zumeist antrifft, ist immer dort, wo zwei Fließgewässer sich begegnen. Hier steht er entweder an dem Punkt, wo beide Gewässer zusammenfließen oder an den Seiten des Gewässers. Sehr beliebte Standorte sind ferner Flußbiegungen, da es der Lachs liebt, an solchen Stellen auszuruhen, bevor er seine Wanderung flußaufwärts fortsetzt. Klassische Fangplätze sind immer Engpässe, an denen sowohl die Lachse wie auch die Meerforelle verweilen, bevor sie ihre Reise stromauf fortführen.
Darüber hinaus gibt es eine Vielzahl unterschiedlicher Stellen, an denen der Lachs einhält. Doch es ist keineswegs sicher, daß die Fischerei an demselben Gumpen, an dem sie in einem Jahr so gut ist, auch im folgenden Jahr so fängig sein wird. Die Flüsse verändern sich ständig, zum Beispiel wenn über einen längeren Zeitraum ein ungewöhnlich hoher Wasserstand herrschte oder wenn es im Winter zu einer starken Vereisung kam.

Mehrere Faktoren bestimmen, wo der Lachs bei seinem Weg flußaufwärts zu den Laichgebieten anzutreffen ist. Diese Zeichnung eines Flußabschnittes verdeutlicht einige typische Standorte, an denen der Lachs sich häufig aufhält. Im Mündungsbereich eines Zuflusses in die Hauptströmung stehen die Fische häufig in V-Form. Man kann sie ebenfalls etwas oberhalb in diesen Zuflüssen antreffen, sofern diese zu den Laicheinzugsgewässern zählen. Je nachdem, wie mächtig der Fluß ist, können sie sowohl oberhalb als auch unterhalb der Einmündung stehen. Andere typische Standorte sind unmittelbar vor Rauschen, wo die Lachse beim Aufstieg zumeist eine Rast einlegen, bevor sie versuchen, das Hindernis zu überwinden, und in den ausgewaschenen Gumpen vor den Rauschen, wo sie sich im allgemeinen ausruhen, bevor sie weiter flußaufwärts schwimmen. Sie lieben es aber auch, am äußeren Rand der Strömung in Flußbiegungen unterhalb von Rauschen zu stehen.

Werfen mit der Zweihand-Lachsfliegenrute

Auf der Länge eines Flusses wechseln sowohl die Strömung als auch die Geländeverhältnisse. Um vom Standpunkt der Angeltechnik her die Strömung in der rechten Weise zu nutzen, ist es ein Vorteil, verschiedene Wurfarten anzuwenden, von denen jede bestimmten Gegebenheiten am Fluß am besten entspricht. Von diesen Wurfarten sind der Rollwurf, der Überkopfwurf und der Unterhandwurf die wichtigsten, die man erlernen sollte.

In der unteren Zeichnung ist der gleiche Flußabschnitt wie oben zu sehen, jedoch bei geringerer Strömung. Bei solchen Wasserverhältnissen steht der Lachs in der Strömung, wo sie stark und sauerstoffreich ist.

Die Ruheplätze der Lachse in Gumpen befinden sich jeweils am Ein- und Auslauf des Gumpens und in der Tiefe vor großen Steinblöcken.

Der Rollwurf, im Englischen auch ,,switch'' genannt, ist im Grunde genommen gar kein ,,Fliegenwurf'' im engeren Sinne, da die Schnur auf dem Wasser ausgerollt wird. Rollwürfe sind an dicht bewachsenen Gumpen besonders geeignet, weil dort der Bewuchs keinen Rückschwung erlaubt. Die beste Anwendung des Rollwurfs besteht jedoch darin, die Schnur auf der Oberfläche des Wassers zu rollen, bevor man sie zu einem Wurf der traditionellen Art von der derselben abhebt. Denn das entscheidende Merkmal des Rollwurfs ist es, daß die Schnur auf der Wasseroberfläche gestreckt wird. Die Rute wird langsam, leicht seitlich, bis in die 1.00 Uhr-Position angehoben. Bevor die Rolle ansetzt, wird die Rute ein wenig gesenkt, so daß die Schnur in einem Bogen nahe zum Fischer ausliegt. Der Rollwurf beginnt mit einer sich langsam steigernden Bewegung der Rute. Diese Bewegung stoppt man in dem Augenblick ab, in dem sie sich parallel zur Oberfläche des Wassers befindet. Die Fliegenschnur rollt nun auf dem Wasser ab.
Der Überkopfwurf ist sowohl für die Zweihand- als auch für die Einhand-Fliegenruten ein Grundelement der Wurftechnik. Jedoch hat dieser Wurfstil auch seine Begrenzungen, denn er erfordert einen großen Freiraum für den Rückschwung. Man setzt zu einem Überkopfwurf an, in dem man zunächst einmal die Schnur ausgestreckt auf dem Wasser liegen hat. Der Rückschwung beginnt mit einer sich langsam steigernden Bewegung. Es hat dabei den Anschein, als würde die Fliegenschnur von der Wasseroberfläche abgesaugt. Der Rückschwung wird abgestoppt, wenn sich die Rute in einer vertikalen Position befindet. Jetzt wird kurz eingehalten, damit die Schnur sich nach hinten strecken kann. Der Vorschwung erfolgt nun kräftig und zügig. Sobald sich die Schnur nach vorn gestreckt hat, läßt man sie weiter nach vorn

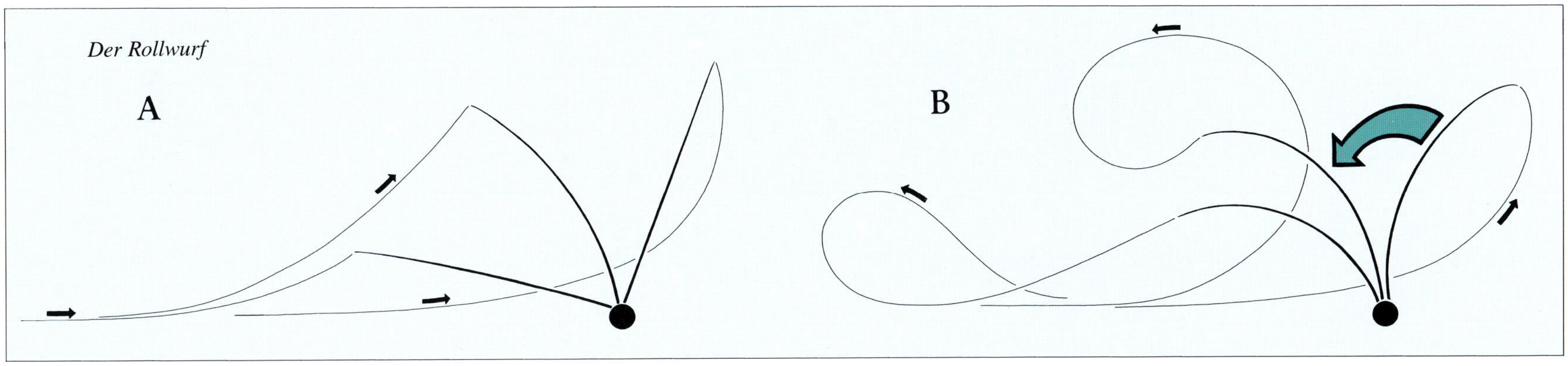
Der Rollwurf
A
B

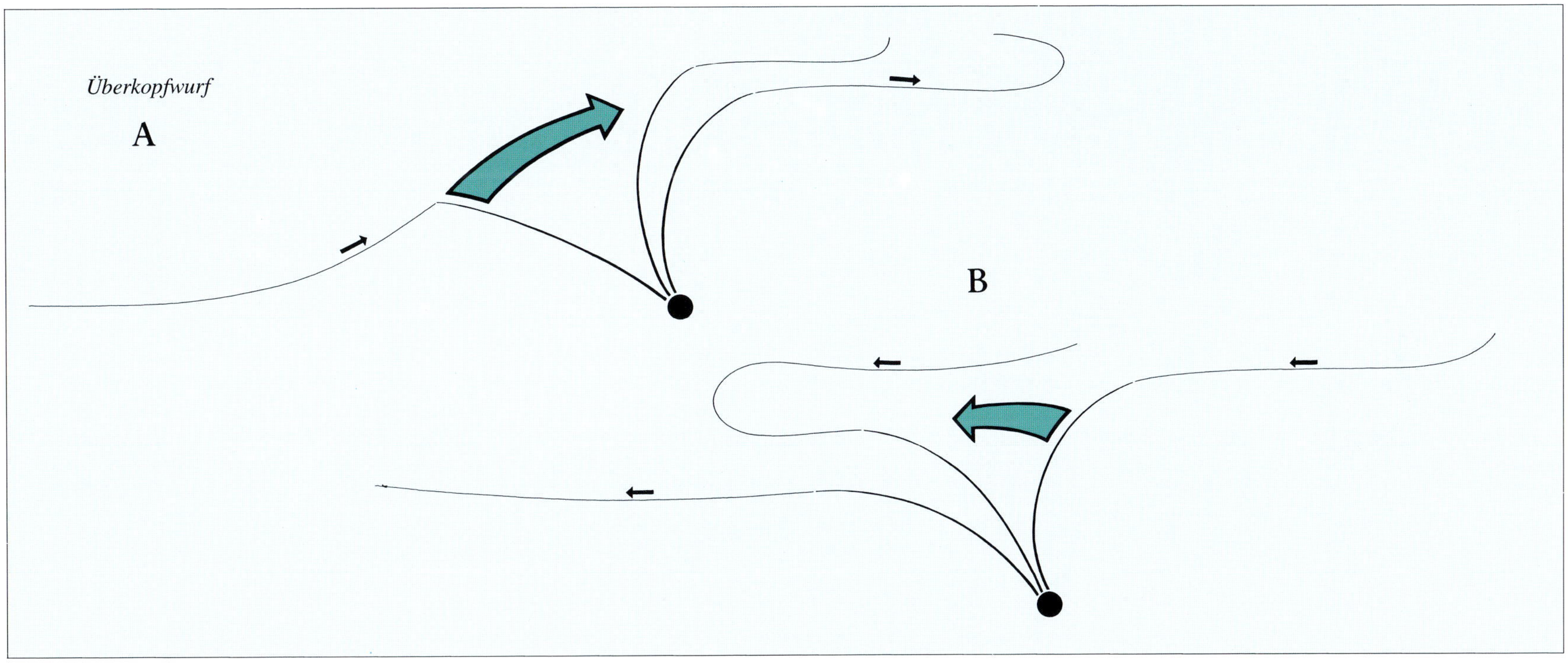
Überkopfwurf
A
B

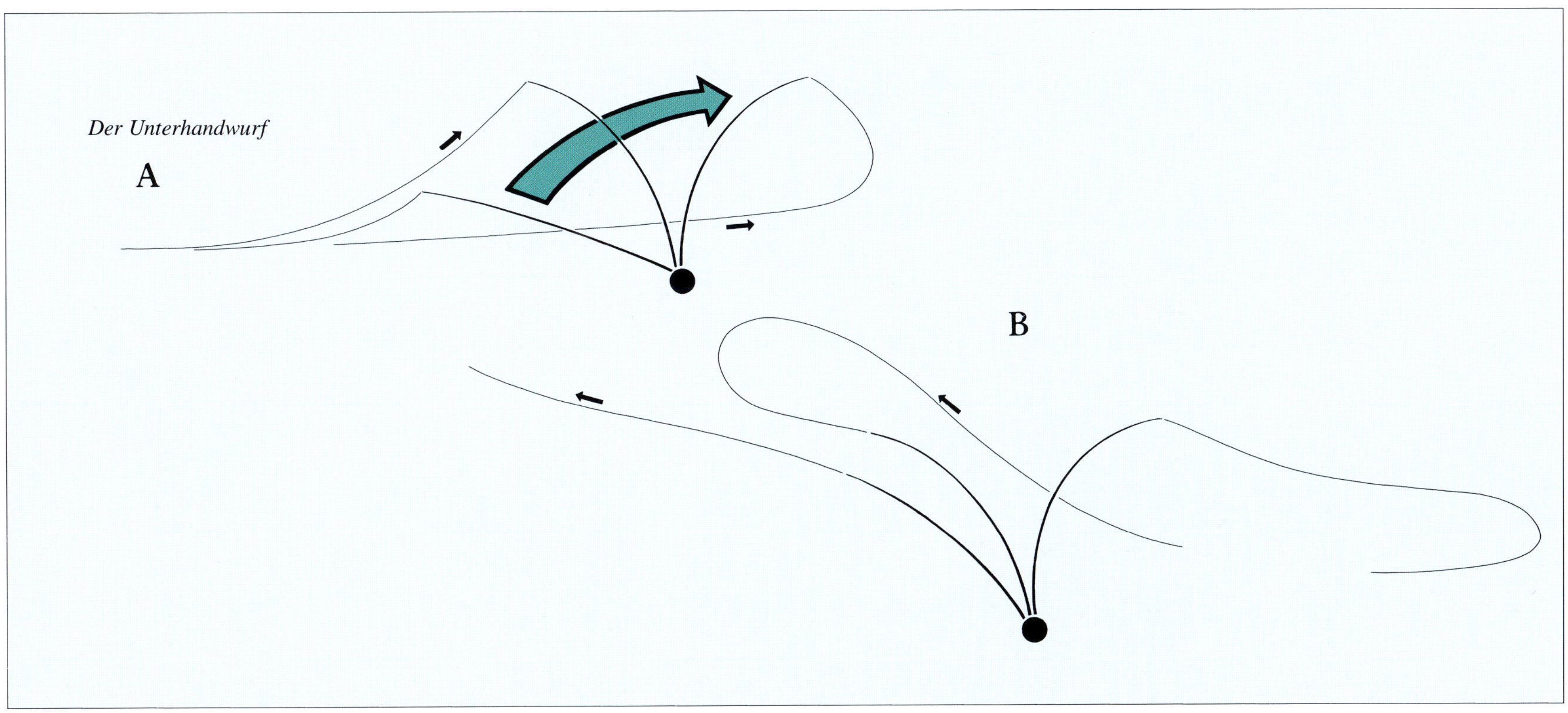
Der Unterhandwurf
A
B

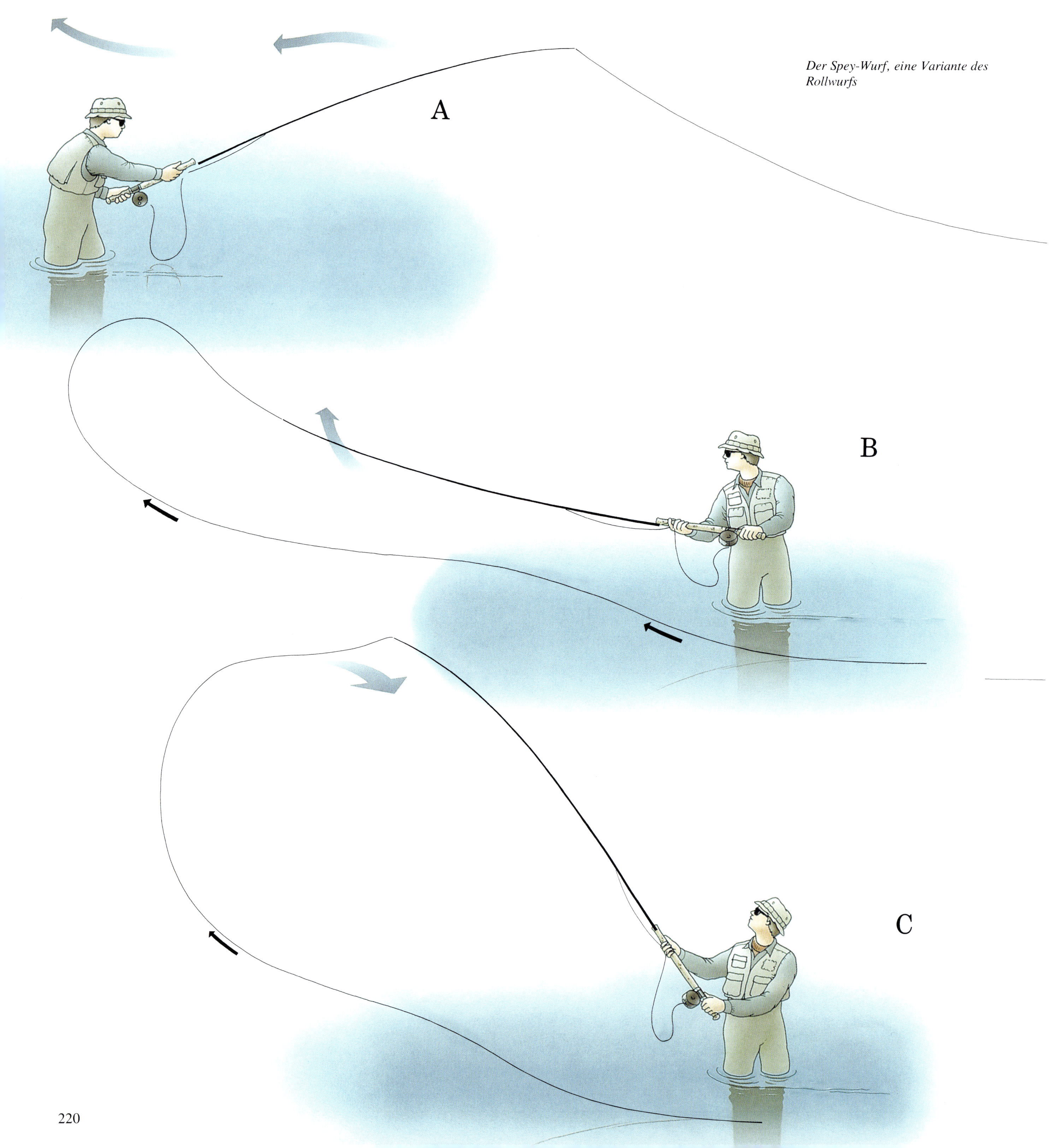

Der Spey-Wurf, eine Variante des Rollwurfs

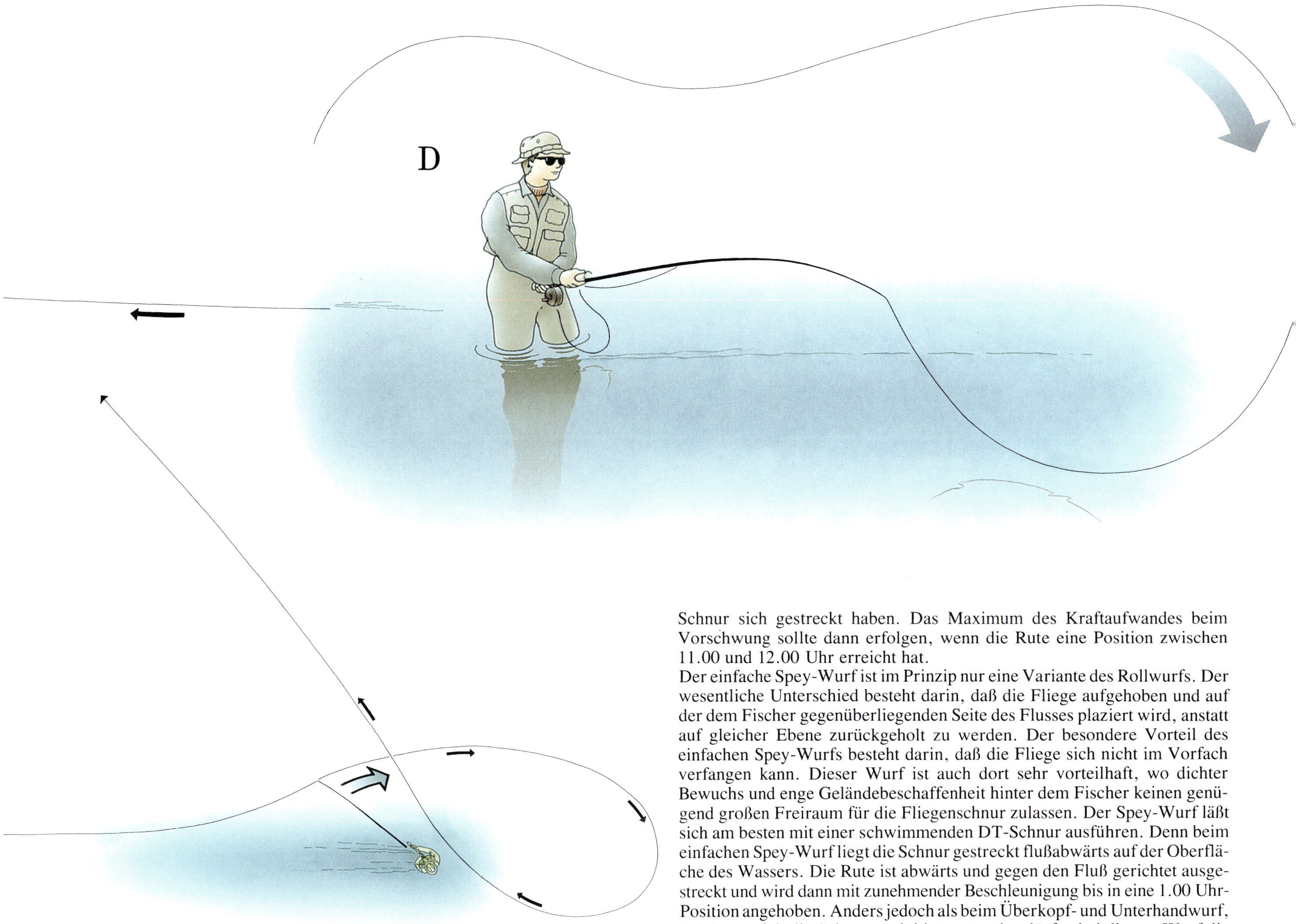

schießen, indem man die Schnur freigibt, die solang mit den Fingern der oberen Hand am Griff der Zweihand-Rute gehalten wurde. Auf diese Weise streckt sich die Schnur über die ganze, freie Länge. Wenn nun erneut der Rückschwung beginnt, wird die Schnur wiederum fest gegen den Handgriff gedrückt. Hat man so die gewünschte Schnurlänge durch mehrmaligen Vor- und Rückschwung erreicht und schwebt die Schnur in Schräglage über dem Wasser, gibt man den Rest der Schnur am Handgriff frei, wobei diese sich dann in voller Länge streckt.

Der Unterhandwurf ist einer der elegantesten Würfe mit der Fliegenrute. Für viele Angler ist das Werfen mit der Zweihand-Fliegenrute eine schwierige Art des Fischens. Darum ist es wichtig, zu einer wirkungsvollen, rhythmischen und ruhigen Wurfmethode zu kommen, die ein ausgedehntes Fliegenfischen erlaubt, ohne daß sich der Angler hierbei zu sehr anstrengen muß. Der Unterhandwurf ermöglicht dies, weil hierbei nur ein Leerschwung in der Luft erforderlich ist. Beim Unterhandwurf liegt die Schnur auf der Wasseroberfläche gestreckt auf. Die Rute wird nun in einer rascher werdenden Kreisbewegung gestreckt, wobei die Rutenspitze immer auf das Gewässer gerichtet ist. Aufgrund dieser Bewegung, gleitet die Schnur vor dem Fischer und unter der Rute weg. Der Stopp erfolgt bei vertikaler Position. Mit dem Vorschwung beginnt man nun, bevor die letzten 2–4 Meter der Schnur sich gestreckt haben. Das Maximum des Kraftaufwandes beim Vorschwung sollte dann erfolgen, wenn die Rute eine Position zwischen 11.00 und 12.00 Uhr erreicht hat.

Der einfache Spey-Wurf ist im Prinzip nur eine Variante des Rollwurfs. Der wesentliche Unterschied besteht darin, daß die Fliege aufgehoben und auf der dem Fischer gegenüberliegenden Seite des Flusses plaziert wird, anstatt auf gleicher Ebene zurückgeholt zu werden. Der besondere Vorteil des einfachen Spey-Wurfs besteht darin, daß die Fliege sich nicht im Vorfach verfangen kann. Dieser Wurf ist auch dort sehr vorteilhaft, wo dichter Bewuchs und enge Geländebeschaffenheit hinter dem Fischer keinen genügend großen Freiraum für die Fliegenschnur zulassen. Der Spey-Wurf läßt sich am besten mit einer schwimmenden DT-Schnur ausführen. Denn beim einfachen Spey-Wurf liegt die Schnur gestreckt flußabwärts auf der Oberfläche des Wassers. Die Rute ist abwärts und gegen den Fluß gerichtet ausgestreckt und wird dann mit zunehmender Beschleunigung bis in eine 1.00 Uhr-Position angehoben. Anders jedoch als beim Überkopf- und Unterhandwurf, bei denen sich die Schnur nach hinten streckt, dürfen bei diesem Wurf die letzten 2–3 Meter der Schnur die Wasseroberfläche berühren. Der Vorschwung wird solcherart vom Widerstand bestimmt, den der Schnurkontakt mit dem Wasser beinhaltet. Die meiste Kraft beim Vorschwung soll dann zur Entfaltung kommen, wenn die Rute eine Position zwischen 11.00 und 12.00 Uhr eingenommen hat. Mit einer einfachen Bewegung wird sodann dieser Wurf abgeschlossen.

Im berühmten, schottischen Lachsfluß Spey ist es für Lachsfischer üblich, zwischen dem einfachen und dem doppelten Spey-Wurf abzuwechseln. Wenn der Lachsfischer, wie normalerweise üblich, ein Rechtshänder ist, wird der einfache Spey-Wurf vom linken Ufer und der doppelte Spey-Wurf vom rechten Ufer aus angewandt. Die Ursache hierfür ist, daß die meisten Fliegenfischer im allgemeinen eine starke und eine schwache Wurfseite haben. Jedermann, der kein Problem dabei hat, sowohl mit der rechten als auch mit der linken Hand zu werfen, benötigt keinen Wechsel in den Wurfarten. Für ihn genügt es, einfach die Rutenhand zu wechseln.

Methoden

Viele Fliegenfischer sind der Meinung, daß man mit der Fliege nur dann auf Lachs fischen kann, wenn der Fluß nicht zu groß oder nicht zu kalt ist. Doch diese Ansicht ist absolut falsch. Mit den unterschiedlichen Angeboten an Fliegenschnüren, wie sie heutzutage auf dem Markt sind, ist das Fliegenfi-

schen die rundum beste Angelmethode auf Lachs, zumindest so lange, wie das Angeln den vorherrschenden Bedingungen entspricht. Die am meisten angewandten Angeltechniken beim Fliegenfischen auf Lachs und meerwärts wandernden Forellen sind jene mit schwimmender und sinkender Fliegenschnur. Zu diesen klassischen Methoden kann man andere und zumeist mehr lokale Variationen hinzufügen, wie etwa Angeln mit der Trockenfliege, mit dem Riffel-Knoten, dem Zocken, Schleppfischen, Tupfen und Tippfischen.

Angeln mit einer Sinkschnur in einem großen Gumpen mit unterschiedlich starker Strömung. Am Einlauf in den Gumpen, wo die Strömung stark ist, wird die Fliege seitlich stromabwärts ausgeworfen, damit sie die richtige Geschwindigkeit erhält – unmittelbar danach wird sie stromaufwärts in einem leichten Bogen angezogen. In der Mitte des Gumpen, wo die Strömung geringer ist, wirft man die Fliege querab ohne Ausrichtung stromauf. Am Auslauf des Gumpen verstärkt sich erneut die Strömung, darum wird auch hier die Fliege wieder in einem Winkel stromabwärts ausgeworfen.

Angeln mit schwerem Gerät und Naßschnur

Das Angeln auf größere Salmoniden wird zu Saisonbeginn in den großen, kalten und hohes Wasser führenden Bergflüssen betrieben, so zum Beispiel an der schottischen Ostküste. Es kann jedoch auch im Sommer beim Flußfischen angewendet werden, wenn die Flüsse durch Schmelzwasser oder nach langen Regenperioden angeschwollen sind.

Wenn man in solchen Flüssen auf Lachs fischen will, so bestehen die besten Chancen in dem Bereich zwischen Gewässergrund und den mittleren Wasserschichten. Unter solchen, für den Fliegenfischer harten Bedingungen, angelt man dann am besten mit einer Zweihand-Lachsfliegenrute von 4,5–5 Meter in der AFTMA-Klasse II, mit totalem, kraftvollem Einsatz.

In der Wahl zwischen einer WF- und einer DT-Fliegenschnur wird letztere für alle Zweihandruten empfohlen. Es gibt hierfür Fliegenschnüre, die speziell als ,,schnell-sinkend'' (S2) und ,,besonders rasch sinkend'' (S3) entwickelt wurden und die sich hierfür sehr gut eignen.

Die Rolle für jedwede Art des Fliegenfischens auf Lachs sollte in erster Linie zuverlässig und groß sein. Sie sollte vorzugsweise außerdem imstande sein, neben der Fliegenschnur auch noch eine Backschnur von 150–200 Meter der Schnurklasse 12–15 Kilogramm aufzunehmen. Abhängig von der Größe und dem Gewicht der Fliege sollte das Vorfach in der Spitze einen Durchmesser von 0,45–0,50 Millimeter haben. Da Lachse in großen Flüssen nicht besonders vorsichtig sind, genügt eine Vorfachlänge von 1,20–1,80 Meter.

Beim Lachsfischen in großen, kalten Flüssen verwendet man große Fliegen, besonders Röhrchen-Fliegen oder von der Art ,,Waddington'' und ,,Esmond Drury''. Am besten reagieren die Lachse auf stark farbige Muster. Spezielle Kaltwasser-Fliegen, die an Röhrchen oder ,,Waddington'' gebunden werden, sind die ,,Garry'', ,,Green Highlander'', ,,Dee Royal'', ,,Black and Gold'', ,,Willie Gunn'' und ,,Tadpole''.

In großen Flüssen trifft man den Lachs im allgemeinen unmittelbar unter der stärksten Strömung an. Dies bedeutet, daß sie sehr wohl auch dicht am Ufer ruhig liegen können. Darum sollte man immer im Wasser vorsichtig waten. Oft genug geschieht es, daß man scheinbar in knietiefem Wasser watet, um sich urplötzlich in einer tiefen Senke wiederzufinden. Viele der Gumpen, die hohes Wasser führen, werden auch vom Ufer aus beangelt.

Lachse sind Kaltblütler und bevor die Temperatur im Wasser nicht 7–8 Grad Celsius erreicht hat, sind sie in ihren Reaktionen zumeist langsam. Deshalb sollte mit der Fliege vor allem langsam gefischt werden, wobei man die Fliege vor allem so weit möglich entfernt tief und zudem vom eigenen Standpunkt aus querab zur Strömung anbieten sollte. Dieses tiefe und langsame Fischen darf jedoch nicht mißverstanden werden. Die Fliege soll in größeren Gumpen nicht scheinbar leblos angeboten werden, sie muß in Bewegung bleiben, doch es ist die Wasserdrift selbst, welche die Fliege für den Lachs interessant erscheinen läßt.

Was immer in Betracht gezogen werden soll ist dies: wenn die Fliege eingeholt worden ist und vor dem Fischer hängt, sollte man nicht allzu hastig die Fliege aus dem Wasser nehmen, um zum nächsten Wurf zu kommen. Oftmals ist es vielmehr gerade so, daß sowohl Lachs als auch Meerforelle nach einem langen Einholen auf die Fliege beißen.

Traditionelles Fischen mit der Naßschnur

Wenn die Saison etwas weiter vorangeschritten ist und sowohl die Luft- als auch die Wassertemperatur angestiegen ist, wird das Fliegenfischen abwechslungsreicher. Die besten Fangmöglichkeiten auf Lachs und Meerforelle bestehen nun, bei Wassertemperaturen zwischen 8 und 12 Grad Celsius, von der Oberfläche bis zu den mittleren Wassertiefen.

Wenn man die Saison voll ausnutzen will, so wird jetzt eine etwas größere Auswahl an Gerät erforderlich, um den Fischen auf unterschiedliche Weise nachstellen zu können. So ist auch ein Wechsel zwischen Einhand- und Zweihandruten angesagt. In normalen und kleinen Fließgewässern kann man die Länge der Zweihandrute geringer wählen, zum Beispiel 4–4,5 Meter in den AFTMA-Klassen 9 bis 10, was bedeutet, daß die Rute nun etwas flexibler sein kann, als jene, die für das schwere Fliegenfischen in kalten und großen Flüssen erforderlich ist.

Als Fliegenschnur an einem Fluß, dessen Wasser sich auf 8–12 Grad Celsius erwärmt hat, kommt normalerweise eine ,,Zwischenschnur'' (1) oder eine langsam sinkende (S1) in Betracht. Erstere ist eine betont langsam absinkende Schnur, die beim Fischen soeben unter der Oberfläche steht. Unter langsam sinkend (S1) ist eine normal sinkende Naßschnur zu verstehen, die eine breite Anwendung findet.

Ein kleiner und erwärmter Fluß erfordert längere Vorfächer als dies in einem Fließgewässer mit hohem, kaltem Wasser der Fall ist. Hier empfiehlt sich ein verjüngtes Vorfach mit einer Länge von 2,5–2,7 Meter. Der Spitzendurchmesser des Vorfachs kann von 0,3 Millimeter für die kleinsten Fliegen der Größe 8 bis zu 0,45 Millimeter für Fliegen mit einem Einfachhaken der Größe 3/0 variieren. Der am häufigsten verwendete Spitzendurchmesser für Zweifachhaken der Größen 6–2, die gegenwärtig zumeist verwendet werden, ist 0,40 Millimeter.

Viele Fliegenfischer bevorzugen für diese Art des Angelns Einhand-Fliegenruten. Dies gilt nicht zuletzt auch für das Fliegenfischen auf Lachs in nordamerikanischen und isländischen Flüssen. In norwegischen Flüssen dagegen zählt die Einhand-Fliegenrute mehr als Ergänzung zur schweren Zweihand-Fliegenrute. Die Einhand-Fliegenrute ist nun mal ein außerordentlich feines Gerät, sowohl für das Angeln auf Meerforelle als auch für das Angelns auf Lachs mit schwimmender Schnur.
Für den Fang von Lachs und Meerforelle liegen die gebräuchlichsten Einhand-Fliegenruten bei Längen von 3–3,6 Meter in den AFTMA-Klassen 8–9. Die Rute sollte vorzugsweise eine volle Aktion haben, so daß, falls dies erforderlich werden sollte, auch ein schwerer Lachs sicher gedrillt werden kann. Beim Fischen mit einer Einhand-Fliegenrute hat eine WF-Schnur gegenüber einer DT-Schnur viele Vorteile.
In dieser Zeit der Saison wird das Angebot an Fliegen reichhaltiger, sowohl was die Größe als auch die Muster anbelangt. Am erfolgreichsten dürfte dann wohl eine Kollektion von ,,Drury-Fliegen‘‘ in den Größen 8 bis 3/0 mit Einfach- und Doppelhaken sowie Drillingen sein.
Soweit es die Fliegenmuster angeht, gibt es, über den Daumen gepeilt, eine alte Regel: an sonnigen Tagen und wenn das Wasser im Fluß klar ist, sind helle, farbige Fliegen am fängigsten, vor allem solche mit silbernem Körper und einigen grünen Tupfern in den Flügeln. Zuverlässige Gut-Wetter Fliegen sind die ,,Silver and Blue‘‘, ,,Silver Grey‘‘ und ,,Green Highlander‘‘. An wolkenreichen und Schlechtwetter-Tagen gehen am besten dunkle und neutrale Fliegenmuster, wie die ,,Grey Heron‘‘, ,,Black Doctor‘‘ und ,,Rusty Rat‘‘. Wenn der Fluß hohes oder eingetrübtes Wasser führt, sind die orangefarbene ,,Garry‘‘ und der dunkelrote ,,General Practitioner‘‘ ganz hervorragende Appetitsanreger. Das Nachtangeln auf Lachs ist in den norwegischen Flüssen sehr populär, wobei man ausschließlich mit schwarzen Fliegen fischt, wie etwa die ,,Stoat's Tail‘‘, ,,Black Tosh‘‘ und ,,Black Shadow‘‘.
Wie bereits schon erwähnt, bieten sich in dieser Jahreszeit eine Vielzahl unterschiedlicher Fliegenmuster und -größen an. Hat man einen Gumpen mit kleinen und mittelgroßen Fliegen gründlich abgefischt und doch keinen Biß bekommen, kann es sich durchaus lohnen, einen Versuch mit einer größeren Fliege zu machen.

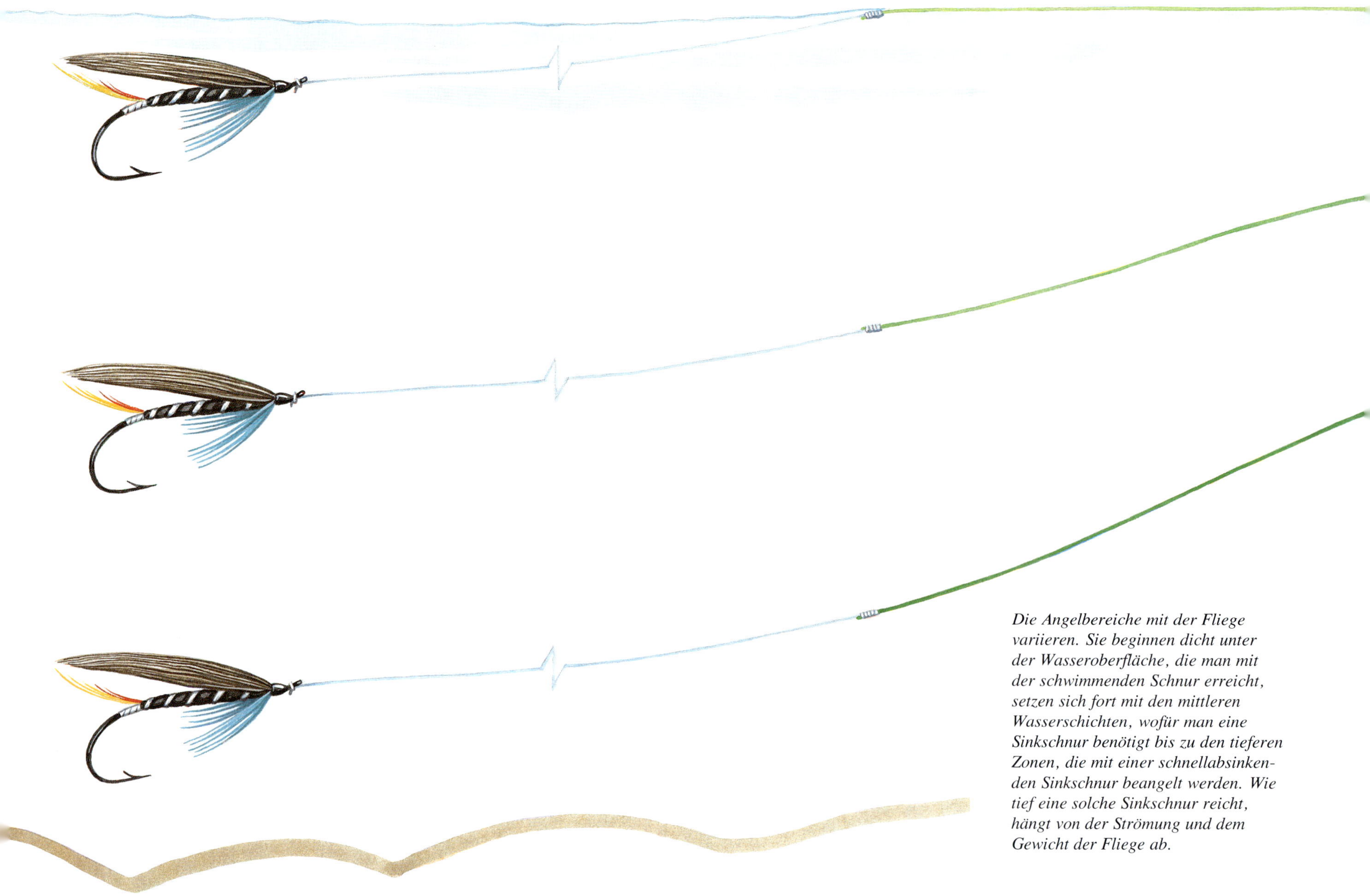

Die Angelbereiche mit der Fliege variieren. Sie beginnen dicht unter der Wasseroberfläche, die man mit der schwimmenden Schnur erreicht, setzen sich fort mit den mittleren Wasserschichten, wofür man eine Sinkschnur benötigt bis zu den tieferen Zonen, die mit einer schnellabsinkenden Sinkschnur beangelt werden. Wie tief eine solche Sinkschnur reicht, hängt von der Strömung und dem Gewicht der Fliege ab.

Angeln mit schwimmenden Schnüren

Es gibt viele Angler, die davon überzeugt sind, daß diese Art zu Angeln für Lachs und Meerforelle die sportlichste ist. Der berühmteste Fliegenfischer aller Zeiten, der mit der schwimmenden Schnur auf Lachs angelte, war der Engländer A. H. E. Wood. In den Jahren von 1913 bis 1934 fing er nicht weniger als 3 490 Lachse, die meisten von ihnen mit eingefetteter Schnur und kleinen Fliegen, die er an der Oberfläche anbot. Seine Gewässer waren die „Cairnton Waters" des Flusses Dee in Schottland.

Das Angeln mit der schwimmenden Fliegenschnur verbindet man ganz allgemein mit kleinen, erwärmten Sommerflüssen, doch dies ist nur ein Teil der Wahrheit. Mit der schwimmenden Fliegenschnur kann man auch ganz vorzüglich in Flüssen angeln, die sehr kaltes Wasser führen – solang diese Flüsse nicht zu tief sind. Die Bereitschaft zum Anbiß steigt jedoch normalerweise bei Temperaturen von 8–9 Grad Celsius.

Beim Nachtangeln auf Meerforellen in den klaren Flüssen West-Norwegens ist die schwimmende Fliegenschnur unentbehrlich. Eine schwimmende Schnur läßt sich für einen neuen Wurf vom Wasser leichter abheben als eine sinkende – und das kann in dunkler Nacht von großer Bedeutung sein. Beim Korrigieren der Schnur, indem man sie abhebt und dabei die Strömung überwirft, kann man, sofern dies korrekt geschieht, mit der schwimmenden Schnur einen größeren Radius abfischen als mit einer sinkenden. Mit letzterer ist das Fischen auf den traditionellen 45 Grad-Winkel stromabwärts begrenzt. Es kommt hinzu, daß die Meerforelle in der Dunkelheit auf eine Fliege besser reagiert, die im Oberwasser angeboten wird.

Nach A. H. E. Wood besteht das Ziel des Fliegenfischers darin, zu versuchen, dem Fisch die Fliege von der Seite zu zeigen. Deshalb wird normalerweise die schwimmende Schnur betonter geradlinig über die Strömung hinweg ausgelegt, als dies mit einer sinkenden Schnur üblich ist. Sobald die Schnur auch nur das geringste Anzeichen beim Abfischen zeigt, im Bogen zu verlaufen, wird sie korrigiert. In starken Strömungen ist es natürlich unmöglich, die Schnur zu korrigieren und gleichzeitig die Fliege exakt anzubieten. Deshalb ist es besser, in Gumpen, die eine stärkere Strömung haben, die schwimmende Schnur genau so wie eine sinkende Schnur zu präsentieren, indem man sie diagonal stromabwärts wirft.

Für das Angeln auf Lachs und Meerforelle mit schwimmender Schnur und kleinen Fliegen ist eine Einhand-Rute, 3–3,3 Meter lang, ein elegantes Gerät. Doch auch eine flexible Zweihand-Rute, so in der Länge von 4–4,5 Meter, hat ihre Bewunderer, wenn es um das Lachsfischen geht. Die für eine Einhand-Rute geeignete schwimmende Schnur ist eine WF-Fliegenschnur der AFTMA-Klasse 8 oder 9 und, für eine Zweihand-Rute, eine DT-Fliegenschnur in den Klassen 10–11. Normalerweise verwendete man für eine schwimmende Schnur ein etwas längeres Vorfach als für eine sinkende. Zumeist wird ein sich verjüngendes Vorfach von 3 Meter Länge mit einem Spitzendurchmesser von 0,30–0,40 Millimeter angewandt, wobei dies natürlich abhängig ist von der Größe der Fliege. Bezüglich der Fliegenrollen sind als beste Alternative solche der leichten Lachsklassen zu empfehlen, mit einem Durchmesser von 9,5–10 Zentimeter. Die kleinere ist für die Einhand-Rute gedacht, die größere für die Zweihand-Rute.

Am elegantesten ist das Fliegenfischen mit schwimmender Schnur, wenn kleine Fliegen in den Größen zwischen 8 und 4 eingebunden werden. Oftmals sind es nur spärlich ausgestattete Fliegen, die speziell für das Angeln mit schwimmender Schnur gebunden werden. Es sind sogenannte Niedrigwasser-Fliegen, bei denen sowohl der Körper als auch die Flügel kürzer sind als dies bei den klassischen Lachsfliegen der Fall ist. Berühmte Niedrigwasser-Fliegen sind die „Blue Charm", „Logie", „March Brown" und die „Jeannie". Zu diesen mit Haarflügeln ausgestatteten Mustern kann man noch Fliegen wie den „Munroe Killer", die „Red Butt", „Hairy Mary" sowie „Blue and Silver" hinzufügen, die alle hervorragend fängig sind.

Oftmals ist es für den Lachsfischer schwierig, die richtige Fliegenwahl zu treffen. Es gibt, wie man sehen kann, eine Vielzahl von Fliegen zur Auswahl, doch häufig wird auf ein bestimmtes Muster zuviel Betonung gelegt. Wichtig ist hierbei vor allem die Farbzusammenstellung. Die alte Regel kann von Wert sein: helle, glänzende Muster sind gut bei bestem Wetter und in klaren Flüssen, dunkle Muster dagegen eignen sich bei schlechtem Wetter und in eingetrübten Fließgewässern. Orangefarbene Fliegen sind oftmals die beste Wahl in bräunlichen Wassern.

Wenngleich das Angeln mit schwimmender Schnur zumeist den kleineren Fliegen vorbehalten ist, so gibt es doch überhaupt keinen Grund, warum wir nicht auch größere Fliegen versuchen sollten. Wenn die Abenddämmerung fortgeschritten ist, kann oftmals eine große, dunkle Fliege, dargeboten an der Wasseroberfläche, sich als lohnend erweisen bei dem Versuch, einen Lachs zum Anbiß zu verleiten. Die Zeit der Dämmerung in den Sommermonaten ist ebenfalls die Zeit für die Meerforelle. Dafür wählt man dann zumeist dunkle Muster, wie etwa die ,,Stoat's Tail", ,,Black Zulu" und ,,Connemara Black" und zwar in Größen von 10 bis 4, jweils mit Doppelhaken.
Das Angeln mit der schwimmenden Schnur ist auch eine feine Angelegenheit in den Flüssen Schwedens, die im Süden und Westen in die Ostsee münden. Da diese Flüsse humusfarbiges Wasser führen, sind Fliegen mit orangfarbenen, gelben und roten Tupfen sowohl für Lachs als auch für Meerforelle die bevorzugten Muster. Sehr fängige Fliegen sind beispielsweise in den Flüssen Eman, Mörrum und Ätran die ,,Fiery Brown", ,,Stuart's Shrimp", ,,G.P.", ,,Strong Medicine" und ,,Fire Ball".

Fliegenfischen mit der Trockenfliege

Zwei amerikanische Methoden der Lachsfischerei sind das Angeln mit Trockenfliegen und mit dem ,,Riffling-Knoten". Ihren Ursprung haben diese Angeltaktiken in den Flüssen des US-Staates Maine und der kanadischen Provinzen Neu-Schottland, Neu-Braunschweig, Quebec, Neufundland und Labrador.
Man kann nicht sagen, daß diese Angelmethoden in Europa eine größere Beachtung beim Beangeln der Lachsflüsse gefunden haben, obgleich sowohl auf den Britischen Inseln als auch in Norwegen viele Versuche hierzu unternommen wurden. Es wurden auch eine ganze Reihe von Lachsen gefangen, jedoch nicht so viele, daß das Angeln mit der Trockenfliege und dem ,,Riffling-Knoten" etwa so populär geworden wäre, wie die anderen traditionellen Methoden des Fliegenfischens auf Lachs.
Die einzige Ausnahme ist das Angeln mit der Trockenfliege auf Meerforellen, wie es zumeist in norwegischen Flüssen wie Laerdal und Aurland in Sogn und Fjordane betrieben wird. An diesen Plätzen hat das Angeln mit der Trockenfliege auf Meerforellen eine lange Tradition, die bis in das Jahr 1902 zurückgeht. Damals war es der britische Major T. T. Phelps, der im Laerdal zum ersten Mal mit der Trockenfliege auf Meerforellen fischte. Zumeist sind es kleinere Lachse, so im Gewicht von 1–3 Kilogramm, die an einer driftenden Trockenfliege Interesse zeigen. Das gilt auch für die Meerforelle, doch von dieser Fischart wurden im Laerdal und Aurland immerhin Exemplare von 8–10 Kilogramm mit der Trockenfliege gefangen.
Der ,,Riffling-Knoten", auch ,,Portland-Knoten" genannt, hat zur Voraussetzung, daß die Fliege die Oberfläche einer Strömung in einer V-förmigen Welle überkreuzt. Ein halber Knoten muß hierbei über dem Kopf der Fliege gebunden werden. Diese Angelmethode hat ihre Fängigkeit unter Beweis gestellt, nicht nur beim nordamerikanischen Lachs, sondern auch in norwegischen Flüssen beim Angeln auf Lachs und kleinere Meerforellen. Eine ,,geriffelte Fliege", angewandt beim nächtlichen Fischen, kann manchmal so erfolgreich sein, wie eine traditionelle Naßfliege. Ausgezeichnete Fliegen mit dem ,,Riffling-Knoten" sind übliche, aus Haaren gebundene Lachsfliegen in den Größen 6 bis 10, die an einen dünnen Niedrigwasser-Haken angebunden werden.
Die besten Bedingungen für das Angeln auf Lachs und Meerforelle sowohl mit dem ,,Riffling-Knoten" als auch mit der Trockenfliege bestehen in den Sommermonaten, wenn die Flüsse flach, strömungsreich und klar sind.
Da das Angeln mit der Trockenfliege auf Lachs und Meerforelle zumeist stromaufwärts oder die Strömung kreuzend durchgeführt wird, ist hierbei leichteres Gerät von Vorteil. So ist für diese Methode eine Einhand-Rute, 2,7–2,8 Meter lang, mit schneller Aktion und eine Schnur der Klasse 8 zu empfehlen. So eine Rute mit einer schwimmenden WF-Schnur und einer Fliegenrolle mit einem Durchmesser von 8,9–9,5 Zentimeter ist eine vorzügliche Gerätezusammenstellung für derartiges Fischen mit der Trockenfliege. Das verjüngte Vorfach sollte hierfür vorzugsweise eine Länge von 3–3,5 Meter und einem Spitzendurchmesser von 0,22–0,35 Millimeter haben, während im allgemeinen ein Durchmesser in der Spitze von 0,30 Millimeter am besten ist.

Oben: An der Westküste Norwegens gibt es nicht nur die besten Lachsflüsse auf der Welt, sondern diese bieten auch hervorragende Möglichkeiten für den Fang der Meerforelle mit der Trockenfliege.

Der Riffel-Knoten (riffling-hitch) erlaubt es der Fliege, über die Strömung hinweg zu gleiten und vermittelt so einem Fisch den Eindruck eines schwimmenden Tieres. Die Fliege sollte hierbei so geknotet werden, daß die Schleife an der Seite der Fliege liegt, die dem Angler zugewandt ist.

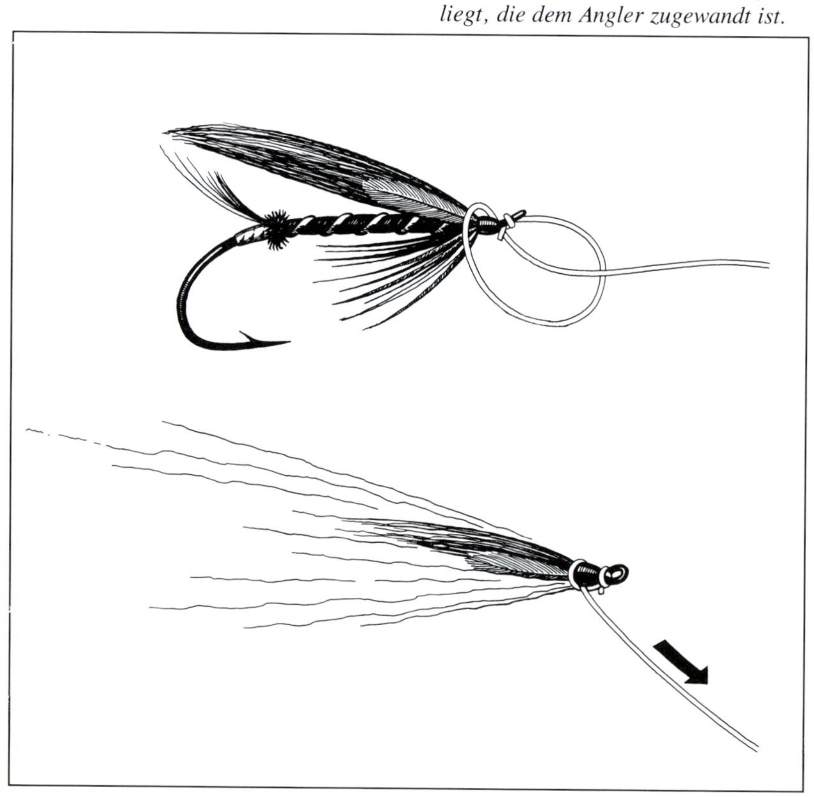

Fliegenfischer, die Trockenfliegen nur in hohen Bergflüssen einsetzen, werden bestimmt für die Lachsfischerei große, dick gebundene Lachs-Trockenfliegen wählen. Beim Lachsfischen haben nun mal, wie es auch sein sollte, die amerikanischen Muster die meiste Aufmerksamkeit auf sich gezogen. In der Hauptsache ist dies den Büchern von La Branche und Lee Wulff zu verdanken, die dem Angeln mit der Trockenfliege auf Lachs in Amerika sowohl in ihren Büchern als auch in zahlreichen Artikeln viel Raum eingeräumt haben.
La Branche vermarktete zu seiner Zeit seine eigenen Trockfliegen, die ,,La Branche Serien". Aus denselben sind Muster wie die ,,Colonel Monell",

,,Soldier Palmer'', ,,Mole Palmer'' und ,,Pink Lady Palmer'' noch immer in Gebrauch. Lee Wulff, trotz seines fortgeschrittenen Alters noch immer aktiv, ist der Erfinder der ,,Wulff-Serien'', von denen Fliegen wie die ,,Grey Wulff'', ,,White Wulff'' und ,,Royal Wulff'' sehr bekannte Muster sind.

Wenn man das Angeln mit der Trockenfliege voll praktiziert, ist es wichtig, die Größe der Fliegen in der rechten Weise zu nutzen. So sind bei stärkeren Strömungen Fliegen der Größen 4 bis 6 anzuraten, während kleiner Fliegen der Größen 8–10 für langsamere Strömungen empfehlenswert sind.

An vielen Flüssen im nördlichen Schottland und im nördlichen Norwegen wird eine Angelmethode angewandt, der man die lokale Bezeichnung ,,dibbling'' (Tupfen) gegeben hat. Bei diesem Tupfen werden zwei Fliegen am Vorfach eingebunden, eine Endfliege und der sogenannte ,,Dropper'', der etwas oberhalb eingeknotet wird. Hierbei stand der Gedanke Pate, daß der Dropper, der zumeist eine größere und dicker gebundene Fliege ist, auf der Oberfläche des Wassers hüpft und ,,kratzt''.

Dieses ,,Dibbling'' oder auch Fischen mit dem Dropper ist in flachen, kleinen Lachsflüssen mit rascher Strömung sehr wirkungsvoll. So ist zum Beispiel der Fluß Komag auf der Varanger-Halbinsel im Norden Norwegens ein solcher Fluß. Hier haben die lokalen Lachsfischer eine verbesserte Art des Angelns mit dem Dropper entwickelt, mit dessen Hilfe sie alljährlich große Lachsfänge verzeichnen.

Angeln vom Boot

Fliegenfischen vom Boot ist in größeren Flüssen üblich und natürlich auch in den Seen, die von Lachs und Meerforelle bei ihrer Laichwanderung durchquert werden. Beim beangeln dieser Flüsse ist das Fliegenfischen vom Boot aus oder das Schleppangeln eine sehr beliebte Art des Fischens.

Der Vorwärtswurf beim Fliegenfischen wird vom Ruderer unterstützt, der das Boot gegen die Strömung auf Kurs hält, während der Fliegenfischer die Standorte der Salmoniden abfischt. Auf diese Weise wird zum Beispiel auf dem Fluß Alta im nördlichen Norwegen geangelt. Im schottischen Fluß Tweed wird das Boot in der Strömung beim Fliegenfischen mit Hilfe eines Gewichtes verankert. Das Angeln vom Boot aus ist auf großen und breiten Flüssen eine sehr erfolgreiche Methode, wobei der Ruderer das Boot immer so halten kann, daß der Fliegenfischer genau am Beginn der jeweiligen Standorte der Fische die Fliege plazieren kann.

Genau so wie das Werfen der Fliege vom Boot aus, ist auch das Schleppangeln mit der Fliege auf großen Flüssen eine lohnende Fischerei. Indem man vor und zurück den Fluß kreuzt, wobei die Fliege über den Standorten der Fische entlang gezogen wird, ist es sogar möglich, einen großen Gumpen wirkungsvoll auszufischen.

Erfahrene Schleppangler legen üblicherweise drei Ruten mit unterschiedlichen Schnurlängen aus. Dabei besteht die Kombination der angebotenen Köder beispielsweise aus Fliege, Wobbler und Blinker. Doch beim reinen Fliegenfischen kann man genau so drei verschiedene Fliegen in unterschiedlichen Farbzusammenstellungen und Größen auslegen, was ebenso erfolgreich werden kann. Beim Schleppangeln ist es wichtig, einen bestimmten Abstand zu den Ufern einzuhalten und die Fliege gründlich bestens bei jedem Richtungswechsel oder hinter jedem Gumpen anzubieten, denn oftmals erweist es sich, daß der Lachs gerade dann die Fliege nimmt, wenn man die Richtung ändert.

Das Fliegenfischen in einem See wird vom driftenden Boot aus betrieben, wobei der Ruderer das Boot manöveriert. Dabei werden im wesentlichen zwei Methoden des Fliegenfischens angewandt: das Angeln mit der Naßfliege und das Tippfischen.

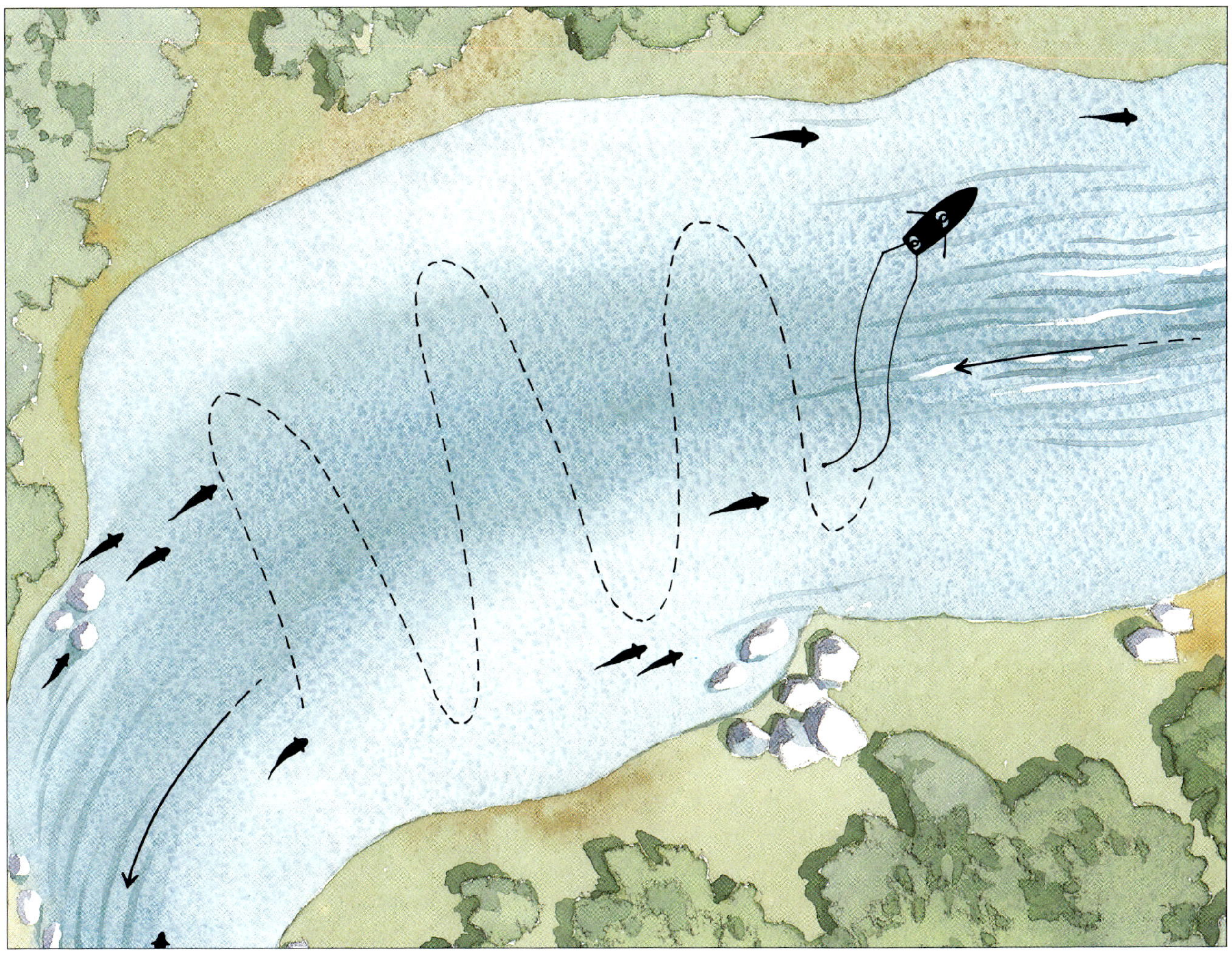

Das Schleppen mit der Fliegenrute vom Heck eines Bootes beginnt so weit im Oberlauf, wie dies möglich ist. Nach jeder Schleife, die querab zur Fließrichtung gefahren wird, gleitet das Boot einige Meter flußabwärts, bevor man mit der nächsten Schleife beginnt.

Für das Fischen mit der Naßfliege verwendet man eine Einhand-Rute in Längen von 2,8–3,3 Meter. Am besten ist es, wenn man mit einer schwimmenden oder sehr langsam absinkenden Schnur angelt. Die englischen Fliegenfischer binden zumeist traditionelle Fliegen ein, wie die „Black Pennel", „Peter Ross", „Soldier Palmer", „Connemara Black" und „Heckman Peckman" – wobei für die Meerforelle unterschiedliche Größen, so zwischen 6 und 12 bevorzugt werden. Für den Lachsfang nimmt man ebenso Haarflügel-Lachsfliegen, von denen die „Hairy Mary", „Stoat's Tail" und „Munroe Killer" die beliebtesten sind.
Das Tippfischen ist in erster Linie eine Angelmethode für Meer- und Seeforelle. Normalerweise wird dann „getippt", wenn große, vom Wind getragene Insekten auf der Wasseroberfläche aufsetzen. Das Tippfischen ist jedoch nicht ausschließlich von natürlichen Insekten und deren Saison abhängig. Auch wenn keine Insekten sich ablagern, kann man mit dem Tippfischen Erfolg haben. Für diese Art des Angelns verwendet man Ruten, die 4,8 Meter oder länger sind. Damit der Wind die Schnur vom Boot wegträgt, wird an der Backline eine leichte Seiden- oder Nylonschnur von etwa 3,5 Meter Länge angespleißt. Am Ende desselben wird dann ein kurzes Vorfach, ca. 1 Meter lang und mit einer Tragkraft von 5–6 Kilogramm, angebunden.
Naturgemäß werden vor allem auf den irischen Seen Insekten als Köder verwendet. Auf schottischen Seen dagegen bevorzugt man große Hechelfliegen, die oftmals an den Haken einer Trockenfliege der Größen 4–6 gebunden werden. Wichtig ist eine gesunde Brise. Der Wind trägt die Schnur weg vom Boot und mit Hilfe der Rute läßt man die Fliege auf den Wellen hüpfen und tanzen.

Das Drillen und Anlanden eines Lachses

Ist er gut genug eingehakt? Wie groß ist er? Wie soll das bloß enden? Das sind in der Hauptsache die drei Fragen, die sich ein Sportfischer selbst stellt, wenn ein Lachs die Fliege genommen hat. Viele Fliegenfischer nennen diese urplötzlich eintretende Situation den „goldenen Augenblick".
Ganz allgemein kann man sagen, daß die Art und Weise wie ein Lachs die Fliege nimmt von den Bedingungen abhängig ist, die in dem Fließgewässer vorherrschen. Diese bestimmen letztlich, wie gut ein Lachs gehakt worden ist. Manchmal kann es geschehen, daß sich der „Biß" kaum anzeigt, obwohl sich in der Folge herausstellt, daß ein großer Fisch die Fliege genommen hat. Die kräftigsten Bisse erfolgen in starker und heftiger Strömung, in der die Fliege hoch im Wasser liegt, weil die Stelle ausgefischt ist und sie eingeholt werden soll.
Es lohnt sich immer, einen Lachs zu haken. Es genügt, den Kontakt zu halten und die Rute aufzurichten und dabei den Lachs mit Hilfe seines Gewichtes sich selbst haken zu lassen. Doch das Haken selbst kann gut oder schlecht ausgehen. Gut, zum Beispiel, wenn der Lachs die Fliege in dem Augenblick nimmt, wo sie beim Einholen in der Strömung liegt. Schwieriger ist da schon die Situation, wenn der Lachs die Fliege packt und direkt stromab davonschießt – da kann man nur hoffen, daß das Glück lächelt und der Fisch gut genug gehakt ist.
Wenn der Lachs gedrillt wird, sollte die Rute in einem Winkel von 60–90 Grad gehalten werden, damit nicht zu viel Druck auf das Vorfach und die Knoten ausgeübt wird. Der Lachs ermüdet rascher, wenn er ebenfalls gegen die Rute anzukämpfen hat. Ein Nachlassen der Rute kann man in zwei bestimmten Situationen erlauben: wenn der Fisch springt und in jenem

Eine der schwierigsten Situationen beim Fang eines schweren Lachses, der die Fliege genommen hat, entsteht für den Fliegenfischer dann, wenn der Lachs kraftvoll stromabwärts flüchtet und er ihm nicht folgen kann, weil die Geländeverhältnisse dies nicht zulassen. Eine letzte Hoffnung besteht darin – wobei so mancher Traumfisch nicht verloren gegangen ist – während des heftigen Drill den Lachs zu veranlassen, umzudrehen und stromaufwärts zu schwimmen. Eine durchhängende Schnur, blitzschnell abgezogen und am davon eilenden Lachs in der Strömung vorbei geworfen, verursacht einen gewissen Druck von der anderen Seite auf den Lachs, so daß dieser manchmal die Richtung wechselt und stromaufwärts auf den Fliegenfischer zuschwimmt.

Hier werden drei verschiedene Möglichkeiten gezeigt, wie ein Lachs gelandet wird. Links wird der Einsatz eines Gaffs von unten her gezeigt, sofern das Wasser tief genug ist. Ferner ist zu sehen, wie man das Gaff von oben ansetzt. Dies ist die übliche Methode, wenn man allein ist. Oben ist zu sehen, wie der Fisch mit dem Schwanzgriff aus dem Wasser genommen wird. Normalerweise wird der Lachs unmittelbar über dem Schwanz gepackt, wobei der kleine Finger sich am nächsten zur Schwanzflosse befindet. Ein Fingerhandschuh aus Wolle erlaubt hierbei einen festeren Griff. Rechts wird gezeigt, wenn das Ufer lang und flach ist, wie der Fisch relativ leicht an Land gezogen werden kann. Man legt ihn dann auf die Seite und hebt ihn letztlich mit dem Schwanzgriff hoch.

besonderen Fall, wenn man dem Lachs bei seiner Flucht stromabwärts vom Ufer aus nicht folgen kann. Letztere Situation ist kritisch, doch ein Absenken der Rute zur gleichen Zeit, wenn die locker gewordene Schnur von der Rolle abgezogen wird, hat zur Folge, daß die Strömung die Schnur abbremst und so ein Druck auf den stromab fliehenden Fisch ausgeübt wird. Das kann ihn dazu veranlassen sich umzudrehen und stromaufwärts zu schwimmen.

Einen Lachs sollte man mit gleichmäßigem Druck drillen. Es ist dabei wichtig, daß man den Fisch an der ausgestreckten Schnur in Bewegung hält und ihn gegen die Strömung angehen läßt. Man sollte nur leicht bremsen und den Fisch die Schnur nehmen lassen, wenn er plötzlich ausbricht. Sobald sich die Chance ergibt, holt man die Schnur mit der geringstmöglichen Schreckwirkung auf den Fisch ein. Wenn am Ufer viel Platz ist, kann man den Lachs allein dadurch ermüden, daß man einfach vor und zurück, stromauf- und stromabwärts geht, je nachdem, in welcher Richtung der Lachs davon zieht – doch dabei sollte man keineswegs zu sehr mit der Rollenbremse arbeiten.

Die kritischste Situation tritt dann ein, wenn von der Rolle viel Schnur abgezogen worden ist und der Lachs ermüdet und sich nun plötzlich gegen die Strömung dreht. Einen müden, schräg in der Strömung stehenden Lachs an einer langen Schnur, während der Fisch stehen bleibt, zu drillen, das ist wirklich mit einer Fliegenrute nicht zu schaffen. Die einzige Möglichkeit in solch einem Fall ist es, rasch flußabwärts zu gehen und so die ausliegende Schnur zu kürzen. Zwar lockert sich die Schnur für einige Augenblicke, doch dieses Risiko sollte man eingehen, denn der Lachs zieht ohnehin seinen eigenen Weg davon, wenn man ihm nicht folgen kann.

Einen Lachs zu ermüden und zu landen ist oftmals die Frage, inwieweit man selbst die Ruhe bewahren kann, auch dann, wenn kritische Situationen eintreten. Ein Sportfischer, der dazu in der Lage ist, wird beim Lachsfischen auch plötzlich auftretende, anstrengende und aufregende Situationen meistern.

Das erste Anzeichen einer Ermüdung des Fisches ist dann zu beobachten, wenn er langsam nach oben kommt und seine schimmernde Seite zeigt. Doch man sollte niemals zu sicher sein und glauben, daß der Lachs nunmehr soweit sei, daß man ihn in Ruhe landen könnte. Normalerweise hat er noch genug Kraftreserven, um noch einige Fluchtversuche zu unternehmen, bevor er endgültig aufgibt.

Jeder Gumpen, so sagt man, hat seine eigenen speziellen ,,Landestellen'', an denen man einen Lachs ohne allzu große Anstrengungen ans Ufer bekommt. Man sollte daher versuchen, den Lachs so zu führen, daß man an solche eine Stelle gelangt, an der er gut an Land gebracht werden kann.

Wenn man allein ist, so eignet sich ein langer, leicht abgeschrägter Uferhang recht gut, um den Fisch anzulanden. Wenn er am Ufer ist, sollte man ihn nicht bis an Land drillen. Es ist vielmehr besser, wenn der Fisch noch ein paar Meter vom Ufer entfernt ist, die Rolle anzuziehen und so den Fisch an Land gleiten zu lassen. Von Vorteil ist es ferner, auf den Fisch einen letzten Druck auszuüben, wenn er in Ufernähe kommt. Oftmals ist es dieser Druck,

Will man den Lachs mit Hilfe eines Tailers aus dem Wasser heben, so schiebt man die Schlinge über den Fischschwanz. Unter dem Gewicht des Fisches zieht sich die Schlinge sofort zu, wenn der Tailor mit einem Ruck angehoben wird.

der den Fisch veranlaßt herüberzugleiten und dann am Ufer liegen zu bleiben. Dann kann man sich dem Fisch nähern, wobei man die Schnur straff hält, und packt ihn am Schwanzteil.

Ein Fluß bietet jedoch nicht immer so gute Möglichkeiten, einen Fisch zu landen. Die schwierigste Situation besteht dann, wenn der Lachs unter einer steilen Uferbank über tiefem, strömungsreichem Wasser steht. Ist man in so einer Lage allein, dann hilft am besten ein Gaff beim Landen. Auch ein Tailer oder eine großer Kescher sind gute Landehilfen, doch sie sind dann ein Risiko, wenn der Sportfischer allein gegenüber einem großen Fisch steht.

Sofern man den Lachs von einer hohen Uferbank aus gafft, muß er vollständig aus dem Wasser gehoben werden. Wenn der Kopf des Lachses nah und gegen den Strom gerichtet ist und man an einem Gumpen zur Linken steht, so muß man auch die Rute in der linken Hand halten (umgekehrt in der rechten Hand, wenn sich der Gumpen auf der anderen Seite des Flusses befindet). Dabei muß man, so kräftig wie das möglich ist, den Fisch nach oben und seitlich mit der Schnur heranziehen. Auf diese Weise gelingt es, den Lachs in eine Position zu bringen, daß er gegafft werden kann. Das Gaff sollte entweder im Schwanzteil oder am Kopf angesetzt werden. Ich persönlich gaffe immer im Schwanzteil und hebe ihn so aus dem Wasser.

Natürlich ist es am leichtesten – besonders an steilen Ufern – wenn zwei Fischer zum Anlanden des Fisches bereitstehen. Der eine Angler führt den Lachs an der Schnur auf den anderen Fischer zu, der ihn an Land nehmen wird. In schottischen Flüssen ist eine großer Landekescher das am meisten benutzte Gerät, um einen Fisch an Land zu bringen. Doch viele Fischer benutzen auch an zahlreichen Gewässern gern einen Tailor. So ein Gerät besteht aus einem Schaft mit Handgriff und einer Drahtlitze, die zur Schlinge geformt ist. Diese Schlinge wird über die Schwanzflosse des Fisches hinweggeschoben, dann wird der Tailer nach vorn und oben gehoben. Das Eigengewicht des Fisches verursacht nun, daß sich die Schlinge um das Schwanzteil des Lachses fest zusammenzieht. Da die Schwanzflosse des Lachses groß ausgebildet ist, hält die Schlinge zuverlässig.

Wenn der Lachs an Land ist, sollte er sofort abgeschlagen werden. Dies geschieht am besten mit einem Fischtöter, mit dem man einen kräftigen Schlag auf den Nacken des Fisches ausführt.

Aussichten

Lassen Sie sich zum Schluß eindringlich warnen: Am besten, Sie fangen gar nicht erst mit dem Fliegenfischen an! Denn sonst können Sie sich für gar nichts anderes mehr begeistern. Es wird auch Sie gefangennehmen, dieses Fischen, das die ganze Tiefe unserer Sinne anspricht. Und haben Sie erst einen kämpferischen Fisch in Ihrer sensiblen Gerte, seine reißenden Fluchten in Ihrer Leinenhand gefühlt, so sind Sie ,,gebrannt'', emotional gezeichnet und können sich dieser Sucht nie mehr entziehen . . .

Tun Sie's trotzdem, wird das Fliegenfischen Ihr Fischerleben völlig verändern. Auf Dauer verändert es Ihr fischereiliches Bewußtsein überhaupt, denn Sie werden die Welt am Wasser mit ganz anderen Augen sehen. Nicht die Beute ist es doch, wegen der wir Menschen des 20. Jahrhunderts noch wirklich fischen gehen, sondern die Auseinandersetzung unserer atavistischen Triebe mit der Natur. Und das Schönste, was Angler dabei erleben können, bietet ohne Zweifel die Fliegenfischerei.

Uralt ist das Fischen mit der Fliegenrute und dennoch geradezu aufregend modern. Gestattet es uns doch, unsere angeborenen Verhaltensweisen, die uns zu Fischern werden ließen, im fairen Umgang mit der Natur auf menschentümlichem Niveau auszuleben. Frei und mit aller Leidenschaft.

Fliegenbinden

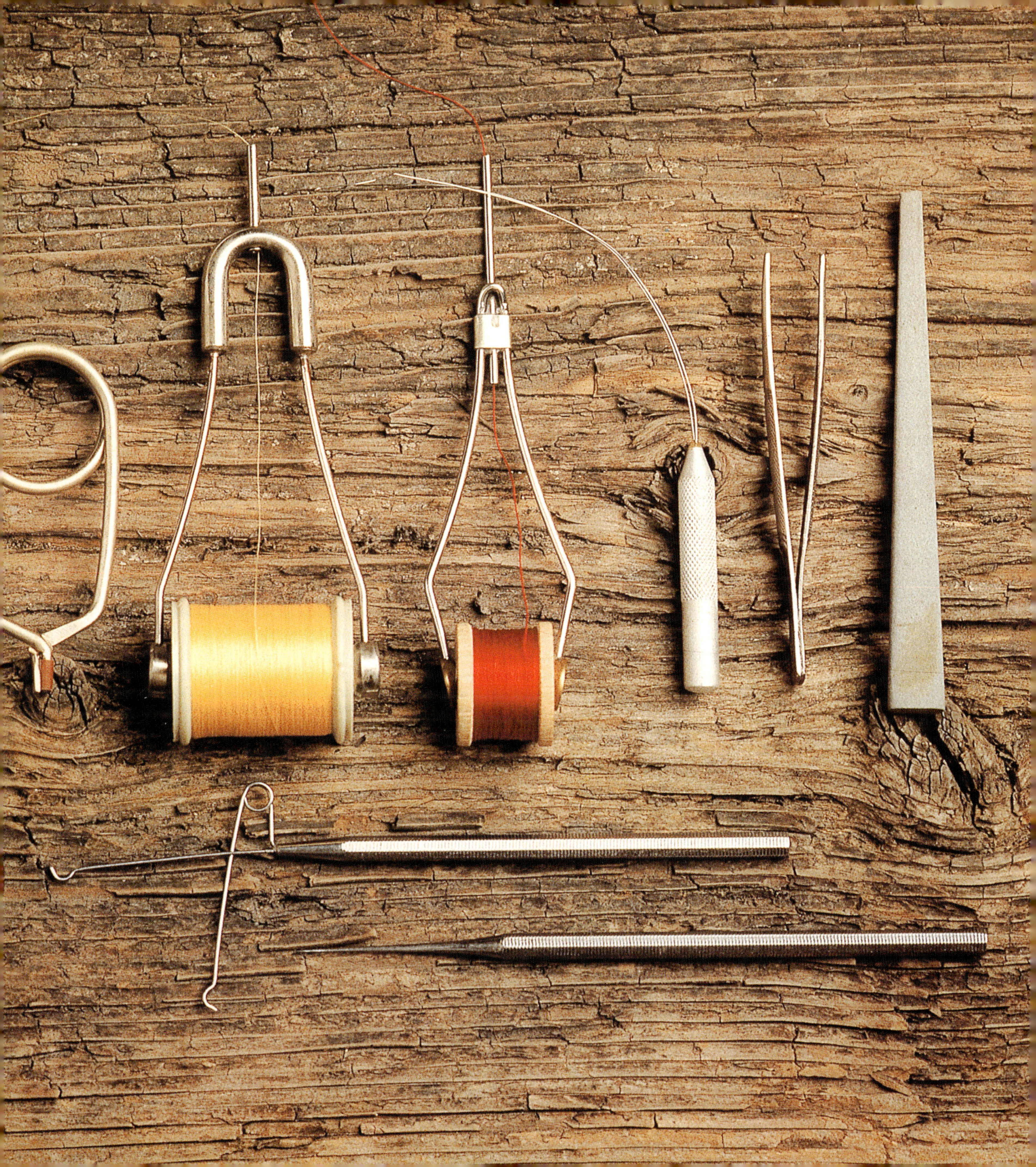

Werkzeuge

In früheren Zeiten mußte der Fliegenbinder ein Seidendarm-Vorfach oder eine Schlaufe am Haken anbinden, da zu jener Zeit die Haken keine Ösen hatten. Der Einfachheit halber wurde so eine Öse beim Fliegenbinden gleich mitgebunden. Dabei hielt man den Haken „rückwärts" in der linken Hand, wobei der Hakenbogen nach rechts gerichtet war, um den Seidendarm frei binden zu können. Da der Haken direkt zwischen den Fingern gehalten wurde, war kein Bindestock erforderlich.
Doch da wir heutzutage Haken mit Ösen verwenden und deshalb beim Anknüpfen uns nicht mehr mit irgend einem Vorfach verheddern können, klemmen wir den Haken in den Bindestock und haben so beide Hände frei. Mehr noch, wir benutzen eine ganze Reihe kleiner Werkzeuge zur Erleichterung unserer Arbeit. Auf den folgenden Seiten stellen wir die Grundausrüstung für Anfänger im Selbstbinden von Fliegen vor.
Die größte Ausgabe hierfür ist der Bindestock. Es gibt diese Schraubstöcke zu unterschiedlichen Preisen. Ratsam ist jedoch, von Beginn an einen Bindestock guter Qualität auszuwählen. Die beiden Spannbacken sollten gut gehärtet sein, damit sie sich nicht so bald abnutzen und den Haken fest im Griff behalten. Diese Spannbacken müssen sich auch den Haken von unterschiedlicher Größe gut anpassen. Viele Fliegenbinder bevorzugen einen Bindestock, der mit einer Schraubzwinge am Tisch befestigt werden kann, ich selbst benutze jedoch lieber einen Bindestock mit schwerer Grundplatte, den ich unbefestigt auf den Tisch stellen kann.
Das Bindegarn wird in einem Fadenhalter aufgerollt. Es ist zweckmäßig, mehrere solcher Fadenhalter zu haben, um die unterschiedlich farbigen Bindegarne aufzubewahren. Das Gewicht des Fadenhalters hält das Bindegarn beim Fliegenbinden gespannt, selbst dann, wenn man es losläßt. Ein Einfädler erleichtert es, den Faden durch den engen Hals des Fadenhalters zu ziehen.
Außerdem werden für das Binden der Fliegen zumindest zwei kleine Scheren benötigt: eine mit feiner und sehr scharfer Spitze, gerade oder gebogen, um Seidenfäden, Hechelfedern und andere Materialien zu schneiden, sowie eine kräftigere Schere zum Schneiden von Tierhaaren, Metallfäden und Bleidraht. Die Stechahle ist ebenfalls ein wichtiges Werkzeug. Solch eine Ahle kann man sich selbst herstellen, indem man eine Stopfnadel in einen kleinen Holzgriff einleimt.
Hechelzangen werden benötigt, damit man die Hecheln um die Fliege winden kann. Die elastischen Backen einer solchen Federzange halten die Hechelspitzen fest, während man den Zeigefinger durch den Zangenbogen führt und mit sanfter Hand vorsichtig die Hechelfedern streckt und um den Hakenschenkel windet.

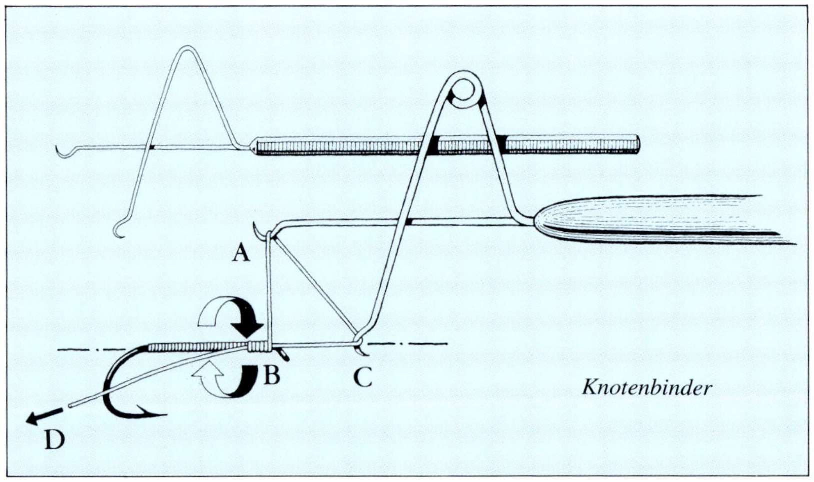

Um die Fliege zu binden, ist ein Bindestock erforderlich, damit der Haken festgehalten werden kann. Ferner benötigt man zwei kleine Scheren, eine spitze für das Bindegarn und andere weiche Materialien und eine kräftigere für Metallband und ähnliches. In der Mitte ist eine Hechelzange zu sehen und rechts davon werden Fadenhalter oder auch -spulen gezeigt. Als nächstes sind ein Einfädler, eine Pinzette und ein Hakenschärfer zu sehen. Darunter erkennt man einen Knotenbinder und eine Stechahle.

Um den Kopf der Fliege zu vollenden, kann man einen halben Kopfknoten knüpfen. Die meisten Fliegenbinder bevorzugen jedoch einen Knotenbinder (Whip-finisher), ein Werkzeug, das man nicht mehr missen möchte, wenn man einmal gelernt hat, damit umzugehen. Gewiß, man kann so ein Gerät kaufen, doch besser und preiswerter ist es, sich so einen Knotenbinder selbst zu basteln. Man benötigt dafür zwei Sicherheitsnadeln und einen kleinen Holzgriff. Wenn man das Bindegarn um die Haken A und C schlauft, und danach den Knotenbinder um den Faden B windet (dabei beschreibt A einen Kreis um B) so bindet man einen verborgenen Knoten, indem man das Bindegarn um sich selbst windet. Zu guter Letzt wird die Schlaufe A–C durch die Hakenöse gezogen und der Garnfaden vorsichtig vom Werkzeug gelöst, zur selben Zeit streckt man den gebundenen Faden in Richtung D.
Es ist anzuraten, das Werkzeug zum Fliegenbinden mit einer Pinzette und einem Hakenschärfer zu vervollständigen. Die Pinzette eignet sich gleichermaßen zum Aufnehmen von Kleinteilen wie auch zum festhalten derselben, und der Hakenschärfer ist ganz einfach die Garantie dafür, daß man immer scharfe Haken verwendet.

Materialien

Haare und Federn sind die traditionellen Bestandteile künstlicher Fliegen, neuerdings jedoch sind eine ganze Anzahl synthetischer Materialien hinzu gekommen. Einige von ihnen sind ausgezeichnet – obwohl mein Herz, ich gestehe es offen, noch immer für natürliches Material beim Fliegenbinden schlägt. Federn werden in den verschiedensten Farben und Größen angeboten. Die Weichheit und Elastizität solcher Federfasern hat sich als ein großer Vorteil bei der Verwendung als Fliegenbinde-Material herausgestellt. In hohem Maße trifft dies natürlich auch auf Haare und Pelzstücke verschiedener Säugetiere zu, obgleich diese Materialien heutzutage oft durch gute synthetische Substanzen ersetzt worden sind. So viele Vögel und Säugetiere sind vom Aussterben bedroht, ein weiterer wichtiger Grund, der es notwendig erscheinen läßt, lieber das Geld für neue synthetische Materialien auszugeben und mit ihnen zu experimentieren.
Die klassischen Hechelfedern stammen normalerweise vom Hausgeflügel. Diese können wir auch mit gutem Gewissen verwerten. Steife Hecheln für Trockenfliegen werden aus den Nackenfedern von Hähnen gewonnen, während für Naßfliegen sich die weicheren Hecheln der Henne als vorteilhafter erweisen. Die Fliegenschwänze können aus den langen, steifen Fasern der Nackenfedern des Pfaus – oder aus den Sattelhecheln – gefertigt werden. Doch auch Fasern aus den Schwanzfedern eines Fasanenhahns oder elastisches Haar von verschiedenen Vierfüßlern, wie etwa vom Dachs, werden gern hierfür verwendet.
Zur Herstellung der Flügel einer Fliege greift man zu einem alten Trick – man verwendet hierfür Segmente der Schwungfedern von Vögeln. Dabei nimmt man sowohl die Schwungfedern von kleineren Vögeln, wie etwa dem Star, als auch größere wie vom Huhn oder der Ente oder auch wirklich großer Vögel wie Gans und Schwan. Ferner werden zur Fertigung der Flügel auch die Hechelspitzen oder Faserbündel von den Schulterfedern der Enten genommen, wie auch Haarbüschel vom Schwanz des Eichhörnchens oder geeignetes Haar anderer Pelztiere. Fliegen, deren Flügel aus den hohlen Haaren einer Ricke oder eines Elchs gefertigt wurden, erweisen sich als besonders gut schwimmfähig.
In den letzten Jahren verwendet man mehr und mehr unterschiedliches, mehrfädiges Garn als Material für die Flügel, dies gilt besonders für Fliegen, die bestimmte Mai- und Köcherfliegen darstellen sollen. Für den Fliegenkörper, der um den Hakenschenkel gewunden wird, verwendet man verschiedene Arten von Rohseide, Wolle und Seide, aber auch mehrfädiges Garn. Ebenso nimmt man aber auch gewachste Fasern aus diesen Materialien. Dieselbe Technik, das Wachsen von Fasern, trifft im übrigen auch auf Pelzfasern von Tieren zu, wie etwa vom Hasen, der Beutelratte, dem Maulwurf oder Nerz – um nur einige von ihnen zu nennen.
Normalerweise kann man Federn in all den Farben finden, die man benötigt, doch es ist auch möglich, Hecheln und andere Materialien zu färben, indem man hierfür gewöhnliche Textilfarben benutzt. Fasern von geeigneten Federn eignen sich ebenfalls als Grundmaterial für Fliegenkörper. Viele bekannte Fliegenmuster haben beispielsweise Körper aus Fasern von Pfau-

enfahnen. Diese Fahnen stammen von den langen, bronzegrünen Fasern der Schwanzfedern vom Pfau.

Gold und Silberkörper werden aus Lametta hergestellt – eine dünne Metallfolie wird in winzige Streifen geschnitten und um den Hakenschenkel gewunden. Wenn Metallglitzer nur als Pünktchen gewünscht wird, kann die Fliege mit dünnem Gold- oder Silberdraht geriffelt werden, der wie eine weite Spirale über den Körper gewunden wird. Dieser dünne Draht macht die Fliege zugleich gegenüber scharfen Fischzähnen widerstandsfähiger.

Moderne Fliegenbinder verwenden fast ausschließlich synthetisches Bindegarn, es ist dünn und lange haltbar und in den meisten Fällen gewachst. Zudem kann es nicht verrotten und damit die Fliege zerstören. Da dieses Bindegarn dünner ist als der alte Seidenfaden, erhalten die Fliegen so ein sehr viel schlankeres Aussehen. Zum Bindematerial für die Fliegenherstellung gehören natürlich auch Lack und Wachs. Lack wird verwendet, um die Fliege während der einzelnen Arbeitsgänge beim Binden zu festigen und um den Fliegenkopf zu lackieren. Mit Wachs wird das Bindegarn behandelt, damit es klebriger wird und so imstande ist, Pelz, Haare und andere Bindematerialien fester mit dem Bindegarn zu vereinen, wenn Fliegenkörper aus solchen Materialien hergestellt werden.

Wenn man mit dem Binden von Fliegen anfängt, ist es nicht erforderlich, daß man alle Materialien sofort zur Verfügung hat. Doch mit der Zeit wird sich ganz von selbst ergeben, daß sich kleine Mengen von mehr oder weniger notwendigen Federn, Pelzen, Wollknäuel und ähnlichem ansammeln. Das meiste von all dem kann man in Angelgeschäften kaufen, die spezielle Angebote für Fliegenfischer bereithalten, doch eine ganze Menge davon findet man auch sonstwo wie in Strumpfwarengeschäften, in Wäldern und auf Wiesen oder vielleicht sogar am Teich im Park beim Füttern der Enten . . .

Federn und anderes Bindematerial, das man von Wald- und Wiesenspaziergängen mit heimbringt, sollte mit größter Vorsicht überprüft werden, damit man sich keine Käfer in seinen Werkzeugkasten für das Fliegenfischen holt! Es ist ferner ratsam, zwischen diesen Materialien ein paar Mottenkugeln zu legen und das Bindematerial in gut verschlossenen Plastikbeuteln aufzubewahren. Sonst kann es geschehen, daß ein Schwarm hungriger Motten sich eine Party in all den Bälgen, Federn und Pelzteilen gibt.

Für den Anfänger ist es nahezu unmöglich, sich eine vollständige Einkaufsliste all der Materialien zusammen zu stellen, die letztlich erwünscht sind. Das Foto auf den beiden vorherigen Seiten verdeutlicht, was unter einer passenden Grundausrüstung für eine Fliegenbinder-Werkstatt zu verstehen ist. Man vervollständige diese in dem Maße, wie man in der Kunst, Fliegen selbst zu binden, voranschreitet – und in Übereinstimmung mit der Fertigung jener Fliegen, die man für das eigene Angeln benötigt.

Wenn man die Gelegenheit hat, Mitglied in einem Fliegenfischer-Club oder einer solchen Gruppe zu werden, dann sollte man diese Gelegenheit wahrnehmen, hat man doch die Möglichkeit, von den Erfahrungen der anderen Fliegenfischer zu lernen. Einiges Bindematerial, wie zum Beispiel qualitativ hochwertige Hahnenbälge, ist ziemlich teuer. Doch da andererseits ein solcher Balg ausreicht für Hunderte von Fliegen, kann man sich so behelfen, daß man das Material innerhalb des Clubs austauscht. Anstatt sich einen Hahnenbalg zu kaufen, sollte man besser hingehen und mit einem Fischerkameraden zwei Hahnenbälge in verschiedenen Farben aussuchen und diese dann gemeinsam verwenden. Auf diese Weise erhalten beide Sportfischer eine kleine, geprüfte Auswahl an Bindematerial ohne große Umstände und dazu noch für geringere Kosten.

An der Spitze oben links sind Hennenbälge zu sehen; rechts Hahnenbälge, einer davon rot gefärbt. Unter denselben befinden sich Federn vom Pfau, Kopfhaut vom Hasen sowie verschiedene Vogelkörper und Schwungfedern. Rechts unter der Hasenmaske erkennt man einige faserige Marabufedern und darüber eine lange Schwanzfeder von einem männlichen Fasan. In der Mitte sind Hakentüten, Fläschchen für Bindelack und eine Büchse für Wachs sowie Spulen für silberne und goldene Metallfäden und Bindegarn aufgeführt. Links sind rot-orangefarbene Nackenfedern vom goldenen Fasan, verschiedene Tierhaare und Pelzteile und rechts verschiedenfarbige Schwänze vom Eichhörnchen zu sehen. Unten werden Garne zum Binden der Fliegenkörper und glänzendes, synthetisches Plastikband, bekannt als Lurex und „Flash-A-Bow“, vorgestellt.

Die Teile einer Fliege

Wie in vielen anderen Sportarten auch, hat auch das Fliegenfischen und das Fliegenbinden jeweils seine eigene Sprache, wobei beide im wesentlichen im Englischen ihren Usprung haben. Viele Worte und Begriffe wurden einfach übernommen, andere wieder hat man in den einzelnen Ländern übersetzt. Die untenstehende Illustration führt die Bezeichnungen für die Einzelteile einer Fliege auf.
Eine Lachsfliege besteht aus vielen Einzelteilen, von denen jedes seine eigene Bezeichnung hat. Dadurch sind wir in der Lage, das Binden einer speziellen Fliege detailliert zu beschreiben und somit eine Darstellung der Körperbestandteile einer Fliege zu geben. Eine allgemein zu verwendende Forellenfliege ist in ihrem Aufbau einfacher; doch auch bei ihr finden wir die Kennzeichnung bestimmter Teile: Flügel, Schwanz, Körper, Rippe, Hechel und so weiter. Ein kleiner Fliegenschwanz aus Wolle wird häufig als ,,tag'' bezeichnet, was dazu geführt hat, daß dies durchaus auch Teil des Namens einer Fliege sein kann – wie zum Beispiel bei der bekannten ,,Red Tag''.
Das Aussehen einer Fliege läßt sich dann leichter erklären, wenn man darauf hinweist, ob sie eine Kehl- oder Barthechel hat, eine Fronthechel oder eine Körperhechel. Letztere wird manchmal auch als Palmer Hechel bezeichnet.

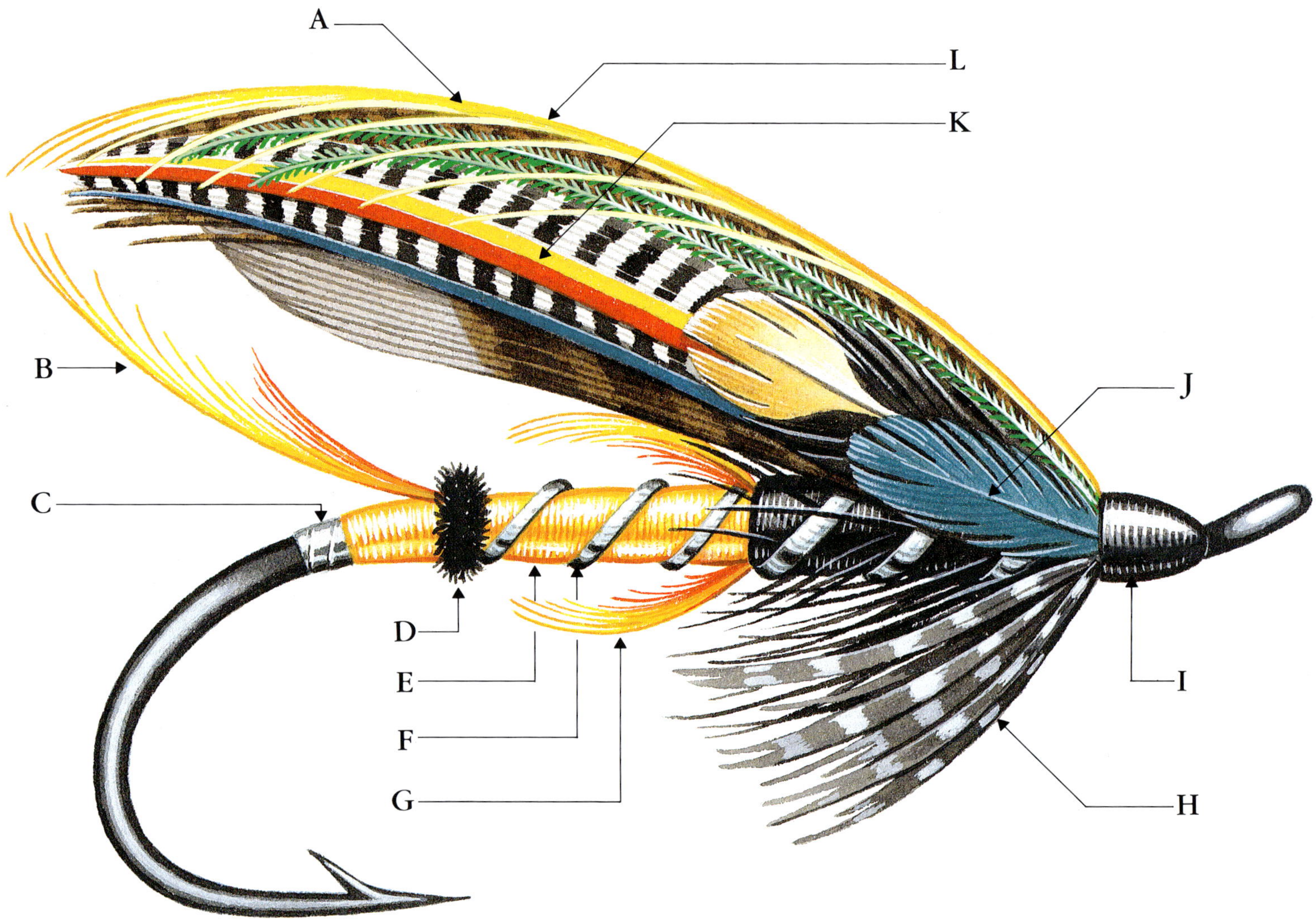

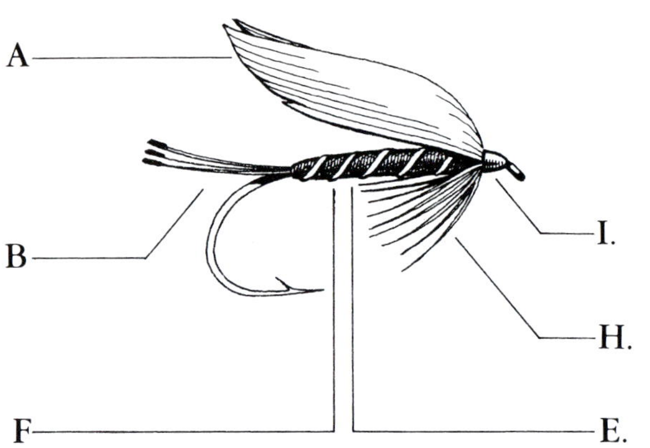

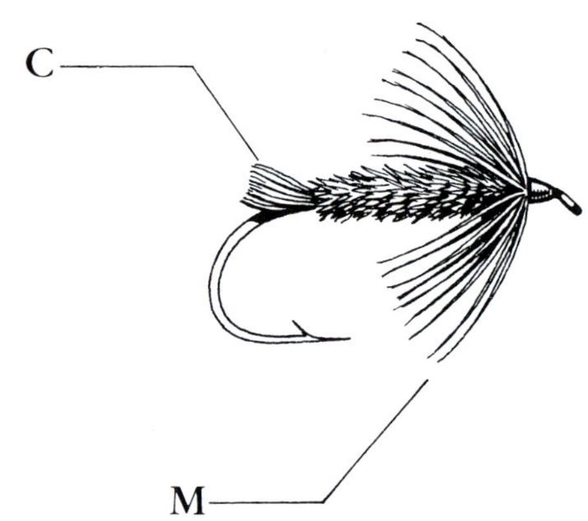

A. Flügel
B. Schwanz
C. Stummel
D. Endring
E. Körper
F. Rippe
G. Schleier
H. Hechel
I. Kopf
J. Wange
K. Fühler
L. Kamm
M. Vordere Hechel

Grundelemente beim Binden einer Fliege

Die Materialien, die man zur Fertigstellung einer Fliege benötigt, werden mit Hilfe des Bindegarns am Haken befestigt. Beim Binden einer Fliege wird man sehr bald feststellen, daß nur einige Arbeitsgänge mit Hilfe des Bindegarns durchgeführt werden müssen. Das Geheimnis liegt vielmehr in der Kenntnis, welche Bindemethode jeweils wo und wann angewandt werden sollte, um letztlich das gewünschte Resultat zu erzielen.
Normalerweise wird das Bindegarn dazu verwendet, das Material ganz genau an einem bestimmten Punkt des Schenkels zu befestigen. Jedoch kommt es vor, wenn man etwa die Windungen ein wenig gleitend um den Hakenschenkel legt, daß man das Material auch rund um den Schenkel verteilen kann. Im folgenden soll einmal anhand eines grundsätzlichen Bindevorgangs verdeutlicht werden, auf welch unterschiedliche Weise man mit dem Bindegarn umgehen kann.
Das Bindegarn wird um den Haken gebunden und mit einigen wenigen Windungen um das eigene Garnende befestigt (A). Danach wird das überstehende Garnende dicht am Hakenschenkel abgeschnitten. Das Bindegarn selbst liegt nunmehr fest um den Hakenschenkel und man kann jetzt damit beginnen, verschiedene weitere Materialien einzubinden.
Beendet wird die Fliege mit einem ähnlichen Knoten wie beim Bindegarn, mit einem halben Kopfknoten (B). Verwendet man einen Knotenbinder, von dem wir ja zuvor schon sprachen, so kann man auch einen langen Kopfknoten knüpfen (C), wobei das Garnende unter den letzten Windungen des Bindegarns verborgen ist. Die meisten Fliegenbinder schneiden das Garnende so dicht wie möglich an der letzten Windung ab. Ich selbst jedoch bevorzuge, einen kleinen Garnstumpf, etwa einen Millimeter, stehen zu lassen, so daß der Bindeknoten länger hält, falls sich das Garn beim Angeln zusammenzieht.
Wie man auf Lücke mit dem Bindegarn eine lose Spirale windet, wird in der Zeichnung (D) vorgestellt. Nur am Anfang und am Ende werden die Windungen enger gelegt. Je weniger Windungen man dabei einbindet, um so schlanker wird die Fliege. Glaubt man jedoch durch einige zusätzliche Windungen „sicherer zu gehen", so erreicht man letztlich nicht mehr, als daß man eine plumpe und unförmige Fliege gebastelt hat!
Die Illustrationen E und E1 zeigen den Bindevorgang mit sogenannten gleitenden Windungen. Im Grund ist dies eine bequeme Art der Fliegenwicklung, wobei das Bindematerial um den Hakenschenkel gewunden wird, beispielsweise dann, wenn eine Trockenfliege mit einem flügelförmigen Schwanz ausgestattet werden soll. Diese Art des gleitenden Umwindens eines Hakenschenkels wird immer dann angewandt, wenn das Material auf dem Haken verteilt werden soll. Dagegen zeigen die Darstellungen in F und F1, wie das Material exakt auf einer bestimmten Stelle eingebunden wird. In diesem Fall sind es die Flügel einer Naßfliege. Diese Flügel dürfen auf dem Haken nicht nach hinten verschoben werden. Man faßt das Flügelpaar zusammen und hält es zwischen Daumen und Zeigefinger der linken Hand an der Spitze des Hakenschenkels fest. Zwischen Daumen und Flügel zieht man nun das Bindegarn hindurch und auf der anderen Seite zwischen dem Flügelende und dem Zeigefinger wieder hinunter. Straff nach unten ziehen! Diese Windung einmal wiederholen, bevor man die Flügel losläßt.
In der Zeichnung G werden die Flügel einer Trockenfliege auf die gleiche Weise festgebunden, jedoch so, daß diese nach vorn gerichtet sind. Wenn der Arbeitsgang F und F1 beendet ist, zieht man die Flügel hoch, umwickelt den Punkt hinter dem Flügel mehrmals und zieht das Garn fest. Diese Gegen-

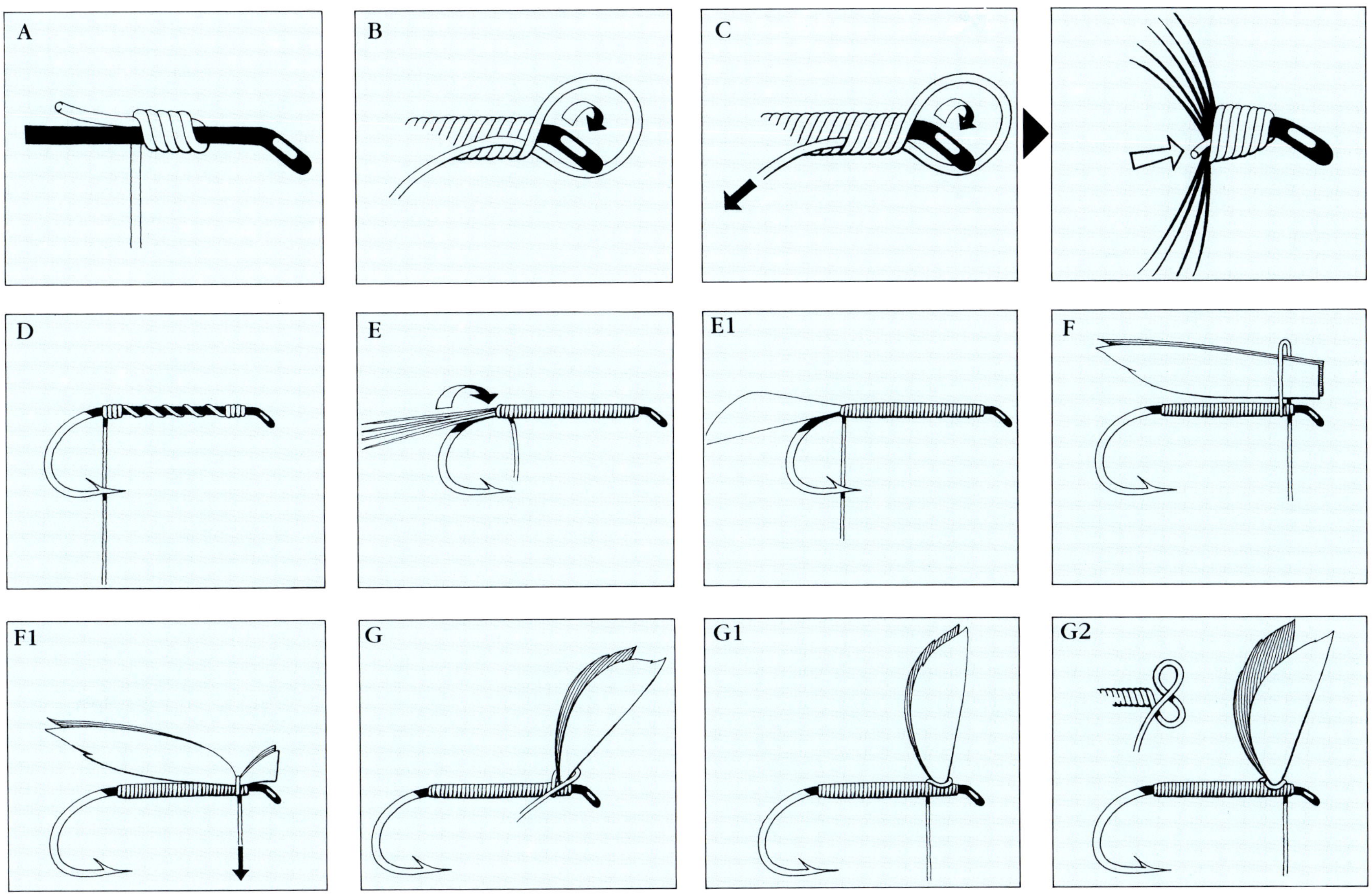

windungen wiederholt man so lange, bis die Flügel so aufrecht stehen, wie dies in der Zeichnung G1 zu sehen ist. Schließlich trennt man die beiden Flügel voneinander mit Hilfe einer ,,Achter-Wicklung“ (G2). Hierbei handelt es sich um Gegenwindungen, die in Form einer 8 um jeden Flügel gelegt werden.

Der Schwanz einer Fliege

Der einfachste Schwanz einer Fliege ist lediglich ein kurzer Wollstummel – ein ,,tag“ (A). Dieser soll keineswegs den Schwanz eines bestimmten Insektes nachbilden, doch für ,,Allround-Fliegen“ wird er meistens verwendet. Der Zweck eines solchen Stummels besteht darin, der Fliege einen höheren Grad an Aufmerksamkeit zu verleihen. Der Stummel macht die Fliege im Wasser sichtbar und gibt so dem Fisch ein Ziel für seinen Anbiß. Wenn man einen brillanten farbigen Stummel an einer Trockenfliege einbindet, so ist diese auch vom Angler besser zu beobachten. Das kann insbesondere dann von Nutzen sein, wenn man in der Dämmerung oder in Stromschnellen angelt.
Man befestigt das Bindegarn unmittelbar hinter der Hakenöse, wobei zwischen Öse und Bindegarn genügend Platz für die Hecheln, den Kopf und die Flügel gelassen werden muß. Nun legt man das Material für den Stummel, Wolle oder synthetische Fäden, oben auf den Schenkel und windet das Garn eng anliegend bis zum Hakenbogen auf. Mit einem glatten Schnitt wird anschließend der Stummel auf die richtige Länge gebracht. Vorn wird das Stummelmaterial jedoch diagonal entlang am Schenkel geschnitten. So vermeidet man zum einen, daß die Fliege am Ende pummelig wird und hält sich die Möglichkeit für das spätere Einbinden der Hecheln offen.
Eine andere Möglichkeit zur Herstellung eines solchen Stummels besteht darin, mit goldenen oder silbernen Lurexfäden zwei bis vier Windungen am Bogenende um den Haken zu binden (B). Doch auch hierbei gilt es zu beachten, daß man die Fäden so einbindet, daß kein plumper Fliegenkörper entstehen kann. Die Illustrationen A und B zeigen zwei Fliegen mit solchen Stummelschwänzen: ,,Red Tag“ und ,,Black & Peacock“ (Pfau). Diese Fliegen sollen kein bestimmtes Insekt nachahmen. Für solche Fliegen werden andere Materialien verwendet, um möglichst exakt den Schwanz des jeweiligen Insekts nachzubilden.
Die Naßfliege hat oftmals einen Schwanz aus weichen Federfasern (C). Hierfür bindet man ein Büschel Fasern oben auf dem Schenkel am Bogenende ein. Schwanzfasern sollten weich und absorbierend sein, um der Fliege im Wasser Leben und Bewegung zu verleihen. Eine gute Wahl hierfür sind Hechelfasern vom Huhn.
Schwieriger ist es, den Schwanz einer Trockenfliege zu binden. Einer der Gründe dafür ist, daß ja durch die Gestaltung eines Schwanzes bei einer Trockenfliege der Reiz zum Anbiß erhöht werden soll. Daraus ergibt sich, daß man Fasern auswählt, die weniger absorbieren, dafür aber elastischer sind. Als Material eignen sich besonders lange Fasern aus den Hechelfedern großer Hähne sowie Haare von verschiedenen Pelztieren. Die großen, elastischen Haare eines Daches sind hierfür ein treffendes Beispiel.
Man nimmt ein Büschel von etwa 10 Hechelfedern vom Hahn, legt sie auf den Schenkel und windet das Bindegarn bis zum Hakenbogen (D). Dabei gilt es darauf zu achten, daß alle Fasern die gleiche Länge haben. Das erreicht man, indem man die Fasern im rechten Winkel zusammenfaßt, sie kurz aufstuckt und dann beschneidet oder einbindet. Solcherart bearbeitet, haben alle Fasern die gleiche Länge. Wenn man beim Auflegen der Fasern auf den Hakenschenkel den Griff nicht lockert, geht man sicher, daß die Schwanzenden gleichmäßig und in einer Länge abstehen.
Nun drückt man die Fasern nach oben und bindet sie ein, wobei man hinter den Fasern auch eine Windung machen sollte (D1). Die nächste Windung erfolgt nun an der Spitze der Fasern und unmittelbar vor der vorhergehenden Windung. Auf diese Weise sorgt die ,,versteckte“ Windung dafür, daß sich die Fasern fächerartig ausbreiten (D2). Das Prinzip einer Hechelfliege wird in der Zeichnung D3 dargestellt; der fächerartig ausgebreitete Schwanz erleichtert es der Fliege, sich höher auf die Wasseroberfläche zu halten. Dieser Bindevorgang ist nicht allzu einfach, man sollte ihn daher mehrere Male am blanken Haken üben!

Materialien für den Fliegenkörper

Für den Anfänger ist Wolle das handlichste Material. Dabei ist es wichtig, daß die Wolle am Schenkel entlang eingebunden wird, denn Wolle ist ja ein dickes Material. Ansonsten könnte es geschehen, daß man plötzlich am Ende des Schenkels einen kleinen Buckel hat, wie dies in der Illustration (E) zu sehen ist.
Vielmehr sollte man so ein Stück Wolle bis dicht vor die Öse binden (E1–E2). Das Bindegarn läßt man für die spätere Befestigung des Körpers herabhängen. Nun wickelt man den Wollfaden gleichmäßig in Richtung auf den Hakenkopf hin auf. Wenn man am Ende des Schenkels lückenweise bindet – oder den Wollfaden fester anzieht und dann zur Hakenöse hin enger aufwickelt, erhält man die Fliege, die im Vorderteil dicker ist. Man nennt dies einen sich verjüngenden Körper, und man gewinnt so nicht nur eine hübschere, sondern auch eine der wirklichen Fliege ähnlichere Form. Zu guter Letzt wird die Wolle durch 3–4 Windungen mit Bindegarn abgesichert und die überschüssige Wolle abgeschnitten (E3).
Fliegenkörper aus Lurex- oder Metallfäden sind ebenfalls recht einfach herzustellen. Im Prinzip bestehen sie aus goldenen oder silbernen Lurex- oder Metallfäden, die um den Hakenschenkel gewunden werden. Um einen gut aussehenden und gleichmäßigen Körper zu erhalten, muß der Faden unmittelbar hinter der Hakenöse (F) geknotet, dann nach hinten in Richtung (F1) und danach wieder nach vorn (F2) gewunden werden. So entsteht ein gleichmäßiger Fliegenkörper ohne jede ,,Löcher“. Nun gilt es nur noch, den

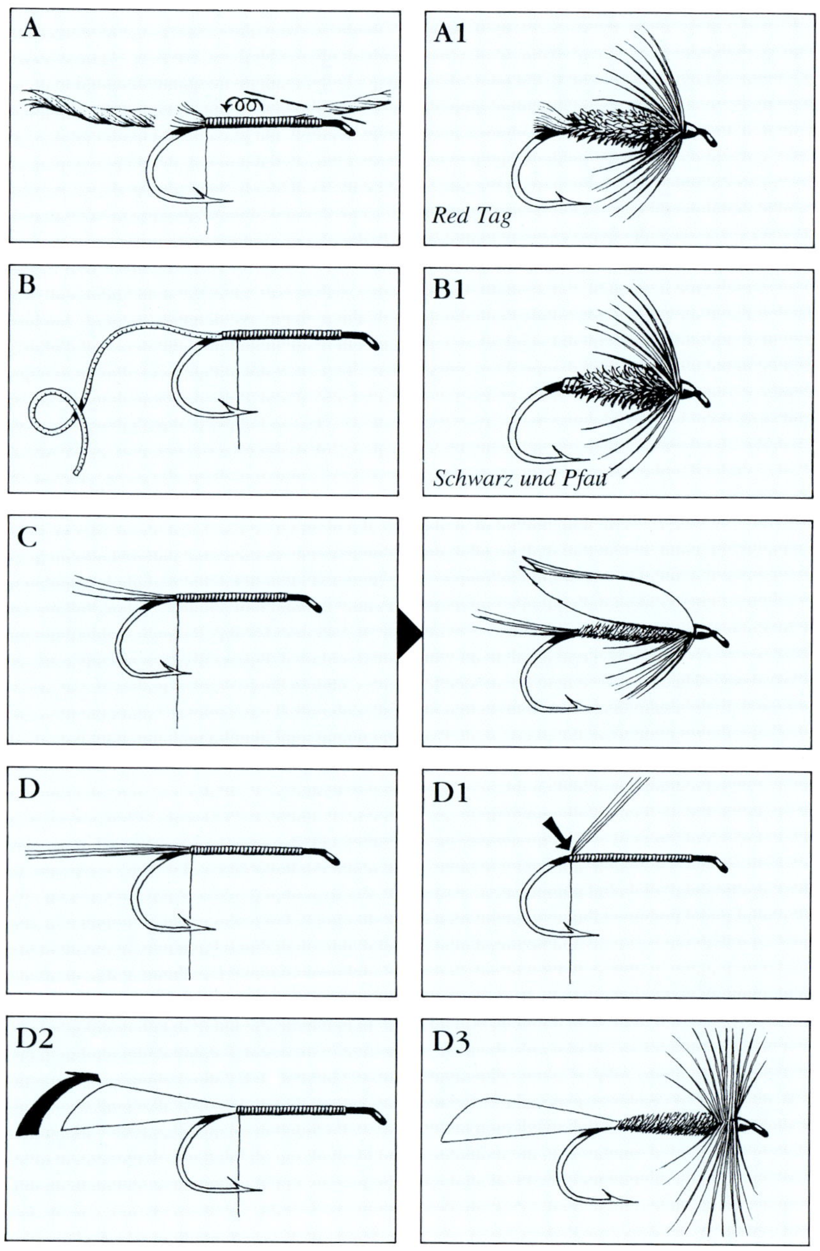

Faden durch Bindegarn zu sichern und den überstehenden Lurex- oder Metallfaden abzuschneiden. Empfehlenswert ist es, die Festigkeit und Sicherheit durch einen feinen Lacküberzug zu erhöhen.
Körper, die aus Tierhaaren gefertigt werden, ergeben ausgezeichnete Fliegen. Sie werden aus feinen Pelzhärchen, die auf Bindegarn aufgetragen werden, hergestellt. Das so angereicherte Garn wird um den Hakenschenkel gewunden. Das Bindegarn sollte gewachst sein, weil es dann klebrig ist und die feinen Pelzhärchen festhält. Der Arbeitsgang ist folgender: Man drückt eine kleine Reißzwecke in eine Holzplatte und legt auf diese Platte, wie in (C) gezeigt, ein gut gewachstes Bindegarn aus. Nun zupft oder schneidet man aus dem Unterpelz vom Maulwurf, Hasen, Nerz oder ähnlichem Pelz einige Büschel aus. Kräftige Haare muß man entfernen, danach trägt man sehr dünn diese Pelzwolle auf das gewachste Bindegarn auf. Die alte, traditionelle Bindeseide eignet sich für diese Herstellung am besten. Jetzt wird, wie in (G1) zu sehen, der Faden um die Reißzwecke gelegt und so gedreht und gesponnen, wie das in (G2) dargestellt ist. Schließlich wird der solcherart gewobene Pelzfaden am Ende des Hakenbogens befestigt und um den Schenkel gewunden. Der Fliegenkörper ist geformt.
Eine etwas einfachere Methode, so einen Körper zu fertigen, besteht darin, das gewachste Bindegarn vom Haken herabhängen zu lassen und die Pelzfasern fest mit der gewachsten Schnur zu verbinden, indem man wiederholt zwischen Daumen und Zeigefinger, wie in (H) zu sehen, die Fasern hält und durch Drehbewegungen fest auf das Garn aufträgt. Dabei ist darauf zu achten, daß man das Garn nur in einer Richtung zwirnt! Auf diese Weise bilden die feinen Pelzhärchen eine enge „Röhre", die sich um das Bindegarn schließt. Die Illustration (H1) verdeutlicht, wie der Körper einer Fliege durch das Aufwinden eines angereicherten Bindegarns geformt wird.
Solche Fliegenkörper können mikroskopisch winzige Luftblasen enthalten, wodurch die Fliege für die Fische besonders verlockend wirkt. Diese Luftblasen verstärken außerdem die Schwimmfähigkeit einer Trockenfliege. Gekräuselter Unterpelz eignet sich für diesen Zweck am besten. Die Beutelratte hat ein solches Haarkleid.
Ein weiteres, sehr wichtiges Material für die Herstellung eines Fliegenkörpers sind Fahnen, besonders Fahnen von den Schwanzfedern des Pfaus. Als „Fahnen" bezeichnet man die langen, mit Flaum bedeckten Federfasern. Man befestigt 2 oder 3 solche Fahnen am Hakenbogen (I). Die Größe der Fliege bestimmt die Anzahl der Fahnen. Für einen sehr kleinen Haken genügt eine Fahne. Diese Fahnen sind sehr zerbrechlich und erfordern eine vorsichtige Hand, damit sie nicht knicken.
Indem man die Fahne mit Bindegarn umwindet, festigt man die Fliege (1). Man windet die Fahne mit dem Bindegarn um den Schenkel, wobei man am Hakenbogen beginnt und bis hinter die Hakenöse fortfährt (I1–I2). Man kann die Fahne auch am Haken befestigen, indem man eine sehr dünne Schicht Bindelack auf den Schenkel aufträgt.
Verwendet man gerippten Metalldraht, so festigt man den Fliegenkörper. Geschieht dies, so sollte dieser Draht um den Schenkel gewunden werden,

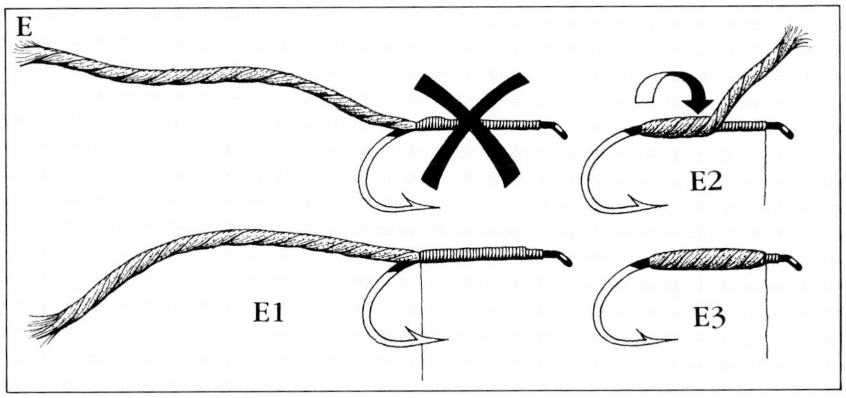

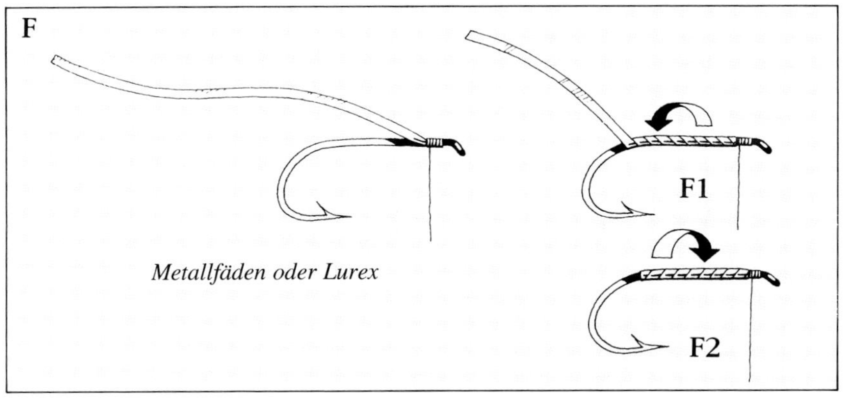

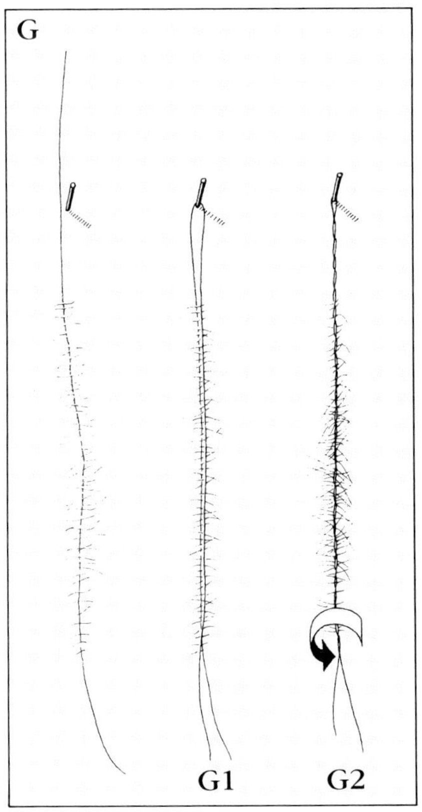

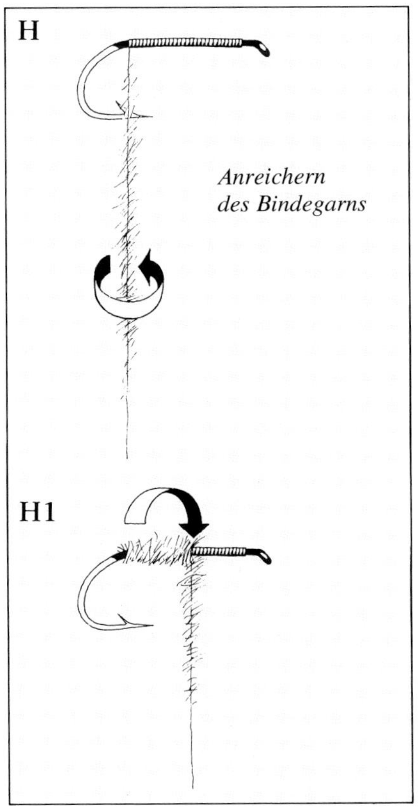

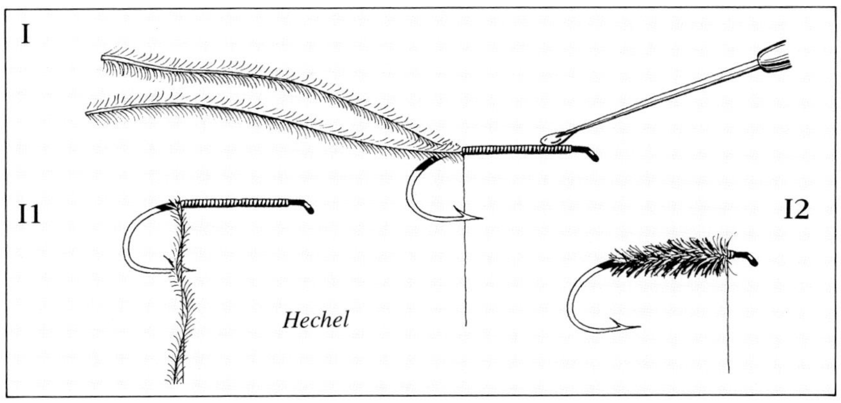

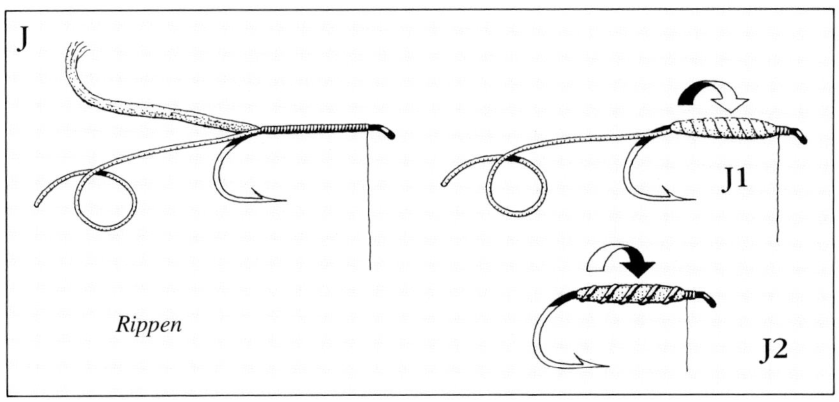

bevor man die anderen Materialien aufträgt (J). Das Körpermaterial sollte man entgegengesetzt dem Uhrzeigersinn aufwinden (J1) und hinter der Hakenöse befestigen. Nun windet man den Metalldraht entgegen der vorherigen Richtung auf (J2). Dieser Metalldraht gibt dem Fliegenkörper eine hohe Festigkeit, wodurch die Fliege länger haltbar sein wird. Es kommt hinzu, daß die Drahtlitze im Wasser reflektiert und so die Fliege verführerischer macht.

Flügel

Klassische Forellenfliegen haben oftmals sogenante Schwungfedern. Diese werden aus zwei gleichartigen Teilen, eine rechts, eine links, von Schwungfedern gefertigt (A). Bei einer Naßfliege werden diese beiden Teile mit den hohlen Kanten gegeneinander gesetzt und die Spitzen zeigen nach innen. Im folgenden wird erläutert, wie diese Fliegen gebunden werden.
Das Einbinden der Schwungfedern ist schwierig. Dies kann jedoch erleichtert werden, wenn man etwas verdünnten Lack auf die hinteren Seiten der Teile aufträgt. So hält man die Fasern zusammen.
Flügel kann man auch aus Bündeln loser Fasern herstellen (B). Hierfür eignen sich vor allem Schulterfedern verschiedener Entenvögel, wie etwa der amerikanischen Brautente, am besten. Die Flügel aus losen Fasern werden auf die gleiche Weise eingebunden, wie dies oben schon beschrieben wurde. Dabei sollte man die ,,Acht-Windungen'' beachten, um die Flügel voneinander zu trennen. Schwungflügel sind steifer als Faserflügel. Letztere sind deshalb so populär geworden, weil Fliegen mit weichen Flügeln sich nicht mit dem Vorfach verheddern, wie dies oftmals bei Flügeln aus Schwungfedern geschieht.
Für Nachbildungen von Köcherfliegen fertigt man die Fliegen gern aus Haarbüscheln einer Ricke oder vom Elch (E). Diese Haare sind hohl und mit Luft gefüllt, wodurch die Fliege eine ganz außerordentliche Schwimmfähigkeit erhält. Solche Haare kann man zudem gut mit einer Schere zurecht schneiden.
Bevor man die Haare einbindet, werden diese mit den Spitzen nach unten in einen sogenannten ,,Haarstapler'' gesteckt. Dazu verwendet man ein schmales Röhrchen, die Hülse eines Lippenstifts oder die Kappe eines Kugelschreibers (E1). Die Kappe stuckt man auf dem Tisch kurz auf, dadurch werden die Haare auf dem Boden der Hülse zusammengepackt. Nimmt man diese Haare aus der Hülse, so wird jedes gleichlang sein und die Flügel werden eine gleichmäßige hintere Kante aufweisen.
Die Illustration (F) zeigt eine langschenklige Fliege nach Art der ,,Bucktail''. Heutzutage werden solche Fliegen mit Flügeln aus vielen unterschiedlichen Materialien gebunden. Haare vom Schwanz des Eichhörnchens, Ziegenhaar und viele synthetische Haare sind einige der Materialien, die man jetzt verwendet.

Hecheln

Hier werden nur die Hecheln des Hausgeflügels, also vom Hahn und der Henne, in Betracht gezogen. Diese Hecheln bestehen aus Federn, die ähnlich wie Ziegel auf dem Dach, auf dem Kopf und Nacken eines Vogels aufeinanderliegen und zu den Schultern und dem Rücken hin ausgerichtet sind (G). An der Spitze sind dies sehr kleine Federn, die jedoch nach unten größer werden. Solcherart kann ein Balg mit Hecheln den Fliegenbinder mit Federn für alle Hakengrößen ausstatten.
Die Zeichnung (H) zeigt eine typische, schmale Hahnenhechel mit steifen Fasern. Sie eignet sich für Trockenfliegen. Die Zeichnung I stellt eine Hennenhechel mit weichen Fasern für Naßfliegen vor.
Bevor man eine Hechel am Haken einbindet, bereitet man die Feder vor, indem man die tiefer liegenden, sich abschrägenden Fasern, die sogenannten unteren Fasern, ausreißt. Ebenso entfernt man einige weitere Fasern an der Seite des Federkiels, die dem Haken am nächsten stehen (siehe J). Das vereinfacht die Gestaltung einer gut aussehenden Hechel, da der Kiel sich von der ersten Windung an um den Schenkel legen wird.
Die Hechel wird senkrecht auf dem Schenkel befestigt, wobei die erhabene Seite nach vorn zeigt. Den Kiel befestigt man mit 8 Windungen (K). Anschließend bindet man den Kiel dahinter mit einigen festen, engen Windungen ein (K1). Danach faßt man mit den weichen Backen der Hechelzange (L) die Hecheln an der Spitze. Die Hechelzange hält man leicht, aber zugleich auch fest, und bindet nun die Hechel um den Schenkel in engen

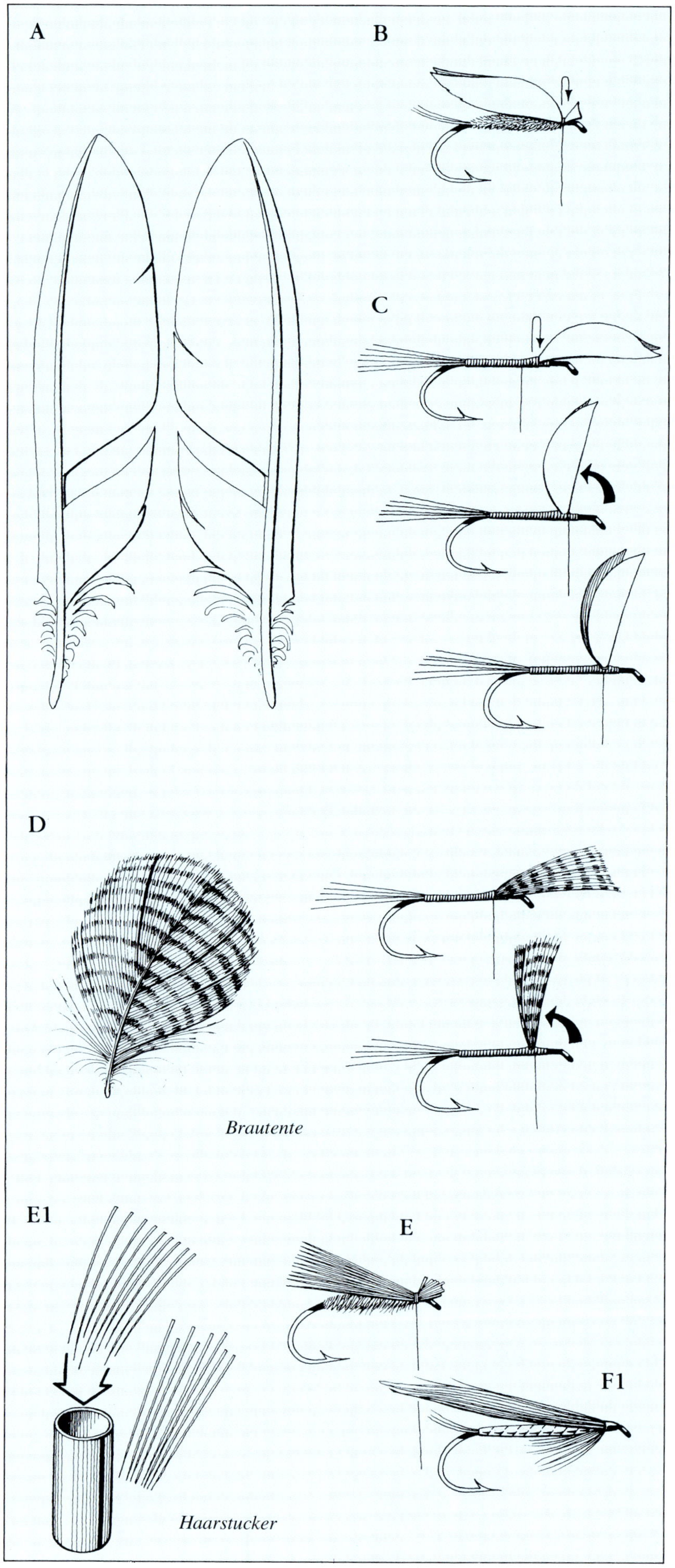

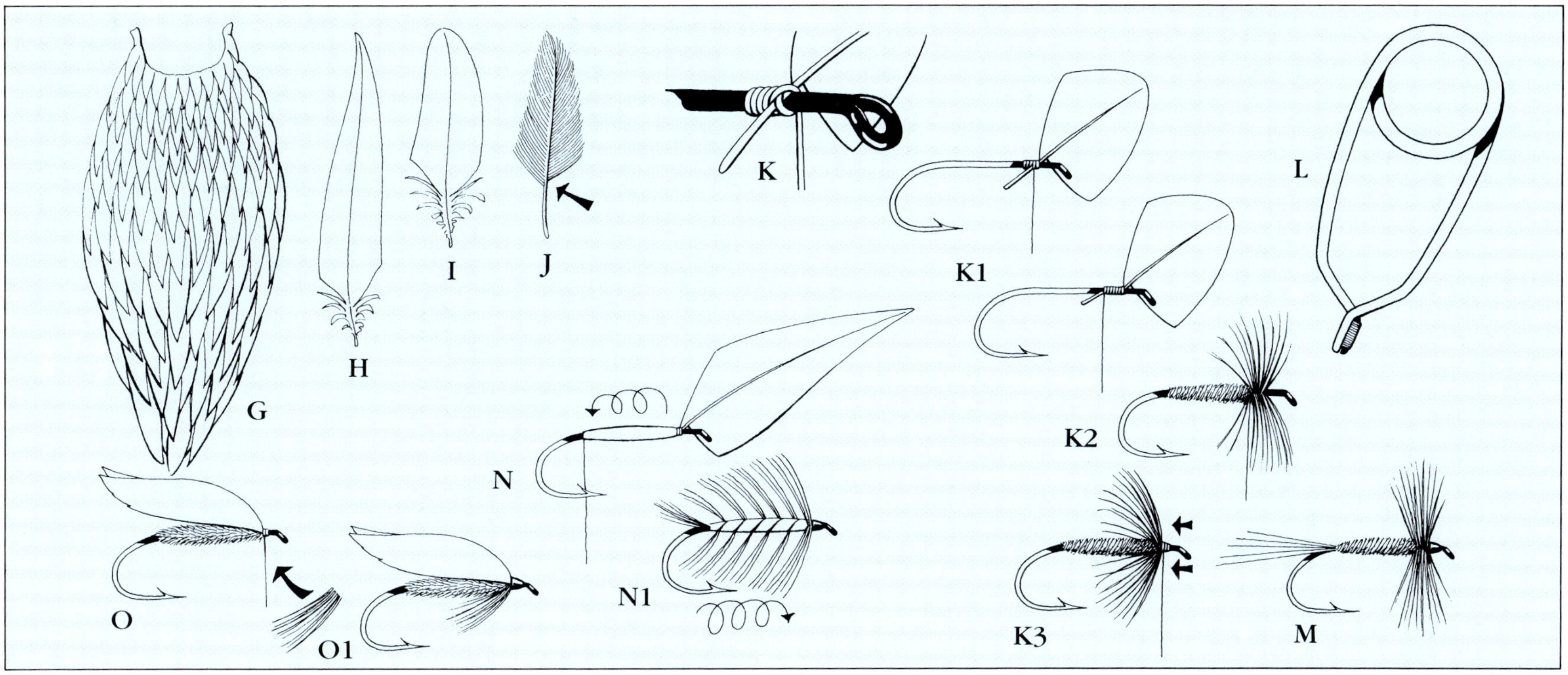

Windungen. Die Spitze wird mit Bindegarn befestigt und das überschüssige Federmaterial abgeschnitten (K2). Die Hechelfasern bilden nunmehr um die Fliege herum eine Art Spirale. Bei einer Naßfliege verfährt man so, daß man die Hechel etwas nach hinten preßt, indem man vor derselben den Schenkel mit einigen Windungen Bindegarn umwickelt (K3). Eine Trockenfliege dagegen sollte ihre Fasern gut gespreizt haben, damit sie so viel wie möglich in ihrer Schwimmfähigkeit unterstützt wird (M).
Die Illustration (N) zeigt eine Fliege mit einem Hechelkörper oder auch einer sogenannten ,,Palmer-Hechel". Eine solche Palmer-Hechel wird wie folgt angefertigt. Mit einigen enganliegenden Windungen wird eine Hechel am Vorderteil der Fliege eingebunden, danach windet man diese in einer offenen Spirale um den Körper. Die Hechel wird mit Bindegarn oder Lurex-Fäden abgebunden, wobei dies vom Ende des Körpers her geschieht. Der Faden oder das Garn wird dabei ähnlich in Spiralform gewunden, allerdings nunmehr in entgegengesetzter Richtung.
Die Illustration (01) verdeutlicht eine Naßfliege mit einer ,,vorgetäuschten" Hechel oder ,,Barthechel". Diese stellt man sich auf einfache Weise aus einem Büschel weicher Hechelfasern her, die man aus einer Feder gezogen hat und unterhalb, dicht hinter dem Fliegenkopf, einbindet. Es ist oftmals erforderlich zu improvisieren. Um eine hübsche Palmer-Hechel herzustellen, kann es sein, daß zwei Hechelfedern anstelle einer erforderlich werden: eine für die Vorderseite und eine weitere als Körperhechel. In eben dem Maß kann es notwendig sein, drei kleine Faserbüschel zu verwenden, um eine gute vorgetäuschte Hechel zu basteln: eine unterhalb und an jeder Seite ein Stück oben eine weitere.

Haken

Von den üblichen Hakentypen, die hier wiedergegeben werden, weisen wir auf jene in der oberen Reihe hin. Von links nach rechts sind dies: weite Öffnung, Limerick und Rundbogen. In früherer Zeit verwendete man für Trockenfliegen Haken mit aufwärts gebogenen Ösen und für Naßfliegen solche, deren Ösen nach unten gebogen waren. Heute ist es üblich, alle Fliegen an Haken zu binden, deren Ösen nach unten gerichtet sind. Die beiden gegeneinander gezeichneten Haken verdeutlichen den grundsätzlichen Unterschied zwischen den Haken für Naß- und Trockenfliegen, für die man jeweils die Wahl hat. Der Haken für eine Naßfliege kann aus schwerem, dickem Material sein; für eine Trockenfliege dagegen empfiehlt sich ein Haken aus dünnerem Material, damit die Fliege leichter ist.
Die dritte Reihe zeigt einen Haken mit einem besonders langen Schenkel. Hierbei handelt es sich um einen Streamer-Haken, der einen Kleinfisch oder Fliegen mit langen Ködern nachempfinden soll. Links davon ist ein Haken mit besonders kurzem Schenkel zu sehen. Solch ein Haken kann sehr wohl mit einer aufwärts gerichteten Öse ausgestattet sein. Bei einem kurzen Schenkel erleichtert eine größere Öffnung zwischen Hakenspitze und Öse das Haken eines Fisches.
Weiter unten auf der Illustration sind zwei aus der Vielzahl der Spezialhaken zu sehen, die im Handel angeboten werden. Einer hat einen gekrümmten Schenkel, der ihn für die Nachahmung von Köcherfliegen, verpuppten und anderen kleinen Krustentieren geeignet erscheinen läßt. Der andere Haken dient dafür, mit nach oben gerichteter Spitze zu angeln, um so einen Hänger zu vermeiden. Rechts ist ein speziell gehärteter Haken für Lachsfliegen zu sehen.
Abschließend auf dieser Seite wird unten eine Hakenskala vorgestellt. Sie zeigt Haken in ihrer normalen Größe. Die Haken sind entsprechend ihrer Hakenöffnung nummeriert. Dies bedeutet, daß zwei oder mehr Haken durchaus die gleiche Nummer haben können, jedoch Schenkel von sehr unterschiedlicher Länge aufweisen. Die unterschiedlichen Größen wurden in Übereinstimmung mit den Erfahrungen von Anglern festgelegt.

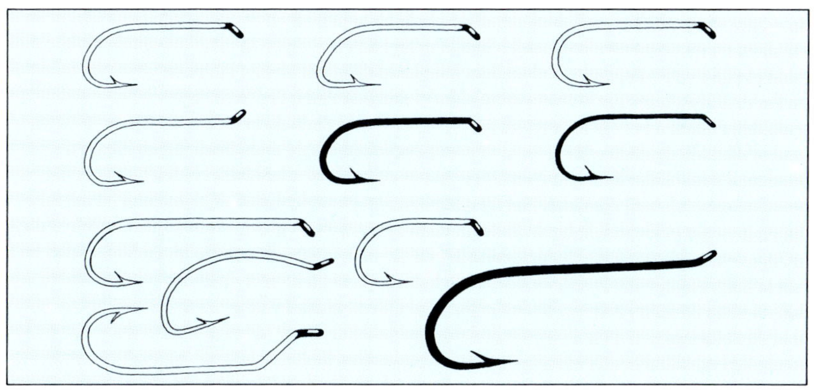

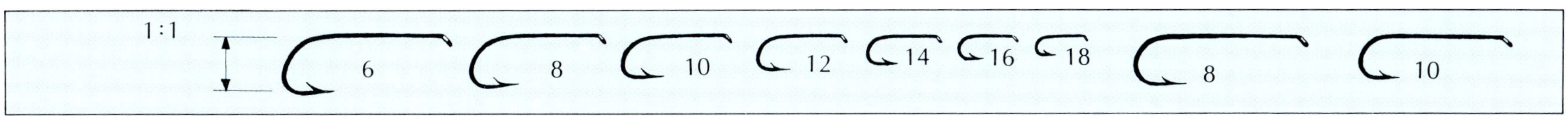

Naßfliegen mit weichen Hecheln

Es ist nahezu gewiß, daß unsere ersten künstlichen Fliegen Naßfliegen mit weichen Hecheln waren. Die meiste Zeit über sanken sie ab und wurden als Naßfliegen verwendet. Doch manchmal schwammen sie auch oben und wurden plötzlich zu Trockenfliegen! So entwickelten sich möglicherweise aus der Elementarfliege zwei unterschiedliche Modelle: die Naßfliege, mit weichen, absorbierenden Hennenhecheln und eine andere mit steifen Hahnhecheln, die an der Wasseroberfläche schwamm. Die klassische ,,Red Tag", benannt nach ihrem roten Schwanzende, kann man in beiden Fliegenarten wiederfinden. Im folgenden wird sie als Naßfliege beschrieben.
Naßfliegen werden normalerweise an Haken der Größe 10, 12 und 14 gebunden. Damit dem Anfänger im Fliegenbinden die ersten Versuche nicht zu einer Enttäuschung werden, beginnen wir die Bindepraxis mit der Hakengröße 10.

1. Der Haken wird, wie unter (1) gezeigt, in den Bindestock eingeklemmt. Dabei wird die Hakenspitze in den Schraubbacken verborgen (1a). Auf diese Weise wird verhindert, daß das Bindegarn an der scharfen Spitze oder am Widerhaken zerrissen wird, außerdem können sich aber auch die Finger ohne Verletzungsgefahr mit dem Schenkelende befassen.
2. Anschließend wird das Bindegarn festgemacht, zugleich wird ein scharlachfarbener Seiden- oder Wollfaden am ganzen Schenkel entlang angelegt, um zu vermeiden, daß die Fliege einen plumpen Körper erhält. Nach dem Einbinden wird der Faden so abgeschnitten, daß nur ein kurzes Ende als Schwanz oder Stummel verbleibt.
3. Jetzt nimmt man zwei Fahnen von den Schwanzfedern eines Pfaus und bindet diese mit ihren Spitzen ein.
4. Diese Fahnenfedern sind sehr zerbrechlich, deshalb sollte man die Fahnen miteinander verdrehen, um sie kräftiger zu machen.
5. Mit Bindegarn werden nunmehr die Fahnen in engen Windungen in Richtung auf die Hakenöse hin eingebunden. Dabei muß man Platz für die Hecheln und für den Kopf freilassen. Überschüssige Fahnen werden abgeschnitten.
6. Eingebunden wird jetzt eine braune Hennenhechel, deren Vorderseite nach vorn gerichtet sein soll. Zum Einbinden ist eine Hechelzange oder -klemme zu empfehlen, damit man die Hechelfasern in einer Spirale um den Hakenschenkel winden kann.
7. Die Hechelspitze wird mit Bindegarn befestigt, danach lege man 2–3 dünne Windungen durch die Hechel in Richtung auf die Hakenöse. Dabei vergewissere man sich, daß keine Hechelfaser vom Bindegarn erfaßt und niedergebunden wird.
8. Aus Bindegarn forme man nun einen sauberen, gewickelten Kopf der Fliege. Zuletzt schneidet man die verbliebenen Hechelspitzen ab (siehe Zeichnung 7) und lackiere den Kopf.

Das ist der Augenblick der Wahrheit, zeigt er doch, ob oder ob man nicht genügend Platz für die Hecheln und den Kopf gelassen hat! Die letzten Garnwindungen dürfen nicht über die Hakenöse hinweg geführt werden (Zeichnung 8a).
Die ,,Red Tag" ist eine gute Allround-Fliege und, in kleiner Größe, erweist sie sich manchmal als sehr gut fängig beim Angeln auf Äschen. ,,Black & Peacock" andererseits ist eine hervorragende Regenbogenfliege, wenn sie dicht unter der Wasseroberfläche in stillen Gewässern angeboten wird. Es gibt auch Kombinationen zwischen Fliege und Nymphe, die ,,Flymphs" genannt werden. Hergestellt werden diese Flymphs aus gebundenen Körpern, weichen Hecheln der Naßfliege und manchmal auch werden sie mit weichen Schwänzen ausgestattet.

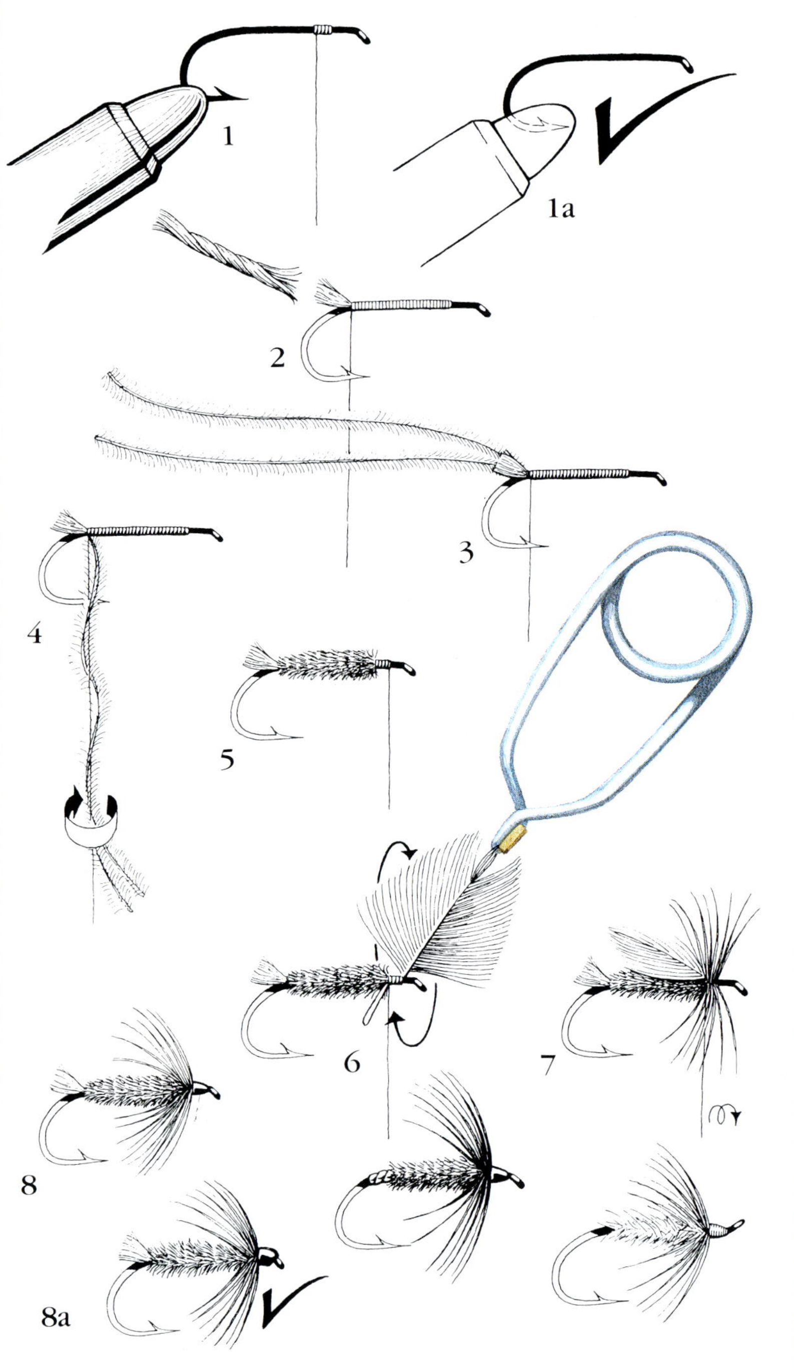

Black & Peacock
Haken: 10–14
Bindegarn: schwarz
Körper: Fahne vom Pfau
Hechel: schwarzes Huhn

Opossum Flymph (nordam. Opossum)
Haken: 12–18
Bindegarn: hellbraun oder grau
Körper: eingebundener Opossum-Unterpelz
Hechel: hell ginger-braun oder hellgrau

Geflügelte Naßfliegen

Um bessere Nachbildungen von geflügelten Insekten anzufertigen, stellt man künstliche Fliegen mit Teilen aus Schwungfedern her. Diese werden vorn am Fliegenkörper angebracht. Hier haben wir die erste geflügelte Naßfliege! Es ist die ,,Dark Alder'', die schon immer eine meiner beliebtesten Naßfliegen beim Angeln in Forellenflüssen war. Das mag vielleicht auch daran liegen, daß ich meinen ersten Fisch mit so einer Fliege fing . . .
In meinem Gerätekasten bewahre ich eine alte Alderfliege auf. Sie hat einen dunkel-weinroten Körper sowie eine offene Spirale als Rippe. Verwendet hierfür wurde die Fahne eines Pfaus (2a). Doch diese Fliege hält nicht besonders lang, obgleich die Fahne von ihrem Ende her fest eingebunden wird (1a). Scharfe Fischzähne vermögen jedoch leicht die Windungen zu zerreißen.

1. Man beginnt die Fliege, indem man zwei Fahnen von Pfauenfedern an ihrer Spitze einbindet.
2. Diese Fahnen werden am Hakenschenkel entlang gedreht und mit weinrotfarbenem Bindegarn befestigt. Die Farbe des Bindegarns wird sichtbar sein – besonders auch wenn die Fliege naß ist – und durch das Einbinden der Fahnen von ihrer Spitze her erhält man einen hübschen, sich verjüngenden Körper.
3. Nun nimmt man zwei gleichartige Teile von einer dunkelbraun gesprenkelten Schwungfeder – eine links und eine rechts – und plaziert diese Seite an Seite an der Spitze des Schenkels.
4. Diese Federn werden eingebunden und die nach vorn deutenden überstehenden Partien schneidet man ab.
5. Aus den Hecheln einer schwarzen Henne reißt man ein Büschel Fasern aus und bindet diese als falsche Hechel ein. Falls erforderlich, wird noch zur Vervollständigung ein kleines Faserbüschel an jeder Seite des Schenkels eingebunden, um so eine hübsche, gut gestreute Hechel zu erhalten. Schließlich wird der Kopf der Fliege gebunden und lackiert.

Wichtig ist, daß die Hechelfasern weich sind, damit sie sich im Wasser verführerisch bewegen. Diese Fasern imitieren nicht die Beine eines Insekts, wie viele vielleicht vermuten mögen, sondern sie sollen vielmehr einen lebendigen Eindruck machen, indem sie sich beim Angeln graziös bewegen. Zu empfehlen sind Fasern mit viel Flaum, weil dann die Hechel das Wasser rascher absorbiert. Damit wird es der Fliege leichter gemacht, die Oberfläche des Wassers zu durchdringen.
Unter den klassischen Naßfliegen ist die ,,Butcher'' eine Erwähnung wert, eine Fliege mit dunkelblauen Flügeln, gewonnen von den Schwungfedern einer Stockente, und mit einem glänzenden Körper. Fliegen aus der ,,Teal-Serie'' (Krickente) sind ebenfalls an vielen Gewässern sehr beliebt. Sie haben Flügel von den Flankenfedern der Krickente und ihre Bezeichnungen – Teal and Red, Teal and Green und andere – leiten sich von den Farben der jeweiligen Fliegenkörper ab. Die Kennzeichnung der Fliegen wird häufig von den Farben und dem Bindematerial her bestimmt. ,,Black & Peacock'', die hier schon beschrieben wurde, kam auf die gleiche Weise zu ihrer Bezeichnung, wenn sich auch bei dieser Fliege die Farbbezeichnung von der Hechel herleitet und nicht vom Körper, wie dies bei den ,,Teal-Serien'' der Fall ist.

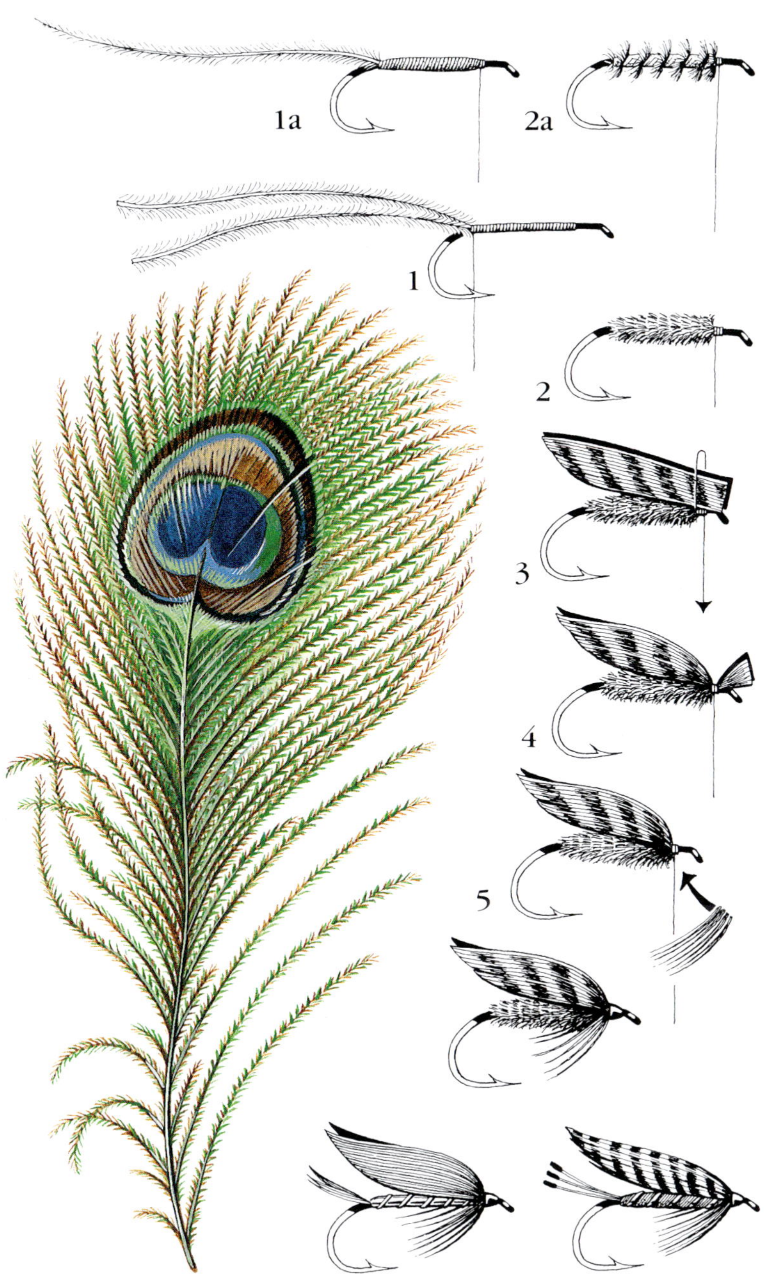

Butcher
Haken: 10–14
Bindegarn: schwarz
Schwanz: rote Fasern
Körper: silberne Metall- oder Lurexfäden
Rippe: silbern
Flügel: blaue Schwungfedern vom Spiegel der Stockente

Teal & Red
Haken: 10–14
Bindegarn: schwarz
Schwanz: Fasern
Körper: scharlachfarben
Rippe: silber
Flügel: Flankenfedern der Krickente

Teal & Green
Haken: 10–14
Bindegarn: schwarz
Schwanz: Fasern
Körper: grün-glänzend
Rippe: silber
Flügel: Flankenfedern der Krickente

Hechel-Trockenfliegen

Hechel-Trockenfliegen ohne Flügel sind sehr gute Allround-Imitationen, die eine ganze Reihe verschiedener Insekten darstellen. So eine Fliege ist leicht zu binden und sie kann sowohl in der Farbe als auch im ,,Federkleid'' umgeändert werden. Ferner kann man sie schlank oder dick herstellen. Fliegen dieser Art mit neutralen Farben – grau, beige oder braun – sind oftmals die fängigsten Fliegen. Auf buschige Art gebunden, besitzt eine Hechel-Trockenfliege eine hohe Schwimmfähigkeit, auch in rasch fließenden Gewässern. Man kann eine solche Fliege auch klein und delikat binden, so daß sie wie eine Mücke aussieht.
Leicht zu binden und mit der Möglichkeit, in einer ganzen Reihe von Farben und Ausstattungen hergestellt zu werden, zählt die Hechel-Trockenfliege zu den beliebtesten ihrer Art. Wenn man auf's Geratewohl mit einer Trockenfliege angelt, kann sich eine buschige Hechelfliege als der beste ,,Fischfinder'' erweisen.
Eine Hechel-Trockenfliege kann jedoch auch mit einem schlanken Körper und nur wenigen Windungen der Hechel gebunden werden. So entsteht eine dünne, anmutige Fliege, die einer Maifliege oder Mücke ähnelt. Die buschige Fliege wiederum erweckt den Eindruck einer Köcherfliege mit großen, flatternden Flügeln.

1. Der Haken wird in den Bindestock gesteckt, das Bindegarn befestigt und eine Hechelfeder vom Hahn eingebunden. Dabei gilt es darauf zu achten, daß beim Einbinden die blanke Seite der Hechel nach vorn zeigt. Einige Fliegenbinder bevorzugen es, mit dem Arbeitsgang unter Punkt 2 zu beginnen und bis Punkt 6 fortzufahren – also den Fliegenkörper erst zu vervollständigen – bevor sie die Hechel einbinden.
2. Ein langes Büschel Fasern der Hahnhechel wird als Schwanz der Fliege befestigt. Um den Schenkel wird Bindegarn bis zu einem Punkt genau über dem Widerhaken gewunden. Man achte darauf, daß die Fasern gleich lang sind und halte sie fest, damit sie nicht vom hinteren Ende des Hakens herabgleiten.
3. Nun wird der Schwanz fest eingebunden, wobei man eine Windung hinter und eine unter demselben legt.
4. Der Schwanz wird anschließend zurück in Position gesetzt und eine straffe Windung um den Anfang gelegt, und zwar so, daß sie genau vor den bisherigen Windungen liegt. Auf diese Weise werden sich die Fasern fächergleich ausbreiten und unterstützen so die Fliege, wenn sie auf dem Wasser schwimmt. Das Bindegarn wird gewachst und mit Wollhaar oder ähnlichem Material ausgekleidet.
5. Nunmehr wird der Körper geformt, indem man den Schenkel mit Bindegarn umwindet. Ein dünnes Haarkleid und ausgesparte Windungen bilden einen schlanken Körper, ein dichtes Haarkleid und enge Windungen verursachen einen ,,dicken'' Fliegenkörper.
6. Die Hechel wird gebunden und abgesichert. Mit leichten Windungen wird anschließend das Bindegarn durch die Hechel geführt und in weiter Spirale nach vorn zur Hakenöse gebunden. Dabei ist zu beachten, daß keine Hechelfasern niedergebunden werden. Letztlich wird der Kopf der Fliege geformt, der Knoten gebunden und lackiert.

Nach der Eiablage stirbt die Maifliege. Mit gespreizten Flügeln schwimmt sie dann an der Oberfläche. Man nennt sie in diesem Zustand auch einen ,,verbrauchten Spinner''. Um ein solch abgestorbenes Insekt zu imitieren, werden Schwanz und Hechel der Fliege in zwei gleiche Teile gespalten, indem man 8 Windungen bindet. Die Illustration (a) zeigt eine solche verbrauchte Fliege von oben und von vorn (b).

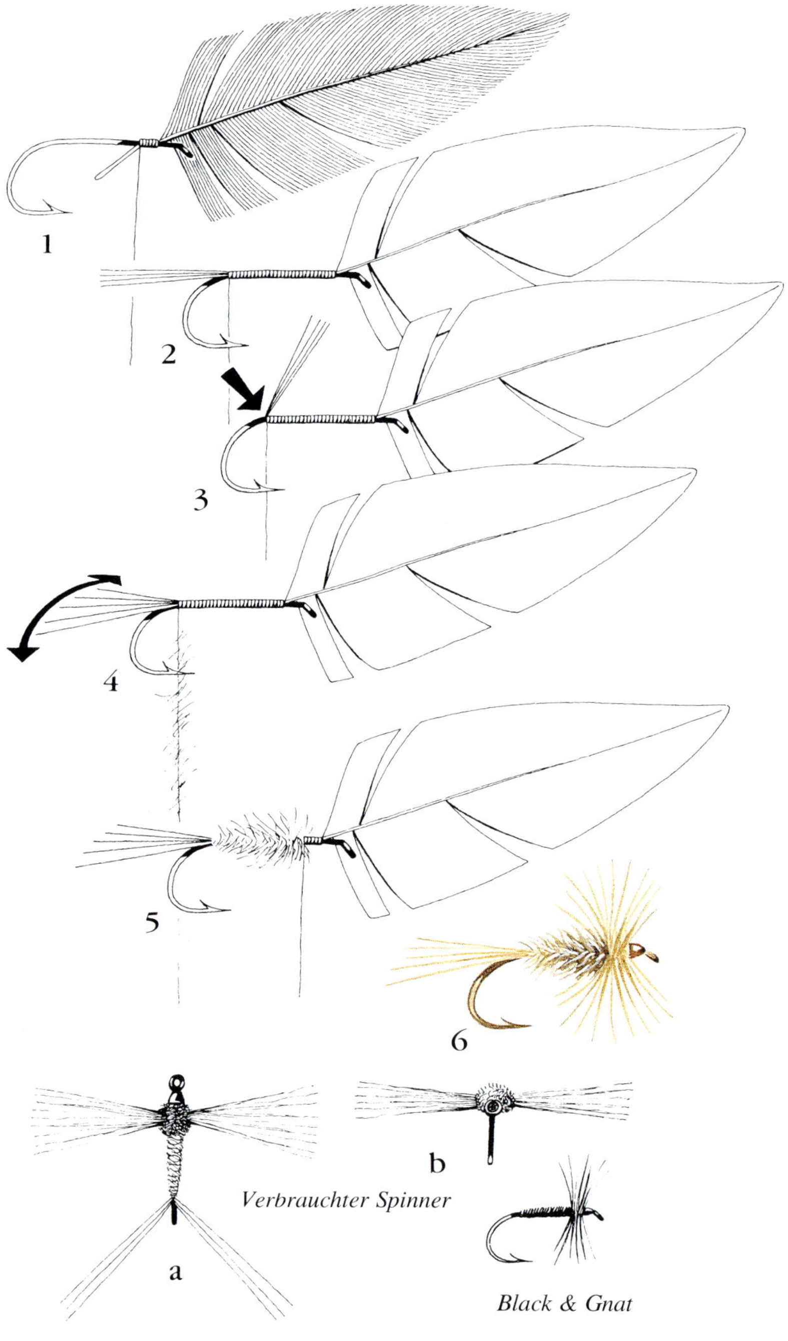

Grau-braune Allround-Fliege
Haken: 10–14
Bindegarn: braun
Schwanz: braune oder graue Fasern der Hahnhechel
Körper: Wollhaar
Hechel: braun oder grau

Black Gnat
Haken: 16–20
Bindegarn: schwarz
Körper: schwarz gebundenes Garn
Hechel: schwarzer Hahn.

Geflügelte Trockenfliege

Während die Engländer ihre Fliegen mit Schwanzfedern versehen, haben amerikanische Fliegenbinder einen Fliegentyp mit weicheren Flügeln entwickelt, die aus Fasern von Flankenfedern verschiedener Entenarten – vor allem der Brautente – hergestellt werden. Heutzutage ist es durchaus üblich, Flügel aus Hechelspitzen oder synthetischem Haar zu binden. Diese Flügel sollten nicht zu steif und die Fliege muß ebenmäßig gestaltet sein, da sie sich ansonsten beim Werfen mit dem Vorfach verheddern kann.
Die Hechel-Trockenfliege wird als eine Allround-Fliege angesehen, während die geflügelte Trockenfliege im allgemeinen ein bestimmtes Insekt nachahmen soll. Darum ist es wichtig, die Farben so auszusuchen, daß sie mit dem lebenden Vorbild übereinstimmen.
Hier beschreiben wir das Binden einer geflügelten Trockenfliege amerikanischer Art – der ,,Light Cahill''.

1. Das Bindegarn wird festgemacht und ein Büschel Fasern von der Brautente oder einem geeigneten Ersatz wird eingebunden. Es ist oftmals schwierig oder gar unmöglich geworden, bestimmte Federn zu bekommen. Federn, die der gewünschten ähneln, sind normalerweise in Angelgeschäften, die Materialien zum Fliegenbinden bereithalten, zu kaufen; manchmal als perfekter Ersatz, wobei man diese, falls erforderlich, entsprechend einfärben muß.
2. Die Flügel werden geglättet und mit Hilfe von 8 Windungen in eine V-Form gebracht.
3. Der Schwanz wird gebunden. Hierfür verwende man dasselbe Material oder gegebenenfalls hellbraune Hechelfasern. Nach dem Binden wird der Schwanz der Fliege fächerförmig ausgebreitet.
4. Das Bindegarn aus hell-beiger synthetischer Faser wird gewachst und geglättet.
5. Nun wird ein schlanker, sich verjüngender Körper geformt.
6. Die Hechel wird festgemacht und auf die übliche Weise eingebunden und abgesichert. Es gibt Fliegenbinder, die bevorzugen es, die Hechelfeder hinter den Flügeln zu befestigen und dann nach vorn zu umbinden. So vermeiden sie es, daß einzelne Fasern beim Einbinden nach vorn niedergebunden werden. Die Fasern müssen stets vom Kopf herabhängen.
7. Die erste Methode vermittelt der Fliege eine mehr ,,gespaltene Hechel''.

Die hier gezeichnete ,,Coachman'' ist eine Fliege auf englische Art mit weißen Hecheln von der Schwanzfeder (zu vergleichen mit der geflügelten Naßfliege ,,Alder''). Die ,,Adams'' ist eine amerikanische Fliege, deren Flügel aus Hechelspitzen gefertigt werden. Heutzutage werden zahlreiche Fliegen gebunden, die Flügel aus synthetischem Garn haben. Die meisten Trockenfliegen sollen Maifliegen nachahmen. Schon seit Jahrhunderten spielen diese Insekten eine wichtige Rolle in der Fliegenfischerei. Die Eier der Maifliege gelangen sowohl in stillen als auch in rasch fließenden Gewässern zur Reife – dies hängt jeweils von ihrer Art ab. Sie entwickeln sich zu Larven. Die Larve wächst und verwandelt sich in eine sogenannte Nymphe. Wenn die Nymphen ihre Eier ablegen – manchmal geschieht das zur gleichen Zeit und wenn sie in Massen zusammenkommen – kann man den Paarungstanz der älteren Insekten beobachten, bevor sie ihre Eier im Wasser ablegen. Die Fische schnappen sich die Maifliegen in allen Entwicklungsstadien – als Nymphen, bei der Eiablage, als erwachsene Insekten und als ,,verbrauchte Spinner'' nach der Eiablage. Und jedes Stadium der Maifliege wird durch viele künstliche Fliegen vom Angler nachgeahmt!

Coachman
Haken: 12–14
Bindegarn: schwarz
Schwanz: braune Fasern von der Hahnhechel
Körper: Fahne der Pfauenfeder
Flügel: Teile einer weißen Schwungfeder
Hechel: braun

Adams
Haken: 12–14
Bindegarn: schwarz
Schwanz: gemischte braune und graue Fasern der Hahnhechel
Körper: grauer Bisam oder synthetisches Material in gleicher Farbe
Flügel: graue Hechelspitzen
Hechel: eine graue und eine braune Hahnenfeder

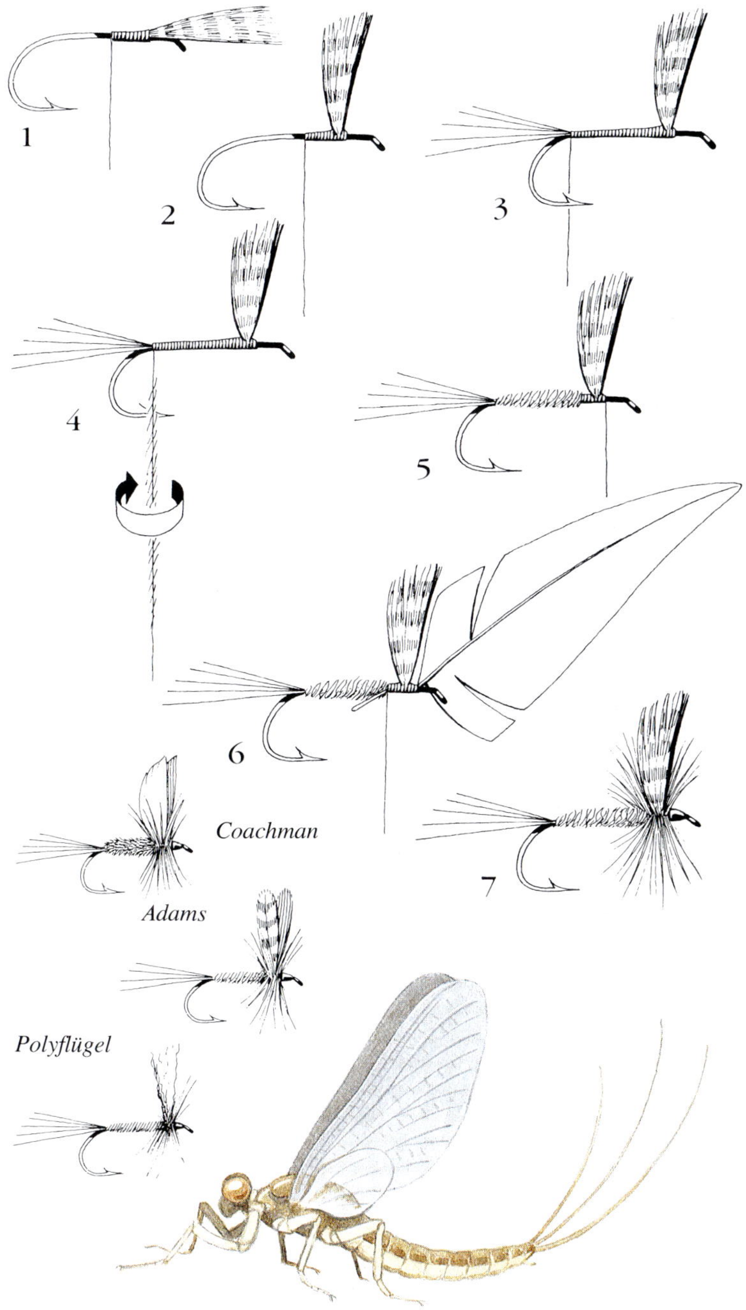

Nymphen

Von vielen Jahren gab mir Frank Sawyer eine seiner sehr einfachen Nymphen. Er sagte mir, daß er Kupferlitze anstelle von Bindeseide verwende. Seine Nymphe ist hier zu sehen. Es ist kein Problem, mit Kupferlitze eine Nymphe zu binden, doch die meisten Fliegenbinder wiegen zunächst den Haken und greifen dann zum Bindegarn, um das Material in der üblichen Weise einzubinden. Sawyer fertigte seine Nymphen in verschiedenen Ausführungen in grau und braun an.
In ihrer Unterwasserphase wird die Maifliege als Nymphe bezeichnet. In strömungsreichen Gewässern trifft man die kriechenden Nymphen an, die sich auf dem Gewässergrund an Steine und Kies klammern. In langsam dahinfließenden Gewässern leben schwimmende Nymphen an Wasserpflanzen. Einige Nymphenarten existieren in kleinen Röhren am sandigen Grund und sie werden nur dann von den Fischen genommen, wenn sie zur Eiablage nach oben schwimmen. Auch in Stillwassern sind einige Nymphenarten anzutreffen.
Da die Nymphen von Frank Sawyer etwas wiegen, kann man mit ihnen im Mittelwasser fischen, während andere Nymphen ohne zusätzliches Gewicht so gebunden werden, daß man mit ihnen soeben unter der Oberfläche des Wassers angeln kann. Die mit weichen Hecheln ausgestatteten Nymphen, die von dem Engländer G.E.M. Skues entwickelt wurden, gehören zu dieser Art Nymphen. Seine Nymphen erweckten große Aufmerksamkeit, als er mit ihnen zu angeln begann. Er wird als der Vater der Nymphenfischerei angesehen.
Die praktisch gewichtslosen Nymphen von Skues haben nahezu immer gebundene Körper. Dabei ist die Vorderpartie dunkler als das Hinterteil. Seine Nymphen haben zudem eine dünne Naßfliegenhechel aus kurzen Fasern.
Der Amerikaner Jim Leisenring entwickelte mit seinen weichen Hechel-Naßfliegen eine gleichartige Angelmethode mit der Nymphe. Sein Freund und Fischerkamerad Pete Hidy nannte sie „Flymphs". Nach dem Tode von Leisenring entwickelte Pete Hidy das Fimph-Fischen weiter. Er angelte nicht nur mit gerade abgesunkener Fliege oder soeben unter der Oberfläche, sondern auch auf der Wasseroberfläche. Das ähnelte einer halb ertrunkenen Trockenfliege, womit er letztlich nicht weniger als eine eiablegende Nymphe nachahmte. Auch die großen Libellen machen ein Stadium als Nymphe durch. Ihre Nachahmungen werden auf langschenkligen Haken mit Flügeln, Hecheln und Faserschwänzen gebunden.

Sawyer's Fasanenschwanz-Nymphe

1. Beschwerter Haken mit Kupferlitze und plump geformtem Vorderteil. Eingebunden werden drei Fasern von Fasanen-Schwanzfedern als Schwanz der Nymphe.
2. Die Fasern werden am Körper entlang gebunden.
3. Nun befestigt man ein kleines Büschel Schwanzfasern vom Fasan und faltet sie zurück über das Vorderteil. Anschließend bindet und sichert man die Partie.
4. Die Fasern werden jetzt noch einmal nach vorn und hinten gefaltet . . .
5. . . . bis die Nymphe plumpe Flügelansätze hat.

Skues' blaugeflügelte Oliv-Nymphe

1. Drei Fasern von den Flankenfedern einer Stockente werden auf einen 14er oder 16er Haken gebunden. Als Rippe wird ein feiner goldener Metallfaden gewunden.
2. Der Seidenfaden wird mit braun-olivfarbenem Wollhaar verwoben . . .
3. . . . und eingebunden . . .
4. . . . das Hinterteil des Körpers wird gerippt. Nun wird noch einmal ein Seidenfaden genommen . . .
5. . . . und eine etwas dunklere Vorderseite geformt.
6. Zu guter Letzt wird eine gesprenkelte Hechel, dunkel-oliv gefärbt und drumherum gebunden.

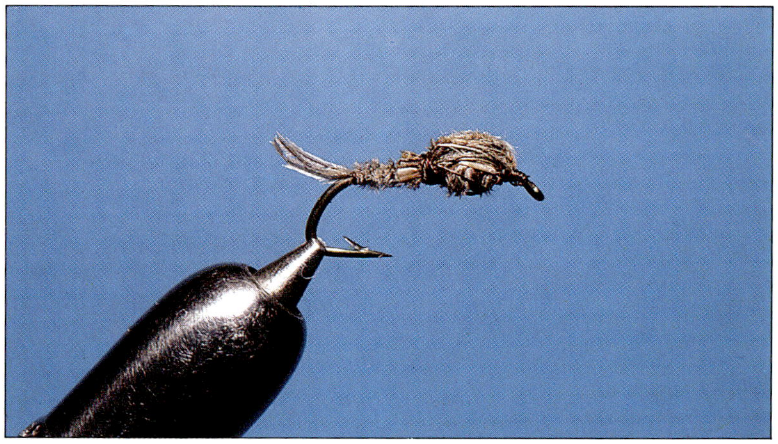

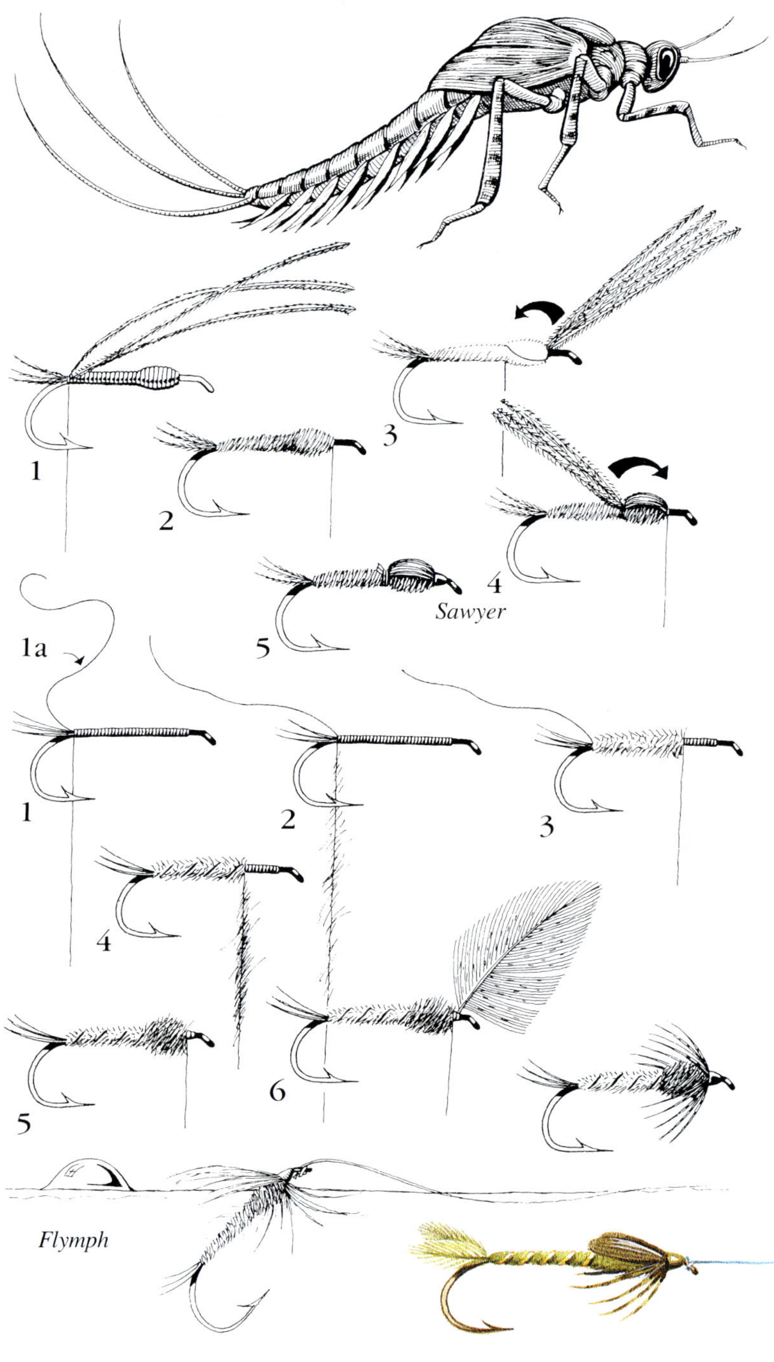

Geflügelte Köcherfliegen

Sowohl in Europa als auch in den Vereinigten Staaten haben Köcherfliegen eine wichtige Stellung in der Fliegenfischerei eingenommen. In Skandinavien dominieren sie in vielen Gewässern vollständig. Meine eigene geflügelte Nachahmung einer Köcherfliege ist die Variante einer „Elchhaar-Köcherfliege", deren Körper vom Hasen und die Flügel vom Elch stammen – dem amerikanischen Wapiti-Hirsch. Das Original wird mit Körpern in verschiedenen Farben gebunden und hat eine Körperhechel; ich jedoch lasse die Hechel weg und reiße mir statt dessen ein paar steifere Haare aus dem Pelz eines Hasen aus.
Köcherfliegen trifft man in allen Gewässerarten an. Diese Insekten besitzen eine hohe Anpassungsfähigkeit an die unterschiedlichsten Gewässerverhältnisse. Köcherfliegen variieren in den Farben, wenngleich die meisten von ihnen Körper und Flügel in brauner Tönung haben. Als erwachsene Insekten sind die Köcherfliegen sehr lebhaft. Im Wasser können sie so kräftig schwimmen, daß sie sogar eine Furche aufwerfen. Wenn sie fliegen, flattern sie außergewöhnlich schnell, dabei sehen sie wie „gut gekleidete" Hechel-Trockenfliegen aus! Eine sitzende Köcherfliege ist leicht auszumachen, da sie ihre Flügel in einer sehr typischen, umgekehrten V-Form hält. Das sieht wie der Dachfirst auf einem Haus aus.

Die Variante einer Elchhaar-Köcherfliege

1. In engen Windungen wird das Bindegarn um den Hakenschenkel gebunden, dann gewachst und mit feinen Härchen vom Ohr des Hakens abgetupft.
2. Der so behandelte Körper wird geformt und anschließend wird ein Büschel Elchhaar als Flügel eingebunden. Beachten muß man hierbei, daß die Haarspitzen gleich lang sind. Nun wird das Bindegarn direkt nach unten gezogen, wobei man verhindern muß, daß die Flügel zum Hinterteil des Hakens hin rutschen.
3. Das Bindegarn wird nun mehrere Male um die Basis der Flügel gewunden, verknotet und lackiert. Überschüssiges Flügelmaterial wird abgeschnitten und letztlich zieht man einige der kräftigeren Haare aus dem Mantel. Diese Haare kann man noch als Hecheln verwenden.

Rackelhanen

Mein Freund, der schwedische Fliegenfischer Kenneth Boström, hat den „Rackelhanen" entwickelt, eine Fliege aus synthetischem Garn, die in wenigen Jahren weit über Skandinavien hinaus bekannt geworden ist. Die ungewöhnlich gute Schwimmfähigkeit dieser Fliege hat sie so außerordentlich beliebt werden lassen.
Wenn man sie unter Wasser drückt, kommt sie augenblicklich an die Oberfläche zurück – das ist für die Augen einer Forelle eine unwiderstehliche Bewegung.

1. Man bindet das Garn um den Hakenschenkel, wachst es und windet nun dunkelbraunes, gekräuseltes, synthetisches Garn auf.
2. Nun wird ein „fetter" Körper geformt.
3. Ein Stück des Garns wird als Flügel eingebunden. Es sollte dieselbe Farbe wie der Körper haben. Die andere Flügelhälfte wird nach hinten gefaltet . . .
4. . . . und befestigt. Noch einmal wird das Garn nachgewachst und die Vorderseite geformt. Letztlich werden die Flügel auf die gewünschte Länge zurückgeschnitten.

Grüne Köcherfliege aus Elchhaar
Haken: 12–16
Bindegarn: beige-braun
Körper: olivfarbene Wolle
Körper-Hechel: oliv
Flügel: Elchhaar

Européa 12
Haken: 12–14
Bindegarn: gelb
Körper: grau geklebt
Rippe: gelbes Bindegarn
Flügel: Flankenfedern der weiblichen Stockente
Hechel: braun

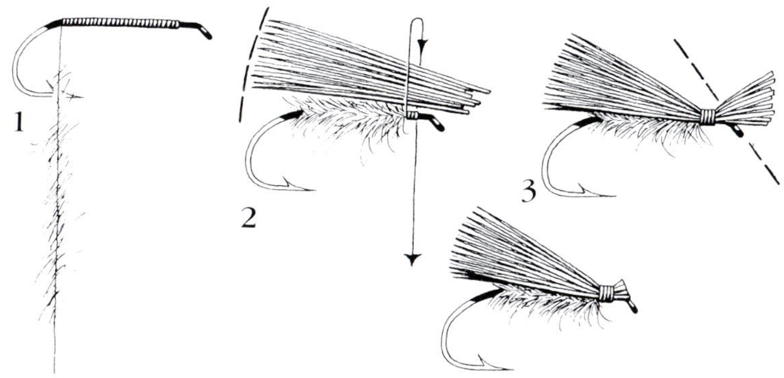

Rackelhanen

Köcherfliegen aus Elchhaar

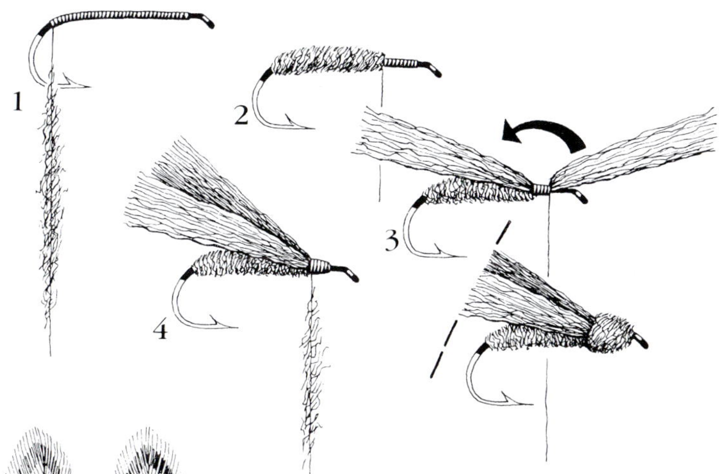

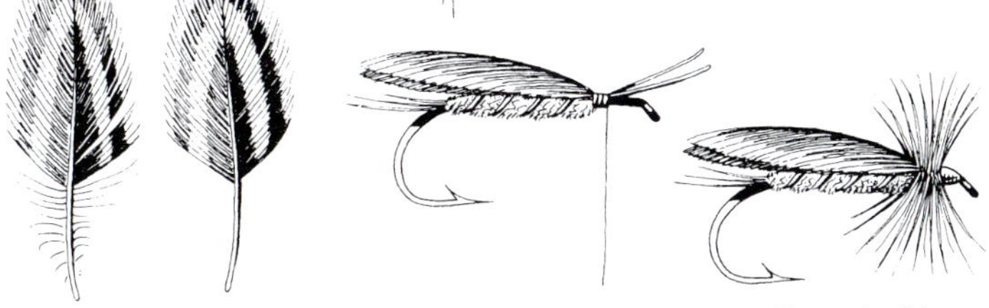

Européa 12

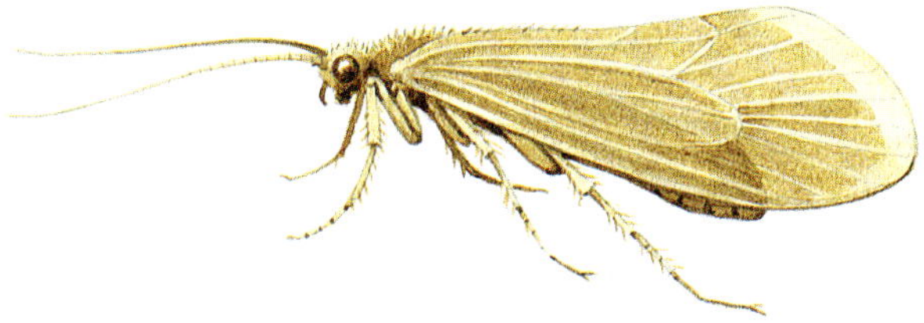

Verpuppte Insekten

Viele Wasserinsekten machen nach ihrem Larvenstadium und bevor sie Eier ablegen und erwachsen werden, eine Phase der Verpuppung durch. Zu diesen Insekten, die sich verpuppen und die für den Fliegenfischer von hohem Interesse sind, gehören die Köcherfliegen und Mücken. Ihre Puppen können die Fische regelrecht zu sich steigernden Freßorgien hinreißen. Fliegen, die so ein verpupptes Insekt nachahmen sollen, können sehr einfach gebunden werden. Der Körper wird eingebunden, wobei das Kopfteil etwas dunkler gehalten wird.
Die Eier der Köcherfliege entwickeln sich zu Larven. Es gibt eine ganze Reihe von Köcherfliegen: Röhrchenfliegen, Netz-Spinner (a) und frei schwimmende. Alle Larven machen ein Puppenstadium durch und gerade diese Puppe (b) ist es, die den Fliegenfischer so besonders interessiert.
Auch die Mücken erleben ein Larven- und Puppenstadium (c). Es gibt zahllose Mückenarten in unterschiedlichen Farbvariationen, doch die meisten Mücken sind oliv, oliv-braun oder schwärzlich gefärbt. Auf dem Kopf hat die Mückenlarve weiße, fadenartige Kiemen.
Die kleineren Zeichnungen stellen Beispiele von Nachahmungen der Köcherfliegen-Larven (a1) und Imitationen verpuppter Mücken (c1) dar. Köcherfliegen-Larven kann man als einfachen Körper aus cremefarbener oder grüner Wolle binden, und der lange Hinterleib einer verpuppten Mücke läßt sich am besten durch enge Windungen von Bindeseide in geeigneten Farben nachahmen. Unmittelbar vor dem Schlüpfen ist die Haut einer verpuppten Mücke mit Luft gefüllt, wodurch die Puppe im Wasser einen silbrigen Glanz erhält. Dies kann man mit silbernen Metall- oder Lurexfäden nachahmen, oder ganz einfach auch als Silberrippen auf dem Körper. Die Brustpartie wird aus einem Kügelchen Bindematerial geformt – empfohlen wird hierfür das feine Wollhaar aus dem Ohr eines Hasen. Das macht die Fliege schwimmfähig, während sie in der Oberfläche des Wassers hängt.

Verpuppte Köcherfliege

1. Man winde das Bindegarn bis weit in den Hakenbogen hinein, wobei man ein Stück gelbe Seide mit einbinden sollte, das man später als Rippe verwenden kann. Das Bindegarn wird gewachst und angereichert mit beigen oder oliv-grünen Pelzhärchen oder synthetischen Fasern.
2. Nun wird der Körper geformt, dabei sollte man beachten, daß genügend Platz für den Brustteil und den Kopf freibleibt.
3. Die Rippen werden gebunden und befestigt. Dieses Rippenmuster kann man auf zweierlei Weise einbinden. Einmal windet man die Rippen in derselben Richtung, wie das Körpermaterial gebunden wurde. Damit ,,versinken" die Rippen praktisch im Körper und werden erst sichtbar, wenn die Fliege naß und halb durchsichtig ist. Man kann aber auch in entgegengesetzter Richtung einbinden, dann liegen die Rippen auf dem anderen Körpermaterial. Dadurch erreicht man, daß die Rippen teilweise sichtbar werden.
4. Federverarbeitung. Man schneide von der Feder kleine Partien aus und binde diese auf jeder Seite des Hakenschenkels ein. Danach glätte man das Ganze . . .
5. . . . und forme das Brustteil. Zum Abschluß wird ein kleiner, niedlicher Kopf gebildet.

Die Illustrationen (5a) und (5b) verdeutlichen Variationen mit Beinen und herausgezogenen Haaren und Fasern aus dem Brustteil. Zusammengefaßt kann man sagen, daß Imitationen oft genug auf den Fisch verführerisch wirken, um des eigenen Seelenfriedens willen fügt der Fliegenbinder jedoch oftmals unterschiedliche Details seinen Fliegen hinzu.

Grüne Larve der Köcherfliege
Haken: 10–8
Bindegarn: braun
Körper: hellgrüne Wolle
Rippe: entspricht dem Bindegarn
Kopf: lang und braun

Verpuppte Mücke
Haken: 10–16
Bindegarn: oliv-grüne Seide
Rippe: silber
Brustteil: dunkelbraunes Haar vom Hasen

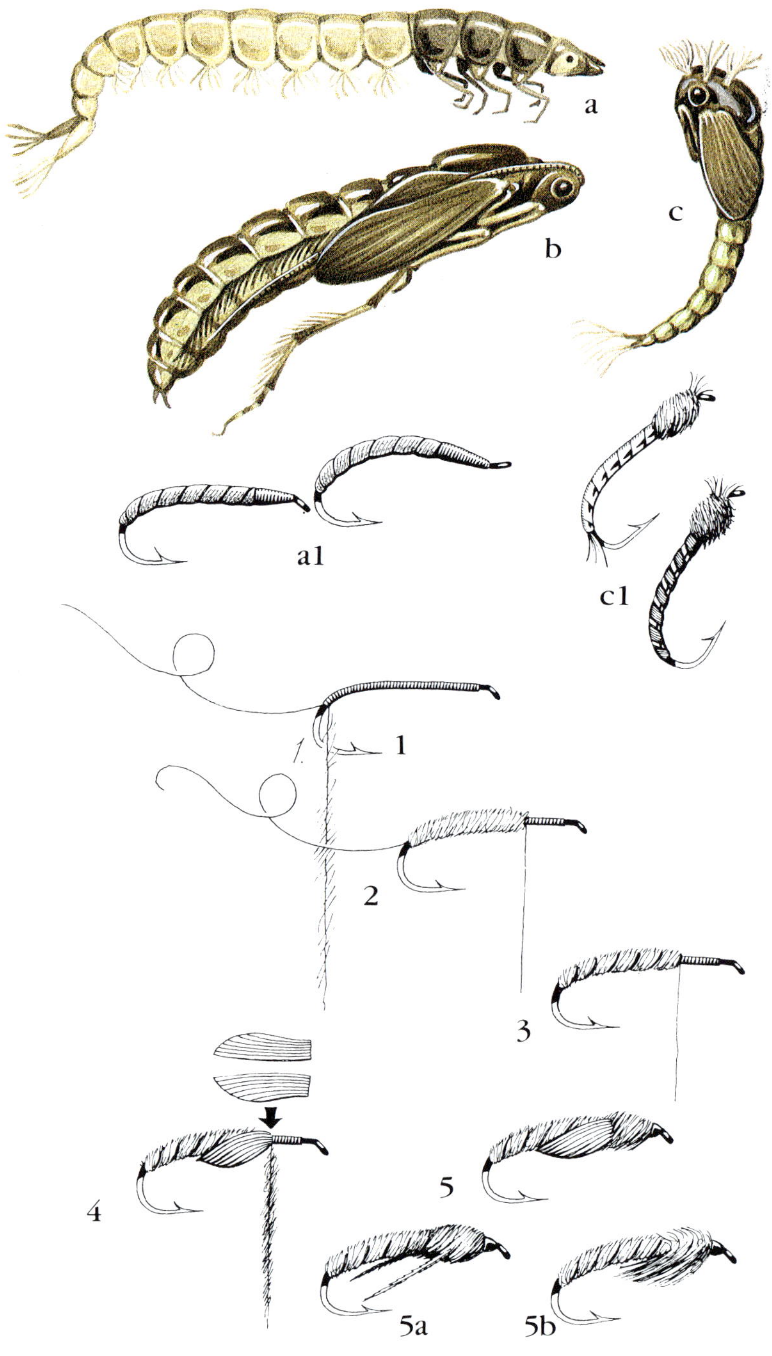

Auf dem Land lebende Insekten

Es gibt eine ganze Anzahl von Insektenarten, die zwar normalerweise auf dem Land leben, hin und wieder jedoch durch Witterungseinflüsse ins Wasser geblasen werden. Hierzu zählen kleine Käfer, Wespen, Ameisen und Grashüpfer. So sind zum Beispiel fliegende Ameisen für manche Fische eine ausgesuchte Kost. In einigen Gewässern wiederum haben sich Forellen vollständig auf Grashüpfer spezialisiert. Die im Bild gezeigte Imitation wurde mir von Jack Hemingway gegeben, als wir den „Little Wood River" befischten. Der Fluß ist eines der besten Bachforellen-Fließgewässer in den Vereinigten Staaten.

Käfer

1. Wie in der Zeichnung gezeigt, binde man einen Part von einer dunklen Gänsefeder und 2–3 Fahnen vom Pfau. Eine schwimmende Nachahmung wird ohne zusätzliche Beschwerung gebunden. Der Unterkörper wird dick aus Wolle oder ähnlichem Material gefertigt. Auf die Spitze des Körpers werden Fahnen vom Pfau gewunden.
2. Nun werden die Federsegmente nach vorn gefaltet und nach hinten wird ein Schild über den ganzen Körper geformt. Überstehendes Material wird abgeschnitten, dann wird der Kopf gebunden und verknotet. Schließlich werden Kopf und Schild lackiert.

Ameise

Ameisen kann man auf die verschiedenste Weise binden. Die beliebteste Methode ist, auf dem Hakenschenkel zwei kleine Kügelchen, oftmals auch in der Form einer Olive, zu formen und zwischen den beiden als „Weste" eine Hechel einzubinden. Hier stellen wir noch eine weitere Variante vor, die aus schwarzem Haar vom Reh gestaltet wird. Rehhaar ist ein Material von hoher Schwimmfähigkeit, da die Haare hohl und mit Luft gefüllt sind.

1. Man befestige ein dickes Büschel Rehhaar, wobei die Haare bis hinten an den Hakenbogen reichen sollten, dann wird Bindegarn bis kurz hinter die Mitte des Schenkels gebunden.
2. Die Haare werden nach vorn gedrückt, um den Schenkel geführt und mit Bindegarn befestigt, das wie eine „Weste" geformt wird. Nun werden die Haare niedergedrückt und das Bindegarn wird um den Rest des Schenkels gewunden.
3. Erneut werden die Haare gebunden, doch diesmal läßt man 4–5 Haare aus der Weste herausragen. Diese Haare werden außerhalb der Fliege gezwirnt . . .
4. . . . sie sollen die Ameisenbeine nachahmen. Zu guter Letzt werden diese auf die gewünschte Länge geschnitten.

Grashüpfer

1. Auf dem Bogen eines Streamerhakens wird ein festes Büschel Rehhaar angebracht. Die Haare werden nach vorn gezogen und eingebunden. Dabei bildet man drei Abschnitte in (a), (b) und (c), wobei man die gleiche Technik wie bei der Formung der „Ameisenweste" anwendet. Anschließend wird ein weiteres Haarbüschel befestigt, nach vorn gezogen und mit Bindegarn nach hinten bis zum Punkt (c) eingebunden.
2. Jetzt wird ein braungesprenkelter Flügel befestigt, die hintere Kante wird halbkreisförmig abgeschnitten. Der Flügel wird über dem Hinterteil der Fliege plaziert, das Haarbüschel wird nach hinten gebunden . . .
3. . . . befestigt und dann das Haar an der Unterseite der Fliege verschnitten. Sofern an dieser Fliege Beine gewünscht werden, kann man diese aus Federfasern herstellen. Dabei sollte man Knoten einknüpfen, um die Gelenke des Grashüpfers nachzuahmen (d).

Ameisenvariante
Haken: 12–14
Bindegarn: schwarz oder braun
Körper: schwarzes oder braunes synthetisches Material
Weste: schwarze oder braune Hechel

Grashüpfer
Haken: Streamerhaken 8–12
Bindegarn: gelb
Körper: Rehhaar
Der hintere Flügel: hellbraun gesprenkelte Feder vom Truthahn

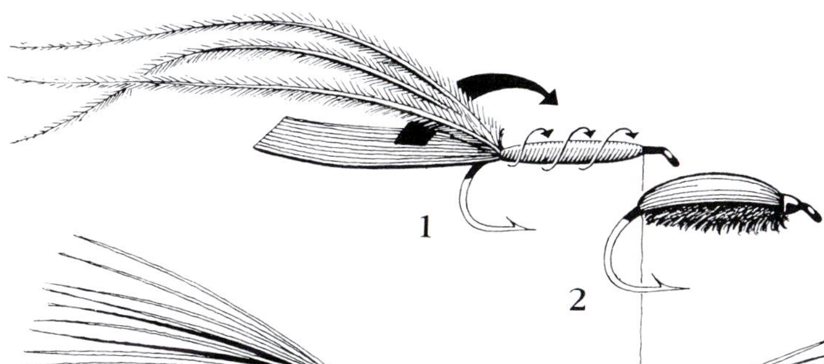

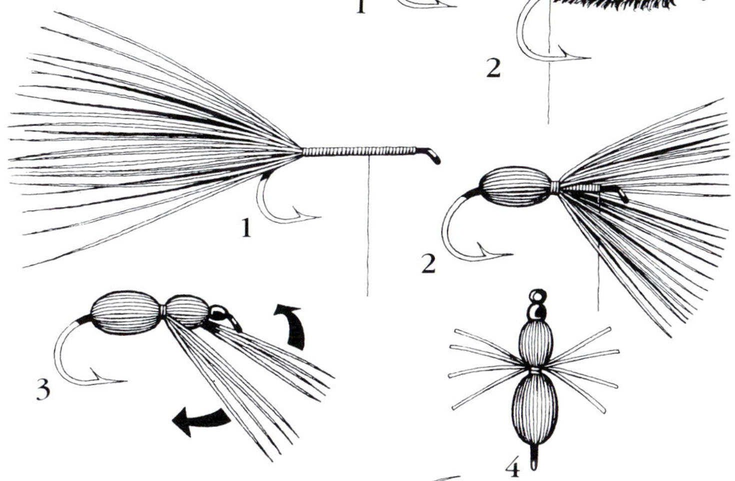

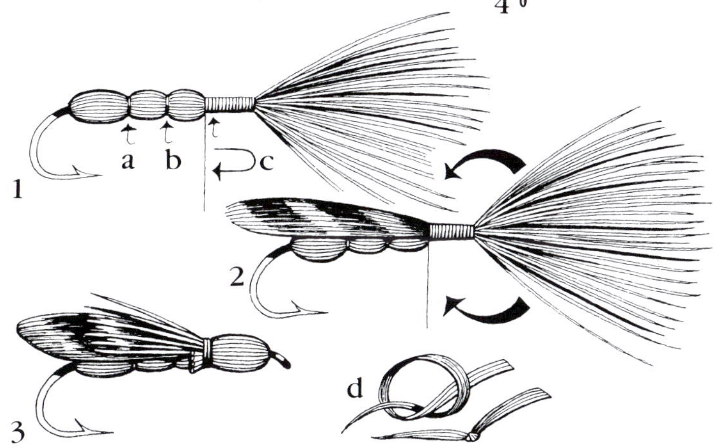

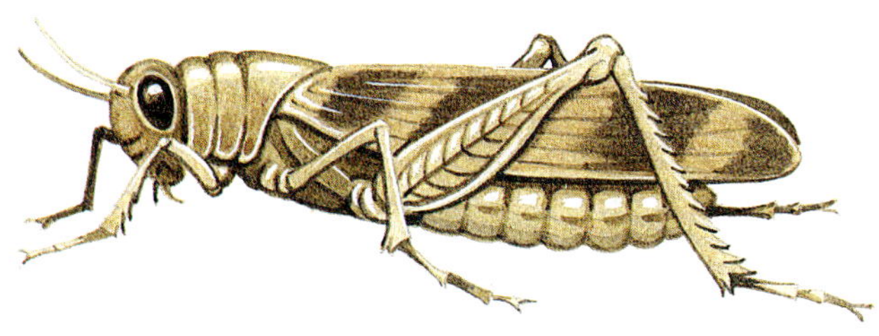

Bucktails und Streamer

Eine ,,Bucktail-Fliege'' hat normalerweise ihr Haarkleid vom Rehbock (daher der Name) oder aus anderen Haaren; der Streamer dagegen sollte immer Flügel von langen Hechelfedern besitzen. Im Laufe der Jahre wurde jedoch der Name ,,Streamer'' mehr oder weniger zu einem allgemeinen Begriff für alle Fliegenmuster, bei denen lange Flügel an hochschenkligen Haken eingebunden werden. Die gleiche Bezeichnung findet sich auch für andere spezielle Fliegen, wie zum Beispiel für die hier abgebildete – eine ,,Thunder Creek'', die kleine Fischbrut nachahmen soll.
Sowohl die traditionelle Streamerfliege (a) als auch die Bucktail (b) haben lange Flügel, die am Kopf der Fliege angebracht werden. Wenn man mit diesen Fliegen angelt, geschieht es häufig, daß die langen Flügel unter dem Hakenschenkel durchhängen, wie dies in der Zeichnung (c) zu sehen ist. Wenn dies geschieht, rotiert die Fliege im Wasser.
Will man dies vermeiden, so kann man anstelle der langen, zwei kürzere Flügel (d) einbinden, wobei der eine Flügel nicht bis zum Hakenbogen reicht und der hintere Flügel ebenfalls frei von diesem ist. Letzteres ist von der Stelle abhängig, an der dieser Flügel eingebunden wird. Eine andere Variante ist der ,,Matuka-Streamer'' (e), bei dem zwei oder sogar mehr Hechelfedern oben auf dem Hakenschenkel befestigt werden. Fasern der Federn, die seitlich den Schenkel bedecken, werden ausgerissen. Die Federn selbst werden nicht am Kopf der Fliege befestigt, sondern durch eine Rippenbindung auf dem Schenkel.

Thunder Creek
Der Amerikaner Keith Fulsher schuf eine ganze Serie von diesen Thunder Creek-Fliegen. Sie ähneln mehr einem allgemeinen Fliegentyp als einem speziellen Muster, und da sie Fischbrut nachahmen sollen, erscheint mir der Ratschlag gut, daß jeder Fliegenbinder selbst seine eigenen Farbvariationen hierfür auswählt. Denn diese hängen vom Besatz ab, der in dem jeweiligen Gewässer anzutreffen ist. Die originalen Fliegenmuster werden aus Haaren vom Haar des Rehbocks gebunden – manchmal färbt man diese auch unterschiedlich ein. Keith Fulsher empfiehlt einen 6X langen Streamerhaken mit gerader Öse. Unter der Bezeichnung ,,6X lang'' ist zu verstehen, daß der Hakenschenkel so lang sein sollte, wie bei einem Haken mit einem 6 × größeren Bogenabstand.

1. Das Bindegarn wird um den Hakenschenkel in engen Windungen gelegt, gleichzeitig damit verwebt man einen breiten, silbernen Metallfaden und eine farbige Körperseide. Dabei sollte man am Hinterteil des Körpers Platz für einen kurzen Silberstummel lassen (wie in der Zeichnung zu sehen).
2. Nun wird der Körper gebunden, wobei man den Metallfaden bis auf eine Länge von zwei Drittel des Schenkels folgen läßt.
3. An der Spitze des Schenkels wird nun ein schlanker Flügel aus Rehbockhaar befestigt.
4. Danach wird ein Büschel dunkler Haare vom Rehbock oben und ein Büschel heller Haare unter dem Schenkel eingebunden. Das oben sitzende Büschel sollte ein wenig länger sein . . .
5. . . . das Hinterteil wird verlängert, wenn beide Büschel nach hinten gelegt und eingebunden worden sind. Der Kopf wird nun mehrmals lackiert und auf jede Seite wird ein Auge gemalt.

Eichhörnchen-Streamer
Haken: Streamer-Haken 8–12
Bindegarn: schwarz
Schwanz: rote Fasern
Körper: silberner Metallfaden
Rippe: silbern
Flügel: dunkelbraune Haare vom Schwanz des Eichhörnchens
Hechel: hellblau

Matuka-Streamer
Haken: Streamer-Haken 8–12
Bindegarn: schwarz
Körper: rote Wolle
Rippe: silbern
Flügel: braune Hechel mit dunklem Mittelteil
Hechel: grau

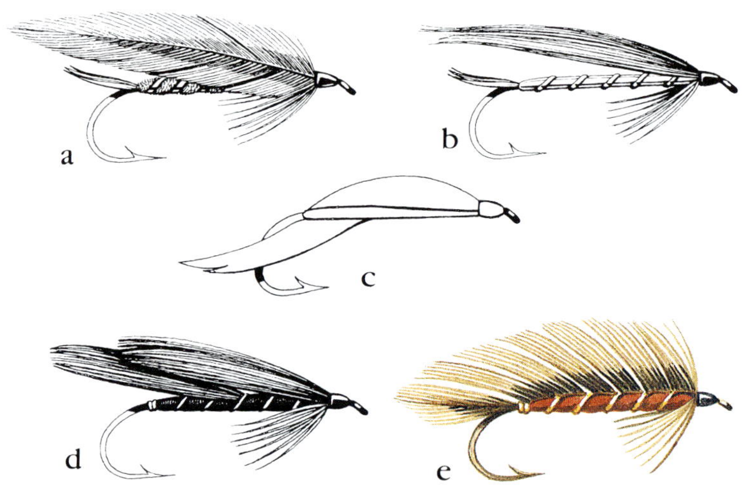

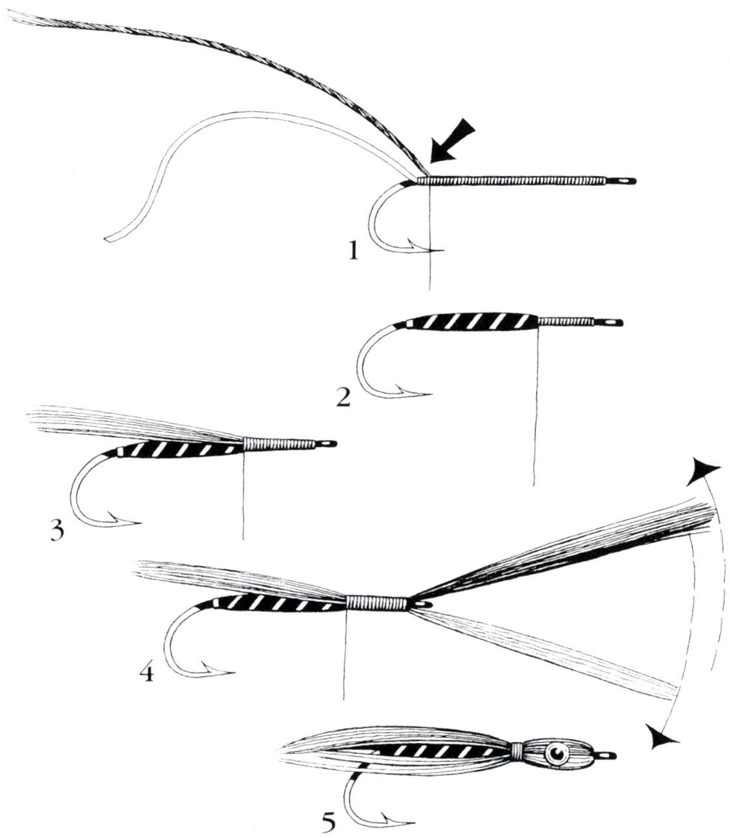

Kunstköder und Popper

Bei diesen Ködern handelt es sich um Fantasiefliegen, die den Fisch durch ihre Bewegungen zum Anbiß reizen sollen. Diesem Zweck dienen auch unterschiedliche Angelmethoden. So werden zum Beispiel die Popper in den Vereinigten Staaten zum Angeln auf Schwarz- und Sonnenbarsche verwendet oder auch für die vielen Arten der Sonnenfische.
In Nordeuropa angelt man mit Poppern vor allem auf Hecht. Das ist eine recht interessante Art zu fischen. Genau genommen handelt es sich beim Angeln mit schwimmenden Poppern um eine Art Fliegenfischen mit Trockenfliege. Der Hecht nimmt diese Fliege an der Oberfläche auf und, wenn er gehakt ist, kann er sehr explosiv reagieren!
Fasern vom Marabu sind sehr weich und bewegen sich elegant im Wasser. Zudem sind Marabufedern ungewöhnlich leicht, was es möglich macht, sehr große Fliegen zu binden und diese auch mit einer Einhandrute zu werfen. Doch Marabufedern haben auch einen großen Nachteil – sie verfilzen sich sehr um den Hakenbogen. Deshalb ist es notwendig, spätestens nach jedem zweiten Wurf die Fliege genau zu kontrollieren. Wenn man die Fliege mit metallenen Augen ausstattet, wie im Bild zu sehen, so wird sie ein wenig schwerer. Das hat zur Folge, daß die Fliege mit dem Kopf voran sinkt. Nutzt man dies auf die entsprechende Weise richtig aus und bewegt die Schnur im Wasser, dann wackelt und wibbelt die Fliege auf sehr verführerische Weise!

Blutegel
Blutegel (b) sind natürlich keine Insekten, aber für den Fliegenfischer können sie durchaus als Modell dienen, da sie ja eine bevorzugte Nahrung der Fische sind. Fasern vom Marabu sind hervorragend geeignet, die wackelnden Bewegungen eines Blutegels nachzuahmen.

1. Man binde das Garn in engen Windungen um den Hakenschenkel, wobei als Schwanz ein festes Büschel Fasern vom Marabu, schwarz oder dunkelbraun, eingebunden werden sollte.
2. Anschließend wird am Hakenbogen ein weiteres Büschel Fasern eingebunden.
3. Nun werden die Fasern um Bindegarn gedreht.
4. Abschließend windet man das Garn und die Fasern nach vorn um den Hakenschenkel. Schließlich wird der Kopf geformt und lackiert.

Die Zeichnung (4) zeigt die Blutegel-Fliege, wie sie sich im Bindestock darstellt. Wenn die Fliege naß wird, sieht sie sehr viel schlanker aus (5). Bewegt man nun die Fliege auf die rechte Weise im Wasser, so öffnen und schließen sich die Fasern, was für den Fisch eine außerordentlich verführerische Bewegung ist. Dies vermittelt uns die Erkenntnis, daß es durchaus nicht immer ausschlaggebend ist, wie eine künstliche Fliege aussieht, sondern welche Qualitäten sie hat, wenn sie richtig im Wasser bewegt wird!

Popper
Popper kann man mit Köpfen binden, die aus zugeschnittenem Rehhaar gebildet werden, wodurch die Fliege eine gute Schwimmeigenschaft erhält. Üblicher ist es jedoch, den Kopf des Poppers aus sehr leichtem, und weichem Holz (c) anzufertigen. Einige Fischarten scheinen sehr farbige Fliegen zu bevorzugen, daher malen viele Fliegenbinder den Kopf des Poppers kontrastreich und sehr farbig an.

1. An einem schweren Forellenhaken bindet man am Ende 2–4 große Hecheln vom Hahn ein. Dann wird das Bindegarn 4–5 Millimeter in Richtung auf den Kopf zu gebunden, wobei eine zusätzliche Hechel vom Hahn, anders farbig, hinzugebunden wird. Diese Hechel könnte zum Beispiel schwarz oder rot sein.
2. Die Hecheln werden nun in Form eines großen Kragens gebunden und festgemacht. Der Kopf wird mit der unten eingeschnittenen Kerbe auf den Haken geklebt. Jetzt werden die Hecheln nach hinten gedrückt, der Kopf bemalt und die Augen aufgetragen. Man kann aber auch den Kopf schon fertig malen, bevor er auf den Haken aufgeklebt wird.

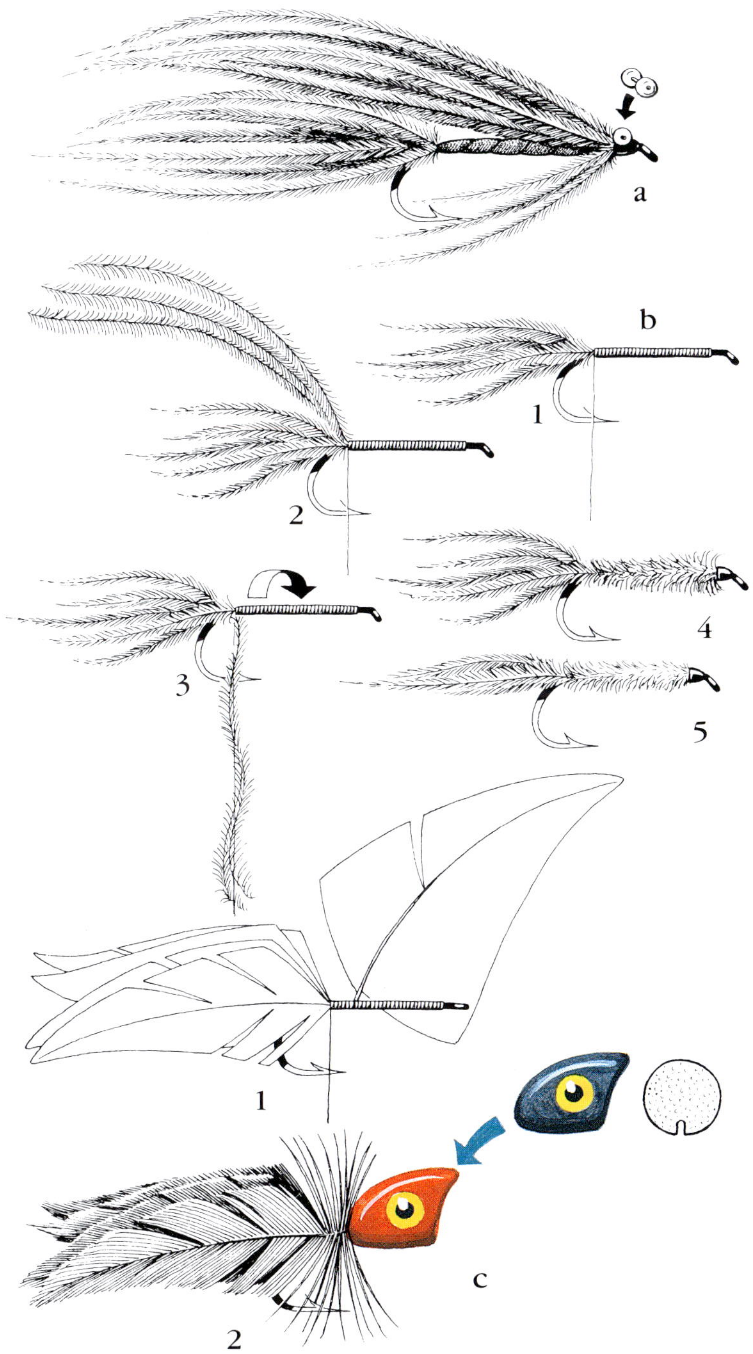

Voll ausstaffierte Lachsfliegen

Die hier abgebildete Fliege ist eine alte, voll ausstaffierte Lachsfliege, die Ende des vergangenen Jahrhunderts hergestellt wurde. Anstelle einer Öse hat die Fliege eine gebundene Schleife aus Bindeseide. In unseren Tagen werden Fliegen mit leicht aufwärts gerichteten Ösen verwendet, und – das vor allem – unsere Fliegen werden sehr viel einfacher und unkomplizierter gebunden. Doch die Tradition des alten Fliegenbindens von farbigen Lachsfliegen ist noch immer lebendig, wenngleich sie heute wohl nur noch aus Liebhaberei in Handarbeit angefertigt werden.

Eine voll ausstaffierte Lachsfliege zu binden, das ist gewiß keine leichte Aufgabe. Mit dieser Tatsache wird der Fliegenbinder schon konfrontiert, wenn er sich nur daran macht, das Material für solch eine Fliege zusammenzutragen – denn eine ganze Menge davon kann man heute gar nicht mehr bekommen! Trostreich mag immerhin sein, daß es in den meisten Fällen einen guten Ersatz gibt. So kann man beispielsweise Federn vom blauen Papagei ohne weiteres durch Fasern von blauen Schwanenfedern ersetzen. Die nächste Frage ist, wie bringt man überhaupt das ganze Material unter, das man auf einem Haken befestigen soll. Normalerweise enden die ersten Versuche zum Binden einer Lachsfliege damit, daß man sich recht unbeholfen benimmt. Setzen wir einmal voraus, eine solche Fliege besteht aus 30 verschiedenen Materialien und Bindegarnen und man macht bei jedem Material mit dem Bindegarn fünf extra Windungen – nur um sicher zu gehen. Schließlich will man ja erreichen, daß die Fliege lange hält. Doch das Ergebnis solcher Bemühungen wird nur eine sehr plumpe Fliege sein, die nicht weniger als 150 unnötige Windungen auf dem Leib hat!

Genau so sieht es mit der Auswahl des Materials aus. Wenn man zum Beispiel 3 oder 4 Fasern von jedem Material zusätzlich in die Flügel einbindet, dann wird man eine Lachsfliege erhalten, die mit Sicherheit viel zu reichhaltig ausgestattet ist. Es kommt noch hinzu, daß man ohnehin ganz einfach zu viel Material verwendet: denn es ist nunmal eine unumstößliche Tatsache, daß man die eigenen Fehler erst dann erkennt, wenn die Fliege fertig ist. Die genaue Kenntnis des Materials und das „gewußt wie" ist halt Erfahrung, die man nur durch viel Praxis hinter dem Bindestock gewinnen kann. Ein weiteres Problem liegt in der Formgebung der Fliege. Hierunter versteht man ganz im allgemeinen, das Verhältnis der Form zum Charakter einer Fliege. Eine perfekt ausgestattete Lachsfliege muß gut ausbalanciert und in ihrer Form bestens abgestimmt sein. Genau genommen ist so eine Fliege ein kleines Kunstwerk. Da es praktisch zum Angeln geschaffen wurde, muß es sich zudem noch im Wasser richtig verhalten. Der Fliegenbinder muß wissen, wie das genau zu geschehen hat und wann er das richtige Material mit der erforderlichen Weichheit oder Steifheit verwenden muß, damit die Fliege ihren vorgesehenen Zweck auch erfüllt. So bewegen sich beispielsweise weiche Hecheln lebhafter in langsam fließenden Gewässern, während etwas steifere Hecheln sich am besten in stärkeren Strömungen bewähren.

Binden des „Black Doctor's"

1. Man knotet schwarzes Bindegarn ein und windet es nach hinten um den Schenkel. Dabei muß man am Hakenbogen, genau gegenüber der Hakenspitze, stoppen. Nun wird ein Stück ovaler oder runder Metallfaden eingebunden, wobei dieser rückwärts nach rechts 2–3 Millimeter gewunden wird. Den Metallfaden legt man danach in ein paar engen Windungen um den Schenkel und befestigt ihn. Überstehender Faden wird abgeschnitten. Es folgt das Einbinden von gelbem Seidenflaum. Mit Bindegarn werden einige Windungen gemacht, doch hört man genau an dem Punkt auf, an dem der Stummel enden soll, also genau über der Hakenspitze. Der Seidenflaum wird nun mit Bindegarn zum Stummel gebunden und überstehendes Material abgeschnitten.
2. Der Schwanz der Lachsfliege besteht aus goldenen Kammfedern vom Fasan mit ein paar roten Federfasern an der Spitze. Man sollte versuchen, sich hierbei die vollständige Fliege vorzustellen, wobei eine punktierte Linie die Flügel darstellt. Hierdurch erleichtert man sich die Längenbestimmung der Schwanzfedern. Um den Anschluß zwischen Stummel, Schwanz und Körper zu verstecken, legt man um den Körper einen Ring. Diesen kann man aus dunkelrotem Bindematerial bilden . . .
3. . . . nun wird ein kleiner Kragen oder eine dunkelrote Fahne vom Strauß gebunden (3a).

4. Der nächste Arbeitsgang ist das Einbinden eines mittleren oder schweren ovalen, silbernen Metallfadens, eines Stücks schwarzen Seidenflaums und einer großen schwarzen oder dunkelroten Hechelfeder vom Hahn, wie aus der Zeichnung ersichtlich. Nun winde man das Bindegarn weiter nach vorn bis 10 Millimeter vor der Öse.
5. Jetzt wird der Körper mit schwarzer Bindeseide gebunden, dabei sollte man allerdings so wenig wie möglich Windungen um den Schenkel legen.
6. Es folgen Körperhechel und silberner Metallfaden. Diese werden befestigt und, falls gewünscht, mit einem kleinen Tropfen Lack abgebunden. Um die Kehlhechel zu formen, binde man ein oder mehrere Faserbüschel vom Perlhuhn ein. Dabei sollte man beachten, daß die natürliche Kurve der Fasern sich der Fliege anpaßt und daß die Fasern gleichmäßig gespreizt werden. (Die Kehlhechel kann auch später eingebunden werden, wenn die Flügel fertig sind).
7. Jetzt ist es an der Zeit, die Flügel vorzubereiten. Sie bestehen aus zwei braunen Teilen der goldenen Schwanzfeder des Fasans (b) über einem Unterflügel, der aus Federspitzen (c) besteht. Den Kiel der letzteren schneidet man ab, damit die Feder eine V-Form erhält. Die Federspitzen werden entlang der Mitte gebogen und eingebunden. Danach setzt man die braunen Teile an jeder Seite ein (zu sehen in 7a). Die Flügel sollten nah bis an den Schwanz herankommen.
8. An jeder Seite des Unterflügels gibt es auch einen Außenflügel. Er besteht aus einigen schmalen Teilen von Federfasern. Dank der mikroskopisch kleinen Widerhäkchen, die sich an den Kanten jeder Faser befinden, passen die Teile zusammen. Diese Widerhäkchen funktionieren wie ein Reißverschluß.
   Das ganze Material für die äußeren Flügel sollte man gleichzeitig ausbringen. Man zählt dabei vom Kopf her und nimmt von jedem Material drei Fasern. Die einzelnen Abschnitte verbindet man wie folgt: hell gesprenkelte Schwanzfeder vom Truthahn (d), Schwungfeder vom Pfau (e), gelb gefärbte Schwungfeder vom Schwan (f), blau gefärbte Schwungfeder vom Schwan (g) und rot gefärbte Schwungfeder vom Schwan (h).
   Die Fasern werden zwischen den Fingern so gestrichen, daß sie sich wie ein Reißverschluß verbinden. Nun fertige man zwei gleichgroße und zueinander passende äußere Flügel an und binde diese auf jeder Seite des Körpers so ein, wie dies in der Illustration (8a) gezeigt ist.
9. Der nächste Flügelabschnitt ist kürzer. Er besteht aus zwei Materialien: schwarz gestreifte Feder der Brautente (i) und Flankenfeder der Krickente. Man binde wie in Zeichnung (9a) gezeigt.
10. Der „Black Doctor" hat nun schon ein recht gefälliges Aussehen – aber noch gilt es, einige Materialien einzubinden. An der Spitze der Flügel wird nun eine bräunliche Flankenfeder vom Enterich der Stockente (k) eingebunden. Diese sollte so lang wie der Rest der Flügel sein (10a). Schließlich wird ganz oben auf noch eine goldene Faser vom Fasan eingebunden (I). Zu guter Letzt wird ein passender Kopf geformt, mit Bindegarn befestigt und sorgfältig lackiert. Der Kopf sollte ebenfalls einen roten Strich bekommen – hierzu verwende man roten Lack oder einige Bindungen mit roter Bindeseide, die man lackiert.

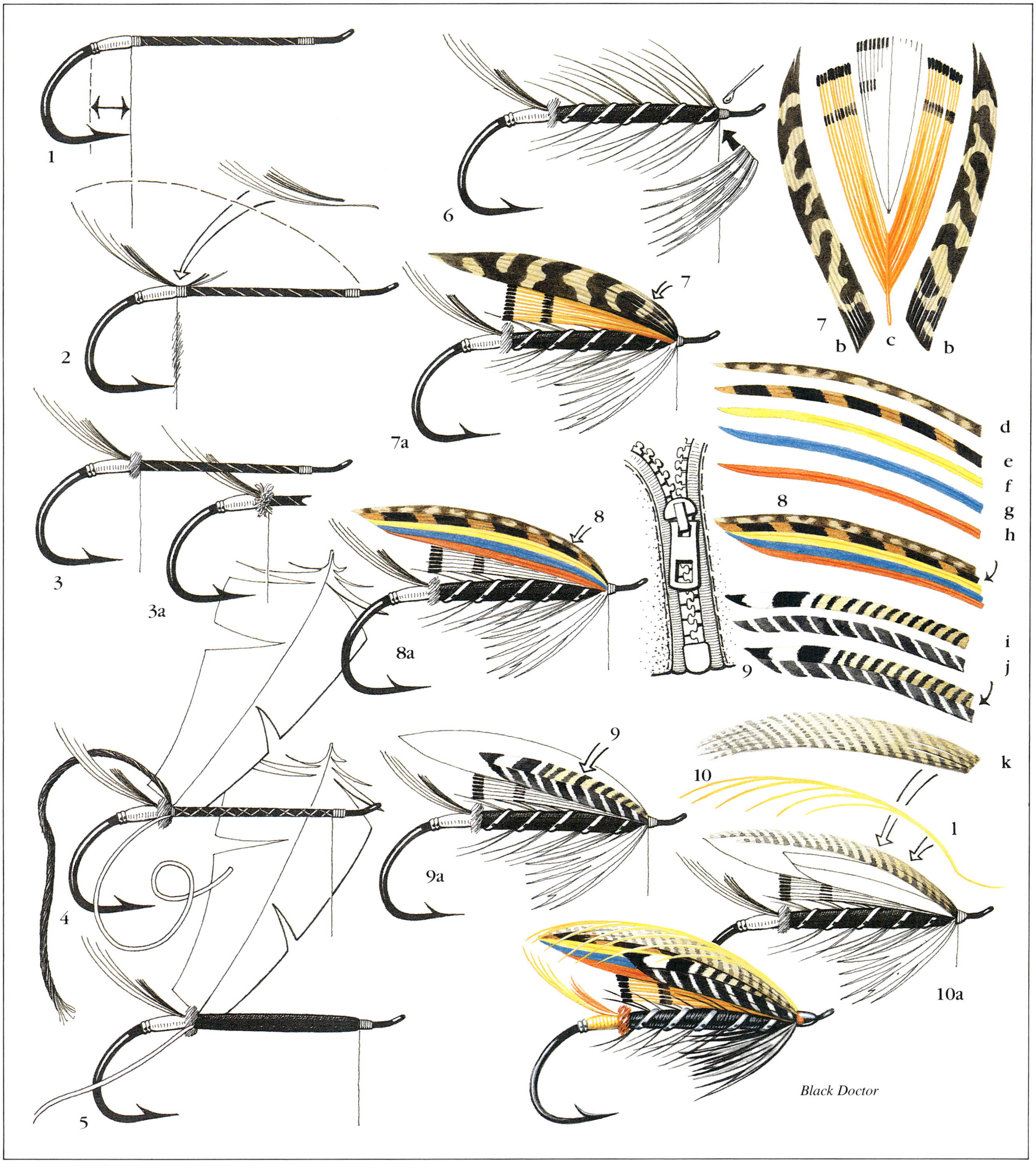

Black Doctor

Haarflügel-Lachsfliege

Kein Zweifel, eine voll ausgestattete Lachsfliege ist eine echte Schönheit – doch es kostet auch sehr viel Zeit, eine solche Fliege zu binden. Die meisten Angler bevorzugen daher eine Haarflügel-Lachsfliege, die einfacher zu binden ist. Es kommt noch hinzu, daß diese weichere Fliege sich zumeist auch im Wasser besser bewegt. Sie ,,atmet'' – die Flügel öffnen und schließen sich – wodurch diese Haarflügel-Lachsfliege sehr viel mehr lebendig wirkt.
Heutzutage kann man die meisten klassischen Lachsfliegen auch als Varianten mit Haarflügeln binden, während andere Fliegen ja von Anfang an solche Haarflügel-Muster sind. Diese neuen Fliegen sind auf der ganzen Linie im Kommen. Einige dieser Muster verschwinden auch bald wieder oder werden nur örtlich begrenzt eingesetzt – andere wieder setzen sich durch und werden dann nach geraumer Zeit selbst zu Klassikern. Hier wollen wir die Lachsfliege ,,Red Abbey'' binden.

1. Zunächst wird ein silberner Stumpen fertig gemacht und eingebunden. Darauf folgt ein dicker Schwanz aus roten Haaren. Ist das getan, bindet man einen Streifen vom silbernen Metallfaden sowie rote Wolle zum Körper. Alternativ kann man auch einen rot gebundenen Körper anfertigen. In beiden Fällen wird der Körper mit 5 gleichmäßigen Windungen vom silbernen Metallfaden gerippt.
2. Nunmehr wird ein Flügel aus den braunen Haaren vom Schwanz eines Eichhörnchens fest eingebunden. Diese Fliege wird länger haltbar sein, wenn man diesen Bindevorgang in zwei Abschnitte unterteilt, die jeweils nach Fertigstellung lackiert werden.
3. Das Originalmuster sieht hierfür Federn vom Sumpfhahn (3a) an jeder Seite vor. Doch auch das Sumpfhuhn gehört zu den geschützten Vögeln – deshalb stellt man sich einen Ersatz her, indem man die Spitzen von schwarzen Hechelfedern weiß und gelb anmalt und danach lackiert. (3b).
4. Um die Flügelwurzel wird nun eine große braune Hechel wie ein Kragen gebunden.
5. Jetzt wird der Kopf geformt und gleichzeitig legt man einige Windungen mit Bindegarn in Richtung auf die Hechel, damit diese leicht nach hinten gedrückt wird. Um der Fliege einen roten Kopf zu geben, bindet man ihn mit rotem Bindegarn – doch man kann natürlich auch eine beliebige Garnfarbe wählen und färbt den Kopf danach mit rotem Lack.

Fliegen für Niedrigwasser

Wenn die Wassertemperatur hoch und der Wasserstand niedrig ist, empfiehlt es sich, mit einer Niedrigwasser-Fliege zu angeln. Diese Fliege wird an einen dünneren Haken gebunden. Sie ist kleiner und hat ein schlankes Aussehen. Solche Fliegen für Niedrigwasser können aus Haaren oder Schwungfedern gebunden werden. Es sind normalerweise sehr einfache Muster.
Der Zweck ist, mit diesen Fliegen an der Oberfläche oder im Mittelwasser zu angeln. Es ist üblich, daß ihre Körper viel kürzer als eine allgemeine Lachsfliege gebunden werden. Mehr als die Hälfte des Hakenschenkels wird nicht bedeckt, und die Flügel sollten nicht weiter nach hinten als bis zum Widerhaken reichen. Im folgenden werden die Muster von zwei verschiedenen Niedrigwasser-Fliegen aufgeführt.

Sweep
Haken: 1–10 Niedrigwasser
Bindegarn: schwarz
Stummel: silbern
Schwanz: goldene Kammfeder vom Fasan
Körper: schwarze Seide
Rippe: silbern
Flügel: schwarze Haare vom Eichhörnchen
Wange: blaue Feder vom Eisvogel (Er zählt bei uns auch zu den geschützten Vogelarten, daher Ersatz wählen.)
Hechel: schwarz

Silver Blue
Haken: 1–10 Niedrigwasser
Bindegarn: schwarz
Stummel: silbern
Schwanz: goldene Kammfeder vom Fasan
Körper: silbern
Rippe: silbern
Flügel: Flankenfeder von der Krickente
Hechel: blau

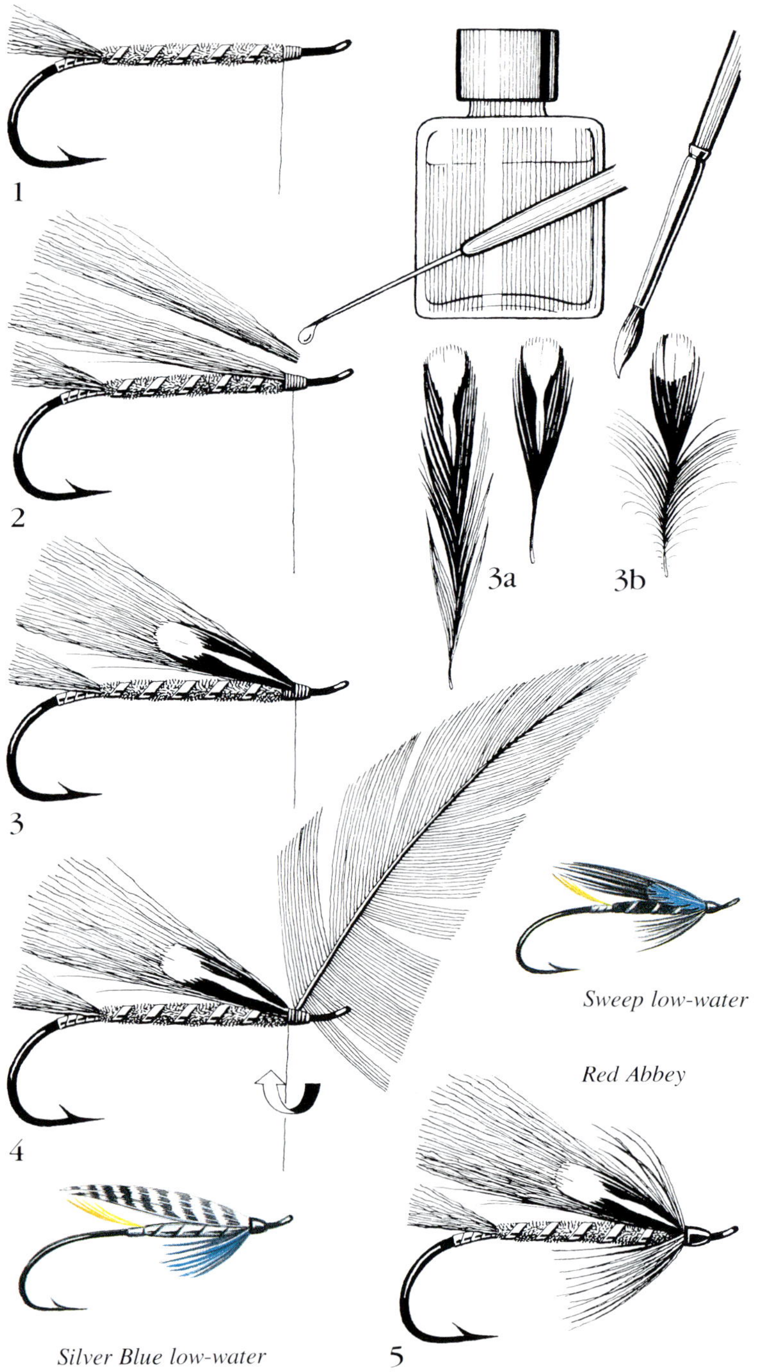

Röhrchenfliegen

In vielen skandinavischen Gewässern ist es erlaubt, Fliegen mit Drillingshaken zu verwenden. Dies führte dazu, daß verschiedene Röhrchenfliegen, die sogenannten ,,Tube flies'', für den Fang von Lachs und Forelle recht populär geworden sind. Beim Angeln im Frühjahr, wenn die Flüsse hoch und das Wasser kalt sind, ist es wichtig, die Fliege möglichst tief anzubieten. Dann wird eine Fliege, die an einem schweren Messingröhrchen befestigt ist, bevorzugt. Wenn die Temperatur ansteigt, kann man leichtere Plastikröhrchen einsetzen, da unter solchen Wetterbedingungen der Fisch eher nach einer Fliege aufsteigt.
Röhrchenfliegen kann man entweder an einem Plastikröhrchen (a) oder an einem Messingröhrchen (b) anbinden. Bei letzteren steckt man ein kurzes Gummistück auf das Ende der Messingröhre, um den Drilling plazieren zu können.
Plastikröhrchen kann man als längere Stücke kaufen, um sie dann auf die gewünschte Länge zu kürzen. Dabei sollte man die Enden so lange erhitzen, bis sie zu schmelzen beginnen. In diesem Zustand formt man einen kleinen ,,Kragen'', der das Bindematerial daran hindert, von dem Röhrchen zu gleiten.

1. Ein solches Röhrchen kann man nicht unmittelbar im Bindestock einspannen. Man fängt damit an, daß man von einem großen Lachsfliegen-Haken die Öse abknipst. Dieser ösenlose Haken wird nun im Bindestock eingespannt und der Schenkel mit Bindegarn umwunden. Dann drückt man das Röhrchen auf den Haken und schiebt es bis zum Hakenbogen, womit das Röhrchen fest sitzt.
2. Das Binden der Fliege: Das ganze Röhrchen erhält zunächst eine Grundschicht durch Umwickeln mit engen Windungen. Dabei wird eine silberne Rippe mit eingebunden. Anschließend wird das Bindegarn nach vorn um den Haken gewunden, wobei jeweils das Körpermaterial an zuvor markierten Punkten eingebunden wird.
3. Nun wird der Körper gebunden, danach folgen die silbernen Rippen. Überstehendes Garn wird abgeschnitten.
4. Jetzt ist es an der Zeit, die Flügel zu binden. Dabei hat man die Wahl aus einer großen Anzahl von Haarmaterialien und zwar sowohl natürliche als auch gefärbte. Die Flügel bindet man in mehreren Stufen in dem Maße, wie das Röhrchen auf dem Haken gedreht wird. Die Flügel können als Büschel oder gleichmäßig rund um den Körper eingebunden werden. Zu guter Letzt kann man die Fliege mit einer Hechel in etwas kontrastierenden Farben vorbereiten, bevor der Kopf geformt wird. Das Ganze wird verknotet und lackiert.

Um den Drilling am Röhrchen zu befestigen, wird das Vorfach durch die Röhre von vorn nach hinten geschoben. Dann bindet man den Drilling mit Hilfe eines Klammerknotens (c) an. Anschließend wird das Vorfach nach vorn gezogen, bis die Öse des Drillings im Röhrchen verschwunden ist. Damit befindet sich der Drilling in der richtigen Position (d).
Röhrchenfliegen kann man in verschiedenen Farbkombinationen binden – so zum Beispiel als Varianten der klassischen Lachsfliegen-Muster. Es sollte nicht unerwähnt bleiben, daß Röhrchenfliegen für das Angeln auf Lachs und Meerforelle sich auch für das Fischen auf andere Arten eignen: so etwa für Hecht und in kleineren Größen auch für Forelle und Barsch.
Ich möchte aber keine weiteren Muster der Röhrchenfliege vorstellen, dafür aber anregen, daß jedermann sich nach seiner Vorstellung und Erfahrung die eigenen Muster basteln sollte. Diese Röhrchen sollten unterschiedlich lang sein und Farben von hellem Silber bis Pechschwarz aufweisen! Ich persönlich habe die Erfahrung gemacht, daß große, gelb-weiße Röhrchenfliegen mit einigen roten Tupfen oder Streifen besonders beim Hecht sehr fängig waren – doch dem Experimentieren sind hierbei keine Grenzen gesetzt.

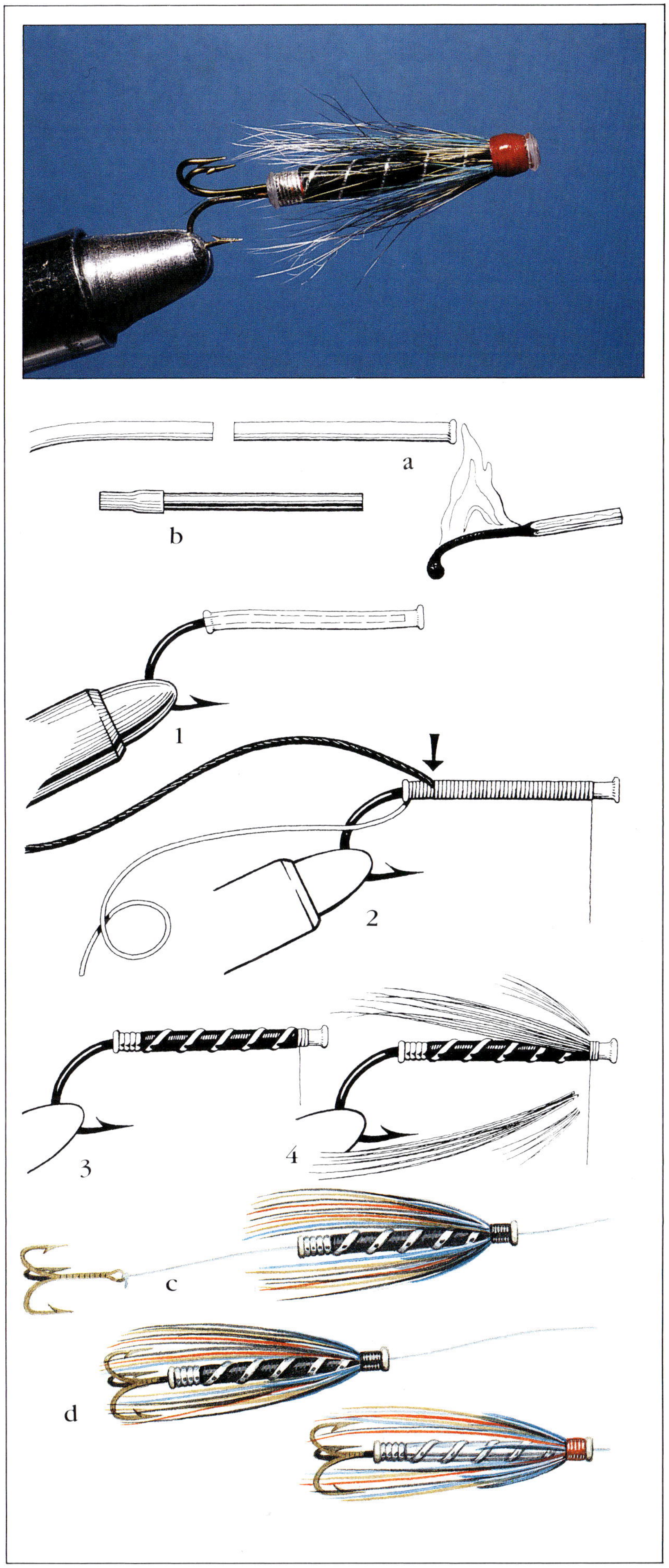

Trockenfliegen für Lachs und Meerforelle

In Skandinavien kann man mit der Trockenfliege in einigen Flüssen auf Meerforelle recht erfolgreich angeln, während in anderen die Naßfliege fängiger ist. Der Amerikaner Lee Wulff hat ähnliche Erfahrungen auf seiner Seite des Atlantiks gemacht, als er Trockenfliegen für das Angeln auf Lachs entwickelte. Das nebenstehende Foto zeigt eine Fliegenkreation des dänischen Anglers Svend Saabye, die er für das Angeln mit der Trockenfliege auf Meerforellen im norwegischen Fluß Laerdal entwickelt hat.

Das Angeln mit der Trockenfliege auf Lachs und Meerforelle ist noch immer etwas unterentwickelt. Es gibt einige Enthusiasten, die in bestimmten Flüssen hiermit gute Erfolge erzielen. Doch eine ganze Reihe von Gründen sprechen dafür, daß sich in den kommenden Jahren mehr und mehr Angler mit dieser Methode befassen und ihre Erfahrungen sammeln werden.

In Fließgewässern mit starker Strömung und kaltem Wasser dürfte die Trockenfliege wohl niemals sonderlich erfolgreich sein, dafür aber eignen sich andere Fließgewässer, in denen die Wasserverhältnisse unterschiedlich sind, besser für die Trockenfliege. An solchen Gewässern dürften die Chancen für die Entwicklung des Angelns mit der Trockenfliege auf diese Fischarten gut stehen. Das gilt vor allem dort, wo Fliegenfischer schon einige Erfolge in dieser Hinsicht zu verzeichnen haben.

Hier stellen wir das Binden einer Trockenfliege für Meerforellen vor.

1. Man wähle zunächst einen kräftigen oder leichten Haken in der Größe 6–10 aus. Eingebunden wird ein Büschel vom Eichhörnchen als Flügel und ein weiteres Büschel als Schwanz. Zum Binden des Schwanzes kann man auch Hechelfasern vom Hahn verwenden.
2. Das Bindegarn wird mit hellem Pelzhaar – hierzu nimmt man beispielsweise Robbe oder gekräuseltes synthetisches Garn – angereichert und 4–5 Millimeter lang auf dem Schenkel eingebunden.
3. Anschließend wird das Bindegarn mit dunkelbraunen oder schwarzen Pelzhärchen eingerieben.
4. Jetzt wird der Rest des Körpers gebunden. Einige Millimeter hinter den Flügeln sollte man jedoch stoppen, um Platz für die Hechel zu lassen. Die Flügel befestigt man mit 8 Windungen und fixiert sie in einer Position, die schräg nach oben gerichtet ist (4a). Die Flügel sollten jedoch nicht senkrecht wie bei einer normalen Trockenfliege stehen.
5. Eingebunden werden nun zwei Hecheln vom Hahn – von denen besser die eine braun und die andere schwarz sein sollte. Nunmehr wird das Bindegarn nach hinten gewunden, wobei man eine Hechel als Körperhechel in einer weiten Spirale folgen läßt.
6. Anschließend wird die Körperhechel festgemacht und das Bindegarn so nach vorn gewunden, wie in der Zeichnung zu sehen ist.
7. Die andere Hechel wird als vordere Hechel eingebunden, sie wird befestigt und mit dem Kopf vervollständigt und verknotet. Zuletzt wird die Fliege an der Unterseite getrimmt. Dies bewirkt, daß sie auf der Wasseroberfläche breit aufliegen wird (7a). Die schlanken und geteilten Flügel geben der Fliege nicht nur eine fängige Form sondern zugleich ein verführerisches Aussehen.

Svend Saaby stattet seine Meerforellen-Trockenfliegen auch mit Flügeln von doppelten Hechelspitzen oder Polyflügeln aus. Die Grundform der Muster kann sich in den Farben schon unterscheiden, doch die Fliegen haben immer ein buschiges Aussehen. Sie schwimmen gut und bieten sich zudem noch als „mundvolles Köderhäppchen" an – Grund genug für eine Forelle, danach zu steigen. Im folgenden werden zwei Muster von Lee Wulff's bereits klassischen Trockenfliegen für den atlantischen Lachs gezeigt.

Gray Wulff
Haken: 4–10
Bindegarn: schwarz
Schwanz: Rehbock
Körper: grau geformt
Flügel: Rehbock
Hechel: grau

Royal Wulff
Haken: 4–10
Bindegarn: schwarz
Schwanz: Rehbock
Körper: Fahne vom Pfau, rote Wolle, Fahne vom Pfau
Flügel: weißer Kalbsschwanz
Hechel: braun

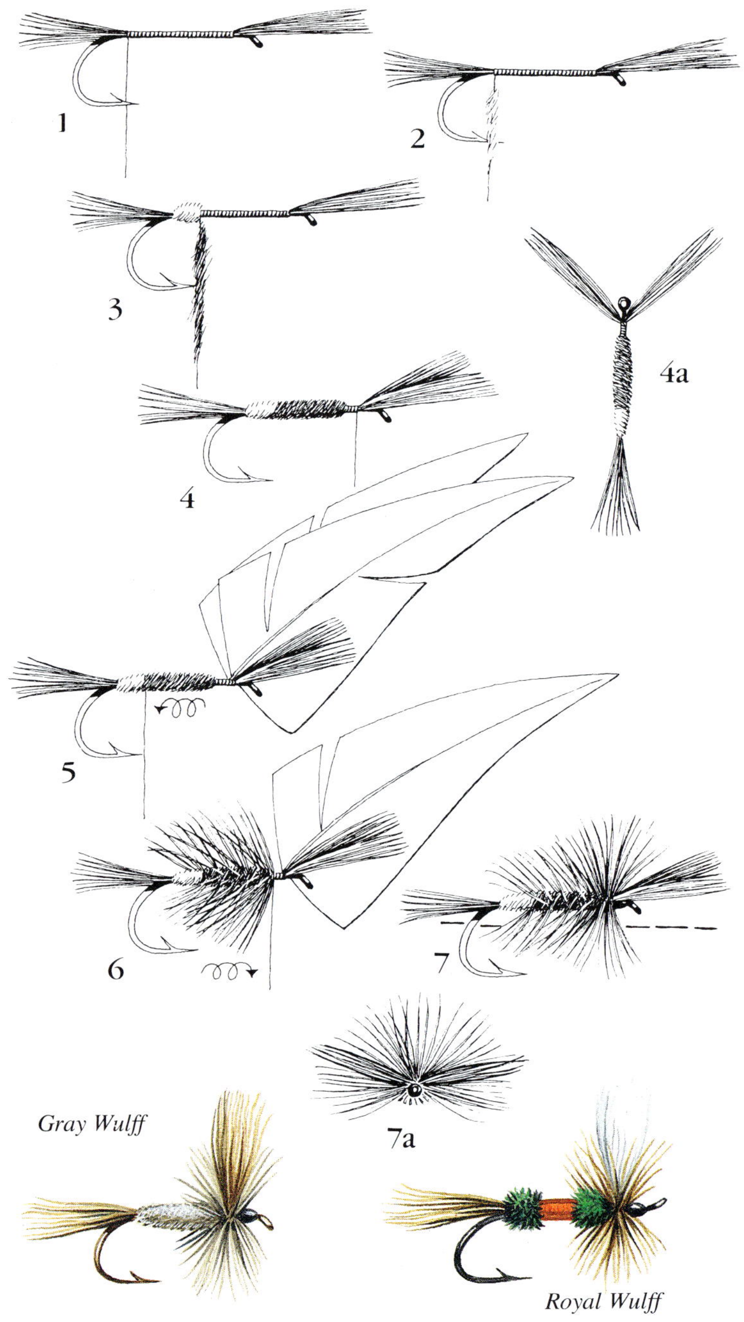

Salzwasserfliegen

Während ich an diesem Kapitel über das Fliegenfischen schrieb, erhielt ich einen Brief von zwei amerikanischen Freunden, Janet und Marty Downey, beide Fliegenfischer. Sie waren gerade von einem Angeltrip zu den prächtigen Gewässern an der Küste Floridas zurückgekehrt. Sie hatten auf Tarpon geangelt und dem Brief waren einige Fotos von großen Fischen beigelegt! Einer wog 70 englische Pfund, der andere 90. Natürlich hatte Janet den schwersten gefangen . . .

Ich selbst habe nur wenig Erfahrung vom Angeln mit Salzwasserfliegen. Freunde von mir, die sich mit dieser speziellen Art des Fliegenfischens befassen, haben mir jedoch mitgeteilt, daß hierbei die Fliegenmuster weniger von Bedeutung sind. Farben wie weiß, gelb und rot sind im allgemeinen die besten, doch an manchen Tagen zeigte sich, daß dunkle Fliegen absolut fängig waren.

Von wirklicher Bedeutung dagegen ist, daß die Fliegen an rostfreien und salzwasserfesten Haken eingebunden werden. Geschieht dies nicht, so ruiniert das Salzwasser die Fliegen in allerkürzester Zeit. Ein guter Ratschlag ist ferner, die Fliegen nach jedem Angelausflug in sauberem Wasser zu reinigen. Doch dies gilt nicht nur für die Fliegen – sondern für die gesamte Ausrüstung. Man sollte auch darauf achten, daß man nur mit salzwasserfesten Fliegenrollen auf die Küstengewässer fährt.

Meeresangler bevorzugen Haken mit gerade verlaufender Öse (b). Normale Forellen- oder Lachshaken sind hierfür nicht geeignet. Wichtig ist ferner, daß die langen Hechelflügel sich nicht im Hakenbogen verheddern (c), denn dann verdreht und überschlägt sich die Fliege, wodurch ihre Bewegungen im Wasser ihre Wirkungen auf die Fische einbüßen.

Deshalb wird der Hechelflügel am Ende des Hakenschenkels (d) eingebunden, so daß er mehr das Aussehen eines langen Fliegenschwanzes hat. Natürlich, das kann dazu führen, daß einige Fische nach dem Flügel schnappen und dabei den Haken verfehlen; doch zumeist schlagen die Fische so lebhaft und wild zu, daß sie die Fliege ganz verschlucken. Bei dieser Art des Angelns in Küstengewässern hat man es ja sehr oft mit wirklich großen Fischen zu tun!

Die Illustration (e) zeigt den Typ einer Salzwasserfliege, bei welcher der Schenkel mit silbernem Lametta bekleidet ist – ein synthetischer Faden, der nicht rostet. Die Fliege hat eine ,,Hechel'' aus langen Haaren – zum Beispiel farbig vom Rehbock oder Kalbsschwanz. Heutzutage bekommt man anstelle dessen auch zahlreiche synthetische Materialien. Man sollte jedoch nur solches Material verwenden, das nicht verrottet.

Die Fliege auf der Illustration (f) ist mit einer großen Hechel ausgestattet, die unmittelbar vor den langen Schwanzfedern sitzt. Der Hakenschenkel wurde danach mit farblich kontrastierendem Bindegarn umwunden – in diesem Fall hier mit rotem Garn. Viele Fliegen werden noch attraktiver, wenn man sie mit glitzerndem Material, wie Silberfäden aus Lurex, Lametta oder ähnlichem ausstattet. Diese vermitteln der Fliege ein zusätzliches Glitzern und verursachen im Wasser Reflexionen.

Große Haken ergeben beim Anschlag auch einen größeren Widerstand. Deshalb ist es vor allem wichtig, daß die Haken immer gut geschärft sind. Ein kleiner Hakenschärfer sollte darum in keinem Gerätekasten eines Fliegenfischers fehlen – und man sollte diesen Hakenschärfer auch stets sorgfältig benutzen . . .

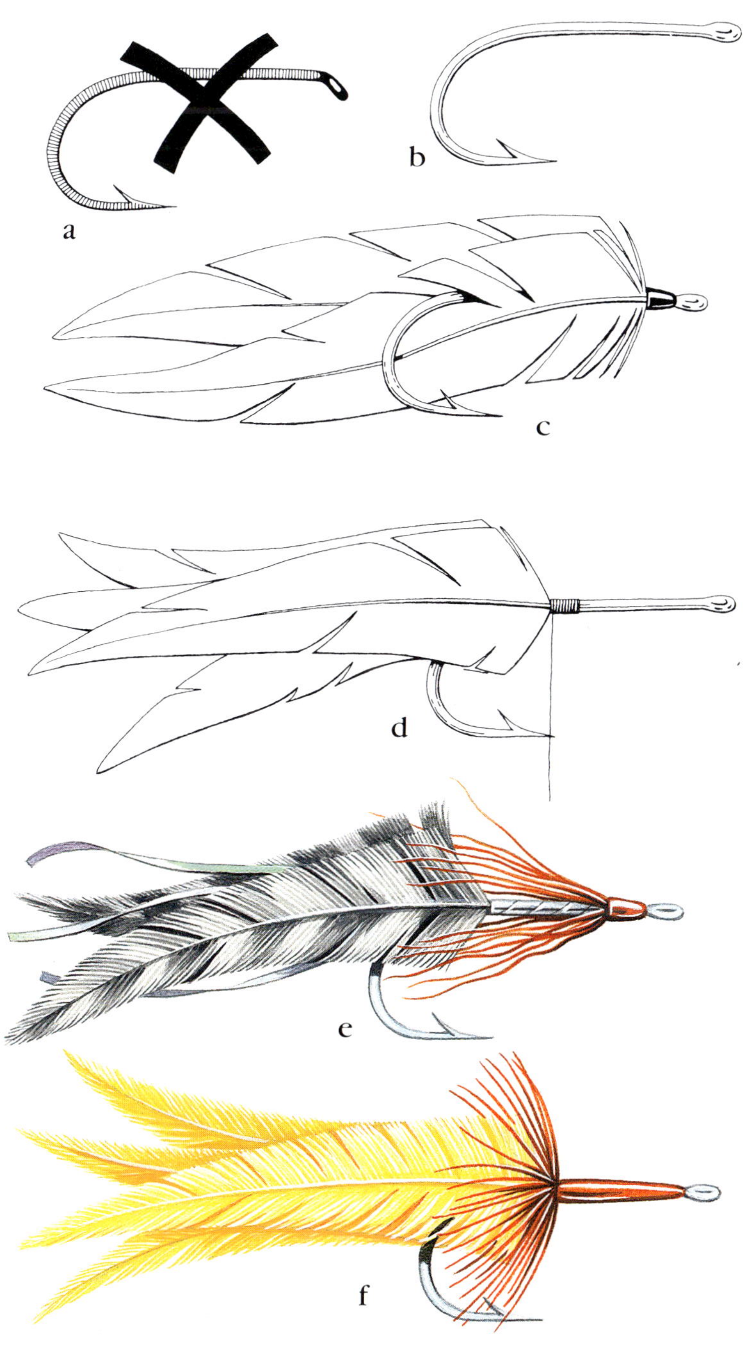

Selbstbau von Angelgerät

Herstellung der eigenen Angelrute

Mehr und mehr Angler sind dazu übergegangen, sich ihre Angelruten selbst herzustellen. Im Bereich der Meeresruten aus Kostengründen, was ganz sicher zutrifft, wenn man mit einem Rutenblank hoher Qualität beginnt. Die meisten Sportfischer jedoch dürften wohl weniger die Angelegenheit vom Preis her betrachten, als vielmehr von dem Vorhaben, auf diese Weise ihre ganz spezielle Angelrute zu bekommen.
Für die Mehrzahl der Rutenbastler ist wohl die richtige Auswahl des Rutenblanks die schwierigste Entscheidung. Dies gilt besonders dann, wenn diese Rute für unterschiedliche Angelmethoden verwendet werden soll. Wenn hier bei der eigenen Wahl des Blanks Zweifel bleiben, sollte man sich Rat in einem renommierten Angelgerätegeschäft oder bei erfahrenen Fischerkameraden holen.
Die heutzutage im Handel angebotenen Blanks sind normalerweise aus Fiberglas, Kohlefaser, Boron oder Kevlar. Boron und Kevlar werden dem Material in der Hauptsache beigemischt, um die Blanks zu verstärken. Es gibt auch eine Vielzahl von Kombinationen aus diesen Materialien, doch es ist nachgerade unmöglich, hiervon die ,,beste'' zu empfehlen, hängt doch die richtige Wahl einer Rute in hohem Maße von der persönlichen Vorliebe und Einschätzung des Anglers ab.
Ein weiteres Material, das bei der Herstellung von Ruten Verwendung findet, ist Bambus. Gesplißte Bambusruten werden aus besonders ausgesuchtem Bambusrohr hergestellt. Für leichtgewichtige Fliegenruten bis zu einer Länge von 2,4 Metern und der AFTMA-Schnurklasse 6 ist Bambus das beste Material. Viele Sportfischer sind der Meinung, daß eine gesplißte Bambusrute die beste Fliegenrute ist, die man erhalten kann.

Plazierung der Ringe

Der erste Schritt beim Selbstbau einer Angelrute besteht darin, zu entscheiden, auf welcher Seite des Blanks die Ringe angebracht werden sollen. Für Anfänger ist dies nicht immer ganz einfach und selbst erfahrene Rutenbauer stimmen nicht immer überein, wie das gemacht werden soll.
Am einfachsten ist dies zu bewerkstelligen, wenn man den Blank rechts und links auf eine gleichhohe Ablage legt, so daß die Enden frei hängen und der Rutenblank rollen kann, um so selbst seinen Schwerpunkt zu finden. Ist dies geschehen, so müssen die Ringe, wenn es sich um eine Rute für das Fliegenfischen oder das Angeln mit Stationärrollen handelt, an der Unterseite der Rute angebracht werden. Fertigt man eine Rute für das Fischen mit einer Multirolle, die ja oben sitzt, so müssen die Ringe auf der Oberseite des Blanks befestigt werden. Die jeweilige Seite sollte man am Blank markieren.

Anbringen des Korkgriffs

Der nächste Arbeitsgang ist das Aufbohren der Korkringe, aus denen der Griff gebildet werden soll. Wenn erforderlich, sollte man mit einer Rundfeile die Bohrung so ausgleiten, daß alle Ringe gleichmäßig dem Durchmesser am dicksten Ende des Blanks entsprechen und zwar an jener Stelle, an welcher der Griff vorgesehen ist.
Nachdem alle Korkringe auf ihre richtige Größe gebracht worden sind, sollte man sie aneinanderschieben und in der Reihenfolge numerieren, wie sie zusammengeklebt werden sollen. Der Klebstoff muß wasserfest sein.
Der Rollenhalter sollte zur gleichen Zeit wie der Griff eingesetzt werden, ausgenommen, es handelt sich um eine Einhand-Fliegenrute. In dem Fall wird der Rollenhalter später montiert. Wenn der Rutenhalter nicht perfekt auf dem Blank sitzt, so kann man die Rute mit Kreppband ausgleichen bis Rutenhalter und Blank übereinstimmen. Es gilt darauf zu achten, daß der Halter nicht nur fest, sondern auch in der richtigen Stellung zu den Ringen eingesetzt wird. Sind diese Voraussetzungen gegeben, wird der Rutenhalter fest verleimt. Der Handgriff wird sodann mit Feile und Sandpapier sorgfältig auf die gewünschte Form gebracht, sauber geschliffen und geglättet. Wenn Gelegenheit besteht, dies auf einer Drehbank zu machen und man selbst eine ruhige Hand hat, kann man auf diese Weise dem Handgriff die endgültige Form geben.
Über die richtige Form, die ein solcher Handgriff haben sollte, gibt es bestimmt so viele Meinungen, wie es Selbstbastler von Angelruten gibt. Das macht es ein wenig schwierig, detaillierte Empfehlungen hierfür zu geben. Die einzig unumstößliche Regel ist die: Jeder Angler sollte den Handgriff so gestalten, daß die Rute sicher in der Hand liegt und er sie bequem fassen und führen kann.
Hinsichtlich der Konstruktion und der Form des Rollenhalters ist es wichtig, zwei Gesichtspunkte nicht außer Acht zu lassen. Einmal sollte der Rollenhalter so leicht wie möglich sein, zum anderen muß er jederzeit einen festen Sitz der Rolle garantieren.
Wenn die Rute mit einer Endkappe unterhalb des Handgriffs ausgerüstet wird, so sollte diese nach dem Einpassen des Griffs und des Rutenhalters eingesetzt werden. So eine Endkappe kann aus Aluminium gefertigt sein, die in eine Hartgummifassung eingeschraubt wird. Letztere wird in den Griff eingepaßt. Es gibt aber auch Endkappen aus Hartgummi oder Plastik. Welche man auswählt, hängt von der Rute und vom Handgriff ab. Alle drei Typen sollten eingeklebt werden, sofern es keine Schraubverbindung gibt. Viele Hochseeangelruten sind mit einer konischen Endkappe aus Aluminium oder Metall ausgestattet, die an der Unterseite eingekerbt ist, um einen besseren Sitz im Rutenhaltegurt zu gewährleisten.

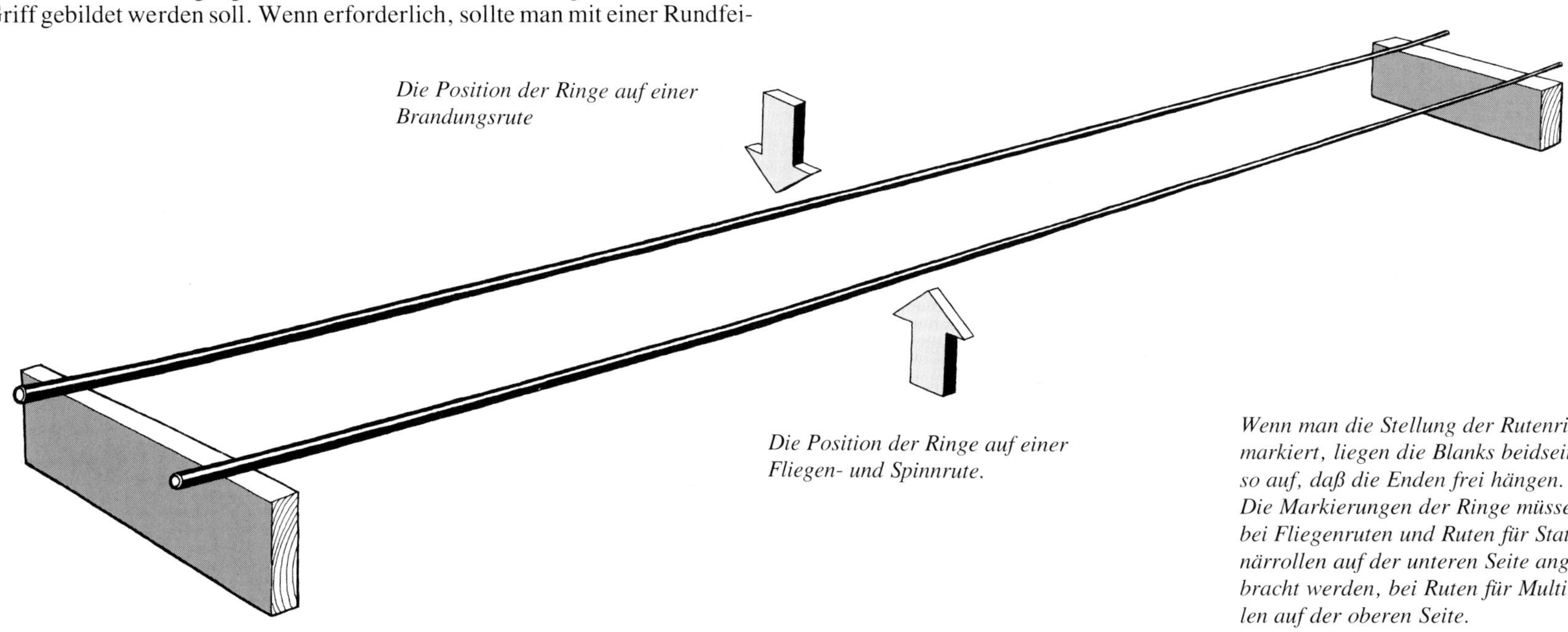

Wenn man die Stellung der Rutenringe markiert, liegen die Blanks beidseitig so auf, daß die Enden frei hängen. Die Markierungen der Ringe müssen bei Fliegenruten und Ruten für Stationärrollen auf der unteren Seite angebracht werden, bei Ruten für Multirollen auf der oberen Seite.

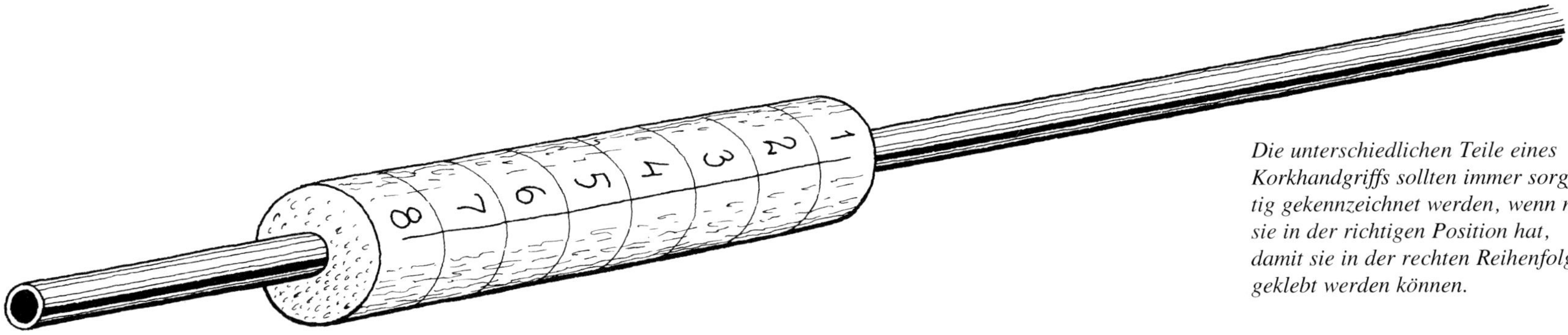

Die unterschiedlichen Teile eines Korkhandgriffs sollten immer sorgfältig gekennzeichnet werden, wenn man sie in der richtigen Position hat, damit sie in der rechten Reihenfolge geklebt werden können.

Befestigung der Rutenringe
Der Abstand zwischen den einzelnen Rutenringen ist von dem Rutentyp und den Ringen selbst abhängig. Man sollte sich dabei vor Augen halten, daß es die Aufgabe der Ringe ist, die Schnur beim Angeln frei von der Rute zu halten.
Als guter Rat für einen Anfänger mag der Hinweis dienen, daß man sich beim Kauf des Rutenblanks eine klare Anweisung über den Einbau der Rutenringe aushändigen lassen sollte. Ein gut geführtes Angelgeräte-Fachgeschäft sollte zudem in der Lage sein, eine zuverlässige Auskunft anhand des ausgewählten Rutenblanks über die dazu passenden Ringe zu geben.
Ganz allgemein werden die Ringe, basierend auf dem Rutentyp, für den sie angefertigt wurden, in die folgenden Kategorien eingeteilt: Ringe für Fliegenruten, für Castingruten, für Spinnruten, für die unterschiedlichen Arten des Stipp- und Grundangelns sowie für Brandungs- und Hochseeangelruten. Heutzutage werden die Ringe normalerweise aus Stahl gefertigt. Diese sind entweder hartverchromt oder sie haben Innenringe aus Aluminiumoxid oder Titaniumoxid.
Beim Bau von Fliegenruten verwendet man im allgemeinen drei unterschiedliche Arten von Ringformen: Schlangenringe, Brückenringe und Ringe mit Keramikeinsätzen. Hartverchromte Schlangenringe dürften für die Mehrzahl aller Fliegenruten als beste Ausstattung in Frage kommen. Die robusteren Brückenringe wiederum eignen sich gut für lange, kräftige Fliegenruten, auch Zweihandruten, mit schweren Schnüren. Keramik-Innenringe erleichtern in hohem Maße den Schnurabzug.
Die Hersteller von Fliegenruten verwenden oftmals alle drei Ringarten. So kann beispielsweise eine Fliegenrute mit hoher Schwungkraft und extrem fein abgestimmter, sensibler Spitze, entwickelt für feinere Schnüre, am Unterteil in Griffnähe zwei Ringe mit Keramikeinsätzen haben, gefolgt von zwei Brückenringen und weiteren Schlangenringen zur Spitze hin. Der Spitzenring würde in solch einem Fall ein Stahlring mit einer birnenförmig ausgeformten Mittenbohrung sein.
Hartverchromte Stahlringe sollten vor allem bei Spinn- und Castingruten verwendet werden. Diese leichtgewichtigen Ringe sind heute für die meisten Spinn- und Castingruten in Gebrauch, da aus der Kombination von Hartchrom und leichtgewichtigem Stahl Ringe hergestellt werden können, die sowohl leicht als auch sehr hart sind. Ihr Nachteil ist, daß solche Ringe sehr empfindlich sind. Geht man mit solchen Ruten unvorsichtig um, kann es geschehen, daß sich die Lötstellen lockern. Doch es ist immer besser, dieses Risiko zu tragen und dafür eine sehr gute Rute zu haben, als schwerere Ringe einzusetzen und damit die Aktion der Rute zu mindern. Robuste, hartverchromte Ringe wählt man für schwere Spinn- und Brandungsruten, oftmals noch mit zusätzlicher Versteifung und Innenringen aus Keramik. Diese Ringe für höchste Belastungen kann man natürlich auch bei bestimmten Modellen von Bootsruten vorsehen.
Bei nahezu allen Casting- und Spinnruten wird als Spitzenring ein Stahlring mit einem Einsatz von Aluminium- oder Titanoxid verwendet. Für leichtere Spinnruten ist es sehr gebräuchlich, Ringe mit Innenringen und nur einem Ringfuß als Halterung zu nehmen, weil eine solche Gestaltung die Aktion einer Rute am wenigsten beeinflußt. Sie sind sehr leicht, doch zugleich auch sehr empfindlich, was bedeutet, daß diese Ringe sich sehr leicht verbiegen oder gar brechen können, wenn mit ihnen nicht vorsichtig umgegangen wird.
Dieselben Materialien werden auch für die Ringe an Ruten für das Stipp- und Matchfischen verwendet. Wichtiger noch als die Widerstandsfähigkeit und das Gewicht der Ringe ist auf jeden Fall, daß diese die Schnur stets so gut wie möglich frei von der Rute halten. Das ist vor allem beim Grundangeln von Bedeutung, weil die dünne Schnur, wenn sie naß ist, allzu leicht an der Rute haftet. Das erklärt auch, warum die Ringe an solchen Ruten einen relativ hohen Ringfuß haben. Die Ringe solcher Ruten werden aus rostfreiem Stahl gefertigt und sind mit einem hartverchromten Innenring ausgestattet. Das gleiche Material wird auch für den Spitzenring verwendet. Diese sollte jedoch so gearbeitet sein, daß man eine Schwing- oder Zitterspitze einschrauben kann.

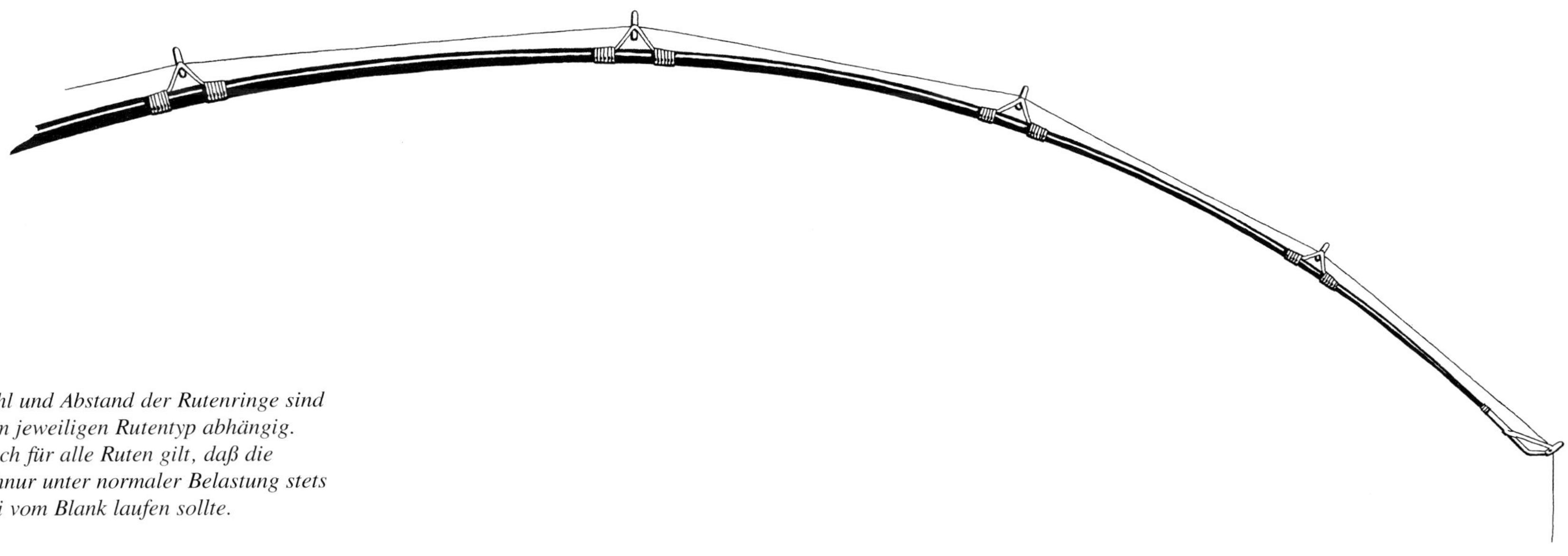

Zahl und Abstand der Rutenringe sind vom jeweiligen Rutentyp abhängig. Doch für alle Ruten gilt, daß die Schnur unter normaler Belastung stets frei vom Blank laufen sollte.

Ringe für eine Fliegenrute

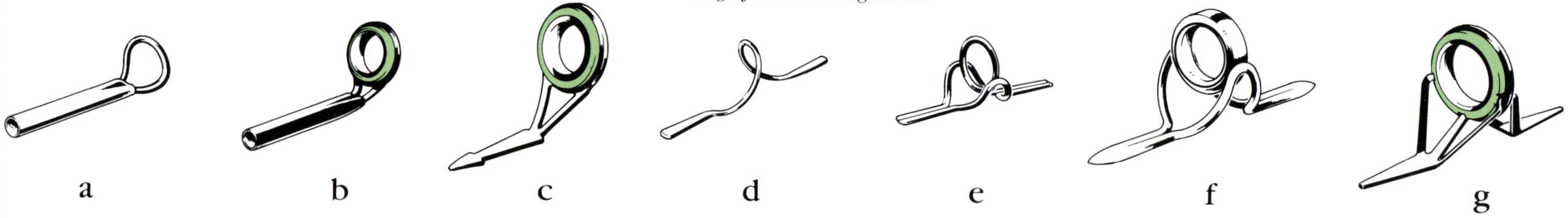

Ringe für eine Spinn- und Brandungsrute

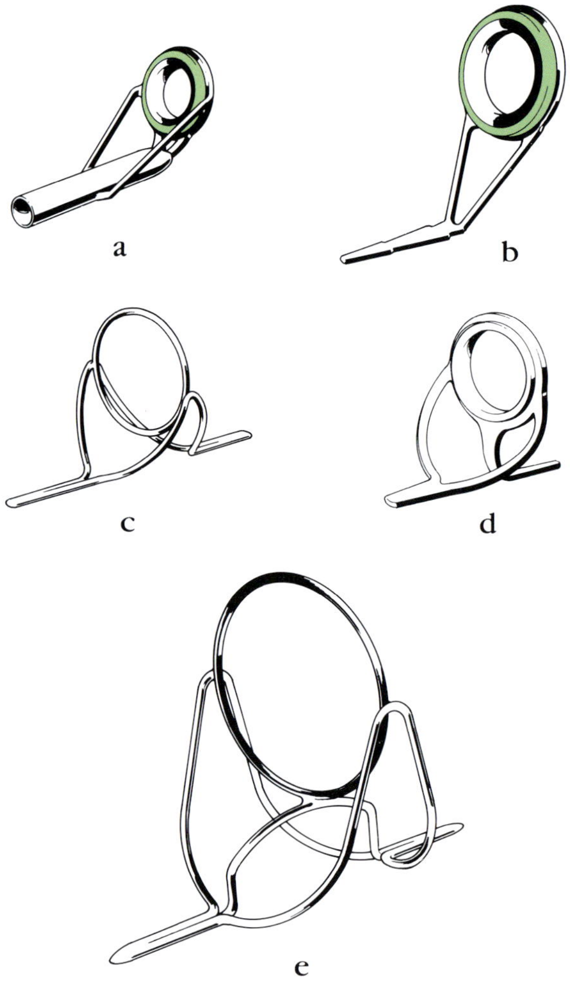

Rutenringe für eine Fliegenrute: (a) der Spitzenring in Birnenform. (b) Spitzenring mit Keramikeinsatz. (c) Zwischenring mit einem Fuß und Keramikeinsatz. (d) Zwischenring als Schlangenring ausgebildet. (e) Zwischenring mit offener Ringform. (f) Schnurabzugs-Ring. (g) Schnurabzugs-Ring mit Keramikeinsatz. Rutenringe für eine Spinn- und Brandungsrute: (a) Spitzenring mit Keramikeinsatz. (b) Ring mit einem Fuß und Keramikeinsatz. (c) Hartverchromter, leichter Ring. (d) Dreibeiniger Ring mit Keramikeinsatz. (e) Kräftiger, hartverchromter Ring mit speziellen Versteifungen. Rutenringe für eine Stipp- und Matchrute: (a) Spitzenring für eine Stipprute mit Gewinde zum Auswechseln von Schwing- und Zitterspitzen. (b) Hochgezogener Zwischenring mit Keramikeinsatz. Rutenringe für eine Hochsee-Angelrute: (a) Spitzenring mit Schnurlaufrollen. (b) Hartverchromter Ring mit weiter Öffnung. (c) Dreibeiniger Ring mit Keramikeinsatz (d) Ring mit Gleitrolle.

Ringe für eine Hochsee-Angelrute

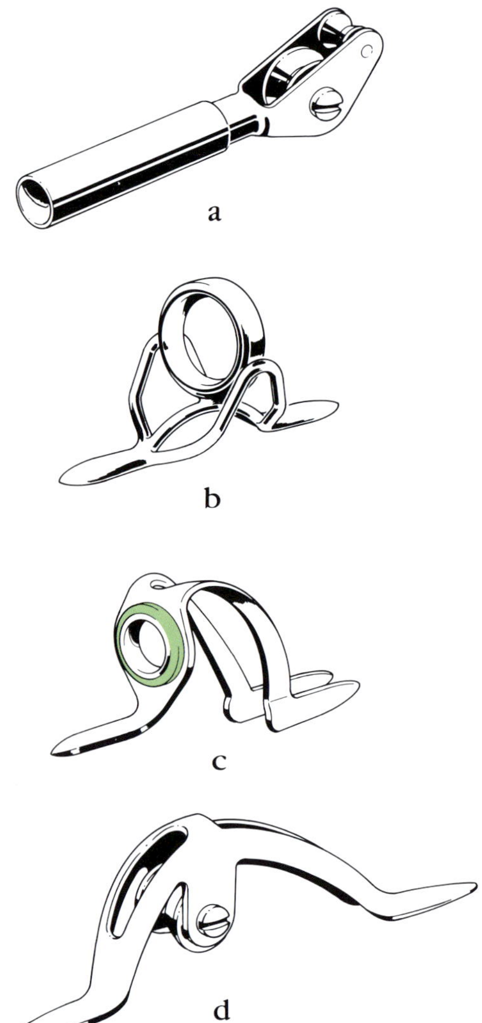

Ringe für eine Stipprute

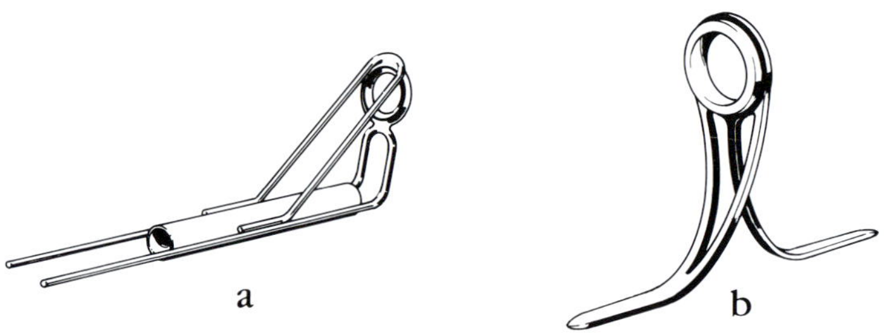

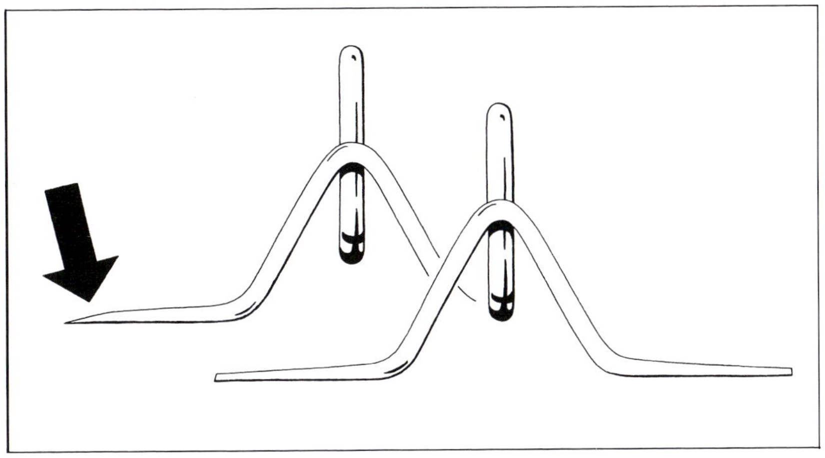

Oben: Die Füße der Rutenringe sollten immer zum Blank hin abgefeilt werden, bevor man sie bindet.

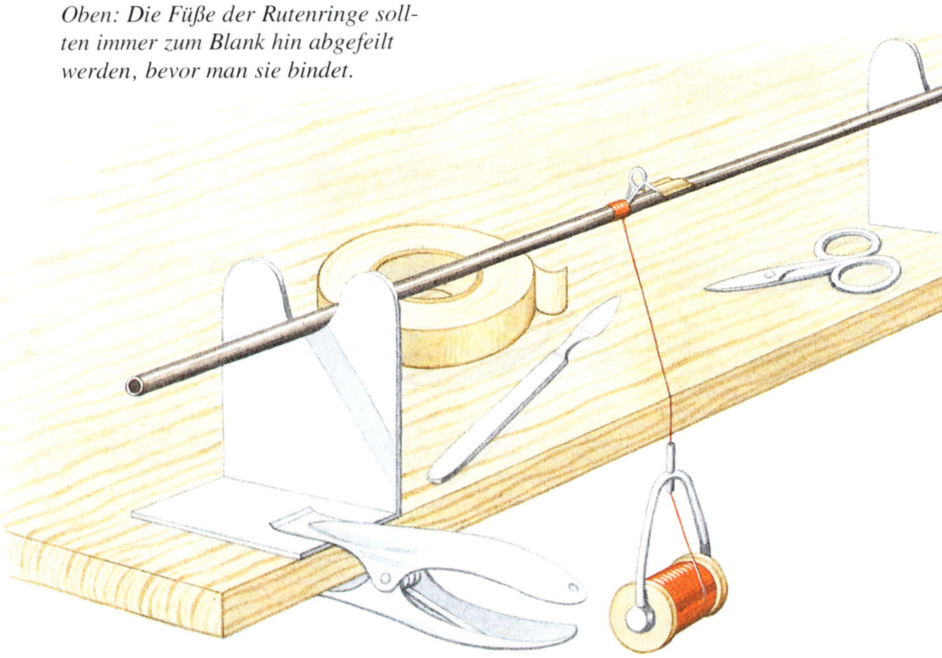

Oben rechts: Beim Einbinden der Ringfüße sollten die Windungen dicht und unter gleichmäßiger Spannung gewickelt werden.

Links: Hilfen beim Einbinden des Blanks sind Doppelständer zum Auflegen der Rute, Schraubzwingen oder Klebeklemmen, ein Fadenhalter, Skalpell, Schere und Klebeband.

Unten links: Beginn des Einbindens. Unten rechts: Abschluß des Bindevorgangs.

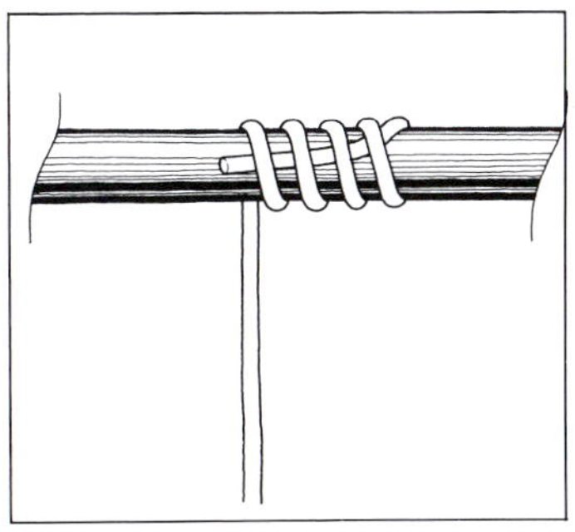

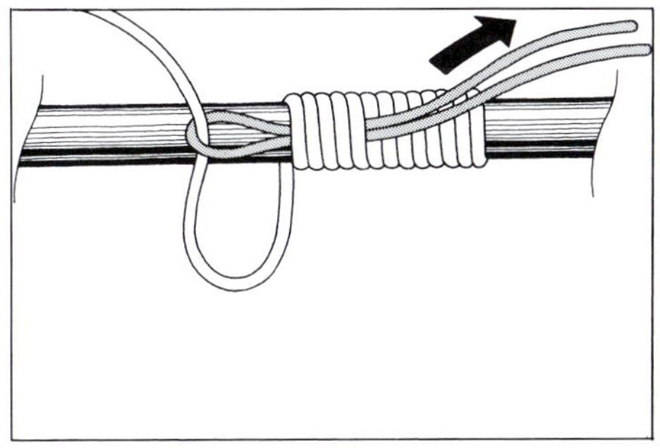

Ruten für das Meeresangeln müssen ein kräftiges Rückgrat haben und salzwasserfest sein, damit ist gesagt, daß die Rutenringe aus rostfreiem Stahl hergestellt werden sollen. Eine leichte Meeresrute sollte mit hartverchromten Ringen versehen sein, die zudem einen großen Durchmesser aufweisen müssen. Hochseeangelruten, die mit geklöppelten Schnüren oder gar Drahtlitze ausgestattet werden, tragen Rutenringe mit Schnurlaufröllchen. Sofern man beabsichtigt, verschiedene Arten von Schnüren zu verwenden, kann man auch einen Kompromiß insofern schließen, als man dicht am Vordergriff einen Ring mit doppelten Schnurlaufröllchen und ein einfaches Schnurlaufröllchen als Spitzenring vorsieht. Man sollte immer in Betracht ziehen, daß beim Angeln in der kalten Jahreszeit und Temperaturen unter Null ein Spitzenring sehr rasch zufrieren kann, wodurch das Angeln ganz außerordentlich erschwert wird. Wenn man sich eine Rute für das Angeln bei rauhem Wetter selbst baut, so sollte man auf der ganzen Länge des Blanks Stahlringe einplanen.

Bevor man einen Ring auf der Rute befestigt, sollte man den Rutenfuß vor dem Abbinden so befeilen oder abschmirgeln, daß er sich dem Blank genau anpaßt. Die Ringe sollten sodann in der empfohlenen Entfernung voneinander aufgesetzt werden. Das erreicht man, wenn man provisorisch mit einem Stück Klebeband den Standort der einzelnen Ringe so markiert, bis diese geradlinig entlang der Rute verlaufen.

Hat man die genaue Position eines Rutenrings festgelegt, so sollte er eingebunden werden. Dabei ist es von großer Wichtigkeit, daß der Bindefaden fortlaufend gleichmäßig gewunden wird, das gilt gleichermaßen für die Abstände voneinander als auch für die Spannung, mit welcher gewickelt wird. Dabei gilt es darauf zu achten, daß der Bindefaden nicht überlappt. Nach dem Festbinden des Ringfußes, sollte man überstehende Enden mit einem Skalpell oder einer Rasierklinge abschneiden, wobei man so dicht wie möglich an den gewickelten Bindefaden herangehen sollte. Überstehende oder ausfasernde Fadenreste kann man mit einem Feuerzeug vorsichtig absengen.

Nachdem die Ringfüße eingebunden worden sind, einschließlich der letzten dekorativen Bindung, wobei auch der Hakenhalter nicht vergessen werden darf, ist es Zeit zum Lackieren. Will man hierbei die Originalfarbe des Bindegarns erhalten, so kann man noch vor dem Lackieren das Bindegarn mit einer farbigen Schutzschicht ummanteln. Den Lack trägt man am besten mit einem kleinen Malerpinsel auf.

Obgleich es eine Vielzahl geeigneter Lacke gibt, bevorzuge ich selbst einen Lack auf Ölbasis. Es ist gleichgültig, welchen Lack man verwendet, die Hauptsache ist, daß er dem Ganzen eine absolut glatte Oberfläche gibt. Man kann dabei so viele Schichten auftragen, wie man möchte. Fährt man jedoch letztlich mit dem Finger darüber, sollte man keine Unebenheit mehr spüren.

Erneuern einer alten Angelrute

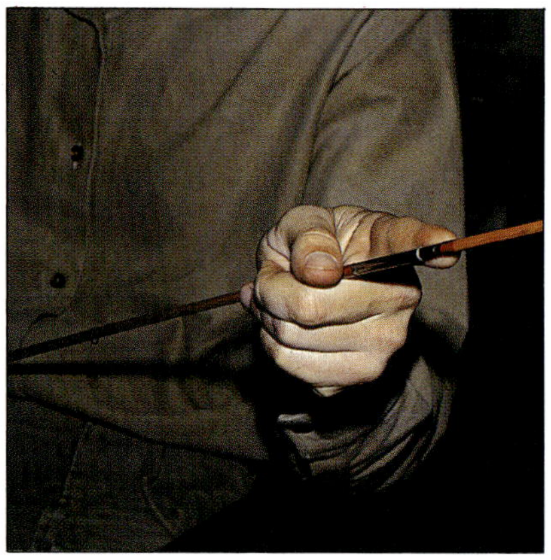

Wenn man den Finger auf die Steckverbindung hält und die Rute vorsichtig vor- und zurückschwingt, kann man fühlen, ob die Steckverbindung ein Spiel hat.

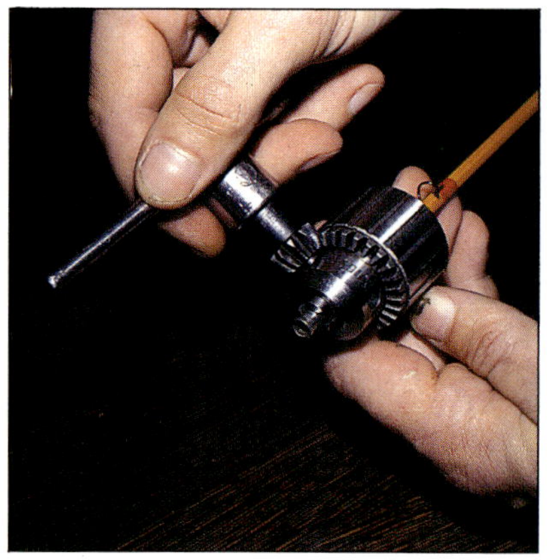

Mit einem Dreibacken-Schraubfutter kann man die äußere Hülle der Steckverbindung gefühlvoll justieren, bis das Spiel weg ist.

Vielleicht ist die Erneuerung einer alten Rute der beste Weg, um zu lernen, wie man eine neue herstellt. Zudem ist es möglicherweise auch das preiswerteste Verfahren. Da es nahezu genau so lange dauert, eine neue Rute herzustellen wie eine alte zu erneuern, kann dies eine ziemlich teure und – oft auch unnötige Ausgabe sein – wenn man eine alte Angelrute von einem berufsmäßigen Hersteller erneuern läßt.
Mit einer Angelrute können sich viele schöne Erinnerungen verbinden, man sollte sie deshalb nicht einfach wegwerfen. Oder, wenn es sich um eine gesplißte Bambusrute handeln sollte, besteht vielleicht gar nicht mehr die Möglichkeit, eine gleichwertige zu bekommen. Es gibt, ganz ohne Zweifel, viele Gründe, eine alte, wertvolle Angelrute zu erneuern. Das mögen durchaus auch finanzielle Gründe sein, vor allem aber sind es die Erinnerungen an unvergeßliche Angeltage.
Das erste, was es bei der Erneuerung einer alten Rute zu beantworten gilt, ist die Frage, wann wurde die Rute hergestellt und von wem. Für den Anfänger ist es allerdings nicht ratsam, eine wertvolle alte Angelrute aus dem Haus eines bekannten Herstellers vollständig zu erneuern. Man sollte seine ersten Versuche besser mit einer Rute beginnen, mit der man nicht so sorgfältig umgehen muß. Doch dies gibt Gelegenheit, Erfahrungen zu sammeln und zugleich die typischen Fehler, die ein Neuling häufig macht, zu vermeiden. Wenn man bei solchem Tun nicht das rechte Vertrauen in die Wiederherstellung einer alten, wertvollen Angelrute gewinnt, dann sollte man allerdings eine solche Renovierung berufeneren Händen überlassen.
Es gibt eine ganze Reihe von Möglichkeiten, um den Hersteller und das Herstellungsdatum einer alten Angelrute zu ermitteln. Sofern es sich um amerikanische Ruten handelt, ist das Buch „Klassische Ruten und Rutenhersteller" (Classic Rods and Rodmakers) von Martin J. Keane eine nahezu vollständige Dokumentation einer Historie der Angelruten. Man kann aber auch Ruten ausfindig machen, indem man alte Kataloge der Hersteller durchblättert. Ein Beispiel hierfür mögen die Kataloge des englischen Herstellers Hardy sein, die ganz bestimmt, zumindest für die Ruten dieses berühmten Herstellers, ein gutes Nachschlagewerk sind. Manchmal kann es jedoch auch eine kleine Detektivarbeit sein, den Ursprung einer Rute zu ermitteln – und daß dies erforderlich ist, ist eigentlich schade.
Wenn man eine wirklich alte, seltene und wertvolle Angelrute besitzt, dann sollte man zweimal nachdenken, bevor man daran geht, sie total zu renovieren. Für einige dieser alten Schätze ist es manchmal die beste Behandlung, wenn man sie mit einer dünnen Schutzschicht Lack auf Ölbasis überzieht und ihnen einen Ehrenplatz in der Anglerecke oder über dem Kamin einräumt. Doch einer allgemeinen Angelrute, die weder einen antiken noch historischen Wert besitzt, wird es nur zum Vorteil gereichen, wenn sie einmal gründlich erneuert wird.
Die ersten Teile, die überprüft werden sollten, sind die Steckhülsen, die Rollenhalterung und der Handgriff. Das größte Problem besteht darin, daß die Verbindungshülse oder die -hülsen, falls es sich um eine dreiteilige Steckrute handelt, nicht mehr so gut paßt, wie sie sollte. Man stellt fest, daß die Teile leicht gegeneinander verdreht sind. Wenn dies zu ausgeprägt ist, kann auch Spiel in den Steckhülsen die Ursache sein, obgleich dies nicht so leicht festzustellen ist. Eine lockere Steckhülse wirkt sich nachteilig auf die Rute aus und kann ihre Aktion eventuell schwächen. Man kann die Steckhülse überprüfen, wenn man die Rute zusammensteckt und den Zeigefinger gegen die Hülse legt, während man die Rute vorsichtig vor- und zurückschwingt. Wenn es in der Steckhülse ein Spiel gibt, wird man dies mit dem Finger spüren.
Ist dieses Spiel geringfügig, so bedeutet dies nicht, daß die Steckhülsen ausgewechselt werden müssen. Kleinere Probleme in der Steckverbindung kann man leicht lösen, wenn man hierfür ein dreibackiges Spannfutter verwendet. Man spannt den Rutenteil mit der äußeren Hülse ein, nachdem man zuvor diese mehrere Male mit einem Band zum Schutz vor Beschädigungen umwunden hat. Nun preßt man vorsichtig und gefühlvoll die Hülse mit dem Spannbock zusammen und macht dies so lange, bis die Hülsen gut gleitend wieder ineinander passen und das Spiel weg ist. Da die äußere Hülse jetzt durch das Band im Spannbock geschützt ist, können die Spannbacken in derselben Position für jedes weitere Justieren verbleiben.
In älteren Bambusruten ist ein Spiel zwischen der Rute und den Steckhülsen normal. Dieses Spiel zeigt sich im allgemeinen als feine Risse in den Hülsenkanten. Doch solche Haarrisse werden nicht immer durch ein Spiel in der Steckverbindung verursacht; unvermeidliche Bewegungen im Bambusrohr und an den Kanten der Hülsen sind ebenfalls oftmals die Ursache solcher Risse in der Oberfläche.
Risse können auch durch eine oder mehrere scharfe Kanten an den Hülsen entstehen, die durch Alter abbrechen. Das stellt man jedoch erst fest, wenn man die Hüllen aufgeschnitten hat. Gebrochene oder beschädigte Steckhülsen sollte man immer erneuern. Solche Beschädigungen stellen sich oft in alten Hülsen ein, die aus Messing gefertigt wurden.

Ersetzen alter Steckverbindungen

Zunächst entfernt man mit einem scharfen Messer oder einer Rasierklinge die Wickelbindungen. Vorsichtig aufschneiden! Man beginne vom Ende der Wicklung und schneide dann in Richtung auf die Hülse zu, doch so sorgfältig, daß die Rute nicht beschädigt wird.
Bei älteren Ruten findet man oft, daß die Hülse mit einem dünnen Stift Neusilber befestigt ist, ein Material, das in den Vereinigten Staaten auch heute noch bei der Herstellung von Angelruten und Zubehör verwendet wird. Dieser Silberstift muß entfernt werden, bevor man die Hülse lösen kann. Der Stift kann leichter herausgenommen werden, wenn man ihn

Rechts: Wenn die Steckhülse mit einem Stift befestigt ist, muß dieser entfernt werden, bevor man die Hülse abzieht.

Unten: Wenn die Hülse sehr fest sitzt, kann es erforderlich sein, diese vorsichtig von unten her zu erhitzen, um den Klebstoff zu lösen.

vorsichtig mit einem scharfen Werkzeug freilegt und die so entstandenen Kanten an der Öffnung abfeilt.
Wenn die Hülse wieder verwendet werden soll, so muß man sie mit einem Werkzeug entfernen, das sie nicht zerkratzt oder anderweitig beschädigt. Die beste Methode ist es, ein Loch, entsprechend dem Außendurchmesser der Hülse, in ein Stück Hartholz zu bohren. Dann durchsägt man das Holzstück exakt in der Mitte des Loches, so daß man zwei gleichgroße Hälften erhält. Wenn die Hülse nicht wieder verwendet werden soll, so hilft man sich am besten zum Herauslösen derselben mit einer Mehrfachzange oder einem ähnlichen Handwerkzeug.
Das Rutenteil klemme man in einen Schraubstock und versuche, die Hülse abzuziehen. Sitzt diese zu fest, so erhitze man die Hülse vorsichtig mit einem Feuerzeug oder einer kleinen Lötlampe, bis der Klebstoff der Hülse aufweicht. Dabei muß man sehr darauf achten, daß man die Hülse nicht zu sehr erhitzt und diese auf den Blank durchschlägt. Die Rute könnte sonst leicht beschädigt werden. Die Hülse darf lediglich so lange erhitzt werden, bis der Klebstoff schmilzt. Am besten ist es, wenn man dies zu zweit macht – einer hält die Flamme, der andere zieht an der Hülse.

Erneuerung alter Griffe

Auch der Rollenhalter kann mitunter durch einen Stift an der Rute befestigt sein, was ebenfalls ein Problem verursacht, wenn man beabsichtigt, diesen Halter wieder zu verwenden. Der Rollenhalter sollte auf die gleiche vorsichtige Weise entfernt werden, wie dies schon beim Entfernen der Hülsen beschrieben wurde. Dabei muß man stets darauf achten, ob Stifte oder Nägel zu sehen sind, durch welche der Rollenhalter beschädigt werden könnte.
Das beste Werkzeug, um einen alten Griff zu entfernen, ist ein Messer oder eine Feile. Man sollte aber nicht vergessen, zuvor eine gute und möglichst genaue Formskizze des alten Handgriffs anzufertigen, denn diese wird erforderlich, wenn der neue Griff dem alten Original entsprechen soll.

Ersatz von Rutenringen

Die Ringe an vielen alten Ruten sind von schlechter Qualität und tragen so zur Abnutzung der Schnüre bei, dies gilt besonders für Fliegenschnüre. Bevor man jedoch alte Rutenringe entfernt, muß man ihre Position auf einer geeigneten Seite der Rute markieren. Sofern man beabsichtigt, die Rute total zu erneuern und auch neu zu lackieren, ist es wichtig, auch den Sitz des Rollenhalters entsprechend zu kennzeichnen. Die Ringbindungen kann man mit einem Skalpell oder mit einem sehr scharfen Messer auftrennen. Dabei sollte man jedoch vorsichtig unmittelbar über dem Rollenfluß schneiden, damit der Rutenblank nicht beschädigt wird.
Wenn gewünscht wird, den Namen des Herstellers oder eine andere Kennzeichnung auf dem Rutengriff zu erhalten, so sollte man den Text auf Zwiebelschalenpapier übertragen, wenn die Bindungen und Ringe entfernt sind. Anschließend kopiert man den Text mit einem wasserfesten Stift wieder auf der Rute.
Die schwierigste Arbeit bei der Erneuerung einer Rute bleibt noch immer zu tun: den alten Lack abzuziehen. Doch das ist nicht so schwierig, wenn man dabei methodisch und ruhig vorgeht. Ein warnendes Wort ist jedoch an dieser Stelle notwendig: Man benutze niemals einen Lackentferner. Nahezu in jedem Fall führt dies zu nicht mehr reparierbaren Schäden an den Klebeverbindungen, ganz besonders bei gesplißten Bambusruten. Und es ist praktisch unmöglich, diesen Schaden zu vermeiden. Man verwende Stahlwolle und reibe den alten Lack von den Ruten, die aus Fiberglas oder anderen künstlichen Rohstoffen hergestellt sind. Bei gesplißten Bambusruten verwende man am besten zur Entfernung des Lacks eine Rasierklinge, die man mit Klebeband umwickelt. Dabei umwickle man eine Schneide, um die Finger zu schützen und lasse die anderen frei zum Abziehen. Man kann es auch mit dem Kratzer eines Kunsttischlers oder einem ähnlichen Werkzeug versuchen, doch sind diese in Wirklichkeit zu groß und plump, um eine schlanke Angelrute zu bearbeiten. Eine Glasscheibe oder auch Plexiglas geben für diese mühevolle Aufgabe eine vorzügliche Unterlage ab, doch auch jeder ebene Arbeitstisch erfüllt diesen Zweck.
Die Rasierklinge halte man zwischen Daumen und Zeigefinger leicht angewinkelt zur Fläche, die abgeschabt werden soll. Hierbei sollte man immer vom dickeren Endteil der Rute aus zur dünneren Spitze hin schaben. Das Ganze sollte langsam und vorsichtig vonstatten gehen, während die andere Hand das Gerät hält. Den Anstellwinkel zwischen Klinge und Rute sollte man möglichst immer einhalten. Wenn man an einer gesplißten Bambusrute arbeitet, so kann man immer nur ein Stück nach dem anderen vom alten Lack reinigen. Alte Lackreste sollten vorsichtig mit einem Tuch entfernt oder mit einem Handstaubsauger aufgenommen werden.
Es kann vorkommen, daß sich hier und dort einige Lackreste halten. Diese Stellen sollte man später mit sehr feinem Sandpapier abschmirgeln. Dabei

Um Form und Größe des alten Handgriffs zu erhalten, ist es oftmals notwendig, eine genaue Skizze desselben anzufertigen, bevor man den Griff entfernt.

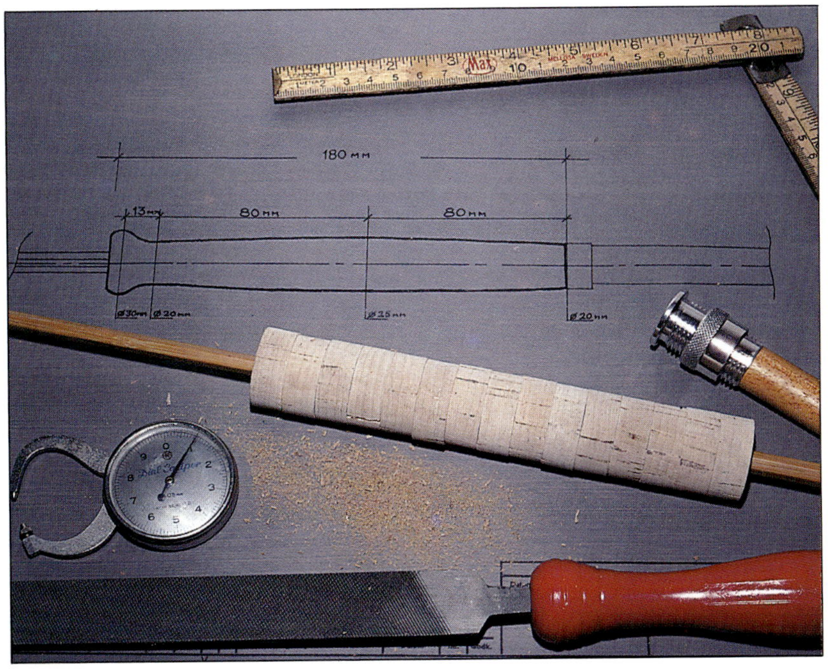

Will man die alten Wicklungen auftrennen, so sollte man immer oberhalb der Ringfüße schneiden, um eine Beschädigung des Blanks zu vermeiden.

Zum Abschaben des alten Lacks sollte man eine Rasierklinge benutzen, wobei man eine scharfe Seite mit Band umwickelt, um die eigenen Finger nicht zu gefährden.

kann man das Sandpapier um ein etwa 20–25 Zentimeter langes und 3–4 Zentimeter breites Stück Holz wickeln. Mit dieser Schleifhilfe drückt man gleichmäßig auf die restlichen Lackpartien und schmirgelt so lange vorsichtig hin und her, bis diese Stellen von Lackresten befreit sind. Letztlich sollte man noch die Kanten einer gesplißten Bambusrute sorgfältig mit ebensolchem feinem Sandpapier abschleifen und zwar so, daß man die Rutenspitze und das Rutenende jeweils mit diesem Sandpapier umwickelt und nun sorgfältig vor und zurück zu Werke geht.
Sofern man eine sehr alte Angelrute erneuern will, ist es eine gute Idee, nachdem man den alten Lack entfernt hat, die Rute mit unverdünntem Leinsamenöl abzureiben. Mit diesem Öl darf die Angelrute aber nur befeuchtet werden, auch hier gilt die alte Regel: Des Guten zu viel ist eher von Schaden. An diesem Punkt kann man mit der Erneuerung der Rute richtig anfangen. Man beginnt mit dem Lackieren, wobei die Rute zwei- oder dreimal mit Lack behandelt werden sollte. Sofern es nicht möglich ist, mit Lackspray zu arbeiten oder die Teile in Lack einzutauchen, sollte man den Lack mit einem Lackpinsel oder mit den Fingern auftragen. Bevor man mit dem Lackieren beginnt, sollte man sich überzeugen, daß die Rute absolut staubfrei ist.
Es gibt eine ganze Reihe von Lacksorten. Handelt es sich um eine gesplißte Bambusrute, die auf ihre originale Form und Gestalt hin erneuert werden soll, so ist ein Lack zu empfehlen, der auf Terpentinölbasis hergestellt wurde. Dagegen ist ein Polyurethan-Lack gut geeignet für eine neuere Rute. Sollte man nach dem Lackieren Schmutz oder Knoten feststellen, so kann man diese leicht entfernen und die Stellen anschließend mit Autopolitur wieder auf Glanz bringen. Allerdings sollte man mit diesem Arbeitsgang warten, bis der Lack vollständig abgetrocknet ist.
Nachdem der Blank lackiert wurde und der Lack vollkommen trocken geworden ist, kann man die Steckhülsen wieder einsetzen. Findet man keine Steckhülsen mit genau dem gleichen Innendurchmesser, sollte man zu Hülsen mit dem nächst größeren Durchmesser greifen. Niemals sollte man den Durchmesser geringer als er ursprünglich war, wählen, denn dies könnte die Rute in ihrer Aktion so sehr schwächen, daß sie sogar brechen kann. Die Hülsen sollte man sodann mit einem Zwei-Komponenten-Kleber, der sich langsam erhärtet, befestigen. Dabei muß man den Klebstoff sowohl auf die Rute als auch auf die Innenseite der Hülse auftragen. Um sicher zu sein, daß die Hülsen beschlag- und ölfrei sind, sollte man diese mit einem Pfeifenreiniger und mit Verdünnung gründlich säubern, bevor man den Klebstoff aufträgt.
Die Hülsen werden nun fest aufgepreßt und alle Klebstoffspuren, die etwa seitlich herausquellen, müssen sorgfältig abgewischt werden. Anschließend bindet man die Hülsen mit einem festen Band straff auf die Rute, so daß sie stramm und auf Dauer befestigt sind.
Das gleiche Verfahren wendet man sowohl für die äußere als auch für die innere Hülse an, die beide so im Blank eingesetzt werden, wie dies gewünscht wird. Anschließend sollte man die Rute auf ihre Stabilität und die erforderliche Aktion hin überprüfen. Das erklärt auch, warum ein langsam härtender Klebstoff empfohlen wurde – nämlich, um eventuell noch erforderliche Berichtigungen durchführen zu können. Ergibt die Überprüfung ein zufriedenstellendes Ergebnis, so sollte man die Rute bis zur vollständigen Härtung des Klebstoffs liegen lassen.
Ist dies geschehen, so kann man das Wickelband von den Hülsen wieder lösen und seitlich ausgetretenen Klebstoff abschmirgeln. Danach feilt man die Hülsenkanten so, daß sie sich dem Blank dicht anpassen. Der letzte Arbeitsgang ist nun, die Hülsenenden mit einer doppelten Lage Bindeseide oder Nylon-Bindegarn straff zu umwickeln. Schließlich wird das Ganze ein- oder zweimal mit einem Lack auf Ölbasis lackiert, wonach man ihn trocknen läßt.

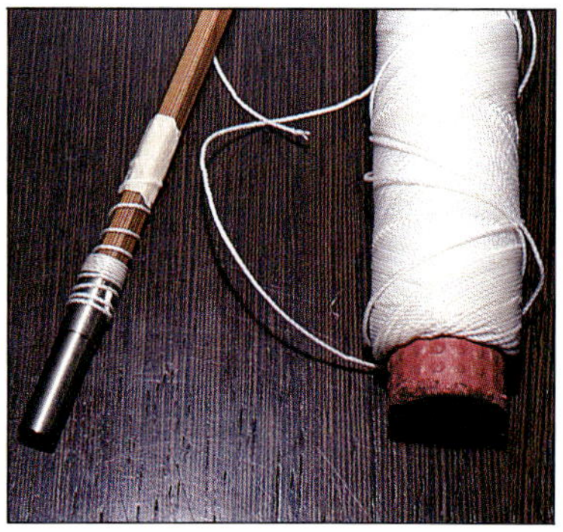

Links: Die Kanten des Blanks und Lackreste werden mit feinem Sandpapier abgeschmirgelt.

Oben: Nach dem Einkleben der Hülsen sollte man diese an den Kanten fest umwickeln, damit die Hülsen auf den Blank gepreßt werden.

Herstellen der eigenen Kunstköder

Nicht nur Angelruten werden von passionierten Sportfischern selbst gefertigt. Seit 1970 sind immer mehr von ihnen dazu übergegangen, sich auch ihre eigenen Kunstköder herzustellen. Gewiß, einer der Gründe hierfür mag durchaus sein, daß diese Kunstköder relativ teuer sind, doch in der Hauptsache dürfte es sich wohl darum handeln, daß viele Sportfischer ihre Kenntnisse umfassend erweitert haben und, auch dies sollte man nicht übersehen, daß sie oftmals mit den fabrikmäßig hergestellten Blinkern, Wobblern und Spinnern nicht so recht zufrieden sind. Heutzutage möchten viele Angler sich ihre Kunstköder selbst herstellen und diese sollen zudem noch besser sein, als jene, die es zu kaufen gibt.

Wobbler

Am meisten wird in der eigenen Bastelstube mit Wobblern, den Nachahmungen kleiner Fische, gefertigt aus Holz oder Plastik, experimentiert. Der Körper eines Wobblers ist leicht zu schnitzen, zu feilen und zu formen. Die Tauchschaufel, die im Maul des Köders sitzt, kann aus Plastik oder dünnem Metall hergestellt werden. Die Haken lassen sich leicht in die eingeschraubten Ösen einhängen und die Bearbeitung der Oberfläche ist ebenfalls kein Problem. Der Wobbler ist als Kunstköder nicht nur deshalb bei den Anglern so beliebt, weil er in seiner Gestalt einem Kleinfisch ähnelt, sondern zugleich auch weil er gut schwimmt. Kein anderer Kunstköder sieht im Wasser so natürlich aus, wie ein Wobbler. Indem man unterschiedliche Materialien und Körperformen anwendet, in der Größe differenziert, den Winkel der Tauchschaufel und seine Form verändert und den Schwerpunkt eines Wobblers in der Mitte verändert, kann man die Bewegungen des Wobblers im Wasser gut kontrollieren.
Ein schneller, vibrierender Wobbler sollte kurz sein. Je länger ein Wobbler ist, um so ruhiger schwimmt er auch. Je weiter der Anstellwinkel der Tauchschaufel im Verhältnis zur Längsachse des Wobblers eingestellt ist, um so besser eignet er sich für flache Gewässer; ist der Winkel nahezu horizontal, taucht der Wobbler tief bis zum Boden ab.
In den meisten Wobblern wird die Balance durch das Einlöten oder Einkleben eines Bleigewichtes hergestellt. Über den Daumen gepeilt kann man sagen, je weiter das Gewicht hinter der Tauchschaufel sitzt, um so schneller schwimmt der Wobbler. Demzufolge gilt andererseits, je näher an der Schaufel das Bleigewicht sich befindet, um so langsamer sind seine Bewegungen. Der einfachste Wobbler hat keine Tauchschaufel, um seine taumelnden Schwimmbewegungen im Wasser zu dirigieren. Anstelle dessen ist die Vorderseite des Wobblers schräg oder im Halbkreis nach innen abgeschnitten, um so jene Form zu finden, die ein „richtiges" Schwimmen gewährleistet.
Zur Herstellung eines Wobblers benötigt man ein 8–10 Zentimeter langes Stück Rundholz. Man formt es so lange, bis die Bauchseite einen deutlichen Bogen ergibt. Von oben betrachtet, sollte der Körper zum Schwanzende hin etwas enger auslaufen. Anschließend schmirgelt man mit feinem Sandpapier den Wobbler, bis er vollständig geglättet ist, danach taucht man ihn in

Wasser. Das Tränken des Holzes kann dazu führen, daß sich einige Holzfasern lösen. Doch wenn man nach dem Trocknen das Holz noch einmal mit Sandpapier behandelt, lassen sich solche Fasern leicht entfernen.
Nun gilt es den Körper mit einem Bleigewicht auszustatten und auszutarieren, einmal, um die Balance zu erhalten und zum anderen, um die richtige Schwimmlage zu bekommen. Hierzu bohrt man von der Bauchseite her, etwa in einem Abstand von 2–3 Zentimetern von vorn, ein Loch in die Bauchseite des Wobblers. Nun wird ein Bleigewicht, so 10–12 g schwer, in das Loch gesteckt und dieses anschließend mit Epoxid wieder verschlossen. Anschließend markiert man die Stellen der einzuschraubenden Ösen, und bohrt die Löcher mit einem 2 Millimeter-Drill-Bohrer. Wenn die Ösen eingeschraubt sind, ist es an der Zeit, die Oberflächenbehandlung zu vervollständigen.
Alle Wobbler aus Holz müssen einen zähen und dauerhaften Schutz gegen scharfe Fischzähne bekommen. Ansonsten wird die Widerstandskraft der Oberfläche gegen eindringendes Wasser geschwächt und das Holz schwillt an und die Glasurmasse beginnt Risse zu zeigen. Sehr rasch wird dann der Wobbler zerstört. Auf das ganze gesehen, zahlt sich die gründliche Oberflächenbehandlung eines Holz-Wobblers und die lange Zeit, die man hierfür benötigt, immer aus.
Ein Wobbler aus Holz sollte zunächst immer eine Grundbehandlung mit einer doppelten Ummantelung erfahren, am besten mit einer nichtschimmernden Glasur. Sie sollte in derselben Farbe gehalten sein, wie die Bauchseite am Ende der Oberflächenbehandlung. Muster und Bemalungen können auf die verschiedenste Weise hinzugefügt werden. Am einfachsten ist es, so einen Wobbler von Hand zu bemalen, wozu man einen sehr kleinen Pinsel verwenden sollte. Sofern man mit so einem kleinen Pinsel nicht so vertraut ist, kann man die Partien, die nicht bemalt werden sollen, auch mit einem Band abdecken. Das Band wickelt man wieder ab, wenn die Malerei beendet und die Farbe getrocknet ist.

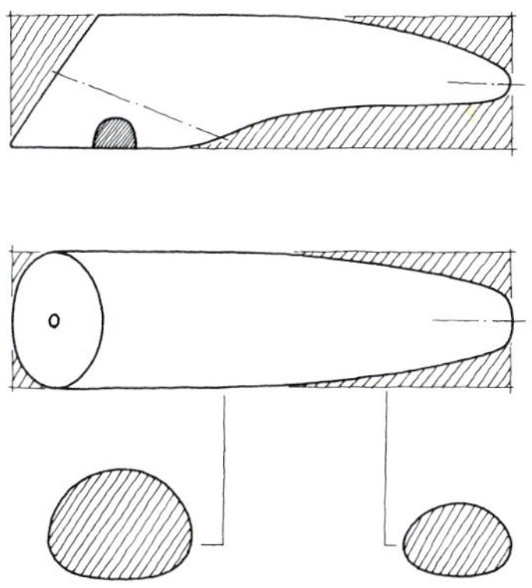

Der einfachste Typ eines Wobblers hat keine Tauchschaufel. Daher ist es wichtig, daß so ein Wobbler eine ausgeprägte Frontpartie und einen nach innen gekrümmten Bauch sowie einen mit Blei beschwerten Körper hat. Solcherart bewegt sich auch dieser Wobbler richtig im Wasser.

Die besten Erfolge hierbei hat man natürlich beim Anmalen mit der Spraydose, besonders dann, wenn man Schablonen verwendet, um so bestimmte Fischmuster aufzumalen. So kann man Fischschuppen mit Hilfe der Spraydose durch ein enges Netz aufsprühen. Und die Flecken von Forelle, Barsch und anderen Fischen erzielt man, wenn man die entsprechenden Muster aus dickem Papier ausschneidet und als Schablone auflegt.
Die Augen sind leicht anzumalen, wenn man hierzu einen Nagel mit einem relativ langen Kopf benutzt. Der Kopf wird in Farbe getaucht und dann auf den Wobbler gedrückt. Wenn die Farbe getrocknet ist, kann man den Vorgang mit einem kleineren Nagel und einer weiteren Farbe wiederholen. Auf diese Weise läßt sich ganz korrekt die Pupille malen.
Der wichtigste Arbeitsgang bei der Herstellung eines Wobblers ist die zähe und dauerhafte Behandlung der Oberfläche, wovon wir ja bereits sprachen. Ein Wobbler, der aus Holz gefertigt worden ist, sollte zu guter Letzt mit 5 Schichten aus klarem Lack überzogen werden. Bootslack eignet sich hierfür am besten, da er eine zähe und harte Oberfläche bildet. Obgleich so eine Oberflächenbehandlung recht zeitraubend ist, kann man sich behelfen, indem man mehrere Wobbler zugleich herstellt und diese dann auch gemeinsam lackiert.
Eine andere Art der Tauchschaufel wurde ursprünglich von den Indianern gefertigt, die hierfür Geweihsprossen vom Elch und vom wilden Rentier verwendeten. Doch Holz eignet sich für die Herstellung einer Tauchschaufel genausogut, besonders aus der Astgabel eines Baumes oder ein gebogener Zweig von einem Busch. Um einen dauerhaften Wobbler anzufertigen, sollte man bei den dicken Konturen des Wobblerkörpers der Maserung des Holzes folgen.
Für diese Wobbler verwendet man dieselben Werkzeuge, wie sie bereits zuvor für andere beschrieben wurden. Die Beschwerung ist auch hier ein Bleigewicht, das in einem Loch im Körper eingeklebt wird, und die Behandlung der Oberfläche ist ebenfalls gleich. Der Unterschied besteht darin, daß die ersten 3 Zentimeter vom Kopf dieses Wobblers vollständig flach sind. Ist dies nicht der Fall, so ist das Ergebnis kein Wobbler, sondern ein hübsch bemalter, gebogener Stock.
Das Wobblermodell, welches als ,,Cisco Kid'' bekannt geworden ist, wird aus leichtem Holz, wie Erle oder Linde, hergestellt. Um der großen Einfach-

Dieser Wobbler wurde aus der Astgabel eines Baumes oder einem stark gekrümmten Zweig eines Busches hergestellt. Anders als der zuvor beschriebene Typ hat dieser Wobbler eine Frontpartie von etwa 3 Zentimetern, die schräg geebnet ist.

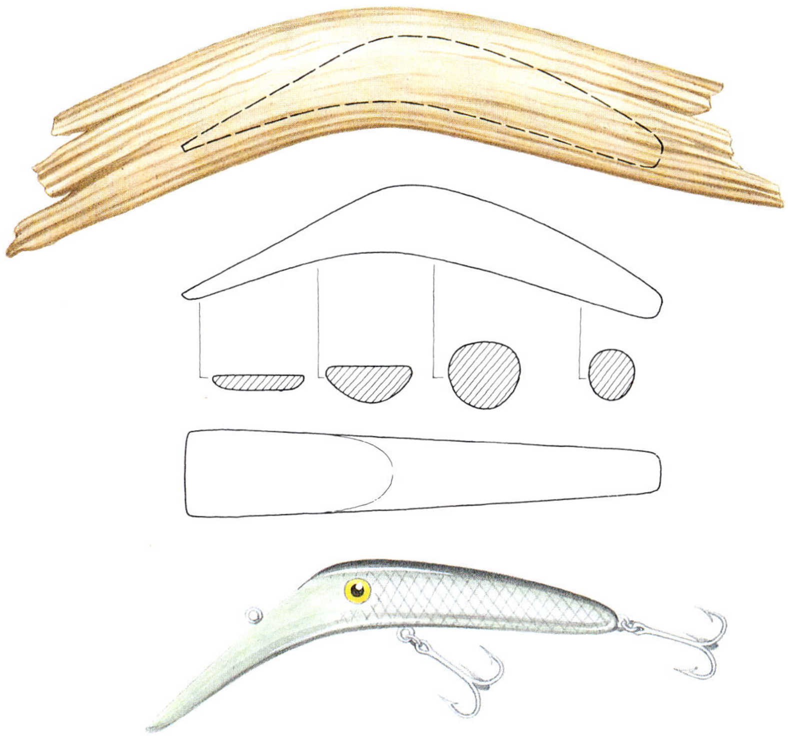

heit halber kann man die Beschwerung auf folgende Weise bewerkstelligen. Man bohrt oder sägt ein Loch in den Körper und füllt es mit Plastikmasse. Dabei sollte man bedenken, daß Plastikmasse natürlich nicht so schwer wie Blei ist und man daher wesentlich mehr Material benötigt, um das erforderliche Gewicht zu erreichen.
Die Tauchschaufel bei einem Cisco Kid Wobbler besteht aus Metall. Am besten verwendet man hierfür ein Kupfer- oder Messingplättchen von 1 Millimeter Stärke. Die Schaufel wird vorn am Körper, nahe am Bauch, mit zwei kleinen Schrauben angebracht. Die gerade durchlaufende Öse kann man aus einer starken Klaviersaite oder einer alten Fahrradspeiche anfertigen.
Der heutzutage wohl bekannteste Wobbler dürfte der finnische Rapala-Wobbler sein, der auch auf dem deutschen Markt angeboten wird. Wenngleich dieser Wobbler ursprünglich aus Kiefernholz angefertigt wurde, werden heute die Körper dieser bekannten Wobbler aus Balsaholz gemacht. Balsaholz ist so weich, daß man den Haken nicht auf die übliche Weise in der Öse anbringen kann. Statt dessen fertigt man eine lange Drahtseele mit je einer Öse am Kopf und am Schwanz und leimt die zwei Hälften des Körpers um diesen in der Mitte laufenden Draht zusammen. Rostfreier Draht in einer Stärke von 1 Millimeter ist das perfekte Material, das man hierfür ausgewählt hat. Der Körper des Wobblers besteht, wie gesagt, aus zwei Hälften, die sehr fest gegeneinander geklebt werden. Die einzigen Werkzeuge, die man hierfür benötigt, sind ein Messer, eine Feile und Sandpapier. Unten am Kopf wird schräg ein Schlitz eingesägt, in welchen die Tauchschaufel eingepaßt wird.
Wenn die beiden zueinander passenden Halbkörper aufgeschnitten worden sind, sind sie getrennt. Dann werden kleine Löcher unmittelbar hinter dem Schlitz für die Tauchschaufel gebohrt. Sie sollten groß genug sein, um mehrere 3 Gramm schwere Bleikügelchen als Beschwerung aufzunehmen. Man mischt dann ein gutes Quantum Epoxid und klebt jedes Kügelchen an seinem Platz fest. Die glatten Innenseiten der beiden Rapala-Halbkörper müssen gut mit Klebstoff bestrichen werden, dann legt man die Drahtlitze entlang der Mitte ein und setzt die beiden Körperhälften zusammen. Der Körper muß nun sehr straff mit Band umwickelt werden und liegen, bis der Klebstoff hart geworden ist. Wenn man danach kaum noch erkennt, daß der Wobbler aus zwei Hälften besteht, dann war die Wicklung vorzüglich.
Die Tauchschaufel kann man sich aus einer passenden Plastikflasche halbrund herausschneiden. Am besten eignet sich hierfür der Flaschenhals, der sowohl von der Stärke als auch von der Rundung her die besten Voraussetzungen mitbringt. Ein Muster kann man von einem fabrikmäßig hergestellten Wobbler abnehmen und auf ein Stück Plastik übertragen. Wenn man den Schlitz für die Aufnahme der Tauchschaufel einsägt, so sollte man sich erinnern, daß diese vertikal eingesetzt werden muß, damit die Schaufel nicht die in Längsrichtung durchlaufende Drahtlitze blockiert. Die Schaufel wird sodann mit Epoxid festgeklebt. Da Balsaholz sehr porös ist, sind mehr Farbschichten zum Abdecken an der Oberfläche erforderlich, als bei den meisten anderen Wobblern. Einige zusätzliche Lackschichten sind darüber hinaus ebenfalls ratsam.
Um dem Wobbler einen speziellen Glanz zu verleihen, kann man einen Streifen Aluminiumfolie direkt auf die letzte Farbschicht pressen, solang diese noch naß ist. Mit einem scharfen Werkzeug kann man dabei auf diesem Streifen ein Schuppenmuster nachahmen.

Wenn man sich einen Wobbler nach Art des Rapala-Typs selbst herstellt, so darf man die beiden gleichartigen Hälften erst dann um die längslaufende Drahtlitze zusammenkleben, wenn die Bleibeschwerung bereits eingebaut und der Schlitz für die Tauchschaufel gesägt wurde. Zu guter Letzt wird die Tauchschaufel eingeklebt und der Wobbler in den gewünschten Farben bemalt.

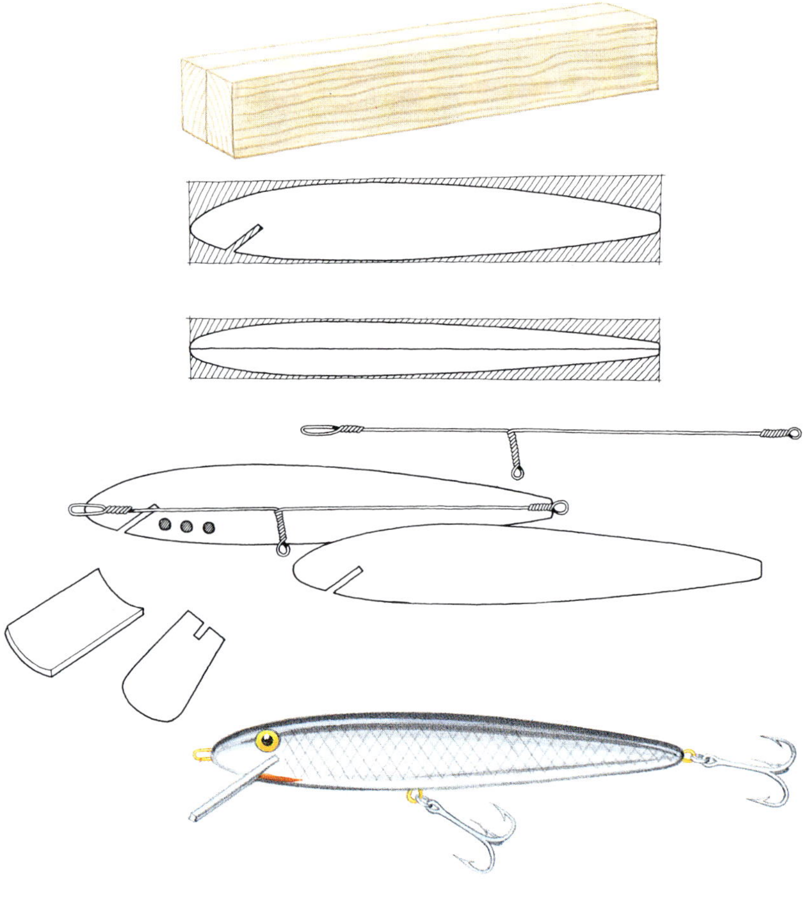

Blinker und Löffel

Ein Blinker ist im Grunde genommen ein Stück Metallblech, auf das rechte Maß zugeschnitten und mit einer Bohrung, um den Sprengring aufzunehmen.
Die Materialien, die ein „do-it-yourself"-Bastler für die Fertigung von

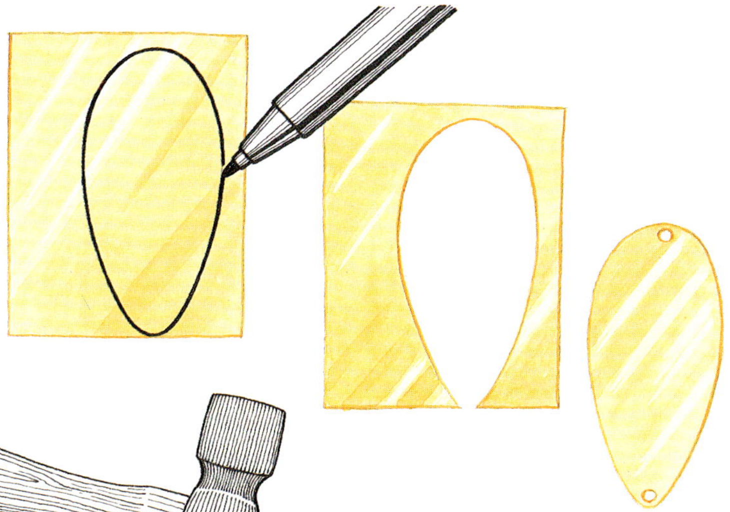

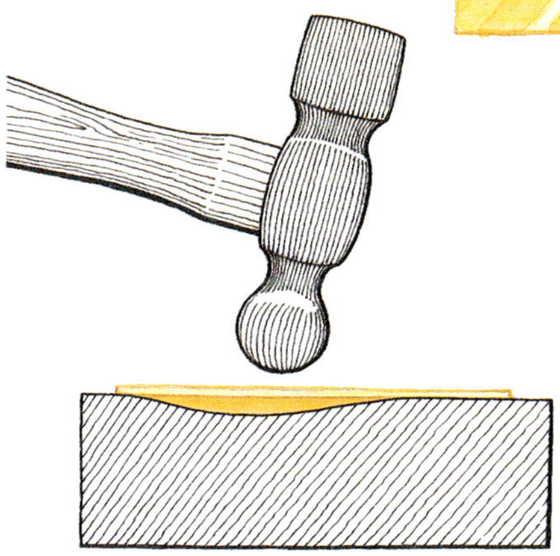

Nachdem man die Umrisse eines Blinkers oder Löffels auf Metallblech nachgezeichnet hat, wird dieser ausgeschnitten oder ausgesägt. Danach glättet man mit einer Feile die Kanten. Anschließend bohrt man die Löcher für die Sprengringe. Nunmehr wird das Blech auf eine Holzform gelegt und so lange behandelt, bis es die gewünschte Krümmung hat.

Blinkern oder Löffeln verwendet, sind Kupfer, Messing oder Aluminium. Mit allen läßt es sich leicht arbeiten. Als Werkzeuge werden benötigt: eine Eisensäge oder Blechschere, eine Schlichtfeile und ein Bohrer. Sofern man einen stärker gebogenen Blinker herstellen will, der sich besser im Wasser kontrollieren läßt, wird hierzu noch ein Kugelhammer und eine Holzform benötigt, auf welcher man den Blinker bearbeiten kann.

Die Herstellung beginnt damit, daß man mit einem wasserfesten Markierer die Umrisse des gewünschten Blinkers auf dem Blech vorzeichnet. Danach schneidet oder sägt man an den Umrissen der Zeichnung das Stück aus und bricht die Kanten mit einer Feile. Dabei sollte man genau darauf achten, daß keine scharfen Kanten verbleiben, die eventuell später die Angelschnur beschädigen oder gar zerschneiden könnten. Nun wird das Loch für den Sprengring gebohrt. Den Punkt markiert man mit einem Hammerschlag auf einen spitzen Nagel, danach bohrt man das Loch mit einem 2 Millimeter Drillbohrer. Auch hierbei sollte man anschließend die Bohrkanten glätten.

Ein Jig-Blinker hat einen langen, schlanken Körper. Will man so einen Blinker herstellen, so sollte man ihn 50 Prozent länger abschneiden, als der Blinker am Ende sein soll. Dann nämlich kann man das Ende, an dem der Haken befestigt werden soll, doppelt biegen und so das Gewicht auf diesem Punkt konzentrieren. Das Ergebnis ist ein leichtgewichtiger Pilker oder Blinker, der sich für weite Würfe besonders eignet und damit hervorragend für das Küstenangeln eingesetzt werden kann.

Ganz ausgezeichnete Blinker, die dem Typ eines Pilkers entsprechen, lassen sich aus den Griffen von Messern, Gabeln und Löffeln anfertigen. Indem man die alten Silberbestecke so einer neuen Verwendung zuführt, dienen sie weiterhin der Ernährung des Anglers, aber auf eine andere Weise. Um hieraus einen Kunstköder anzufertigen, schneide man den Griff auf, bohre mit dem Drillbohrer ein 2 Millimeter-Loch, hänge Sprengring und Haken ein und fertig ist der Blinker.

Manchmal ist es erforderlich, dem Blinker eine gebogene oder abgerundete Form zu verleihen, um so seine Schwimmbewegungen attraktiver zu machen. Wenn das Metallstück, aus dem der Blinker gefertigt wird, nicht stärker als 1–1,5 Millimeter ist, so genügen möglicherweise zwei kräftige Hände, um den Kunstköder zu biegen und in die richtige Form zu bringen. Wenn das Material zu dick ist, so spannt man es in einen Schraubstock ein und bearbeitet es entsprechend mit einem Hammer. Der beste Weg, um die richtige Form zu erhalten, ist noch immer, damit zu experimentieren. Metallblech ist nicht allzu teuer, so daß man es sich durchaus leisten kann, auf der Suche nach der fängigsten Form auch einige Fehler zu machen.

Schwieriger ist es schon, eine ausgeprägte Krümmung zu erzielen. Am besten verwendet man hierzu eine Formplatte aus Hartholz, wie Buche, Eiche oder Teakholz. Das Blech wird auf die entsprechend geformte Holzplatte gelegt und dann so lange mit einem Kugelhammer bearbeitet, bis es sich der Form im Holz angepaßt hat. Plastik- und Gummihämmer sind hierfür sehr gut geeignet, da diese im Blech keine Spuren hinterlassen.

Dabei gilt es darauf zu achten, daß die Krümmung oder Biegung nicht zu stark ausgeprägt wird. Ein angemessen gekrümmter Blinker arbeitet im Wasser am besten, da er ziemlich lebensecht und regulär schwimmt. Wenn die Form zu stark betont ist, so bewegt sich der Blinker weniger lebhaft und zügig, während ein Blinker mit einem Buckel sich so schwerfällig im Wasser fortbewegen kann, daß er kaum noch wackelt oder taumelt und damit für den Raubfisch seine Attraktivität einbüßt.

Es gibt eine ganze Reihe von Möglichkeiten, seinen selbstgebastelten Blinker so zu färben, daß er für das Auge eines Fisches verführerisch wird. Kleine, runde Aufkleber aus farbiger Metallfolie können sehr echt Schuppen und Augen nachbilden. Längere Dreiecke aus demselben Material imitieren die Seitenstreifen vom Barsch. Blinker kann man auch mit einem Glasur- oder Emailleüberzug versehen, oder man kann sie, wie bei einem Wobbler, mit einem Farbenspray anmalen, um so dem Blinker oder Löffel ein sehr professionelles Aussehen zu geben.

Eine sehr beliebte farbige Gestaltung sind auch Zebrastreifen. Der beste Weg, damit diese auch gut gelingen, ist hierbei, jene Partien, die nicht gefärbt werden sollen, durch eine dicke Fettschicht zu isolieren. Danach taucht man den Kunstköder 30 Sekunden lang in Waschblau und spült ihn dann unter laufendem Wasser ab. Das sich so ergebende Zebramuster ist

Es gibt viele Möglichkeiten, um einen Blinker mit einem Muster zu versehen. Eine farbige Prismafolie kann den Eindruck von Schuppen hervorrufen, während eine Behandlung mit Waschblau Zebrastreifen verursacht. Mit Lackfarbe kann man eine ganze Reihe attraktiver Fischmuster mit Hilfe eines Pinsels oder mit der Spraydose auftragen.

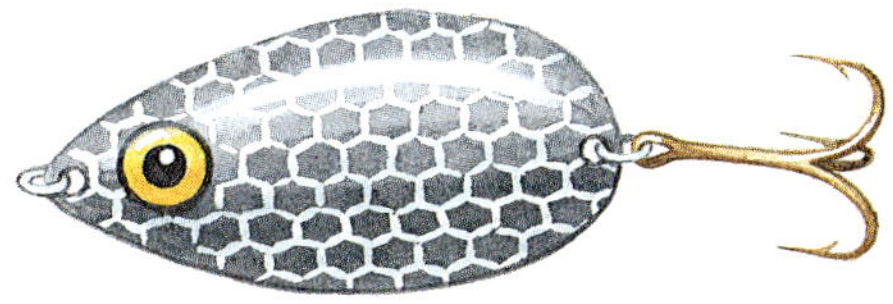

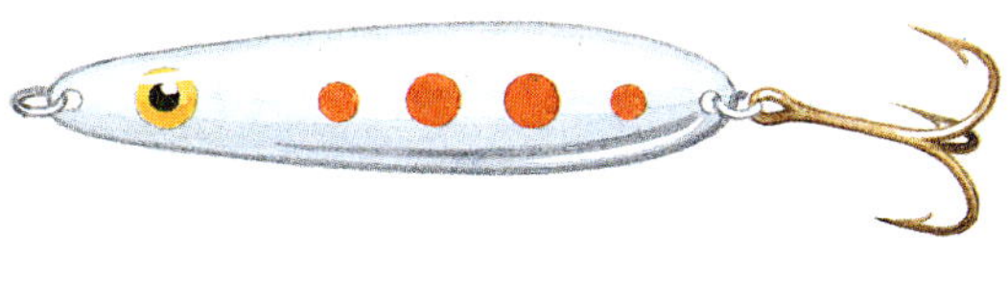

eine Oxidation des Metalls im Blinker. Es wird seine Farbe so lange bewahren, bis man diese kräftig mit Stahlwolle wieder abreibt. Da Waschblau die Haut beeinflussen kann, sollte man Gummihandschuhe tragen, wenn man damit umgeht.

Spinner

Ein Spinner besteht aus 7 verschiedenen Teilen. Das mag den Eindruck erwecken, er sei unter allen Kunstködern, die man selbst herstellt, der schwierigste. Das Mittelstück aus Draht hat vorn und hinten eine Öse. Der Körper, der aus einem soliden Stück Messing besteht, ist in seiner ganzen Länge in der Mitte durchbohrt. Der Löffel ist an einem Bügel befestigt. Diesen in der eigenen Bastelstube herzustellen, ist allerdings nicht ganz einfach, weil er so klein ist. Ein Spinner ist in der Tat ein Musterbeispiel für vollendete Symmetrie, da vor und hinter dem Bügel auf dem Draht kleine Kügelchen angebracht werden.

Die meisten Einzelteile eines Spinners werden in Angelgerätegeschäften in Mengen angeboten. Eine andere gute Quelle können alte und verbrauchte Spinner sein, die man aufhebt, statt sie wegzuwerfen, und von denen man manches Stück als Reserveteil verwenden kann. Es ist in der Tat so, die Herstellung eines Spinners ist nicht so sehr die Eigenanfertigung bestimmter Einzelteile, sondern vielmehr das Einpassen vorhandener, um die persönlich gewünschte Form und Größe eines Spinners zu erzielen. So gesehen, ist der Spinner einer der einfachsten Kunstköder bei der Selbstanfertigung.

Für die Anfertigung kann man nicht nur Köderdraht kaufen und verwenden, sondern auch elektrischen Schweißdraht, Klaviersaiten oder, was das beste sein dürfte, kalt gezogenen, rostfreien Stahldraht. Der Nachteil von Klaviersaiten ist, daß diese rosten, andererseits, obgleich dieser rostfreie Stahldraht sich am besten eignet, ist er nur schwer zu bekommen. Der Draht sollte einen Durchmesser von 0,8 Millimeter haben.

Die Hakenöse fertigt man sich an, indem man den Draht in einer Schlaufe um die runden Spitzen einer Zange legt. Der Haken wird in diese Schlaufe eingehängt. Danach wird der Körper auf den Draht so weit aufgesteckt, daß das Drahtende im Körper verbleibt.

Die Kügelchen werden gebraucht, um den Bügel und Löffel auf Abstand vom Draht zu halten. Die erste Kugel wird unmittelbar hinter dem Spinnerkörper auf dem Draht eingesetzt. Der Löffel hängt auf dem Bügel und letzterer wird auf den Draht aufgeschoben. Hierbei sollte man darauf achten, daß die nach innen gewölbte Fläche des Löffels dem Spinnerkörper zugewandt ist, da ansonsten der Kunstköder nicht einwandfrei funktioniert. Hinter und vor dem Bügel setzt man je ein weiteres Kügelchen oder eine Perle ein und danach kann man die vordere Öse biegen. Auch hierzu verwende man wieder eine Zange mit runden Spitzen und verfahre genau so, wie beim Biegen der hinteren Öse. Die Öse wird mit zwei Windungen um den Drahtschaft abgesichert. Nachdem man überstehenden Draht abgeschnitten hat, ist der Spinner fertig. Wenn man einmal gelernt hat, wie einfach im Grunde genommen es ist, einen solchen Spinner herzustellen, so benötigt man für den nächsten noch keine zwei Minuten!

Bei der Herstellung der eigenen Spinner ist es verhältnismäßig leicht, ihnen jene Qualitäten zu geben, die man sich von einem solchen Kunstköder wünscht. Ein tiefgehender Spinner sollte einen schweren, emaillierten Körper und ein vergleichsweise kleines, nur geringfügig gewölbtes Löffelblatt haben. Ein Spinner, der an der Wasseroberfläche arbeiten soll, ist dagegen besser mit einem kurzen und leichteren Körper, dafür aber mit einem langen, breiten Blatt, das betont stärker gewölbt ist, ausgestattet. Emaillierte Löffelblätter rotieren dicht am Körper und verursachen seltener ein Verheddern mit der Schnur. Bei kürzeren Löffeln ist dies häufiger der Fall, allerdings, diese rotieren besser und die Drehbewegungen setzen früher ein.

Einen Nachteil haben die Spinner – sie neigen oftmals zum Verheddern in der Schnur. Teilweise kann man dieses Problem lösen, wenn man eine etwas schwerere Schnur verwendet. Eine andere und bessere Alternative besteht allerdings darin, den Spinner so zu gestalten, daß ein Verheddern ausgeschlossen wird. Man kann zudem auch an einem Spinner vorn ein Kopfstück einsetzen, das ein Verheddern verhindert. Diese Teile erhält man in Angelgeräte-Geschäften, und es ist in der Tat so, daß durch sie ein Verheddern praktisch ausgeschlossen wird.

Ein weiterer Tip: In Angelgeräte-Geschäften kann man auch nach asymmetrischen Spinnern Ausschau halten, die, aus welchem Grund auch immer,

Man kann sich seine eigenen Spinner aus gekauften, vorgefertigten Teilen zusammensetzen oder aus den Einzelteilen alter, verbrauchter Spinner. Mit einer Zange setzt man den Haken ein und beginnt dann mit dem Zusammenbau der Teile. Wenn Haken, Körper, Blatt und Kopf fertig sind, formt man die vordere Öse. Dabei wickelt man zwei Windungen um den Draht und schneidet das überstehende Ende ab. Links außen sind zwei Variationen von Spinnern abgebildet, die sich unterschiedlich bewegen.

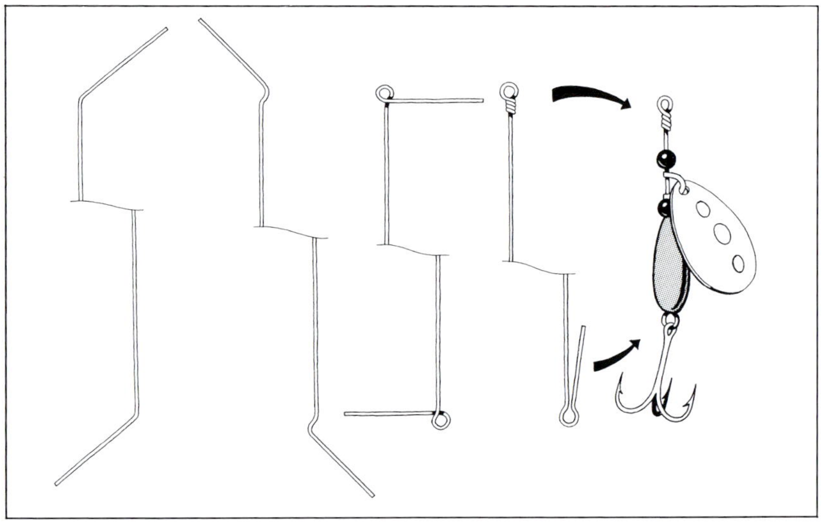

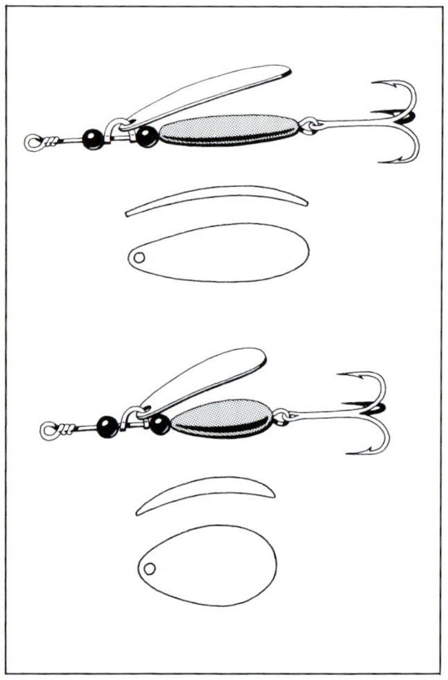

eine zentrale Bohrung haben, die nicht exakt in der Mitte verläuft. Angler, die mit solchen Spinnern fischen, klagen seltener über Verwicklungen mit der Schnur.
Ein Spinner kann auch ohne Metallkörper recht wirksam sein. Wenn man mit solch einem Spinner Versuche in starker Strömung anstellt, sollte man nur Perlen aus Metall oder Glas verwenden. Man hängt zunächst ein Senkblei am Ende der Hauptschnur ein, sodann befestigt man etwas oberhalb ein Vorfach, in welches der leichte Spinner, der nunmehr nur aus einem Drahtbügel mit rotierendem Blatt besteht, eingehakt wird. Diese Montage mit einem Kunstköder ist nicht nur sehr fängig, sondern gerät auch nicht in die Schnur.
Man sollte immer versuchen, den Haken mit Hilfe eines Sprengringes zu befestigen. Dies erleichtert es sehr, wenn man am Gewässer den Haken auswechseln will, weil eventuell jener, mit dem man angelt, stumpf geworden ist, oder weil man einen fluoreszierenden Haken ausprobieren möchte. So ein Haken ist in der Tat fängiger, besonders im Zwielicht, wenn die Sicht von Raubfischen am schwächsten ist.
Eine weitere Variante, die einen Versuch lohnt, ist, den Haken mit einer Fliege einzubinden. Es hat sich gezeigt, daß man manchmal mit solch federumkleideten Haken den Fang erheblich steigern kann.

Jigs

Der Jig ist möglicherweise der älteste von allen Kunstködern. In seinem Aufbau ist ein Jig sehr einfach: Er ist ein Haken, der mit einem Bleikopf und mit einem Schwanz aus Haaren oder Federn ausgerüstet ist. Die Jigs stammen von der nordamerikanischen Westküste her, wo das Angeln auf Lachs weitverbreitet ist. Jigs waren die perfekten Kunstköder in den schweren Gezeitenströmungen, denn sie waren so entwickelt worden, daß sie jeweils auf der Tiefe standen, die vom Angler gewünscht wurde.
Vorgefertigte Jigs, die bereits mit einem Bleikopf ausgestattet sind, kann man kaufen. Als einzige Aufgabe verbleibt für den Bastler, den Kopf anzumalen und die Büschel am Schwanz einzubinden. Ein Enthusiast, der dennoch seine Jigs selbst basteln möchte, kann vorgeformte Jighaken kaufen, ferner einen kleinen Gußlöffel und eine Form. Bleigießen ist recht gefährlich, wegen der giftigen Dämpfe, die dabei entstehen, doch Zinn ist ein hervorragender Ersatz, wenn man kleine Gegenstände gießen will. Zinn ist nicht so teuer wie Blei und der Dampf, der beim Gießen entsteht, ist weniger gefährlich, wenngleich man auch in diesem Fall für eine gute Lüftung sorgen sollte.

Der Haken, der gegossen werden soll, wird in die Form eingelegt. Nunmehr wird das geschmolzene Zinn vorsichtig in die Öffnung der Gußform gegossen. Wenn die Form nicht genügend vorgewärmt ist, kann es geschehen, daß der erste Jig noch nicht zur vollen Zufriedenheit ausfällt. Doch davon sollte man sich nicht enttäuschen lassen. Man warte etwa 30 Sekunden, bis das Zinn abgebunden ist, öffne dann die Gußform und entnehme den fertigen Jig. Danach lege man einen neuen Haken in die Form, gieße etwas mehr Zinn zu, lasse es abkühlen und nehme den Jig heraus. Diesen relativ einfachen Arbeitsgang kann man nach Belieben wiederholen.
5 oder 6 unterschiedliche Farben sollte man für das Bemalen der Jigköpfe verwenden. Es ist gewiß kein Geheimnis, daß Fische niemals zu wissen scheinen, welche Farbe sie wirklich mögen. Manchmal bevorzugen sie rot statt weiß, ein andermal wieder gelb anstelle von rot und so geht es weiter; man sollte den Jig mit einem einfachen Farbmantel umgeben – am besten ist Emaille – und ihn dann für einen oder zwei Tage zum Trocknen aufhängen.
Der Schwanz kann praktisch aus jedem Material gefertigt werden, das weich und geschmeidig ist und sich gut binden läßt. (Nähere Hinweise sollte man hier dem Kapitel über das Fliegenbinden entnehmen.) Lange Haare vom Schwanz des Eichhörnchens, Rehs und Kalbs sind jedenfalls ganz ausgezeichnete Materialien. Dies gilt auch für den Pelz langhaariger Tiere sowie für die weichen Federn aller Arten von Vögeln. Zum Fliegenbinden verwendet man ja auch eine ganze Reihe von synthetischen Materialien, auch diese eignen sich für Jigs. Zwei Beispiele hierfür sind silberne und goldene Lamettafäden oder auch „Flashabou". Sogar Garn in verschiedenen Qualitäten und Farben kann einen wirkungsvollen Jigschwanz abgeben.
Jigschwänze aus weichem, geschmeidigem Plastikmaterial kann man selbst kaufen und dann an den Haken so einbinden, daß sie ganz verführerisch im Wasser flattern und so Raubfische anlocken. Jigschwänze dieser Art gibt es in einer solchen Fülle von Farben, Formen und Größen, daß sich die Zahl der unterschiedlichen Jigs gar nicht aufzählen läßt, die man daraus fertigen kann.

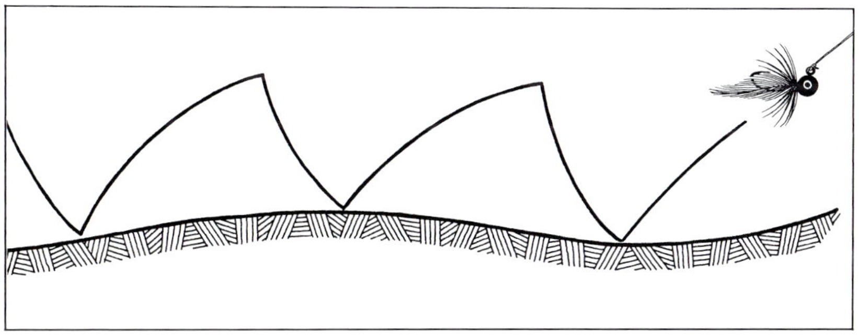

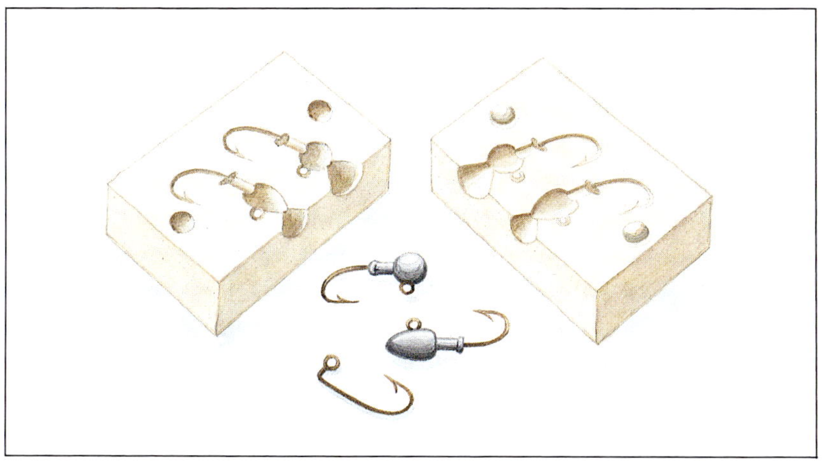

Jigs sind in vielen Gewässern sehr beliebte Kunstköder. Man sollte sie ruckweise einholen. Durch ihre Bleiköpfe eignen sie sich auch für tiefere Gewässer oder starke Strömungen. Links unten sind Gußformen für das Selbstgießen von Bleiköpfen auf speziell gebogenen Jighaken zu sehen. Die Illustration unten stellt einige unterschiedliche Arten der Ausstaffierung von Jigs vor, die sich alle als geeignet erwiesen haben.

Behandlung des Fisches nach dem Fang

Wir Sportfischer opfern viel Zeit für die Planung eines Angeltages, wir achten sorgfältig auf unser Angelgerät und natürlich auf das Fischen selbst. Die meisten von uns essen wohl auch selbst gern Fisch. Und welcher Sportfischer wäre wohl nicht bereit, sich mit seinem Fang fotografieren zu lassen? Und die Zahl derer unter uns ist nicht klein, die einen großen Fang, eindrucksvoll präpariert, an der Wand hängen haben.
Doch, Hand auf's Herz, gehen wir manchmal mit unserem Fang nicht ein wenig sorglos um, wenn wir ihn glücklich gekeschert haben und sich die Aufregung legt? Sind wir nicht manchmal zu sehr darauf aus, noch einen Fisch mehr zu fangen, weil sie gerade gut beißen, statt uns um den zu kümmern, den wir gerade abgeschlagen haben? Die Antwort hierauf könnte wohl lauten, daß jeder von uns schon irgendwann einmal dem Fisch, den er gerade fing, zu wenig Achtung gezollt hat.
Wenn ein Fisch aus dem Wasser genommen wird, so ist er gegenüber Bakterien außerordentlich empfindlich, ganz besonders, wenn die Lufttemperatur höher als 15 °C ist. Das ist deswegen so, weil der Fisch normalerweise in einem Element lebt, in dem eine relativ niedrige Temperatur herrscht. Wir wissen, daß der Fisch tiefere, kühlere Wasserschichten aufsucht, wenn die Wassertemperatur an der Oberfläche oder in Ufernähe zu hoch ist. Dieses Streben in kühleres Wasser kann durchaus als Anzeichen dafür gewertet werden, welche Temperatur der Fisch bevorzugt.
Der alsbaldige Verderb eines Fisches, wenn er der Luft ausgesetzt ist, wird keineswegs durch den Einfluß neuer Bakterien verursacht, sondern dies ist vielmehr Teil eines Vorgangs, den man als einen selbst-ausgelösten, spontanen Verbrennungsprozeß beschreiben könnte. Sobald ein Fisch stirbt, setzen die Enzyme im Fleisch diesen Prozeß in Gang, welcher den Verderb verursacht, weil das Zellgewebe zusammenbricht. Wenn sich das Fischfleisch von den Gräten ablöst, so ist dies ein sicheres Anzeichen dafür, daß dieser Prozeß bereits zu weit fortgeschritten ist.
Es ist deshalb sehr wichtig, den Fang sorgfältig zu behandeln, einmal, um diesen inneren Zersetzungsprozeß hinaus zu zögern und zum anderen, um den Fisch vor Bakterien zu schützen. Fisch, der nicht auf die rechte Weise behandelt wird, wird weich und wabblig und verliert rasch an Geschmack. Wird dagegen mit dem Fisch sorgsam und pfleglich umgegangen, so ergibt er eine gastronomische Delikatesse, die ebenso verlockend ist, wie das Angeln selbst.

Abschlagen und Säubern des Fisches

Wenn bei einem Fisch sein Geschmack und seine Festigkeit im Fleisch erhalten werden sollen, so gilt es, bestimmte Regeln beim Abschlagen und Lagern desselben einzuhalten.
Um damit zu beginnen, der Fisch sollte sofort nach dem Fang abgeschlagen werden. Dies nicht nur, weil dann der Fisch so wenig wie möglich zu leiden hat, sondern auch, um die Produktion von Milchsäure zurückzuhalten. Die für den Fisch außerordentliche Streßsituation, in die er durch den Fang gerät, verursacht zugleich eine hohe Produktion von Milchsäure, die wiederum die Qualität des Fisches mindert. Läßt man den Fisch an Land sich zu Tode zappeln, so ist dies der beste Weg, abgesehen von der Tierquälerei, um einen mehr oder weniger nicht mehr genießbaren Fisch zu erhalten.
Es gibt verschiedene Wege, um einen Fisch rasch und wirkungsvoll abzuschlagen. Die hierfür einzig erforderliche Ausrüstung ist ein gutes Messer, das man ja auch zum Säubern des Fisches benötigt. Um den Fisch zu töten, sollte man das Messer direkt ins Hirn des Fisches stoßen.
Es liegt wenige Zentimeter hinter den Augen. Und man sollte das Messer nicht zurückziehen, bevor die letzten Muskelzuckungen abgeklungen sind.
Wenn man das Fischblut auslaufen lassen will, was im übrigen beim Lachs durchaus üblich ist, so sollte man mit dem Messer unter dem Kiemendeckel einstechen und schräg zur Bauchhöhle, unmittelbar hinter den Kiemen, aufschneiden. Mit diesem Schritt durchtrennt man die Schlagader in der Kehle, so daß der Fisch rasch ausblutet.
Eine andere Methode, die vor allem bei kleineren Fischen angewandt wird, ist das Abschlagen mit einem Fischtöter. Das Gerät ist im Grunde ein verlängerter Handgriff, so 20 bis 30 Zentimeter lang, mit einer Blei- oder Messingkugel als Kopf. Hiermit versetzt man dem Fisch unmittelbar hinter den Augen einen kurzen, kräftigen Schlag, der ihn sofort abtötet.
Sofort nach dem Abschlagen sollte man so rasch wie möglich die Eingeweide entfernen, damit die Fäulnisbakterien aus dem Gedärm und dem Magen sich

Nachdem der Fisch gefangen worden ist, muß er so rasch wie möglich abgeschlagen und gesäubert werden. Die Eingeweide sind sorgfältig zu entfernen, damit keine Bakterien den Fisch im Innern befallen können. Danach sollte man den Fisch abspülen und die Blutgefäße in Nähe der Hauptgräte herauslösen.

nicht in der Bauchhöhle ausbreiten und so einen weiteren Zersetzungsprozeß des Zellgewebes in Gang setzen. Der beste Weg den Fisch zu säubern besteht darin, vom Afterloch her nach vorn die Unterseite des Fisches aufzuschneiden und die gesamten Eingeweide sorgfältig zu entfernen, damit keine Bakterien aus dem Gedärm oder der Galle sich in der Bauchhöhle ausbreiten können.

Wenn der Fisch ausgenommen ist, sollte man ihn im Wasser abspülen und von der Rückengräte das geronnene Blut entfernen. Hierzu schneidet man mit der Messerspitze ein Loch in die dünne Bindegewebshaut an der Rückseite der Bauchhöhle. Dann kann man mit dem Finger oder der Messerspitze die Blutklümpchen entfernen. Danach den Fisch noch einmal mit Wasser ausspülen und das Säubern des Fisches ist beendet.

Frischhalten des Fanges

Sofern man den Fisch nicht unmittelbar am Ufer oder am Strand zubereiten will, muß er so gelagert werden, daß er nicht verdirbt. Wenn man nicht beabsichtigt, den Fisch innerhalb weniger Tage zu essen, so sollte man die Innenseite der Bauchhöhle mit Salz oder Essig einreiben, damit sich keine Bakterien entwickeln können. Es ist kein Problem, Salz mit an den Angelplatz zu nehmen, allerdings hat es den Nachteil, daß es die Flüssigkeit aus dem Fisch abzieht. Dadurch wird der Fisch etwas trocken und büßt auch an Geschmack ein. Essig dagegen tötet ebenfalls Bakterien ab, verdirbt dabei aber keineswegs den Fischgeschmack.

Der Fisch muß trocken und im Schatten liegen. Legt man ihn in die Sonne, so ist dies eine direkte Einladung an die Bakterien, mit dem Fäulnisprozeß zu beginnen. Soll der Fisch in den nächsten Stunden gekocht oder eingefroren werden, so kann man ihn in Gras oder Papier einwickeln. Wenn er jedoch für längere Zeit aufgehoben werden soll, ist es besser, den Fisch auf ein sauberes Tuch zu legen und ihn mit diesem gut einzupacken. Ein geflochtenes Weidenkörbchen eignet sich zum Aufbewahren von Fisch ganz vorzüglich, weil in ihm die Luft zirkulieren kann. Nicht ohne Grund haben Fischkörbchen aus Weidengeflecht eine so lange Tradition. Bei dieser Gelegenheit ist es übrigens passend, sich daran zu erinnern, daß Fisch immer dort gelagert werden sollte, wo eine gute Zirkulation gewährleistet ist. Deshalb sollte man Fisch auch immer separat lagern, unabhängig davon, ob man ihn in Gras, Papier oder in ein Tuch eingewickelt hat.

Leider geschieht es nur allzu häufig, daß viele Angler ihren Fang ganz einfach in eine Plastiktüte oder einen Gummibeutel stecken und diesen dann auch noch in der prallen Sonne oder im Kofferraum des Wagens ablegen. Eine solche Aufbewahrungsmethode mindert natürlich sehr rasch die Haltbarkeit des Fisches. Ein solches Verhalten gibt in doppelter Hinsicht Auskunft über den betreffenden Angler. Zum einen beweist es sein geringes Verständnis über die Wirkung von Bakterien auf den Fisch; zum anderen zeigt es zu wenig Aufmerksamkeit gegenüber dem Fisch, nachdem er ihn gefangen hat.

Ein gut ausgenommener und gesäuberter Fisch, der zudem richtig gelagert wird, dürfte zumindest 24 Stunden lang frisch bleiben, ohne daß er tiefgefroren werden muß. Sofern man sich nicht sicher ist, ob der Fisch noch frisch ist, gibt es verschiedene Möglichkeiten, um dies herauszufinden. Das Fischfleisch sollte fest sein; wenn man mit dem Finger leicht die Haut eindrückt, so muß sich die Druckstelle wieder ausgleichen. Der Fisch muß auch seine natürliche Färbung beibehalten, so zum Beispiel die roten Kiemen, und er sollte auch nicht erschlafft oder weich aussehen. Ein Fisch, der seine Festigkeit eingebüßt hat, hat auch seine natürliche Färbung verloren und riecht streng.

Zubereiten des Fisches

Es gibt eine ganz erstaunliche Anzahl von Möglichkeiten der Fischzubereitung. Einige Fischarten schmecken am besten gebraten, andere wieder, wenn sie gekocht werden. Aber auch gegrillt kann Fisch eine Delikatesse sein und letztlich ergeben einige Fischarten einen ganz vorzüglichen Geschmack, wenn sie geräuchert serviert werden. Ganz allgemein läßt sich sagen, kleinere Fische sollte man braten, größere dagegen kochen. Fische mit einem hohen Fettgehalt, wie etwa Lachs und Aal, sind bestens für das Grillen und Räuchern geeignet. Geht man jedoch daran, mageren Fisch zu grillen oder zu räuchern, so erhält man nur Fisch mit trockenem und zähem Fleisch.

Das Zubereiten eines Fisches beginnt zunächst einmal damit, daß er geschuppt wird. Am einfachsten ist dies zu bewerkstelligen, wenn der Fisch ausgenommen und gesäubert worden ist, weil dann die Haut noch weich ist. Man kann aber auch den Fisch unmittelbar vor dem Kochen schuppen. Dabei sollte man anfangs den Fisch etwa eine halbe Minute lang abspülen, damit sich der Schleim verliert und die Schuppen weich werden. Man verwende hierzu ein Messer oder einen Fischschupper. Der Fisch wird vom Schwanz her zum Kopf hin geschuppt und zwar so lange, bis auf einer Seite alle Schuppen entfernt sind, dann verfährt man auf der anderen Seite entsprechend. Schließlich muß man am Ende alle noch verbliebenen Schuppen- und Schleimreste wegspülen.

Wie ein Fisch filiert wird

Bei der Zubereitung eines Fisches, besonders wenn er gebraten werden soll, kann es sinnvoll sein, ihn zu filieren. Hierfür benötigt man am besten ein Fischbrett als Unterlage und ein scharfes Messer mit langer, schmaler Klinge, ein sogenanntes Filiermesser. Gut ist es ebenfalls, noch eine Schere zur Hand zu haben.

Der gesäuberte Fisch wird auf die Platte gelegt, nun schneidet man sorgfältig um den Kopf herum und nach unten hinter der Brustflosse. Danach schneidet man im leichten Winkel gegen die Rückengräte, dabei so dicht wie möglich hinter dem Kopf ansetzen und in einer gleichmäßigen Schneidbewegung bis zum Schwanz hin das Messer durchziehen. Auch hierbei sollte man, so gut es eben möglich ist, eng an der Rückengräte entlang schneiden, um unnötige Fischfleischverluste zu vermeiden. Anschließend wird der Fisch umgedreht und das Filet auf die gleiche Weise abgeschnitten. Wenn die Fischhaut vom Filet abgezogen werden soll, so schneide man vom Schwanz her ein.

Hat man all dies ordentlich gemacht, so erhält man als Ergebnis seiner Bemühungen zwei schöne Fischfilets. Es ist nicht ganz einfach, einen Fisch zu filieren, doch wenn man dies zwei oder dreimal geübt hat, kann man gewiß ein gutes Fischfilet zurechtschneiden.

So wird der Fisch gehäutet

Manchmal ist es erforderlich, den Fisch zu häuten. Außer einem scharfen Messer und einer ebenen Arbeitsplatte sind hierzu eine Schere und eine Zange erforderlich. Bevor der Fisch auf die Platte gelegt wird, schneidet man um die Flossen etwa 1 Zentimeter tief ein und trennt diese heraus. Danach schneidet man sorgfältig durch die Haut um den Kopf herum bis hinunter zum Bauch und dann sowohl an der Bauch- als auch an der Rückenseite entlang bis zur Schwanzwurzel. Dabei sollte man dicht unter der Oberfläche bleiben, um so wenig wie möglich Fleisch abzutrennen. Nun ist es an der Zeit, den Fisch auf die Seite zu legen und mit der Zange ein Stück Haut in Kopfnähe zu erfassen. Die Haut wird nun fest in Richtung auf die Schwanzwurzel abgezogen. Mit der anderen Hand hält man dabei den Kopf fest. Wenn der Fischkopf zu schlüpfrig ist, so nehme man ein Stück Papier oder ein Tuch zum Festhalten. Man kann den Kopf auch auf die Holzplatte nageln. Anschließend dreht man den Fisch auf die andere Seite und verfährt gleichermaßen.

Kleinere Fische kann man im allgemeinen in einem Arbeitsgang häuten. Hierzu führt man einen tiefen Schnitt rund um den Kopf durch die Haut, legt die Unterseite des Fisches auf die Arbeitsplatte, erfaßt mit der Zange ein lose

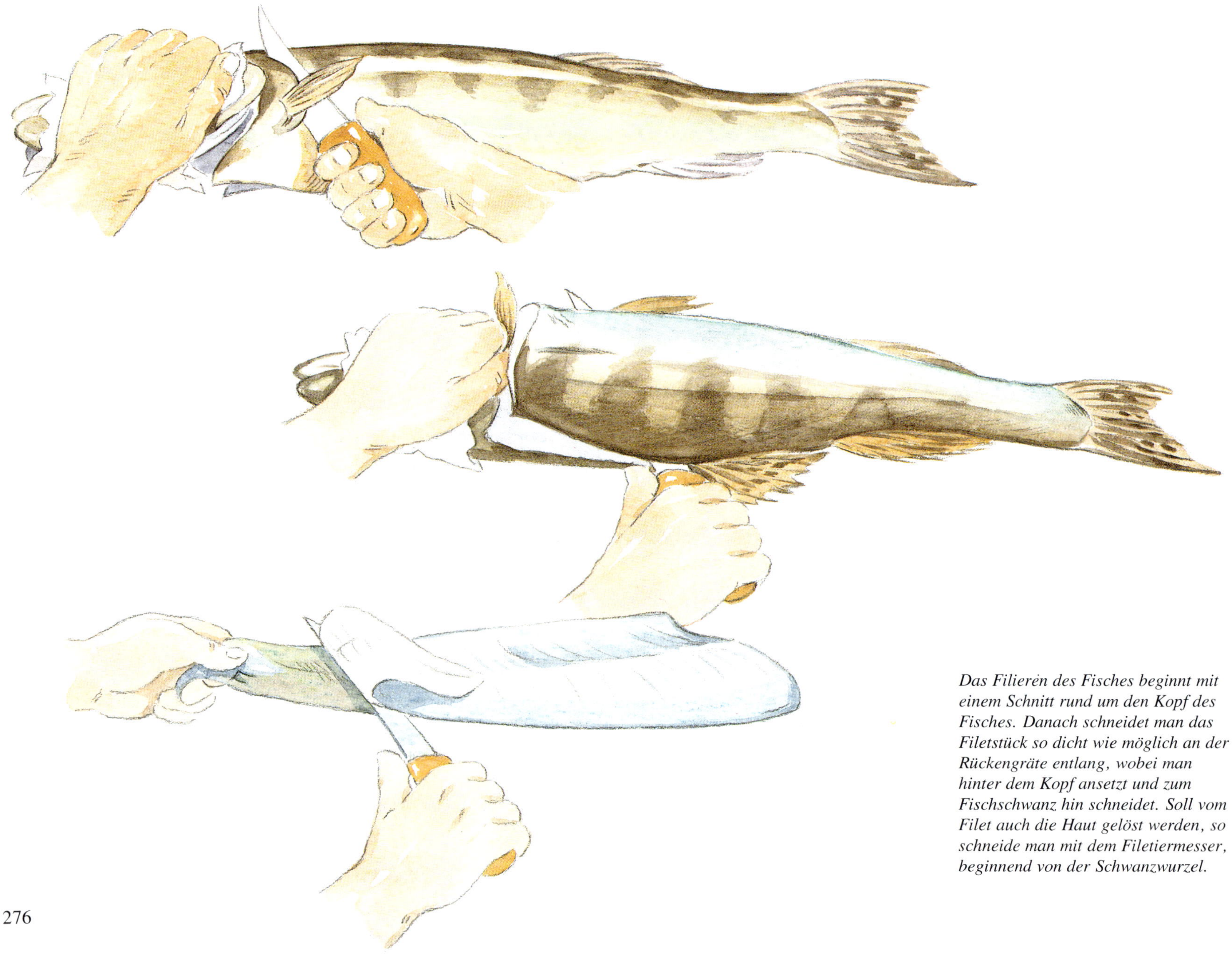

Das Filieren des Fisches beginnt mit einem Schnitt rund um den Kopf des Fisches. Danach schneidet man das Filetstück so dicht wie möglich an der Rückengräte entlang, wobei man hinter dem Kopf ansetzt und zum Fischschwanz hin schneidet. Soll vom Filet auch die Haut gelöst werden, so schneide man mit dem Filetiermesser, beginnend von der Schwanzwurzel.

Will man beim Fisch die Haut abziehen, so schneide man zunächst die Haut sorgfältig um die Flossen und den Kopf herum auf und führe den Schnitt auf beiden Seiten zur Schwanzwurzel hin. Danach nehme man eine Zange, ergreife mit dieser in Kopfnähe ein Stück Haut und ziehe dann die Haut ganz ab. Um den Kopf besser festhalten zu können, kann man diesen auch mit einem Nagel auf der hölzernen Unterlage befestigen.

hängendes Stück Haut und zieht diese in einem gleichmäßigen Zug zur Schwanzwurzel hin ab. Diese Methode eignet sich besonders beim Häuten eines Aals. Zuletzt wird der Kopf des Fisches abgeschnitten.

Grillen
Wie viele Male hat man sich nicht schon gewünscht, den frisch gefangenen Fisch gleich am Ufer zuzubereiten, ohne dabei die halbe Küchenausrüstung mitbringen zu müssen!? Die einfache Lösung hierzu lautet: den Fisch über einem offenen Feuer zu grillen.
Hat man das Feuer gezündet, so spitzt man erst einmal an einem sich gabelndem Zweig zwei scharfe Spitzen an. Ein kleiner Fisch kann im ganzen gegrillt und über das Feuer gehalten werden. Dabei sollte man den Holzzweig öfter drehen, damit der Fisch auf beiden Seiten gleichmäßig gegrillt werden kann.
Ein Fisch, der mehr als 1 Kilogramm wiegt, wird dagegen besser entlang seiner Bauchseite aufgeschnitten, so daß er wie ein großes Filetstück aussieht, um danach auf einen Grillspieß oder einen Holzspieß gesteckt zu werden. Das Feuer sollte während des Grillens nicht zu niedrig abfallen. Ein kleines Feuer heizt nicht in ausreichendem Maße. Dies bedeutet, daß der Fisch zu langsam gegrillt wird und zugleich die Möglichkeit besteht, daß er entlang seiner Rückengräte nicht gut genug gegrillt ist.
Der Fisch ist eßbar, wenn er sich auf beiden Seiten braun verfärbt hat und die Gräten beginnen, sich vom Fleisch zu lösen. Fettreiche Fische, wie Aal und Lachs, eignen sich am besten für das Grillen. Magerer Fisch dagegen hat die Neigung, trocken und zäh zu werden, manchmal verbleibt er an den Innenseiten auch roh und an den Außenseiten schmeckt er fad.

Kochen über einem Kohlefeuer
Diese Art der Zubereitung eignet sich sowohl für fetten als auch für mageren Fisch. Zudem erhält diese Methode das würzige Aroma, das einem gekochten Fisch eigen ist. Um Fisch über einem offenen Kohlenfeuer zu kochen, muß das Feuer niedergebrannt sein, so daß die Kohlen nur noch glühen. Diese müssen jedoch noch immer sehr viel Hitze ausstrahlen, damit der Fisch gut gekocht wird.
Zunächst säubert man den Fisch gründlich unter laufendem Wasser. Danach legt man ihn auf ein Stück Aluminiumfolie, wo er eingesalzen und gewürzt wird. Dill oder Rosmarin eignen sich hierfür recht gut. Wenn der Fisch mager ist, sollte man ein wenig Fett auf der Folie verreiben, bevor man den Fisch darauf legt, so wird er etwas saftiger. Nun wird der Fisch sorgfältig

Grillen über einem offenen Feuer.

eingewickelt und das ganze Päckchen direkt auf die heißen Kohlen gelegt. In etwa 15 Minuten ist der Fisch fertig.
Diese Zubereitung ist für kleinere Fische ganz ausgezeichnet geeignet. Natürlich kann man auch größere Fische auf diese Weise kochen, dann jedoch muß der Fisch zuvor in Filetstücke geschnitten werden, damit er gründlich gekocht wird. Jedes Filetstück sollte man auch gesondert einpacken.

Fisch-Marinade
Das Marinieren der Fische ist eine weitere, sehr alte Methode, den Fisch frisch zu erhalten. Heutzutage trifft dies vor allem auf Hering und Lachs zu. Will man den Fisch marinieren, so beginnt man stets damit, ihn zu entschuppen und zu filieren. Dabei sollte man nicht vergessen, die Flossen und so viele Gräten, wie immer dies möglich ist, zu entfernen. Die Zutaten, die man für eine Marinade benötigt, sind die folgenden:
1 Kilogramm Fisch
1/2 dl Salz
1/2 dl Zucker
19 zerdrückte, weiße Pfefferkörner
eine kleine Handvoll Dill
Der Zucker und das Salz werden mit den zerdrückten Pfefferkörnern gemischt, anschließend wird die Mischung sorgfältig auf den Filetstücken verrieben. Schließlich wird der Dill kleingehackt. Den Dill streut man als untere Schicht auf eine Glas- oder Keramikschale, die der Größe des Fisches entsprechen sollte. Nun legt man das erste Filetstück mit der Hautseite nach unten auf und bedeckt die obere Seite des Fischfleisches mit einer Schicht von Dill und Gewürzen. Das zweite Filetstück wird jetzt mit seiner Fleischseite auf das erste Stück aufgelegt, so daß die beiden fleischigen Seiten aufeinanderliegen und die beiden Hautseiten sich jeweils außen befinden. Beide Fischhälften werden nun noch mit Dill und dem Rest der Gewürze bestreut. Zu guter Letzt wird die Schale abgedeckt und ein Gewicht, dies kann auch ein Stein sein, auf den Deckel gelegt.
Sofern vorgesehen ist, mehrere Fische übereinander zu marinieren, so sollte man darauf achten, daß die Fischfilets immer paarweise aufeinander liegen und zwar jeweils mit der Haut nach außen. Der Fisch sollte an einem kühlen Platz für zwei oder drei Tage abgestellt werden. Er ist dann fertig zum Servieren, im Kühlschrank kann er jedoch noch einige Tage länger aufbewahrt bleiben.
Zu beachten ist, daß eine Marinade keine Parasiten abtötet, wie etwa Bandwürmer, die man bei Fischen antreffen kann, die in verschmutzten Gewässern gefangen wurden. Wird jedoch der Fisch vor dem Marinieren bei einer Temperatur von 10 Grad minus wenigstens 24 Stunden lang tiefgefroren, so sind alle Parasiten, die eventuell im Fisch vorhanden sein könnten, abgetötet.

Räuchern des Fisches
Das Räuchern des Fisches erfordert sehr viel mehr Vorbereitung als das Grillen oder das Kochen über einem offenen, heißen Kohlenfeuer, denn hierzu benötigt man einen Räucherofen. Das Räuchern ist eine sehr alte Methode zur Konservierung von Fischen, die in der Vergangenheit angewandt wurde, wenn Lebensmittel für eine längere Zeit frisch gehalten werden sollten. Das Räuchern verhindert den inneren Zersetzungsprozeß, gleichzeitig mindert es auch erheblich das Aufkommen von Bakterien.
Es gibt zwei Methoden der Fischräucherei: Kalt-Räuchern und Heiß-Räuchern. Letzteres nimmt nicht so viel Zeit in Anspruch und ist auch wenig arbeitsaufwendig. Das Kalt-Räuchern dauert einige Tage, erfordert mehr Aufmerksamkeit und eine relativ ausgefallene Apparatur, um gute Ergebnisse zu erzielen.
Bevor der Fisch geräuchert werden kann, gleichgültig ob kalt oder heiß, muß er gesalzen und trocken sein. Hierzu muß der Fisch gründlich an beiden

Oben links: Bevor man den Fisch über einem offenen Kohlefeuer kocht, sollte man ihn gründlich reinigen und abspülen. Danach würze man ihn zum Beispiel mit Dill oder Rosmarin.

Unten links: Der gewürzte Fisch wird in eine Aluminiumfolie eingewickelt und dann direkt in die glühenden Kohlen gelegt. Es dauert etwa 15 Minuten, bis er eßfertig ist.

Links: Die Grundlagen für das Heißräuchern. Mit einem relativ geringen Aufwand kann man sich einen solchen Räucherofen selbst herstellen. So eignet sich hierfür zum Beispiel auch ein altes Ölfaß.
Rechts: Für das Kalträuchern benötigt man eine fest installierte Anlage. Da der Rauch nie heißer als 35 Grad Celsius sein darf, muß er erst durch eine mehrere Meter lange Röhre geleitet werden, bevor er den Fisch erreicht. Das Kalträuchern dauert etwa 5 bis 6 Tage, je nach Größe des Fisches.

Seiten und in der Bauchhöhle mit Salz eingerieben werden; man kann ihn aber auch in einer Salz- und Gewürzlösung tränken. Der Fisch ist in 3 oder 4 Stunden fertig. Danach spült man ihn in kaltem Wasser ab und läßt ihn mehrere Stunden lang in einem kühlen und gut gelüfteten Raum trocknen. Durch diese Prozedur erhält der Fisch eine Art Schutzhülle, die verhindert, daß er beim Räuchern zu trocken wird.
Kleine Fische kann man zum Räuchern an ihren Köpfen aufhängen. Bei größeren Fischen, die mehr als 1 Kilogramm wiegen, sollte man den Kopf abtrennen. Ferner ist es ratsam, mit einem Schnitt vom Bauch bis zur Rückengräte den Fisch in zwei Hälften zu teilen, ähnlich wie dies beim Filetieren geschieht. Die Rückengräte sollte man heraustrennen und zwei spitze Stäbe kreuzweise in jede Fischhälfte stecken.

Heiß-Räuchern
Wenn der Fisch abgetrocknet ist, sollte er sobald wie möglich geräuchert werden. Die Temperatur im Räucherofen sollte etwa 65 Grad Celsius betragen. Heißräuchern kann von 2 bis 10 Stunden dauern. Dies hängt davon ab wie groß der Fisch ist, welche Hitze der Räucherofen hat und wie schwer der Fisch ist, der geräuchert werden soll. Je länger ein Fisch geräuchert wird, um so länger ist er auch haltbar, aber gleichzeitig wird er dabei auch etwas trockener.
Der Räucherprozeß beginnt mit einer niedrigen Temperatur, die sich in dem Maße steigert, wie der Räuchervorgang voranschreitet. Zweige von Koniferen oder Schnitzel von Hartholz-Bäumen werden als Räuchermaterial verwendet. Da unterschiedliches Holz auch verschiedenartige Geschmacksrichtungen verursacht, ist es ratsam, ruhig ein wenig zu experimentieren, um sowohl die passende Holzart als auch die Räucherdauer zu ermitteln, die dem eigenen Geschmack am meisten entsprechen.
Heiß geräucherter Fisch hält sich gut ein oder zwei Wochen, sofern er kühl gelagert wird. Man kann heiß geräucherten Fisch auch tieffrieren, wodurch er wesentlich länger haltbar ist.

Kalt-Räuchern
Wie bereits erwähnt, ist das Kalträuchern eine etwas mühsamere Methode als das Heißräuchern, da es wenigstens 24 Stunden lang durchgeführt werden muß, besser noch einige Tage lang. Außerdem benötigt man für diese Räucherart einen langfristig tätigen und komplizierteren Räucherofen. Soweit es das Säubern, Salzen und Trocknen betrifft, ist beim Kalträuchern dieselbe Vorbereitung erforderlich, wie beim Heißräuchern. Auch das Räuchermaterial ist dasselbe. Der größte Unterschied zwischen beiden Verfahren besteht darin, daß beim Heißräuchern die Hitzequelle sich etwa 1 Meter unter dem Fisch befindet, so daß der Rauch unmittelbar nach oben steigt, während beim Kalträuchern der Rauch den hängenden Fisch durch eine etwa 1–3 Meter lange Röhre erreicht. Der Prozeß des Kalträucherns ist so angelegt, daß die Räuchertemperatur 35 Grad Celsius nicht übersteigt, wenn sie den Fisch erreicht. Die ideale Temperatur hierfür liegt bei 28 Grad Celsius.
Es gilt dabei zu beachten, daß der Deckel über dem Räucherofen sehr dicht abschließen muß, damit der Rauch nur in geringem Umfang entweichen kann. Man sollte deshalb den Deckel mit einem Stein oder einem anderen Gewicht beschweren, damit er stets dicht abschließt.

Konservieren einer Fischtrophäe
Der Fang eines Trophäenfisches ist der lebenslange Traum eines Anglers, er ist die Chance, die sich ein Leben lang bietet und der Fang, auf den man ein Anglerleben lang wartet. Einmal nimmt der „Fisch des Lebens" den Haken und der Traum wird Wirklichkeit. Oftmals jedoch ist alles, was an diesen Fang erinnert, ein Farbfoto vom Fisch und seinem Fänger. Es gibt jedoch einen weiteren, relativ einfachen Weg, um diesen Augenblick festzuhalten, indem man vom ungewöhnlichen Fang einen Gipsabdruck anfertigt. Und falls an den Wänden daheim noch Platz ist, verbleibt die Möglichkeit, noch weitere Fänge, an die man sich gern erinnert, auf diese Weise zu erhalten.
Das Herstellen einer attraktiven Trophäe ist in Wirklichkeit viel leichter als man zunächst glauben möchte, wenngleich es 4 oder 5 Abende in Anspruch nimmt, bevor ein solches Vorhaben vollendet ist. Abdrücke werden im allgemeinen aus Gips, Latex oder Silikon gefertigt. Aus Latex und Silikon lassen sich etwas bessere Abdrücke herstellen, allerdings ist es ein wenig schwieriger, mit solchen Kunststoffen umzugehen. Für einen Amateur sind die Ergebnisse den höheren Aufwand nicht wert.
Ganz ohne Zweifel ist Gips das beste Material für einen Anfänger. Stellt man sich so einen Gipsabdruck selbst her, kann es oftmals geschehen, daß schon der erste es wert ist, erhalten zu bleiben.

Den Gipsabdruck anzufertigen, ist ziemlich einfach; mehr Zeit und Geduld dagegen erfordert das Bemalen des Abdrucks, denn schließlich soll dies ja die wirkliche Färbung des Fisches widerspiegeln. Das Bemalen kann man sich selbst erleichtern, wenn man vom Fisch ein gutes Farbfoto besitzt, eines, das möglichst unmittelbar nach dem Keschern oder Anlanden gemacht wurde. Die Markierungen und Färbungen eines Fisches verblassen rasch, nur wenige Stunden nach dem Fang tritt dies bereits ein. Deshalb ist es von großer Bedeutung, so ein Farbfoto sofort nach dem Fang zu machen.
Die Materialien, die man für so einen Gipsabdruck benötigt, sind die folgenden:
1/2 Liter Wasser pro Kilogramm Gips
ein Holzkasten oder Pappkarton, die etwas größer als der Fisch sein sollten
Sand
Pappkarton und Stifte
eine dünne Plastikhülle
ein Bodenlack auf Wasserbasis
Speiseöl
ein Plastikbeutel und ein Rührstock oder -löffel
2 etwa 5 Zentimeter lange Bolzen oder Schrauben, um den mit Metallack oder anders bemalten Fisch aufzuhängen.

Vorbereitungen
Das Holzkästchen oder der Pappkarton wird mit einer Schicht Sand gefüllt. Zum Schutz für den Fisch, wird der Sand mit einer Plastikhülle überdeckt. Nun wird der „ungereinigte" Fisch, frisch oder gefroren, zunächst mit Wasser abgespült, dann entfernt man die schützende Schleimschicht und trocknet den Fisch mit einem Handtuch aus Stoff oder Papier. Anschließend wird der Fisch so zurecht gelegt, daß nahezu die Hälfte von ihm im Sand liegt. Wenn die Brust- oder Rückenflosse zu weit herausragt, so kann man sie am Körper feststecken. Danach schneidet man sich aus Pappkarton Stücke, die ein wenig größer als die Rücken-, After- und Schwanzflosse sind. Unter jede dieser Flossen wird nun ein Stück Pappkarton gelegt, um diese zu stützen. Damit versinken sie nicht im Sand, wenn der Gips eingefüllt wird. Diese Stücke aus Pappkarton, die zwischen Flossen und Sand gesteckt werden, helfen vielmehr, um einen schärferen Abdruck zu hinterlassen. Die Flossen werden gestreckt und fest auf dem Pappkarton eingesteckt.
Wenn der Fisch aufgetaut ist, bevor der Abdruck gemacht wurde, ist es möglich, daß das Auge einsinkt, wenn der Gips eingefüllt wird. Um dies zu verhindern, kann man im Maul des Fisches einen feuchten Papierpfropfen eindrücken, damit das Fischauge nicht nach innen gedrückt werden kann.

Herstellen der Form
Das Mischen des Gipses ist der nächste Schritt. Immer darauf achten, daß man in den Eimer zuerst das Wasser gießt und dann den Gips hineingibt. Die Gipsmenge, die erforderlich ist, muß etwa das 1,5fache des Fischgewichtes betragen. Wenn auf der Verpackung keine anderen Hinweise gegeben werden, so nehme man auf ein Kilogramm Gips 1/2 Liter Wasser. Die Mischung wird so lange umgerührt, bis sich alle Klumpen aufgelöst haben. Wenn die Gipsmischung schließlich weich und zusammenhängend ist, kann man sie über den Fisch gießen. Darauf achten, daß der Fisch vollständig bedeckt wird. Die Gipsmasse läßt man nun für etwa 30 bis 40 Minuten hart werden. Anschließend kippt man die Form um und nimmt den Fisch vorsichtig heraus. Nachdem man ihn sorgfältig abgespült hat, kann er auf die gleiche Weise wie jeder andere Fisch behandelt werden.
Sofern man einen festen und lange haltbaren Abdruck wünscht, wiederholt man die Behandlung des Fisches auf der anderen Seite.

Fertigstellung des Abgusses
Anfangs ist die in Gips gegossene Form sehr zerbrechlich. Deshalb sollte man 5 oder 6 Tage warten, bis man weiter an ihr arbeitet. Dann ist sie vollständig abgetrocknet und man kann damit beginnen, mit Hilfe eines scharfen Messers die rauhen Kanten abzukratzen. Der Abdruck der Flossen kann manchmal zu dünn und sehr zerbrechlich sein und es kann erforderlich werden, sie mit einem Messer nachzuziehen. Es kann auch notwendig werden, sie mit einem dünnen Streifen von Gips zu verstärken. Diese Streifen sollte man einige Zentimeter hinter der Flossenkante ansetzen, um so den Abguß zu festigen. Letztlich reinigt man die Form endgültig, indem man überstehende Gipsreste noch abkratzt, und verstärkt zugleich die einzelnen Merkmale, besonders die Linien in der Schwanzflosse mit Hilfe einer Messerklinge.
Wenn alles gut getrocknet ist, bestreicht man die Innenseite der Form mit einem Bodenlack auf Wasserbasis. Sobald der Lack abgetrocknet ist, werden die Konturen des Kopfes und der Flossen noch einmal nachgezogen. Ist auch dies getrocknet, so pinselt man eine dünne Auflage Speiseöl über die Form.

Ausgießen des Fisches
Nunmehr ist alles getan und der wirkliche Abguß kann beginnen. Zunächst wird eine neue Füllung Gips gemischt, wobei diesmal auf je ein Kilogramm Fisch auch ein Kilogramm trockene Gipsmasse berechnet wird. Die Masse wird nun in die Form gegossen, bis sie nach oben ausgefüllt ist. Es sollte jedoch nichts überlaufen, zugleich muß man darauf achten, daß die Flossen vollständig von der Gipsmasse bedeckt sind. Bevor sich die Masse zu festigen beginnt, sollten die Schrauben oder Bolzen in der Form eingesetzt werden. Für Fische im Gewicht bis zu 10 Kilogramm genügen 2 oder 3 solche Schrauben zur Befestigung, wenn der Fisch schwerer ist, sind jedoch noch einige Bolzen mehr erforderlich, um ihn zuverlässig auf der Holzplatte anzubringen. Ein Bolzen sollte unmittelbar hinter der Kiemenabdeckung angebracht werden, der andere auf gleicher Höhe wie die Afterflosse. Alle zusätzlichen Befestigungsbolzen sollte man zwischen diesen beiden in Abständen von etwa 5 Zentimeter anbringen. Die Bolzen muß man für einige Minuten in der richtigen Position halten, bis der Gips sich zu festigen beginnt.
5 oder 6 Tage lang sollte man nun warten, bevor man die gegossene Form herausnimmt, damit diese nicht zerbricht. Wenn die Gußform vollständig abgetrocknet ist, kann man damit beginnen, die Gußmasse sorgfältig aufzubrechen. Normalerweise bricht die Gipsmasse von selbst auf, wenn sie abtrocknet. Wenn dies jedoch nicht geschieht, wird es notwendig, schmale Schlitze, etwa in einem Abstand von 5 Zentimeter voneinander, einzusägen. Danach bricht man mit Hilfe eines Meißels die Gipsmasse auf. Man sollte am Kopf des Fisches damit beginnen und dann nach hinten weiter aufbrechen, bis auch der Schwanz des Fisches freiliegt. Besondere Vorsicht sollte man beim Freilegen der Flossen und des Schwanzes an den Tag legen, damit diese nicht abbrechen.
Falls trotz aller Vorsicht beim Umgang mit dem Gußstück der Gips doch hier und dort zerbrechen sollte, ist es relativ leicht, diesen mit Epoxid wieder zu kleben. Wenn man die Bruchstücke ausgebessert hat und der Klebstoff getrocknet ist, füllt man die Risse oder Spalten mit einer dünnen Schicht Gipsgemisch und läßt diese trocknen. Nachdem man die Bruchstellen mit einer scharfen Messerklinge geglättet hat, sind diese kaum noch zu erkennen und wenn später der Gipsabdruck bemalt wird, verschwinden sie ohnehin vollständig.
Einige Teile des gegossenen Fisches bedürfen möglicherweise einer kleinen Nachbehandlung, bevor man das Ganze anmalt. So kann es erforderlich werden, kleinere Details, wie die Flossen und den Kopf, etwas nachzuarbeiten, damit sie ein natürliches Aussehen bekommen. Das erreicht man leicht mit Hilfe eines Messers und einer kleinen Feile. Kleinere Blasen oder Risse im Gips füllt man mit einer Gipsmischung und glättet diese dann mit einem Messer. Wenn all dies getan ist, sollte man die Rückseite des Gipsabdrucks glätten, bis die Oberfläche gleichmäßig eben und glatt ist.

Wie der Trophäen-Abguß bemalt wird
Wenn die Nachbearbeitung beendet ist und der Gipsabdruck vollständig getrocknet ist, sollte er zwei- bis dreimal lackiert werden, bis der Gips gesättigt ist. Anschließend kann man mit dem Bemalen beginnen. Dies ist der schwierigste und zeitraubendste Teil der Arbeit, denn schließlich bedarf es einiger Erfahrung, um einen wirklich natürlich aussehenden Fisch herzustellen. Doch zugleich macht das Bemalen auch den meisten Spaß, denn so kann man zugleich auch beobachten, wie der Fisch zusehends sein endgültiges Aussehen erhält. Sofern man selbst keine künstlerische Ader hat, ist hierfür ein gutes Farbfoto des Fisches unerläßlich und notwendig, um genau das Aussehen und die Färbung des Fisches nachzuvollziehen.
Ölfarben, wie sie auch von Kunstmalern benutzt werden, sind als Farben am besten geeignet, doch man kann auch gut Metall-Lack verwenden. Mit

Hier unten werden die wichtigsten Arbeitsgänge für das Herstellen eines Gipsabdruckes gezeigt. Zunächst wird der Fisch zur Hälfte in einem Sandbett eingegraben. Danach gießt man die Gipsmasse auf und läßt diese 30–40 Minuten steif werden. Anschließend wird die Form umgestülpt und der Fisch herausgenommen. Die Form wird nun poliert und geglättet, bevor der wirkliche Abguß erfolgt. Nach 5 bis 6 Tagen wird die Form aufgebrochen, dabei gilt es darauf zu achten, daß der gegossene Abdruck nicht beschädigt wird. Zu guter Letzt wird der Abguß so bemalt und lackiert, daß er dem natürlichen Vorbild möglichst entspricht.

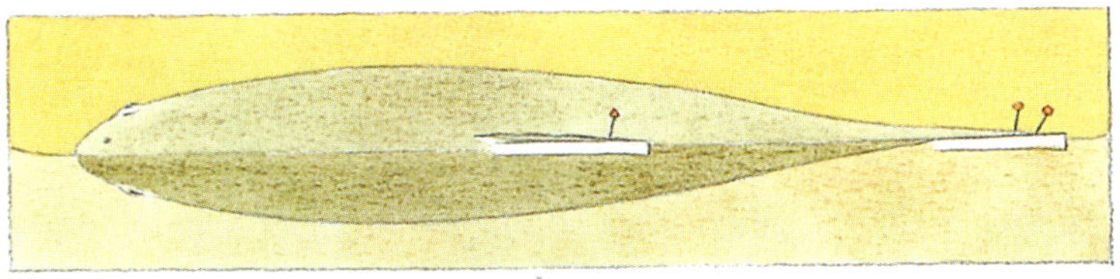

a

b

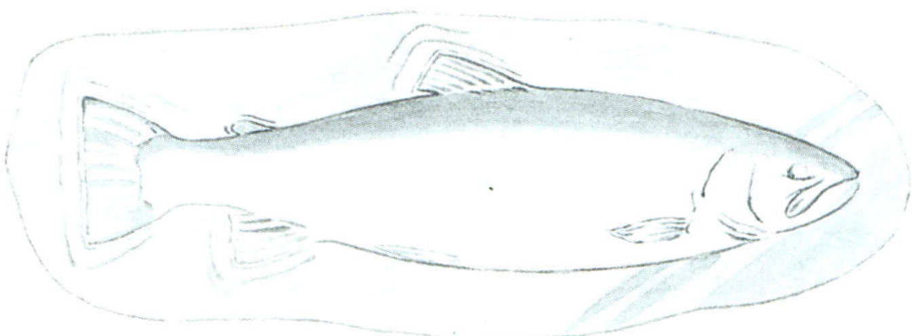

c

d

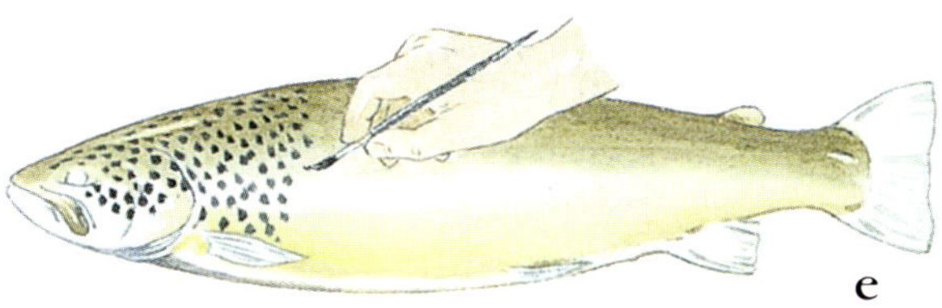

e

Metall-Lack umzugehen ist recht einfach, zudem gibt er eine glänzende Oberfläche ab, die sehr wirklichkeitsnah wirkt. Man muß zunächst danach trachten, eine Grundfarbe zu finden, die dem tatsächlichen Erscheinungsbild des Fisches am meisten entspricht. Diese Farbe sollte man in genügendem Abstand vom Objekt aufsprühen, damit eine gleichmäßige Färbung erzielt wird. Dabei sollte man mit dem dunkleren Rücken beginnen und bis zum helleren, schimmernden Bauch fortfahren.

Wenn man sich nicht sicher ist, wie weit man beim Besprühen vom Objekt entfernt bleiben soll oder wie man die farblichen Übergänge vom dunkleren Rücken zum helleren Bauch am besten hinbekommt, so sollte man dies erst einmal auf einem Stück Plastik oder einer Holztafel ausprobieren. Sofern man nach dem Bemalen mit der Farbgebung nicht zufrieden ist, lasse man die Farbe trocknen und bemale das Ganze dann ein zweites Mal. Die Augen und die besonderen Kennzeichen des Fisches sollte man mit Ölfarbe von Hand malen, um sie so treffend wie möglich zu erfassen. Wenn man diese Details mit einem sehr kleinen Malpinsel nachzeichnet, gelingt eine realistische Nachbildung am besten.

Wenn man mit dem Bemalen seines Fisches zufrieden ist, sollte man die Farben gut trocknen lassen. Danach trägt man in mehreren Schichten Lack auf, um der Oberfläche den gleichen Glanz zu verleihen, wie dies auch beim lebenden Fisch der Fall ist. Nachdem auch der Lack zu einer harten Oberfläche getrocknet ist, kann der Fisch auf seinem Untergrund befestigt werden. Obgleich die rechte Wahl hierfür natürlich dem persönlichen Geschmack vorbehalten bleibt, ist es wohl so, daß die meisten Angler hierfür einem Naturholz den Vorzug geben. Dies vermittelt wohl mehr den Eindruck von Solidität als etwa Sperrholz oder eine Kunststoffplatte. Damit der Fisch am vorteilhaftesten zur Geltung kommt, ist dunkles Holz im allgemeinen für hellere, glänzende Fische zu empfehlen und helleres Holz für dunkelfarbige Fische.

Index